国家社科基金
后期资助项目
GUOJIA SHEKE JIJIN HOUQI ZIZHU XIANGMU

变与不变：
泥河村礼治传统的转型

Change and Constant:
Transformation of the Tradition of
Rule by Rite of Nihe Village

郭伟和　著

社会科学文献出版社
SOCIAL SCIENCES ACADEMIC PRESS (CHINA)

国家社科基金后期资助项目
出版说明

　　后期资助项目是国家社科基金设立的一类重要项目，旨在鼓励广大社科研究者潜心治学，支持基础研究多出优秀成果。它是经过严格评审，从接近完成的科研成果中遴选立项的。为扩大后期资助项目的影响，更好地推动学术发展，促进成果转化，全国哲学社会科学规划办公室按照"统一设计、统一标识、统一版式、形成系列"的总体要求，组织出版国家社科基金后期资助项目成果。

全国哲学社会科学规划办公室

序　言
革命和市场背景下的社区礼俗传统向何处去？

麻国庆

对于中国乡村社会的研究，一直是从不同学科和视角来研究中国社会的基础。特别是对于 1949 年之前的传统社会和 1949 年之后的以革命与改革为背景的研究，构成了乡村社会研究的主干之一。在 20 世纪 30～40 年代，社会学、人类学的中国化进入全盛时期。这一时期在英美受过系统学习的吴文藻、潘光旦、费孝通、许烺光、林耀华、李景汉、陈达、田汝康等取得了卓越的研究成果。他们主要围绕家族和婚姻、土地制度和农民生活、社会阶层、法和习惯、社会心理、人口动态、文化生态、血缘构造、社会变动等方面进行调查，考察中国乡村的社会结构与文化内涵。特别关注在外来文化、市场等背景下，乡村社会的变动过程。这些研究构成了 1949 年之前，中国社会学、人类学研究的黄金时期。记得 1994 年我刚到东京大学留学时，上课的王崧兴老师下课和我说，有关亚洲的人类学研究，1949 年之前中国学者的研究是代表那个时期的最高水平。1949 年以后，以长时段的田野调查为基础的研究，主要集中在新加坡及中国台湾和香港等国家和地区。改革开放后，中国乡村社会的研究进入新的历史时期。从费孝通先生对城乡二元模式的讨论到小城镇、大问题的提出，从"离土不离乡"到"离土又离乡"，从城乡协调到城乡统筹，从单一的"以城带乡"的城镇化模式，再到"以乡村为本位"的"乡村振兴"战略的提出，这些理论和政策都在回应一个关键问题，如何让乡村更加具有人文价值、如何让乡村社会继续成为中国文化传统得以延续的载体、乡村开发和保护如何结合等，这些问题成为当下对于中国乡村发展道路的讨论的焦点之一。这就涉及中国社会的活力和张力的问题。

我记得很清楚，在北大百年校庆时，李亦园先生到费先生家拜访。李先生就提到中国社会与文化的走向问题。费先生就回答道："中国社会的活力在什么地方，中国文化的活力我想在世代之间。一个人不觉得自己有多么重要，要紧的是光宗耀祖，是传宗接代，养育出色的孩子。""看来继承性是中国文化的一个特点，世界上还没有像中国文化继承性这么强的。继承性背后有个东西也许就是 kinship，亲亲而仁民。"① 从中看出，费先生同样在强调文化的继承性问题，而能延续此种继承性的要素 kinship（亲属制度）是非常关键的。在中国社会人类学中的亲属关系，主要通过家的文化观念及其社会性的结构和功能体现出来，即家直到今天仍然是认识中国社会的关键词。当然，这种社会和文化的延续性，并非不变的传统的延续，事实上很多是互相交织的并把传统无意识地内化到现代性的层次上来。如果简单地用社会的延续性的概念或许容易引起很多歧义。在此我想到费孝通先生在《生育制度》中用过的一个词，即社会继替，其特点又是考虑到社会的继承性，同时也考虑到社会的替代性，但即使是替代也是在继承基础上的替代。在整体社会的层面上，我们会看到处于不同阶段的社会的并存现象。其实，在海外的中国研究中存在两种对中国乡村社会的不同看法：一种认为中国社会虽然经历过革命，但乡村社会的秩序并没有断裂，而是以不同的方式延续下来，特别是在民间的社会结构与文化礼俗方面；另一种观点认为革命后中国乡村社会是一断裂式社会，传统的基调被彻底革除。其实包括我在内的大多数研究者更趋向于前者，即革命和改革，给乡村社会带来巨大的变迁，但乡村社会的传统一直在延续，而且随着与外界的接触频繁、网络化社会的影响，本地人更加认识到乡村传统的内在价值，出现了传统的复兴和再造的场面。

郭伟和教授在研究他的家乡泥河村时，也就是在乡村社会的传统与现代之间的"变"与"不变"之间来展开他的讨论，当然"不变"仅仅是一相对的概念。

泥河村是一个普通的豫北村庄，也是本书作者的故乡。作者是土生土长的泥河人，从家乡出来学习社会学、社会工作，又在教学第一线从事教学和研究，也经常带学生到不同的文化类型的田野中进行调查和研究；经过"离村"到"回村"、从"村里的后生"到"大学的教授"的身份转化，从和村民一样的村里人的角色转变为"研究者"和"被研究者"的关系。这种角色的身份并没有像传统的人类学所担心的会囿于家乡的情

---

① 《费孝通文集》第 14 卷，第 387～388 页，群言出版社。

节，很难客观地反映当地的实际情况，有的学者把其归纳为"家乡人类学"的困境。但从我和郭教授的交谈以及书中的表述来看，他已经超越了"内部中心"的观察视角，很好地把握了"主位"和"客位"的研究视角，在一定程度上可谓"进出自如"。

其方法是在田野调查的基础上，突出口述历史研究路径，不断往返自己的家乡生活场域，进行一场历时近8年的调查和书写，具有反思性和实践性。在传统的人类学田野调查中，如何讲好故事，这是人类学的基本功。但如何把所讲的故事和学术观照进行有效的对话，这是反映研究者驾驭学术的自我表达。把"社会调查"上升到"社会学调查"、把"村民故事"上升到"村民思想"、把"小村落"纳入"大社会"甚至是"全球体系"，这是社会学、人类学的学术话语的表达方式。

在我看来，郭教授对于村落的调查和研究，正是一种把学术思考和村民故事进行相互对话的书写方式，用一句常用的话，看完此书让我感受到：一部波澜壮阔的乡村社会秩序的历史转型过程的画面呈现在我的眼前。正如我前面所言，社区田野调查和民族志书写并不少见，甚至这是中国社会学创始之初的传统，但是能否通过对自己家乡的社会秩序的长时段历史变迁进行反思性研究则是一种挑战。因为它并不简单地如西方口述历史，仅仅处理日常生活的民俗传统，不断强化社区集体文化的身份认同和自觉保护，而是要把乡村社会秩序的礼治传统放在革命和市场转型的两个不同现代化转型的模式下进行讨论和分析。

礼治传统是中国乡土社会的典型特征之一。费先生在《乡土中国》中用的是礼治秩序。"认为礼是社会公认合适的行为规范。""礼是传统，是整个社会历史在维持这种秩序。"

传统中国社会皇权不下县，乡村社会靠一种礼俗传统来进行社区治理。晚清以来，中国现代化模式不断在革新、革命和市场转型等思路下前行，但每一次变革都离不开对乡村社会礼治模式的动员和改造。由此导致中国乡村社会历经沧桑而破茧重生，也引发了学术界对于不同社会转型模式的讨论。尤其是革命模式和市场转型模式成为乡村社会礼治传统转型的两大关键因素，也成为中国学术界讨论的焦点。有的坚持革命模式对乡村社会的动员和改造，有的支持市场转型对乡村社会的动员和改造。

从泥河村的社区秩序形成和转变过程来看，最初的村治模式也无非是通过华北地区的传统礼俗文化资源的社会实践来达到类似于林耀华先生在《金翼》中所强调的"平衡社会"。比如，地方戏剧资源中的"报"的理念和实践机制，地方神话传说中的山神互斗和彼此妥协的平衡机制，地方乡村精英和普通村民之间的依附关系和庇护机制，节日仪式和人生礼仪的实践过程，等等，都体现了一种既承认适当地位分化的阶序格局，又要相互尊重和彼此回报的平衡机制。然而，这一传统面对革命的动员和市场的侵袭，到底会发生什么变化呢？费先生当年就提到"礼治的可能必须以传统可以有效的应付生活问题为前提。乡土社会满足了这一前提。因之它的秩序可以以礼来维持"，而"在一个变迁很快的社会，传统的效力是无法保证的"，"礼治社会并不能在变迁很快的时代中出现的，这是乡土社会的特色"。

本书采取的社区秩序转型历史的分析框架，可以看出并不是简单地以一种权力类型或者资本力量的概念，来简化革命和市场对乡村社会的影响机制分析，而是着眼于革命和市场给乡村带来的政治机会和市场机会，以及乡村社会空间内部不同地位的村民团体如何对政治机会和市场机会做出行动反应，来看二者之间的相互关系及其带来的转变过程。这样的分析框架，让乡村社会秩序的转变分析建立在社会结构和生活机会的互动关系之上，从而奠定了相对扎实而细致的现实基础。

当然，到底革命对乡村传统的礼治秩序产生了什么影响？从本书的研究发现来看，革命一方面确实颠覆了传统的乡村精英结构，导致乡村社会结构重组，但无论是新的革命精英结构的形成，还是革命行动的开展都离不开传统资源动员模式的原型基础。书中提到的首任村支书郭全英，无论是在小店河村的土改，还是在回到泥河村后领导的解放斗争和土改运动，都是通过传统亲属体系和拟亲属体系的构建来动员村民参与革命过程的；同时他也受制于这些传统力量，给他们提供政治机会和庇护机制。当然，也有过对传统体系造成破坏的时刻，比如在"大跃进"时期和"文化大革命"初期，激进的革命运动为村庄边缘群体提供了挑战村庄政治权力结构的机会，也导致他们必须采取激进行动策略才能成功挑战乡村政治结构，进而破坏了乡村社会秩序和伦理关系。但是，这些特殊时刻的破坏，会在常规社会主义集体化时期得以修复。所以，似乎革命和社会主义集体

化并没有瓦解乡村社会秩序构建和治理的基本原型模式。然而，面对市场
化过程，尤其是 21 世纪以后的城镇化进程，随着乡村生活空间的瓦解，
原有的乡村社会秩序和治理机制基本模式在发生着更加彻底的改变。虽然
在改革开放初期，也就是放权让利、包产到户的时期，新任村支书李香元
通过戏剧、书法和训政等手段，确立了一种新的礼治秩序，但是 2003 年
以后，伴随着外出打工、征地开发等城镇化、工业化进程的加快，泥河村
的社会结构和礼治秩序开始发生剧烈的变动，而且缺乏一种修复机制。尽
管泥河村相对于其他村庄，传统文化资源的延迟作用继续发挥，弱化了社
会秩序散乱的程度，但是，这个变化趋势是不可更改的。个体化趋势和功
利性行为模式日益明显，但是对应的个体主义的伦理道德和社会秩序却陷
入了转型的迷茫。这是作者看到的较为深刻的乡村社会秩序转型的议题。

　　由此是否可以得出，集体化社会对于恢复乡村的礼俗秩序有着重要的
修复功能。而个体化社会是否不利于礼俗秩序的恢复呢？可能还不能简单
地下结论。我感到两者之间还有一种隐形的张力，把个体和集体有机地凝
结在一起，使得市场在面对乡村社会时，又会赋予道义的责任和义务。

　　所以，未来的泥河村应该还是一个充满活力并具有文化自信的村落。
正如费先生在《晋商的理财文化》中所言"任何经济制度都是特定文化
中的一部分，都有它天地人的具体条件，都有它的组织结构和伦理思想。
具体条件成熟时发展一定的制度，也必然会从它所在的文化里产生与它相
配的伦理思想来作为支柱"。所以泥河村的文化传统在新时代，还会绽放
更加异样的光彩，给予村民以新的活力。

　　祝愿泥河村越来越好！

2018 年 5 月 3 日于魏公村

目录

上编　社区治理的理论研究

下编　社区治理历史案例研究

上编　社区治理的理论研究

社区治理的理论传统在国内主要是由政治学界从国际政治领域引入治理概念，然后用于分析中国政治体制改革现实时产生的一个理论流派。在这一理论当中，社区是作为市民社会的一个分领域用于讨论民主化治理转变过程的（俞可平，2000：332）。然而，社区治理这个概念是个复合词，从字面上看包括社区和治理两个词项。不管是社区概念，还是治理概念，都有多个理论传统，而不仅仅出自国际政治领域这一学术传统。而且，如果把社区治理放在历史脉络下来分析，我们就会发现，整个现代化过程其实就是社区治理方式的演变过程。因为在传统社会，世界上还没有民族国家和对应的市民社会，只有帝国权威和基层社区，所以那时候的政治治理就是如何实现基层社区的秩序稳定。而现代化转型过程，正是基层社区自治模式被动员、卷入民族国家体系的过程，与此相对应才出现了新的国家与社会的关系问题、公民个体和社会秩序的关系问题等。这才是社区治理研究的根本问题。所以，本书并不局限于国际政治学领域中的治理概念，而是聚焦于社区秩序的形成方式及其转变机制这一核心问题，去梳理社区研究的理论传统、治理研究的理论传统以及中西方社区治理发展演变趋势的理论传统，从而建构出社区治理转型的理论框架。

第一章　社区治理和国家治理的概念辨析

一　社区的不同内涵及其蕴含的治理方式问题

社区这个概念是中国社会学家费孝通先生在 20 世纪 30 年代为美国芝加哥大学社会学家罗伯特·帕克来燕京大学社会学系讲学做翻译时创造出来的一个概念。当时帕克教授受燕京大学社会学系吴文藻先生的邀请来华进行讲学，传授社区研究方法，讲到了德国社会学家斐迪南·滕尼斯的著作 *Community and Society*。对英文 community 的翻译，让当时的中国学者费心。后来，年轻的费孝通创造出了"社区"一词来表达这个词的含义。尽管费孝通从英文世界翻译过来的社区概念确实比较准确地表达了这个词的空间含义，但是相应地也带来了一个问题，那就是他把社区理解为一个社会的缩影，当成一个特定时空的小社会来研究，目的是研究整个中国大社会。他说："以全盘社会结构的格式作为研究对象，这对象并不能是概然性的，必须是具体的社区，因为联系着各个社会制度的是人们的生活，人们的生活有空间的坐落，这就是社区……社区分析的初步工作是在一定时空坐标中去描写出一地方人民所赖以生活的社会结构……第二步工作是比较研究，在比较不同社区的社会结构时，常发现了每个社会结构有它配合的原则，表现出来的结构的形式不一样。"（费孝通，1985：94~95）

实际上，作为费孝通的老师，吴文藻先生是开创中国社区研究学派的领袖。尽管吴文藻没有多少具体的经验研究，但是却培养出了费孝通、林耀华、杨懋春等这样享誉世界的中国社区研究大师。吴文藻更是明确地提出："'社区'一词是英文 community 的译名。这是和'社会'相对而称的。我所要提出的新观点，即是从社区着眼，来观察社会，了解社会……社会是描写集合生活的抽象概念，是一切复杂的社会关系全部体系之总称。而社区乃是一地人民实际生活的具体表词，它有物质的基础，是可以观察的。"（吴文藻，1935）

吴文藻先生的这段话更加清楚地表明，当时那一代社会学家是把社区研究当作一种研究中国社会的具体时空单位来运用的，也就是当作一种实地调查的方法。这种社区研究方法尽管后来存在许多争议，但依然保持着旺盛的生命力（王铭铭，1997；卢辉临，2005）。这里我们不是讨论方法问题的，而是关注作为一种概念的社区，作为一种生活模式和社会秩序的社区，到底指的是什么意思。让我们回到学术经典，来看看那些学术大师是如何理解社区及其蕴含的社区治理方式问题的。

（一）自然意志结合下的社区理想形态

前述，芝加哥大学的帕克教授提到的德国社会学家斐迪南·滕尼斯的著作 *Community and Society*，德国原著为 *Gemeinschaft und Gesellschaft*，发表于 1887 年，后来被中国学者林荣远先生翻译为《共同体与社会：纯粹社会学的基本概念》（斐迪南·滕尼斯，2010）。从这本书的名字可以看到，滕尼斯不是阐述研究方法的，而是阐述社会学基本概念的。而且，从这本书的标题显然可以看出，他是把社区共同体当作一种区别于现代社会的理论抽象来对待的。那么，到底滕尼斯的社区共同体概念是什么意思，又蕴含着什么样的治理方式？

滕尼斯是从人类结合方式出发，来阐述传统与现代不同时期的社会关系的差别的。他当时的主要问题意识来自三位思想家，一个是英国思想家亨利·梅因的《古代法》《东西方的农村社区》，另一个是德国法学家奥托·基尔克的《德国合作社法》，还有就是卡尔·马克思的《政治经济学批判》《资本论》等（斐迪南·滕尼斯，2010：12～13）。这些思想家对其产生的影响是促使他思考传统和现代社会人们之间的结合方式的差别，"或者被理解为现实的和有机的生命——这就是共同体的本质，或者被理解为思想的和机械的形态——这就是社会的概念"（斐迪南·滕尼斯，2010：43）。

这正是社会学关心的核心问题，到底个人通过什么方式联系起来，组成一个族群的，进而出现个体和族群关系。正如上面引述的，滕尼斯认为，传统社会的结合方式从抽象层面来思考，或者说抽象出来一种理想形态的话，是一种共同体的结合方式。而所谓共同体的结合方式，他认为是建立在自然意志的基础上的，通过一种近似于本能的中意来结合，慢慢地又借助于习惯和记忆来加强这种本能的中意，抵消个体分离的趋势。而且，他认为，从生物本能上，最初的共同体是血缘共同体，然后发展到地缘共同体，再发展到精神共同体，所有这三种共同体，都是建立在集体的共同意志基础上的。这种集体的共同意志并不是基于人们的理性选择，而是符合自然生物和精神的本能需要，因为持久的接近和经常的接触而产生的相互提携和肯定趋势超过了相互妨碍和否定的趋势，进而产生了一种类似于自然法的集体意志。

在这里，滕尼斯提出的自然法不同于古典思想家提出的自然法，古典思想家提出的自然法是一种基于假想的自然状态下的个体权利的推论，而滕尼斯提出的自然法是一种基于历史的共同体生活状态下的集体意志的表现形式——"相互之间的共同的、有约束力的思想信念作为一个共同体自己的意志，就是这里应该被理解为默认一致的概念。它就是把人作为一个整体的成员团结在一起的特殊的社会力量和同情……一切与一种共同体关系的意义相适应的、在这个意义上的和对于这种关系具有某一种意义的东西，这就是它的法……符合他们真正的本性和力量时，这才是一种自然的法，作为一种把它的区域或它的职能、义务和优先权的总和赋予每一种意志的共同生活的秩序。"（斐迪南·滕尼斯，2010：58～59）

所以，在滕尼斯看来，社区共同体具有如下基本特征（他称之为规律）。

> 1. 亲属和夫妻相亲相爱，或者容易相互习惯：往往乐于一起说话和思考，共同商量，一起切磋，亲密无间。同样，邻里乡党和其他的朋友，也可以与之相媲美。
> 2. 相爱的人等等之间存在着默认一致。
> 3. 相爱的人和相互理解的人长久待在一起，安排他们的共同生活。（斐迪南·滕尼斯，2010：60）

所以，滕尼斯的社区共同体概念是基于19世纪的人类学调查和研究而建构出来的一种比较理想的集体生活形态。这种集体生活形态靠自然本能把大家吸引和团结起来，进而靠习俗和艺术来强化这种团结，产生精神和自然法。而且，他根据上述三位思想家的思想，也把这种原始的集体生活形态想象成相互的提携和肯定，乃至默认一致，没有奴役和压迫。只是后来产生了阶级社会之后，才有了奴役和压迫。这样的社区生活形态，指个人意志从属于集体意志，二者是高度一致的，相应地也就没有什么秩序冲突问题，社会治理也就是靠大家默认一致的亲情本能、习俗和精神来实现，根本用不着强制性权力和手段。正如吴飞在关于西方 19 世纪的人类学"知母不知父"的母系/母权神话进行谱系学考察时所言，这种对于人类社会早期的生活形态的理想化建构，仍然没有脱离 19 世纪的进化论思维模式，只不过采取了一种由美好的原始共同生活到文明野蛮的阶级分化状态的辩证模式（吴飞，2013）。

（二）结构功能模式下的社区日常生活

如果说滕尼斯的社区共同体概念比较抽象和理想，缺乏较为具体的田野调查资料支持的话，那么 20 世纪英国人类学家拉德克利夫 – 布朗根据法国社会学家涂尔干提出的结构功能主义并结合他在印度安达曼群岛的调查资料提出的社区概念，相对来说则比较科学现实。实际上主宰 20 世纪大半个世纪的社区研究的主要范式就是结构功能主义，包括中国学者费孝通、吴文藻等学者也都受其影响，采取的是结构功能主义的研究思路。

20 世纪之前的人类学研究还不是科学的人类学，而是基于见闻和资料进行的异族生活风俗的推测，只是进入 20 世纪之后，以马林诺夫斯基为首的人类学家才开始进入原始社会进行长期的参与观察、系统的记录和分析，撰写出全面的民族志。拉德克利夫 – 布朗也是 20 世纪首批进行田野调查的人类学家之一，而且他比较清楚地阐述了进行田野调查的方法问题，这体现在他的《原始社会的结构与功能》一书。他认为："社会人类学家所研究的原始社会并无历史记载……如果要把他们的研究归于历史研究的范畴，人类学家们只能在推测和猜想的基础上，对研究拟测出一些'伪历史'和'伪因果'解释。"（拉德克利夫 – 布朗，2009：3）布朗认为，"对我来说，在比较社会学中我认为功能的这种用法会让它成为一个有用的术语。因此，过程、结构和功能这三个概念就包含在对人类社会体系阐释的方案之中。这三个概念在逻辑上的相互关联，原因就在于'功能'一词描述过程和结构之间的关系"（拉德克利夫 – 布朗，2009：14）。

布朗的结构功能分析方法被运用于原始社会的田野调查，确实产生了积极的效果，推动了人类学对原始民族社会生活研究的科学实证转向。人们不再认为原始部落的社区生活就一定是一种基于母系关系的共同体生活，而是发现，即使是没有国家的原始社会，基于亲属制度的社区生活当中依然充满了财产和地位分化，以及社会权威的继承关系问题。而且布朗通过对实证资料的分析指出，尽管南非社会存在着母舅制度，但是外甥和母舅的亲密关系，并不支持当时一些人类学家提出的很久之前就存在母系氏族的观点（朱诺德，1935，转引自拉德克利夫－布朗，2009）。因为布朗指出，除了母舅制度，还有姑母制度，母舅和姑母都是比较亲密的亲属，外甥依赖母舅，侄子依赖姑母。但这不能说明存在什么母系社会阶段，它只是父权体系下，把"兄弟对等原则"扩展到母亲亲属和父亲亲属而已。也就是说，母亲的兄弟姐妹会比拟对母亲的态度来外推，所以外甥和舅舅的关系很亲密和随和；父亲的兄弟姐妹也会比拟对父亲的态度来外推，所以姑姑对侄子比较关爱和严厉（拉德克利夫－布朗，2009：14）。

实际上，大量的人类学田野调查发现，在原始社区里，氏族的日常生活并不是浪漫化地友爱和无争，而是存在着团结和分裂的不同组织机制，在氏族、宗族和部落之间也存在着一定的权威层级关系，尽管他们通过一定的仪式和对外竞争产生内部团结和互惠机制，但是，内部成员之间的关系有可能是非常紧张的（埃文斯·普瑞查德，2014），至少也是相互之间为了自己的生活而各自独立的，并不是一种紧密的相互占有和相互提携的共同体生活模式。

当然，所有人类学研究都承认，原始社区相对于现代社会的人际关系确实存在着一种更加紧密的团结互惠机制。然而，这种更加紧密的团结互惠机制到底靠什么形成？其实并不靠简单的社会分工基础上的自然本能倾向形成，而是依靠一种文化信念和文化仪式造就的。

（三）集体仪式下的社区团结机制

关于传统社区的团结机制问题，有两种不同的理论流派，一派是法国社会学家埃米尔·涂尔干提出的；另一派是其外甥——马塞尔·莫斯发展出来的。涂尔干在《宗教生活的基本形式》一书中指出，原始社区的土著居民的日常生活和宗教生活状态是不一样的，也就是所谓的"圣俗二分"（埃米尔·涂尔干，2011）。日常生活状态下，人们各自过各自的生活，处于一种忙于日常生计的劳碌状态，相互之间的联系并不紧密。但是由于各种原因，原始社区的人们需要去理解和发现那些不能控制的自然神秘力量，这些神秘力量会时时刻刻影响人们的生活，增加生活的麻烦和苦难，所以人们必须理解它，并想办法来克服它。原始社区的人们理解和征服自然神秘力量的办法就是宗教信仰。涂尔干认为，原始社区的宗教信仰主要是为了寻找和克服神秘力量，借助集体仪式，通过神圣的集体欢腾气氛，把人们从日常生活中拉出来，投入到一种忘我的集体欢腾气氛中，借助这种集体欢腾氛围让社区成员团结起来，产生集体意志和力量，进而去和神秘对象沟通和互动，以献祭、请求、祈祷、责备等方式，动员神灵力量克服日常生活的疑难问题。他说："澳洲社会（指原始澳洲社区）的生活是在两个不同的周期中交替过渡的。有时候人们分成彼此独立的一个个小组，分散到各自的领地，每个家庭自食其力，或打猎或捕鱼，总之，就是尽其所能地争取必不可少的食物。有时候则相反，人们集中在特定地点进行集会，时间长达几天乃至几个月之久。如果有氏族或者是部落的一部分受到召请参加集会，这时候，这种集中就发生了，他们将举行宗教仪典，或者按照民族学的说法，叫做'集体欢腾'。"（埃米尔·涂尔干，2011：206）

这就是涂尔干的重要理论贡献，他把宗教研究引入集体仪式和集体气氛等社会范畴上面，摆脱了之前宗教研究的各种神秘猜测和起源论证问题。而且，他运用结构功能主义分析思路，把宗教生活的集体仪式和集体氛围当作一种超越于个体生活之上的社会事实和社会力量，并以此解释原始社区的团结整合的内在原因（也正是因为有社会团结的功能需要，所以才有了集体宗教生活，反过来集体宗教生活导致社区团结）。他说："仪式首先是社会群体定期重新巩固自身的手段。据此，我们有可能根据假设重新构建出图腾膜拜最初的形成方式。当人们感到他们团结了起来，他们就集合在一起，并逐渐意识到了他们的道德统一体；这种团结部分是因为血缘纽带，但更主要是因为他们结成了利益和传统的共同体。"（埃米尔·涂尔干，2011：367）

作为涂尔干的学生，法国汉学家葛兰言曾经运用结构功能主义的分析思路，对中国第一部诗歌著作《诗经》里的歌谣进行了解析，形象地描绘出中国上古时代的氏族部落生活的社会形态。他认为，根据《诗经》里歌谣的字面意思，在封建诸侯通过家庭伦理道德约束人民的家庭生活之前，中原地区的各个小部落集团过着一种根据时令而聚合离散的社会生活。一般在春天来临的时候，随着春回大地，两个氏族集团的青年男女自发到河边和山坡地带采花折柳，吟唱歌谣，约定婚姻，比如《诗经·野有蔓草》就表达了春季里青年男女情窦初开的心情："野有蔓草，零露漙兮。有美一人，清扬婉兮。邂逅相遇，适我愿兮。"意思是说，山野里长满野草，草上缀满了露珠。有一个美丽的青年，眉清目秀。我们邂逅，这正是我的心意啊。而一首邶国的《北风》则代表了秋天来临，人们急着完成婚约的心情。"北风其凉，雨雪其雱。惠而好我，携手同行，其虚其邪？既亟只且！"意思是说，北风多么寒冷，大雪纷飞，既然对我好，就要与我携手同行。为什么还推诿延迟？时间已经非常紧迫了。葛兰言认为，古代中原地区的各个部落根据季节过着两种形态不同的生活，一种是男女两大集团分开的男耕女织的日常生活，这主要发生在从春分到秋分的时间里；另一种是栖居在屋檐下面的蛰伏的生活，这主要发生在冬季寒冷季节。这两种日常生活都是单调而乏味的，而且又都是忙碌和克制的。只有在季节转换的时候，比如春天和秋天，人们才走出部落，按照外婚制的社会契约，两大对等的氏族集团的青年男女走到山丘、河畔，进行对歌和欢庆。春天里，他/她们沐浴着春风和雨露，尽情歌唱，寻欢作乐，并定下婚约；秋天里，人们在丰收喜悦中举行飨宴，同时完成婚礼，强化了两大氏族集团的婚姻联盟。葛兰言认为："节庆都是在中国农民有节律的生活中的转折时刻举行的，它们与个人和小群体的时间是吻合的，在这些时间里，他们隐居起来等到一年中的其他季节，集合到一起重新构造他们与之休戚与共的共同体。宽泛地说，它们是结合的节庆，在其中，人们清楚地意识到那些将他们维系到一起的黏合剂，意识到他们与自然环境的一体性。"（葛兰言，2005：161）

　　沿着涂尔干的思路，进一步把集体仪式进行细致、翔实的田野调查和逻辑分析的人类学家是英国学者维克多·特纳。涂尔干主要从结构功能主义来分析集体仪式和社区团结的关系问题，这和拉德克利夫-布朗的思路基本上是一致的，只不过作为社会学家的涂尔干要比布朗的主题更加鲜明和集中，而布朗更集中于民族志的详细描述上。然而，结构功能主义的分析思路确实容易招致诟病，被说成是循环逻辑——因为集体生活导致社区团结，因为社区团结需要集体生活。维克多·特纳作为20世纪中期的人类学家，从文化表演的仪式过程出发，展现了集体仪式如何一步一步地打破日常结构，形成一种特殊的反结构的共同体精神状态，从而把涂尔干的理论议题从结构功能的循环逻辑中挽救出来。

特纳基本上继承了涂尔干的"圣俗二分"的社区生活划分，认为原始部落的社区居民在日常生活里是各自分散独立的，但是各种人生过渡仪式、社区集体季节仪式和地位提升仪式等，会导致社区居民聚集起来，打破日常结构，进入一种"阈限"（liminality）、"交融"（communitas）状态——其实就是涂尔干所说的精神上的共同体状态。那么，到底特纳的贡献在哪里呢？主要是他针对阿诺德·范·杰内普提出的仪式过程的民族志展示。范·杰内普是和涂尔干同时代的文化学者，但是生前享誉甚少，直到20世纪60年代才获得承认。他关于过渡仪式的研究也是一种普遍化模式，缺少具体的民族志案例（维克多·特纳，2006：8~9）。然而，维克多·特纳则通过具体的民族志研究把范·杰内普的仪式三步骤——分离、阈限和重整进行了丰富的例示说明，并推广运用到现代社会的不同生活情景里。范·杰内普指出，集体仪式首先是分离阶段，就是把个人或群体从原有的处境——社会结构或文化状态中分离出来；然后进入了阈限状态，仪式主体进入一种特殊的文化领域，这个领域和正常领域的状况不一致；最后是重新进入常规结构，获得了明确的定义、结构性权利和义务。

维克多·特纳指出，之前的人类学研究关注静态的符号分类体系和抽象的集体仪式活动，人们对日常生活结构和特殊的仪式生活之间的辩证关系缺乏具体的过程分析。他认为，"对于个人和群体来说，社会生活是一个辩证过程，其中涉及高位与低位、交融与结构、同质与异质、不等与不平等的承接过程"（维克多·特纳，2006：97）。在这个辩证过程中，社会结构和社会秩序的维持和继替，正是通过反结构的仪式活动来获得合法性和社会认知的。也就是说，不管是个人人生发展阶段的提升，还是社会地位流动过程的提升，都需要通过一种仪式来把不同阶段、不同地位的特征显现出来，让社区其他成员体认到，并进而接纳和承认。而这个承认和接纳的具体过程恰恰又是通过反面的非结构状态强烈对比反衬出来的。比如，个人通过成人礼过渡到成人的过程，就是在集体仪式下，让青年遭遇成年前的各种苦难，剥夺其社会地位和尊严，让其接受残酷的考验，之后进入成人世界，获得一种较为高等的社会成员资格的过程。同样，一个部落首领，也要通过就职仪式，接受磨难和侮辱，然后才能获得地位和权威。甚至部落里某个成员生病了，在进行巫术治病仪式（依瑟玛仪式）时，也是借助集体的仪式力量剥夺其日常生活的理性信念，使其进入到一种精神高度紧张和兴奋状态，从而调动人体的潜能。维克多·特纳告诉我们："在政治、司法和经济制度里，状况和地位的历时性转换的阈限所具有的'软弱性'和'被动性'，与某些个人、群体、社会类别和经济制度在结构性或共时性上的地位低下之间，有着相互一致的关系。'阈限'和'低下'的情况常常和仪式力量联系在一起，而这时整个社区都被看作是无彼此差别的。"（维克多·特纳，2006：100）

也就是说，维克多·特纳把涂尔干的静态结构功能分析扩展为一种动态的辩证过程分析，阐明了社会结构的辩证发展过程。如果说涂尔干指明了集体仪式的功能性力量——社会团结机制的话，那么维克多·特纳则告诉我们，集体仪式制造的交融精神状态，是对结构的反动过程，而正是这个反动过程才显示出结构的模式和力量，通过这个反结构过程，清洗了结构力量的罪恶和污秽，让结构更加巩固和坚韧。这其实暗示了一种传统社区的治理方式，社区结构和秩序并不仅仅是靠动权力和利益竞争来维持的，而且还靠一种具有显示功能、清洗功能的反结构的集体仪式来整合与巩固的。

（四）道德伦理模式下的社区互惠机制

难道除了通过集体仪式制造的集体欢腾和无差别的交融状态来实现社区团结，就没有其他社区联系整合的机制了吗？其实也不尽然。涂尔干的外甥马塞尔·莫斯在涂尔干去世后，就提出了自己的新见解。莫斯认为，原始社区在日常生活交往中也有一种联系机制，可以实现社区的团结互惠，不一定要通过集体仪式的交融力量，这种日常生活的团结互惠机制其实就是礼物流动。

莫斯认为，原始社会的日常生活最重要的一个特征"归根结底便是混融（Mélange）。人们将灵魂融于事物，亦将事物融于灵魂。人们的生活彼此相融，在此期间本来已经被混同的人和物又走出各自的圈子再相互混融：这就是契约与交换"（马塞尔·莫斯，2002：45）。但是，莫斯所说的原始社会的契约和交换，与现代资本主义的商品交换不一样，而是一种礼物经济。礼物经济是一种融入了社会的道德精神的"灵物"，而不是一般的物质商品。他发现，不管是波利尼西亚的萨摩亚人，还是新西兰的毛利人，他们赋予物一种灵力，萨摩亚人叫作"tonga"，毛利人称之为"hau"（豪）。这种灵力可以让物流动起来，而不仅仅作为一种个人的附属物被占有。在这种观念体系中，人与物相互融通，人与人之间的交流，也与这一融通密切相关。人与物混融的观念体系，表现在土著人频繁进行的礼物馈赠习俗中。在这种观念体系中，还给他人的东西，事实上是那个人本性或本质的一部分；如果接受了某人的某物，就是接受了他的某些精神本质，接受了他的一部分灵魂；保留这些物品会有致命的危险，不单单因为这是一种不正当的占有，还因为该物在道德上、物质上和精神上都来自另一个人，这种本质，连同食物、财物、动产或不动产、女人或子嗣、仪式或圣餐，都会使占有者招致巫术或宗教的作用（马塞尔·莫斯，2002：21~22）。"豪"的这种力量，为社会提供生命源泉，使之不停留在固定的个体占有状态，而不断地处于"三种义务"的轮回中。这"三种义务"是给予、接受和回报。三种义务发挥着作用，使物的交换在原始社会那里富有浓厚的礼仪色彩。

　　莫斯发现，不仅原始社会的物具有一种灵力，人与物是融通的，而且古代罗马、印度和日耳曼国家的法律对物的分类也都体现了物与人的关系，例如从家庭成员的物、到房屋中的物、再到远离牲口棚的田野中的牲畜等。只是到现代社会以后，人们才逐渐剥离了物的灵性，将其归为一种客观的物，人和物的关系也开始变得工具化、理性化，而人也渐渐成了一种追求纯粹利益的经济人。莫斯要说的是，纵观这个演变过程，我们发现，原始社会和古代社会，物品的流动不是单纯的商品交换问题，而是蕴含着社会伦理精神的交往模式。这一总体性社会事实才是社会团结互惠的内在机制。为什么现代社会的市场交易机制导致竞争乃至分裂，原因是现代市场社会已经失去了社会团结互惠的内在精神灵魂，成为纯粹的利益和权力竞争。但是，在古代社会和原始社会，人们的日常生活笼罩在神秘灵性的道德力量之下，这促使人们不管是横向的水平交往，还是纵向的等级关系，都要服从社会伦理的道德力量，按照其规定的义务关系而交往。

　　莫斯的礼物交换理论提出之后，引起了人类学界持续的讨论。大家争论的焦点是到底礼物交换的内在动力机制是什么？莫斯认为是一种神秘的灵力（也就是他提出的"豪"的神秘之物）在引导礼物的给出和返回。但是英国人类学家马林诺夫斯基和雷蒙·弗斯等人则基于自己的民族志调查，认为南太平洋群岛上的波利尼西亚的萨摩亚人以及新西兰的毛利人等的交换礼物并不是因为神秘之灵力，而是因为社会互惠关系（reciprocity）中的均等报偿的观念。之后，莫斯的礼物交换理论又受到法国人类学家列维－斯特劳斯和美国人类学家萨林斯的批判，列维－斯特劳斯认为礼物交换只是一般社会交换结构的特殊形态而已；萨林斯则认为礼物交换中的"豪"被神秘化了，是人类学家试图去发现某种神秘物的先入之见影响了对于礼物交换的真正动力的发现。萨林斯认为，礼物交换的核心就是马林诺夫斯基所强调的日常生活交往中的互惠性，只不过互惠性根据亲属关系的远近以及合群程度和慷慨程度而有所区别，他把互惠分为一般互惠、均衡互惠和否定性互惠三种类型（阎云翔，2000：21~23）。总之，不管是神秘之灵力，还是世俗回报的均衡性，强调的都是平等主体之间的社会关系纽带。而一些印度学者指出的不平等主体之间的单向的礼物赠送关系，则是对莫斯的礼物范式的真正严肃的挑战（阎云翔，2000：26）。阎云翔有关中国社会礼物流动的研究也发现了单向的送礼关系，社区中的低下阶层为了和特权阶层建立起特殊的保护关系，或者晚辈对于长辈，都需要通过送礼来表达尊敬和孝敬的心意，以获得上层人士或者长辈的爱护（阎云翔，2000）。但是，如果从莫斯提出的总体性社会关系来看，不管是印度社会的高等种姓对低等种姓的檀施，还是中国社会下层人士/晚辈对上层人士/长辈的送礼，从表面来看都是不对等的礼物流动，但是其产生的社会关系还是为了一种间接的互惠——印度人是为了获得对低等种族的支配，中国人是为了获得上层人士/长辈的保护。

莫斯的礼物交换概念也是基于别人的二手文献分析得出的。而通过个案研究，将此概念实际列示出来的人类学家是美国学者詹姆斯·C. 斯科特。斯科特利用缅甸和越南的农民反叛的历史资料，深入探讨了传统农业社区伦理经济形态，在遭遇现代商业化体系及官僚国家的入侵和破坏时，农民基于传统社区伦理观念和公正观念所进行的反抗。他关于缅甸和越南农民反叛的个案研究尽管不是民族志研究，但是借助于丰富的档案材料，向我们描绘了东南亚的缅甸、东京、安南，或者东爪哇、中爪哇地区的农民生活状况。他认为："在大多数前资本主义的农业社会里，对食物粮食的恐惧，产生了'生存伦理'……还有许多社会安排也服务于同样的目的。互惠模式、强制性捐助、公用土地、分摊出工等等都有助于弥补家庭资源的欠缺；否则，这种资源欠缺就会使他们跌入生存线之下。"（詹姆斯·C. 斯科特，2001：3）

斯科特所说的生存伦理到底是一种什么伦理呢？斯科特说，生存伦理首先就是社区中那些遭遇生存困境的底层群体的"安全第一"原则。"它们并不意味着绝对平均主义。相反，它们意味着一切人都有权利依靠本村资源而活着，而这种活着的取得，常常要以丧失身份和自主性为代价。"（詹姆斯·C. 斯科特，2001：6）不但农村社区内部的邻里之间，而且同外部社会精英之间的关系也受安全第一的生存伦理的影响。对于社区内部地主 - 佃户的关系，以及对外部政府的盘剥等评价标准都受生存伦理的影响。具体来说，"既然佃户宁愿尽量减少灾难的概率而不是争取最大的平均利润，那么，在对租地使用权制度的评价方面，佃户生存收益的稳定和保障就比平均利润或被地主取走的收获量都具有决定性。为佃户提供有保障的最低利润的租地制度，比起那种从佃户那里盘剥量较少但忽视其基本消费需要的制度来，在佃户的体验中似乎剥削的程度较低。这一推理同样适用于政府"（詹姆斯·C. 斯科特，2001：9）。

那么，东南亚前资本主义的农村社区的佃户所看重的实现最低限度的生存保障制度的具体手段有哪些呢？斯科特指出，包括每个家庭内部的自救手段，以及家庭之外的一整套的网络和机制。家庭内部的自救手段包括自我剥削、挨饿、从事副业等生存策略。而家庭之外的网络和机制，其实就是社区单位里的互惠和保护纽带，以及国家对农民的救援。所有这些生存保障机制中，最重要的就是社区里的朋友之间的互惠和保护人对被保护人的庇护机制。关键是为什么乡村社区存在着这种互惠机制和保护机制呢？斯科特说："这是因为由于得到地方舆论的支持，这些保障体现了公平合理的规范的生活模式。他们体现了农民对公平的社会关系的看法。"（詹姆斯·C. 斯科特，2001：52）所以，关键是乡村社区的公平观念借助于地方舆论发挥着约束机制，约束地主和富人精英在获得资源和地位优势的同时，要对佃户和穷人提供社会福利。"只要表现得慷慨大方，富裕村民就能免受流言蜚语的非议。他们被期待着主办铺张浪费的婚礼庆典，以显示对其亲属邻人的宽厚仁爱，还要主办地方宗教活动，还要接收超过平均人口数的侍从和雇员。"（詹姆斯·C. 斯科特，2001：53）当然，富人也不是白白地尽义务，他们借此获得日益增长的威望，"在其周围聚集一批充满感激之情的追随者，从而使其在当地的社会地位合法化。此外，它还相当于一笔社会公债，必要时便可兑换为财产和服务"（詹姆斯·C. 斯科特，2001：53）。

这就是传统社区的治理模式——通过团结互惠机制来维持社区成员之间的社会关系以及和社区外部的关系。长期稳定的生活方式，再加上比较艰难恶劣的生存环境，导致社区经济围绕着生存伦理组织起来，生存伦理有两种具体表现：一种是互惠原则，也就是上述莫斯所说的礼物馈赠和回报的均衡原则，另一种就是安全第一的原则。当然，这背后也存在着社区内部和外部的资源分配的不平等现象，以及对应的剥削问题。但是，指导当地农民日常行为的标准不是一种客观的劳动数量的剥削标准，也不是市场供求关系决定的边际均衡价格，而是农民基于特定的社会历史背景而产生的共同的道德理念结构。正是社区集体道德理念决定着社区居民的公正观念，并将其融入行为组织结构中。人们的日常行为要符合大家公认的公正观念，如果有人破坏社区集体公平模式，或者发生大规模的社会集体公平秩序的变迁，人们的义愤就会被激发，进而发生保护社区集体伦理的防御性斗争。"正是农民对'公正'的意识，使得他能够判定谁应对其生存困境负有道德责任，使得他能够行动起来，不光要恢复生存条件，还要争取自身的权利。"（詹姆斯·C. 斯科特，2001：242）

（五）志愿公共精神下的社区公共生活

无论是涂尔干和特纳研究的集体仪式，还是莫斯和斯科特研究的集体伦理，都是基于原始社会或者至少是前资本主义的传统社会所得出的社区团结互助的机制。那么现代资本主义条件下的社区整合机制又是什么呢？一般认为，资本主义进程导致的后果是破坏掉传统农村社区稳定的团结互惠机制，把个人从传统社区保护中脱离出来，将其投入一个没有保障的市场社会，导致市场上的无产者像从撒旦磨坊里吐出的渣子一样随风飘荡（卡尔·波兰尼，2007）。然而，资本主义社会是一个阶级社会，除了流离失所、漂泊不定的无产阶级，也有一些生活无忧、安居乐业的中产阶级。中产阶级的社区公共生活又是怎样维护公共秩序的呢？难道他们的生活就

一定是韦伯所说的审慎的个体理性？只能通过市场契约来联系个体化的经济主体？（马克斯·韦伯，2010）

实际上19世纪的法国社会思想家托克维尔开辟了独特的有关当代中产阶级社区公共生活的学术传统。他沿着孟德斯鸠的法的精神研究思路，去观察19世纪30年代美国乡村小镇的公共生活。他发现，19世纪30年代的美国北部地区的城镇居民大部分都是从英国而来的清教徒，具有中等文化水平和财产收入水平，资源人口比例非常宽松。这样的生存环境，截然不同于同时期的中国和东南亚地区的乡镇生活。同一时期那里的美国人在没有生存威胁和压力的状态下，尽管享有充分的自由，但是并没有导致过度的个人主义，而是产生了特殊的民情和对应的民主政治（托克维尔，2006：60）。

到底美国当时产生了什么样的民情，让这个新生的移民国家能够在短短不到百年的时间里，就发展出一种令世人羡慕的民主制度呢？托克维尔发现，美国北部的小乡镇都有一种共同的精神——那就是爱慕自己的乡镇。他说："新英格兰的乡镇组织得很好，既能吸引各类居民依恋向往，又不致激起他们的贪欲。"（托克维尔，2006：74）他还发现："乡镇，即日常生活关系的中心，才是人们的求名思想、获致实利的需要、掌权和求荣的爱好之所向。"（托克维尔，2006：75）

关键是怎么才能激发新生的美国乡镇居民产生爱护家乡的精神呢？托克维尔发现，主要是通过"实践而养成的一种眷恋故乡的感情……乡镇生活可以说每时每刻都在使人感到与自己休戚相关，每天每日都在通过履行一项义务或行使一次权利而实现。这样的乡镇生活，使社会产生了一种勇往直前而又不致打破社会秩序的稳步运动"（托克维尔，2006：75）。

这就是托克维尔开创的乡镇社区自治的理论传统，通过志愿参与公共事务而培养出来的认同家乡的民情，这一民情维系着美国基层民主。而且托克维尔明确指出："法制比自然环境更有助于美国维护民主共和制度，而民情比法制的贡献更大。"（托克维尔，2006：625）当然，在一个自由民主社会里，个人主义有可能日益抬头和发展，进而慢慢侵蚀志愿参与的公共精神。所以，托克维尔警惕个人主义的过度发展有可能导致自由民主的破坏，进而导致专制制度，因为个人主义不是盲目的本能，而是错误的判断，认为社会公共利益和自己无关，只需要做好自己的事情就可以了，结果把公共事务让给专制独裁者横行霸道。托克维尔指出："利己主义可使一切美德的幼芽枯死，而个人主义首先会使公德的源泉干涸。"（托克维尔，2006：625）

如何才能防范个人主义的发展，找到一种平衡的方法呢？关键就是允许并鼓励公民对基层社区公益的参与和自由结社。这要比全国层面的代议制民主更加根本。"当使公民们全都参加国家的治理工作时，他们必然走出个人利益的小圈子，有时还会放弃自己的观点。"（托克维尔，2006：630）而且，"如果让公民们多管小事而少操心大事，他们反而会关心公益，并感到必须不断地互相协力去实现公益"（托克维尔，2006：632）。在托克维尔那个年代，他认为只要给人们自由，不去限制大家的参与热情，人们自然就会积极参与并关心公共事务。而且，他承认现代社会组织参与公益比较困难，但是并不能因此就用政府的职责取代公民结社和社区自治。他说："一个政府，只要它试图走出政治活动的范畴而步入这条道路，它会不知不觉地要实行一种令人难以容忍的暴政。"所以，关键的问题是给公民自由，允许大家自由地结社和参与社区公共事务（托克维尔，2006：639）。他说："地方自由可使大多数公民重视邻里和亲友的情谊，所以它会抵制那种使人们相互隔离的本能，而不断地导致人们恢复彼此协力的本性，并迫使他们互助。"（托克维尔，2006：632）他甚至认为自由结社和参与社区公益慢慢地会成为一种习性，"他们为公益最初是出于必要，后来转为出于本意。靠心计完成的行为后来变成习性，而为同胞的幸福进行的努力劳动，最后成为他们对同胞服务的习惯和爱好"（托克维尔，2006：634）。

托克维尔开创的现代社会通过公民志愿参与和自由结社的习性实现社区治理的传统，一直传承到今天。虽然，后人已经指出从个人自由走向志愿参与公共事务当中存在搭便车困境（曼瑟尔·奥尔森，2011），但是并不能因为存在搭便车困境就放弃公民参与和自由结社这个传统，而是应该通过更加有效的动员方式，来克服搭便车困境，鼓励公民志愿参与和自由结社。

（六）基于社会交往网络的社会资本

托克维尔研究的是 19 世纪 30 年代美国民主制度的社区基础，问题是经过 19 世纪后期的工业化和城市化运动，美国进入一个高度城市化、工业化的社会之后，其公共精神还能够传承下来吗？如果能的话，又是通过什么形式传承的呢？在回答这个问题之前，我们先介绍一个学科之间的理论纷争——社会学和经济学之间有关市场经济何以可能的争论。

市场活动的公共基础是什么？如何才能产生市场？这个问题不仅仅是经济学假设的通过荒岛实验模型所得出的个人审慎本能问题，而且是在市场之外产生的人际社会关系及其蕴含的道德品质问题。实际上，市场何以可能的问题，早在古典时期就已经被经济学鼻祖亚当·斯密触及（亚当·斯密，2011），后来又被 19 世纪法国社会学家涂尔干论述（埃米尔·涂尔干，2001），但是长期以来，经济学帝国主义都把这个问题化简掉，只顾寻求经济活动的内在规律问题，而把社会关系当作"摩擦系数"，从理论模型中剔除出去。而到了 20 世纪 70 年代，社会学家开始通过新经济社会学研究，来复兴市场何以可能这个经典命题（沈原，2007）。

市场经济活动，涉及不同经济活动主体之间的匹配交易问题，新古典经济学主要基于理性自私的假定，借助于边际分析来推演出一般市场均衡的理想模式。但是，无论是人性的表现，还是市场匹配过程都不支持新古典经济学的理论。新经济社会学的代表人物马克·格兰诺维特认为，市场匹配过程中至为重要的"就是人们的社会网络扭结充当着工作信息传递的桥梁"（沈原，2007：57）。社会网络以及当中的文化规范成为新经济社会学研究市场经济行为的核心支柱概念。格兰诺维特指出，社会网络的质和量决定着市场上求职行为的满意度。他认为，相较于大家都熟悉的同类群体中的信息，通过弱关系获得的异质性信息才更加有用（Granovetter，1973）。而另一位新经济社会学的代表人物罗纳德·博特也论证了，在经济活动中，除了投入的金融资本和人力资本，还有第三类资本——社会资本。博特指出，相较于金融资本和人力资本，社会资本才是把前两者转化为利润的"机会"，社会资本是竞争成功的最后仲裁者（Burt，1992）。而且，尽管博特和格兰诺维特研究的问题不一样，但是其分析思路一致，都是分析社会网络的结构特征的，并且观点基本一致，都认为只有处于各种有效信息连接桥梁上的博弈者才能获得竞争优势。

格兰诺维特和博特的研究是直接和新古典经济学理论进行对话，试图反驳经济学帝国主义。然而，他们在研究中因为过度关注对社会网络结构的实证分析，而恰恰忽视了社会网络中的文化特征。实际上，作为一种社会资本，社会网络的意义并不仅仅局限于其结构特征，还涉及其蕴含的文化特征。在这方面，美国当代政治社会学家罗伯特·普特南比较全面地关注了社会资本的网络结构及其文化品质的双重特征。普特南明确指出："社交网络要求人们按照互惠的规则办事，即我为你做了这件事，我将期待以后你也会为我做某些事。"（罗伯特·普特南，2011：9）而且，普特南从文化属性区分了两种不同性质的社会资本：一种是以成员对象自身为重点，具有内在封闭性和外在的排斥性，可以称之为黏合性社会资本或者排斥性社会资本；另一种社会资本眼光向外，包容各个社会阶级的成员，可以称之为连接性社会资本或者包容性社会资本（罗伯特·普特南，2011：11～12）。

沿着这种思路，罗伯特·普特南认为，尽管现代社会已经由传统的封闭乡村社区迈向了自由市场社会，但是关键不在于个人自由主义，而在于自由个体之间的社会交往组成的广泛互惠信任的社会资本（Putnam，1993）。这实际上是托克维尔公共精神传统的一个转型。也就是说，19世纪的资本主义在美国刚刚萌芽，那时候的公共精神主要是通过志愿参与乡镇社区公共事务来实现的。而经历了工业化和城市化之后，美国的公共精神在20世纪上半期通过各种自由结社传统保留下来，并体现在对政治选举、教会活动和非正式的社交联系当中。但是，20世纪下半期，尤其是自1965年以来，除了小型团体、社会运动和上网交流等少数反潮流的活动之外，其他政治参与、宗教参与、公民参与、工作联系、非正式交往、利他主义志愿活动、互惠和社会信任等都在下降（罗伯特·普特南，2011）。无独有偶，美国当代文化学者罗伯特·N.贝拉等人的研究也说明，在美国功利性个人主义和表达性功利主义流行，而人们对于建构何种公共精神却并不清楚（罗伯特·N.贝拉等，2011）。他们都在纷纷哀叹，长此以往，美国社会的繁荣趋势将难以保持，也会导致人们的健康与幸福、安全与教育、民主与法制等方面产生一系列社会问题。

综上所述，不同研究传统都指出，在现代社会，尤其是在高度工业化和城市化社会里，仍然需要社区自治，只不过现代社区自治不是地域为本的乡村社区或乡镇社区自治，而是基于社会关系网络而产生的包容性互惠信任文化品质，也就是社会资本的繁荣程度。社会资本包括两个要素，一个是社会交往的网络结构，另一个是互惠信任品质。问题是，在现代社会，不管是社会交往，还是互惠信任，都出现了匿名化、短期化、肤浅化趋势，而且导致社会交往的广度和密度以及社会互惠信任品质都在下降。如何才能在一个广博的社会交往空间，制造新的共同体呢？

（七）想象共同体和群体身份建构

上述问题确实给社会科学研究提出了新的挑战，一方面是社会交往空间的广博和短暂，另一方面人们却又试图培养公共精神和社会团结。从根本上说，这个矛盾是很难克服的，但是其他研究领域的发现给了我们一些洞见和希望。一个是有关现代民族主义的起源和散布的研究，另一个是有关群体身份认同的研究，这两个现象都跨越了小型地域空间，试图在陌生人之间制造出新的共同体。

美国当代文化学家本尼迪克特·安德森是关于民族主义研究的标志性人物，这不是因为他最早研究民族主义，而是因为他开创了民族主义研究的新范式。安德森一反过去研究民族主义客观真实的历史传统，从自由主义和马克思主义的研究范式中跳出来，选择从文化建构的角度来研究民族属性这个历史现象。他认为这是一场哥白尼革命（本尼迪克特·安德森，2003）。他说："遵循人类学的精神，我主张对民族作如下的界定：它是一种想象的共同体——并且，它是被想象为本质上有限的，同时也享有主权的共同体。"（本尼迪克特·安德森，2003：5）而且，安德森认为，民族共同体作为一种想象的产物，是18世纪以后的产物，而不是古老的历史现象。18世纪正是西方资本主义社会发生工业革命的时代，这就回应了我们上述提到的困境：为什么在发生工业化和城市化的同时，却产生出想象的共同体呢？

安德森指出，正是资本主义的科技革命导致印刷术和地方语言的地位提升，同时导致了原来古老而神圣的宗教共同体和王朝统治的正当性出现不可挽回的衰颓。印刷资本主义导致"在历史上三个根本的、都非常古老的文化概念丧失了对人的心灵如公理般的控制力之后，并且唯有在这个情况发生的地方，想象民族的可能性才终于出现"（本尼迪克特·安德森，2003：35）。这三个古老的文化概念分别是手抄本语言代表了本体论真理；相信社会是围绕着统治中心组织起来的；弥赛亚式的时间观念，即把生命与自然本性以及获得救赎的特定方式联系起来。正是这三个古老的文化观念支撑着传统的宗教统治和王朝统治。然而，印刷资本主义的出现打破了它们当然的合法性，地方精英必须寻找新的方式，来建构新的共同体。

实际上世界上最早出现的民族共同体是欧裔海外移民先驱，尤其是当中由宗主国派往海外殖民地的殖民官。这些人需要定期地在宗主国和殖民地之间来回穿梭，以及在不同殖民地之间来回调动。然而，他们慢慢发现他们再也不能回到宗主国了，只能在殖民地和宗主国之间穿梭旅行。这种尴尬的身份令他们一方面和身份类似的殖民官之间产生出连带意识，另一方面也让他们自觉地慢慢和宗主国的官员区别开来，特殊的群体身份经过朝圣之旅产生了。当然仅有这个特殊身份的群体是不够的，还有上述所谓的印刷资本主义创造的地方性报刊书籍。这些地方性报刊书籍通过市场迅速传播着这个特殊群体的生活故事，慢慢地在海外欧裔同胞中就制造出一种可以想象得到的似曾相识的感觉。如果说面对面的互动可以产生连带性群体身份，那么"通过印刷语言，他们确实逐渐能在心中大体想象出数以千计和他们自己一样的人"（本尼迪克特·安德森，2003：90）。这样，借助于印刷资本主义，那些试图获得独立身份的海外欧裔殖民官们，就在他们的殖民领地任意传播他们的领土想象、民族想象和政治想象。实际上，正是他们首先创造了民族国家模式。在最晚"十九世纪的第二个十年之时，一个可供盗版的'该'民族国家的'模式'已经出现了"（本尼迪克特·安德森，2003：95）。这个可以盗版复制的民族国家模式后来返回到欧洲大陆，被那些古老的王朝国家所盗用，制造官方民族主义和帝国主义，从而建立自己的新的统治合法性。后来，又被亚洲国家所复制，反对西方帝国主义，建立新的民族国家。这当中无不是通过新的方言印刷术来建构和传播新的民族共同体，从而制造出新的独立反抗的力量的。

如果说本尼迪克特·安德森关注的是通过方言印刷资本主义来传播民族共同体，靠想象来建构民族身份的话，那么，美国另一位文化学者哈罗德·伊罗生则提出了群体身份的心理需要和政治意义。伊罗生同样看到了现代社会导致的传统社群的瓦解和个体的无根性。他说："对我而言，这就触及到问题的核心了：漂泊不定、无岸可依的人，不知道到哪里才能找到一个'安稳可靠的位子'好让他们有所归属，如今正如爱德华·席尔斯所说的，满怀'难以言传的虔敬'，身不由己地四处寻觅'原乡情怀'。"

（哈罗德·伊罗生，2008：55）

伊罗生认为，即使在现代大众社会，人们仍然需要对一个群体产生归属，因为这样才能令他们感到安全和有自尊。他说："在所有的个案中，与基本群体认同的功能最密切相关的，是每个人的人格与生活经验中的两个关键性的成分，亦即他的归属感与自尊心。"（哈罗德·伊罗生，2008：65）同时，他说："个人之归属于他的基本群体，说到透彻处，就是他在那儿不是孤立的，而除了少数的人，孤立正是所有人都最感到害怕的。"（哈罗德·伊罗生，2008：66）所以伊罗生认为，越是在政治变迁的压力下，越需要关注研究新的族群认同问题，因为它提供了人们解除孤立的恐惧的途径，让人们可以找到归属感和自尊心。

不仅如此，群体身份不但是人们在动荡不安的政治环境下获得归属感和自尊心的安全途径，还是人们进行反抗压迫与支配的手段。都市运动研究的代表人物以及网络社会研究的代表人物曼威·柯司特就认为，在当今信息社会，权力精英和地方大众都在围绕身份认同而进行斗争，权力精英通过合法性认同来制造统治的合法性，而地方大众则通过社区抵抗来建构抵抗的身份。而要超越权力精英和地方大众的身份分裂，就需要一种面向未来的计划性身份认同，也就是一种能够转变社会结构和文化模式的集体行动计划的群体认同（曼威·柯司特，2002）。当然，这种计划性身份认同比较难以实现，大多数身份政治都是通过抵抗性身份认同，来对抗权力精英传递的文化支配的内化身份的。但是，至少柯司特给我们指明了方向，在一个全球化信息网络时代，在无时间限制的自由空间，流动的少数精英和基层大众的身份认同的建构模式是不一样的。基层大众的身份认同是围绕着社区生活而组织起来的，他们可能会为了保护本社区生活而产生抵抗性集体身份，从而导致族群的进一步分裂。然而，如果要实现社区治理的公平、和谐、可持续性，并不能依靠全球自由流动的精英来建立霸权支配模式，必须通过社区抵抗转化成具备改变社会结构和文化模式的集体身份。

二　三种不同学术传统下的国家治理概念

传统的社区治理已经伴随着现代化进程而发生了转变，融入现代民族国家的主权统治领域。所以，本节我们就来回顾在民族国家范畴，统治理念和方式的演变趋势，从而厘清当代政治学所谓的治理概念的历史背景。

（一）作为一种权力类型和权力技术的治理概念

马克斯·韦伯认为，权力是一种支配他人意志和行为的能力，这种能力的取得要靠两种手段，一是强制力，二是对权威的合法性认同。而且，他认为权威的合法性认同才是长治久安的根本，不能单靠强制权力征服他人。他认为，权威认同分为传统的世袭权威、转型中的魅力型权威和现代法理性权威。这三种权威都是要通过强制暴力，实现对社会控制的合法性，只不过由传统到现代，逐步实现了国家统治模式的转变，由对专制权力的合理性维护，转为对民主法治的治理模式的合理性认同（马克斯·韦伯，2010）。然而韦伯的论述忽视了地理空间对于统治秩序的意义，也忽视了从统治到民主治理的过程分析。吉登斯指出，传统国家时期，世界上的权威体系是围绕着地理政治中心建构起来的王朝统治模式。在王朝统治模式下，国王或皇帝及其统治区域的关系只是一种中心和边陲的模式，也就是其统治效力是随着地理幅员的延伸而渐渐衰减的，统治模式主要是通过暴力威慑来获得外围朝贡的模式（安东尼·吉登斯，1998）。在经历了绝对专制国家之后，民族国家逐步形成，它的主要特征是国家和社会高度融合，建立了特定疆域范围内的主权统治。而其统治主要是在主权范围之内通过法律和对内外暴力工具的直接控制得以实施。说到底，民族国家的统治就是借助暴力集装器（power container）来实施的（安东尼·吉登斯，1998）。

为了更好地分析现代民族国家的统治技术——权力装置问题，英国社会学家吉登斯借鉴迈克尔·曼的专制性权力和基础结构权力的划分，提出了两种权力装置的资源类型，一种是配置型资源（allocative resource），另一类是威权型资源（authoritative resource）。前者主要是工业生产和资本主义体系，是支持专制权威的基础结构；后者主要是行政体系和军事体系，是实施专制支配的权力技术。实际上，民族国家和传统国家相比，主要差别就是其对权力的配置技术发生了根本性变化。传统国家也是力图通过掌握权力来实施领土范围的臣民控制，而且传统国家的威权型专制权力技术是比较发达的。问题是传统国家的专制权力技术虽然很强大，但是支持其专制权力技术的基础结构权力不够有效，也就是其行政组织和后勤体系都缺乏有效的技术保障，这样其暴力设置很难持久和具有渗透力（迈克尔·曼，2007）。这就导致传统国家在帝国模式和封建政权之间摇摆不定，也就是靠武力建立的帝国权威在日常统治时期只能靠分封的地方贵族政权来实现，从而导致帝国统治的内在不稳定性（迈克尔·曼，2007：201～218）。

然而，现代民族国家经过绝对国家的过渡，已经掌握了更加全面有效的权力配置技术，它不但对内垄断了暴力，削弱了内部威胁，进而建立有效的监视体系，不通过武力就可以对其国民实施有效的监视，而且也通过发展工业技术和资本主义，建立了强大的配置型资源，从而使国际竞争中的军事对抗得到有效保障。只有这样，现代民族国家才能划定其疆界，建立法律体系，建立起一个高度一致的民族国家，实行主权统治（安东尼·吉登斯，1998：185～198）。

安东尼·吉登斯和迈克尔·曼帮助我们认清了现代民族国家主权统治的本质，即权力配置技术的进步。然而，他们两人的权力技术的划分仍然是建立在比较粗糙的权力类型上的，通过把权力和资源手段结合起来，来看待权力的类型划分和历史演进，而并没有关注权力的实践技术形态及其配置模式问题。法国思想家米歇尔·福柯为我们提供了关于权力的实践技术形态和配置模式的历史考察。

福柯同样关注权力技术问题，但他是从权力的实践形态来关注权力技术的配置方式的历史转换的。福柯认为，一切治理术（governmentality）都是围绕领土之内的生命（微观主体）和人口（宏观总量）这两个对象进行调节和调动的。所以，权力并不是绝对的支配，而是作用于生命和人口的不同技术手段，以达到利益的最大化，这就是权力的政治经济学（米歇尔·福柯，2010：89）。传统帝国也不是为了完全地掌控人口，而是为了掠夺资源，那个时代的权力技术主要是惩罚技术和教牧技术，也就是说，要么靠暴力威慑来惩罚反叛者，要么靠教牧手段来控制臣民。因为那个时候的治理理性关注的是如何维持统治秩序和实行掠夺的最大化。但是，随着17、18世纪绝对国家提出了重商主义的国家理性，也就是通过贸易流通来实现国家利益的最大化，对应的国家治理术——权力技术就开始转变为围绕着安全配置（治安问题）来实现重新组合。因为，在一个重视经商贸易的时代，国家最关心的问题就是流通安全问题，如何保证大量的人流和物流安全，事关国家的根本利益。这样，绝对主义国家尽管掌握着更加强大的强制力量，但是它也不会随便处置、掠夺别人的资源，而是要保证资源流通的安全。这样，安全配置就非常重要，一方面，通过人口统计学和政治经济学，来监视和维护人口的动向；另一方面，通过警察、监狱和各种规训技术来矫正偏差越轨行为，让其回归常态，这就成为新的国家治理术。

福柯认为，从17、18世纪，就出现了上述现代治理新模式，它不像古代社会侧重于控制和惩罚的权力技术，而是侧重于监督和训练，是关注社会安全和个人幸福的一种权力技术。这种权力技术，概括地说，就是有关个体的主体性建立的规训技术。而所谓规训技术，不是一种否定性、限制性权力，而是一种积极的、建设性权力，目的是让个人成为一个有效的、理性的、积极的主体，一个社会上正常的人。"规训的规范化就是要首先提出一个模式，一个根据某一目标而确立的最优模式，规训的规范化操作就是要让人和人的举止行为都符合这个模式，正常的人就是可以与这个模范相符合的人，而不正常的人就是无法做到这一点的人。"（米歇尔·福柯，2010：46）对应于规训权力的技术设施包括"警察、医学、心理学技艺，它们对个人进行监视、诊断和可能的改造"（米歇尔·福柯，2010：5）。

所以，沿着吉登斯、迈克尔·曼和福柯的思路，我们首先需要明白，治理其实是一种主权国家的权力配置和权力技术，由原来的粗暴的专制权力技术，逐步转变为现代的安全配置模式和规训技术。当然，这个过程伴随着民族国家对内垄断了暴力工具，建立了法律和规训体系，实行绥靖妥协。这背后的原因是国家理性发生了改变，它不再是一个掠夺性国家，试图通过暴力威慑来实现掠夺利益最大化，而是通过发展政治经济，建立安全秩序，实现国家富强和人民幸福。

（二）作为一种市民社会的公共领域的民主协商机制的治理概念

吉登斯和福柯等学者认为，国家治理的关键在于权力类型和权力技术的配置模式，而不太重视组织结构问题。吉登斯甚至认为，国家和社会的关系是一个难以说清楚的问题，他认为从黑格尔到马克思，在处理国家与社会关系的问题上，都没有抓住核心，只是关注道德理性和阶级利益问题（安东尼·吉登斯，1998：22~23），并不能真正阐明国家与社会关系问题上的权力机制问题，所以他弃之不用市民社会概念。

然而，我们除了对国家权力及其治理技术做类型学的考古分析外，还要探明到底推动权力形态及其技术模式发生转变的动力是什么？何以绝对主义国家就转变成一个对内部实行绥靖政策的民族国家了呢？何以民族国家开始注重采取规训技术来生产建设主体，以纠正原来的帝国时期的暴力表演式的权力模式呢？对于这些问题，吉登斯和福柯都没有给予清楚的阐明，原因是他们关注的都是组织技术，而不是组织结构关系问题。德国社会学家哈贝马斯则提供了另外一种国家治理模式转变的解释。

哈贝马斯是从社会生活的结构关系分化角度来阐述国家民主转型的动力的。在传统社会，社会生活其实是公私不分的混融状态，即使是王公贵族，其家庭生活和社交生活也都是融合在一起的，它们的沙龙、舞会和宴请一般都是在自己封闭的宫廷、会所、府邸里边进行的，并不对公众开放。但是随着工商资本主义的兴起，这些新兴的有产阶级要开展自己的社会生活，就需要模仿旧王公贵族的社交生活，并逐步推行开来。但是新兴的资产阶级并没有把自己局限在私人会所里边，而是进入到茶馆、酒吧和广场等公共场所，而且他们开始出版报纸杂志来传播这些上流生活，构成一种话语交往的公共空间。这就是哈贝马斯关注的核心概念和结构空间，是近代社会伴随资本主义而出现的公共领域，它最初是模仿宫廷生活的，但是慢慢地有了它的自主性，表现它们自己的生活形态，出现了资产阶级文学公共领域。文学公共领域进一步发展，通过话语沟通逐步生成公共意见，作为对当时专制国家政策进行批判的标准，这时资产阶级公共领域就转变为一种政治公共领域了。哈贝马斯认为，"政治公共领域是从文学公共领域中产生出来的，它以公众舆论为媒介对国家和社会的需求加以调节"（哈贝马斯，1999：35）。

资产阶级公共领域成熟以后，就出现推动国家治理方式转变的社会机制，它通过协商沟通机制，发展出公共舆论，对国家的管理政策进行评论和批判，从而逐步引导社会力量，去限制专制王权，推动民主转型。这正是当代通过协商民主进行社会治理的理论根源。所谓协商民主就是针对集体公共事务，不是简单地出于利益比较，而是要进行深入的道德交流，发展出共识意见，指导公共事务。哈贝马斯指出，"作为某一集体的成员，我们打算如何生活，有关于此的伦理——政治的自我理解，至少必须与道德规范相一致。协商必须以互相交换意见为基础。协商是否达成公平的妥协，主要由协商程序的条件来决定，这些条件必须受到道德的裁决"（哈贝马斯，1999：25）。

所以，很显然，国家治理权力类型和权力技术的转变是由于资产阶级市民社会的公共交往空间借助公共舆论形成了一种批判的力量，推动国家权力类型和权力技术发生转变。虽然国家从来没有放弃对国民经济体系和市民社会的管理和调控，但是其调控的方向和策略，不再是根据自己的王室需要而独自裁定，而是根据市民社会公共领域的协商讨论的结果而发生改变。这样国家政治也就开始和社会公众进行互动，成为一种协商民主政治。所以协商民主不是简单的利益政治和多数原则的表决程序，而是一种话语政治和伦理政治，这样它可以避免选举政治的多数人的理性无知和多数人的暴政①，把公共政策建立在深思熟虑的协商讨论基础上。

问题是，协商民主又如何创造条件来避免公共舆论的暴力呢？实际上，大规模的群众集会产生的舆论有可能受集体氛围的感染，做出一种非理性的情绪化行动，这在法国大革命的研究中已经被揭示（古斯塔夫·勒庞，2004）。因此，既要追求政治平等，又要避免选民的理性无知和多数人的暴政，一直就是构建现代民主政治过程的内在根本冲突。当代政治学家菲什金提出的现代公民微观组织似乎给我们提供了一线曙光。菲什金借鉴雅典时代的协商微观组织，建议构建现代公民微观组织，"其中，组织成员都存在着克服理性无知并像理想公民那样行为的动机。在这样的微观组织中，协商和政治平等都能够实现"（詹姆斯·S.菲什金，2004：23～47）。同时，公民微观组织的代表并不是固定的，而是随机取样选择出来的，这样可以保证在统计上代表全体人民。

协商民主虽然在大规模的国家政治中面临着代表性问题和多数人的暴

---

① 多数人的理性无知是现代民主经济学安东尼·唐斯提出的一种观点，因为多数人理性地认为公共政策可以共同受益或共同受害，而推动公共政策形成的成本则要靠自己来承担，所以多数人会理性地选择不去了解公共政策，以节省自己的成本。而多数人的暴政是当年美国联邦党人麦迪逊和研究美国民主制度的托克维尔很早就关注的一个古老话题，也就是在少数服从多数的原则下，多数人的意见可能会剥夺少数人的权益。

政等两难冲突，但也会随着多元文化社会背景问题的出现，陷入一致性和差异性的困境（詹姆斯·博曼，2004：69~102）。但是，至少协商民主被公认为在小范围内是进行民主教育和民主试验的理想模式，它既符合政治平等原则，也符合审慎理智原则，还能避免多数暴政。所以，关于社区公共事务的治理，通过社区公共空间，召集社区居民组织起来，采取协商民主的形式是完全符合条件的。只有发展社区公共空间的协商民主机制，才能够真正培育现代公民和促进民主治理，乃至于推动国家治理模式的现代化转型。

（三）作为一种公共事务执行层面的社会组织与公众参与的治理概念

实际上，公共领域不仅仅发挥协商民主的决策作用，而且对于公共服务行政，也发挥着动员公众参与以及形成合作伙伴机制的作用。尤其是随着全球化进程的加快以及福利国家公共服务危机的出现，各种次国家集体组织和非政府组织开始承担政府公共服务职能，或者借助参与和协商推动公共服务程序的创新。这已经成为20世纪90年代以来，西方福利国家推进全球议程和解决跨国问题以及国内公共服务行政的新思路。所有这些公共事务治理的新动向，都在突出一个共同的方向——通过非政府组织和非行政命令的方式来促进公共事务的解决。

正如法国规制理论创始人鲍勃·杰索普所言，治理进入社会科学标准词汇之内是晚近的事情，成为不同外行圈子里的时髦词语，但是它在社会科学界的用法仍然是"前理论式的"，而且莫衷一是。杰索普从词源上为我们考察了治理一词的含义。他认为，"它得以复活的重要原因或许在于有必要区分'governance'与'government'。以 governance 指治理的方式、方法，以 government 指负有治理之责的机构，而 governing 则用来指治理行为本身"（鲍勃·杰索普，2000：52~85）。但是，杰索普自己在文章中特别强调的恰恰是治理的组织类型和政府科层组织类型的差别。他认为，治理是自我组织的异层级组织（self-organizing heterarchy）之间的协调活动。这是他自己发明的一个词以区别于等级科层组织（hierarchy）。杰索普认为，自组织的异层级组织通过如下三种方式实现治理活动："包括自组织的人际网络、经谈判达成的组织间协调以及分散的由语境中介的系统间调控或驾驭。"（鲍勃·杰索普，2000：52~85）

治理和政府的统治到底有什么不同呢？格里·斯托克提出了治理的五点要素。

①治理指出自政府但又不限于政府的一套社会公共机构和行为者；

②治理明确指出在为社会和经济问题寻求解答的过程中存在的界限和责任方面的模糊之点；

③治理明确肯定涉及集体行为的各个社会公共机构之间存在权力依赖；

④治理指行为者网络的自主自治；

⑤治理认定，办好事情的能力并不在于政府的权力，不在于政府下命令或运用其权威。政府可以动用新的工具和技术来控制和指引。（格里·斯托克，2000：31～51）

然而，把治理概念带到社会科学实证研究的则包括如下几个领域：第一个是涉及全球公共事务的国际政治领域；第二个是涉及全球经济活动的国际金融组织；第三个是涉及福利国家危机的地方政府改革。下面，我们简要介绍一下其各自的发展过程。

1. 在国际政治领域

以詹姆斯·罗西瑙为代表的一批学者推动没有政府的治理。在他们看来，一方面，国际事务本来就是在一个没有中央政治权威的条件下进行磋商的；另一方面，"在当前全球化变化迅猛、影响深远的时代，民族国家政府的法律和它们的条约已经遭受到下列因素的破坏：民族和其他次团体开始提出它们自己的要求，而且其凝聚力也日益增强……由于这些中心化与非中心化的动力促成了权力场所的转换，法律和条约因而在一定意义上受到了损害。虽然政府仍然在运作，在许多方面仍然至高无上，但如上所述，它们的一些权力已经被次国家集团所分享。换言之，现在政府的一些治理职能，正在由非源自政府的行为体所承担"（詹姆斯·罗西瑙，2001：6）。

在一个本来就没有中央权威而又不断产生新的问题的全球化时代，如何才能实现没有政府的治理呢？罗西瑙认为，全球秩序的构建需要一套制度安排，尽管这套制度安排不见得必然与一种连贯的模式相联系。他认为，维持全球秩序的众多模式是在以下三个基本层次上展开的。

（1）观念的主观的层次，就是人们对各种事务都有一种模糊的感觉或敏锐的洞察，也都有自己的理解；

（2）行为的或客观的层次，也就是人们规律性或程式性的行为常常无意中维护了现行秩序的全球秩序安排；

（3）集团的和政治的层次，正是在这个层次治理得以出现，统治导向的制度以及政权得以确立，观念和行为模式基础上的政策得以执行（詹姆斯·罗西瑙，2001：14）。

基于上述分析框架，罗西瑙特别强调，全球秩序的维持和改变首先是观念和行为层面的发展变化，这是国际秩序的基础，而最终能否形成良好的秩序，则取决于各种超国家层面、国家之间、次国家集团和非政府组织之间等多层面、多中心的治理措施。他强调，"这仅仅意味着没有政府的治理方式将会比冷战时期人们熟知的那些治理措施更具有非正式、多样和详尽的特点。一种多元秩序趋向于多个分散的决策中心，但要使之经久不衰，治理就不可或缺"（詹姆斯·罗西瑙，2001：237）。

2. 国际金融组织的发展援助框架下的治理概念

从 20 世纪 90 年代开始，世界银行开始逐渐改变发展援助的理念，由原来单纯的经济援助和关注价格自由化，逐步转向治理能力的建设。1989 年世界银行发布了两个报告，一个是《撒哈拉以南非洲：从危机到可持续发展》，另一个是《撒哈拉以南非洲政策分析和经济管理的能力建设框架》（World Bank，1989）。这两个报告标志着世界银行的非洲援助政策转向了以治理危机为目的。当然，世界银行关于非洲治理危机的干预和全球化政治治理体系还有所不同，这不是不要政府，而是如何改革政府，使之可以和民间社会的参与、协商联系起来。尽管世界银行从其成立之初，就把自己限定在中立的技术领域以提高效率，而不关注政治问题，但是随着经济援助的深入，其逐渐发现经济援助的政治中立立场是难以为继的，因为这种把经济活动从政治领域独立出来的中立立场本身就是西方自由主义的价值立场，当其遭遇非洲传统文化和传统政治时，就发生冲突。所以，当时主导世界银行政策变动的皮埃尔·兰德尔－米尔斯以私人身份阐明了当时世界银行不能公开说明的观点，他说："要产生效果，非洲国家的治理就必须进行彻底的系统重建。这意味着有效地加强各种利益集团——不仅仅是基层、社群和妇女组织，而且是专业协会和工商业协会以及其他中介的私人自愿组织。"（转引自大卫·威廉姆斯、汤姆·杰克逊，2000：148~178）当然，世界银行还要通过技术性术语来包装其政治立场。这样，从20世纪90年代开始，世界银行就开始借助技术性术语来改革撒哈拉以南非洲的受助国家的政府，具体来说，就是建立发展框架和进行能力建设。前者包括建立一套人们熟知的法律体系规则，如司法独立、法律内容的公平、公正和自由等基本要素；后者包括改善政策分析和预算纪律、改善培训和官僚程序、改革民政服务，特别是裁减冗员，进行官僚之间的协调，以及建立公务与私人之间的区分等。另外，世界银行把撒哈拉以南非洲受助国家的治理改善与民间社会发展联系起来，它包括建立一个多元的制度结构并创立政府与人民之间的媒介。这样，世界银行期望通过民间社会扮演这个角色，以推动社会治理达到负责任、合法、透明和公众参与等理想标准（俞可平，2000）。

从世界银行的援助政策的转变中，我们发现了西方多元主义的政治理念和价值立场。他们认为要提高经济效益，不能不处理治理体系和治理能力问题，因为他们认为，"只要裙带经济能够影响民间公众领域的行为……非洲的政府就可能仍然是无能的……它是一个有社会根源的问题。在这个程度上，政府作为的改善取决于社会的转型这一点是清楚的"（大卫·威廉姆斯、汤姆·杰克逊，2000：148~178）。也就是说，他们认定非洲传统的社会结构和治理模式是一个无效的、特殊化的模式，不能适应现代市场经济体系。正如他们的一个智囊成员帕特·查特耶所言，现代民间社会的兴起是与他称为代替了社区之历史的资本历史相联系的，他认为，以亲戚关系和感情为纽带的社区很不容易与资本对效率和同一化的个人需求相契合。所以，世界银行要求的治理模式的转型是对阻碍发展的那些感情或社群纽带的摧毁（大卫·威廉姆斯、汤姆·杰克逊，2000：148~178），帮助非洲实现治理方式和治理能力的现代化转变。

如果说，在世界银行对非洲援助政策的转变中，我们已经隐约发现了所谓治理方式和治理能力的现代化这个话题，那么到底西方社会的治理方式和治理能力的现代化又意味着什么呢？难道西方国家的多元政治框架下的三权分立模式就不存在问题和危机了吗？

3. 福利国家应对危机的治理体系改革思路

20 世纪 70 年代末期西方福利国家就开始出现财政危机和合法性危机的双重危机问题。面对福利国家危机，出现了左右两派的批评声音。左派认为福利国家政策其实是西方资本主义国家通过福利措施在劳工和资本之间的调和，以保持自己的统治合法性。但是福利国家对劳工和资本的调和本来就内含着一种结构性矛盾，也就是它需要资本主义经济保持持续的增长和充分就业，这样才能有充足的利润可供再分配，用福利换取劳工的认同，用劳工的认同支持资本主义的劳动供应。然而，资本主义经济结构出现了问题，以大规模制造业为特征的资本主义经济面临着人口结构、消费结构、能源结构等发展限制，无法保持经济持续增长，从而导致失业和发展停滞，导致福利国家出现财政危机，而财政危机进而引发人们对福利国家认同的合法性危机（克劳斯·奥菲，2011）。

面对双重危机，20 世纪 80 年代以英、美为代表的自由资本主义国家开始了以削减国家福利为目标的改革过程。虽然改革的背后有英、美国家强大的自由主义和保守主义思潮做后盾，但是在改革过程中，仍然遭受了巨大的阻力和反对，最终这场声势浩大的改革工程成为一场雷声大、雨点小的政治表演。制度主义分析学派认为，这主要是因为自 20 世纪 40 年代以来，西方福利国家已经建立了一套制度措施，形成了制度化的行为结构，所以任何激进的改革都必然遭受着制度化行为结构的阻力（保罗·皮尔逊，2007）。

所以，自 20 世纪 90 年代以来，西方政治家开始了较为温和、务实的改革措施，英国首相布莱尔和美国总统克林顿上台后，纷纷提出了"第三条道路"和"工作福利"的改革思路。他们的改革思路不是要削减福利，而是要改变福利的支出方向和提供方式，要由原来的消费型福利支出迈向投资性福利支出，提高人们的工作能力和提供更多的就业机会；另外要由政府直接提供服务，改为由政府规划、引导、资助和评估服务，调动和鼓励慈善、社区、非营利组织乃至营利性机构共同参与公共服务过程，由福利国家转为福利社会，以提高福利供应的竞争力和用户的满意度（郭伟和，2010：40~43）。这其实是由激进的右倾改革，走向了比较务实的治理方式改革。

作为 20 世纪 90 年代政府公共部门改革的一部重要的参考书是美国两

位公共行政专家戴维·奥斯本和特德·盖布勒撰写的《改革政府：企业家精神如何改革着公共部门》。这本书成为许多美国政府要员的必读物，掀起了西方国家一场公共管理运动。新公共管理运动的核心精神就是要塑造企业化政府和具有企业家精神的公共人员，具体特征如下："大多数企业化政府都促进在服务提供者之间展开竞争。他们把控制权从官僚机构那里转移到社区，从而授权给公民。他们衡量各部门的实绩，把焦点放在后果上而不是投入上。他们行为的动力不是来自规章条文，而是来自自己的目标、自己的使命。他们把服务的对象重新界定为客户，让顾客们有所选择，选择学校，选择职业培训计划，选择住房。他们防患于未然，而不是在问题成堆以后才来提供各种服务。他们把精力集中于挣钱而不单单是花钱。他们下放权力，积极采用参与式管理。他们宁可要市场而不要官僚主义机制。他们关注的中心并不简单是提供公共服务，而且也是向公营、私营和志愿服务各部分提供催化剂，使之行动起来解决自己社区的问题。"（戴维·奥斯本、特德·盖布勒，2006：16~17）新公共管理运动超越了20世纪80年代有关福利国家的争论——政府职能大小的问题。他们认为，不是要讨论大政府、小政府的问题，而是要讨论如何建设一个更好的政府问题。"说得更加精确一点，我们需要更好的政府治理。"（戴维·奥斯本、特德·盖布勒，2006：20）

在奥斯本和盖布勒提供的企业化政府的治理改革中，特别强调了要利用社区、企业和志愿部门等共同参与到地方公共事务的管理和服务过程，认为只有这样才能形成解决地方社区问题的创新精神，革除政府管理主义弊端，强调实效和用户选择权。这符合有关治理概念的一般界定，也就是如何创造条件和机会，把公共事务开放给企业和志愿部门，让它们参与到地方社区的服务和管理过程，从而实现公共服务的高效、向公众负责、公开、透明。

莱斯特·M.萨拉蒙是研究非营利组织的专家，他就现代福利国家中的政府与非营利组织的伙伴关系进行了专门研究，提出了更为精细的第三部门治理理论。萨拉蒙认为，流行的志愿部门服务理论基于市场失灵和政府失灵理论。也就是市场只能提供私人物品，在提供公共物品方面失效；政府可以提供公共物品，但是对于非普遍性集体物品的供应缺乏足够的灵活性和有效性。这样，对于非普遍性集体物品的需求，市场和政府机制都失灵，就由第三部门——私人志愿部门来提供。因此，市场、政府和志愿部门是井水不犯河水，相互弥补对方空缺，但是相互之间也不会合作。然而，萨拉蒙认为，上述理论既不符合逻辑也不符合现实。他认为，不管是在历史上，还是在现实中都存在政府和第三部门的合作关系，"美国福利国家利用了大量第三方机构来实施政府职能，这永远不是传统理论中描绘的一个庞大的官僚机构。其结果是出现一个精巧的'第三方治理'体系，在这个体系中政府与第三方执行者在很大程度上共享对公共资金支出和公共权威运用方面的裁量权"（莱斯特·M. 萨拉蒙，2008：43）。之所以出现这个现象，原因是理论上，福利国家理论"没有把政府作为资金提供者和监管者的作用以及政府作为服务提供者的作用区分开来"（莱斯特·M. 萨拉蒙，2008：43）。

实际上针对公共物品和集体物品，市场失灵理论总体上已经明确，应该由公共资金资助供应，但是这里需要进一步明确的是同样作为非营利机构，到底是应该由政府机构来提供，还是由私人非营利机构提供？萨拉蒙的观点是政府机构和私人非营利组织在这里是一种互补的伙伴关系，因为不管是政府部门，还是非营利组织各有其缺陷和优点，可以相互弥补。志愿部门的缺点是供应不足、存在特殊主义供应方式、容易导致家长式作风以及不够专业。政府部门的缺点是官僚主义、缺乏灵活性、缺乏效率、缺乏顾客参与等。所以，"承认美国福利国家中广泛存在的第三方治理模式，并假定志愿部门是提供集体物品的主要机制，但存在某些固有的局限性或'失灵'，那么政府与非营利部门之间的合作，就不是作为毫无根据的失常现象出现的，而是一种逻辑和理论上都很明智的折中方案"（莱斯特·M. 萨拉蒙，2008：51）。基于这个理论模式，萨拉蒙对20世纪80年代以来西方福利国家的市场化改革方案并不满意，他反对通过采取社会福利服务的市场化措施，来撤销已经形成的政府和非营利组织之间的合作关系。他更看重全球结社革命的兴起，希望超越志愿部门和政府部门之间冲突的范式，在政府和非营利部门之间重新恢复他们的合作伙伴关系，以此作为解决福利国家危机、发展中国家的发展危机、全球环境危机以及社会主义国家的官方计划经济危机的新出路。

除了非营利组织参与政府治理的改革，推动善治目标的实现，也有人关注基层小型社区如何建立公共事务的治理之道。诺贝尔经济学奖唯一女得主、美国政治学家埃莉诺·奥斯特罗姆在批评了传统的三种公共事务治理理论之后，提出了自己的社区公共池塘资源自治方案。她提出，传统的三种公地治理失败模型分别是公共牧场悲剧、囚犯困境博弈和集体行动的逻辑。公共牧场悲剧其实是对市场失灵理论的系统表述，因为每个放牧者都不考虑自己产生的外部性成本，导致其放牧数量超出了牧场的最优承载数量；而囚犯困境博弈理论是指，两个囚犯因为缺乏有效的信息交流，只是根据自己单方面的最佳决策，但是结果可能对双方都是最差的；而集体行动的逻辑是指，每个参与集体行动的当事人都想免费搭乘他人的便车，结果导致大家都不会参与集体行动。所以，面对这个困境，主流的公共经济学给出的方案是要么通过政府提供公共物品，要么把公共物品私有化，从而消除外部性，恢复市场的功能（埃莉诺·奥斯特罗姆，2012）。但是，奥斯特罗姆通过个案调查发现，在世界各个国家都有一些成功的案例，既不依靠政府，也不依靠私有化，而是通过社区集体所有、集体协商的办法，依然实现了社区公共事务的有效治理。这个社区自治的秘密是什么呢？

　　奥斯特罗姆给出了一个制度分析框架，来解释为什么没有政府干预、没有私有化，也可以实现社区公共资源的有效治理。她的分析框架是建立在广义理性的假设基础上的，她没有像文化人类学家那样假定社区成员都是天然服从社区文化规范的，而是假定他们都是理性的个体，但是因为他们和其他社区成员都长期共处于一个社区环境，所以其决策不是独立的而是相互依存的，这样社区成员的行动策略就是和其他成员博弈互动的权变策略，也就是要取决于其他成员的行动策略。在这样一个社区情景下，采取权变策略的理性个体就要对他人的行动进行合理预期，所以决定社区资源合理利用的关键变量就成为四个核心问题：占有者的数量和资格、供应成本的分担、相互监督、对违约者的制裁。也就是说，如果能够控制社区资源的占有数量，设置成员资格条件，就可以让成本和收益相对固定；然后通过一定的标准寻找出合理的成本分摊模式，解决搭便车问题；然后对于规则的执行进行监督，发现违规者；最后，找出惩罚机制，防止出现搭便车的违规者，这样就能实现社区资源的有效利用，也就是实现社区规则的有效治理。当然，上述四个问题都是具体操作层面的规则制度，能否形成有效的操作规则制度，则取决于背后的集体选择规则。也就是社区如何才能逐步演进出操作型规则，其实又取决于根据什么标准和程序来制定政策、管理和评估政策的有效性；而不同社区之所以有不同的集体选择的规则，是因为更加宏观的宪法层面的制度规则不同。不过她所谓的宪法层面的制度规则，不是指国家层面，而是指各个社区的立法机构、管制机构、法庭以及非正式的集会、民间协会等。这些就类似于社区文化传统了，它是社区最高层次的规则制度，决定着社区成员的资格条件以及参与各种规则讨论和决策的权利、程序（埃莉诺·奥斯特罗姆，2012：59~64）。

所以奥斯特罗姆根据现代西方制度分析框架，也找到了社区自治的模式，这和传统人类学的文化分析模式具有异曲同工之妙。而且，有关社区自治的理论研究，进一步支持了现代国家治理模式的转变方向，不要事事采取政府管理的思维模式，要给社区留出空间和资源，让社区进行自我管理、自我服务。当然，这不是说回到民粹主义社区治理传统，而是说，在进行现代社会治理过程中，社区至少可以有两种参与治理的纲领：强纲领是凡是社区能够自治的领域和事物，都要留给社区，尽量减少政府的干预和私人资本的侵入；弱纲领是在政府提供普遍性公共服务的领域，至少要让社区组织和成员参与到政府公共服务的合作伙伴关系中来，和非营利组织一道，推动政府公共服务的高效、透明、灵活和公平。

三　社区治理和国家治理的关系

基于社区研究和治理理论两大理论传统，我们可以给社区治理归纳出操作性概念：所谓社区治理就是通过社区文化传统和社会资本的建设，在社区内部自下而上地产生某种制度、机制和策略，允许并动员社区成员通过个体或集体化身份参与社区公共事务的协商、决策、执行和监督过程，以达到社区生活秩序的和谐稳定、社区资源权利的公正配置和社区居民福利的可持续提升。社区治理不同于国家治理，它不是国家理性和权力的运作机制，而是基层社区文化和社会关系的传承和建设，并作用于本社区的发展和公共服务。当然，社区治理在文明社会里，总是要和国家治理体系发生交合或者摩擦，甚至被国家治理动员和重建，服务于国家理性。但是正如伊罗生所言，只要人们还寻求庇护之家，就需要归属感和集体认同（哈罗德·伊罗生，2008），那么不管是在国家权威主义的笼罩下，还是在市场经济的拉扯下，人们依然会通过各种机制和形式去寻求地方的或者关系网络形态的、临时或者长久的社区共同体形态，解决共同需求和问题。

在此基础上，我们需要进一步讨论社区治理和国家治理的关系问题。社区本来是一种地理空间的社会生活共同体。在古代社会，基层社区因为国家的缺失而能够维持一种自治属性。那时候的社区自治更多的是采取集体伦理和仪式化周期循环的方式来实现对个体家户的整合和团结。也就是涂尔干所说的圣俗二分的社区生活——平时家户分散的世俗生活和节日仪式化集体欢腾生活（埃米尔·涂尔干，2011）。然而，随着国家权威的出现，国家统治集团就开始通过专制性权力来侵犯基层社区的自治空间和掠夺其利益。只不过在相当漫长的历史时期里，国家缺乏稳定的基础权力来巩固其统治范围，只好采取授权的策略允许地方社区自治，并形成一种纳贡与保护的国家治理策略。在中国漫长的帝国时期，我们还发明了一套明刑弼教的儒法关系，并借助于官僚体系来扩大帝国的统治范围。然而，虽然中华帝国相对于欧洲帝国更早地实现了科层官僚制，并且通过科举制度来选拔和吸纳基层精英进入统治集团，缓和了国家专制权力的暴力任意性，但是中华帝国总体上仍然是韦伯所说的家产官僚体制（马克斯·韦伯，1997：372），或者孔飞力所说的官僚专制国家（孔飞力，2012：236）。这样，中华帝国，一方面，采取儒法意识形态和治理技术缓和帝国的粗暴；另一方面，并没有实现国家治理的现代理性转变，依靠基础性权力推动民族国家的经济繁荣，而是仍然由地方士绅和名门望族实现基层社区的简约治理（黄宗智，2008）。

现代民族国家则实现了国家治理技术的全面转型，在原来专制粗暴权力技术逐渐弱化的同时，通过警察、司法、教育、医疗、公共卫生、社会服务等现代国家设施来对商贸流通、人口流动、个人生命实现全面的监督、检查、审视、测量和分类，发挥基础性权力调节作用。民族国家的治理技术的转变建立在民族国家经济体和政治体的建构之上。也就是民族国家要在经济上和政治上瓦解地方社区分割自治的传统，把人的身份由一种社区成员身份转变成现代市民身份和国民身份，将其融入现代市场经济和国民体系之中。这就是所谓的民族国家的建构过程。

然而，在民族国家建构和治理技术的转型过程中，传统社区治理并不会简单消逝。现代市场经济促进了个体化身份的形成，然而，个体独立自由却带来个体生活功能的缺憾——人们依然需要获得社会保护、社会交往和公共生活。于是现代社会将会在两个方面进行行动实践，以弥补市场经济的不足。一方面，不断地寻求原乡情感，希望重构自己的精神家园，结成志愿社团表现自己的公共属性（罗伯特·N. 贝拉等，2011）；另一方面，不断对民族国家提出要求，推动民族国家采纳民众的抗议诉求（查尔斯·蒂利，2008），解决人口再生产的社会保障问题，以及争取获得集体身份的承认。因此，在现代社会，基层社区治理仍然会获得机会，只不过它不再像原来那样通过集体仪式笼罩一切，而是会通过不同的社群去表达自己的公共属性和集体诉求，在基层社区空间里和其他社群以及国家代理机构、代理人进行交往互动。在下一章，我们将对民族国家的形成和社区治理的演变过程进行深入讨论。

第二章　社区治理转型的理论框架

一　西方国家现代化转型及其社会治理策略的重构

　　前面我们回顾评论了社区治理和国家治理的不同理论流派，下面我们就西方国家的现代化转型过程，来阐释社区治理和国家治理之间的辩证关系。我们借鉴吉登斯的理论模式，把社会治理模式的现代化转变分成三个阶段，首先是传统社会的帝国治理模式，其次是绝对主义专制国家时期的治理模式，最后是现代民族国家的治理模式。由传统社会的帝国治理模式向现代民族国家治理模式的转变过程中，核心问题就是处理和社区治理的关系问题，所以我们会单独分析传统社区现代化转型中三种不同的转变趋势。

（一）传统社会的政治结构和治理模式

　　不管是吉登斯还是沃勒斯坦等人，在阐释现代民族国家构成的世界体系形成过程时，都从阐释传统社会的政治结构和治理模式开始。毫无疑问，传统帝国已经是一个阶级分化的社会，但是传统社会的阶级划分不一定是按照马克思所说的生产资料所有制类型来划分，而是加入了吉登斯所谓的权威性资源的掌握程度。甚至，吉登斯认为，传统帝国的统治阶级主要不是因为先掌握了配置型资源而成为统治阶级，而是因为他们掌握着权威性资源然后去掠夺配置型资源的。因此，传统帝国的阶级分化其实主要是根据掌握和实施权威性资源的程度和能力。而在传统帝国，统治阶级掌握权威性资源的方式一般是和某种社会空间联系起来的，也就是它是通过把军事和武力集中在城市里边，来掌握权威性资源的。所以，城市在传统社会主要是一个权力集中装置，而不是生产和贸易中心。他说："在斯沃伯格看来，非现代的城市几乎总会呈现出一定的特性。它是有城墙的，而且城墙几乎总会是一系列更为全面的防御设施的一部分……精英们的居所也倾向于位于这些城市的中心地带，而那些贫困群体则居于离主要区域最偏远的地带。"（安东尼·吉登斯，1998：44）这样在传统帝国社会就形成了一个阶级分化的三位一体的模式：掌握着权威性资源的统治精英，居住在城市里，然后对周边的广大乡村社区进行压迫和剥削，通过汲取丰富的配置型资源供其奢华生活需求。

尽管帝国权威都是靠军事征服建立的，但是一旦建立了国家，统治者对军事力量的担心就会超过了对于地方反叛的担心，所以在部分统治时间，中央权威都要削弱地方武装，依靠行政力量进行统治。然而，在传统社会里，即使发展得如中国这么庞大系统的官僚帝国，要想对其广大的乡村社区实行连续而全面的监控管理，也是力不从心的。传统帝国划定的领土边界与其实际行政管理的有效范围是不一致的，随着其统治中心在管辖范围的地理延伸，其统治效力是衰减的，形成了一种"中心–边陲模式"。"不管怎么说，边陲均指某国家的边远地区（不必然与另一国家比邻），中心的政治权威会波及或者只是脆弱地控制着这些地区"（安东尼·吉登斯，1998：60）。面对着渐渐遥远的边陲地区，中央权威只能采取多样化的、形式化的统治形式，也就是边陲地区的农民只要完成税赋和纳贡，就能保持其原来的行为模式。所以，吉登斯认为，"传统国家本质上是裂变性的，其国家机器可以维持的行政权威非常有限……传统国家有边陲（包括次位聚落边陲）而无国界……大型传统国家内部存在异质性，因而我们可以认为，它们是由'众多社会组成'的"（安东尼·吉登斯，1998：63）。

在传统社会里，国家权威的行政监控体系非常有限，这就导致广大边远的乡村社区主要依靠地方社区文化和权威资源高度自治。有关 14 世纪法国南部山区蒙塔尤村民社区生活的历史考察，为我们揭示了在传统社会里，农村社区的自治状况。蒙塔尤地区存在着宗教裁判所和贵族派出的城堡主以及领地法官等统治精英，而且宗教势力对异教徒的惩治极为严厉，但是这并不能阻止蒙塔尤地区的牧民们借助于流动的转场放牧生活，而半公开地传播纯洁教派的异端邪说，原因是这些异教徒的宗教活动和牧民的生活联系得更加紧密，而正统天主教堂仅仅是一种支配和掠夺工具而已。甚至在蒙塔尤地区，人民的民间信仰中有一整套有关命运、灵魂拯救、巫术和魔术、彼岸世界的文化表达，这些文化表征和正统的基督教学说并不完全一致，甚至发生竞争，但是它们笼罩在当地农民和牧民的生活，维持着社区自治的秩序。除此之外，大家族势力和社会关系网络成为当地居民的解困济难的社会资源。这些大家族往往是通过担当贵族任命的领地法官或者天主教堂主而获得特权和声望的，他们也会和村民们形成紧密的社会关系，需要通过保护村民免受过度严格的惩罚来获得村民的拥戴。这样，"在统治者和被统治者之间还有一个由领主、有地位的贵族、有脸面的人物构成的说情人和中介人层次"（埃马纽埃尔·勒华拉杜里，1997：28）。而且艰难的生活环境和有限的经济剩余，使得名门贵族和乡村平民这一主要的基层划分在社区内并不存在。"在这种条件下，贵族与非贵族的关系在日常生活中，以及在男人之间、男女之间，尤其是女人之间的交往方面往往充满着微笑和轻松的气氛。"（埃马纽埃尔·勒华拉杜里，1997：30）这样，"老百姓很乐于接受贵族在人际交往和乡村社交活动方面所起的主导作用，他们没有许多理由对这类主导作用发出埋怨"（安东尼·吉登斯，1998：34）。

所以，在传统社会里，我们可以总结那时的统治结构和治理模式如下：帝国行政权威可能会结合宗教权威一起构成对乡村的统治权力，但是这些统治权力在基层的渗透力和控制力是非常有限的，主要限于征税和反对异端；广大乡村社区主要靠一套文化伦理体系和社会交往体系来维持秩序、解决问题，社区自治才是日常生活的常态。

（二）绝对主义专制国家时期的政治结构和治理模式

吉登斯和福柯为我们描绘了16、17世纪绝对主义专制国家的政治结构、国家理性和治理模式。吉登斯认为，大约在16世纪欧洲国家通过战争和外交条约开始形成了相互承认的边界和各自的主权统治，而对内的主权控制是伴随着大规模行政管理体系发展而形成的（安东尼·吉登斯，1998：113）。这样形成的绝对主义国家不再是一个相对封闭隔绝的帝国中心，而是一个有边界的实体国家。尽管同现代民族国家相比，绝对主义国家在地域向度和时间向度上还不是一个完整的实体，但是吉登斯认为，绝对主义国家已经具备三个相互关联的特征：①行政力量的集中与扩张；②新的法律机构的发展；③财政管理模式的交替运用（安东尼·吉登斯，1998：118）。

实际上，正是这些国家基础性权力体系的大规模发展和运用，才促使国家权力具有社会穿透力。原来地方社会是通过分封贵族在地方进行代理管理的，而且贵族和农民形成了比较密切、随和的依从关系，地方社区是高度自治的。但是，随着绝对主义国家行政管理体系的扩张，地方自治体系开始被打破。他们直接受皇帝的御前会议的命令和指挥，关注国家税收的完成情况，贵族及其城堡主和领地法官被边缘化，国家行政官僚成为主要的收税者。当然，国家需要对贵族体系做出让步，这主要表现为给他们免税的特权，但是剥夺了他们的领主权力。同时，国家借助法律体系来加强自己的权力，"如果绝对主义只被看成权力向君主手里集中的过程，那么法律的发展就应该可以被描绘成全部政治秩序服从于暴君的意志"（安东尼·吉登斯，1998：122）。国家开始通过法律没收地方封建贵族的制裁权力，建立统一的刑法体系和监禁组织，以维护国家秩序。国家的司法权和禁闭性技术体系就伴随着绝对主义国家的出现而被发明出来（米歇尔·福柯，2012）。

绝对主义国家之所以发明行政技术和司法技术来加强其绝对权威，当然有其真正的理由——由国家理性作为支撑。实际上从16世纪开始，就有马基雅维利等一批又一批的人来为君主们论述其主权统治的理由和艺术。最初，马基雅维利确立了君主和其领土居民的主权统治的任意性和外在性学说，强调暴力征服或家族继承对获得统治联盟策略的重要性。正因为君主和其统治领土之间是外在性和超越性关系，而不是君权神授的天然合法性关系，所以"他首要地、直接地、主要地要保护的是君主与臣民和领土之间的君权关系，而不是领土和居民"（米歇尔·福柯，2010：78）。总之，马基雅维利开创了新的主权统治的权力学说，但是这个时候的权力还是绝对的命令性权威，而不是一种灵活多样的策略手段和艺术。

在整个17世纪，新生的欧洲专制国家主要围绕统治权而采取手段，加强自己的统治实力，治理的艺术并没有真正发展起来。而与统治权对应的国家理性是重商主义的国家财政观，其目的不是增加国家的财富，而是掠取财富，充实国库，建立军队，扩展统治权。与重商主义对应的统治手段仍然是法律、法令规章等传统的统治武器（米歇尔·福柯，2010：86）。

绝对主义国家在对外军事扩张过程中，也通过行政和法律体系对内进行深入控制，以提高国家的财政汲取能力。这种国家建设过程导致的一个后果就是地方社区的瓦解和破坏，以及传统社会的裙带保护机制的破坏。社区成员被直接卷入国家行政体系，进而发生了两极分化，一部分人通过工商业发家致富，成为新兴资产阶级；另一部分人则成为一无所有而又缺乏保护的流浪汉。贵族们成为不负责任的特权阶层，但是除了一部分贵族能够转型和工商业阶层结合，来维持其奢华生活，其他贵族都成为没落而又难以融入社会的特殊阶层。一个现代民族国家即将喷薄而出，但是在此之前，国家建设过程对基层社区的破坏必然遭受恶果。基层社区的连带关系和保护机制的破坏，导致了社会大众之间日益缺乏公益和相互关心，尽管经济发展情况有所改善，但是难以克服日益增加的社会不满，而社会的碎片化又导致不断发生的基层骚乱迅速扩展成全国范围的革命暴力，法国大革命就是因此而发生的（托克维尔，2013）。

（三）现代民族国家的政治结构和治理模式

绝对主义国家已经为现代民族国家的形成奠定了基础，只不过现代民族国家在此基础上，进一步实现了对内的整合和绥靖，构建出一个民族实体。吉登斯说："民族指居于拥有明确边界的领土上的集体，此集体隶属于统一的行政机构，其反思监控的源泉既有国内的国家机构又有国外的国家机构。"（安东尼·吉登斯，1998：141）也就是说，民族是国家行政打造出来的新的集体，它不同于之前的地方文化群体，是一个行政实体。对应的民族国家是指"统治的一系列制度模式，它对已划定边界（国界）的领土实行行政垄断，它的统治靠法律以及对内外暴力工具的直接控制而得以维护"（安东尼·吉登斯，1998：141）。

谁都不能否认，民族国家相比绝对主义国家发生了社会实体和治理模式的转变。绝对主义国家时期，已经通过行政力量打破了地方社区认同和自治，但是还没有把流落出来的居民整合到民族实体中来。而到了18世纪发生工业革命之后，这些四处漂泊的游民才真正能够在城市定居下来，被吸纳到劳动力市场进入工业组织，形成资本主义经济体系和资产阶级市民社会（卡尔·波兰尼，2007）。而且，最初赋予资产阶级的市民权利也随着工人阶级的抗争，而逐步普及到所有工人阶级成员，形成了普遍的公民资格（T. H. 马歇尔，2008）。随着市民社会的形成，国家与社会的关系问题就成了西方政治社会学的核心问题。自由主义强调市民社会的独立性，而国家主义则强调国家整合的意义所在。但是，随着讨论的深入，大家逐渐认识到，资本主义社会和资本主义国家是同义词（安东尼·吉登斯，1998：170）。这当然不是说资本主义像后来的社会主义国家那样，国家控制着经济活动，国家和社会是完全融合的，而是承认资本主义经济活动因生产资料私有制而具有高度的独立性，政治和经济是相互分离的。但是，我们绝不可以根据这个表面的现象而认为国家对经济活动真的会采取放任自流的政策。事实上不管是最初资本主义远途贸易的建立，还是国内市场的开辟，乃至市场规则和私有财政制度的确立，都离不开国家的治理技术。

伴随着民族国家而来的是现代国民经济和市民社会的形成，原来分散自治的社区共同体逐步被国家的治理技术所取代。当然，在这个过程中，国家的治理技术也伴随着国家理性的转变而发生改变。绝对主义国家时期，国家围绕着重商主义理念而进行社会治理，而到了18世纪以后，民族国家的治理理念围绕着领土安全、人口福利和国民财富等而发生改变。尤其是随着农业发展和人口增长，18世纪以来的西方国家开始关注人口及其财富的发展变化。这样，经济学也就如卢梭在《百科全书》里表达的，不再是关于家庭内部的经济管理的艺术，而是进入国家层面，涉及整个国家领土范围之内的所有国民的经济活动，涉及国家的国民财富的增长和管理问题。这样，政治经济学就伴随着人口问题的出现而成为国家的治理技术。

随着国家理性的转变，民族国家所采取的治理技术也发生转变。福柯认为，18世纪以来国家治理的最突出转变莫过于由一种统治权转为对治理艺术的强调。福柯说："在所有这些或明或暗反马基雅维利的论文的描绘下，马基雅维利的《君主论》实际上成为一篇关于君主保持君权的能力的文章。我认为，那些反马基雅维利的文献想用一种不同的、新的东西，即治理的艺术来代替的，正是这种本领（savoir-faire）：具备保持君权的能力并不等于掌握了治理的艺术。"（米歇尔·福柯，2010：78）在由主权的维护能力转向治理艺术的过程中，最重要的断裂发生了："治理的目的则存在于它治理的事物中，存在于对治理所指导的过程的完善和强化中：治理的工具不再是法，而是多种多样的策略。"（米歇尔·福柯，2010：84）也就是说，国家理性开始关注如何管理好其主权范围内的事务，包括人口、财富、资源和经济活动等，而不仅仅是领土界限问题。"治理必须保证尽可能大量的财富被生产出来，必须保证给人民提供足够的或尽可能多的生活物质，最后必须保证人口的增长，等等。"（米歇尔·福柯，2010：84）其中最重要的一项治理技术是围绕着人口的利益和人口安全而产生的技术，包括统计学以及有关人口生产的优生优育技术。在整个18世纪，统计学和优生优育技术，成为整个政治科学实施治理的主要手段，如何保证一国之内的人口安全流动和发展，和经济发展协调起来，以保证国民财富的增长，是国家治理的目的性，因此政治经济学就成为18世纪国家治理的重要知识基础；另外一项治理技术是围绕着主体性的规训技术，也就是"分析和分解个人、地点、时间、举止、行动和操作。规训把它们都分解为要素，使得对这些要素既可以得到观察也可以被修正……规训的规范化就是要首先提出一个模式，一个根据某一目标而确立的最优模式，规训的规范化操作就是要让人和人的举止行为都符合这个模式，正常的人就是可以与这个规范相符合的人，而不正常的人就是无法做到这一点的人"（米歇尔·福柯，2010：46）。

这样到了19世纪，现代民族国家的治理模式就基本形成了，它由三部分构成：一部分是依然被保留下来的传统的统治权技术，也就是具体的司法技术，靠法令来惩罚、禁闭违法人员；另外两部分是17、18世纪发展出来的治理技术，一个是微观的规训技术，依靠学校、工厂和军队等制度内的具体纪律来对人进行深度和细节上的驯服；另一个是宏观的治理技术，围绕着人口的福利和安全而进行。福柯说："我们绝对不应该把这个问题理解为：规训社会代替了主权社会，然后治理社会随之又代替了规训社会。绝非如此。实际上有一个统治权—规训—治理的三角，其首要目标是人口，其核心机制是安全配置。"（米歇尔·福柯，2010：91）

（四）现代化转型过程中社区治理模式的转变

总之，我们看到，自从16世纪以来，西方国家率先发生了现代化转型，经历了16、17世纪的绝对主义君主独裁国家，和18世纪以来的民族国家转变，到19世纪西方国家已经成为一个资本主义经济体、市民社会和民族国家三位一体的现代国家。整个现代化转型过程中，原来分散的社区自治体系被纳入现代国家体系，而国家的治理技术也转为采用行政技术、规训技术和治安技术，由制裁和限制人民，转为制造、引导、调节和规范人民。那么，在这个现代化转型过程中，传统社区到底是如何融入现代民族国家的呢？难道所有的人都失去了地点归属，成为一个自由流动的无根的漂浮的个体了吗？

实际上，尽管总体上现代化过程伴随着传统社区的瓦解和消亡，但并不是所有人都能做到自由流动和自主发展。除了马克思主义所谈的结构分化问题，现代社会同时伴随着阶层分化的时空重组问题。也就是说，19世纪马克思看到的阶级分化是生产领域的分化，市场上平等的交易主体进入生产领域就会因为生产资料占有的差别而出现生产地位和利益的分化。但是19世纪的资本主义基本上是资本和劳动的时空一体化，也就是说大家都是在同一个时空领域进行结合和分化的。然而，伴随着20世纪而来的时空变换打破了资本和劳动的时空一体化模式，先是20世纪60年代的郊区化运动，导致城市空心化，出现了低下阶层。低下阶层是指困守在城市老城区，既没有工作机会又缺乏稳定家庭生活的下层群体，他们还不如原来的工人阶级——尽管被剥削但是存在结构化的就业和生活模式（Wilson，1987）。后来，20世纪80年代以来的全球化运动，进一步导致资本开始脱离空间的约束，成为一个时间无限延展而空间无限压缩的时空模式；但是对应的低下阶层进一步和资本的时空模式相脱离，他们的时间停止，空间延展，被进一步甩出时空之外，成为凝固在特定地点消磨时间的人（齐格蒙特·鲍曼，2001）。这就意味着，空间对不同阶层的意义完全是不一样的，空间成为资本追逐和改造的对象，但同时资本会废弃和淘汰一些空间，作为低下阶层的居留地。因此，现代社会并没有把所有人都卷入全球化过程，纳入一体化进程，而是出现了资本主导的社会阶层分化的时空模式的脱序。全球知识资本阶层可以脱离空间的束缚而自由追逐时间的流动；但是贫困的低下阶层则只能进一步困守在特定的空间与富裕的时间为伴。这至少意味着，对于中低社会阶层，地理空间依然是他们生活的基础，围绕着特定地理空间建构自己的生活模式和生存策略依然是他们面对由全球化的产业重组带来的挑战的最可靠、也最无奈的选择（郭伟和，2010）。

当然，对于那些脱离了空间束缚的知识－资本精英阶层，也很难说他们就是自由漂浮的原子化个体。他们除了采用各种制度化的体系技术来整合资源，掠夺财富，还要通过网络化的社会资本纽带来构建社群共同体。社会资本概念尽管带有很强的功利主义味道，把人际关系网络及其蕴藏的互助信任道德内涵转化成促进个人需求满足和社会繁荣发展的资本，但是不可否认，这正是人的存在性特征之一。人不可能是完全个体理性的，而是需要归属于某个群体，获得被接纳、被尊重的心理体验（亚布拉罕·马斯洛，2007）。随着个体从特定的地域空间的镶嵌下被解脱出来，他依然需要寻找新的人群共同体进行归属，建构群体认同。格兰诺维特指出，现代人既不像传统社会那样完全被嵌在文化共同体中，成为文化的傀儡，也不完全如自由主义经济学所假定的那样处于原子化孤立状态，而是嵌在一个相对多元和宽松的社会关系网络（马克·格兰诺维特，2007）。所以，如果我们认为，地理空间只是人类社会构建集体身份的最初的一个纽带，而不是社群共同体的核心特征的话，那么，脱离了地理空间限制的人类社会依然需要而且能够更加自主地建构各种不同的社群共同体，并凭借集体身份来获得自己存在的意义、满足自己的需求和推动社会繁荣。我们甚至可以说，社区的形态发生了变化，由地理社区转变为社会网络社区。

　　实际上，在现代社会，地理社区和社会网络社区二者是相互结合在一起的。尽管我们说，社会分层和时空组合模式相关，中低阶层依然依赖地理空间，但是，不可否认，现代社会的地理空间中的居民并不如传统社会那么紧密和一体化，而是发生着不同的分化和重组。中低阶层群体也需要通过社会网络来获得社会支持、进行社会参与和集体行动。总之，作为和国家的治理技术相分离的社区自治形态，依然通过地理空间和社会网络等形式艰难地存在着，这是因为人在作为经济人、政治人而存在的同时，也作为社会人而存在着。

二　中国社会治理模式的现代化转变

　　尽管理论和现实有一定的差距，然而理论确实可以帮助我们发现世界发展的一些共同趋势，这些共同趋势对于理解中国社会治理的现代化转变有一定的指导意义。我们承认世界文化是多元的、中国有自己独特的发展道路，然而作为世界体系的一部分、作为全球化进程的一部分，中国特色的现代化道路又处处让人看到世界进程的一些影响。其中对中国社会治理模式转变影响最深的莫过于民族国家建构对地方社区的打破与重组。

（一）传统中国的政治/社会结构及社区治理模式

传统中国社会是一个比较笼统的说法，我们承认中国从东周开始进入了封建诸侯的制度，而到了秦汉则确立了官僚专制，到了宋朝，魏晋时期的门阀也渐渐消失。自明清以来，中国基层社会基本上是以小农经济为基础的社会形态，缺乏世袭的大型门阀，偶尔出现的地主也多富不过三代，但是上层统治结构却是一个官僚君主制。所谓官僚君主制，"听起来是自相矛盾的。就其是官僚制而言，它给君主留下了多大的余地？就其是君主制而言，它又如何才能使个人的专制权力与普遍规则的体系共存？在这里，君主和官僚都陷入了一种两难境地，并都对已经形式化的行政程序抱一种模棱两可的态度"（孔飞力，2012：236）。

实际上，韦伯在分析中华帝国的统治类型时，就指出了中国传统的世袭官僚体制是最有可能背离原来世袭官员而建立在个人宠幸和恩惠之上的任命职位的办法（马克斯·韦伯，1997：372）。因为中国的官僚体制从隋唐时期就已经建立在通过科举考试来选拔后任官僚的制度上，从而在官僚体系建立了一种相对独立的文化，韦伯说："只有在中国，一种官僚体制的生活智慧即儒学才得到系统的完善和原则的统一。"（马克斯·韦伯，1997：374）这样，尽管中国传统的官僚不是现代技术官僚而是一种特殊文化人格的群体，但是他们毕竟有了自己的文化类型和制度保障，从而形成对抗世袭的王公贵族的权力基础。韦伯甚至已经指出，"对于纯粹官僚体制的世袭机构来说，一般也仍然存在着山高皇帝远的情况，政权地域的各个部分，离统治者官邸愈远，就愈脱离统治者的影响；行政管理技术的一切手段都阻止不了这种情况的发生"（马科斯·韦伯，1997：375）。

也就是说，如果我们选取明清时期为传统社会结构及制度的鼎盛时期，那么其制度结构可以说由三部分组成：首先是上层皇权及其朝廷官僚体制；其次是广大乡村社区的士绅治理；最后则是皇权和朝廷官僚之间的矛盾关系。费孝通先生首先注意到皇权和绅权之间的冲突，提出了双规政治的概念，他认为皇权及其朝廷代理机构是一种自上而下的权力，到县里就停止了；而从下而上的社区自治权力主要以士绅阶层为代表，他们和县级官僚打交道，这样，一方面，皇权可以实行有限度的落实，向基层社区收税和征丁；另一方面，广大社区是高度自治的，对于那些不合理的命令可以打回去（费孝通，2006：48~52）。在这里，似乎士绅阶层是和广大乡村社区的利益一体化的，他们是乡村社会的代理人和经纪人，忽视了士绅阶层自己的特权利益。尽管关于皇权和绅权费孝通和吴晗存在纷争，但是他们都是把绅权作为整体，来讨论绅权和皇权的关系。费孝通认为，绅权是一种依托乡村社区的权力，可以对皇权有所抵制和禁止；而吴晗则认为绅权就是皇权的依附，而不是皇权的约束，他认为皇权的防线是不存在的，即使有也常常是无效的（费孝通，2012：42）。这个讨论难以深入，这是因为他们没有区分任职的官僚体系和在乡的士绅阶层的地位差别，费孝通认为官僚只是士绅阶层派出去的代表，目的是保护乡人，做到"一人得道，鸡犬升天"（费孝通，2012：7）。

实际上，任职的官僚体系既和在乡的士绅阶层有所区别，也和世袭的王公贵族有所区别，这是中国传统社会特有的权力结构现象。孔飞力敏锐地捕捉到这个特征，他认为，中华帝国不是一个单纯的皇帝专制的国家，当然也不是受士绅集团限制的官僚体制，而是一个混合体。这样，皇帝的专制权和官僚的常规权构成了传统中华帝国权威发展的动力。官僚集团当然有自己的文化资本和治权范围，然而正如吴晗所正确指出的，官僚集团并没有独立的权威空间，而只能在一个庞大的帝国范围内根据和帝国权威的控制距离来争取一定的自治权；而皇帝则一定是借助于他的告密者体系和亲信制度来控制地方官僚的，并且保留着对朝廷官僚的考核和弹劾的绝对权威。通过江南"叫魂"事件，孔飞力看到了鼎盛时期的大清帝国光鲜的外表下面存在的权力矛盾危机，乾隆皇帝通过加强其独断专制权力，来消除内心对汉化的担心和常规化的忧虑，而另外，地方官员面对皇帝的道道密令不断地进行例行化处理，以消除皇帝对自己治理能力的怀疑（孔飞力，2012：274~275）。

实际上，正是朝廷集团和皇帝集团的内在权力矛盾，决定了朝廷官僚不能一劳永逸、高枕无忧。他们的命运随时受到皇帝专权的关注，因此，能够安全地告老还乡，享受家族和乡民们的拥戴，是每个朝廷官员的理想归宿。而在乡的士绅阶层也就自然担负起因空间遥远，朝廷行政技术鞭长莫及而留下的自治责任。这就给了他们可以和朝廷官僚讨价还价的机会，他们也成为乡村社会的保护性经纪人（杜赞奇，2010）。也就是说，皇权及其朝廷代理人对帝国的治理，不是因为什么孔子所说的仁政，也不是因为董仲舒所说的顺天而治，而容忍地方士绅的讨价还价，而是因为治理手段和技术的不足而实行的一种简约治理（黄宗智，2008：10～29）。

当然，从文化模式上，谁都不能否认中国传统的统治结构，无论是皇帝和臣民的关系，还是上级和下级的关系，抑或者是乡村社会的宗族内部的关系，都是一种父系家长制模式，受到儒家伦理的深刻影响。甚至梁漱溟先生提出，中国传统社会是一个文化早熟的社会，固化在家族伦理体系上而盘旋不前（梁漱溟，2005：41）。这就导致中国传统社会的理想治理模式，处处都受到儒家伦理体系的影响。无论是乡村社会的"无讼"，还是官僚的"无为而治"，其实都试图依靠儒家所谓的礼治教化而平天下。

这当然不是说中国历史上没有司法措施，而是说在凭借严厉的司法措施惩治不轨者时，中国传统社会的官僚集团自汉代以后就通过以礼入法的手段悄悄篡改了当初法家强调的"法不阿贵、绳不绕曲"的同一的法律精神，实现了明刑弼教的司法模式（瞿同祖，2003）。这样的一种儒家化的司法模式导致"法律对身份的极端重视，结果是产生了大量关于亲属及社会身份的特殊规定，与一般的规定并存于法典中。其运用的原则是特殊的规定优先于一般的规定，当不适用特殊的规定时才适用一般的规定"（瞿同祖，2003：353）。

（二）民族国家形成过程中传统社区治理模式的瓦解

中国的现代化历程也始于民族国家的建设，自晚清公车上书、戊戌变法，一直到辛亥革命，无不把富国强兵作为现代化建设的目标。当然，由维新变法到辛亥革命，这里不乏大汉族主义的情绪。但是，一旦进入民国时期，就开始把狭隘的大汉族主义转变成中华民族的再造。由此，我们看到，吉登斯所讲的民族再造和国家治理的内在一致性是在中国现代化进程中的体现。这是现代化转型的内在特征，靠国家建设来促进民族融合，二者一起逐步消除地方社区的自治传统，实现民族国家的一体化。实际上，当年费孝通先生在论述中国乡村社会的基本权力结构时就已经发现，随着民国时推行保甲制度，中国传统社会的双规政治格局开始受到破坏。他说："保甲体系不仅破坏了传统的社区组织，而且也阻碍了提高人民的生活。它已经摧毁了传统政治体系的安全阀。……从上而下的轨道的延伸是企图有利于执行政府的命令。通过保甲体系，一个权力更加集中的行政当局的确是实现了，但也仅仅实现了形式上的更高效率。"（费孝通，2006：56）

有关民国时期国家政权建设对基层社区自治的破坏最为系统的论述当为杜赞奇的《文化、权力与国家》。杜赞奇继续费孝通的议题，研究内容是1900～1942年华北地区乡村社区的自治模式如何被国家政权建设所破坏的。杜赞奇认为，晚清时期的华北乡村社会并不是一个封闭的乡村社区，而是施坚雅所说的地方市场网络。但是杜赞奇又认为，这个地方市场网络所发挥的作用主要不是经济作用，而是社会作用，也就是说人们通过各种市场网络结成一个社会关系网络，当中流行的是一种文化权力形态，发挥着民间自治作用。比如华北地区的水会、庙会和家族网络等都可以起到民间自治的作用。杜赞奇突破了中国学者所说的地方士绅的社区自治权限，扩大到地方文化网络。然后，杜赞奇开始分析，伴随着现代民族国家的构建，国家政权开始向基层延伸，导致地方文化网络瓦解。他认为，现代化过程导致许多原来在村的地主乡绅纷纷离开农村，移到市镇里边，成为不在村的地主，追求现代文明生活。他们和乡村社会的联系日益减少，不会成为乡村社会的利益代言人。同时，国家现代化建设需要更大规模的税收和人员，因而只有通过保甲体系增加自己在乡村社会的代理人。这种现代文明的拉力和国家建设的压力，导致农村社区日益瓦解，农民的负担日益沉重。可是，因为国家的行政技术并没有实现现代化，依然采取传统的包税制，这就导致其基层代理人在完成国家以及各路军阀的层层摊派时，有了中间抽税的空间，进一步加大了国家建设的成本。所以，杜赞奇认为，总体上国家现代化建设从农民身上抽取的资源净收益出现了递减现象，导致基层政权的内卷化现象（杜赞奇，2010）。

（三）革命根据地时期形成的以群众动员为特征的社区治理传统

与民国时期的基层政权建设道路不同，中国共产党的革命道路走的则是一条农村包围城市的独特道路。其间经历了由城市暴动的冒进思路向农村革命根据地建设的痛苦转变。如果说井冈山模式处在一种转变期的话，那么到了延安之后，则标志着农村革命根据地的确立。延安道路的一个基本方针就是"民众参与、简政放权和社区自治"

（马克·塞尔登，2002：202），通过整风运动让革命队伍的思想更加统一，同时把各个工作组派到农村，深入农民群众中改造作风和学风，去组织群众，推行大生产运动和合作化运动。毛泽东在1943年的一次劳动英雄大会上提出，把群众力量组织起来，这是一个方针。这样，通过战争和革命过程形成的动员型领导方式被归结为群众路线（马克·塞尔登，2002：203）。

通过各种运动，中国共产党更加深入基层农村社会，打破了农村社会原来的社会结构和伦理秩序，把一个日益瓦解和破碎的乡村社会重新整合、组织起来。土改运动是伴随着解放区的扩大而开展的一项农村社区重组运动。尽管在华北地区的农村社区已经没有多少大地主、大富豪，但是传统社会的伦理秩序是存在的。土改运动对于土地分配的意义远没有对于农民心态改造的意义突出。土改运动，不仅仅是一场翻身战（韩丁，1980），更重要的是让农民实现了"翻心"（李放春，2010）。通过土改运动过程的访苦和诉苦，农民改变了认识，由对旧地主、旧政权的认同，实现了憎恨地主、打倒国民党反动派的思想转变。同时，通过建立农会和基层党组织，中国共产党实现了对农村社会的重新组织。

（四）新中国成立后群众动员式社区治理模式的延续与变革

实际上，在革命战争年代形成的运动式动员和组织化动员、参与式动员等组织群众的方针一直延续到新中国成立之后的社会主义建设活动（孙立平，1999）。所有这些动员群众参加国家生产建设和政治运动的策略，成为新中国成立后中国共产党社会治理的核心方式。支撑这一组织化、运动式群众动员治理方针的是革命教化体制，为了革命理想和赶超战略，中国共产党需要以一种超凡的革命理想来教化群众和动员群众，打破常规，超常发展（冯仕政，2011）。

新中国成立后，组织化动员构成了中国社会治理的常态模式，通过集中分配的资源配置体制，中国共产党确立了高度组织化的社会结构。首先是城乡二元社会被户籍制度所分割，然后在农村社区确立了人民公社体制，在城市确立了单位制和街居制。实际上，不管是农村社区的人民公社体制，还是城市单位制和街居制，都是国家再分配体制的基层单元。所有社会成员都被分配到一个基层单位，围绕着上级政府部门分配的资源和布置的任务进行生产劳动，社会上缺乏自由流动的资源和机会。各个单位之间缺乏横向的联系，只有纵向的联系，整个社会组织高度严密而封闭（Shue，1988）。然而，单位内部和基层社区的组织机制却又围绕着基层领袖形成了一种有组织的依附模式，在共产主义的革命体制内慢慢蜕变成领导派系之间的分裂和派系内部的庇护关系（华尔德，1996）。

为了对基层组织和社区单元的官僚化、堕落倾向进行修正，中央高层领导就需要不断地发动各种运动，来打破这种趋势。这甚至被看成是科层组织的内在固有的弊端。作为一种巨型科层组织，计划经济时期的中国基层社会不可避免地要陷入这个常规治理模式的退化过程。基层单位的退化必然导致革命领袖的理想和意志难以实现，所以理想主义革命领袖就必须通过非常规的手段，发动运动打破常规的权力结构，依靠群众，去冲破基层官僚的退化趋势。这样，在巨型科层组织内部，一个缺乏横向的权力结构分化和制衡的组织结构，就只能在常规化治理机制和运动式治理机制之间摇摆（周雪光，2012）。

（五）国家与社会关系调整中的社区治理模式变革

改革开放以来，中国的社会结构发生的一个明显的变化就是自由流动资源和机会的增多（孙立平、王汉生、王思斌、林彬、杨善华，1994：52～53），原来的总体性单位制组织模式发生分化，人们可以进行横向的联系，自由地参与市场交易和志愿活动。随着体制外增量资源的发展，到20世纪90年代末期，原来的国有集体单位也随着改革攻坚战而彻底被分化，由单位制转向社区制，是中国20世纪末期城市社会治理模式转变的一个首要特征（郭伟和，2012）。伴随着社区治理体制的兴起，民间社会组织发育，志愿活动活跃，通过社会组织提供志愿服务和活动也是中国社会治理方式发生转变的结构性特征之一（俞可平，2000）。总体上中国已经突破了国家对社会的总体性组织和动员模式，建立了一个"党委领导、政府负责、社会协同、公众参与、法治保障"的社会管理新体制。[①]

新的社会管理体制，其核心特征是突出了社会组织的协同作用和法治

① 胡锦涛在中国共产党第十八次全国代表大会上的报告，2012年11月8日。

保障，这是我国改革开放 40 年发生的巨大变化。原来的社会组织基本上都是隶属党和政府的，国家和社会是一体化的。而随着市场经济发展的深入，不得不承认的一个事实是社会利益格局发生了分化，围绕着利益格局变动形成了多元社会组织要求自主地维护自己的权益、表达自己的诉求、协调利益矛盾的局面。这样，如果一切社会事务和问题都仍然由各级党和政府直接管理和面对，那么势必导致各项矛盾的焦点集中到党和政府那里。所以，彻底改变以消极稳定为核心的社会管理体制，在党委领导、政府负责下，发挥社会组织的协同作用，让公众通过民主法治的渠道来合理合法地表达诉求、维护权益，协调利益矛盾，才是实现社会公正、和谐的根本机制。

然而实际上，当前我国的具体治理手段和方法并没有体现出民主协商、法治保障的特征，而是日益走向了行政吸纳政治的技术化治理方向（渠敬东、周飞舟、应星，2009）。这主要表现在如下几个方面。

首先，各级政府部门仍然没有改变自上而下的压力型体制，对上负责而不是对群众负责依然是各级政府的权力来源特征。但是上级政府对下级政府的管理由原来的政治和出勤考核转向了更为全面、细致的多重目标考核。这一行政技术的采用尽管提高了中国各级行政部门的效率，但是却导致地方各级政府进一步的相互竞争的锦标赛体制（周黎安，2008）。在地方政府的锦标赛体制下，地方政府的公共决策日益脱离群众的需求和呼声。

其次，国家财政支出的项目化运作，要求对各项专项资金进行绩效考核，提高项目的执行效果。项目制资金管理模式采取了西方新公共管理运动的措施，大大提高了资金的管理安全和效果，但是导致下级政府和基层预算执行单位更加没有自主权利。在一个缺乏地方和基层自主权限、主动性的公共资金管理体制下，项目的设计和执行逐渐成为投领导和专家所好的报告技术。

再次，上述两项治理技术导致现在的基层社区体制是高度行政化、缺乏自治属性的社区体制。社区组织的三驾马车——党组织、社区居委会、社区服务站其实都是围绕着街道办事处的行政任务而转动，居民参与的机会日益成为接受公共服务和参与社区娱乐的表演，真正涉及居民权益维护和诉求表达的事务缺乏社区参与的平台（杨敏，2007）。

最后，中国新生的民间志愿团体和社会工作体系，由于缺乏自筹资金和自主服务的能力，基本上依附于地方政府专项资金的项目化运作的购买服务体制。尽管政府购买服务为新生的民间社会组织和社会工作服务提供了基本的生存援助，但是购买服务的考核机制和指标体系也基本上限制了民间志愿组织和专业社会工作的自主判断能力和解决社会问题的灵活性。再加上中国特有的权力寻租现象导致民间志愿组织和社会工作服务体系出现了权力－资本主导、专业价值和权威弱化的趋势。①

总之，改革开放以来，中国已经出现了国家与社会的分化趋势，而且国家的治理手段也由原来的群众动员模式转向了各种技术化的治理模式。然而，这个转变趋势一方面伴随着国家运动式治理的调节，另一方面导致新生的社区空间和民间社会组织对行政体系过度依附，失去了公共服务的伙伴关系中平等、协商和共治的基本品质。

三　中西方社区治理演变过程的共同趋势

从上述我们回顾的中西方国家与社区治理的历史演变过程，我们可以从如下五个方面进行归纳，得出一些共同趋势。

（一）国家与社会关系的转变趋势

由传统治理模式向现代治理模式的转变过程，都是传统社区自治被现代国家建设打破和重组，吸纳到现代民族国家体系的过程。然而，国家对现代社会的管理已经不完全是控制国民成员，构建一个超级国家体系，去追赶发展目标，而是实现国家和社会的适当分化。根据马克思主义原理，只有消灭了阶级社会，消灭了生产资料私有制和自由市场经济，才能共同消灭与之对应的市民社会和政治国家（俞可平，1993）。在社会主义初级阶段，大力发展非国有经济和实行市场调节，仍然是社会主义经济体系改革的基本方向，所以承认国家和社会利益的分化，承认社会阶层之间的利益分化是客观现实。国家与社会的适当分化意味着，要允许基层社区和民间社会组织能够自我组织、自我治理，这是整个国家治理的基础。国家治

---

① 蔡禾教授于 2012 年 12 月 29 日在中国社会工作教育协会第八届年会上的演讲。

理是对基层社区和民间社会自我组织和治理的二次调节和引导，而不是通过各种手段和技术直接控制它们。

（二）国家权力配置方式和实践技术的转变趋势

传统社会的国家权力主要是一种专制权力，同时辅以教化权力，其目的是维护君主的统治权威。现代国家的基础性行政权力技术比较发达，对社会成员的反思监控能力更强，这样就提高了现代国家的治理能力。但是，现代国家关心的目标不再是领土范围内对臣民的汲取利益的最大化，而是促进领土范围的国民利益最大化。这是国家理性的一种转变，一切围绕着社会利益的增长，而不是国家财政利益的增长。这就要求正确处理国家财政和国民经济的比例关系，以及国家财政中公共服务支出的合理比例问题。在此基础上，国家的现代治理手段首先是通过各种专业知识和技术来培养和规训社会主体，其次是通过宏观的调控手段来保证人口流动的安全和福利的增长，最后才是通过司法惩戒手段来保护社会免受危害（米歇尔·福柯，2010）。

（三）社区组织模式的转变趋势

国家行政力量和专业技术力量只能导致个人主义的理性行为。然而，各种精致的个人主义，不管是功利性个人主义，还是表演性个人主义都只能导致个人发展，而不能导致社会的安全与繁荣（罗伯特·N. 贝拉等，2011）。因此，尽管传统的地理社区组织已经瓦解，依靠传统的威权性社区组织已经难以起到整合社区成员、促进社区和谐稳定的作用。取而代之的是各种通过志愿结合和社会交往而组成的社会团体，这些社会团体以社会资本的形式来复兴公共精神。如果没有志愿结社和公共精神，就无法对抗各种精致的个人主义发展趋势，也就是无法构建真正的社会安全机制。地理社区瓦解之后，不是用行政化机构取而代之，而是努力发展各种志愿结合的社团来集体讨论和民主协商社区公共事务，这应该是当代社区治理的核心特征。

（四）社区公共事务的决策实施方式的转变

传统社会的社区公共事务主要由一些长老和神职人员围绕着特定的仪

式和习俗来进行决策和管理。尽管这种公共决策机制蕴含着极大的权力不平等关系，甚至是社会排斥机制，但是它却构建出人与人的庇护机制和生存伦理，从而保证所有社区成员的存活。现代国家打破了传统社区机制之后，要么是把居民重新组织到国家体系之中，由国家来制定社区公共事务的决策制度；要么允许社区居民志愿结社和公共参与，以此来维护社区公共利益。随着国家全能主义的神话破灭，社区居民自觉自愿参与社区公共事务的协商讨论成为一种必然的选择。但是，如何解决集体行动中的搭便车问题，鼓励社区居民培养和学习志愿参与和集体协商，成为现代社区自治和发展的核心问题（埃莉诺·奥斯特罗姆，2012）。

（五）社区居民主体性的重塑和参与方式的转变

传统社会的社区居民是嵌在一种社区文化伦理体系或者文化网络之中的，他们在这个文化体系下，谋取生计、协调矛盾和建立声望（卡尔·波兰尼，2007）。相应地，传统社会的社区居民独立自主的程度比较低，甚至可以说是一种集体主义导向的，或者说嵌在社区共同体之中，缺乏个体独立和自主。然而，现代化发展的后果就是打破了地方社区认同，构建了民族主义认同和个体身份认同。民族主义认同因其过于抽象和宏大，对社区居民日常生活并无多大影响，然而个体化的身份认同却导致社区居民日益脱离社区公共事务，走向了个人主义。所以，如何塑造新的社区成员资格身份认同、对抗个人主义发展趋势是培养社区公共参与精神的基础。实际上，在自由市场经济条件下，对社区居民集体成员资格的培养，既不在于空洞的国家建设目标，也不在于空洞的道德说教，关键是要赋予居民参与身边公共事务的权利和机会，让他们体会到一种集体参与的效能感，这样才能逐步提升社区居民的集体参与意识和能力，并逐步培育社区集体力量（community empowerment）（Lee，1994）。

第三章　作为一种反思实践的社区
历史研究策略

一　布迪厄的实践社会学及其悖论

在黄宗智先生和孙立平先生的倡导下，实践导向的社会科学研究在中国社会科学界得以推行（黄宗智，2008；孙立平，2002）。他们都从法国社会学家皮埃尔·布迪厄（Pierre Bourdieu）的实践理论出发，也都对布迪厄的实践社会学的具体研究案例进行了批判，从而发展自己的实践理论。本章接续黄宗智先生和孙立平先生对布迪厄的实践理论的批判，试图提出自己的研究思路。

布迪厄的实践理论来自于对人类学中的结构主义和马克思主义结构主义的批判，同时又表达对西方主体哲学的不满，试图跳出西方社会科学主观和客观、能动性和结构限制之间的二元悖论（皮埃尔·布迪厄、华康德，1998）。他试图基于自己在卡比利亚的人类学田野调查来说明日常实践场域中，人们是如何通过实践的感觉来抓住转瞬即逝的时机，并运用社区中的各种资本（包括经济资本、社会资本和符号资本）来实现自己的目标的。但是，他又认为实践场域中的当事人并不能跳出场域结构，做一个抽象的理性人，自由决定和选择自己的行动策略，追求自身利益的最大化。相反，他认为每一个人都是在实践场域中形成了一种行动惯习（habitus），这种行动惯习表现为当事人即兴发挥的灵活自由，但是布迪厄敏锐地指出，这种自由发挥不是西方哲学家所建构的抽象的理性人模式，而是一种内化的结构化行动模式。这种结构化行动模式已经不是当事人有意选择的行动策略，而是作为一种不自觉的身体习性发挥出来的。现实场域中的当事人的即兴发挥就像运动员在球场上表演一样，根本没有时间思考，而是凭着经验机智娴熟地行动。这是长期沉浸在一种结构关系中不断体验类似情景而塑造出来的行动模式，一旦遇到类似的情景，就会自动发生这种现象。这里也有社会结构对身体的支配，但这已经不是强制性支配，而且也不是意识形态霸权，而是一种无意识的主客结合的一致性行动模式，是支配者和被支配者相互配合的即兴发挥状态。同时，正是靠个体行动模式的相互配合，把社会结构再生产出来，才维持了社会结构的支配模式（Bourdieu，1977）。

这种实践理论大纲虽然突破了西方社会科学主客之间的分裂状态，但是很容易落入主客配合的社会再生产的结构陷阱，从而无法解释社会的历史变迁。黄宗智就从这个角度批判了布迪厄的实践理论，他认为布迪厄的理论概念都是从横切面来分析卡比利亚社区的结构性构造，以及法国当代社会不同场域之间的通过阶级口味实现的区分和支配策略的，难以用于跨时间的动态分析（黄宗智，2005）。同样，孙立平先生也批判了布迪厄的实践理论，他认为布迪厄的实践理论是对实践过程的抽象，是以一种非实践的精神和方式来对待实践，所以实践就被布迪厄抽象死掉了。他认为，只有进入实践过程，揭示特定事件的实践过程，才能揭示实践过程的机制和策略。他提出"过程－事件"分析方法，是进入实践过程的途径、激活实践过程的方法，因为只有具体事件才是实践过程中各种因素的浓缩，各种实践因素的再生机制让我们可以接触到实践过程（孙立平，2002）。

黄宗智先生和孙立平先生对布迪厄的批判是深刻的，不管是从长时段的社会实践历史出发，还是从短时段的具体事件过程出发，都是真正进入实践过程，发现实践的逻辑，产生实质性社会科学概念，帮助我们理解中国社会实践现实。但是每个人都有进入社会现实的具体路径和方法，黄宗智先生选择了通过经济史和法律史进入中国社会，孙立平先生选择了通过制度执行过程中的具体事件进入国家和社会互动的交界面。我们下面将从德·塞托和詹姆斯·C.斯科特提出的地方性知识这个角度进入农村社区，作为认识中国农村社区治理实践模式及其历史变迁的理论出发点。

二 迈向地方性实践知识：认识当代中国农村社区治理实践模式的理论出发点

已故法国文化研究大师德·塞托在《日常生活实践 1. 实践的艺术》一书中，批判了福柯和布迪厄的实践理论。他认为，不管是福柯有关主体规训技术的研究，还是布迪厄关于实践策略的结构化分析，都是从微观主体——身体出发，最后走向了系统的话语权力和结构性权力，并没有真正挖掘出微观主体——身体的实践策略和艺术。基于对福柯和布迪厄的批判（也是致敬），德·塞托强调，在当代资本主义系统化权力体系和话语体系的支配下，微观主体虽然不能挑战整个权力体制和机制，但是可以通过分散的占有和消费权力体制分配的空间、资源，使之符合被支配者自己的利益和规则，并构成反规训的体系（德·塞托，2009：34～35）。作为弱者的大多数的边缘群体，其消费行为虽然具有布迪厄所谓的模式化的惯习特征，但绝不是受制于场域结构的无足轻重的戴着镣铐的即兴表演，而是弱者为了利用强者的场所空间所采取的灵活方式，从而为日常生活实践增添了一些政治色彩。德·塞托认为，作为消费者的弱者群体的行为，不同于强者的攻城略地的战略行为，是一种渗透到对方阵地的战术行为。他借用军事术语——战略和战术，来区别强者和弱者的行为。战略是一种专有场所的确定性行动模型，而战术则是将他者的场所作为自己的场所。战术行为通过碎片状渗入到战略空间，无法整体地把握这个空间，也无法远离此空间。这些具体的巧妙技巧，包括施计策的艺术、猎人的狡猾、操作的变换、多样的伪装、兴奋的发现等。他认为，这些运作的成就源自非常古老的学问，希腊人将其称作"mètis"（米提斯），而在中国则是孙武的《孙子兵法》中所讲的军事艺术，或者是阿拉伯的《计谋之书》里的内容（德·塞托，2009：39～41）。

不仅仅是文化研究领域转向了日常生活的实践艺术，人类学研究领域同样具有这个传统。最初是基于诠释学传统，美国文化人类学家克利福德·吉尔兹专门著有《地方性知识》论文集，然后是政治人类学家詹姆斯·C. 斯科特运用这个概念来分析极端现代主义理性规划项目如何被基层老百姓的地方性实践知识所侵蚀或废止，成为一些失败的历史景观。在吉尔兹看来，地方性知识来源于地区文化传统，这个文化传统有自己的演变历史和政体模式，它难以成为理性的科学系统，需要通过诠释性方法，把它当作一个文本来分析部分和整体的关系，最后弄清楚其内部逻辑模式（克利福德·吉尔兹，2004）。但是，许多人批判吉尔兹的整体文化模式论，尤其是在现代社会，任何传统都不再是孤立的传统，而是和现代发生着互渗的传统。地方性实践是在全球化背景下的地方化过程，而不是一种孤立的地方化实践（迈克·费瑟斯通，2009）。詹姆斯·C. 斯科特把吉尔兹的地方性知识从传统文化中解放出来，当作极端现代主义的理性规划项目的对立面来看待。他和德·塞托一样，引用了古希腊概念"米提斯"一词，来指称所谓的现代化进程中基层民众的实践性知识。他认为"米提斯"看起来比任何其他的选择，更像"本土技术知识""民间智慧""实践技能""技术知识"等，能更好地传达头脑中实践技能的意思。斯科特认为，作为一种实践技艺的"米提斯"尽管有其历史传统，但更重要的是它会在现代化过程中，相对于极端现代主义的理性规划和权力体系追求简单、清晰的宏大景观，通过更加多变、实用和灵活的具体实践，来发展和积累有效的知识。所以，他认为，"米提斯"总是地方化的，甚至是模糊的、不可言传的，它介于天资灵感和被编纂知识间的巨大中间地带，靠大量的渐进的众人的实践经验来积累和改变。他不认为传统是固定不变的，只不过这种变化不是突然的和不连续的强制规划。正是日积月累的大众实践智慧在侵蚀着那些宏大而不当的景观项目和理性规划，让它变得适应人们的生存需要（詹姆斯·C. 斯科特，2001）。

德·塞托和詹姆斯·C. 斯科特提出的"米提斯"——地方性实践知识，或许是帮助我们理解当代中国社区治理发展史中地方实践策略的有用概念。它听起来不如哈贝马斯和汉娜·阿伦特的行动理论那么雄辩和激进，也没有福柯、布迪厄的实践理论那么系统和庞大，但是它可以帮助我们理解现实中基层社区干部和村民是如何多元、灵活和机智地发展地方化实践策略，从而改变和重构现代化变迁过程中国家对农村社区的动员过程，同时满足自身的实践需要的。实际上德·塞托和斯科特提出的地方性知识的概念，和罗伯特·芮德菲尔德所说的小传统的概念有着更密切的联系，以区别于精英阶层掌握的大传统（罗伯特·芮德菲尔德，2013）。所谓小传统就是老百姓在日常生活中发展出的行动网络和实践智慧，以区别精英阶层发展和掌握的价值规范和审美情趣。在传统社会，尽管士绅精英和社区大众生活在同一个社区，但是他们之间的文化特征并不一定都是一致的，而是存在着大小传统之分。士绅阶层一方面，可以借助于精英文化进入上层统治阶级，或者醉心于自己的精神世界，发展自己的象征资本；另一方面，他们也要参与和发展社区大众的小传统，通过社区礼仪和其他戏剧舞蹈等民俗文化，实现对社区的道义治理。社区民俗文化围绕着生存伦理和安全原则，把大家团结整合起来，维护社区集体利益，有时候甚至会对上层统治阶级产生反抗的动员效果（詹姆斯·C. 斯科特，2001）。随着现代化转型，国家动员取代了传统精英支配模式，试图对社区进行新的组织和动员，并将其纳入国家现代化过程。但是有时候国家的动员组织策略会出现激进或者不切实际的情况，进而导致对基层农村社区的伤害，这时候如果社区依然有地方传统文化和实践性知识，就可以缓冲国家走激进化道路带来的风暴和发挥保护社区的作用。

三　作为一种反思实践的社区历史研究策略

地方性知识是我们进入地方小传统，研究当代中国社区治理历史的理论切入点，但是我们还需要找到一种研究方法进入社区历史，只有这样才能落实这个认识论。黄宗智先生提出的地方实践历史的质性研究方法，主要是通过地方档案资料来进行研究的，孙立平先生则是通过口述历史的方法来进入当代农村。我们更愿意把他们的档案资料分析、口述历史方法进一步激活，动员村民一起来收集资料和进行访谈口述，实现社区历史的集体行动研究的策略。美国口述历史学会会长唐纳德·里奇（Donald A. Ritchie）曾经出版了一本书——《大家来做口述历史实务指南》，详细介绍了口述历史的具体做法和资料使用方法。他写道："口述历史的民主驱动力也已经说服了口述历史的研究者们，是将麦克风交给人民的时候了，是该让人民来说话了。"（唐纳德·里奇，2006：3）实际上，美国有些大学已经开始支持一些地方社区开展口述历史研究，来延续那些即将消逝的社区，或者来发现自己不曾熟悉的历史，增强大家对社区的认识和认同。比如在华盛顿特区人文评议会就曾发起一项街灯计划，希望让那些彼此疏远的社区成员，通过口述历史来发现社区共同特征和集体认同。结果通过社区居民的共同口述和集体讨论，一个非洲裔居多的波托马克社区居民发现了学校教科书里不曾记录的黑人的社区贡献历史。社区成员塞尔马·罗素说："以前我们是陌生人，现在我们了解了，我们所共同拥有的非洲裔美国人的传统正是我们的共通性所在。"（唐纳德·里奇，2006：231）这就是激活档案资料和口述历史的目的，集体行动研究导向的社区历史研究不仅仅是为了建构中国社会科学的实质理论，加深对中国社会的认识，而且是为了和社区居民一起来反思社区实践历史，让社区居民可以借助收集资料和讨论资料的过程，增强对社区历史的认识，反思历史的成败得失，扬弃社区历史的精华和糟粕，增强对社区的认同和归属，继续对社区发展做出贡献。

当然，我们的研究过程又不是民粹主义的，只是简单记录社区资料和社区居民的口头意见。社区居民对自己成长环境的认识和扮演的角色毕竟存在局限性，所以如何引导大家超越个人和家族的局限性，站在社区共同体的高度来认识各自的角色和影响，成为集体行动研究的巨大挑战。另外，社区共同体被放在整个地区乃至国家发展的宏大历史，既有自己的集体利益，也有自己的地区局限性。我们也需要反思如何处理社区共同体利益和整个地区乃至国家发展的关系问题。这里面不存在任何阿基米德支点，既不存在所谓国家现代主义所言的用宏大的民族国家历史来取代地方社区共同体的发展史，也不存在所谓地方社群主义所言的只为了本社群的利益而反对任何普遍的民族国家利益。我们相信，个人、家族和社区的关系，正如社区和国族的关系一样，都需要在反思对话中，来发现各自的角度和立场，以及对对方产生的影响。我们希望通过这种反思对话，来开拓各自的视角，引入视角转换的机制，寻求多元视角、彼此理解的对话平台。而且，我们还和正统口述历史有差异，我们不是为了制作历史档案，而是为了研究社区治理发展的历史过程。我们只是采取了口述历史的方法，将其作为收集研究资料、进行学术研究的工具。除此之外，我们还收集了文献资料、图片资料以及当事人的回忆书写资料等，这些都是一种资料收集手段。我们和正统的社会科学研究不同的是，我们把资料分析之后的文本反馈给社区，而且采取实名制的方法来书写他们的历史，让他们增加对自己社区历史的反思，而且借助于客观的书写文本，来反思自己的社区历史，这样也有助于开拓我们的自我认知，并将这种自我认知提升到社区整体角度乃至于从地区发展的角度来反思自我的认知。至于这能否达到保罗·弗勒雷的解放受压迫者（保罗·弗勒雷，2001）的效果，或者麦克·布洛维所说的扩展社会认知（麦克·布洛维，2007）的效果，都不是研究者所能控制的。但是，作为这项研究的执行者，笔者能够做到的是保证所有的受访人及其家庭都知情这个研究的目的和研究结果的出版发行，让他们决定哪些内容可以公开，哪些内容不可以公开，让他们掌握资料公开后对自己的影响程度。

所以，我们动员了村里几个有文化的热心人士参与到资料收集和单项历史的撰写过程，让能够提供有效信息来源的人物参与访谈，然后由专业人员写出综合性文稿，再反馈给村民代表来讨论，大家提出不同意见，站在不同角度进行评论。这个过程既有村干部的贡献和意见，也有普通村民的意见，在讨论中，大家都是平等的，能把不同意见陈述出来，讨论过程是一个理性的民主协商。比如书稿里既有村庄历史中正面的积极贡献，也有负面的历史教训，大家的共同意见是要对历史负责，尽可能地真实。但是也有人提出要为长者讳，有些事可以写，但是要隐去当事人的名字，给当事人或其后人留面子，知道的自然会心知肚明，不用点名字。这个做法尽管不符合历史事实的真实性原则，但是作为一种社会科学研究方法以及作为反思实践的行动策略，我们认为还是有其合理性的，就接受了这个做法。更不用说，这个办法校对出许多靠口述历史获得的资料中不太准确的地方，起到了三角校正的效果。

基于上述研究策略，我们采取了多元媒介资料和多种文体技术的呈现方式。首先我们通过大量的社区图片来记录社区发展的实景，让大家有一个直观的视觉感受。其次我们基于访谈资料分头撰写了泥河村大事记、泥河村家族姓氏、泥河村名人轶事、泥河村教育事业发展史、泥河村医疗卫生发展史、泥河村书法文化的发展、泥河村大平调戏剧发展史、泥河村礼仪风俗的发展、泥河村寺庙文化的发展等，让大家对社区有立体丰富的认识。最后，我们基于这些资料结合学术文献，撰写了学术论文，讨论社区治理和国家动员的互动关系及其历史发展动力，试图回应学术界的问题并对国家的发展思路和公共政策提供建议。我们的遗憾是没有办法把录音资料转交给一个图书馆，只能存在研究者的电脑里，等以后有类似的社区研究资料库，再做处理。

下编　社区治理历史案例研究

第四章　泥河村的由来和传说

一　泥河村的历史由来

泥河村到底从何时建立村庄，由谁而建，无法做严格的历史考证。我们只能根据一些历史文献、遗留文物及健在老人的讲述来进行大致的梳理。一般来说，华北平原的村庄历史可以追溯到 14 世纪中期元末明初的朝代交替时期。那场历时十几年的战争（1351～1367 年），导致华北地区几乎荒野千里，杳无人烟。朱元璋称帝之后，建立了大明王朝，开始鼓励垦荒并向华北移民。而到明燕王朱棣僭越了他侄子明惠帝朱允炆的皇位后，迁都北京，改年号永乐皇帝，并再次大规模实行移民以充实京畿辅地。据说，明朝永乐（朱棣）命令，组织晋南泽州和潞安二府的民众，集合到洪洞县，然后再统一分配到河南、河北、山东等地垦荒屯田。经历了明末清初的那场战争（1628～1644 年）后，华北地区再次出现人口锐减，虽然灾难规模不如元末明初严重，但是华北地区的村庄又发生了一次较大规模的合并村社现象，导致华北地区相对于华南地区杂姓村居多（杜赞奇，2009：5～6）。

这些历史变迁也都体现在淇县两本明清时期的县志里边。现存淇县最早的县志——明嘉靖二十四年（1545 年）的县志①记载，从元朝开始建立淇州，并置临淇县，而到明洪武二年（1369 年）改淇州为淇县，属卫辉府，编户 22 个里社，当中有吴里社。而清顺治十七年（1660 年）的《淇县志》记载，在明弘治十二年（1499 年），淇县原有 32 个社，淇河东边有 8 个社，被当时河北大名府的浚县县令强行割去，仅留淇

---

① 明嘉靖二十四年（1545 年）、清顺治十七年（1660 年）和清乾隆十年（1745 年）的三本县志，在淇县县志办都有抄印件，据县志办工作人员说，原件存于河南大学图书馆。2013 年 3 月份我们在淇县调查时对这些县志进行了查阅。

河以西的 24 个社给淇县，当中仍然包括吴里社。① 历经明末清初的动乱年代，淇县许多里社都因百姓逃荒而废弃，到清朝顺治时期仅留下四社——南阳社、闫村社、吴里社、崇胜社。

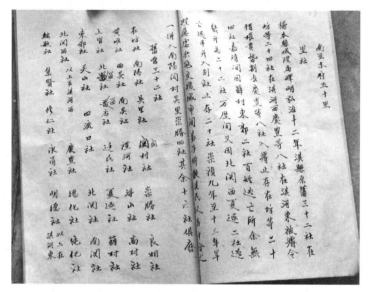

图 4 - 1　清顺治十七年《淇县志》记载的里社变迁情况

而据清乾隆十年（1745 年）编撰的《淇县志》记载，那时淇县有 22 社，仍然有吴里社。据清光绪二十六年（1900 年）编撰的《淇县舆地图说》② 记载，当时有 16 个里社，把原来的吴里、西吴里、南吴里三社并为

---

① 这个说法和《浚县志》的记载有出入，浚县明嘉靖年间县志中已经记载河东的相关里社，但并无关于弘治年间的区划调整的记载。

② 《淇县舆地图说》是清朝光绪年间的开封府禹州知州、卫辉府淇县知县长沙人曹广权所主持编撰的淇县地理图说。曹广权于光绪二十六年（1900 年）到淇县履新，感叹淇县从顺治十七年（1660 年）以来近 300 年没有更新舆图编撰，又对当时县衙的书吏所绘制的舆图不满，"于是因编联户口之便，循行乡间，辨方正位，于平原旷衍，以步准绳之广袤方邪，皆计其鸟里。境内水道，则循岸步量，得其经支、迂直、阔狭之数；岩壑阻深，亦穷竟探。悉以众水之条流，辨山脉之支干。……又参考橄牒，旁采碑记，周咨于士庶，下逮于胥徒。及吏事之余闲，穷冬日之短景，订征昅舛失，研究乎异同。乃开方计里，如法绘图。按准分率，弗敢意赢缩"。这段话表明，当时的淇县知县曹广权比较认真地测量和考证了当时淇县的山川水文地理状况，做了政府治理的基础性资料的测绘工作，目的是"可以履冲要而安耕凿"。1986 淇县县志办的工作人员常永海、李清堂等人对此珍贵古籍进行了标注，印刷了《淇县舆地图说注释》一书。泥河村的石同勖先生曾经任淇县文化局局长，保存此书，2013 年夏天我们拜访石先生时，他知道要编撰村史，贡献此书备考。

大吴里和西南吴里两个社。这些县志记载表明，淇县早在元朝时就已经建制，而在明洪武二年（1369年）就已经有了吴里社。之后，一直到清光绪二十六年（1900年），才把吴里社合并到大吴里和西南吴里两个社中。

**图4-2　村中现存最早的明万历三十五年（1607年）的
淇水桥石碑（残缺）**

　　之所以考证县志中吴里社的设置，是因为古时吴里社和泥河村有着具体的归属关系。泥河村在明朝时，或许不叫泥河村。泥河村现存最早的一个历史遗物是村东头留存下来的半截残碑——关于修建许家屯泥河石桥（碑头叫淇水桥）的捐资助建的碑文，显示的年代是明万历三十五年（1607年）。① 这是最早的关于泥河的历史记载，距今已有400多年的历史

---

　① 　关于淇水以及淇园的名称和具体位置，在淇县历史上有争议。民间老百姓传说，古思德河发源于西太行山的武公祠，那里有淇园的遗址，因此古思德河也叫淇水。但是在明嘉靖二十年（1541年）时，淇县知县张宜对淇河、淇澳（淇园）的名称和位置质疑，并进行了考辨。他认为，淇河在《诗经》中屡屡被提及，不应是思德河那么小，应该是老百姓所说的山河，因此他就把本来位于思德河之阴（河南岸）的明正德年间修建的一通"卫武公庙淇澳竹"石碑（旁注古淇水）移到了高村村东山河西侧。这样，人们现在就把发源于山西陵川、壶关山区的山河称作淇河，也把淇园修筑的地址当作高村附近的淇河湾一带。参见张宜《淇澳辩》，载明嘉靖二十四年（1545年）《淇县志》。但是，显然张宜的做法在当时并没有获得当地人的认可，否则到明万历三十五年（1607年）修建泥河石桥时，在碑头上就不会仍然刻有"淇水桥"三个字，也不会有关于泥河"发自武公祠侧诗咏淇澳"的石刻。

了。但是许家屯指的是什么意思无从考证。而且，碑上只是说修建泥河石桥，并无关于泥河村建制的明确含义。或许那时的泥河村还不叫泥河村，就叫许家屯。另有一种说法是东头叫许家屯，西头叫泥河，后来两村越发展越大，仅有一条路沟相隔，两村连成一村，因蟠龙河流经这里，泥河的名气大点儿，就叫泥河村了。

图 4 - 3　泥河郭氏老祖郭同心的墓碑

但是村中另一万历三十三年（1605 年）创建、明崇祯八年（1635 年）重修的白衣大士神祠碑记上则明确地记载："淇之东北有泥河村，土肥水远，乃风气攸聚之区。"可见，那时已经没有许家屯了，改叫泥河村。另外，能够证明泥河村名的另一个历史遗留证据是村中最大的姓氏——郭氏祖先留下的一通石碑。此碑立于清康熙四十四年（1705 年），碑上记载，郭氏祖先郭同心"祖居上官郭家庄崇祯十五年（1642 年）迁移吴里泥河村"。

这就和县志上记载的吴里社联系起来了。在明弘治年间淇县有个上官社，其管辖范围就在现在的庙口乡附近，那里的郭家庄就是后来泥河郭氏家谱上说的山郭庄。到了崇祯年间，因为兵荒马乱，郭氏祖先就迁移到吴里社的泥河村了。上文提到的清顺治十七年（1660 年）的《淇县志》记载："崇祯九年（1636 年）至十三年（1640 年），旱蝗屡虐，兵寇交残，城市间易子析骸，淇民仅存十分之一，并入南阳、阎村、吴里、崇胜四社，其余十六社俱废。"那就是说，或许在明万历年间，泥河村还叫许家屯，但是村中有一条河叫泥河，当时修建了一架石桥，叫淇水桥。而到了明崇祯年间，许家屯已经改名泥河村了。再后来，因兵荒马乱，泥河村民早已逃亡不在了。郭氏祖先就是在崇祯十五年（1642 年）从所谓的上官郭家庄迁移吴里泥河村的。这可能是因为明末李自成领导的农民起义导致华北地区许多村民都抛家舍业，落荒而逃，直到清朝初期，才开始重新建立里社制度，恢复乡村治理秩序。这场起义就发生在崇祯年间，尤其是到崇祯十四年（1641 年）李自成起义大军攻克洛阳，杀死明朝福王朱常洵以及明兵部尚书陕西总督傅宗龙、汪乔年及陕督杨文岳等，大败陕督孙传庭，明军主力基本被消灭，起义大军控制河南全省。随后，起义军兵分两路进攻北京，其中一路由山西大将刘芳亮率领，从平阳（今山西临汾）经阳城，越太行山出豫北，先下卫辉（今河南汲县）、彰德（今河南安阳）等地，然后经真定（今河北正定）北上，以牵制明朝南路援军；一路由李自成亲自率领，渡黄河，下太原，传檄各州县，揭露朱明种种罪状。山西农民群起响应，各府州县望风而下，李自成遂率军北上，经大同、宣府（今河北宣化）南下，崇祯十七年（1644 年）三月十八日围困京师，次日经昌平攻入北京。

这里需要纠正一个错讹。原来泥河郭氏流传的说法认为，郭氏祖先石碑上记载的是"祖居王官郭家庄"。这个王官郭家庄指的是哪里有些混乱。郭家老辈人说，郭家庄就是现在泥河南边的郭庄，因为郭家祖坟就在靠近郭庄附近的思德河边。但是，现今的郭庄根本找不到任何郭氏祖先的痕迹。或许清朝初年郭庄一带也是荒无人烟，后来其他先民来此定居时，就因为郭氏祖坟在此附近，就命名为郭庄了。关键是大家都纳闷碑上所说的王官郭家庄中的"王官"是哪里呢。如果按照后面的吴里泥河村的说法，王官就应该是当时的一个社。可是，我们查了淇县的两本县志和光绪年间的《淇县舆地图说》，上边都没有王官社（里）的记载。多本县志上倒是都提到了上官社，后来在光绪年间连同灵山社一起并入了浮山社和崇胜社。所以，郭氏祖先石碑上所说的不是王官郭家庄，而是上官郭家庄，只不过因为年代久远，"上"字模糊不清，人们以为是"王"字。因为古时上官社大致就位于今天的庙口东南一带，和吴里社相邻。而现在的庙口附近的山郭庄在古时可能隶属上官社。据郭氏家谱上流传下来的说法，郭氏祖先最早从山西洪洞县南官村迁到淇县山郭庄定居。又说，山郭庄晋朝时遭遇封火焚山之乱，郭氏祖先仅逃出兄弟三人，其中一人落户郭家庄，后在崇祯十五年（1642年）迁移至泥河。这个家谱上的记载可能有误，因为从山西洪洞县移民河南淇县山郭庄只能是在明朝，不可能是在所谓的晋朝。而所谓的山郭庄那次"封火焚山之乱"也只能在明朝后期，或许就是崇祯十四年（1641年）李自成的起义军山西大将刘芳亮从山西阳城东出太行攻克卫辉府时，路遇山郭庄，放火烧山，致使先民遭殃。个别先民侥幸逃出，落户到泥河村。这和老祖碑上记载的"祖居上官郭家庄崇祯十五年迁移至吴里泥河村"比较一致。可能当时编写家谱的那茬儿老人无法判断上官郭家庄是哪里，就以为先落户郭庄，后又搬到泥河了。

　　总之，如果根据明万历三十五年（1607年）的淇水桥碑刻的记载，首次出现泥河二字，距今有400多年的历史；而明确提到泥河村的崇祯八年（1635年）重修的村中白衣大士神祠碑记，距今也有370多年。从此以后，历经清朝、民国，一直到新中国成立和现代化转型，泥河村历经岁月沧桑而繁衍昌盛。清光绪二十六年（1900年）县令曹广权编辑的《淇县舆地图说》清楚地记载如下内容："泥河村：城东北十里，户九十三，口二百六十四，北跨思德河。"当时的泥河村隶属于迁民里，已经不再归属吴里社了。

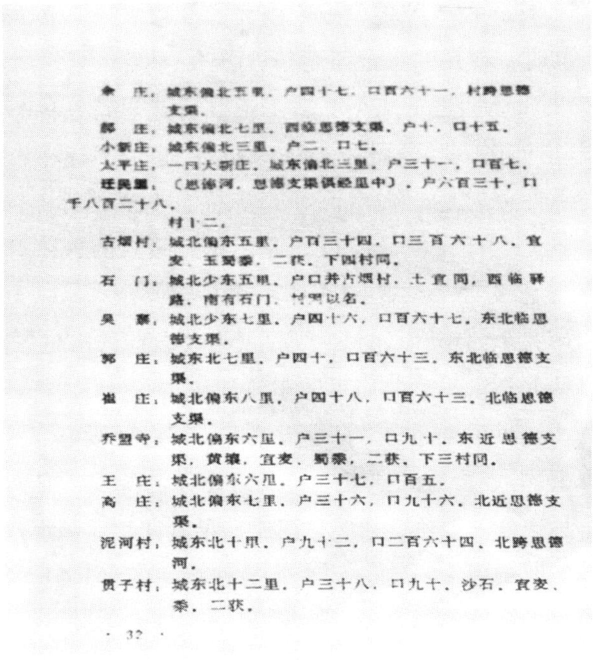

辛　庄，城东偏北五里，户四十七，口百六十一，村跨思德支渠。

郭　庄，城东偏北七里，西临思德支渠，户十，口十五。

小郭庄，城东偏北三里，户二，口七。

太平庄，一门大新庄，城东偏北三里，户三十一，口百七。

迁民庄，（思德河，思德支渠俱经里中），户六百三十，口千八百二十八。

村十二。

古烟村，城北偏东五里，户百三十四，口三百六十八，宜麦，玉蜀黍，二获，下四村同。

石　门，城北少东五里，户口并古烟村，土宜同，西临释路，南有石门，土堂以名。

吴　寨，城北少东七里，户四十六，口百六十七，东北临思德支渠。

郭　庄，城东北七里，户四十，口百六十三，东北临思德支渠。

崔　庄，城北偏东八里，户四十八，口百六十三，北临思德支渠。

乔望寺，城北偏东六里，户三十一，口九十，东近思德支渠，宜麦，蜀黍，二获，下三村同。

王　庄，城北偏东六里，户三十七，口百五。

高　庄，城北偏东七里，户三十六，口九十六，北近思德支渠。

泥河村，城东北十里，户九十二，口二百六十四，北跨思德河。

贯子村，城东北十二里，户三十八，口九十，沙石，宜麦，黍，二获。

· 32 ·

图 4 - 4　清光绪二十六年（1900 年）编撰的《淇县舆地图说》里记载的泥河村所属的里社和方位

二　泥河村的地理风貌

根据清光绪二十六年（1900 年）的《淇县舆地图说》记载，泥河位于淇县"城东北十里，户九十三，口二百六十四，北跨思德河"。然而，我们现在都把泥河村南边的那条河叫思德河，这和当时书上的记载不就矛盾了吗？其实当时书上记载的流经泥河附近的河流包括思德河、思德支渠两条河。书中描述，思德河源出县城西北三十里的武公祠前，经过思德铺南的思德桥之后，流向东南至泥河村，然后流经董桥村、迁民北、常乐村南、纪庄北、路园（现名罗园），到河口村（古为青龙镇），注入淇水（今淇河）。书中说，因为思德河流经泥河地带时，盘曲极多，状似盘龙，土名盘龙河，亦叫蟠龙河，又因泥沙多，俗称泥河。《淇县舆地图说》记载："考思德河于嘉庆六年（1801 年），因山水涨发，越思德铺而南，涌入陂中，土人因势疏支渠，引归赵渠，并修小叠路障水。"这说明，现在的思德河是清嘉庆年间当地老百姓为了疏浚山洪新修的一条支渠，叫思德支渠。上书记载曰"思德支渠，与思德河分歧之处，在思德铺南，当驿路之东"，经崔庄东、高庄东、郭庄北、桥盟寺东、至余庄、关庄西，向南流经普济桥、土桥、新桥、永宁桥，与赵家渠相汇入折胫河至卫河。所以，现在我们熟知的思德河其实是清嘉庆年间新修的思德支渠。

根据明嘉靖二十四年（1545 年）的《淇县志》的山川条目记载，"思德河，源发县西北三十里武公庙里，东流经思德，入淇水"。桥梁包括董家桥、思德桥、迁民桥，都在思德小石河上。那时还没有泥河石桥。清顺治十七年（1660 年）的《淇县志》记载，思德河源发本县西北三十里耿家湾，东流经思德、董家桥、迁民、四流口至青龙镇北与淇水合。而青龙镇，据清顺治年间的《淇县志》记载，是顺治八年（1651 年）的知县柴望修整河口村时，取名为青龙镇的。清顺治年间的县志中就有关于思德桥、迁民桥、泥河桥、董家桥、路家桥、西岗桥六座桥梁的记载，且都位于思德小石河上。这些文献记载说明，泥河桥建于明嘉靖和清顺治中间，这和村中残碑上记载的明万历三十五年（1607 年）修建许家屯泥河石桥是一致的。可见自古以来，思德河就流经泥河村，并在明万历三十五年修建了石桥一座。这些志书、碑文都表明，泥河村自古以来位于古思德河的主河道上。只是到了清嘉庆年间才因山洪暴发，思德河改道思德支渠，久而久之，支渠成为主河，而原来的主渠道则废弃了。总之，泥河村名的来历主要是因为其坐落在思德河上，思德河冲出西部山区丘陵地带之后，过了思德铺的官道，就进入了地势平坦的平原地区，于是河道开始蜿蜒曲折、河流也开始降速平缓，泥沙沉积增多，故此，乡间俚语称之为泥河。据泥河村老人回忆，原来泥河通向周围村庄的道路都不是平坦的道路，而是纵横交错的路沟。北部路沟通向杨吴村、西北路沟通向思德村、西南路沟通向崔庄村、南部路沟通向郭庄村、东南路沟通向董桥村、东北路沟通向贯子村。所谓路沟，其实就是沿着河流冲击而成的沟渠两侧自然形成的道路，雨季用作排水，旱季就用来行车走路。这大概是泥河这条河流古时候容易决堤，长时间冲击地面造成的。直到新中国成立以后，随着集体化时期的农田水利建设，原来的路沟逐渐被平整，形成了东西南北相对平整的路网。但是，在 20 世纪 80 年代的时候，人们仍然会记得那时候通往郭庄的大路两侧仍然是深沟，而通往北边杨吴的道路两岸则是很高的路堤。除了思德河雨季泛滥冲刷形成纵横交错的路沟，沿着思德河故道曾经遗留下许多密布的坑塘，从村西北到村东南方向依次有桥口坑、北（音"八"）荷塘（北河头）、三角坑、后拐儿坑、苇莽西坑、苇莽东坑、大桥坑、扁担坑等，都是当年泥河周围的坑塘。随着现代化的发展，这些坑塘逐渐成了干涸的凹地。如今，随着鹤淇产业集聚区的开发，原来的沟渠和坑塘又被现代化的四通八达的硬化路网所代替。人们在享受现代交通便利的同时，古时候那种发挥大地肺泡功能的沟渠和坑塘，早已被遗忘在人们的历史记忆中。

官方文献记载的思德河，或者老百姓口中的泥河，实际上在民间传说中有着更加神圣而美丽的名称——蟠龙河。村中老人口口相传的典故是，思德河流过思德村以后，就开始进入了平原地带，形似一条蟠龙，盘桓在泥河村的周围。蟠龙河经过村西北的漫水桥、桥口坑，然后流经村北的买卖街，流出村东头的大桥口，又流向了村东南的董桥村，接着一路向东南方向，流到河口村，注入淇河。按照老支书李香元的说法，蟠龙河发源于庙口的武公祠，最后到达河口的玉皇阁，是一条神河。确实，蟠龙河就是一条连接淇县和浚县之间关系的文化河。

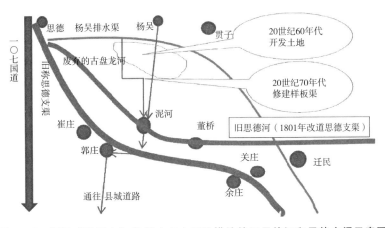

图 4－5 根据《淇县志》和村中老人口述描绘的旧思德河和思德支渠示意图

三　古蟠龙河的民间传说

除了一条蟠龙河把淇县和浚县两县在地理上连接起来，其实还有许多民间传说把两县联系起来，构成这一地区的文化传统。在蟠龙河流入淇河的交汇处有个河口村，河口村的玉皇阁曾经是蟠龙河上的一处名胜，它位于淇县和浚县交界处的淇河西岸，从此乘船过了河，就是对面的浚县卫贤集。前述，清顺治年间在此修建的青龙镇，是淇县和浚县往来、开展贸易的必经之地。古时淇河上面没有大桥，而是依靠渡船在两岸摆渡。河口村这里一度繁荣昌盛，是一个繁华的渡口。为什么要在河口村修建玉皇阁呢？这其实是和流经泥河的蟠龙河有关。相传，蟠龙河作为沿河流域的母亲河，保佑着两岸的儿女龙凤呈祥、歌舞升平。如果蟠龙越过淇河进入浚县，浚县就要出三斗六升的芝麻官儿。为了防止蟠龙越过淇河把仙气带进东岸的浚县，清朝时期淇县籍大学士高遐昌（人称高老倌）提议在蟠龙河和淇河交汇处的河口村（当时的青龙镇）修建一个玉皇阁，压住龙头，不让蟠龙越过淇河进入浚县。但是，玉皇阁修迟了一步，两条龙须已伸到了淇河东岸，所以浚县卫贤集就出了郝御史、孟都堂两个当官的。据说，修完玉皇阁，淇县人才辈出，而隔壁的浚县则只能在戏台上通过唱戏来扮演官员了。浚县古庙会素有华北地区四大庙会之一的盛名①，各种民间曲艺杂耍艺人辈出，尤其是豫北地方戏剧大平调最为出名。浚县诞生了很多大平调的戏剧名角，如张道妞、王道修等都是浚县人。其中一个大平调名角李存山，艺名二妮，就出自浚县善堂镇，新中国成立后来到泥河村，协助泥河发展大平调剧团。这个传说部分反映了清顺治年间《淇县志》上记载的县城城隍庙石碑上铭刻的两县之间的分歧，在明弘治十二年（1499年），浚县县令强权夺走淇河以东的原本隶属淇县的八个里社，导致淇县和浚县两县关系紧张。在古代，社会事实要通过象征符号来反映，并且在象征体系中延续社会现实中的社会关系，表现人们的愿望，反映人们的斗争策略。

---

① 华北四大庙会分别是山东泰山庙会、山西白云山庙会、北京（原属河北）妙峰山庙会、河南浚县古庙会。

　　关于两县之间相互竞争的关系，还有一个传说。过去，每到正月十五、十六，泥河村民包括整个淇县的老百姓，都要赶赴浚县烧香磕头、逛庙会。浚县是著名的豫北民俗文化大县，有两座平地凸起的山包，虽然都不太高，但是很有灵气和神力。一座名曰大伾山、另一座名曰浮丘山（又叫大丘山）。大伾山上有一座豫北地区最大的大佛石刻，号称"八丈佛爷七丈楼"，原因是大佛的下肢延伸到地下，而为大佛修建的门楼则从高出大佛脚底一丈高的地面上开始起建，所以佛爷比门楼要高。该大佛建于1600年前南北朝时期的北魏后赵时期，那时的大伾山面临山脚下流淌的滚滚黄河，俯瞰苍生深受河患之苦。而南北朝时期正是佛教传入我国的第二个兴盛期，所以人们在黄河边的大伾山上勒石刻佛，主要是为了求大佛保佑，减少河患。而浮丘山上供奉的则是当地老百姓更加信奉的道教明主——碧霞元君。山上建有碧霞宫，庙前的《重修碧霞元君行宫记》碑文记载，明嘉靖二十年（1541年）浚县知县蒋虹泉为了给儿子看病，花重金历时21年，终于在嘉靖四十一年（1562年）建成了金碧辉煌的碧霞元君行宫，俗称老奶大殿。因为民间传说碧霞元君是主生育的神仙，所以在古代社会注重子孙满堂的儒家文化主导下，老百姓对碧霞宫奶奶的虔诚供奉就可想而知了。每年从正月初一到十五，甚至延续至二月二，浚县都有长达一个月左右的庙会，规模宏大、热闹非凡，吸引整个豫北地区的老百姓前来进香拜神（佛）、赶会游览。当然，这其中淇县人是赶庙会的主力军。淇县人为了逛庙会不交钱，就找出了一个理由，说浮丘山奶奶庙供奉的碧霞元君娘家是淇县的，我们淇县人是娘家人，来看自己的姑奶奶，怎么能让我们交钱上香呢？事出缘由是，据说碧霞元君是东岳大帝的女儿，而东岳大帝本来是殷商时期镇守朝歌淇水关的大将黄飞虎。[1] 黄飞虎因为不满纣王的荒淫无道，就率兵出逃，帮助西周武王姬发、军师姜子牙等率大军攻打殷商朝歌。因为黄飞虎在征讨殷纣王时功劳卓著，后来被姜子牙封神时封为东岳泰山的天齐仁圣大帝，掌管幽冥地府十八重地狱，总管人间吉凶祸福。黄飞虎是淇县的，当然他女儿也是淇县人了。所以，淇县人就可以理直气壮地逛浚县奶奶庙，不但不交钱，没准还可以混口饭吃。

---

[1]　淇水关位于现在淇县高村镇的高村行政村。该村位于淇河西岸，淇河流经村北之后，折向东南，所以这里自古就是一个水陆交通要道，除了有殷商时期的淇水关和黄飞虎庙，还有古代官道上的高村桥、淇河漫水石桥等遗址。

而淇县也有三座神山，吸引着浚县的善男信女前来朝拜。他们也争辩说，到淇县朝拜是代表碧霞元君来娘家朝拜，对淇县人也不能收取门票。淇县的三座神山，一座是在县城西南的云梦（亦曰：蒙）山，据说是战国时期的鬼谷子传授兵法的地方，那里有玉皇殿供奉的玉皇大帝，俗称上神/圣庙；另一座是县城西北的古灵山，山上有女娲娘娘庙，据说是殷纣王降香写淫诗的庙宇，后来被女娲娘娘派来的妲己迷惑心窍，导致殷商腐败灭亡；中间夹着一座老寨山，山上有朝阳寺和清凉庵，据说是殷纣王乘凉取暖之处。这三座山构成了整个淇县的庙宇宗教文化的源头，引导着淇县其他乡村的庙宇形成一种朝贡体系。比如，在新中国成立前，泥河村就有李家老善人带领孙女李富荣走街串巷收布施，然后送往云梦山的上神庙和灵山的娘娘庙。

云梦山的上神庙之所以著名，据说是因为这里曾经抚育出了战国时期的著名军事家鬼谷子，是后来鬼谷子开坛授艺的地方。所以，这里有战国军庠之称。鬼谷子原名王禅，当地的说法是王禅家在淇县北阳乡的王家庄（现北阳镇王庄村），王家本是当地的大户人家，家有一姑娘叫王霞瑞。王霞瑞因为误吃了一粒仙谷子怀孕了。未婚先孕是一件有辱门风的事情，于是王霞瑞就躲到了云梦山的上神庙里，十月怀胎生下了一男孩儿。孩子出生时，正是蝉儿鸣叫时，故取名蝉（后改禅），又因母亲是吃仙谷怀孕，故号鬼谷子。从此，小王禅和其母相依为命在云梦山依靠庙里的救济生活，自幼随母亲学文识字，懂得人情世事。母亲看他聪慧好学，待其稍长就送他周游列国历练能耐。后来，王禅就成了战国时期举世著名的纵横家的开山鼻祖。鬼谷子周游列国成名后，看到各诸侯国间尔虞我诈，互相残杀，就又回到云梦山隐居，一边孝敬母亲，一边著书立说、开山收徒。当时叱咤风云的谋士孙膑、庞涓、苏秦、张仪、茅蒙、毛遂等都出自鬼谷子门下。至今山上都有所谓的水帘洞、孙膑洞、庞涓洞、毛遂洞、苏秦洞、张仪洞、茅蒙洞等遗址。水帘洞是鬼谷子修行、撰写兵书和传授兵法的地方，洞里有两条形似牛车车辙的沟痕，据说是当年用牛车拉兵书，碾压之后形成的车辙。明朝大学士孙征兰在洞口题诗一首："盘古谁施开混针，斜穿山腹作仙心。我来洞代仙开口，心似山空古在今。洞为仙人万古留，泉滃仙髓带云流。乘云愿洒泉为雨，飞润阎浮四百州。"

最为有趣的是，庞涓作为谋害同门师兄孙膑的奸诈之徒，其洞穴位于水帘洞的对面，和水帘洞旁边的一处名为毛遂洞正相对，老百姓的说法是让擅长追讨法术的毛遂在阴间看管庞涓，不让其出来再行不忠不义之事。除了人们熟知的孙膑庞涓之争，云梦山的孙膑洞里还有元朝时期的石刻，上边有仙猴偷桃送天书、毛遂入山访师下棋、孙夫子拜寿看母等元朝杂曲的石刻图画。这些都是正史学者所不关注，但是地方戏剧却在一直上演的忠孝题材。泥河村大平调剧团曾经的保留剧目就是《孙伯龄（灵）下山》，讲述的就是孙膑离家到云梦山拜师学艺的故事，和上述石刻图画基本对应。孙膑离家到云梦山学艺期间，在云梦山上负责看管王母娘娘的蟠桃园。一个白猿为了给母亲治病到云梦山桃园偷蟠桃，白猿的孝心感动了孙膑，孙膑就帮助白猿摘蟠桃救母亲。后来，孙膑老家燕国遭王戬贼兵侵袭，大哥、二哥皆兵败阵亡，侄子孙晏受祖母委托前来云梦山向三叔孙膑求救，已经成仙的白猿就成为孙膑的坐骑，协助孙膑下山回家乡救母亲，打败了王戬贼兵。

灵山的女娲庙历史更加悠久，《封神演义》第一回讲述的"纣王女娲宫降香"地点据说就在此处。殷纣王后来之所以荒淫无道，就是因为他到女娲庙上香，对女娲娘娘起了歹心，赋了一首淫诗①，惹恼了女娲娘娘，于是女娲娘娘便派妲己下凡到朝歌，迷倒了纣王，毁掉了江山。因此，到女娲庙上香祭拜就增加了虔诚的神秘感，如若不然，殷纣王就是前车之鉴。整个《封神演义》就是一部由淫乱无耻引发的不仁不义，进而导致复仇的故事。这个伦理模式经过武王伐纣的民间演绎，代代相传，成为华北地区民间社会维持秩序的形象故事。

与古灵山有关的一个传说，说的也是淇县和浚县争斗的故事，只不过是通过浚县的碧霞神山与淇县的朝歌老寨山神媲美的故事折射出来。话说淇县古灵山灵湖西南侧有座山寨叫朝歌老寨。传说中的朝歌老寨是座活的神山，坐西朝东，海拔700.3米，是淇县境内最高峰。山上建有两座寺庙，峰前朝阳寺，据说是殷纣王的行宫，即纣王冬季取暖之处；峰阴清凉庵，也是殷纣王的行宫，是纣王夏季乘凉处。朝歌老寨面对华北沬乡大平原，背靠巍峨太行。因其地理位置独特，山峰挺拔，山势险要，另有山泉

---

① 这首诗的内容是"凤鸾宝帐景非常，尽是泥金巧样妆，曲曲远山飞翠色，翩翩舞袖映霞裳。梨花带雨争娇艳，芍药笼烟骋媚妆，但得妖娆能举动，取回长乐侍君王"。

清莹，甘甜可口，又有松柏翠秀，桃李斗艳，谓之群峰敛碧。古诗赞云：千峰浮晴霭，飘飘蔽云空，登高时寓目，身入碧霞中。然而，朝歌老寨引起了浮丘山碧霞元君的妒恨，想来一比高低。"尖山高，尖山高，尖山打到老寨腰"这首广泛流传的民谣说的就是碧霞神山和朝歌老寨山媲美斗高的故事。据说，浚县的碧霞元君一日想到淇县老家一游，发现西边太行朝歌老寨山甚为俊美，为了与太行朝歌老寨山媲美论高低，驾祥云飞到寨前，跃跃欲试比高下。时值老寨山正消闲伏卧，忽闻有人来比试，便用手揉开朦胧的眼睛，边看边站起来。当他站起来，俯首下看，只见一个打到自己腰间高的小山（碧霞神山）立于面前，老寨只是一笑就又斜身躺下，一手五指擎天（五指峰），一手托腮，头枕大石岩（山名，亦村名）进入鼾声。却说这东山神仙（碧霞神山）见此情景，无奈又无脸返乡，况亦被老寨的气度和周围的壮丽美景所感动，干脆一狠心化作一座像镂铧一样的尖山，客居太行老寨脚下，叫镂铧山。有诗曰："岱岳仙姑客太行，缘矮老寨身半长。纣王寄情神顶唱，朝歌一曲旺沫乡。"

就因为淇县是古代殷商时期的最后帝都——朝歌城所在地，所以流经泥河村的蟠龙河就有另外一个更加悠久而美丽的传说。据新中国成立后泥河村最知名的文化名人石同勋讲述，三千多年前，清澈旖旎的思德河从泥河村北蜿蜒东去。一日，殷纣王偕妲己来河边狩猎，发现这里杨柳婆娑，风景秀丽，大加赞赏。但是又觉得这河太短了些，游兴未尽。于是，他回到朝廷，命人把村西的河道加以改造，使之九曲十八弯。改造后，思德河恰似一条巨龙盘卧地上，因此被称作蟠龙河，专供皇家游览，成为殷商末代帝王帝辛（纣王）和其王妃妲己泛舟戏水的御河。

除此之外，还有其他关于蟠龙河的传说，也都和《封神演义》有关。有的说《封神演义》中哪吒洗澡的九弯河指的就是蟠龙河，"九弯"是"九曲十八弯"的简称。有的说，蟠龙河河道是姜子牙与殷兵大战时，命令土行孙化作一条土龙钻出来而形成的，所以导致河道九曲十八弯。另外，老百姓都说蟠龙河"铁底铜帮"，也是借用当年形容殷纣王朝歌城墙的那句话来形容蟠龙河——"殷纣王的江山铁铜一般"，其实是因为河底淤泥深厚，河岸柳树繁茂，看起来像铁底铜帮。

四 象征秩序中的尊卑大小和衡平正义

我们这里不厌其烦地讲述有关蟠龙河的民间传说，以及淇县和浚县的宗教庙宇文化，其实是想说，传统社会的乡村社区治理尽管要靠各种权威体系，但是更要靠这套民间象征体系来维护传统权威体系的正当性。传统社会的伦理体系存在着精英阶层和普通大众的差异，作为对基层乡村社区治理的历史考察，我们不能根据古典文献来阐述精英阶层的理想模式，而是要进入民间象征体系，来考察其中的伦理规则和实际运作。这就是人类学所说的大传统和小传统的差异。所谓大传统、小传统的差异是美国人类学家罗伯特·芮德菲尔德最早在其 1956 年的著作《农民社会和文化》一书中提出的概念，大传统是知识分子阶层通过书面文字传递的精英文化传统，而小传统则是底层老百姓通过民俗口头传播的地方文化传统（罗伯特·芮德菲尔德，2013：95）。他认为，大传统的精英文化会通过一些文化媒介被改头换面，然后成为老百姓日常生活中的宗教信仰或者伦理规则。这些文化媒介包括"歌、舞、戏剧、节日活动、各种仪式、朗诵和宣读、供奉牺牲的祷告等等"（罗伯特·芮德菲尔德，2013：127）。所以，他提出，研究农民社会不是去研究精英阶层如何界定文化规范，而是要研究精英文化如何被改造进入老百姓的日常生活，成为他们的日常规范的。小传统的概念后来被人类学家克利福德·吉尔兹（Clifford Geertz）转换成所谓的地方性知识，地方性知识概念也就是指任何特定地方都有的一套生存知识和生活文化。要想理解一个特定地区的生活意义，我们需要跃入地方符号体系里面，按照当地人的立场和角度，参照他们的社会文化背景，来阐述他们的生活意义。只不过我们为了能够让现代人明白，采用了现代人的语言体系来表达别人的生活意义，也就是所谓的文化阐释（克利福德·吉尔兹，2004：11～19）。

只有沿着人类学提出的地方性知识小传统，我们才能贴近基层社会现实，去梳理他们实际生活中运用的那一套象征符号，人们通过某种运行机制、维护某种人际关系、达至某种社会秩序。当然，20 世纪中国社会的一个重要特点就是现代化变迁，所以，我们在研究中国基层乡村社区治理的历史变迁过程时，就不能采取复古主义的文化阐释，而是要纳入中国的现代化进程，吸收法国人类学家、社会学家皮埃尔·布迪厄（Pierre Bourdieu）提出的实践理论，把象征体系当作一套象征资本，来考察其如何构成实践者的实践场域的资本体系，以及如何形塑人们的实践策略和行动逻辑（Bourdieu, 1977；皮埃尔·布迪厄, 2005）。我们将会在后面的章节，回顾各个不同历史时期，泥河村象征体系随着现代化继承中国家和市场体系的进入而发生的转变，以及不同阶层如何利用不同象征体系，参与权威体系的竞争，构建和恢复乡村社会的伦理秩序。正如詹姆斯·C. 斯科特（James C. Scott）所言，这套象征伦理体系不是精英阶层为了支配老百姓而发明的意识形态，而是作为一套共享的乡村象征伦理体系，被村民用来制约乡村精英，维护他们自己的正当利益（詹姆斯·C. 斯科特, 2001）。

　　在上述有关泥河的各种传说中，你会看到，泥河村有关蟠龙河的传说都结合了殷商文化以及后来的宗教信仰的东西。但是各种说法之间并不一致，人们对待殷纣王的态度也不一致。比如，当人们描述当年蟠龙河的旖旎风光时，会挪用殷纣王的帝王至尊，来给蟠龙河赋予一种神圣的意味。因为不管殷纣王是不是荒淫无耻，他毕竟是一代帝王，泥河能够作为他的御河湾，那泥河的历史地位就显得崇高神圣。人们甚至用殷纣王江山的比喻来形容蟠龙河的河床河岸，这些都是为了强调泥河的崇高神圣性。但是，泥河村民也崇敬西周军师姜子牙，他由朝歌城的屠牛户转身成为西周武王的军师，最后攻克殷纣王铜墙铁壁一般的城墙，这种丰功伟绩也足以适用于老百姓"成者为王，败者为寇"的评价标准，从而受到人们的尊崇。所以，人们又把蟠龙河比附成姜子牙手下的大将土行孙的钻地之术的产物。这都表明，民间老百姓并没有一定的政治立场，而是随着成败转换，崇尚成功和至尊地位。同时，他们崇拜帝王将相的至尊地位，其实是在挪用象征符号，为了给自己生活的地方和社群赋予神圣地位，获得一种对他者的尊卑关系。这在有关淇县和浚县的两县民间传说中，表现得更为明显。

　　有关淇县和浚县的神山庙宇朝拜之间的故事，则进一步说明民间老百姓要对神话体系中的角色赋予一定的亲属关系和尊卑地位，然后以此来区分出谁大谁小，再根据自己和神灵世界的关系，来行使现实社会中的权威关系。淇县人认为碧霞元君尽管很灵验，人们都很敬奉，但是她作为泰山东岳大帝的女儿，老家就是淇县，理应是淇县的姑奶奶。所以淇县人到浚县碧霞宫进香，就是到姑奶奶家里去烧香，自然应该得到优待，不收门票。反过来，浚县人则认为他们作为姑奶奶的亲人，到淇县烧香，就是回老家，也应该得到淇县的照顾。而且，淇县人通过制造出来碧霞元君到淇县老寨山朝阳寺停留的故事，用来进一步说明淇县为大、浚县为小的格局。这充分说明，象征体系并不是一套静态的文化体系，而是被人们的实践策略建构着、挪用着，成为象征资本在发挥现实作用。当然，我们这里只是为了阐明象征体系的运作机制，并不是真的说明两县关系之间的大小尊卑之分。

除了有关社群集体地位的象征支配策略，民间戏剧文化中流传的故事情结也和大传统中的君王思想境界相差得很远。民间传说中的教化含义和正统的儒家伦理，以及史书上记载的大道理也不一样。正是这些地方流行的小传统起着教化百姓、维护社区秩序的作用。正统儒家文化虽然也是基于五伦关系和差序格局，但是并不限于家族内部，而是可以向下、向上扩展的忠恕之道（冯友兰，2013），通过推己及人，达至知天命的状态。正如《大学》里所提倡的，传统社会理想的道德修为是从内心的"格物、致知"，再到"修身、齐家"，然后还要"治国、平天下"。所以理想状态是一种君子品格，而对于所谓的君子品格尽管有许多种解释，但是至少要做到超越个人恩怨和狭隘自私，做到"穷则独善其身，达则兼济天下""居庙堂之高，则忧其君；处江湖之远，则忧其民"，能够"先天下之忧而忧，后天下之乐而乐"。然而，民间文化在忠孝仁义的基础上更加强调恩怨相报的文化含义。比如传说中的王霞瑞未婚先孕似乎有悖儒家贞洁的道德观，但是自古以来多位圣人均是单亲抚养的知母不知父的形象，所以民间老百姓更加敬佩的是王禅的母亲躲到寺庙里面含辛茹苦将孤儿抚养成人的大恩大义的情怀。至于鬼谷子有什么神奇兵法也不是老百姓关注的重点，相反，徒弟庞涓用计残害师兄孙膑违背忠义伦理，死后也要受到毛遂的看管，这比较符合老百姓的复仇心理。而孙膑、毛遂为报家仇国恨，得白猿相助，下山杀敌的故事，更是突出了民间文化中"报"的核心理念。老百姓一方面在日常生活强调忠孝、仁义，另一方面则强调恩怨相报，不管是恩情，还是仇恨，都要衡平正义。所以，平时大家说，"不是不报、时候未到，时候一到，一切都报"。这种恩怨循环相报的说法虽然不如儒家所说的"以直报怨，以德报德"那么高尚，但却是老百姓维持正义的最朴素的观念（文崇一，1982；黄光国，2004）。实际上，我们将会看到，在后面叙述的泥河村的社区治理历史上，一直都流传着各种"报"的故事。在一个缺乏公平司法体系的乡村社会，这些故事能够起到维持乡村秩序的实际作用和心理作用（朱晓阳，2011）。

第五章　泥河村传统社区治理方式及其历史演变

一　皇权、绅权和地方文化网络

以往的研究认为，中国古代基层乡村治理是双规政治，主要是皇权和绅权之间相互合作而又相互利用的关系，但皇权和绅权到底是什么关系，则存在一定的争议。比如费孝通先生强调士绅阶层的乡村自治功能，以及对皇权过度扩张的抵制功能；而吴晗先生则强调士绅阶层利用皇权的势力对乡村普通百姓的鱼肉掠夺和假公济私（费孝通、吴晗，2012）。到了 20世纪 80 年代，美国学者杜赞奇、黄宗智等人把皇权和绅权的二元分析结构扩展为皇权、绅权和乡村社会三元分析范式。黄宗智认为，华北地区的农村不像四川成都平原地区的农村那么开放和发达，而是一个内聚力比较强的封闭的乡村社会，所以研究华北地区的乡村治理需要考虑乡村内部的社会关系和经济分化程度及其导致的对乡村精英的权威影响（黄宗智，2000：29）。杜赞奇（Prasenjit Duara）认为，华北地区的乡村社会虽然不如华西平原的乡村市场网络那么发达，但是华北地区的乡村也不是完全封闭的，而是存在一个跨乡村地理范围的文化体系网络，这套文化体系网络滋养了许多地方领袖，这些地方领袖担当地方治理的任务，他们的旨趣并不完全和士绅阶层一致（杜赞奇，2009）。

总之，不管是原来的二元视角，还是后来的三元视角，都引导我们研究古代华北地区的乡村治理时，要思考皇帝朝廷权威和地方士绅精英以及乡村社会结构和文化之间复杂的互动关系。在这里，大家也都注意到，传统乡村社会的基本结构体系和组织模式主要是家族亲属网络，尤其是五服之内的丧服体系决定着中国乡村社会的基本交往体系。按照当代学者的考察，丧服体系虽然起源于上古封建社会，但是丧服体系并没有随着周代封建制度的解体而瓦解，而是一直延续到清末乃至民国时期。丧服体系一直维系着其在《仪礼》中呈现出的基本形态，并且深入普通百姓的日常生活中（周飞舟，

2015）。当然，除了家族亲属网络，传统乡村社会还存在着诸如秘密会社、媒婆、宗教人员、匪盗等文化网络，这些文化网络有时和正宗的家族体系共融合作，有时则对家族体系产生离心和破坏作用（杜赞奇，2009）。

在一个皇权不下县的传统帝国时代，乡村社会的发展分化程度、居住生活方式和组织运行机制，都影响着中国传统乡村社会的秩序形成机制，以及乡村社区的实质性治理模式（孔飞力，2012）。不同地方的具体社区治理模式取决于这个地方的社区团结程度和社会分化程度，比如在冀东边缘地区的顺义沙井村以及昌黎的侯家营一带，那里以自耕农为主，经济分化程度很低，虽然居住在同一个村庄里，乡村社会封闭性较高，但是村庄内部竞争激烈，团结程度比较低，甚至日益走向分裂。尽管那里的社区治理也靠家族富户来继承担任首领，但是相对来说，大家都不愿做一个出力不讨好的乡保、甲长，更不用说存在村庄内部的合作机制了（黄宗智，2000：235~255）。相反，在冀中南的获鹿县，那里的土地肥沃程度要高于冀东北，经济发展程度也相对较高，村庄内部的经济分化程度也高于冀东北地区。同时，村庄内部保存着一套较好的伦理体系，共同约束着那些大户人家主动承担社区领袖角色，在国家治理和社区利益的保护方面起到积极作用（李怀印，2008）。

基于上述乡村社区治理的研究思路，接下来，我们将先从泥河村的家族体系来探讨泥河村的权威结构和治理方式，然后再引入历史视角，探索20世纪上半期正统家族权威体系的崩溃以及乡村社会文化秩序混乱的原因。

二　泥河村的家族构成及其在社区治理中的作用

前述泥河村历史至少可以追溯到明朝万历年间，许家屯淇水桥（泥河石桥）的碑刻上有所记载，那时的泥河村已经是华北地区一个比较繁荣的水路交通要道。经历了明末清初的那场战乱，估计泥河村也毁于战乱。然而，明末清初以来，郭家、贾家、葛家、李家、晋家、石家等家族又陆续在蟠龙河两岸繁衍生息。自古以来，泥河作为当地的母亲河，如同黄河作为中华民族的母亲河一样，哺育了村里各个家族的儿女，他们在蟠龙河畔上演着一幕幕的悲喜剧。

就村里现有的姓氏分布而言，大致上有这么几大家族分布在村庄的不同方位。郭氏家族既是村里最古老的家族，也是村里现有最大的家族，基本上分布在村庄东部的第一、第二村民小组，这两个村民小组的成员基本上都是郭氏家族人员，将近占到全村人口的1/3；其次是贾氏家族，主要分布在村庄北部中间的第三、第四村民小组所在地；再次是葛氏家族，主要分布在村庄西部的第五村民小组所在地。除了这三大家族，村里还有一些比较大的家族，如李氏家族、晋氏家族，主要分布在村庄南部中间的第六村民小组所在地；石氏家族主要分布在村北部中间的第三村民小组所在地。除此之外，村里还有高家、杨家、宋家、张家、秦家、刘家、王家、马家、闫家、白家、赵家、崔家、冯家、潘家、程家、黄家、郑家、方家、韩家、许家大小20个姓氏，分布在六个不同的村民小组。下面，我们主要根据收集到的泥河村各大家族的移民发展口述历史，来阐述几大家族在泥河村庄治理中的地位和作用。①

　　郭氏家族在泥河村各大姓氏家族中是最大、最古老的家族，也是泥河村历史上最为辉煌的家族。自从明崇祯十五年（1642年），始祖郭同心从上官郭家庄迁到吴里泥河村以来，郭氏家族在泥河村已经有300多年的历史，共繁衍十六代子孙，现有总人口600余口，约占全村总人口的1/3。郭氏祖先迁居泥河村以后，经过两代的努力，到第三代，已经家门隆起。据现存一块斗板石上的碑刻记载，大约到第三代，郭良辰之妻张氏率领两个儿子郭龙、郭虎于清雍正九年（1731年）三月修建了楼房，并于乾隆九年（1744年）增盖了门楼。这说明那时郭氏祖上经过100多年的发展，已经比较富足殷实。

　　根据乾隆五十二年（1787年）留下的二代祖先郭宗保的碑文记载，到了第四代，郭氏祖先中就有四人做了清朝的秀才，郭家修和郭逢金为邑庠生，郭家齐为文礼生，郭现龙为佾生。② 而据光绪元年（1875年）留下

---

① 笔者将每个家族具体的移民发展历史资料放在本书附录部分：泥河村家族姓氏和各项事业的发展。

② 清代所有读书应试的文人为士子，参加了童试并通过童试的人被称为儒生或童生，可以进入县以上各级政府的官学。生员"入学"后，受学官（教授、学正、教谕、训导）的管教。生员在官学学习期间，又被称为庠生，俗称秀才。这是"功名"的起点。生员分为三种：首先是廪生，增生和附生岁考成绩名列一等者可晋升为廪生，有一定名额，由公家发给一定的膳食补贴，称为廪饩；其次是增生，附生岁考名列二等者，可以晋升为增生；第三是附生，新"入学"的儒生称为附生。参见瞿同祖，2011：273。新入学的生员须在学宫学习三年，至下期新生入学为止。学习期间，必须参加月课和季考，对无故不参加者给予处分，直至黜革。学习期满离校的生员，要参加每三年举行一次的岁考，以检验其是否坚持学业，视考试成绩给予奖惩。有关清朝时期生员的考试要求参见张仲礼，1991：190～192。

的郭氏五代祖先郭饱德的墓碑的碑文记载，第五代郭饱德已获例赠修职佐郎的职衔，为清代从八品的文官职衔。他的具体职位为"社书"，是县衙里协助县官负责全社户籍、粮册的登记保管以及收缴皇粮田赋工作的职位。① 当时泥河村隶属吴里社，一个社相当于现在的一个乡镇，管辖二三十个村庄。另一通光绪元年（1875 年）留下的石碑是郭饱德的儿子郭凤楼的墓碑，碑文记载，第六代郭凤楼也获敕授登仕佐郎、例赠修职佐郎，郭凤楼的儿子郭文振为附贡生②、郭遐振为邑庠生、郭羽振为九品衔、郭丕振为优增生、郭旅振为邑庠生，一门出现了五个秀才，至今，村里都有所谓的郭家"五顶帽"的传说。

据村里另一通清道光五年（1825 年）的石碑记载，郭氏四代老祖郭家修一直年过四十才入泮为生，后对科举失去兴趣，转为培养子孙，其子郭天枢、郭天一为武生。武生的说法除了有碑文记载，还有郭全英家里当年祖先留下来的清朝武科考试时三百斤的石硕为证。这就表明，最晚在清中期，郭氏家族中不但有文秀才，而且还有武秀才，基本上成了村里的望族，享有较高的威望。郭氏家族虽然没有金榜题名，但作为最基层的读书人——秀才阶层，也具备乡村士绅资格，发挥乡村治理的实际权威（张仲礼，1991）。

郭氏家族到了清朝晚期以后逐渐衰败，即使是原来的"五顶帽"的后代郭宝训、郭宝山、郭宝玉三兄弟，到光绪三十三年（1907 年）也因荒年难度，尊听母命，邀请母舅和堂伯叔父主持分家。郭氏家族靠读书形成

---

① 有关社书的地位和性质，瞿同祖和李怀印之间有不同的争论。瞿同祖认为，在清代县衙里，除了州县官，还有许多僚属官。其中带品入流的下属官包括县知事助理，为八品，又称"二尹""分县"或"左堂"；簿记官（"主簿"），为九品，又称"三尹"。其他僚属官主要包括书吏、衙役、长随和幕友。书吏主要是根据六房体制设置的协助州县官的文书僚吏，包括吏、户、礼、兵、刑、工六房书吏。除了这六房书吏之外，还有一些特殊的书吏，其中就有负责绘制里、社地籍图及赋税册的书吏，叫里书，又叫册书或扇书。见瞿同祖，2011：16、64～66。但是李怀印认为，1726 年摊丁入亩之后，里甲制度基本被废除，但是负责地籍图的里长将职责慢慢交给了识文断字的低级功名士绅，成为专职的社书。因为他们掌握着基层乡村真实的纳税花户和赋税定额，所以县官经常愿意把征税的事务包给社书。但是社书的地位和职责往往受到地方上的自发产生的乡村精英——乡地的制约，并无实际权力。见李怀印，2008：152～153。

② 根据瞿同祖的论述，贡生是已经从国子监肄业的监生，而监生则是正在国子监求学的儒生。国子监的监生和肄业的贡生原则上可以成为州、县官的候补官员。见瞿同祖，2011：31～32。

的传统也难以再发挥积极影响，小秀才郭向荣靠在私塾教书谋生，还有几个读书人郭宝善、郭宝全、郭文汉到了民国时期都是村里有名的私塾先生。只有郭美玉（又名郭宝璠）在民国时期考取了河南省立第五师范学校（卫辉师范），毕业后先后在淇县第三小学和第一小学任教，实现了向上流动，其他郭氏成员则日渐退出了乡村治理的舞台。到民国（含日伪统治）时期，郭氏家族中只有郭新安做过短暂的保长，村中的治理权威已经转移到其他姓氏，大部分乡保长都在晋氏、贾氏、李氏家族中产生。

贾姓也是泥河最早的先民之一，是仅次于郭姓的大家族，根据新中国成立后划分的全村六个生产队，其中三队绝大部分、四队一部分均为贾姓人，约占全村总人口的1/6以上。贾姓祖先据说也是在明朝洪武、永乐年间从山西移到河南淇县的，最初的落脚处在西岗北边苗街一带的淇河西岸。据贾宝海考证，清朝中晚期，苗街贾姓其中的一股迁移到现今的桥盟街道办事处石岗凹新庄村；另一股迁往泥河村。经多次查访，泥河贾姓移居泥河村的时间，估计在清嘉庆、道光年间。过去泥河贾家文化人少，没有家谱流传后世，仅从村西北的两座老坟推算，距今已有二百年左右的历史，至今传承九代。后来，有的后代因工作等原因，又移居他乡，如山西太原、大同、晋中等地都有泥河贾姓人，现在人口总数约300人。历史上，泥河贾姓族人中读书的不多，没有士绅精英，都是世代种地的农民，但是不乏劳动能手。民国时期，有个叫贾怀俭的，一天锄八亩高粱地的事情被后人传为佳话。贾怀俭弟兄五个，他排行老四，人称四爷，他个子高，饭量大，力大无比，当时在浚县刘砦给人家当长工，他一天锄了八亩高粱地，用的方法是自己独创的"倒拉牛"。所谓"倒拉牛"就是手拉锄把，不停地往前拖拉。这个方法虽然省力高效，但一人锄八亩地，就连今天的人也是无法想象的。正是因为贾家勤劳肯干，所以到了晚清和民国时期，贾家逐渐开始通过土地买卖，壮大了自己的实力。老支书贾致河家的老房子拆迁时，就出土了许多张从晚清到民国时期贾凤舞、贾怀道等人购买房屋、土地、牲口和大车的契约。这些契约尽管历经风霜破烂不堪，但从中仍然可以看出，这个时期，贾氏从泥河石家、刘河韩家等处买入土地，说明其家族逐步壮大的过程。

正因为贾家经济实力日益壮大，到民国以后，贾氏先后出现三任保长，分别是贾致和、贾致德、贾致文。在民国（含日伪统治）时期担任保长是个苦差事，上下受气、左右为难，这种情况下出任保长，并且尽量做到上下平衡，是需要勇气和智慧的。贾致和、贾致德两个保长就曾经是获得大家好评的保长。可能是秉承了先祖刚正不阿的传统性格，他们都疾恶如仇，敢和邪恶势力做斗争，甚至敢于抗上，抵抗日伪的乱摊派。贾致和就曾经因族人贾怀道被土匪勒索而带领村民去复仇。贾怀道因勤劳能干，家中算得上殷实，结果被当地"老抬"①盯上。一天夜里他被绑架到本地冯庄村，而且趁着夜晚，土匪用绳把他卸到废弃的红薯窖内，怕他逃跑，窖口还用葛针捆盖着，上边还压有大磨扇。大约在三更时分，看票人都瞌睡了，他借着微弱的月光，不知哪来一股虎力，手扒脚蹬，不顾葛针扎，猛一用力，竟把大石磨顶到了一边。当看票人发现时，他已逃得无影无踪。回到村里一说情况，第二天保长贾致和率贾家父子兵打到冯庄。为首的老抬早已狼狈逃窜，只有一个帮凶，被打得屁滚尿流，哭爹叫娘。后来知道是本村的一个"老海鬼"②做底线，他自知理亏，不等追问，就逃往山西，客死他乡。这次战斗后，贾家威风大振，从此附近没人再敢欺负暗算贾家人了。

在贾致德任保长期间，村里还有一个"老海鬼"，依靠黑社会势力，在村里无恶不作，横行霸道，甚至因为有矛盾，竟将前任保长晋玉德害死。于是贾致德便与其他保里干部合计，要为民除害，压压这股邪气。在一家民房里，贾致德从后边猛地将那恶人拦腰抱住，其他两个配合的吓得不敢靠前，加上出现一个帮倒忙的，僵持了很大一会儿，那恶人竟然挣脱逃跑了。那次锄恶虽未成功，但那恶棍也着实害怕了，从此逃往山西，永不敢回村。后来据说，那恶人仍吸毒成性，因到日军处偷盗，被日本人杀死。

葛姓是中原古姓，春秋时期，中原有一小国名葛国，后人以封国为姓，此为葛姓的来历。相传泥河葛姓也是山西洪洞大槐树移民到河南淇县，原籍在淇县庙口葛箭村。后来家族人丁兴旺，几个分支先后移居山东、淇县城关和泥河等地。泥河葛氏又可分为三个支系。葛溪河家算是目

---

① "老抬"是新中国成立前豫北地区对土匪的称呼，他们主要是晚上到农家打家劫舍，把老百姓"抬走"，扣作人质，然后留下口信，要求家人用钱换人质，所以当地老百姓就称呼他们为"老抬"。

② 新中国成立前吸食海洛因的人，老百姓称之为老海鬼。

前泥河葛姓中最大的一个分支，1994 年重新修订族谱，据说约在清末，直接从庙口葛箭村迁来泥河；另有一支葛溪朝家，是民国初期由淇县城关迁至泥河村；还有一支葛溪运家也是从淇县城关西街村迁来泥河。葛姓是泥河村的三大姓氏之一，历经十世，现人口约220人。泥河葛姓族人世代务农，勤劳善良，节俭持家。如新中国成立前葛铭芹家，就是靠起早贪黑，勤劳节约，渐渐家道殷实，不仅置买土地七八十亩，还配了枪支，盖起小炮楼。土改时因为把其外甥当作长工，葛铭芹被错划为富农，后来其外甥据理力争，才被改划为中农。葛家不但勤劳肯干，而且擅长手工业和做小生意，靠精打细算，发展生计，形成了华北小农典型的一业为主、兼营副业的家庭生计模式。如新中国成立前，葛铭新、葛铭祥多年做挂面，生意很好；葛铭良卖菜，人称"肉算盘"，口算能力极强。新中国成立后长期做大队会计的都是葛氏家族的人，如葛江仁、葛平林、葛文林。这或许和其家门遗传是有关系的。

　　清朝时期，葛氏家族虽然没有什么士绅精英，但是在民国时期，已经发家致富的葛铭芹家，在增强自家防御能力的同时，也能在危急时刻大义凛然，协助村民抗击土匪。据传，新中国成立前，在本村给居住县城的大户白子丰家当佃户的方家遭遇土匪夜晚抢劫。方氏父子不甘示弱，把门拴起来，拿起鸟枪和外面的土匪对打起来。但是，毕竟土匪人多势众，渐占上风。在这危机时刻，方家的两户邻居——葛铭芹家和黄福义家，临危救急。葛铭芹跑到自家炮楼上朝土匪队伍连开数枪，而黄福义家也从自家院子里开枪打击土匪。土匪一看受到了双方夹击，又久攻不下，就撤退了。正是葛家和黄家的出手相助，方家才解燃眉之急。这个故事表明，在民国（含日伪统治）时期，随着士绅精英阶层的瓦解，在国家正规保护体系没有实际保护能力的情况下，泥河村的普通农户是具备一定的团结合作能力的。当面临土匪袭击时，尽管方家是西岗方寨的外来户，而且是给县城的地主白子丰家里种地缴租的，但是危急时刻，左邻右舍仍然可以奋不顾身，愤然出击。如果不是有良好的民风做基础，关键时刻怎能为一个外来户舍身相助呢？

　　李氏在泥河村约有160口人，占全村总人口的近1/10。其中源于晚清时期淇县西岗镇沙窝村的一族最多，16 户，约120人。另外，李姓还包括民国时从沙窝村迁来的皮匠李法元家。另有一族是李承恩家族，和上述沙窝村的李姓不是一族，但在泥河落户比上述李家较早，祖上约在清中前期从河北沙河迁至泥河，祖辈世代单传，现在仍然只有弟兄3家，人口不足20人。另外还有新中国成立后从浚县善堂迁来的艺人李存山家，以及两家投亲过来的李跃明家和李新全家。新中国成立前，泥河李氏家族也是靠多种经营而家道兴起的。如李钟贞家做手工挂面在四里五村小有名气，素有"空心面"的美称；李法元会用熟皮做皮袄，一直为十里八乡的群众服务。随着李家家道日渐兴旺，李家也开始读书向学，培养人文修养。李钟秀会画画，善做"打油诗"，每次发生社会变迁和社会运动时，他都会即兴赋诗一首。随着家道中兴，新中国成立前李家也开始有人参与村庄公共事务。李树新当过日伪时期的伪保书记，和叔伯兄弟李树奇二人都加入过连庄会（红枪会），敢作敢为，急公好义。据说，有一年村里发大水，村中央的泥河河道水流日渐高涨，眼看要泛过河岸，淹没两岸的村民。李树奇就扛枪往下游巡视，到村东头的堤岸上向下游望去，只见下游一片汪洋，聚集了很高的一个水峰。传说那个地方是闹水怪的地方，村民议论纷纷，怎么才能疏通那里的水流，解泥河水灾危情。关键时刻，李树奇胆大敢为，拿起长枪朝着下游水团拥堵的地方连放几枪。结果，不一会儿工夫，下游水流开始畅通，从而缓解了泥河村当街水面不断高涨的汛情。可见，在民国（含日伪统治）时期，尽管精英阶层退出了乡村权威体系，甚至出现迁出村庄的趋势，但是留在村里依靠多种经营家道中兴的人家，开始承担乡村治理的任务。他们除了完成上级政府的任务，依然对村庄具有认同感和归属感，因此，关键时刻还是要靠这些村庄基层领袖来承担责任，保护村庄的安危。

晋氏先祖也是于清朝后期移居泥河村的，至今约150年，传承9世，现有20户，人口百余口。晋氏也是泥河村相对较大的家族，他们为泥河的发展也做出过积极贡献。五世传人晋玉德曾经是泥河村高跷班的组织者和主要演员。据说当年泥河高跷队很有名气，晋玉德有踩高跷窜桌子的绝技。每年春节正月十五的时候，泥河高跷队就到县城里参加汇演，给村庄赢得声誉。日伪统治时期，晋玉德曾任保长，但他当保长不要报酬，而且仗义执言，主持公道。因此，晋玉德得罪了村里一个吸毒成瘾的歹人，趁他到浚县外甥家走亲戚时，村中歹人串通西岗一带的土匪抢劫晋玉德，而且将他杀害。晋玉德被杀之后，家里人担心土匪继续作恶，无人敢去收尸，最后还是花钱找人送了回来。为了给晋玉德主持公道，他的继任者贾致德约了村中那个歹人到保里询问，并准备扭送歹人到县上告官，结果因为其他保里干部害怕歹人报复，袖手旁观，让歹人逃走。这说明那时的乡村社区，依然会有人不畏险恶，主持公道。

据《石氏家乘》①的记载，泥河石氏家族祖籍在迁民里古城村，先祖石兴于清咸丰元年（1851年）迁至蟠龙河畔——泥河村，开始了艰辛而漫长的创业生涯。150多年来，石氏先祖凭借蟠龙河的龙脉地气和敦本忍耐的家规家训，克勤克俭，节衣缩食，男耕女织，从房无一间、地无一垄，到家产万贯，良田百顷，骡马成群。在泥河村近一里长的泥河岸边，南北两岸几乎都是石家的宅舍，连片林立，被村人誉为石家高门台。良田遍布泥河的各个角落，有张坟地、买卖街、六井地、桃园地、棠梨洼、桑树底下，还有肥沃的南北二园等地。到四世祖石金玉时，石家在泥河村已为名门望族。石金玉字岐山，号老岐，生性敦厚，乐善好施，急公好义，亲自给自己家里定下了"敦本忍耐"的家训，成为晚清民国初期的乡绅之一。之后，石氏家族也逐渐家道败落，到日伪统治时期，已经有败家之人因为吸老海而被族人撺到井里淹死。

通过上述郭、贾、葛、李、晋、石六大家族情况的介绍，我们可以梳理出从清朝到民国时期泥河村家族分化的发展线索。在清朝中期，郭氏在泥河逐渐壮大，并且开始参加科举，成为当时的乡村士绅阶层。士绅阶层就具备了在乡村社会的半官方政权体系——里甲和保甲体系任职的资格，参与政府在地方的治理。清朝的乡绅阶层并不是仅仅靠经济资源就能够获得的，还需要经过读书科举，具备了功名之后，才能成为士绅阶层。士绅阶层并不一定是大地主、家族长老，还有可能是具备一定经济基础并且获得初级功名的读书人。清朝的基层半官僚体系——里甲和保甲体系的任职者主要由这些人推荐、选拔担任。其他人，就算是家族长老和大地主，如果没有功名，也不能够成为士绅阶层，影响基层公共权威。

但是，到了清末民初，郭氏家族逐渐退出了治理泥河公共事务的舞台，晋氏、贾氏、李氏等家族大户开始进入乡保体系，担任乡保长

①　《石氏家乘》是石同勋编纂的泥河石氏家族的家谱，成书于2009年。

和书记等职，发挥社区治理的作用。整个民国时期，郭氏家族虽然出现了郭美玉通过读书实现家庭地位上升的特例，但是民国时期就已经出现读书精英脱离乡村的趋势。郭美玉作为全村唯一一名接受过现代师范教育的知识分子，长期在村外教书，并没有参与村内的公共事务。这和民国时期初步形成的现代化发展趋势有关。民国时期的现代化方案已经是城镇化思路，现代产业和技术体系是从外部进入中国城镇，然后进入乡村的。而且，民国时期的外部产业体系对中国的影响已经在帝国主义殖民模式下，对农村仅仅是资源和人才的汲取，而不是促进农村发展的（费孝通，2001）。那时的教育体系改革，已经导致培养出来的精英人物主要是围绕着国家现代化体系而服务的。所以精英阶层的向上流动主要是一种单向的移出乡村的过程。当然，郭美玉作为小知识分子阶层还没有彻底脱离泥河农村，而是基于对母亲的孝道、对兄弟的责任，支持家里买田置地，发家致富。

民国（含日伪统治）时期的晋氏、贾氏和李氏进入泥河村公共权威体系，主要是基于他们家庭的资产和经济地位，而不是其文化资本。这是民国时期乡村公共权威的构成资格的一个重要变化。一方面，旧的科举制度被废除，另一方面，现代教育体系是为城市现代化服务的，这样基层乡村精英的构成资格就不包括读书成就这一条件，仅仅考虑经济地位和社会声望。从村民流传下来的对晋玉德、贾致和、贾致德、李树奇等人的任职评价来看，那时候的乡保体系的公职干部也都是能够做到主持公道、维护公平正义的，因此获得了村民的正面认可。晋玉德得罪村内歹人，遭人陷害；贾致和与贾致德敢于为本村遭遇土匪、歹人陷害的村民复仇，恢复正义；李树奇作为村内红枪会成员在村庄面临水灾之患时，开枪镇妖。他们尽管没有多少文化，但都具备强烈的村庄认同感，能够在公共职位上，为了村庄的公共利益承担责任、委曲求全、执言仗义。在一个世风日下、土匪歹人辈出的社会环境下，他们仍然能够做到为了村庄公共利益和社会正义而担当责任，这是需要一定勇气的。这表明那时候尽管文化精英阶层流向城镇，但是村庄内部的小文化传统依然在延续，比如当地主白子丰的佃户方金昌家遭遇土匪抢劫时，作为左邻右舍的葛家和黄家也都拔枪相助，投入战斗，最后将土匪击退。这充分说明那时候的泥河村老百姓之间依然流行朴素的邻里互助的传统。

三 科举功名、家族力量与地方伦理

前面我们大致理清楚，现在的泥河村往上追溯历史，应该在明崇祯十五年（1642 年）才有郭氏祖先迁移到此，这离明朝灭亡仅差两年。所以，整个泥河村的发展史，如果连续算来，也就是清朝以来的发展史。考察泥河的村庄治理和发展历史，我们就从清朝初期的乡村建制和实际运行机制开始。那么清朝的乡村治理体系是如何设置和运行的呢？清顺治元年（1644 年），皇帝在乡村建立了负责治安体系的保甲制度。清朝的治安单元（保甲制度）规定：每 10 户编为一牌，每 100 户编为一甲，每 1000 户编为一保，州县官任命牌头、甲长和保长为自己的代理人（瞿同祖，2011：7～8）。清顺治三年（1646 年）诏令各州县三年编一次户口，编造黄册，恢复明朝的里甲制度。里甲制度规定，每 110 户编为一里/社、又叫一图，选出人丁最多的 10 户作为里长，其余 100 户再分为 10 甲，里长由这 10 个大户轮流充当，负责催促各户纳税，协助官府更新户口丁册，收取丁税（李怀印，2008：52～53）。但是到了雍正年间，在 1726 年，雍正皇帝实行田赋改革，终止了丁册编审，实行摊丁入亩，不再根据人丁数征税，而是根据各户的土地数由各个花户自封投柜。这实际上就是废除了里甲制度，把催粮征税的职能交给了保甲长（李怀印，2008：53）。但是，里甲制度并入保甲制度之后，保甲长主要负责治安，催粮征款仍然交由原来里甲制度留下来的图差和里书（社书）负责。一直到嘉庆年间，清朝才逐渐把里甲制度和保甲制度合并，由保甲长负责一切"户婚田土、催粮拘犯之事"（于建嵘，2001：57）。

按照李怀印在河北获鹿的研究，雍正朝摊丁入亩之后，清朝的里甲制度并入保甲制度，但是因为乡保只是负责治安和催粮，且地位较低，只是县里委派的杂役职位，一般不受地方乡绅的尊重，所以他指出真正在地方协助县官完成征税等治理任务的是民间自发形成的乡地制度（地方乡党），也就是仍然由那些比较富裕和有声望的大户来轮流承担代理交税的任务，然后再向自己势力范围的小户征收（李怀印，2008：152～153）。或者如黄宗智的研究所指出的，由乡村中比较殷实的士绅望族来担任里长或保长，这样才可以确保皇权委托的征粮纳役的任务。如果收不上来田赋差徭，地方的望族和其他具保人都要先行垫付，然后再向村民收缴（黄宗智，2000：237）。李怀印认为，士绅阶层在乡村社会发挥着实质性的治理作用，他们既不是制度化和形式化的行政官僚，也不是地位低下的县衙里的四班衙役，而是由州县官员任命的乡村半官方权威体系（李怀印，2008：307）。所谓的半官方权威体系是指明清时期实行的里甲制度和保甲制度中的里长、保长等职，而在清朝中期保甲制度消亡之后，则主要由乡村社会士绅精英自发组织起来担任乡长/乡地、图差、社书等职位，这些职位有的经过官方任命，但是一般没有官俸，只是虚职头衔（黄宗智，2000：236）。

清朝时期泥河的社区治理并没有具体的史料可供挖掘，但是从前述泥河几大家族迁移到泥河的发展演变历程可以看到，郭氏家族最早来到泥河，并从雍正年间开始兴旺发达，逐渐转向读书科举，承担起当时里社体系的社区管理职责。从郭氏祖先遗留下来的几通石碑和家谱来看，泥河郭氏从三世祖开始发家，带领子孙修建高楼大院，从四世祖开始就有人成为清朝官学里的生员，五世祖郭饱德开始受封为从八品的修职佐郎官衔，担任社书一职。随后，郭饱德的儿子郭凤楼依然是例赠修职佐郎，郭凤楼的五个儿子都是县里官学的生员，其中一个还是国子监附贡生，素有"五顶帽"之称。这样，泥河郭氏在五世祖时期就已经成为乡里的士绅阶层，郭氏祖先在清朝中期就可以担任政府在乡村社会半官方的行政职务，实际控制着乡村社会的权威，进行公共治理。

实际上，那个时候的士绅阶层不但要完成官府的征缴任务，而且还负责见证乡村社会的买卖交易和家产分割，从而保证乡村社会的秩序有序运行。比如，从贾致河家老房子里发现的晚清和民国时期的旧文书，里面就有各种税契、地契、分单等资料。其中有一份晚清同治年间的分单，见证人之一就是郭氏七世祖"五顶帽"之一郭遐振的具名，说明那时的郭遐振依然作为乡绅参与村庄内部的分家立业、买卖交易等事项，担当中人、见证人，获得买卖双方的信任。从郭氏家族的发展壮大到担任村社公共权威的过程来看，我们至少可以看到传统华北村庄社区治理的三个核心要素：一是只有具备一定的经济实力，才有可能供养子孙读书；二是只有获得最基本的功名头衔，进入县学里的学宫读书，成为基层士绅，并获得一定的官衔，才可以获得朝廷官僚体系的委任，担任社区公共管理的职务；三是参与乡村民间事务，获得村民的信任和社会声望，发挥实际的社区秩序调节功能。

通过其他研究可以知道，清朝前期和中期的田赋和差役负担都不是太重，因为清帝国幅员辽阔，实行比较简约的行政体系，所以通过把税率固定在一个相对于同时期欧洲国家很低的水平上，就能够产生足够的财政收入以支撑帝国的运行。总体上，大清帝国的土地税率仅为土地产量的2%～4%（李怀印，2008：308）。这种巨大的税基和轻徭薄赋的政策也可以让清政府延续汉人儒家文化的仁政理念，促进中国基层社会的休养生息和无为而治。清政府把与基层社会的治理相关的职位和功能主要交给地方家族中的读书明理之人来承担。经过长期的经学训练，这些地方乡绅和帝国官僚共享一套社会治理的理念，不管是有关儒家的忠孝仁义、礼义廉耻，还是法家所谓的公明廉威，既可以被朝廷官员用来作为治理天下的准则，也可以被地方士绅用作社区治理的乡规民约。所以，在清朝中前期，士绅阶层担当里社的手书和图差，并不是一件很艰难的任务，那只不过是基层士绅精英发挥乡村自治作用的一个机会，一方面，可以协助政府完成基本的皇粮国税，另一方面，也可以帮助村民维护村庄利益和沟通官民关系。

上述讨论接续了以往关于地方士绅的研究传统，这个研究传统一方面提出了基层社会非正式的、半官方的实质性治理的机制，另一方面强调地方士绅和朝廷官员在意识形态上的高度吻合性，保证地方士绅获得地方治理的合法性。然而，我们要问的是，地方士绅参与地方社区治理的合法性除了来自皇权体系，是否还要获得来自地方社区村民的认可和授权呢？且不论士绅体系内部的分层以及他们这个阶层和皇权的分歧[①]，单就说地方士绅和基层社区的普通百姓之间是否还要受到另一套所谓的乡村伦理的约束，这就不得不讨论斯科特所说的乡村伦理体系，作为社区精英和普通村民的共同价值标准所起到的社会约束作用。也就是说，士绅精英阶层靠读圣贤书可以获得功名资格，进而成为地方士绅，但是他们对地方社区的治理，并不是完全靠大道理和官方授权，而是要靠乡村社会的伦理体系的运

---

①　有关士绅阶层内部的分层，以及士绅阶层和皇权之间的分歧的讨论，可以参见瞿同祖的《清代地方政府》、张仲礼的《中国绅士》、孔飞力的《叫魂》等书。

作；获得声望和村民认可，才能实际发挥社区治理的功能（詹姆斯·C.斯科特，2001）。乡村伦理体系和精英阶层通过读圣贤书获得的大道理是有差异的，精英阶层通过读圣贤书形成的大道理是所谓的大传统，乡村社会自发形成的伦理体系则是他们日常所用的所谓的小传统（罗伯特·芮德菲尔德，2013）。上一章介绍的泥河乃至淇县一带流行的民间传说和戏剧文化启示我们，泥河一带流行的地方伦理体系主要是在忠孝仁义的基础上，突出了"报"的内涵和法则。有恩必报、同样也有仇必报，报恩和报仇是华北地区乡村社会流行的衡平正义法则。因为在一个跨越了家族体系的公共空间里，不管是家族之间，还是村庄之间乃至两县之间，尽管老百姓需要借用家族伦理扩展社会关系网络，但是毕竟不同集团之间存在着竞争关系和冲突矛盾，甚至按照费孝通、许烺光的说法，家族内部的不同房之间、同一房内的不同灶（家户）之间，也会存在竞争和分歧（费孝通，2001）。对于这种竞争关系和冲突矛盾该如何解决呢？对于家族内部的竞争关系和矛盾关系当然要靠儒家伦理体系来调节，但是对于跨家族的社会集团之间的矛盾冲突关系，尽管可能是由族长和士绅阶层调解的，但是遵循的伦理价值标准却可能偏离儒家伦理体系。以往的法律文化研究都太过强调正统精英文化，尤其是儒家和法家文化之间的互动关系及其形成的价值标准，把其作为传统社会公共秩序的调解机制。不管是瞿同祖说的法律的儒家化（瞿同祖，2003：355），还是梁治平说的法律的道德化（梁治平，2002：266~343），乃至余英时说的儒家的法家化（余英时，2006：66），都是强调精英阶层在儒家和法家之间的综合借鉴，形成中华帝国时期的治理文化。但是这些文化解释主义传统，并不是人类学主张的基于民俗传统的文化解释，难以真正反映民间社区里实际运作的伦理价值体系。让我们回到上一章阐述的淇县和泥河流传的民俗故事里面，去发现地方社区实际运作的伦理价值的核心内涵。

　　上一章谈到有关浚县碧霞元君庙和淇县老寨山朝阳寺之间的争高斗气传说，以及淇县大学士高遐昌在河口村蟠龙河和淇河交汇处修建玉皇阁镇的传说，都反映了历史上淇县和浚县两个社会集团之间的恩怨。连《淇县志》都记载了明朝时浚县县令强行割走淇河东部八个里社的矛盾。历史上，淇县对浚县的强势心怀不满，而又无能为力，这必然反映在两县之间的各种民间传说和典故里边，淇县人试图在象征体系里压住浚县人，长淇县人的志气。另外，淇县内部流传的孙膑下山的故事也和正史不一样。正统历史上记载的孙膑、庞涓之间的恩怨是为了忠君报国，但是在淇县民间传说和戏剧表演中，则是为了尽孝和报家仇。孙膑下山不是为了到齐国成就一番丰功伟业，也不是因此和效忠魏国的师弟庞涓发生了矛盾。民间传说和地方戏剧中讲述的是，孙膑到云梦山学艺，家中老母带领二位兄长效劳燕国，遭王翦袭击惨败，侄子孙晏上山来搬救兵，在毛遂的劝说下，孙膑骑白猿带神兵打败王翦的故事。这个故事突出的两个主题——孝道和报恩复仇，才是豫北地区民间社会流行的伦理体系的核心价值观。

上述民间传说和地方戏剧中的孝和报的伦理价值观，实际上也反映在乡村社会秩序的调节机制里。比如泥河流传的民国时期的几任保长的掌故，都是围绕着如何治理村中的不孝歹人和复仇行为的。上述民国时期保长晋玉德得罪村中歹人遭暗算后，新任保长贾致德主持正义试图捉拿歹人告官的传说，另外老保长贾致和带领族人为本家贾怀道复仇攻打"老抬"的传说，等等，这些村中流传的掌故恰恰说明了地方精英的行动受到乡村伦理的公平回"报"的核心价值的约束。所以，地方士绅如果要想发挥实际的社区公共权威功能，就得遵循"报"的伦理价值，维护老百姓心目中基本的衡平正义；否则，只讲儒家伦理所说的仁义道德、长幼尊卑的礼仪秩序，难以获得跨家族体系的社区公共空间的社会声望。

四　乡村衰败中的坚韧力量：民国（包括日伪统治）时期的国家动员与社区反应

到了晚清时期，光绪三十四年（1908 年）开始实行新政，颁布了《城镇乡地方自治章程》，要求城镇和乡设立议事会和乡董，推行新式学堂和地方警察，在村里设置村正和学董职位，逐步取代过去自发形成的乡地自治的传统（李怀印，2008：71）。这一新政改革思路一直延续到民国早期的北洋政府时期（1912～1928 年），那时候村正一职开始成为乡村社会的官方权威，受到官府的大力推动。但是，官方权威——村正不一定是由有学识和威望的人担任，因为在光绪三十一年（1905 年）废除了科举制，旧式士绅失去了朝廷青睐和晋升官僚的途径。而且因为军阀混战，基层官僚任务加重，主要是替地方军阀征粮派款，村正一职成为出力不讨好的苦差事，许多民间精英唯恐避之不及。这就导致北洋政府统治时期，地方乡村权威逐渐落到缺乏真正社会威望的土豪劣绅手里。他们为了完成地方军阀的派款任务，同时也为了中饱私囊，就不顾社区伦理和情谊，不断加大对村民的鱼肉剥夺，激发乡村社会的反叛（于建嵘，2001：72）。

1927 年北伐成功之后，国民党统治时期，开始对地方土豪劣绅进行打击，进行乡村社会重组。1930 年国民党政府修订颁布了《县组织法》和《乡镇组织法》，规定凡 100 户以上的村落，组成一个行政单位"乡"，乡下分为若干闾，25 户一闾，闾下为邻，5 户一邻。乡设乡公所，选举乡长和副乡长，并且限制土豪劣绅参与竞选乡长。因为这时的乡镇规模很小，基本上和行政村的规模相当，所以乡长其实就相当于原来的村正。只不过国民政府希望通过重新设置基层职位，来进行乡村社会的权威重组，恢复乡村秩序和促进乡村发展（李怀印，2008：254）。但是这一做法的成效在各地不一致。一般来说，经济条件较好、社会基础稳定的地方，国民政府的努力还是体现了一定的成效的，尽管不能达到国民政府规定的文化条件和民主选举程序要求，但是通过原来的乡村社会既定的组织基础，那些大户人家轮流坐庄担当乡长、闾长，恢复了乡村社会秩序。大户人家轮流坐庄担任乡长、闾长似乎对穷人不公平、不平等，但实际上，那时候的乡长和闾长主要负责代替整个村庄完成上级规定的征税和派款任务，并负责替穷人把税款垫上，然后再从各家收回，面临着压力和风险，其实承担的责任要大于获得的好处。也就是说，他们是负责保护村民利益的中间经纪人（杜赞奇，2009：34）。他们之所以这么做，原因是他们作为本村人，和大家祖祖辈辈朝夕相处，受同样一套伦理规则和人情仪礼的约束，不敢违背村庄社区的利益。倒是一些乡村社会的"土棍"因为不讲道理，拖欠乡长、闾长的垫款行为时有发生。总之，表面上听起来，大户轮流担当乡长、闾长，对穷人不公平，其实这是一种对穷人有利的公平的责任再分配机制（李怀印，2008：259）。当然，在一些贫困的社区，比如黄淮地区和冀东北地区，情况就不一样了。那里本来就移民成分复杂、自然灾害多、土地贫瘠、物产较低，所以难以出现稳定的社区伦理秩序，容易导致较为严重的土匪流寇掠夺抢劫的状况（裴宜理，2007），结果导致乡村社会内生的家族和社区互助组织涣散，地方精英退出乡村政治舞台，社区权力真空任由恶霸暴徒填充，其鱼肉乡邻（黄宗智，2000：257～283）。到了日伪统治时期，华北农村官方组织重新恢复了保甲制度。这时保甲制度已经受到了日伪政府的严格控制，对农民的盘剥比较严重，农民的负担和压力更加沉重。正如一位西方观察家所言，华北地区的小农在 20 世纪 30 年代的生活状况"就像一个人长久地站在齐脖深的河水中，只要涌来一阵细浪，就会陷入灭顶之灾"（H. R. 托尼，1933：77，转引自黄宗智，2000）。

从晚清一直到民国（含日伪统治）时期的泥河村，因为军阀长期混战、日军入侵、国共战争不断，各级军政部门不断地征兵派粮，泥河村群众的生活水平也是急剧下降。许多人家的生活已经是难以为继，逃荒要饭成为许多家庭无奈的选择。又加上泥河人深受水患之灾，新中国成立前十年九涝，夏秋两季常有洪水流经蟠龙河故道，大水一过，庄稼被淹，不绝收就算好年景。晚清民国以来乡村社会衰败，导致那时候村庄的规矩也开始被破坏。原来土地都是在本村内流转和出租，但是，为了活命和生存，许多人家开始把土地卖给村外的有钱人。20 世纪 40 年代，泥河村里基本上已经没有本村地主了，唯一的地主是居住在县城的白子丰家。白家是县城西街的商户人家，但是在泥河却置办有一百多亩土地。他们主要靠在县城经商发家，白子丰曾经担任淇县商会会长一职，所以并不主要靠土地为生，就把在泥河的土地租给了方寨的方金昌父子，方家作为他家的佃户耕种。

日伪统治时期是泥河村逃荒最厉害的时期，许多家户和人口都有逃荒的经历。有的家里只有老弱病残留守，有的则全家出走。离时家里空空如也，回来后家景更是凄凉，不少人家，院里蒿草齐腰，空屋成了残垣断壁。据村中老人讲，王树中的母亲就是饿死在逃荒返回的路上的；郭同安的父亲逃荒途中身上长疮，蛆虫爬得满身都是；郭海全家因为贫穷，小孩儿实在饿得要命，就买了个烧饼哄着，把自己年幼的儿子活活埋掉。那时候，泥河村逃荒的主要目的地是山西的太原、榆次一带。据泥河的崔家老人崔四太回忆，崔家原在本县小洼村，因不堪忍受恶霸欺压，早先搬到泥河村以开荒种地为生。后来，崔氏父子靠到山西逃荒出苦力挣几个钱，返乡买了十几亩地养家糊口，结果，老家的几个本家恶棍借日本人势力又来讹诈他们，无奈只得拿钱消灾，十几亩地就又卖了。失去土地之后，崔家只能再次往返河南、山东和东北等地，靠乞讨、出苦力为生。尤其艰难的是，崔家三哥出生在山西五台县的一个野外戏台上，为了儿子活命，生下儿子第二天母亲照样上路乞讨。现在的人听了都难以置信，这却是崔家人口口相传的家庭苦难历史。

另据老支书郭全英在世时回忆，新中国成立前他父亲"吸老海"，母亲整日哭泣。后来家里实在是揭不开锅了，上边的两个姐姐被卖掉，不知流落何处。新中国成立后，每每提到自己被卖掉的姐姐，他都热泪盈眶，痛苦不堪，思念和打听姐姐的下落成了他后半辈子的心病。他还有一个姐姐是作为大户人家的续弦嫁到张进村的，也是为了能够接济娘家人。除了外出逃荒和卖儿卖女，当时人们的另外一个生存策略就是被迫加入穷人自发成立的"吃大户"的"吃干队"。郭全英在世时回忆说，他当年没有被卖掉，就是因为他作为家中男孩子，上边有五个姐姐，他是老六，小名六姐，自然先卖姐姐。但是他的日子无法维持，只好去给富裕户家做伙计。做伙计也吃不饱饭，无奈他就加入了西岗一带的"吃干队"去混口饭吃。后来八路军来了，把他们都俘虏了，问他们怎么办，当时给他们两个选择，一个是发盘缠回家，另一个是跟着八路军打日本人，郭全英就加入八路军打日本人去了。

另有一些人家日子实在过不下去了，就只好暂时寄居在村里的两个庙里求生。新中国成立前村里有两个大庙，一个是村西头的关爷庙，另一个是村东头的菩萨庙。到了20世纪40年代，一些难以生存、无处可住的村民就住在庙里靠讨饭为生。村西头的关爷庙里住着李春城家、李发元家、闫树家，而村东头的菩萨庙里则住着郭文臣家。这些家庭都是要么贫穷，要么孤儿寡母，只好可怜兮兮地在庙里栖息。

20世纪三四十年代，导致华北地区衰败的另一个原因是鸦片传入，许多村民染上了吸食鸦片的毒瘾。鸦片制成毒品成为海洛因，过去泥河老人把吸鸦片叫"吸老海"。因为社会动乱，精英阶层退出村庄公共事务的治理，许多村民开始堕落，养成了"吸老海"的恶习。那时候泥河全村至少不下二十人都染上毒瘾。几个家庭悲剧和仇杀都是因为吸鸦片引起的。比如村中歹人因吸鸦片偷盗，被老保长晋玉德处罚，心怀歹意，串通土匪谋害了晋玉德。郭全英父辈的破败也是因其父亲吸食鸦片而卖家产、女儿等。郭文臣母子之所以暂住庙里，也是因为其父吸食鸦片，卖完了家产，郭文臣只能跟随母亲栖息在庙里。而石家有人因为吸食鸦片到本家亲戚家偷盗祸害，族人实在忍无可忍，就把他投到井里淹死了。

民国（含日伪统治）时期，保甲长已经是个出力不讨好的苦差事了，因为作为村民和官府中介的保甲长，已经没有办法在两者之间进行协调平衡，而是要完全听从上级官府的意见。这样势必对村里的百姓产生压力，激发村民的不满和抵制，保甲长就成了在村民和官府之间两头受气的对象。在泥河村曾经做过老保长的有晋玉德、贾致德、贾致和、贾致文、郭新安等人，李树新曾经当过保里的会计。但是，这些人当保长并不是因为他们愿意给日本人卖命，而是一般人不愿意当。太老实的人不会和官府打交道，也不敢公开说话，不适合当保长。他们就被推举出来，应付这个难当的差事。日本人主要通过他们来维持治安、收取钱粮，所以他们就在联保和村里来回穿梭，左右为难地应付上级派来的任务。据说，有一次贾致德老保长到日本据点汇报征粮情况，因为没有完成任务，挨了几巴掌，回到家脸都是肿的。在那个动荡的岁月，能够出来担当保长其实也是为村民服务，还要有能受窝囊气的气度。

那个时期乡保长和村庄大户的关系也是紧张的。根据李怀印的研究，在晚清时期的华北地区都靠村庄大户来轮流当值村内的乡党首领，然后给大家垫付税款，再慢慢收缴上来。但是，到了民国（含日伪统治）时期，因为税负加重，压力加大，村庄大户和名门都在衰败，剩下的也都开始对村庄义务回避。这个趋势在泥河村也有所体现，据村中老人讲，村上保里没什么收入，只能按上级分配的地银向有土地的农户分派，而村里有地的家户不多，有地的几个大户又不愿意交。贾致和当保长期间，认为地多的大户理应缴纳村里大部分粮款，他狠下心来，连三并五地催，后来索性派一保丁驻大户人家不走，这些大户还得管吃管住，最后只得如数缴纳。

民国（含日伪统治）时期，社会动乱不堪的另一个现象就是土匪绑架、勒索狷獗。当时淇县一带绑架勒索的土匪被称为"老抬"，提起"老抬"抬人的事，老人有说不完的话，现在回忆起来仍然难免心有余悸。泥河村被抬的有十几家，光景稍好一点的家户，夜里都不敢睡觉。前述，老保长晋玉德就是因为得罪了村中鸦片鬼，那人串通土匪，趁晋玉德去浚县外甥家听戏，在路上劫持并将其打死。那时候土匪夜晚来村里抬人，打得最激烈的就是方金昌家，他是大地主白子丰家的佃户，人称"二地主"，家里有牲口、家具，日子过得不错，结果惹来土匪。面对土匪袭击，方家兄弟齐心协力，拿起家里预备的土枪还击。他们的顽强抵抗，也得到了邻居葛铭芹家和黄福义家的援助，大家一起朝土匪射击，迫使土匪无功而返。但是，不是所有被绑架的家庭都像方金昌家那么有实力抵抗，遭遇土匪绑架最惨的是韩永德和宋长玉两家。韩永德发现"老抬"牵起牲口，赶上去争夺牲口缰绳，被土匪捅得肠子都了流出来，不久就死了；宋长玉的母亲被抬进西山，当场被打得昏死，凑够赎金赎回时已经奄奄一息，回来后不久也死了。

当然那个时候的土匪也并不都是地痞流氓，也有一些注重乡村伦理规则的黑道侠客。在民国初期，泥河村也出了一个有名的侠盗"老抬"——郭老茂。郭老茂大名郭平安，和几辈单传的郭宝恩家是近门本家。身为土匪，郭老茂却比较注重乡情伦理，不但不抬本村人，而且还在周围村庄放出话来，如果有哪个村里的人敢欺负泥河人，郭老茂就找他算账。当时，泥河的葛家一户到高村集卖菜，有地痞流氓耍横，他一说是泥河村的，地皮流氓就不敢找他麻烦了。郭老茂当了土匪，没有后人留下，但是泥河的老一辈人回忆起郭老茂时，仍然心怀感激地称他为"老茂爷"。在泥河人眼中郭老茂是为生计所困被迫落草为寇的，但他比较仗义，算是义匪。他有两个信条，一是不抬当地人，二是不抬穷百姓。本村有两个上交"投名状"的，提出村里某某家道殷实，郭老茂听了怒火中烧，说"兔子还不吃窝边草呢，你把茂爷看作什么人了？"幸亏手下讲情，那人才慌忙逃下山来。还有人说，老茂爷有个孙辈的族人想上山投靠他混碗饭吃，郭老茂婉言相劝，说自己是被逼无奈，深陷其中，不能自拔，本家人断不能再走这条道，给他几块大洋，让他回家安心务农。

"老抬"抬人是当时穷苦老百姓的一种掠夺性生存策略，除此之外，还有基于防卫性的生存策略而成立的组织，那就是华北地区的红枪会以及由此演变过来的连庄会等乡团组织。据说红枪会是义和团的后人秘密组织起来的，主要是因为民国初期的乡村社会秩序混乱，老百姓需要防卫组织，义和团的后人就利用他们的秘密仪式来组织乡民，吞符念咒，希望刀枪不入，激励乡民英勇奋斗。红枪会发源于山东、河南和江苏交界地区，他们最初是北洋政府号召的连庄会的组织，两者甚至是相互结合在一起的。当然红枪会的主要目的是防卫土匪流窜，但是如果官府施压负担过重，它也会和官府军队发生冲突，甚至造反叛乱。有时候，红枪会也会因为组织混乱或者生存艰难，而成为一种掠夺性盗匪团伙。在动荡不安的年代，入伙为匪和率部起义都是时常发生的摇摆不定的地方性生存策略。国民政府时期，红枪会被政府收编，成为地方民团。但是到了日伪统治时期，民间自发的红枪会则悄悄转变成为抗日斗争的地下武装力量。其中河南滑县就是旧时红枪会的总部之一。红枪会的主要特色是利用民间宗教的悠久传统，精心设计了一套祈求神灵保佑的仪式。这套仪式最引人注目的就是刀枪不入的魔力。一般会众在师傅面前磕上 100 个头，并发誓顺从之后，由师傅授以灵验咒文，画一道纸符，令其焚烧后吞服。比如下面一首神符内容：

> 前面打枪，挺起胸膛；
>
> 背后打枪，挺直脊梁；
>
> 枪打两肩，如铁似钢；
>
> 龟蛇二将，在前站立；
>
> 各位桃仙，隐隐站立。

另外一首神符是：

> 我手执红缨枪，
>
> 祖宗法力满身上，
>
> 敢说不怕天和地，
>
> 随心所欲到处闯。（裴宜理，2007：194～195）

经过了跪拜和念咒吞符之后，才开始进行武术训练。先是拳打，次是排砖，最后是排枪，以此练就一副金刚不坏之身。排砖是将几块砖头置于信徒头上，由师傅砸砖，砖碎而不伤其头，如果没有砸碎，就表明其品行不端，过了排砖，才允许其进行排刀训练。排刀指先由师傅焚香，信徒跪在桌前祈祷后，师傅用刀砍其祖露的肚皮，不留任何伤痕。之后进入最高等级的排枪和排炮，师傅站在大约 15 步开外，用土枪向徒弟射击，不被打伤者就算过关了。被打伤、打死者就被谴责为心术不正。靠这种神秘和残酷的训练，红枪会练就了一支坚强而团结的队伍。从 1938 年到 1945 年，红枪会取得了抗击土匪和日军的一次又一次的胜利。

那时候的泥河村也有红枪会组织成员，如李树新、李树奇等都是红枪会成员。李树奇除了舞枪弄棒，也操练火枪。前述，有一年村里的蟠龙河发大水，但是下游村东头的鳌头地挡住了河水下泄，有人说是下游河湾里有一水怪在阻挡水流，眼看就要水淹村内人家，李树奇就带领红枪会成员来到村头，他拿起长枪，朝着河湾里放了两枪，结果不一会儿，河水还真流了下去，缓解了村中央河道的水势。

除了外部威胁激发出村民的团结精神，传统宗教信仰也影响着乡村老百姓朴素的善举和德行。比如泥河李家向来就是相对比较本分、善良而又虔诚的信徒。李富荣的奶奶是一位虔诚的香客。据说，她在新中国成立前带领自己的孙女李富荣到四邻八乡的大户人家给淇县的两座山庙收布施。据她孙女李富荣在世时回忆，小时候跟随奶奶到董桥的大地主陈老亭家收布施，陈老亭听说她们去了，就告诉管家说："泥河的老善人又来了，中午别让她们走了，让她们吃了饭，歇歇脚，给她们灌满粮食，再打发她们走。"管家就把她们让到客房，如果是夏天，就用黄瓜丝儿拌冷水面条招待她们，打发她们吃完饭，还让她们午休一阵。午休睡醒之后，陈家就把她们的布施口袋灌满粮食，客气地送她们出门。

在高度压力的环境下，泥河人坚韧地寻找着生存之道，利用地理环境的优势，寻找生存机会。那时候的泥河一带水源充沛，便于灌溉，又加上蔬菜生长周期较短，人力投资密集，种蔬菜的经济报酬相对优越于种粮食，所以泥河就有许多出名的种菜大户。过去，泥河菜农挑着扁担到周围集镇上卖菜，当时人们把泥河村称为"八十条扁担村"。但是，相对于粮食耕种，种菜卖菜更加辛苦，那时候没有机械电力水井，而是靠手摇辘轳用倒罐从井里提水浇菜。人们夜里加班打水浇菜，早起还要割菜把菜装好筐，第二天赶早到高村、庙口、黄洞一带的集镇上卖菜，最远的甚至到临淇镇（林县境内）去卖菜。卖菜人走街串户，练就了一身本领，要有铁肩膀，铁脚板，大嗓门，好口算。当时有一首歌谣说："张白妮，泥河卖菜第一名……"葛铭良、杨名义都有"肉算盘"之称，也就是他们的心算能力极强，靠头脑中想象的算盘进行换算。据说他们曾进行口算比试，不仅比谁算得准，而且还比谁算得快。

总之，民国（含日伪统治）时期，尽管上级政府努力推行乡镇政权建设和现代化转型，乡村社会不但没有受益于现代化方案，相反因为军阀混战和日军入侵，乡村社会不堪重负，泥河村也开始衰败和破落。村中吸毒、盗窃、劫匪猖獗，许多家庭破产流亡、客死他乡，有的家庭则卖房产、土地和妻儿，生计举步维艰。这时候担任乡保长的，不再是村中有声望的读书人，而是那些能说会道、左右逢源的乡村能人。乡保长夹在上层政府和基层破败的百姓中间，已经是左右为难，而且面临生命风险。面对政权建设汲取乡村社会资源的压力，乡村社区只能靠进一步地挖掘传统资源来寻求生存策略和维持乡村秩序。通过上述典故案例，我们发现，泥河村在革命前的社会转型中发明的求生策略和社区保护策略主要包括如下几种。

第一，进一步发挥吃苦耐劳的坚忍不拔传统。比如，面对日益艰难的生计，泥河人在河湾多水患的地理环境劣势下，改为种植蔬菜。相对于种植粮食，种植蔬菜需要大量的劳动投入，种菜人还要走街串巷地赶路去推销，艰辛程度远远超过了种粮。这就是所谓的传统华北小农的自我剥削的策略，虽然种菜的边际净收益非常低，但是为了生存下去，泥河人也要不计辛劳地付出更多的劳动，以换取一点儿口粮。

第二，进一步发挥邻里守望相助的社区合作传统。面对土匪绑架勒索，泥河人并没有关门闭户，退避三舍，而是邻里之间把枪射击，帮助一个外来的种地佃户反击土匪。甚至在遭到土匪绑架时，族人团结起来，去找土匪报仇，扬泥河贾氏威风。

第三，进一步激发恩怨相报的衡平正义传统。面对村中逐渐兴起的吸毒、盗窃等现象，泥河的乡保长也不是消极无为，而是敢于积极干预，如前任保长晋玉德遭人暗算暴尸野外，后任保长贾致德还敢继续抓捕歹人，发扬乡村社会基本的有仇必报、惩恶扬善的衡平正义观。

第四，进一步发挥救苦救难的慈善文化传统。村中几户因为吸毒、落难而破落的人家，为了活命暂时躲到了村中两座庙里求生，庙产作为乡村集体资产发挥了救急救难的作用。而庙文化也激发村民们的同情心，接济这些破产的家户，渡过难关。

上述四种策略是泥河村在民国（含日伪统治）时期，遭遇乡村建设、日军入侵汲取基层社区资源的深重苦难时，维持家庭生计和乡村秩序的策略。这基本上是对传统资源的进一步挖掘而产生的一股坚韧的道德力量，这股道德力量支撑着村民渡过难关，迎来了解放。革命后的泥河村还能维护乡村伦理吗？如果能，泥河村的乡村伦理是否发生了变化？它和革命后的国家动员和乡村建设又是一种什么关系呢？

第六章 泥河村的解放和土改

一 国共拉锯战过程中的泥河村民

1943 年 7 月中共太行七专署在淇县山区桃胡泉建立淇县抗日民主政府，刘哲民当选为首任县长。1944 年 3 月淇县和汤阴两县合并为淇汤联合抗日民主政府。1944 年 12 月，淇县与汲县合并，成立汲淇联合县抗日民主政府，属太行七专署，政府机关先后在汲县的正面、狮豹头、小店河、塔岗等村。1945 年 8 月，抗日战争胜利后，汲淇联合县抗日民主政府改为汲淇联合县民主政府，10 月改属太行五专署。1946 年 6 月，汲淇联合县民主政府改属太行三专署。1947 年 3 月，撤销汲淇联合县民主政府，分别成立汲县民主政府与淇县民主政府，隶属太行五专署。1947 年 4 月 3 日中国人民解放军解放淇县县城，经过几次较量，直到 6 月解放军才控制淇县局面。但是一直到 1949 年，淇县境内一直处在解放军和国民党地方武装以及土匪拉锯战状态。县西南方向是解放区，东南方向有淇县的杨富和滑县的王三祝两股国民党地方武装，西北方向有土匪扈全禄的老巢（中共淇县县委党史研究室，1997）。

1945 年日本投降之后，淇县西部山区是八路军晋冀鲁豫军区的太行军区第五军分区的辖区。当时的第五军分区活动范围包括林县、辉县、汲县、淇县、汤阴和获嘉。在国共谈判期间，1945 年 9 月蒋介石命令国民党孙连仲部队率领高树勋、马法五、鲁崇志等部队沿平汉铁路、公路一线北上进犯晋冀鲁豫根据地。在邯郸磁县一带，国民党军队被共产党军队包围。1945 年 10 月解放军在邯郸、安阳一带发起了平汉战役，高树勋率部在安阳码头镇投诚起义，解放军取得了巨大的胜利。而参与这次战役的，就有泥河村最早的八路军战士郭全英。

据郭全英的残废军人证件记录显示，郭全英 1945 年 4 月参加八路军，1945 年 9 月在安阳码头战役中负伤，他当时所在的部队为太行一团三营十连。太行一团原来是八路军第一二九师太行军区三八五旅的老一团，简称太行一团，1943年划归皮定均领导的第五军分区指挥，再后来又划成第七军分区，仍由皮定均指挥。抗战胜利后，太行一团划归晋冀鲁豫军区的第五军分区指挥。日本投降后，太行一团主要跟驻扎在新乡的高树勋部队作战，一直在焦作修武至邯郸磁县一带，来回奔袭高树勋的军队，有时一个晚上就要来回奔跑100里地。据郭全英生前回忆，参加安阳战役时，强渡漳河，当时河水接近一人深，水流湍急。他们的司令员骑着马，来阵前动员，给他们讲话时铿锵有力，鼓舞人心。司令员动员完之后，率先骑马渡过了漳河，然后战士们十个人一排，手挽着手一起坚毅地渡过了漳河。过河之后，大家的衣服都湿透了，因为当时的军装都是用黑槐树叶土法染色的，所以绿军装开始掉色，而且口袋里的黄豆干粮也都潮湿了。但是大家吃着潮湿的黄豆，精神饱满地投入战斗。郭全英当时任机枪手，在激烈的战斗中，身中敌军的机枪扫射，右手、右胸、右股骨都被打穿。负伤后，他昏迷不醒，在团长的命令下，其他战士将他背负几十里地，送到太行军区第五军分区野战医院（地址在现在的林州市五龙镇渔村）治疗养伤。1946年5月，郭全英治愈后，部队领导问他的打算。他当时表示还想在部队继续战斗，但是部队领导告诉他，他的身体条件已经不允许他再转战战场了，动员他复员转业。那时候淇县还没有解放，他就被安排到汲淇联合县民主政府所在地小店河村落户，领导了那里的土改工作。

据小店河村的宋福林、宋文群等人回忆，"郭全英落户小店河时才20多岁，当时还穿着部队转业时掉了颜色的绿军装，一个人劳动、做饭，啥活儿都做。他当时挺随和的，喜欢逗小孩儿玩，也喜欢结交朋友。但是那个时候有纪律，不吃老财饭、不吸老财烟，穷人之间可以相互交朋友，结亲戚"。郭全英和宋福林的哥哥宋秀林两人结成了把兄弟。宋秀林也是从皮定均指挥的太行一团复员转业的残疾军人，两个人应该是同一个团的战友，所以情投意合，结成了拜把兄弟。而且，那时郭全英是村里的外来户，又一个人没有结婚，还在那里认了一个干女儿，叫闫关云。因为按照传统习俗，把孩子认到外来人员跟前做干女儿，可以保佑孩子以后消灾免难。

宋福林说："郭全英刚来村里，就开始领导村里的土改，当上了农会主席。那个时候的农会不仅管理小店河一个村，还有羊湾、李闫沟、沙滩、仙女塔、李沟、南沟等几个村都属一个农会，都归他领导。他是农会主席，宋玉平、王作福、刘文生都是农会成员。"

　　1946 年底，当时的汲淇联合县民主政府在狮豹头学校举办了历时七天的丈量土地训练班，之后就在解放区推行土改工作了。当时全县 600 多名贫雇农积极分子参加了学习（中共淇县县委党史研究室，1997：248）。尽管小店河村是当时豫北地区太行山里最富裕的村庄之一，现在依然保留清朝建好的石头村寨，但是那个时候村里的许多大地主都逃到卫辉、新乡、天津等大城市去了，所以小店河的土改并没有发生诸如山东根据地、晋察冀根据地和晋绥根据地打死地主那样的事件。

　　当然，经历了一场翻天覆地的革命运动，小店河也要按照上级的指示进行土改，对地主富农扫地出门，把地主家的土地、房屋和浮财进行重新分配。据宋福林回忆："那个时候地主都被扫地出门了，住到闫家祠堂里面，等着重新分配。那时候也有比较恶道的地主，但是他在土改前就死了。另有一闫姓地主家里最富，但是他逃到外地了，只有他老婆留在村里。而且他老婆不太老实，拒不交代家里的浮财，所以斗他老婆比较厉害，让她跪在煤渣上。即使如此，她也没有交代家里的粮食藏在哪里，一直到'文化大革命'时期，再次批斗地主，她才把家里藏的两石粮食交了出来。"

　　土改时，郭全英在小店河也分有三间屋子，不过是村里最破的房子。宋福林说："那个时候全英是复员残疾军人，除了种地之外，每年还有抚恤金，当时给的是实物，每年有几斗小米。他那时住村里最旧的房子，虽然是农会主席，大家对他很害怕，但是他并没有多吃多占。"

　　1946 年 6 月 23 日蒋介石以 30 万大军围攻中原解放区，发动了第二次国共内战。[①] 此时，留守在汲淇解放区的主要是中国解放军太行军区四十九团。1946 年 10 月盘踞汲县的国民党八十五军一一〇师三二八团进攻汲淇解放区，汲淇联合县民主政府在太行部队四十九团的率领下和敌八十五军三二八团展开了激烈的反击战争。

　　那时，宋福林参加了儿童团，仍然清楚地回忆到："八十五军来扫荡

时，地主老财的还乡团又回来了，老百姓都躲起来了。郭全英领着大家一起藏好物资，跟着县大队的人都躲进罗圈村里的北山上。八十五军来我们这儿一带又祸害了半个月。"经过浴血奋战，国民党八十五军败退，太行部队的四十九团打下山去，重新收复失地，汲淇联合县民主政府又回到了小店河村（中共淇县县委党史研究室，1997：193）。

1947年3月，解放军开始进行反攻，主动出击，不断夺回自己的根据地并扩大新的解放区。4月3日，淇县县城解放，经过几次易手，到6月中旬淇县县城彻底被牢牢控制在解放军手里。刘、邓大军第三次收复淇县之后挥师南下。这一时期，解放军并没有完全控制住新解放区，所以淇县境内就成了国、共两军拉锯战的中间地带。1947年3月淇县和汲县分开之后，中共太行五专署建立了淇县县委，并在西部山区桥盟、庙口、黄洞一带建立了二区、三区区干队，后在12月组建了武工队，与平汉铁路以东以及淇县东南方向淇河下游一带的国民党地方武装部队打起了游击战（中共淇县县委党史研究室，1997：208）。当时，国民党地方武装杨富的部队驻守在淇县东南的皇甫、板桥、小河口一带，与浚县、淇门、汲县、延津之敌勾结，又加上驻守新乡的国民党正规军和滑县王三祝的部队，活动十分猖獗。

汲县和淇县分开之后，郭全英就被分配到淇县西山武工队，作为全村当时唯一的共产党员、八路军复员军人，郭全英接受党组织的派遣，乔装平民回到泥河村里，指导村里的斗争。据泥河村老人刘瑞芬回忆："那时他没有公开自己的身份，直到淇县境内大部分地方都已经解放，郭全英才公开了自己的党员身份。但是，郭全英发动大家闹革命，大家伙就开始跟着郭全英干革命。"

当时，泥河村有一大批穷苦老百姓参加了民兵游击队和儿童团，支持西山武工队与国民党地方武装杨富、王三祝的部队打游击。据刘瑞芬老人回忆："那时泥河村正处于国民党军队和共产党解放军开展拉锯战的中心地带，晚上解放军从西山下来突袭，国民党军队被赶到淇河东的浚县境内，白天国民党军队打过来，解放军就退回西山的解放区去。后来，解放军逐渐站稳脚跟，把杨富、王三祝他们赶回淇河以东。泥河的许多老百姓就加入了民兵组织、儿童团，配合解放军打游击战，保卫解放区。李祥云的母亲（李秀兰）年岁大点儿，是领头的，领着刘瑞芬（女）、晋娥妞

（女）、马继荣（女）等一批女游击队员；李永元、闫金秀、石林良、郭宝恩、郭宝海、贾致全等都是男游击队员。除了成年人参加共产党的游击队之外，郭宝珍、石林俭、葛江海、郭合喜、郭仁和等小一点儿的，也都加入了儿童团放哨站岗，在村口道路上盘查经过村里的陌生人。"

那时候，泥河男女老少之所以参加民兵组织和儿童团，很大一部分原因是穷苦老百姓在经历了频繁的战事之后，对打仗并不是特别害怕，而且也都学会了在战争中如何巧妙地保护自己，甚至可以通过恶作剧来吓唬敌人和寻找乐趣。据刘瑞芬老人回忆："那时候我们这些人就像电影里演的一样，跟杨富的部队打仗。因为缺乏武器装备，就在河口村的玉皇阁上把鞭炮放进桶里边，吓唬浚县杨富的部队。还有一次，有一个小孩子打仗行军时掉队了，就躲在路边的土堆里浑身抹上泥土装死。直到晚上，敌人部队走了以后，才敢起来回家。"

直到1949年3月经过庞村黑山战役，才彻底歼灭王三祝的部队，王三祝逃到安阳躲避；而杨富、扈全禄的部队躲到了新乡城里。1949年5月5日新乡解放，杨富、扈全禄被抓捕；1949年5月6日安阳解放，王三祝被抓。至此，淇县境内的国民党武装力量才算被彻底消灭（中共淇县县委党史研究室，1997：310）。

1949年4月21日，中国人民革命军事委员会主席毛泽东和中国人民解放军总司令朱德发布了向全国进军的命令。[①] 百万雄师过长江，攻占南京总统府。据李富荣老人在世时回忆，刘、邓大军下江南时，就从村西边的思德公路上经过，一直走了一个多月，黑天白夜不停地走，晚上睡觉时都能听见大军南下的"轰隆、轰隆"声音。1949年10月，毛泽东宣布中华人民共和国成立，淇县人民政府也随之成立。1954年淇县并入汤阴县，隶属安阳地区行署，1962年恢复淇县建制。

在战争年代，除了郭全英领导村里一些积极分子参加村里的解放战争，那时候还有其他一些村民到外地参加解放军为革命做出了贡献。比如在解放辉县战役中光荣牺牲的郭水成，新中国成立后一直被按照革命烈士对待；在解放太原战役中身负重伤的李树德，按照二等甲级伤残军人复员

---

① 《毛泽东和朱德发布向全国进军的命令》，《历史上的今天》，http://military.people.com.cn/GB/8221/72028/76059/76061/7143315.html。

回村；参加过太行新一旅四十九团的郭秋岭，人称老党，新中国成立后复员转业；参加过挺进大别山战役的石文学，被评为二级甲等伤残军人，后转业到淇县工作；还有秦光全、郭合成等都参加过解放战争，为革命事业做出过贡献。

从泥河村的解放过程中，我们知道作为新解放区的泥河村从1947年到1949年一直处于共产党领导的解放军和国民党地方武装以及土匪的拉锯战中。在这个过程中，国共双方的正面战役当然很重要，但是决定胜利的基础还是双方对基层老百姓的组织动员能力。不管是在老根据地，还是在新解放区，配合共产党正面战场作战的始终是共产党基层干部开展的革命动员。实际上，大家都知道战争的胜利要靠后勤保障和兵员补充，为什么只有共产党能够成功地获得新解放区广大民众的支持呢？以往的研究要么是强调共产党建立在正确的社会阶级分析基础之上，靠严明的纪律和基层工作队的吃苦耐劳品质，帮助底层老百姓推翻了头上的"三座大山"，获得了根据地广大穷苦老百姓的支持（韩丁，1980）；要么是强调共产党的动员策略，通过在根据地发动诉苦运动，制造地方精英和贫苦大众的冲突和对立，来达到基层动员的目的（李康，1999；方慧容，1997）。但是，这样的动员策略都是建立在稳定的革命根据地政权基础上的，只有共产党控制了局面，站稳了脚跟，才能通过工作组进行村民的运动式动员，划清阶级界限，分清敌我关系。泥河村在1947～1949年还没有建立稳定的村政权，上述动员策略显然无法实现。然而，我们发现，那个时候村里仍然有一批男女老少村民冒险参加革命，或者加入共产党的地下武装，他们是如何被动员起来的呢？通过访谈，我们发现，泥河村民参加革命更多的是当时华北地区的基本生存策略所导致。比如，那时候村里唯一的共产党员、八路军转业军人郭全英就曾经说过，他父亲"吸老海"，把家里的财产吸干了，然后就靠卖女儿或者把女儿送给人家当童养媳等方式筹集资金，继续吸。家里实在是穷得叮当响，他就去给人扛伙计。扛伙计仍然顾不住自己填饱肚子，他就加入了当时西岗迁民村王中禹的民团混饭吃。后来，八路军来了，八路军问他们，愿意参加革命的就留下，愿意回家的就给他们发盘缠回家，他就留下来参加了八路军。他的故事具有相当的代表性，比如前述刘瑞芬、李秀兰、闫金秀、郭合喜、郭宝海、贾致全等人都是当时村里生活艰难的贫穷人家。20世纪40年代华北地区许多农民已经因为战争和社会腐败，生活难以为继，当兵打仗实在是一种求生存的策略。跟着共产党参军打仗的，以及跟着共产党打游击和加入儿童团的，大多数是当时生活不下去的穷苦百姓。因此可以说，支持共产党是因为共产党有一定的阶级基础，但更主要的是农民的一种生存方式。当时的穷苦老百姓并没有所谓的受剥削、受压迫意识，而是简单朴素的生存意识。只要有人承诺能够让吃饱饭，就会跟着走，更何况共产党还许诺革命成功之后，可以分田地。

可是，并不是所有的穷困人家都加入解放军、游击队、儿童团支持共产党，到底是什么原因让一些穷人加入共产党的队伍呢？几十年过去了，我们很难获得真正的原因，但是通过刘瑞芬等老人的访谈和回忆，我们发现那个时候许多小孩子加入革命斗争，并不如现在想象得那么可怕，需要有效的动员和控制，而是他们觉得相对好玩有趣。反正穷人家的孩子从小就是在街上到处乱跑，两边打仗看热闹，所以跟着解放区的队伍来回跑也是一件自然的事情。比如她说，当时在河口村的龙王庙玉皇阁的铁皮桶里放鞭炮，冒充打枪，吓唬河东的杨富、王三祝的部队，对于小孩子来说就很好玩。另外，那时候共产党为了发动村里的孩子参加儿童团，给孩子提供统一的衣服和编写革命歌曲，这些都极大地调动了孩子们的积极性。比如，那时郭合喜是儿童团长，在村口站岗放哨，手持一杆红缨枪，检查过往行人的路条时，就是唱着儿歌盘查的。他回忆起当时解放区流行的一首路条歌："老乡老乡我问你，你到哪里去，今天儿童团里轮到俺站岗，请问老乡你那里有无路条子，掏出看看、掏出看看，才让你过去。"这些朗朗上口的儿歌以及神气的红缨枪，都是吸引孩子们加入儿童团的诱导因素。

通过传统朋友关系和亲属网络来动员群众参加革命这个动员策略在以往有关中国革命的研究中注意得不够，个别美国学者，比如杜赞奇和萧邦奇（R. Keith Schoppa）在研究早期国民革命时注意到这个策略（杜赞奇，2009；Schoppa, 1982）。近年来，国内学者应星和孟庆延开辟了中国革命的社会史研究视角，在研究江西土地革命时，开始注意到早期中共领导人通过自己的地方关系网络资源来发动和组织革命（应星、李夏，2014；孟庆延，2015）。实际上，解放时期泥河村的一些村民参加革命主要也是靠郭全英通过传统朋友关系建构的庇护网络动员的。比如，郭全英刚转业到汲县小店河村搞土改时，他首先结交了同为八路军太行一团的转业军人宋秀林，两人结成了把兄弟，其次在村里认下了干女儿，这样就迅速获得了当地村民的接纳，建立了自己坚定的盟友关系，而且他能够贯彻执行上级命令，推行土改运动。回到泥河村后，动员第一批地下游击队的积极分子时，他仍然是靠自己亲和的社交能力，建立坚定的同盟。比如，那时候和他一起干革命的朋友都成了他的亲戚或干亲戚。李永元的姐姐李富荣嫁给了郭全英，两家成为姻亲。李秀兰家和闫金秀家后来都成了郭全英孩子的干亲戚，李秀兰成为郭全英大儿子的干妈，闫金秀成为郭全英二儿子的干爹。所以，我们不能只过多地强调共产党的阶级基础和斗争策略，还要看到那时候基层干部通过建构的朋友关系和亲属网络，作为自己开展斗争、扩大力量的传统手段。这些手段才是基层老百姓所熟悉和认可的策略，让百姓在那场拉锯战中，能够跟随自己信赖的人参加革命。

二　平淡无奇的泥河村土改

根据老支书李香元回忆，泥河的土改是在 1949 年新中国成立后开展的。1950 年 6 月 30 日《中华人民共和国土地改革法》公布实施，这个时候已经采纳吸收了解放区的土改工作经验，有步骤、有秩序地进行土改。根据杜润生的回忆，那个时候毛主席已经接受了他在中南局主持土改工作时总结出来的经验，派工作组到农村和老乡做到"三同"：同吃、同住、同劳动，搞清土地状况，发动群众积极性，然后把土改分为三个步骤：首先是清匪反霸、减租减息，其次是土地分配，最后是土地复查和组织建设。这样做既可以放手发动群众，防止和平分田，也可以有组织、有秩序地进行土地分配，防止过"左"的大轰大嗡的土改（杜润生，2005：8 ~ 17）。

泥河土改时，全村划了四户富农：郭美玉家、晋玉河家、张洪友家，还有葛铭芹是错划的富农，把人家家里一起生活的外甥韩二黄（大名韩春水）当成雇工了。后来葛铭芹的外甥一直领头找上级反映，最后才把葛铭芹家改为中农了。另外，泥河还有一户外来落户的大地主白子丰家，他本是县城的富商，在泥河拥有 100 多亩土地，租给方寨的方金昌父子耕种，新中国成立后被没收财产，只好落户泥河村。

据郭合林、晋善信等老人回忆，这四个富农只有张洪友家是因为在国民党保安团里当官致富的，其他几家都是靠省吃俭用发家的。郭美玉父亲早亡，本来其寡母带领孩子们勤俭持家，靠卖地供养郭美玉读书，家境一度非常贫寒。后来郭美玉成为泥河首个考上河南省立第五师范学校（卫辉师范）的学生。毕业后，郭美玉被分配到位于迁民村的淇县第三小学，后又调任位于县城的淇县第一小学任校长。正是郭美玉依靠自己节约下来的薪水，才在村里买回来自己家的土地，但土改时他家被划为富农。

晋玉河家成为富农也是有故事的。晋善信的父亲晋玉德曾经做过村里的老保长，热心公益，支持过村里的高跷队等传统文化项目。晋玉德不但热心公益，而且为人比较耿直厚道，敢于主持正义，后因得罪村里歹人，被人陷害致死。晋玉德早亡后，留下孤儿寡母，在奶奶的坚持下，就和大伯晋玉河家一起过，由大伯晋玉河带领晋善信（晋玉德之子）、晋善言、晋善明（晋玉河的两个儿子）兄弟三人，共同操持全家的生计。这样，因为晋玉河持家有方，带领两个房里的孩子勤劳肯干，到土改时，晋家仍然保有100多亩土地，结果就被划成了富农。实际上，如果晋家把家分了，也许晋家就成不了富农。

葛铭芹家新中国成立前能够发家致富，也是兄弟两个团结合作、勤俭节约的结果。甚至在我们进行口述访谈时，郭合林都能清楚地回忆起，"当时村里人都嘲笑葛铭芹是个'割尾巴富农'①，因为他家是靠省吃俭用置办了几十亩地，本来够不上富农，结果把他家里一起过日子的外甥韩二黄当成伙计了，就把他划成了富农。后来，人家外甥一直告状，就给葛铭芹改成中农了。他家里吃饭比一般人家都艰苦，几乎顿顿都是窝头，一年到头都难得吃一次白馍，最后还被划成了富农，最窝囊了"。

只有张洪友新中国成立前在国民党保安团里当连长，挣了钱，在泥河置地买田。张洪友其实只是泥河郭家的女婿，本来不在村里生活，只是买些土地在村里，租给别人耕种。后来新中国成立了，国民党败走，他就落

---

① "割尾巴"有两种说法：一种是新中国成立初期土改时，割封建主义尾巴，把一部分富农后代的中农户也当成了封建主义尾巴列为批斗对象；另一种就是"文化大革命"时，把新致富的村民当作资本主义尾巴，列为批斗对象进行割除（参见黄宗智，2003：66～96）。葛铭芹因为实际上够不上富农条件而被错划成富农，所以就被老百姓笑话是"割尾巴富农"。

户到泥河定居，当时他家里并没有房子，所以，土改时村里还给他家分了房子。但是他家因为土地多，且雇人耕种，所以就被划成富农。

前述，泥河的土地有100多亩其实是被县城的白子丰家购买的，然后租给方寨的方金昌父子耕种。白子丰主要依靠在县城经商发达，他曾任淇县商会会长，在淇县西街一带富甲一方。土改时，白子丰在县城的财产被抄家充公了，这样他就带领全家落户到泥河，成为泥河唯一一户外来落户的地主。方金昌常年给白子丰种地，虽然是佃户，但是靠自己的劳动积累，也置办了房屋和几头牲口，被人称为"二地主"。前文提到，方金昌因为日子过得比较富足，还曾经遭遇土匪的抢劫。

泥河土改时，郭全英负责领导村里的土改工作。那时候泥河本来有村政府，负责村里的日常行政工作。村长是葛铭玉（小名葛大群），副村长是石林仁、张荣全。同时，按照上级精神，泥河也成立了农会，具体负责土地改革。农会成员大部分都是村中最穷的人，农会主席是刘毛群（大名刘心德），副主席是王奎明，还有农会成员潘德义等人。泥河土改时，也是按照政策要求首先是查清全村土地，划分阶级；然后把地主富农扫地出门，重新分配粮食、房屋，通过抽肥补瘦、找平补齐的办法对土地进行重新分配。这样一种改天换地的运动，毫无疑问对于那些被革命的对象产生了巨大的影响。比如，被划为富农的几户人家不但家产被瓜分了，而且长期作为"戴帽分子"[1] 在村里抬不起头，影响到他们孩子的性格和社会交往，甚至影响到子女的升学、升迁和婚配。比如，晋善言的大儿子晋喜章一直到很大年纪才娶了"文化大革命"时下放回到本村劳动的女知青葛小娣；而郭美玉的大儿子郭文魁一方面因为腿有点瘸，另一方面因为家庭成分不好，很晚才娶了个残疾媳妇，但是妻子又很早就过世了，自己一直跟着弟弟郭文采过日子，直到病逝。

大部分地主富农的家庭成员都谨小慎微，担心受到批斗和歧视。他们作为"戴帽分子"，每次运动来临时都会受到冲击。郭美玉本来在新中国成立后被调到南乐县一中担任教导主任，后来被清查民国时期的教育经历，尽管没有查到什么反动言行，但他还是被南乐县一中清退返乡，回村

---

[1]　所谓"戴帽分子"，就是一旦在土改时被划定了阶级成分，其家庭和子女就都被作为既定的阶级成分而记入公安局的档案，那些地主、富农、右派、反革命、资本家等特殊成分的家庭及其子女，都被作为阶级敌人接受管制。

里担任民校老师。20世纪60年代初，郭美玉因心情郁闷，过早地去世了，他的妻子一直不能接受这个现实，对政府有意见，在后来的历次运动中都受牵连，继续被批斗。张洪友作为泥河的上门女婿，也对不断遭受批斗心怀不满，但却通过讲俏皮话来疏解心中的压抑。人们还记得，到20世纪80年代邓小平主持摘除富农"帽子"时，张洪友到街上说俏皮话："我咋觉得今天头上恁凉快呢？"别人问他为什么呢，他说："原来我头上的帽子被摘了。"那种喜悦难以掩藏。

当然，成分较高的富农中，也有一些人面对剧烈的运动，学会接受现实，积极改造，从而和新政权建立了融洽的合作关系。比如，晋善信、晋善言、晋善明三个叔伯兄弟，虽然是富农成分，但是新中国成立后在村里一直生活得都不错，没有受到太大的影响。新中国刚成立时晋善信还因为学习好被挑中上了师范速成学校，毕业后被分配到教育系统，一直做公办教师，妻子范翠英也是民办教师，他们夫妇作为乡村教师，一直受到村民较高程度的尊敬；晋善言因病辞去乡村教师，但是会木匠手艺，为乡亲们做木匠活儿，在村里的生活也算平稳；晋善明给生产队当牲口饲养员，在集体劳动中成为六队社员都信赖的积极分子，日子过得也算稳定。郭美玉的弟弟郭宝全，大家都尊称二爷，尽管也是富农，但是态度端正，为人低调，又加上新中国成立前受过私塾教育、有文化，新中国成立时担任村里小学教师，热心戏曲，后来还是村里大平调剧团的骨干，深受村民的尊敬。就算是落户到泥河的地主白子丰家，虽然儿子白炳南在"文化大革命"前期因为担心被批斗跳井自尽了，但是除了在"文化大革命"最为激烈的武斗时期受到冲击，他们家也能够在村里正常生活，获得所在四队社员的接纳和照顾。"文化大革命"结束后，白炳南夫妇的"右派帽子"被摘掉，妻子杨贵茹恢复教师工作，儿子白增武被县教育局安排到黄洞乡教育组当会计。

总之，土改过程在泥河当然是一件天翻地覆的大事，但是因为平时大家在村里都是乡里乡亲的，村民之间的关系不错，土改过程开展得并不是那么激烈残酷。前述，郭美玉通过教书贴补家用，重新发家致富之后，家里因为缺少劳力，就雇请了本村的杨明义在家里扛伙计，但是郭文采回忆说："那时候，我们家和杨明义家相处得跟一家人一样，每年过年的时候，我都去他家给他拜年，根本就分不出来是那种关系（雇佣关系）。"新中国成立前泥河村不存在残酷的剥削压迫关系，主雇关系也是和谐的，所以土改过程并没有出现激烈的斗争场面。又加上农会干部也都是本分老实的农民，农会主席刘心德因为曾经在旧县衙里当过差，胆小怕事，就趁着晚上把分到的晋善明家的东西偷偷地还了回去。

尽管如此，那时泥河的土改仍然是比较严格的。据说，那时候村里的几户富农也都被扫地出门，财产被没收，土地被瓜分。每个人都吓得噤若寒蝉。不但地主富农害怕，就连当时的农会干部也都严格遵守革命纪律。当时大队里堆放着从地主、富农家里没收来的白菜，准备上交乡里，大家都饥饿难当，却不敢吃，因为大家都害怕支书郭全英，他是村里唯一的退伍革命军人，佩枪党员干部，脾气耿直火暴，说一不二。但是，郭全英的妻子李富荣却是本村长大的，从小跟随祖母为山里的庙宇收布施，积德行善，自己也养成了慈悲心肠，她就趁郭全英去乡里开会不在的时候，偷偷地招呼晚上加班的农会干部炖两棵白菜，让大家充饥。这个故事表明，革命的过程中尽管用革命纪律压倒了乡村社会的生存伦理，要求村民的一切行动服从集体领导和国家意志，按照集体利益乃至国家利益进行财产分配，然而斯科特所说的传统乡村社会的生存伦理（詹姆斯·C.斯科特，2001）依然通过亲属关系表现出来，成为解决村民生存问题的隐蔽资源。

三 时机与形势：土地改革过程中的传统伦理资源的瓦解与传承

总之，这些散落民间的土改前后的故事传说印证了一个道理，土改是一场翻天覆地的变化，共产党革命干部带来的是一种全新的革命伦理秩序，而原来的乡村社会秩序是建立在地方家族亲属网络基础上的生活伦理秩序（周飞舟，2015）。除非在革命形势的危急时刻，革命会以一种暴烈的方式颠覆传统乡村社会的生活秩序和社会关系，一般在不太紧急的相对和平时期，社会主义革命依然建立在乡村社会共同体的基础之上，传统的社会伦理依然通过原生纽带发生作用，和新生的革命政权结合在一起，缓冲了革命的激烈程度。传统社会并不是不存在阶级分化，也不是没有阶级剥削，但这个阶级关系是被传统亲属网络关系所笼罩的，而传统的亲属网络关系恰恰是遵循远近有别的差序格局的伦理秩序，相互之间尽管有竞争、有冲突，但是也有照顾、有情义，并且都受舆论和面子的压力（翟学伟，2011）。正是这个复杂的亲属关系网络缓冲了传统社会的阶级分化和阶级剥削，进而在革命时期也成为被动员的传统资源，缓冲了革命的激烈程度。

以往的土改研究要么集中在共产党用一套阶级话语替代乡村社会的伦理话语体系，动员贫下中农参加土改革命（黄宗智，2003：66～96），带来劳苦大众、贫下中农的翻身得解放（韩丁，1980）；要么侧重于共产党土改工作队的诉苦大会策略（李里峰，2007：97～107）和访贫问苦技术（方慧容，1997），带来农民苦难归因的翻转和国家意识形态的建立（郭于华、孙立平，2002）。这些研究为我们阐述清楚了，在20世纪四五十年代中国共产党领导的农村土地革命，是如何成功地创造出一套新的象征话语体系和斗争策略，取代和颠覆了传统乡村社会的象征体系和社会结构关系的，在揭示出革命成功的同时，也让我们看到了革命斗争的激烈程度（张鸣，2003）。这种激烈的革命斗争在淇县土地改革时期也有发生，并载入淇县党史（中共淇县县委党史研究室，1997：257～258）。这些记载给人一种印象：革命，给农村社会造成了巨大的破坏，导致农村社会的分裂和瓦解。我们不否认以往研究的科学严谨性，即通过具体历史档案和田野口述历史的耙梳，这些研究都有丰富而扎实的证据作为支撑。可是，同样我们不能否认的是，当我们进入田野，去访问那些参与土改的干部和遭遇剥夺家产的地主富农的后人时发现，他们在阐述那段历史时，也不完全是对立和冲突。相反，几十年过去了，他们对那段历史抱有一定程度的原谅之心，也对乡亲们给予的保护抱有一定的感激之情。也就是说，无论是执行土改政策的基层党员干部，还是被革命的地主富农家庭，他们都会尽量依靠传统乡村伦理和人情关系对上级政策给予缓冲，也会在运动风头过后，恢复和修补传统乡村伦理和人情关系。在革命到来时，干部一方面要遵循党的革命纪律和革命目标，去努力执行党的方针政策，但是作为家族亲属网络中的一员和村社共同体中的一员，他也要尊重亲属网络和村社体系的情义伦理，缓冲激烈的革命造成的冲击，力所能及地保护村民们的利益。正是由于他们身处乡村家族亲属网络关系之中，受到乡村家族亲属伦理的约束，建构了乡村居民的基本身份认同，从而缓和了新旧两个社会的阶级身份认同的冲突。革命只是改变了乡村社会的地位结构体系和象征话语体系，但是传统乡村的伦理体系和人情机制却没有被消除干净。只不过，旧社会的人依靠土地财富建立精英身份，新社会的人依靠革命斗争建立精英身份，这些精英身份给了他们社会地位、资源和权力，影响着他们的社会行为模式和人际关系网络。然而，不论是旧社会基于财产的阶级身份，还是新社会政治权力基础上的阶级身份，都受到作为乡村共同体家族亲属网络成员身份的调节，从而保证在激烈的革命中，乡村社会依然能够通过类似传统社会的人情照顾体系，保护那些受害人，维持基本的生存伦理体系。当然，这三者的关系在不同地区不同时期的相互作用方式并不一样，在革命形势严峻的时期，革命推进的方式就比较猛烈，对传统的两种身份破坏严重，甚至产生了乡村分裂和世代仇恨；而在革命形势比较稳定平和的时期，革命推进的方式也相对规范和制度化，留出社会空间给基层群众维护传统乡村伦理和人情机制，并借此缓冲激烈的革命。但是，这个家族亲属网络发挥的调节机制到了"大跃进""破四旧""文化大革命"时，能否继续维持下去，就更加不确定了。

第七章　集体化时期的泥河村（上）：
由高潮到灾难

一　泥河村参与合作化运动的分歧与摇摆

农会是根据《土地改革法》的规定，为了完成土改工作而成立的临时专项任务组织，土改结束后，泥河村的农会也就解散了，村庄事务重新归村政府全面管理。由于农会干部的选择标准是家庭贫穷，而不是工作能力，所以土改结束后组成的村领导核心党支部，并没有从农会成员中发展党员，而是从原来参加民兵游击队的积极分子中发展出第一批党员，包括李永元（1951 年）、刘瑞芬（1951 年）、郭合喜（1951 年）、贾致江（1953 年）等人。他们由老革命、老党员郭全英发展入党，在郭全英的领导下建立了泥河村首届党支部，郭全英任首任党支部书记。在党支部的领导下，还成立了泥河村政府，时任村长是郭文选，村委会成员包括刘瑞芬、贾致河、贾致江、郭合喜、郭仁和（小名大孬）、宋金河等人。1955年，郭全英被调到吴寨乡任副乡长，不再兼任泥河村支书。那时，李永元任村支书，刘瑞芬任副支书，村党支部成员包括刘瑞芬、贾致河（1958年入党）、贾致江等人。他们这批人是推行泥河合作化运动的主要力量。

据李香元、晋善信、郭合林等老人回忆，"从 1953 年起，泥河开始推行互助组、合作社，到 1955 年按照上级要求办高级社。成立互助组时期，也就是几家一组自愿结合起来，在春播和夏收时期，大家相互合作。那个时候，大家还是比较积极主动的。但是，成立高级社时所有牲口都合槽了，土地也都合了，村民们还是有意见的，但是基本上都能配合上边的要求。当时成立了一个高级社叫光芒庄，庄办公室在郭庄，后来迁到新庄，包括泥河、郭庄、崔庄、董桥、吴寨、迁民、七里堡、古烟村、新庄等村庄，都加入了同一个光芒庄高级合作社。庄上的领导从各村选拔，县上任命。新庄的段坤是光芒庄的庄长。光芒庄下面的各个村级组织叫生产联队。泥河联队的队长是李永元，联队会计是李祥云、副会计是郭永和。联队下面有三个生产合作社，每个社独立核算，有自己的公积金、公益金，也开始实行'五保'救助。新中国成立前郭庄两家大地主董家、何家有许多地分布在泥河村北，租赁给泥河人耕种，或者雇用泥河人耕种。在高级合作社时期，土地根据离各个村的远近重新划分，把泥河北边原来属于郭庄的地都划给泥河了。高级合作社时期，各家的牲畜和土地评价入账（相当于入股了），年底可以分红。光芒庄有权力调动各个村里的牲口，根据各个村的生产劳动需要统一调配牲口"。

据杜润生回忆，在推行建立高级合作社时期，江浙等地的一些农民对集体调配农业生产资料和牲畜感到不满意，出现了杀牛卖农具等过激行为（杜润生，2005：47）。但是泥河村显然是这次集体调配土地的获益者，所以泥河村民对于加入合作社，尤其是后来的高级合作社和人民公社，并无太大的反对意见。泥河村的老人说起这件事情时，基本上积极的态度大于消极的态度，因为整体上通过集体化，泥河的土地总量增加了，集体利益也就增加了。在整个集体化时期，泥河是周围几个村庄中土地最多、家庭生活最宽裕的村庄。泥河村老百姓对农村集体化时期的态度之所以和江浙地区的中农富农的反应有差异，可能正是因为泥河村在当时基本上是以贫下中农为主，很少有富农和地主。而贫下中农正是农村集体化时期的受益者，他们也是推动农村集体化的基本社会力量。这正是中国农村集体化道路和苏联在20世纪二三十年代推行的集体化道路的差异所在。中国基本上是通过和平方式依靠基层农村干部和贫下中农来完成合作化道路的，而苏联则是在军队的强制下通过消灭当时1000万富农而强制推行集体化道路的（莫里斯·迈斯纳，2005：135~136）。

当然，泥河村的老人们也有提起，当时人们对光芒庄任意调动各个村社的牲口、农具、劳力等现象还是不满的，尤其是当时光芒庄的干部在调配农业生产资料时，优先照顾本村的利益。郭合林回忆那段往事时就调侃道："那时候光芒庄办公的地方设在新庄，新庄的段某任庄长，他就让其他村的牲口、大车等农具在农忙时优先用于他们村。"因为在高级合作社时期，还没有实现政社合一，而是合作社和乡政府分工负责。合作社负责组织生产，乡政府负责行政工作。李香元回忆说："那时候仍然有吴寨乡，乡组织和高级农庄同时存在，乡里负责结婚登记、治安等行政事务，而庄上负责农业生产、收公粮等经济活动。"由此表明，那时候吴寨乡和高级合作社（设在新庄的光芒庄）是同时存在的，各自分担一部分工作，乡政府负责日常行政事务，而农业合作社则全面负责农业生产。这个时候，高级合作社虽然也开始对各个村庄的土地和牲畜等农业生产资料进行统一调配，但是各个村仍然是一个独立的生产联队，下面的合作社也仍然是一个独立的生产经营核算单位。从泥河村民关于从互助组到高级合作社的转变过程的评价来看，大家对于集体化道路的意见主要集中在社领导的态度上，而不是反对集体化道路本身。

虽然泥河村因为得益于合作化过程的土地重新分配，对合作化道路并无太多的反对意见，但是不能否认其他地方没有问题。据时任中央农村工作部秘书长杜润生回忆："1955 年，许多地方陆续发生新建社垮台散伙、社员退社，以及大批出卖牲畜、杀羊、砍树的现象。"（杜润生，2005：46～47）不管是其他地区的中农杀牛抗争问题，还是泥河村民抱怨社领导的偏心问题，其实都反映了当时农民道德修养的狭隘性。基本停留在维护家庭和村社等小集体利益层次，还没有上升到关心大集体和国家利益层面，这是农民的自私本性。但是要不要改造农民的自私本性，把其心态提升到大集体乃至国家利益层面，这是态度和策略问题，而不是客观规律问题。关于人们的思想意识和生产力之间的关系，并不存在所谓的客观规律。基于农民自然本质属性进化论的社会发展观，就像自由主义理论用自然状态来论证自由放任社会原理一样是反历史、反辩证法的。今天，我们回顾 20 世纪 50 年代开展的合作化运动时，并不能站在局外人的角度，从一种看似客观的历史全局来评判那场伟大的社会改造运动，而是应该从各个地方的具体实践操作模式，来反思当时这场农村社会改造运动的策略和方式的得与失，从而为发展一种真正基于人性的进步和主导生产力发展的社会组织模式而奠定坚实的基础。

二　修建泥河护庄堤——通过国家动员进行农村公共事业建设

实际上，集体化时期之后的农村，通过行政力量动员，确实干成了许多小农经济不能干成的大事，比如平整土地、开垦荒地、兴修水利等。这些问题不是说依靠农村社区自身的合作关系就不能办成，而是说通过合作治理乡村公共事务的规则需要在相对稳定的社会环境下经过漫长的社会博弈过程慢慢形成（埃莉诺·奥斯特罗姆，2012）。然而，社会主义中国农村的合作化实践则是通过一种自上而下的组织动员，完成了村庄集体公共设施和农田水利的建设。这不同于自愿基础上的合作自治模式。面对新中国集体化时期取得的村庄基础设施和农田基本建设的巨大成就，西方研究认为这是通过建立和高层领导的庇护关系，获得上级政策优待而树立的典型，不具有制度化推广的可能性（弗里曼、毕克威、塞尔登，2002）。本书的案例表明，对于泥河这样一个非典型华北村庄，合作化时期取得的村庄基础设施建设成就，是政策引导和乡村合作的双重力量的结果。这部分资料，一方面，试图反驳弗里曼等人提出的中国农村集体成就主要是靠上级政府的优待政策扶持取得的；另一方面想说明，阿克谢洛德（Axelrod，1984）、奥斯特罗姆发现的靠长期稳定的社会博弈进化而来的合作规则也可以通过动员产生。

中国历史上自古就存在着许多治水的传说，这里面既有民间合作治水的传统，比如杜赞奇指出的华北地区历史上就存在的各种民间治水的水会（杜赞奇，2010），也包括魏特夫所说的依靠官僚管理的水利系统（卡尔·魏特夫，1989）。但是把国家动员和集体合作结合起来，完成公共水利建设应该是新中国成立后的共产党治理基层社会的新举措。泥河村在刚刚加入高级合作社不久，就出现了通过政治动员的集体劳动完成的一项防治水患的集体工程——修建护庄大堤。1956 年夏秋之际，泥河经历了一场暴雨袭击，当时许多庄稼都泡在水里，造成严重的农业生产和农民生活的灾害。前述，泥河位于思德河（古代的思德支渠）拐向东南流向的河湾北侧，河流的冲击力导致河岸北侧决堤发水，又加上泥河自古就是老思德河的故道，周围有许多坑塘和路沟，成为天然的泄洪地带，所以，泥河向来就容易遭受思德河的水患。

1956 年的那场大水，导致许多村民家里进水，财产损失严重。据当时的村支书李永元回忆："涨水之后，大水流进了许多家庭的屋里，许多家具都漂起来了，地里水涨得有一人多高，那时候玉米都秀天箭了，但是水大得玉米地里仅仅露出天箭。"

大水过后，在汤阴县水利局（当时淇县合并归为汤阴县）工作的葛江海告诉他，水利局有专项资金修建水利工程，可以通过政府报上去。李永元就向当时的驻村干部石河岸村的老申汇报，希望乡里能够给县上水利局打个报告，说明泥河的受灾情况，扶持泥河修个护庄堤，防止水患再发。吴寨乡的副乡长郭全英正好也是泥河人，听到老申的汇报，就积极和汤阴县水利局的葛江海联系，争取县水利局的专项资助，帮助村里修建护庄堤。后来经过葛江海做工作，县水利局批准了这个项目，县里资助粮食，由乡里动员周围几个村庄的劳力进行大会战，帮助泥河修护庄堤。

1957年一过阴历年，县水利局就开始组织测量、画线清场，到了开春阴历三月如期动工。开工伊始，全村男女老少齐上阵，周边的董桥、郭庄、古烟、崔庄、思德、杨吴、贯子、石佛寺等村民，也在上级政府的组织动员下，各派60名棒劳力前来支援参加会战。到阴历五月初，历时近两个月，护庄堤顺利完工，验收质量合格，还受到上级嘉奖表彰。参加会战的村民回忆："对修筑护庄堤的标准尺度及质量、上级派来的施工技术人员都有明确的要求，根据村周围地势自西向东依次降低，高度由2.5米向2米过渡，底部宽16米，顶部宽3米。筑堤时，每堆一层土，就用石磙碾一层，加上夯砸，直至土层结实。"筑堤成功后，为防止堤土自然风化，按照一定距离栽上柳树桩加固大堤，并在村东头路口出口处修建了出水涵洞，用石条、石方砌了桥帮和桥面。老人们还说："当时工期本来预计三个月，估计会赶上夏收。为了不影响夏收，赶时间进度，对于前来参加大会战的各村，上级统一供应粮油蔬菜，统一用餐，一齐上工。有时为了赶工，就用煤油吊灯挑灯夜战，推迟开饭，直到完成土方任务才吃饭。经过大家的昼夜奋战，最后提前一个月完成了护庄堤的修筑任务。"

护庄堤修好后，成为泥河村的一道风景，不但可以防水患，而且成为类似保护村庄安全的寨墙，但是又比一般的寨墙宽，当年村里的民兵就在大堤上值班巡逻，小学生则在晨练时沿着大堤转圈跑步。作为村庄的防护安全大堤，护庄堤受到了村集体组织和村民的珍视，长期以来村里都对大堤修养维护，在上面植树，防止有人挖土破坏。经过若干年的养护，大堤上长满了野花和酸枣树，成为孩子们戏耍的好去处，春天到堤坡上抓蚂蚱、摘野花，夏天爬到大堤树上乘凉，秋天到堤上摘酸枣，冬天躺在堤坡向阳处晒太阳。可惜，随着经济发展和人口增加，到了20世纪80年代，农村宅基地扩张，慢慢就把护庄堤挖掉盖房子了。

除了通过集体力量修建村庄护庄堤，后来 1958 年"大跃进"时期，村集体还设立了一个育婴室、一个养老院，按照人民公社的决议精神，实行集体化社会服务。而且，"大跃进"时期（具体在 1959 年），公社干部秦明生带领社员通过集体劳动，开垦泥河村的北大荒茅草地，增加了 500 多亩土地，全部种上高产作物红薯，主要目的就是提高农业产量，让大家有饭吃。这些实验都是村民们所认可的，也都是人民公社时期的积极成果。对于那时候到村北和杨吴村交界的北大荒茅草地进行开荒大会战的情景，事隔几十年后村民们谈起来仍然记忆犹新。贾宝海回忆说："那时候扛着红旗到北大荒茅草地，到处红旗招展，干劲热火朝天。中间休息的时候，就有村里学校师生组织的文艺宣传队，进行多种形式的演出，给大家鼓舞干劲。"郭良和则谈道："听我妈在世时说，俺五姥爷李忠秀是个民间艺人，数来宝张口就来。大会战期间编了个顺口溜给大家解闷，'可恨茅草要欺天，把俺群众下眼观，集体开了动员会，一叉一叉把你端'。"

修建护庄堤以及其他农田基础设施、建设集体福利设施等事情说明，依靠行政力量动员村庄联合起来进行农村公共工程建设，尽管存在政府部门提供政策信息的便利条件，但是工程建设主要是根据自然条件和村民需要决定的，而不完全靠和上级部门的特殊庇护关系网络获得。或许当时一些典型的合作社，比如河北饶阳县五公村的耿长锁合作社、遵化县的王国藩合作社、山西阳朔地区大寨的陈永贵合作社等确实存在为树典型而给予特殊扶持的情况，但是不能因此就说整个 50 年代的合作化道路中取得的公共建设成就都是领导特殊照顾的结果。实际上当时依靠行政动员，各个村庄联合起来进行农田设施和水利建设，是集体化时期的普遍做法，不能因为存在几个典型村庄，就否定集体化时期广大乡村通过集体合作取得的巨大成绩。

同样，也不能因为人民群众当时为集体付出了巨大代价就推断社会主义是东方专制主义的延续，从而否定社会主义农业集体化道路。魏特夫所说的东方治水传统导致的专制主义政治文化和制度（卡尔·魏特夫，1989），本身带有极强的冷战时期意识形态辩论的特征，缺乏深入扎实的实证资料支撑。比如，魏特夫说中国传统帝国时代，横征暴敛、苛捐杂税令农民不堪重负，但是前边我们引用的李怀印关于晚清社区治理的研究资料证明，整个清帝国的田赋只有 2% ~ 4%，相对于同期的欧洲国家，是较低的税负（李怀印，2008：308）。我们并不否定行政动员的强制因素，这是所有行政组织的基本逻辑，没有强制纪律，就没有组织化的集体行动。但是，从强制性组织纪律中是否可以推出专制主义政治制度，则是一个值得商榷的命题。这取决于集体组织的规模，以及行政控制的层级。当组织规模大到一定程度时，官僚体系的管理幅度和管理层级必然导致组织内部各种反专制的人际关系网络的构建（菲利浦·塞尔兹尼克，2014）。事实证明，不管是古代中国帝制时代，还是集体化时期，庞大的地理范围和组织规模，都使得中国基层社会单位，不可能采取专制主义的治理方式，而更多的是采取相对独立而又各具特色的分权治理模式。这种地方分权的自治模式，虽然不是理想的民主自治，但是它有助于调动地方群众的积极性。具体来说，集体化道路下的村社治理带有一定程度的传统社会人情庇护网络或者粗暴的家长式作风（陈佩华、赵文词、安戈，1996）。实际上，正如下文将要看到的，经过历史长河的大浪淘沙，泥河老百姓回忆起来那段历史，不满的正是村社领导的不公平分配现象和简单粗暴的作风，而不是农业集体化道路。这个问题正是集体化时期需要通过民主化方式来解决的现实问题。

三　"大跃进"时期的惨痛经历

人民公社成立以后，泥河村被划归高村人民公社。由高级合作社"大跃进"到人民公社，当时被吹嘘为跑步进入共产主义，实现楼上楼下、电灯电话等人间天堂般的美好生活。然而，泥河村民对人民公社"大跃进"的记忆确实如现有的研究所揭示的那样，更多的是一场灾难，而不是幸福生活。对于村民来说，记忆最深刻的变化就是各家各户都没有自己的锅灶了，都要到集体的食堂打饭吃。这个变化比合作社的冲击更为严重，合作社只是冲击了小农经济模式，但是仍然保留家庭生活形态。但是人民公社模式直接冲击了中国两千多年来的家庭生活形态，许多人回忆起来仍然是情感复杂而深刻。

李香元回忆道："1958 年底成立食堂，到 1962 年 2 月（春天）解散食堂，1959、1960、1961 年，吃了三年食堂。第一年，老百姓都能吃饱。1959 年年底就吃完了仓库的粮食。全村最初根据合作社时期的合作单位，分为三个生产队：一队队长郭宝贵、二队队长杨明义、三队队长葛铭德。同时每个生产队都成立了自己的大食堂，一队食堂在郭文采家里，二队食堂在贾勤德家里，三队食堂在葛江彬家里。第一食堂主要在村东头，就是后来的一队、二队两个生产队合在一起的规模；第二食堂在村西北头，就是后来三队、四队两个生产队合在一起的规模；第三食堂在村西南头，就是后来的五队、六队两个生产队合在一起的规模。每个食堂都选派出记账的、做饭的、打饭的等，村民们都到食堂去打饭吃。第一年，因为大家把自己家的粮食都集中起来，所以还能吃饱饭。第二年，三个食堂合并成全村一个食堂，而且因为没有了积蓄，集体的粮食又因'浮夸风'被征走了，食堂就开始吃得差了，每顿都是清汤寡水的，大家都饿得不得了。当时饿得实在不行了，就到处翻麦秸垛，找下面的麦粒吃。另外用玉米裤沤制所谓的淀粉，掺些白干土，做成饼干充饥。人们吃了以后都不消化，肚子胀得圆圆的，浑身浮肿。"

因为粮食不够吃，所以食堂管理就更加严格了，主要由当时的大队支书根据各个家庭的劳动贡献和劳动表现来决定谁家吃多少，发现谁家偷吃大队的粮食，就严格惩罚。有一段时间，为了加强食堂管理，杜绝浪费贪污，公社还下派两个事务长到泥河食堂协助管理，一个是闫振安，另一个是张国荣。他们两个都是民办教师，有文化，希望能够帮助村里提高食堂管理水平。但是，实际上不管是食堂炊事员，还是事务长，在人人都饥饿难耐的情况下，首先考虑的是自己如何填饱肚子。所以，当时老百姓编了顺口溜讽刺他们："一天多（吃）一钱，饿不死炊事员；一天多（吃）一两，饿不死事务长。"

上级的"浮夸风"和瞎指挥导致农业生产出现危机，再加上新上台的乡村干部的投机迎合上级的冒进政策，导致那时候泥河村也出现了饿死、屈死现象，人口不增反减。李香元回忆说："公社搞一平二调、瞎指挥，把大队的东西随便拉走也不打条，也不归还，大家丧失了劳动积极性。地里收成不好，牲口都饿死了。粮食不够吃，老百姓开始剥树皮吃。既不是公粮交多了，也不是什么天灾，就是领导得不好，收成不好。几十个人都出去大办钢铁了，村里的人一半以上都有浮肿病，妇女都子宫萎缩，不生孩子，那几年是全村人口最少的时期。"

关于三年困难时期的历史原因已经有许多讨论，有人从体制结构方面解释了当年发生饥荒的原因，当时虽然采取放权发展的思路，但是因为中央政府掌握着各个省市的人事权、信息系统和各类资源，这就导致各级地方干部为了中央的超赶战略，采取锦标赛的竞争模式，竞相"放卫星"（周飞舟，2009）。而等到发现灾情之后，虽然各个省市在自己掌握的有限资源范围内（指对农村的返销粮）采取了救济措施，但是因为锦标赛体制的限制，各个省市都不敢上报灾情，也不敢减少外销粮食，怕泄露灾情，影响自己的政绩。再加上行政系统的信息系统运行成本高昂，难以提供有效信息，致使灾情日益严重（周飞舟，2003）。

除了体制性原因，泥河的案例则表明，基层干部在政治锦标赛中的地位和策略是导致灾情严重程度的关键因素。实际上，"大跃进"时期泥河村发生饥荒现象的直接原因是当时的新任支书为了抓住政治机遇，投机取巧，草菅人命。或者说是基层领导人政治上的"左"倾投机主义代替了乡村社会的人情保护机制，导致乡村社会在饥荒发生时地方保护机制失效，进而加重了自然灾害，使之成为一场社会灾难（卢辉临，2008）。

前述，泥河当时有两座庙，一座是村东头的菩萨庙，另一座是村西头的关爷庙。据说，村西头的关爷庙门前有两棵大杨树，几个人围起来都搂不住，而村东头的菩萨庙里面也有好多清朝时期的柏树。新中国成立前这两座庙都曾经为本村破落村民提供过临时庇护。东头菩萨庙里曾经住着郭文臣一家；西头的关爷庙里曾经住过两家穷困人家，一家是李春城家，另一家是李发元家。但是，在"破四旧"时，两座庙都被拆掉了。不但庙被拆了，泥河郭家祖坟也遭破坏。本来在村南头的郭庄附近的地里，因为历史上郭家比较兴旺发达，所以祖坟规模也相当庞大，但是在1958年平坟运动时，郭庄大队就擅自把郭家老坟给平掉，而且把当时坟上的石碑都拉去搭建思德河上的大桥。幸亏当时郭全英是乡里的干部，郭宝全（人称二爷）就告诉他："六姐（郭全英的乳名），咱们郭家老祖的石碑都让郭庄拉走铺路架桥给人当垫脚石了，你不能去要回来几块，给后人保留几块？"郭全英就去郭庄协商，这才要回来几通老祖碑。碑上记载着郭氏祖先最早迁往泥河的过程以及郭氏先人的功名，为后来郭氏家谱续写和村史编写留下了宝贵的资料。

关键的问题是1957年的整风运动和1958年的家庭改造运动等，被一些农村基层干部利用，成为他们整人、进行政治投机的机会。本来在1955

年，乡村社会迈向集体化过程的时候，农村仍然保留着甚至复兴了乡村社会的传统文化。那时候泥河村支书李永元就带头在村里成立了一个大平调剧团。大平调是豫北地区非常流行的一种地方剧种，泥河村原本就有唱戏和踩高跷的历史传统。新中国成立前就曾经在郭庭华（郭宝新之父）和郭老珂（大名郭宝善，郭华岭之父，郭林东之曾祖父）的组织下，在泥河村成立了一个大平调窝班，聘请县里同乐班名角教村里的戏剧爱好者唱戏。从 1956 年到 1957 年的前半年，农村集体化运动还处在相对开放的政治气候时期，李永元作为村支书就在村里组织大平调剧团，复兴本村的传统文化。但是，随着 1957 年底整风运动的到来，李永元的这个举措就成为恢复封建糟粕的典型，被本村一个激进的退伍军人借着整风运动整下台。据李永元的弟弟李香元回忆说："李永元当支书时好玩，喜欢唱老戏，弄了一个大平调剧团，还募集资金，办了几戏箱蟒袍，在村里唱老戏。后来，他在外边领着修水库时，被别人举报是恢复'四旧'，乡里就把李永元的支书给撤了，换了那个举报的人①当支书。"新换的支书原来也是革命伤残军人，而且他们家是外来户，原来在村里家户小，地位低，其父亲就主动和村中其他李家认祖归根，希望找到依靠。但是他本人退伍回到村里以后，就想借着 1957 年底的整风运动整倒李永元，自己往上爬。

因为李永元是村中李氏家族的掌门，又和新中国成立初期的老支书郭全英家是姻亲。郭家和李家两家联合起来，当时在村里的地位是比较牢固的。所以，新支书上台之后，想确立自己在村庄的地位就要进一步打倒李永元，树立自己的威信。1958 年的人民公社运动再次给新任支书提供了政治机会，他借助自己的革命残疾军人身份，进一步通过不正当手段陷害李永元，确立自己在村庄的领导地位。李永元被撤掉党支部书记后，仍然是大队干部，和新支书一起共事。为了进一步打击李永元的势力，新支书就设套整治李永元。据李香元回忆说："他们晚上值班时，新支书告诉李永元他饿了，鼓捣李永元爬进当时葛江楼家的大队供销合作社去给他拿东西吃。结果，他把李永元推上墙爬进去之后，就喊来民兵，诬告李永元偷窃合作社的商品。这样，李永元被抓到迁民乡去集训学习，回来后被开除党籍，彻底清理出大队干部队伍。"

---

① 此处为了忌讳逝去的人物，略去具体人名。

当然，那时候也有个别人敢于顶撞新支书。李富荣是李家的长女，又是老支书郭全英的爱人，所以全村唯有她不怕这个新任支书，敢于和他对骂。李富荣曾经说道："'大跃进'时期吃不饱饭，那时候郭全英在外面领导大办钢铁，我们家小孩多，劳力少，吃饭的时候，他（当时的新支书）就在大队食堂门口看着，不让孩子们打饭吃。我不怕他，我就拉着'大狗'、'二狗'两个孩子去食堂骂他。他看我气哄哄地来了，就躲一边去了。那时候'二狗'还小，整天吃不饱饭，就到大队食堂的泔水桶里捞剩饭渣吃。大队食堂做饭的是村东头郭家的闺女、六林他妈，她看小孩儿怪乖的，就偷偷给'二狗'剩馍吃。有时候食堂改善伙食炸油条，就偷给他一根。"

所以，我们发现"大跃进"时期泥河发生的饥荒，既有冒进主义经济路线的原因，也有政治锦标赛体制的原因，但是直接原因是当时新任支书的投机行为，泥河村在饥荒来临时失去了最基本的人情保障机制，结果导致老百姓的生活雪上加霜。

四　运动式治理的悖论：地方的投机行为

"大跃进"运动是20世纪中国最激进的社会实验，它以激进的革命手段推行一种理想的集体生活，尽管激发了人们对幸福生活的畅想，并激发出集体建设的热情，但是最终却成为一场灾难，造成对乡村伦理和人情机制的严重破坏。

究竟是什么原因使得美好的愿望成为一场严重的社会灾难呢？1958年12月中国共产党八届六中全会通过的《关于人民公社若干问题的决议》（以下简称《决议》）中，明确规定人民公社实行民主集中制，无论是在生产管理、收入分配方面，还是在社员福利方面，以及一切其他工作方面，都必须贯彻执行这个原则。《决议》也要求基层党组织保持党的优良作风，首先是群众路线的作风和实事求是的作风。但恰恰在当时的基层社会管理中只有集中、没有民主，只有"浮夸风"、没有实事求是。尤其是在"大跃进"运动中，由于推行"大跃进"运动的手段是自上而下的动员方式，村中机会主义分子可以借机得势，排除异己。更具有灾难性的是，"大跃进"运动之前的整风运动，已经破坏了乡村社会的传统文化和人情机制，树立了新的缺乏人情味的专制粗暴型基层权威，所以就容易导致投机分子肆无忌惮地残酷对待群众。泥河当时的新任支书正是通过整风运动扳倒了旧支书上台的，理由是"破除四旧"。而他上台后，更多的是依靠民兵武装力量来整肃村民，而不是发展村庄民主管理，没有形成所谓的生动活泼的工作局面，而是人人自危的局面。当时，泥河新任支书的所作所为不完全是他的个人修养问题，而是他所处的那个时代推行的自上而下的运动式治理导致的。

第八章　集体化时期的泥河村（下）：由狂热到平稳

一　"文化大革命"时期泥河村的政权更替

"大跃进"运动之后，公社让郭全英回到泥河村接任村支书，同时贾致河任副支书兼大队长。另外，村干部还包括贾致江、刘瑞芬等人。因为刚经历了"大跃进"之后的整顿，所以在"四清"运动中，泥河村的村干部并没有发现有什么问题，基本上平稳度过了"四清"运动。据李香元回忆："最初郝坤臣是泥河'四清'工作组组长，李明德是副组长。干部和群众背对背，干部主动交代、群众揭发。因为泥河比较穷，没有什么大问题，干部也没有因此受整的。搞了一冬天的'四清'运动，运动一结束，工作组就走了。"

又加上那个时候郭全英刚回到村里接任村支书，自觉地配合工作组主动检讨，躲过了比较激烈的群众斗争。贾保海回忆道："开展'四清'运动时，工作组开完动员会，郭全英就主动找群众坦白承认错误，认为自己认干亲戚、续家谱都是封建迷信思想，那时候也没有斗他。他是比较自觉，主动找群众检讨。"虽然在泥河的"四清"运动中没有查出什么问题，但是工作组认为泥河村干部比较弱，1965年公社派李文希当村支书，协助郭全英工作。

然而，山雨欲来风满楼，面对政治运动裹挟的力量，那时村里的老干部已经不能主宰自己的命运，"文化大革命"时期，以郭全英、贾致河、刘瑞芬为首的这批村干部就成为红卫兵揭发批判泥河村执行刘、邓路线的资产阶级当权派了。1966年冬天，泥河村的造反派发起了夺权运动，据李香元回忆："'文化大革命'刚开始时，泥河村一批年轻人也在县里面红卫兵司令部的发动下，成为泥河的红卫兵革命小将，属于比较温和地进行文化领域宣传的红卫兵。李香元、李潮元、贾春海、刘学礼等人都属于

'二七派'成员。但是后来劳改释放回来的'大跃进'时期的村支书又召集村里一批不得势的人组建了夺权造反派，号称'八五派'。他们发动了村里的夺权运动，把四个大队干部集中到大队部二十多天，进行查账批斗。"

最初批斗的目标是支书郭全英，他被当成奉行刘、邓路线的资产阶级当权派的黑权威。造反派召开批斗大会，编出了具有煽动性的"革命口号"——"郭全英是刘邓，专门害群众"。因为郭全英在革命战争年代负伤，右手被打掉一个半手指头，剩下了八个半指头，所以他们给他起了一个侮辱性诨号"八半"。但是，面对造反派的夺权斗争，农村社区的家族亲属网络再次发挥了保护作用。知道第二天造反派要开批斗大会斗郭全英，郭全英的妻子李富荣作为本村李氏家族的长女，就来到娘家找了本家的侄子李树新，告诉他："第二天村里造反派要批斗你姑父全英，看大家怎么帮忙保护一下他。"李树新是新中国成立前红枪会的成员，能说会道且身强力壮，就告诉姑姑李富荣，自己会跟李家亲属说说，到时候看情况，保护姑父。

第二天批斗大会上，造反派把郭全英押上了大会主席台，喊口号进行批斗，有几位趁机表现的"革命小将"就开始上台动手推搡郭全英。这时，台下的李树新就站起来质问台上的"小将"们，"你们为什么要武斗？你们这是违背了毛主席指示，我们也要造反"。说着就招呼李家的亲属拿起扁担锄头冲向主席台，要批斗台上的造反派。那些人一看情势不妙，就仓皇撤退了。从此，再也没人敢斗郭全英了。郭全英没有斗成，造反派就转移了斗争目标，贾致河、刘瑞芬、贾致江等村干部就成了主要批斗对象。李香元说："他/她们被造反派推搡、关押和打骂。造反派夺权后，大队干部基本上就靠边站了，村里没有了合法政权，那时候的村级政权就等于瘫痪了。"

泥河村被造反派夺权两年之后，1968年冬天进入了清理整顿阶段。据李香元回忆："当时提出要搞大批判、清理阶级队伍、整党，三项工作一起抓。整个工作都是围绕'一打三反'指示开展，把夺权的造反派头头抓起来，重新批斗。泥河的造反派头头成了大家批斗的对象，被拉到街上游街，受过他糟蹋和羞辱的妇女用经血布条捽打他，跟他有仇的村民都打他。"村民们借着革命形势的转换参与到运动当中，对曾经压制欺负他们的造反派进行批斗和复仇。

清理阶级队伍之后，泥河村重新成立了群众代表、老干部、民兵代表"三结合"的革命委员会，贾致河是革命委员会主任，郭全英、刘瑞芬、秦玉喜是副主任，李香元、贾春海、郭贵和、晋善文、郭文花是委员，总共九个成员。这意味着被造反派拉下马的老干部重新掌权，贾致河、郭全英、刘瑞芬都是"文化大革命"前泥河村的老干部。"三结合"的村革命委员会建立不久，1969年又发动了整党建党工作，试图通过整党建党，把党组织恢复起来，从而使各项生产、生活进一步稳定发展。据李香元回忆："根据上级指示，开门整党，最初是公社负责政党工作，当时的公社书记是赵启星，工作不深入，走过场，老百姓都叫他'赵稀松'。后来县上派来整党工作组，取代了公社领导。这帮人都是文武双全，而且职务级别高，是很厉害的一帮人。张学词是整党工作组组长，冯云溪是副组长，赵文昌、王再民、周广修、马清江等都是工作员。张学词是老革命，又是老财政局长，敢于当面骂公社书记，质问他'你们公社弄了一年，弄出个啥名堂呢？'。县里来的工作组完全取代了公社干部，全面负责村里的整党工作。当时的工作组成员直接深入到群众家里，调查研究，单独开展工作。公社管不了工作组，就到县上告状，县上把工作组组长张学词给劝说走了，冯云溪接替了张学词当工作组组长。冯云溪是一个比较随和的老好人，他留下来，公社领导就比较容易插手泥河村的干部调整工作。从整党、建立党支部，冯云溪都是工作员，住了三四年，一直到1974年才走。但是泥河并没有整出什么大问题，主要是界限不清等小问题。"

从1969年到1971年的整党建党工作，使泥河村的党组织发展壮大，而且发生了新的权力转移。当时泥河发展了一批新党员，包括晋善文、李香元、李潮元、郭贵和、葛江银等人，他们都是这次党建运动中新入党的党员。而且，通过整党，村里重新改组了党支部，增加了新的委员，并选择普通群众出身的老实本分的晋善文当支书，秦玉喜、贾致河、郭贵和三人当副支书，李香元、李潮元、葛江银是支部委员，建立了新的七人党支部委员会。两个年纪大些的老党员郭全英、刘瑞芬退出了支部，郭全英担任村治安委员会主任，刘瑞芬担任妇女委员会主任。

这次村领导班子调整，既是一次新老干部交替，也是村干部之间微妙的权力竞争。郭全英和刘瑞芬两个老干部退出领导班子，一方面是形势所需，另一方面恰是公社干部对村干部加强控制的结果。实际上就革命资历而言，郭全英是全村资格最老的革命干部，为人也正直，但是郭全英脾气暴烈，不太服从公社干部的命令和指挥，而且太注重乡里乡亲、人情世故，这就成了他所谓的界限不清的证据。比如，"四清"运动和"文化大革命"时期批判郭全英的主要罪状有两条：一条是郭氏家族几个老人要续家谱，就找到当时的支书郭全英寻求支持，郭全英就答应了，给他们提供支持，结果这就成了一条罪状；另一条是郭全英喜欢结交朋友，不管是在小店河期间，还是回到泥河村，他都结交了一些把兄弟，认了几个干亲戚，运动到来时这也成了他界限不清的证据。其实把郭全英剔除出村领导班子，主要是公社领导借这些理由来排斥那些不怎么听话的村级领导成员。然而，公社领导对村干部的控制在"文化大革命"期间要考虑群众基础，还不能做到随心所欲。选择晋善文做支书，一方面，是因为晋善文比较老实、耿直，出身好，兢兢业业；另一方面，是他和老支书郭全英比较对脾气，能够获得郭全英的认可和支持。除此之外，郭全英还发展了自己本家侄子郭贵和，以及妻弟李香元、李潮元为党员，进入了村党支部。虽然从客观上看郭全英的做法有亲属关系的影响因素，但是亲属关系的影响作用是一种宗派主义，还是形成对行政专制力量的制约基础，不能一概而论，还要看具体历史条件下的具体影响机制。在整个革命和社会主义改造时期，郭全英都是靠他的把兄弟和亲属网络来推行革命路线的，这也是整个共产党早期革命的社会基础（裴宜理，2007）。但是他的做法自然会引发其他村庄派系力量的不满，尤其是那些独门小户和缺乏政治机会的年轻人，也都在伺机发动政治斗争。所以，乡村政治斗争总是借助于高层提供的政治机会发动起来的，而乡村政治的基础则在于传统社会资源和文化资源的动员。然而，乡村社会资源和文化资源动员起来的派系政治给乡村社会带来的影响，又取决于政治动员和乡村传统资源之间的平衡关系。"大跃进"时期和"文化大革命"初期的泥河村激进主义投机分子和造反分子，上台之后表现出的恰恰是专横和霸道。而在解放战争时期和政治平稳时期，通过乡村传统资源培育的乡村干部网络则能够提供乡村社会治理的稳定秩序。所以，泥河村的案例启示我们，文化激进主义对泥河村干部的影响不是产生了基层民主，而是引发了政治投机和派系斗争；相对保守的传统文化网络资源则构成了农村社会革命和建设的基础。

二　阶级话语的挪用和滥用：狂热政治运动对 农村社区的撕裂和破坏

如果说 1958 年的"大跃进"运动已经呈现出运动式治理的恶果，让人看到了基层派系斗争的残酷性，那么"文化大革命"更是一种狂热的阶级话语的挪用和滥用。人们发现，基层社区里的政治运动会被地方利用作为基层政治斗争的机会和话语资源。

比如泥河村的"文化大革命"斗争史就存在双重置换。1966 年"文化大革命"开始后，首先在河南省的号召下村里也成立了"二七派"红卫兵，村里成立"文革派"的造反派并不是人民群众，而是劳改释放回村的下台干部以及下放、返乡劳动的原工厂工人等机会主义者。他们带领一些年轻人造反夺权，目的是趁机上台。实际上那时候的村干部郭全英、贾致河、刘瑞芬、贾致江等人根本不懂什么资本主义、修正主义，他们最多也就是在执行上级指示的过程中利用和强化了自己的亲属网络和人情机制。新上台的政治机会主义者利用激进的政策，在村里进行拉帮结派和打击报复，比保守主义的亲属网络产生了更严重的恶果。所以到 1968 年冬天清理阶级队伍时，这批投机主义分子又遭到了工作组和村民们的反击，被拉到街上游街并遭到辱骂。到 1969 年整党建党运动时，公社干部排挤走县里来的耿直的工作组组长张学词，就是为了能够插手村里的领导班子配备，清理出去平时就不太听从公社领导意见却有着村庄社会基础的老干部郭全英。每次政治运动发起的目标都是好的，但都被政治投机分子所置换，进而导致乡村社会关系网络的撕裂。政治运动在当时并没有导致基层社区民主治理模式的发生，而是导致比较严重的派系分化和报复行动。

不仅如此，激进的政治运动不但导致基层政治投机活动和派系斗争，而且把阶级斗争的话语资源延伸到高阶级成分的后代子女身上，导致一种支配效应。本来新中国成立后通过土改运动已经在农村客观上消灭了阶级差异，但是"文化大革命"再一次把阶级话语作为身份区分的标签突出强调（黄宗智，2003：66~96）。曾经被划作"地、富、反、坏、右"等劣等阶级的人员及其子女就成为历次运动中批斗的对象。当然，具体哪个"五类分子"受批斗，仍然要受到个体在乡村社会建构的生存策略的影响。

据李香元回忆："泥河的四户富农和一户地主，其实他们的家属子女许多都已经被摘'帽'了。留下来没有摘'帽'的，只有晋善明的妻子和郭美玉的妻子以及郭家的女婿张洪友，她/他们三个人对阶级划分不满意，不服从改造，所以每次运动一来，就受批斗。"所谓摘"帽"，就是经过改造，公安局考察认定这个人已经改造好了，取消其受管制的阶级身份，恢复其普通社员群众的身份，使其可以正常劳动生活。比如，原来是富农子弟的晋善信一直是县教育局主管的公办老师，在各村任教，在村里也有较好的人缘。其他几户富农，比如郭宝全等也都在村里正常劳动生活，并有较好的口碑。在"文化大革命"的高潮期，地主富农的后代遭受严重的斗争和压力。比如在"文化大革命"初期，造反派斗争夺权时，泥河就有人趁机把大地主白子丰的儿媳妇杨贵茹老师拉出来批斗，以显示自己的积极进步倾向。而到了1968年清理阶级队伍时，新上台的革命干部在批斗"文化大革命"初期混进革命队伍的造反派时，又把那些"戴帽"的富农、反革命分子拉出来陪着一起挨批斗。此时，泥河村受到牵连的除了原来的"戴帽"分子之外，还有新挖出来的郭新安、郭文照、郭文秀、葛铭金等所谓的隐藏的阶级敌人。最为悲惨的是白炳南，他原本作为大地主白子丰的儿子已经在新中国成立前投奔了解放军，而且又受过师范教育，新中国成立后一直在公办学校教书，本本分分。但是，清理阶级队伍时，他被查出新中国成立前曾经当过国民党"三青团"的团员，就被集中到县城教育局进行批判审查。残酷的斗争局面让白炳南产生了畏惧心理，他就跳井自杀了。郭新安是新中国成立前日伪统治时期的老保长，曾经帮助日伪政府征粮催款，也被重新审查出来受批斗。郭文照因为新中国成立前当过国民党老兵，又加上妻子在西安从事小商品买卖，被作为"投机倒把"分子，全家一起被遣返回村接受劳动改造。郭文秀本来在山西榆次的铁路上扛大包，但是因为新中国成立前在国民党地方武装王忠禹部队当兵时与一起命案有关，也作为隐藏在人民群众中的"坏分子"，被遣返回村接受劳动改造。这些受牵连的"戴帽"分子，被下放到村里参加劳动，和那些村里的造反派一起接受批斗。而葛铭金则是因为从事个体经营、有爱发牢骚等"小资产阶级"毛病而受批斗。

　　所以，貌似民主参与的群众动员，其实是给农村政治投机分子提供了激进的斗争机会，让那些本已经老实低调的"地、富、反、坏、右"的五类分子及其子女再次被揪出来接受批斗。这种靠政治运动来动员的群众参与虽然相对于苏联的命令式国家动员多了一层群众参与的光环，但是它并不会成为中国基层社区民主自治的手段，只会导致乡村社区的分裂和混乱。

三 稳步发展的集体生产

许多人认为，1966～1976 年中国经历了十年"文化大革命"，到 1978 年中国已经到了国民经济崩溃的边缘，尤其是农业生产和农民深受农村集体化体制的束缚，农民穷苦不堪，所以安徽凤阳小岗村村民才冒死搞分田大包干，体现了"今天中国最需要的敢于冲出长期以来极'左'路线的重重禁锢与束缚，杀出一条血路的大无畏的改革精神"（陈桂棣、春桃，2009：101）。或许在中国有些贫困山区和丘陵地带，确实因为国家限制副业生产和农村市场网络，片面强调"以粮为纲"，所以农民生计艰难，但是，在平原地区的农村，随着 1968 年清理阶级队伍和 1969 年的整党建党结束，农村建立了"三结合"革命委员会，开始走向相对稳定的农业生产劳动。而且，从那时开始，农村已经开始允许建立社队企业，发展工业、副业，实现农村经济、社会、文化等各项社会事业的全面发展，农村集体生产已经出现了欣欣向荣的局面。比如在 1968 年，深圳的陈村就已经建起了村办砖场、花生油榨油厂，到 70 年代初，陈村还拓宽了通向公社的道路，扩建了榨糖厂，并利用糖厂的废渣建立了工业酒精厂。到 1972 年，陈村还基本实现了机械化，村里已经购置了拖拉机、抽水机、脱粒机等，为此大队还开办了一个修理铺。70 年代的陈村还大大改善了乡村卫生条件，打了四口管井，通过抽水机抽水，解决了村民的吃水问题和洗浴问题。村里还建了医疗诊所，解决村民的卫生防疫和看病问题。陈村的发病率大大降低、寿命明显延长、婴儿死亡率骤减。"上了年纪的人简直不敢相信，在七十年代的前五年，陈村竟无一个婴儿夭折。"（陈佩华、赵文词、安戈，1996：168～169）另外，70 年代陈村还修建了大礼堂，扩建了村办杂货店，扩建了村办学校，80%～90% 的学龄儿童都能走进学校。到 70 年代中期，"陈村半数以上的家庭都有单车，有的还不止一辆；私人拥有的收音机竟有五六十部之多。每个小队都能找出二十多块手表。以前全村一台缝纫机，现在一个队里就有十几台"（陈佩华、赵文词、安戈，1996：200～201）。

无独有偶，同样在浙江北部的陈家场村20世纪60年代后期和70年代的集体化时期，农业生产经历了缓慢而稳定的发展，社队企业也有较好的发展。陈家场村主要以经济作物、养蚕为主，同时兼顾水稻等粮食生产。在绿色革命的影响下，那时候陈家场村也开始大面积使用改良种子、化肥和农药。在这些现代农业的投入下，集体化时期的陈家场村的农业产量有了大幅度提高，到70年代水稻亩产可以达到1000斤，养蚕每张产量达62.2斤，分别比50年代提高了400斤和30斤。到1978年，陈家场村的农业总收入达到39583.67元，比1962年增加了14929.8元；1979年陈家场村的人均收入为136.94元，比1963年增加75.44元，增幅123%，年均增长率为8.1%（曹锦清、张乐天、陈中亚，2014：142、145）。

无论是华南的陈村，还是江南的陈家场村，都表明从20世纪60年代末期到70年代是中国农村集体化发展的平稳时期，那时候农村开始出现农林牧副渔全面发展，而且能够做到因地制宜，农村工业化道路初见端倪，农田水利基本建设和现代农业投入都有了大幅度提高，那个时候应该是农村集体化发展最好的时期。当然，农村生产的大部分剩余都通过统购统销制度和工农业产品剪刀差制度，贡献给城市积累现代工业资本。有人测算，在从1950年到1980年的30年间，农村为城市提供原始资本积累8000亿元用于城市重工业的发展（郑秉文、和春雷，2001：50）。之后每年国家通过工农业产品剪刀差制度，仍然从农业提取1000多亿元的剩余；通过征收农业税费，扣除国家三农补贴之后，每年国家从农村净提取500多亿元；另外，国家通过向农村征地，从改革开放到2001年的20余年里，总共从农民手里取走土地资产达2万亩；如果再加上在城里打工的农民工给城市做出的贡献，平均每年农民要向国家贡献2万亿元（陆学艺，2005：109）。所以尽管农业有了大幅度增长，但是70年代农民的人均收入和人均消费仍然维持在1958年的水平（D. 盖尔·约翰逊，2004），只不过相对于50年代，农民获得了更多的集体福利，包括教育、医疗、农业服务和社会服务等（Parish & Whyte，1978：69）。总体上，集体化时期农村发展不是体现在人均收入提高和人均消费水平提高上，而是体现在农村基础设施建设、集体福利和为国家做出的贡献上。

集体化时期的泥河村农业产量和农民收入也有了大幅度提高，根据原来的村会计葛平林提供的数据，1970 年和 1958 年相比，泥河的耕地面积、亩均粮食产量和家庭平均收入均有了大幅提高：新增耕地面积 300 多亩，总量达到 2100 亩；亩产量由 900 斤提升到 1400 斤（包括夏秋两季）；家庭平均年收入由 300 斤粮食（折算户均年收入 250 元左右）提高到 1000元。而且，这十多年来，泥河的人口由 850 人增加到 1050 人，净增加 200人。在人口增加的情况下，大家发扬集体主义精神，积极垦荒，又增加了300 亩土地，并提高了亩均产量和户均收入，这些都是泥河村集体化时期生产劳动的成绩。

是什么力量推动了农村集体化时期的经济发展呢？经济学认为，农业集体经济无法解决经济激励问题，原因是一方面缺乏农产品价格调节机制，另一方面缺乏农民个体劳动的监督约束机制（D. 盖尔·约翰逊，2004）。但正是自由主义批判的政治动员解决了经济学提出的经济激励问题。20 世纪 70 年代后期，虽然政治斗争减少了，但是经过"文化大革命"的洗礼，在毛泽东思想的指引下，各种大生产运动如火如荼地开展。[1] 1969 年 7 月 8 日河南林县红旗渠工程完工，13 日《人民日报》报道了"一不怕苦、二不怕死的共产主义战士"杨水才的事迹，同时发表评论员文章《为人民鞠躬尽瘁》，全国掀起了"学杨水才精神，做杨水才式战士"的热潮。1970 年 9 月 23 日，《人民日报》发表了山西昔阳县学大寨的调查报告，再次发表社论《农业学大寨》。随后，全国掀起了农业学大寨的高潮。这些生产建设运动大大促进了当时的农田水利建设活动。不管是红旗渠精神，还是大寨经验，其实都是号召广大群众发扬艰苦朴素、英勇奋斗、大公无私、乐于奉献的共产主义革命精神。这种精神是人类社会崇高的品质，它当然和市场经济社会流行的功利主义幸福观有冲突，也高于建立在个体独立自由基础上按贡献分配的公正伦理观。通过社会主义教育运动，号召广大农民学习和奉行这种共产主义精神，就其本身而言是伟大的、崇高的，不能因为市场经济条件下的功利主义幸福观和基层干部的独断冒进产生的错误，就否定这种伟大崇高的思想品质。至今，村民们回忆起集体化时期的生产建设劳动时，既有对当年豪情壮志的自豪，也有对

---

① 对国家运动的全面论述参见冯仕政，2013：33~71。

劳动过程的喜爱，既有对艰辛付出的感慨，也有对城里生活的羡慕。这些酸、甜、苦、辣才是农村集体生活的交响曲，而不能用一种个体化时代的功利主义幸福模式评判集体化时期的村庄生活交响曲。

据当时青年突击队队长李香元回忆："农业学大寨时候，主要是修样板渠、打机井，耕地都建成水浇地，那段时期是全村生产建设活动搞得最好的时期。我那个时候是青年突击队队长，带领大家一起修样板渠，到庙口山里头开山炸石头，再拉回到村里修水渠。"

2013年暑期，李香元带领笔者走访当年样板渠的遗址时，边走边说："当时的样板渠都是我带领青年突击队从庙口山上采石头，然后片成石板，用石板一块一块铺起来的。样板渠都有一定的宽度和深度，一般是渠深一米，渠底宽半米，渠口宽一米。样板渠的起点从思德河一条支渠（又叫杨吴渠）引出来，沿着五队、六队的后地向东修，到了杨吴路之后，顺着那条路向南修，一直修到二队、一队的地头，总长有五六里地。修好之后，样板渠把杨吴排水渠的水引出来，解决了全村北部几个生产队的耕地浇水问题。关键时刻，全村男女老少齐上阵，各个生产队统一起火做饭，给工地送饭。学校组织文艺宣传队去工地演出鼓舞士气。当时流行的一首歌谣是'学辉县、赶林县，三年实现昔阳县，样板渠、样板路，革命路上迈大步'。"

20世纪70年代中期，郭良和已经是中学生了。他和那时六队的车把式李树林，还有一队社员郭文采，一起回忆集体化时期的农田基本设施建设时说："那时候发动农业学大寨运动，村里通过开山采石、挖沟修渠、打机井，确实解决了各个小队的农业生产的大问题，促进了各个小队的农业生产。各个生产队都派出棒劳力组建开山队、修渠队和打井队，集体劳动。尽管劳累得很，但是也觉得很有意思。那时候的集体劳动给大伙带来了欢乐。上山开采石头时，都是各个队自己买火药做成炸药包，然后两人一组吊到山崖上扶钎打锤，在山崖上挖眼放炸药包，炸山采石头。干活时，山上彩旗飘飘，炮声隆隆，跟打仗一样。晚上大队组织电影放映队去慰问放电影，给大伙解闷消除疲乏。有天晚上村里组织放电影慰问，其他人都去看电影了，孬人（郭俊和）和梅生（郭申和）两人在工棚里睡觉，孬人出来解手，迷糊中被石头绊倒了，昏了过去。其他人看完电影，回来发现孬人不见了，问梅生孬人去哪了，梅生迷糊地说不知道。大家赶快出去找孬人，才发现孬人在外面昏睡着呢。后来大家编了个笑话取笑他俩睡觉迷糊，'孬人绊跌了，梅生啥也不知道了'。"

他们还说："开好石头，各个生产队都派出自己生产队的牲口大车，从山上往下拉石头。每个生产队就比赛，看哪个队的牲口养得膘肥体壮，跑得欢，拉得快。那时候牲口饲养员和车把式都对自己的牲口有感情，深知每个牲口的体力、脾气。每辆车上的每头牲口的辔头都配有铃铛，跑起路来，叮咣叮咣响。六个生产队六辆大车，一出村口上了大路，赶车大把甩起响鞭，吆喝牲口，看谁跑得快。六队大把李树林年轻，鞭头好，甩鞭响、准、狠；三队大把贾致全嘴巧，一上路就唱起了那时候电影《红雨》里的大把赶车的歌曲'长鞭么一甩么，啪啪啪的响哟，赶起那大车出了庄哟'。五队大把馍妞（葛江礼）、四队大把张荣全、二队的五成（郭五成）、一队的宝贵爷（郭宝贵），都跟着一起唱，一路欢声笑语，热热闹闹。后来一队大把换成六群（郭守和），嘴更巧，喜欢开玩笑嘲讽别人。有一次去高村公社交公粮，本来他们可以在外面食堂吃午饭，生产队给报销午饭钱。吃饭前，他到公社棉站食堂看看是啥饭，猛一看蒸笼上摆着一碗一碗的扣碗，他就以为是扣碗肉，就和大伙说，咱们今天别去外面食堂吃了，在这个食堂吃吧，有扣碗肉，问价钱了，也不贵，一人五毛钱。结果，中午开饭时，每人一碗烧茄子。以后，六群成了大家开玩笑的对象，回来的路上都霉气六群，说他贪小便宜，五毛钱想吃人家的扣碗肉，结果吃了碗烧茄子。"

"最早打井时，还没有现代机械设备，都是靠人工挖井。打一口井需要一个月的时间。都是七八个男劳力组织一个打井队，有人在下面挖土，有人在上面用辘轳绞上来。挖到后来井下都是泥浆，一罐一罐地挖、一罐一罐地往上绞。还得防止井塌了把人砸在下面，用砖把井壁给整起来。那时候打井发明了劳动号子，'同志们使挺劲哟，哎哟嗨来，用力往下挖呀，咿哟来着；农业学大寨哟，哎嗨哟啊，打井为群众呀，咿哟来呀。'尽管如此，人工挖的井深度有限，而且容易塌陷。后来县里水利局有了钻井队，大队出钱请县水利局钻井队用机械打深水井，下井去用水泥制造井管。打好井之后，还要修一个井房，把电线拉过去，再安上水泵，这样就可以保证在旱季每一块田里都有机井浇水。"

不但通过修样板渠和打机井，解决了全村的水浇地问题，另据郭文采和李树青回忆，集体化时期泥河村还成立了林业队，并且有自己本村的果园，每个小队也都有本队的苗圃。大队的林业队长是赵高升，他带领几个人一起负责苗圃管理和植树造林，在道路两旁和田间地头栽树。那个时候进林业队植树造林的主要是生产队劳动能力比较弱一些的劳力，实际上也是为了照顾他们，做到各尽所能。那时候，泥河村还在和杨吴村交界的荒地上，修建了一个 300 多亩地的果园，抽调五队队长高圣海任果园队队长，再从每个生产队抽调一名社员到果园，负责果园的维护和看守工作。果园里主要种植桃树和苹果树，夏秋之际，果树上挂满了苹果和桃子，大人们盼望着每家能多分苹果和桃，调皮的孩子们则琢磨爬过果园四周的篱笆墙，钻进果园里偷桃吃。如果被逮住了，难免就会被果园队队长高圣海训斥一顿。但是，若干年后回忆起当年一起偷生产队的瓜果吃，却成了他们记忆中的一种乐趣。

四　简陋便利的公共事业

美国学者白威廉和怀默霆（Parish，W. L. and Whyte，M. K.）认为，20 世纪 70 年代中国农村的集体生活尽管在收入水平和物质消费方面没有多大的提高，但是比以前有了更多的集体福利，包括教育、医疗、农业服务和社会服务等（Parish & Whyte，1978：69）。研究贫困问题的国际专家让·德雷兹和阿玛蒂亚·森（Jean Derèze and Amartya Sen）认为，中国作为采取援助导向性扶贫战略的国家，在集体化时期取得了显著的发展成就。他们用的指标不是经济增长速度和人均消费水平，而是联合国发布的人类发展指数（human development index），包括预期人口寿命，五岁以下儿童死亡率，新生儿出生体重偏低的比率、发病率、致死率和儿童营养状况，成人识字率等数据。他们发现，和印度相比，中国除了 1958～1961 年的三年困难时期之外，之后在集体化时期，上述指标都比印度取得了明显优越的成绩。到 20 世纪 80 年代，中国的零岁预期寿命稳固在 60～70 岁中上段（据一些估计接近 70 岁），而印度看起来在 50～60 岁的中上段。五岁以下儿童死亡率，中国为 47‰，印度是中国的 3 倍多，即 154‰。中国新生儿出生体重偏低的比例为 6‰，印度是中国的 5 倍，也就是 30‰。中国成人识字率是 60%，印度只有 43%。人体测量学数据以及发病率模式的分析也都证明，中国在卫生和营养状况上取得了非凡的成绩，但是印度却未发生转变（让·德雷兹、阿玛蒂亚·森，2006：211~212）。同样，在集体化时期，泥河村的卫生、教育、文化事业也都获得了较大程度发展。

1. 泥河的卫生事业

1966 年春天在赤脚医生闫长梅的努力下，村里建起了合作医疗卫生室。每个村民每年交 1.2 元钱，大队和小队各补贴 1.2 元，全年一共 3.6 元钱，就可以保证全村的合作医疗服务。平时有小病在村里挂号费 5 分钱，免费看病吃药。有大病就到乡、县卫生院看病，村里给报销 15%。那时候村民生病了，一般就躺在家里休息，然后家人到卫生所里请大夫，而不是到卫生室就医。不管是深夜，还是午间，闫长梅大夫都是一请就到，看病非常仔细认真。孩子们一般都害怕打针吃药，她脸上总是堆满笑容，轻声细语地告诉你："不会疼的，打一针，吃两片药就好了。"她给小孩子扎针时，都是边扎针边揉肌肉，还跟小孩儿说话分散孩子的注意力，"好了好了，病好以后想吃啥都行"。而且她注射时，推注药物时很慢，也能减缓疼痛。多年以后，到城市里的医院看病，许多人的感觉是看病很不方便，生着病也要忍着痛苦往医院跑，去排队挂号，再也没有小时候躺在床上等医生上门服务的优待了；另一个感觉是大医院的护士扎针反而不如村里的闫长梅大夫扎针扎得那么细致。

村卫生室不但给村民看病，而且负责提供公共卫生防疫服务。那时候每到春天容易有流行病。有一年流脑暴发，村里卫生室就在村小学校门口支起一口大锅，熬制板蓝根药汤，每个学生中午放学的时候，都拿起碗舀一碗板蓝根药汤喝。据说得了脑膜炎以后，会出现后脑僵直、往后仰头的现象。那时候小学生看谁上课时瞌睡了，往后仰头，就取笑他是不是得了脑膜炎。邻村二郎庙有个孩子因为得过脑膜炎，留下了后遗症，家里照顾不是那么周到，只有奶奶比较疼爱那个孩子。后来奶奶去世了，那个孩子就到处流窜，嘴里念叨："脑膜炎，后遗症，小孩得了不会动。"

另外，那时候农村卫生条件差，小孩子也不讲卫生，饭前便后不会洗手，一年也很少洗澡，肚子里容易有寄生虫。所以，每年村卫生所都会发打虫药。那时候的打虫药就已经做得色彩、形状和口味俱佳，像一个彩色的宝塔状的糖块，所以孩子们都争着去领糖丸吃。吃了以后，第二天就会拉出几条虫子，自己都觉得害怕、恶心。

除此之外，集体化时期泥河还培养了一名兽医，是四队的老红（大名贾红德），专门负责给全村的动物看病问题。老红医术高明，四邻八乡都会请他给动物看病。给动物看病不管是用药量，还是医疗器械都比较大，看着挺吓人。老红还会给动物开刀，做小手术，所以小孩儿们都害怕老红。

2. 泥河的教育事业

到 20 世纪 70 年代中后期，泥河村不但有五年制小学，还开办了两年制的初中班，而且几个原先在外地教书的公办教师也都回到村里任教，杨凤礼、靖云英、李熙光、李跃明都是那时候回村任教的公办教师，他/她们回到村里任教，大大提升了村里的教育水平。不但如此，他/她们还带动了村里的文化素质的全面提高。那时候的语文老师都是多才多艺，李熙广、李跃明都是村里大平调剧团的演员，每到春节演出时，他们都能登台演出。而郭林东等人则教学生们书画，画毛主席像、写大字报、办墙报、出宣传栏等，锻炼了一批会书画的年轻人。正是因为那个时候的熏陶和培养，传承了古代泥河村诗书之乡的传统。后来在 20 世纪 80 年代，泥河成了全省闻名的书法村，多次举办豫北地区农民书法比赛，涌现出贾文海、郭良和、郭双和、宋花元、石凯、晋喜明、石玉清、郭灿光、郭光明、李树江、葛付林、葛拥军等书法水平较高的农民书画家。

3. 泥河的文化事业

泥河本来就有大平调剧团，早在 20 世纪 40 年代就有淇县著名同乐班的名角在泥河协助郭庭华、郭老珂（大名郭宝善）办大平调窝班，传授技艺。新中国成立后，在 1956 年集体化时期，支书李永元就在村里组织起一个较为正规的大平调剧团，剧团成员有许多都是那个时候的乡村干部精英，包括贾致河、李永元等村干部，还有石林志、石林仁、宋金堂、杨明义、郭宝玿、郭宝海、郭宝全等村里老人，以及年轻一代的文化人石同勋、李熙光、李跃明、郭文福、李祥云、李树玉、高派中等，甚至包括富农张洪友在内。那时候，李永元当支书时还去外地找在外工作的泥河老乡募集资金，置办了蟒袍戏服，提升演出水平。泥河村大平调剧团是整个淇县演出水平较高且比较活跃的民间剧团，曾经到淇县皂君庙为抗美援朝凯旋的志愿军慰问演出。当时剧团成员张洪友曾编快板剧《王大娘支前》，后又编写现代大平调剧目《破除迷信》，在本村及邻近村庄演出。《王大娘支前》一剧，曾获县文化馆的奖励，演员还曾应邀到县城以及黄洞、对寺窑、王屯、赵沟等村进行义演。1957 年，支书李永元置办蟒袍戏服，这一条作为恢复封建文化的罪状被撤职。1962 年重新恢复了剧团，但是在"文化大革命"时期，所有传统剧目都停演，只能演出革命样板戏。那时候演出的剧目主要包括《沙家浜》《红灯记》《智取威虎山》《红嫂》《前进路上》《奇袭白虎团》《龙江颂》《海港》等。当时也涌现出一批年轻的演员，主要包括郭永和、贾瑞海、郭富和、郭顺和、李树明、李树青、郭秀娟、郭秀梅、冯桂婷等。葛江林、郭灿鹏那个时候也通过样板戏练就了演奏乐器的好本事。郭灿鹏的红笛吹奏简直是出神入化，有时候在夏季夜晚乘凉时，隔着半个村子，都能听到他悠扬动听的笛声。那时候的文艺演出虽然有着浓厚的政治意识形态特征，但是也活跃了农村的文化生活，而且也出现了几个突出的文艺骨干，晋喜莲、杨文堂、郭良和等都考上了县戏校，最后晋喜莲和杨文堂留在了县豫剧团，成为正式演职员。到1975 年，"左"的政治运动转向低潮，大队干部李香元、贾致河等人从外村请来李存山、老孟、高本学等传统戏剧师傅，招募新老学员开始重新排演传统剧目。一直到 1984 年生产大队解散，村剧团才因失去了集体财力支持，自然解散了。集体化后期每年冬天，几个老戏骨李存山、杨明义、郭宝全、刘学礼、李永元等人，都带领年轻一代的郭文长、郭文济、郭付和、郭永和、郭顺和、贾秋德、贾春海、贾瑞海、李熙德、李树兰、贾改平、杨开清、杨开荣、石连英、郭西安、郭日清、郭秀娟、郭秀梅、高春菊、刘付海、刘付清、葛江奎、冯桂婷等人，一到晚上就集中到大队部东侧石林良家的东屋，在地上烘一堆柴火，围着火堆，开始说戏。到晚上 11 点多钟，石林良的妻子还给他们做顿汤面夜宵，让大家暖暖身子。临到春节的时候，就把伴奏的乐队成员也叫上，一起彩排。当时的乐队伴奏成员有司鼓：贾胜德，二弦：贾宝海、石林良；三弦：王华礼；二胡：郭林东；班胡：葛江林；红笛：郭灿鹏；大号：杨明义、李树明；大锣、二锣：赵水和、刘付清；大铜器（四大扇、大铙、小铙、铙镲）：郭灿山、李树清等。比画一冬天，等到春节走完亲戚，破五之后，开春之前，村里就开始搭戏台，贴海报，准备开戏了。各家各户就借着春节的剩馍剩菜，再买点酒水，请亲戚朋友来村里看戏。这时候村里就像赶会一样热闹，台上唱戏的锣鼓喧天，台下卖香烟瓜子的、炸油条的、丸子汤的，热闹非凡。那时候，孩子们最喜欢的就数晚场，舞台上的老鳖灯虽然不如电灯明亮，但是在春寒料峭的夜晚，也能照亮乡村舞台上那高亢激昂的大平调演员的身姿。老人们听得懂唱戏的内容，主要是听戏；孩子们听不懂戏文，主要是凑热闹。开演前，伴奏的乐队先打一阵铿锵有力的"紧急风"。这时候就会有小孩子跑到台上乱跑乱跳耍两下子。有时候上去的人多了，戏团的领队李永元就会从台上往下推赶，小孩子就跟他斗，他从东边赶下来，小孩子又从西边爬上去。等开戏了，尽管大平调有梆子伴奏的"梆梆"声，还不时有高亢嘹亮的长号声响彻云霄，但是小孩子是听不进去的，多数小孩儿都乖乖地在台下大人脚下躺倒睡觉了。除非遇见丑角上台，这时候大人就把小孩儿叫醒，看丑角的逗乐。最令孩子们喜欢的是《辕门斩子》里边丑角穆瓜的表演，当穆瓜念白："穆瓜开言道，姑娘恁细听，姑爹犯了罪，姑娘讲人情，保打天门阵，咱去当先锋。准了人情倒还罢，不准人情动刀兵，开刀先杀宋天子，再杀他爹恁公公，满朝文武都杀净，保俺姑爹坐朝廷。"台下许多小孩儿都会跟着在下面念，但是念完之后，就又迷迷糊糊睡着了。

那个时候，农村还有一个令孩子们着迷的事情是看电影。县里面有个放映队，每到冬天农闲季节，就到各个村庄巡回放映，大队出钱请放映员吃饭。当时有个放映员是县剧团退下来的武生演员陈洪林，因为剧团改演样板戏，他就被调到放映队放电影去了。他喜欢吃辣椒，说话时嗓子沙哑着，人们都叫他"哑巴嗓儿"。虽然就那几部电影来回放映，但是他一来，孩子们依然奔走相告"哑巴嗓儿来了，今晚演《地道战》啊"。有时候，为了看场电影，只要听说邻村放电影，孩子们就成群结队去邻村看。有一次，有人传说邻村郭庄演电影，大家就一块跑到了郭庄。但是到了郭庄，发现没有放映。郭庄的人说是前边的古烟村放电影，大家就又跑了几里地到了古烟村。到古烟村发现还是没有，古烟村的人说是前边新庄放电影。大家就又跑到了新庄，等跑到新庄时，电影《大刀记》已经演完一半了。第二天回来，就成了一个笑话，"跑了八里地，看了个《大刀记》"。

另外，那时候村里还有一项文化活动，是听民间艺人说书。民间艺人通常是提前和村子里的干部联系好，村里给他联系到村民家里住下，并且给他们安排吃饭，连续好几天甚至是几个星期、几个月都有演出。请得起说书艺人，就表明这个村子有余粮来满足村民的娱乐文化需求。那时候，泥河村请来的最有名的说书班子是长垣县的。他们在毛主席去世的前年来到村里演出，连续演出了一冬天，深受村民的喜欢。他们一共三个人，一个女的和一个男的主唱，还有一个男的弹扬琴。那时候小孩子们最喜欢的就是那个弹扬琴的男生，他不但会弹琴，而且会口技和讲笑话。每次开场前，他都用口技表演一段豫剧中的百鸟朝凤的喇叭吹奏，简直和真的喇叭吹奏没有什么分别，小孩子们就跟着他一起学。他讲的一个关于结巴笑话乐翻了全场的孩子们。

> 有一个老头儿到城里去赶集，到了城门口，不知道怎么走路了，于是到一个卖胡辣汤的摊前问路，城、城、城、城……
> 胡辣汤摊主以为他要买胡辣汤，赶快给他盛了一碗。
> 结果老头儿终于说出了"城里咋走哩？"
> 老板一听，哭笑不得，只好解释说，你看我也给你盛了，我们这胡辣汤卖得也不贵，你就来一碗吧。
> 老头儿点点头。
> 老板又问他，我们这有辣椒，要不要再加点辣椒啊？
> 老头儿说："少、少、少……"
> 老板就不断地往那碗胡辣汤里加辣椒。
> 结果，老头儿最后说，少放点。但是，一碗胡辣汤已经辣得不能吃了。

五　贫穷快乐的社区生活

集体化时期，村里也存在着收入不平等导致的困难家庭现象，这主要取决于家庭生命周期。[①] 如果谁家正好处在生育期，家里孩子多，成年劳力少，那么谁家就劳动贡献少，挣的工分少，年终的时候分配的粮食就少，甚至出现亏欠生产队的可能。而谁家过了生育周期，青壮年劳力多，挣的工分多，年底分配的收入自然就多。也就是在以种植业为主的农业结构里，如果土地是固定的，家庭收入主要取决于家庭的劳动力数量。当然，如果有地方市场网络，发展出农村手工业和家庭副业，就可以弥补家庭劳动力不足的缺陷，就像费孝通在《江村经济》里研究苏州吴江县开弦

---

① 家庭生命周期理论最早是俄国农民研究专家恰亚诺夫提出的（参见黄宗智，2000）。

弓村的生计模式那样（费孝通，2001）。集体化时期，经过生产队批准，泥河村也允许家庭困难的手艺人农闲时期到外面挣钱，但是要用挣的钱到生产队里买工分，抵消自己的集体劳动义务。比如当时二队的郭夏和家里，有四个孩子，劳力少，但是他有手艺，会给牲口铲蹄、钉铁掌。他就到附近的集上或者走街串巷给牲口铲蹄钉掌挣钱，然后年底回到生产队交钱买工分。但是，整体上集体化时期华北农村的地方市场网络不是那么发达，家庭副业也不那么兴旺，尤其是泥河村因为地多，各项副业尤为欠发达。所以，集体化时期泥河村的家庭分化并不严重，在激烈的政治运动消退之后，社区共同体的生活形态又逐渐浮现出来。

20世纪70年代中后期，农村生活依然比较贫穷。那时候一日三餐主要以面食和蔬菜为主。早晨一般就是玉米糊糊，就咸菜和馒头，馒头一般也是一星期蒸一次，吃三四天，然后就是贴饼子和窝头；中午一般能吃上捞面条，如果是夏天还可以配上时令蔬菜，如果是冬天和春天，就只能炖萝卜、白菜；晚餐依然是一年四季的玉米糊糊就咸菜、馒头或窝头。但是到70年代以后，农村逐渐恢复了人生礼仪和节庆活动，所以过节或者办喜事儿，就成了大人小孩儿改善生活的机会。中国自古以来就有庆祝节日的传统（葛兰言，2005），也是礼仪之邦，在节庆时期要摆席宴请宾客，大家可以庆贺劳动的收获，也在农闲时节完成人生大事。所以，那个时候小孩子最盼望的就是过节或者到亲戚家里坐席去。每到冬闲时候或者年底，往往是办喜事较多的季节，小孩子们就盼望着哪个亲戚家里办喜事去随礼坐席。那时候坐席吃完饭，还要再"杀个杠"带回家——一个烧饼或者馒头，中间掰开，填进去几块熟肉，用个小手巾包起来，提回家晚上再吃。节日宴请类似于人类学家所说的夸富宴（Potlatch）（马塞尔·莫斯，2002：8），只不过它在70年代的华北农村没有北美洲印第安部落那么奢华和竞争激烈，但是也存在一些面子、荣誉压力，要在收礼、宴请、回礼的礼仪循环中完成社区共同体的互惠义务。

除了节庆和礼仪的传统逐渐恢复，社区集体生活也体现在农村集体组织提供的公共场所。这些场所本来是发挥集体生产劳动作用的，但是也成为农村社区居民交往生活的场所。比如那时候春夏之际，小孩子们最喜欢玩耍的地方，就是村中各个生产队的苗圃小树林。大伙儿钻进树林里捉迷藏、玩游戏，摘片桐树叶子放在握空的拳头上，用另一只手使劲一拍，就能听到桐树叶子"啪"的一声震裂的声音；摘片柳树叶子，放到嘴边往里吸气，就能发出"嘀嘀"声。秋收之后，生产队的场院就成了大家玩耍的好地方。各个生产队把玉米秆捆成捆，垒成垛，堆放在生产队的场院里。小朋友们就比赛胆量，看谁敢钻到黑洞洞的玉米垛下面狭小的洞里，从这头儿爬到那头儿。大家爬到高高的麦秸垛上面，顺着斜坡往下滑。麦秸垛就成了天然的滑梯，大家争先恐后地从上往下滑。有时候大家一块滑下来，压倒一片，顿时笑声沸腾。而到了冬天，月朗星疏之时，正是孩子们出来玩捉迷藏的好时光。吃完晚饭后，家长们还在忙活家务时，小孩子们就跑到村中集体修建的宽广平整的大路上玩老鹰捉小鸡的游戏。如果谁出来早了，就在大街上喊："大、小孩儿都出来玩，荷包鸡蛋下挂面，谁要出来跟俺玩，俺就给你盛挂面。"一会儿，就出来一堆小伙伴儿，大家就开始分拨儿玩捉迷藏或者老鹰捉小鸡，一直玩到夜深人静时才回家。这时候，一个人走在回家的路上，黑魆魆的人影儿让刚才还高兴不止的小孩子开始紧张害怕，边走边回头看自己的黑影，心中充满恐怖，担心有鬼在后面跟着自己。越是害怕，越想回头看，越看越害怕。于是，就按照大人教的办法，用手去扒拉头发，据说这样就会头上冒火星，把小鬼吓跑了，能让心中的恐惧感稍微减轻一点。快到家门口时，心里更加紧张，越走越快，最后就跑步冲进家门，"砰"的一声关上屋门，唯恐有鬼跟进来。

那时候，连生产队集体圈养牲口的头伏槽（牛棚）也是农民冬天闲喷儿的好去处。城里的知识分子认为蹲牛棚是劳动改造的耻辱，但对于农民来说，牛棚则是漫长冬夜里消遣取乐的好去处。那时候，生产队牛棚一般有三间屋子那么大，中间一间是过道，靠北墙根搭起来一个大炕，供饲养员休息，两边各有一排牲口槽，牲口槽后面是拴牲口的牛棚。一到冬天，吃过晚饭之后，饲养员喂完牲口，就在牛棚中间那间屋的空地上烘起一堆柴火取暖。不一会儿，人们就陆陆续续来到牛棚里烤火、取暖和聊天。这时候，就是大家相互取笑逗乐的时候，一天的劳累和烦恼就在这种取笑逗乐中抖落。当时特别流行的两个段子，都是有关集体生活的。一个是村西头的经纪人张某买肉的笑话，另一个是葛某家招待公社工作员的笑话。那时候村里不太富裕，平时基本上吃不上肉。一天，村里来了一个卖肉的，而且是煮熟的五香猪肉，正好泥河的经纪人张某碰见了。本来，在那个年代来村里做小买卖的，需要给经纪人交印花税。张某就问人家卖肉的："多少钱一斤？"人家说："5毛钱一斤。"他说："先尝后买，我先尝尝你这肉咋样。"说着就捏了一块肉放嘴里尝尝，边尝边说："有点咸，再来一块"，然后就又捏了一块放嘴里尝，边吃边说："这块还差不多，再尝一块"，说着就又捏了一块放嘴里。连续捏了人家好几块肉吃了，卖肉的就有点急了，问他："你到底买不买呀？"张某就抹抹嘴上的油，有点结巴地说："当、当然买了，5分钱的肉，得、得儿的。"葛某家的笑话是说，那时公社工作员老侯在村里驻队，到各个生产队社员家里轮流吃饭。有天轮到葛某家派饭，葛某家有点不讲卫生，工作员心里其实有点想法，但是轮到人家也不能看不起人家隔过去。知道工作员来吃饭，好客的葛某媳妇就开始准备那个时候村里最好的饭菜——擀面条招待工作员。由于是夏天，天气较热，葛某媳妇和面时已经出汗了，等到把面放到面板上用擀面杖擀面时，就开始汗流满面了，她就不时地用手擦汗。但是，讲笑话时，大家为了逗乐，就夸张地说葛某媳妇边擀面条，边甩鼻涕，等到工作员老侯吃饭时，发现面条咸了。

不但生产队公共场所成为农民社区生活的发源地，而且连集体组织的思想政治教育活动，只要不是那么激烈，也会成为农民取笑逗乐的笑料。那时候的思想政治教育活动中会有一些忆苦思甜的活动，就是为了防止大家随着生活好转失去艰苦奋斗的作风。具体做法是请村里的老贫农代表、老革命讲过去的苦难史和革命经历，让大家吃水不忘挖井人，珍惜现在的美好生活；然后生产队统一组织吃忆苦思甜饭。忆苦思甜饭就是用玉米糁或者小米、红薯梗、野菜叶煮一锅糊涂饭，每人一碗。大家通过吃糊涂饭，反思一下现在吃捞面条、白馒头的幸福生活来之不易。后来，忆苦思甜饭倒成了大家最喜欢吃的一种饭食，尤其是吃惯了面条、馒头之后，吃一次糊涂饭，再加点黄豆、花生米，反倒觉得糊涂饭吃起来更加可口。

上面这么说并不是说集体化后期，泥河村就不存在极端事件，而是说在没有激进政治运动的情况下，农村集体组织也为社区公共生活的建构提供了条件。但是激进的政治运动往往会破坏社区公共生活，导致一些悲剧事件。

六　多层生产体制和多重社区生活：狂热运动消退后的农村集体生活模式

挖掘农村关于集体化时期的记忆，既让我们看到了当时激进政治运动导致的乡村社会的政治投机和派系分裂，也让我们看到了狂热政治运动消退之后的农村集体组织给社区公共生活提供的公共设施和活动空间，逐步复兴了社区公共生活。所以，如今回顾这段历史，一方面要反思、批判激进政治运动的社会后果，另一方面要吸纳、借鉴集体组织对社区公共生活发挥支持作用的经验。在20世纪70年代以后，当激进政治运动逐渐消退，农村集体组织恢复了正常的生产建设活动之后，不但村庄的农业生产水平大幅度提高，而且，村庄的各项卫生、教育和文化事业也在蓬勃发展。通过城乡互动，原来的村庄文化精英也回到本村，发展本村的文化、教育事业。而且经过"文化大革命"的洗礼，村庄的文化精英能够带领村民走出狭隘的家族竞争，开辟出村庄集体文化新模式。那个时候在乡村流行的大众文化包括戏剧、电影和书画，这些文艺形式和传统社会没什么区别，但是其价值理念和组织方式却发生了全新的变化。它们不是由家族精英支持的，而是由村庄政治精英主导的，尽管带有一定的政治意识形态色彩，但是其面对的对象和参与的主体都是社区成员，并且把集体利益价值观放在了家族利益之上，形成了一种更大范围的社区集体生活。

在乡村政治精英和文化精英联合主导乡村集体生活的同时，家庭私人生活也开始有了一定程度的自主发展。每个家户仍然是基本的经济单位，以家户为单位，计算家庭成员的劳动贡献和应得的收入、粮食，由家庭支配自己家庭的收入；生产队是一个独立的生产核算单位，拥有自己独立的土地和生产资料，统一组织劳动生产，统一核算劳动工分，然后根据总产量，在国家、集体和家庭之间进行分配；生产大队是提供统一公共设施和农田水利建设的组织单位，它有权调动各个生产队的劳力和农具组织全村范围的集体劳动，提取公积金和公益金，进行公共设施建设和农田水利建设，负责整个村庄的教育、卫生、文化等社会建设。整个社区生活是一个三重的有机体，把家庭生活、集体劳动和社区公共生活既合理分工又有机地结合起来。

而且，乡村文化精英和政治精英以及普通村民之间的互动发生了有趣的变化。传统社会的文化精英一般是以候补官僚的士绅身份来发挥政治影响力的。[①] 但是，20世纪70年代后期，随着"文化大革命"的"左"倾

---

① 参见本书第五章《泥河村传统社区治理方式及其历史演变》的论述。

运动降温，乡村文化精英返乡之后，靠自身文化能力给村民带来新生活样式以此获得政治精英和普通村民的尊重。他们有知识、有文化，担任乡村教师和文艺骨干，给村民提供教育和文化服务，自然获得了村民的尊敬和爱戴。那时候，村里有什么红白喜事，除了请来村干部之外，也会请这些文化精英来撑门面，甚至乡村政治精英也靠文化精英来扩大影响，比如那时候的文化精英成为村里办板报、宣传栏以及地方戏剧舞台上的主要角色。我们不否认那段历史仍然存在着政治挂帅的痕迹，但是我们也得承认，那一时期也给乡村文化生活带来了新鲜元素，促进乡村社区公共生活进一步超越家族利益，强化村庄共同体的属性。当然，在乡村共同体内部的政治竞争中依然可见家族力量的影响，造成一定的宗派分化，但是宗派力量和宗族力量都是潜在的幕后力量，并随时可能受到未来政治运动的冲击。

所以，我们该如何评价20世纪70年代后期集体化时期乡村社区的属性？是人类学家阎云翔所说的"部分的个体化"（阎云翔，2012：355～356），还是文化学者梁漱溟当年所倡导的"创造新文化、救活旧农村"的新型社区生活（梁漱溟，1992：611）？阎云翔认为集体化时期，农村妇女和青年从传统家庭文化网络中走出来，摆脱了父权和儒家传统价值观的束缚，加入了社会主义政治、经济、社会运动，成为政党国家的新公民，这是一种迈向个体主义的"部分的个体化"。这种观点无视当年农村生活的社区共同体属性，武断地设定了一条线性历史进步主义的个体化过程，在改革开放前后两个截然不同的历史时期，人为地找到了一个所谓"个体化进程"的共同发展规律。实际上，虽然新中国成立以后的历次政治运动确实对传统家庭制度和家族制度产生很大的冲击，甚至重塑了中国的农村家庭关系，但是除了1958年"大跃进"那段时期，暂时消灭了家庭私人生活之外，大部分集体化时期仍然承认和尊重家庭私人生活，只不过消除了家族制度体系。另外，通过集体劳动工分制度，增强了年轻人的经济主导权，取消了家长对家庭财产的控制权，但这并不等于家长对家庭生活失去了控制权。他们依然掌握着整个家庭未婚子女的家庭分工和消费，负责给他们积累财产，直到子女结婚成家。大部分家庭采取了随着儿子的结婚连续多次分家模式，以取代传统社会的所有儿子成家后的一次分家模式（杨懋春，2012）。但是，不管是在儿女的婚事上，还是在分家立业上以及父母的赡养照顾问题上，父母都依然掌握着话语优势和实际主动权。从传统家族体系里部分解放出来的年轻人并不是一种个体化状态，恰恰是融入了一种更加交融的社区集体生活，不管是在生产劳动，还是在教育文化生活，他们都脱离了传统社会的小农经济和私塾教育，参加集体组织的农业劳动和乡村集体教育体系以及文化活动。所以，年轻人的集体生活属性更强了，而不是部分的个体化。如果说相对于传统社区有什么变化的话，最大的变化主要在于社区公共文化网络的变化，原来以家族网络体系以及民间宗教体系和各种秘密会社体系为主①，现在主要是政治挂帅的乡村社区公共生活体系。

梁漱溟先生曾经和毛泽东有过关于农村革命和建设道路的激烈争论，梁漱溟反对通过阶级斗争和革命的方式来推进农村建设，希望通过儒家文化复兴的办法，来救活新农村。现在看来这个争论仍然有启发。然而，不能否认的是，正是毛泽东极力推动的集体化组织和群众动员，为乡村社区公共生活提供了物质资源和文化资源。梁漱溟等人在民国时期推行的乡村建设运动，也是想改变农村的"旧样式"，解决传统农民的贫穷、愚昧、自私、体弱等问题，希望通过乡村教育活动，给农村带来新血液，促进农民的团结合作，发展工业，促进农业。但是那时候他们遭遇的一个严重问题就是"乡村不动"的问题，也就是说，那时候的乡村建设运动主要靠外来的知识分子深入乡村进行动员，但是大部分村民都处在观望状态，甚至消极抵抗（梁漱溟，1992：581）。他认为这是由于当时的乡村建设工作者大都是喜欢动的外来工作者，和当地农民喜欢静的心理不一致。对此，郑大华有过中肯的分析，他认为，梁漱溟敏锐地觉察到了乡村建设运动中的问题，但是却错误地把原因归纳为心理问题。郑大华认为，民国乡村建设运动失败的根本原因还是对当时的社会性质和政治结构认识不清，错误地依靠乡村地主、士绅精英来领导乡村建设，走改良性质的乡村建设道路，难以满足底层老百姓的根本需要。那时底层老百姓的根本需要正是土地问题、租税负担问题（郑大华，2000：536~538）。这些问题只有通过共产党领导的新民主主义革命才能解决。

当然，我们不能否定民国时期的乡村建设实验的积极意义，正如吕新

---

① 参见第二章的论述。

雨所分析的，革命解决了民国以来乡村社会破败的根本问题之后，梁漱溟的乡村文化运动就显示出其意义，把社会本位放在国家本位之上，慢慢地由小而大、由下而上地进行文化培养，并希冀再造内发的社会力量重塑国家，使国家与社会相符（吕新雨，2012）。到20世纪70年代后期，在激进的政治运动消退之后，以华北地区的泥河村为例，农村社区已经实现了多重社会生活重建，实现了家庭私人领域、生产队集体劳动、生产大队统一公共服务的分工模式。这实际上是符合社区共同体的基本特征的。早在1921年，涂尔干在《宗教生活的基本形式》一书中就阐述了原始社区基本生活的双重属性，一方面是日常生活层面，原始社区也是以家庭为单位进行劳动和消费的；另一方面，面对一些单个家庭无法克服的自然灾害或者神秘力量，原始社会成员就要通过宗教形式来寻找那些神秘力量，通过宗教仪式把分散独立的社区成员集中起来，形成一种集体欢腾的公共生活，结成社区共同体，这种集体欢腾的共同体状态才是社会整合的机制，才能改变日常生活的独立分散状态（埃米尔·涂尔干，2011）。如果只有个体私人生活，没有社区公共生活，那么社区就缺乏整合团结机制；如果只有社区集体生活，没有个体私人空间，那么社区就缺乏个体自由独立性。这两种极端生活形态都不是一种健康的社区生活。健康的社区生活就应该根据人们的不同需求，分层次对应不同的生活形式，只有这样才能实现一种既有个体家庭生活，又有集体公共生活的良好功能状态。所以，集体化后期的这段历史告诉我们，经过调整之后的人民公社体制下农村多层生产经营体系和多重生活模式，恰恰是我们应该汲取的社区发展和治理的宝贵经验。

第九章　改革开放以来的泥河村（上）：不太情愿的包产到户过程

一　看似"无足轻重"的更换支书事件

1978 年，中共十一届三中全会成为中国改革开放的标志性事件。这一年，泥河村也发生了一件大事，就是村支书更换了。但是，这两者并不存在内在联系。实际上，泥河村支书的更换起因于一件微不足道的小事，和改革开放没有丝毫关系。据说，当时村里有个村民违背了村集体的政策，按照村里的不成文规定，应该罚他家出钱给村民放一场电影。这种做法完全是传统村规民约的现代翻版，即使不是在集体化时期，在传统社会，如果哪个村民违背了村规民约，也一样要受到惩罚。只不过在集体化时期，采取了现代形式的惩罚形式——放电影。当时，县文化局有一个电影队，到各个村庄去放电影，通常都是村里出钱，给放电影的人解决吃饭问题。后来，如果哪个村庄要加放一场电影，就要自己出钱请电影队的放映员来放电影。支书晋善文是个老实人，做事比较耿直而倔强，他决定罚这家出钱放电影，就通知大队会计去执行。谁知道，大队会计和这家是近门本家，就一直拖着没有收缴这家的罚款。晋善文知道这事之后，非常生气，就责问大队会计为什么不听他的领导。两个人就闹僵了。晋善文觉得大队会计不听自己领导，就到公社去申诉，要求撤换大队会计。没想到公社领导不支持晋善文的意见。晋善文就提出，如果不撤换大队会计，他就辞去大队支书。公社书记本来就对晋善文的倔强耿直不太满意，于是就顺水推舟，免去了晋善文的支书，换了比较灵活、听话的贾致河为大队支书。所以，泥河村党支部书记的更替，不是农村集体控制松动的表现，恰恰是公社领导控制能力比较强、支配农村大队干部意志的反映。

这个看似无足轻重的小事，却间接反映了基层社区治理风格的转变。在集体化后期，随着"文化大革命"初期激进政治斗争的消退，乡村政治舞台上那些个性灵活、善于平衡各种关系的政治人物开始逐渐占上风。按照赵文词（Richard Madsen）的研究，他把中国集体化时期的乡村干部分为两种类型，一类是艰苦朴素、性格粗暴型干部，另一类是头脑灵活、善于经营型干部（Madsen，1984）。实际上那个时候，泥河村干部也可以分为这么两大类：以郭全英为首的一批干部是艰苦朴素、性格粗暴型的，他们的作风比较硬朗，喜欢说一不二，为人耿直，不但对群众坚持原则，对于上级公社领导也敢于得罪。但是以贾致河为代表的一批干部则相对灵活机智，善于平衡公社干部和本村群众之间的关系，能够根据上级领导的意图灵活执行政策。郭全英自解放战争时期，就是泥河村的实际核心领导，后来合作化时期被抽调到乡里工作，"大跃进"之后，郭全英又回到村里任支书。"文化大革命"初期，郭全英及其领导班子被造反派打倒。但是，不久清理阶级队伍，建立了"三结合"的革命委员会，贾致河当上革委会主任。然而，不久又赶上整党建党运动，县上来的工作组选择贫农出身、老实忠诚的晋善文当革委会主任。晋善文的个性和郭全英的个性有点相似，两个人都属简单粗暴型干部，尽管他们都是忠诚老实而又讲义气的人，但是容易得罪领导，也让群众觉得不近人情。晋善文从1971年到1978年做了7年的革委会主任和村支书，延续了后革命时期乡村政治的领导类型。他们经历了"文化大革命"中群众斗争的洗礼，也经历了整党时期工作组对政治投机主义的清理，最后被挑选出来执行毛主席的革命路线，真正体现出阶级路线和群众路线的统一。他们是贫农出身，老实忠诚、性格耿直、忠于党的革命路线。但是他们没有文化，不善经营人际关系，仅仅根据自己的个性和朴素的感情来判断是非曲直。他们把共产党的群众路线和耿直义气结合在一起。所以，他们也有自己的同盟，只不过这既不是马列主义的理论自觉，也不是基于理性判断的审慎选择，而是因为自己的秉性和义气。比如晋善文和郭全英的关系，两者基本上算是同盟关系，直到晚年一直都保持着互相来往的友谊，但是二人的亲密关系并不是理性选择的结果，也有过激烈的冲突。有一次，郭全英和晋善文因为工作爆发了激烈的冲突，竟然把家里的水井都砸坏了。郭全英和晋善文，他们两人代表了一种基层领导的类型，那就是革命时期形成的既耿直、义气又能够忠于党的革命路线的干部类型。这类干部不那么精明算计，甚至有些粗暴和倔强，但是绝对地忠于党的革命路线，同时又能够在基层社区做到大公无私和公平正义。

随着"文化大革命"结束，邓小平主持中央工作以后，党的路线回到了经济建设为中心，相应的领导风格也在悄悄地发生转变。上级领导需要的不是耿直忠厚、大公无私的基层领导，而是能够根据上级政策灵活调整而又善于处理人际关系的基层领导。贾致河也是从新中国成立开始就跟随郭全英当领导的老干部，虽然长期以来都是副职，但是却相对灵活和善于平衡各种关系。他从1968年到1971年做过短暂的革委会主任，之后接替晋善文从1978年到1984年任泥河村革委会主任和支书。这期间，泥河村的领导风格发生了明显的转变，领导班子里逐渐清理出那些资格老、脾气倔强的干部，使得基层党支部更加服从公社领导。晋善文辞职之后，郭全英依然任村里的治安主任，他作为全村最早的老革命、老干部，脾气越来越怪，其他村干部谁都不敢明着惹他，都对他敬畏三分。1982年中共中央颁布实施《关于建立老干部退休制度的决定》，村里领导认为郭全英已经年届六十，而且脾气倔强，不适合再继续担任村干部，就提请公社领导动员他退休，公社领导也就借机动员郭全英离职，答应他离职后的待遇不变，享受和村支书相同的津贴。1983年淇县高村公社为郭全英举行了离职仪式，为他颁发了"光荣离职"的匾额。他的离职标志着革命年代造就的融合了革命信仰和个人义气的第一代乡村领导彻底退出泥河村的政治舞台。

随着党的经济建设为中心的路线方针政策的确立，乡村社区的矛盾冲突也逐渐由政治派系斗争，转变为干部和村民之间的利益矛盾和冲突。这时候善于搞人际关系的乡村干部恰恰面临政治控制放松后的利益矛盾冲突，渐渐失去了政治平衡能力。此时，村里的矛盾焦点已不再是村干部之间的派系竞争，而是村干部和村民之间的利益矛盾，因为在后集体化时期，政治利益已经不再是乡村政治的主流，经济利益引发的纠纷和矛盾开始凸显，占据突出位置。同一个生产队的村民因为劳动分配和宅基地分配等问题，更容易发生经济利益矛盾。贾致河之所以后来下台，正是因为和自己的邻居、本家侄子因宅基地而发生矛盾，这个本家侄子就借贾致河的孩子结婚不到年龄一事儿，一直到乡里和县里告状。在1984年时，高村乡实在没有办法，就免去了贾致河的支书一职，换了李香元做党支部书记。

总之，集体化后期的乡村政治尽管存在着不同领导风格和派系竞争，但基本上不再是"文化大革命"初期通过开展群众运动的激烈政治，而是日益趋于经济理性，借助上级领导的压力以及中央的政策方针，实现有序的政治权力更替。这更加符合李连江和欧博文所说的依法抗争的模式（李连江、欧博文，1997），也就是村里边有矛盾、有意见，村民们不再借助政治运动来发难对方，而是寻找对方的问题和错误，然后通过上访告状，要求上级领导依据法律处理基层干部。

二　不太情愿的包产到户过程

有关中国农村经济体制改革，有许多不同说法。按照官方的说法，这是一个新历史时期，意味着由阶级斗争为纲的历史时期转变为以经济建设为中心的时期。主流经济学认为，这个时期因为实行家庭联产承包责任制，改变了农村生产关系，解放了农村生产力，导致经济效率的大幅度提高（林毅夫，2008）。按照社会学的解释，这个时期因为国家放松了控制，农村社会关系复兴（郭于华，2000），通过人际关系网络促进了农村经济的发展和社会的流动（陈佩华、安戈、赵文词，1996）。无论是主流经济学，还是社会学，都把国家控制的撤退，当作20世纪80年代农村生产关系调整和传统社会关系兴起的理由。不管是农村生产关系调整说法，还是传统社会关系复兴的说法，都忽视了在后集体化时期，那段短暂的农村社会繁荣难以掩盖的80年代后期以来农村社会的凋敝趋势。因此，如果把历史时段稍微拉长点儿，我们就会发现传统社会复兴说和自由市场理论，难以充分解释农村在经历了80年代前期的短暂繁荣后随之而来的逐渐凋敝的现象。我们需要超越传统、国家和市场三者之间依次展开的历史模式，进入社会深处去发现更加细致的社会转型的历史过程。

1978年12月召开的中共十一届三中全会，拉开了经济改革的序幕。虽然全会当时制定了《关于加快农业发展若干问题的决定（草案）》并下发到各省讨论和试行，决定首先在农村改革，推行联产计酬责任制，但是一开始并没有立即推行家庭联产承包责任制，甚至不许包产到户。直到1979年9月十一届四中全会通过的《中共中央关于加快农业发展若干问题的决定》才规定，某些特殊需要的副业生产和边远山区交通不便的单家独户可以包产到户。1980 年 9 月召开的各省区市第一书记座谈会专门讨论了农业生产责任制问题，会上黑龙江省委书记和贵州省委书记直接争论。贵州省委书记池必卿反驳黑龙江省委书记杨易辰说："你走你的阳关道，我走我的独木桥。"（杜润生，2005：119）他把集体生产比作阳关道，把包产到户比作独木桥。但是会上通过的《关于进一步加强和完善农业生产责任制的几个问题》（1980 年中央 75 号文件），承认了那些愿意选择包产到户的大队不要硬纠正回到集体生产状态。直到 1982 年中央 1 号文件，也就是中央批转的《全国农村工作会议纪要》，才第一次把包产到户的自发行为规定为"社会主义农村经济组成部分"。1983 年中央 1 号文件，即《当前农村经济政策的若干问题》明确提出，家庭联产承包责任制"是党领导下我国农民的伟大创举，是马克思主义农业合作化理论在我国实践中的发展"（曹锦清、张乐天、陈中亚，2014：48），要求在全国推行。

现在被认为农村家庭联产承包责任制的首个试点村是安徽凤阳小岗村，据说 1978 年 11 月 24 日的晚上，当时的生产队队长严宏昌带领全队 18 条汉子，冒着生命危险，签订生死同盟，把生产队的土地分到各家各户（陈桂棣、春桃，2009）。小岗村为什么要分田单干，有其特殊的社会背景。小岗村位于安徽北部，处在淮河和长江中间的丘陵地带，自古土地贫瘠、生活艰难。在新中国成立前，这个地区主要就是通过多种生存策略来平衡家庭困难的，平时靠地方市场网络来弥补农业生产的不足，遇到灾荒年景主要靠讨饭和抢劫等掠夺性策略来谋生（裴宜理，2007）。比如下面这首民歌就反映了当时凤阳一带的生存策略。

> 说凤阳，道凤阳，
> 凤阳本是好地方，
> 自从出了朱皇帝，
> 十年倒有九年荒，
> 大户人家卖骡马，
> 小户人家卖儿郎，
> 奴家没有儿郎卖，
> 身背花鼓走四方。

集体化时期，农村生产劳动受制于人民公社的统一指挥和调度，缺乏自由灵活的手段来补充集体农业的不足。这使得本来就土地贫瘠且容易多灾多难的黄淮地区农村生计更加艰难。尽管集体化时期在人民公社的统一指挥下，农村通过集体大会战，进行了农田基本建设，但并不是所有的地区都可以通过农田基本建设来克服自然条件的限制，进行农业生产的。除了黄淮下游一带，也包括陕北农村，正如路遥在《平凡的世界》里所描写的，在黄土高原上通过农业大会战修建的水坝，甚至成了农村集体之间争抢用水导致灾患的因素（路遥，2009）。然而，这些特殊地点的特殊案例并不能成为否定整个集体化时期农业生产方式的依据。因为各个地方的生态环境、社会结构不太一致，因此集体化生产方式的效果是不一样的。有人估计当时的农村生产大队可以分为三类：一类是经济状况较好的；一类是中间状态的；一类是较差的"三靠队"（即"吃粮靠返销，生产靠贷款，生活靠救济"的队，最多时达 2.5 亿人）（杜润生，2005：98）。除了有小岗村这样的条件恶劣之地作为控诉集体化农业生产模式的典型，也有诸如山西昔阳大寨村的好典型，以及诸如河南新乡七里营公社刘庄这样的模范大队等。不能把小岗村的故事无限放大成为那个时期整个农村社会的缩影，来贬低集体化时期的农村生产生活模式。

尽管集体化时期的农业体制是一样的，但各地在实践中的做法以及产生的后果却是多样的。仍然以泥河村为例，作为一个土地相对充裕、人地矛盾不是那么突出的豫北村庄，在 20 世纪 70 年代后期，不但没有出现像安徽小岗村以及陕北高原那样外出讨饭的情况，反而有不少豫东地区的人来村里讨饭。那时候，每年临近年关和开春，都会有走街串巷的要饭的和民间艺人来到泥河村讨生计。那时候流行的一段要饭的顺口溜是这样的。

> 老大娘，寻口馍，
> 黑馍白馍俺都要，
> 就是不要糠菜窝，
> 糠菜窝吃时怪甜的，拉时怪难的。

集体化后期的泥河村，既没有小岗村那么贫穷和散乱，也没有大寨村那么先进而高尚，而是和浙北地区的陈家场村一样，都属于中间水平的生产队。陈家场村在集体化后期的 1978 年到 1982 年基本上靠农业集体生产解决吃粮问题，靠家庭副业可以解决花钱问题。而且在 70 年代末期和 80

年代初期，陈家场村通过日益改善的家庭经济状况，掀起了第一次修房造屋的高潮，而且在婚丧嫁娶等重大的礼仪场合，农民也可以杀猪宰羊，摆席庆祝（曹锦清、张乐天、陈中亚，2014：19～158）。从1978年到1983年，泥河村的生产秩序和经济增长也都是有条不紊的。在农业生产方面，因为早在70年代中期，泥河就已经通过开挖样板渠、打机井、接通乡村电线等措施，解决了水浇地问题，而且化肥、农药的使用也已经很普及，所以粮食生产基本稳定在亩产1500斤左右，这当然包括夏秋两季的粮食总产量。而且泥河因为1958年和1969年的两次大规模的开荒造田，大大扩展了耕地面积，是周边几个村庄中土地面积最大的村庄，全村2100多亩地，人均2亩地。所以，就农业生产来说，泥河的经济状况一直是整个高村公社最好的，全村人为此也比较自豪，在那个年代，通过农业生产，至少可以解决吃饭问题，根本不存在小岗村那样的外出讨饭问题。

1978年中共十一届三中全会通过的《关于加快农业发展若干问题的决定（草案）》虽然禁止包产到户，但是却要求尊重生产队的自主权，实行按劳分配，发展农副业和社队企业，提高农产品收购价格，发展农业机械化（杜润生，2005：100）。那时候各个生产队开始推行包工到组的责任制，部分解决了大集体劳动导致的无法监督出工不出力的问题。那时候泥河村里流行着这么一句话"日工不想动，包工不要命"，表明了分组包工劳动相比生产队按日派工劳动更能够调动农民的劳动积极性。不可否认，在生产队集体生产经营的前提下，大家对最终生产经营结果没有直接的控制能力，只关心实际劳动时间的长短，所以才会日工磨磨蹭蹭，包工拼命干完，因为这样可以早点干完、早点回家休息或者干自己的私活。但是分组包工劳动不等于包产到户、分田单干，前者是为了减少"搭便车"问题以提高集体劳动时的劳动效率，而后者则是为了划小核算经营单位，提高资源配置效率。实际上，能否通过划小核算经营单位提高资源配置效率，取决于农村资源结构，这个问题留待后面讨论。

在20世纪70年代后期，泥河村不但采取了生产责任制，而且农业机械化程度已经有所提高，1979年村里购置了一辆东方红牌履带式拖拉机，通过机械代替畜力犁地。另外，村里还购置了一台上海五零胶轮柴油机车，可以拉货搞运输。这在当时附近几个村都是比较先进的。到1980年，村里另外一件值得记载的大事是村委会购置了一台24英寸的彩色电视机。

每天晚上吃完晚饭，年轻一代的村民们就集中到大队部的院子里，排成一排，坐下来，等待大队干部把电视搬出来，接上电、调好台，放电视节目。大家围着电视，就像看电影一样新奇而兴奋。那时候，大家最喜欢看的电视节目是引进的日本电视连续剧《血疑》，观众都被剧中女主角大岛幸子的美貌和善良的个性以及和男朋友相良光夫的爱情故事所打动。但是，那时候电视里偶尔播放的芭蕾舞演员穿着比较性感的紧身衣跳舞的节目，往往惹得刚刚接触现代艺术的村民们一阵阵叫骂。

　　当然，正是因为泥河村的粮食生产比较丰富，所以相对而言，工副业生产一直不好。而附近土地资源比较少的村子中，都有一些工副业生产。比如泥河南边的郭庄村因为地少人多，就发展加工业，郭庄村有一个机械修配厂，规模还挺大的。那时候，小学生们每次到那里去玩，都会对郭庄的修配厂充满了好奇，总想看看里面是如何修配农具的。另外，郭庄还有两口烧砖的窑场，一到秋冬季节，就开始脱坯烧窑，那也是孩子们玩耍的好去处。那时候冬天没事干，小孩子们就跑到窑上取暖，看人家往窑洞里添煤烧窑。而泥河村西北的思德村因为河坡里有鹅卵石，也有石灰场，谁家盖房子，拉石灰，就去思德石灰场拉石灰。泥河在 20 世纪 70 年代初期曾经办过一个"9·20"加工厂制造叶肥。"9·20"是一种当时国际上先进的喷洒化肥，学名赤霉素，可以促进农作物枝叶的生长，现在依然被用在农作物施肥方面。当时能够在农村加工生产赤霉素，表明绿色革命在农村的推广程度已经相当普及。但是因为生产工艺落后，后来就解散了。

　　另外，那时候各个生产队因为种植棉花也办过轧花场和榨油作坊，但也都因为棉花收购政策的影响，各个生产队的轧花场和榨油作坊停办了。当时，全村唯一剩下的副业就是集体的养猪场。李富荣一直负责给大队养猪，对大队的养猪场尽心尽责，把猪养得肥肥的，曾经获得全公社评比的养猪模范，到公社去开表彰会，还去参观新乡七里营公社的集体农业。有一次，大队的一头母猪从猪圈里跑了，找了半天才知道被郭庄的一个哑巴赶走了。他家人说猪跑到郭庄地里拱庄稼苗了，他在地里看地，就把泥河的母猪赶回家了，非要把猪打死吃肉。这事急坏了李富荣老人，跟那个哑巴讲理，他又叽里呱啦说不清。无奈，李富荣就找郭庄的亲戚帮忙，通过她的一个表亲戚才把猪要回来。泥河村真正的第一家集体企业是 1982 年张洪友的女婿梁华在大队的支持下成立的小香槟酿造厂，利用当时老学校的校址生产小香槟。小香槟在当时是一种稀罕的饮料，打开以后冒很多泡沫，喝到嘴里酸酸甜甜的，很是舒服。但是，因为用的酒瓶是收购的二手啤酒瓶，灌进香槟之后产生二氧化碳，容易爆炸，也因为一直没有拿到生产批号，打不开销路，厂子最后倒闭了。

总之，如果不是因为1982年9月召开的中共十二大和第五届全国人民代表大会肯定了家庭联产承包责任制，1983年中央1号文件要求各地推行家庭联产承包责任制，泥河村的集体生产体制还不知道何时解散。在1983年解散生产队的时候，其实村民们的心情还是比较复杂的。正如张乐天在研究人民公社时所说，推行家庭联产承包责任制，浙江海宁地区农民的心情是复杂的。"积极的、消极的、观望的、参与的、拥护的、反对的、各种态度交织在从集体经营到家庭经营转变的过程之中。"（张乐天，2012：341）泥河村的村民对于包产到户的态度也是复杂的，而不是如小岗村村民那样冒着生命危险要走分田单干的路子。

那时候，泥河村民最关心的不是包产到户问题，而是如何能够跳出农门，外出参军、升学、招工的问题。谁家有人考学、出去当兵、当工人走了，在村里就是一件大事，这家一定要设宴摆席庆贺一下。比如当时晋善信家的大儿子晋喜明去北京当兵，这对晋善信来说就是一件特别喜庆的事情，一是表明他们的地主成分"帽子"被彻底摘除了，孩子以后当兵升学入党都不受影响了，二是儿子终算跳出农门，不用在家搞农业劳动受罪了。晋善信本来也是公办教师，家里有现钱，就置办酒席庆贺一下。

对于那些信奉毛泽东思想的积极分子，更是想不通分田到户的做法。他们认为，辛辛苦苦搞了那么多年的集体化生产，怎么突然就回到过去了呢？1984年接任村支书的李香元是集体化时期的青年突击队队长，曾经带头给生产队修样板渠，为集体事业献出了自己的青春，对集体充满了感情，所以，当集体解散，他接任村支书时，应该是思想上落差最大的。但是并不是只有村干部才留恋集体化生产经营体制，其实那时候家里劳力少又没有什么手艺的农民家庭，更是留恋集体化模式。因为毕竟集体化时期，各个生产队和生产大队都通过提取公益金，来解决生产队里孤寡老人的福利照顾问题。另外，前述生产队可以通过分配一些诸如看场、放牲口、喂牲口、植树造林等轻省的活计给那些老弱病残的社员，实现各尽所能、按劳分配。但是，包产到户之后，这些老弱病残的社员，只能靠家庭内部来解决生计问题。生产经营单位的化小，相应地也缩小了劳动分工的调剂范围，所以，老弱病残社员对集体化的留恋是顺理成章的。

当然，那时候家里劳力少、孩子多，靠挣工分难以糊口但是会些手艺又头脑灵活的家庭则希望把地分了，这样他们就可以利用自己的手艺，自由地在农村地方市场网络挣钱贴补家用。比如那时候二队郭夏和家里，孩子多而且大都没有成年，正在上学，所以无法给生产队出工挣工分，每年都会亏欠生产队的口粮工分。郭夏和会给牲口铲蹄钉铁掌，他就想利用农闲时间出去给牲口钉铁掌，挣些钱贴补家用。但是在生产队的时候，二队队长管住他，不让出去，或者罚他交很多钱补偿工分。但是，土地承包到户以后，他就可以在忙完农活之后，自由外出给牲口铲蹄钉铁掌挣钱。所以，包产到户之后，最大的好处是开放了农村市场，给许多头脑灵活的人提供了非农就业的机会，促进了农村能人的独立发展。

尽管存在如此多的分歧，但是在中央的大力推动下，还是在1983年底基本上把家庭联产承包责任制推广到全国（杜润生，2005：139）。泥河的包产到户也是在1983年的春天开始进行的。当时，各个生产队根据土地好坏程度分成不同的级别，然后分别丈量亩数，按照各家的人数平均划分。不但把土地分给了各个家户，而且对集体资产也进行了变卖和分配。那时候，大队的集体资产包括拖拉机、胶轮机车和一个果园，而各个生产队的集体资产主要就是牲口和大车农具等。可以变卖的集体资产，都通过变卖折现的办法分下去了，不能变卖的也都处理掉了，最为可惜的是大队的果园。那时候，正是果树结果的时候，每年都能够给村民们分一些桃子和苹果，这是村民的集体福利。但是，在分田到户的时候，并没有把大队的果园承包出去，而是把果树砍了，每家分了几棵砍伐下来的果树枝，好端端的一个果园就被毁掉了。尽管官方宣传的是统分结合的家庭联产承包责任制，但是实际执行过程中更多的是如何分田到户，而没有建立起统一经营的农业服务体系。当时的安徽省委书记张劲夫就包产到户之后出现的一些问题给中央写了一份报告，谈到集体经营的范围和方式如下：一是对6%~10%的困难户，党团员分包帮助；二是预防用水纠纷，订立用水公约；三是有效使用农机，建立农机队，农民有偿使用；四是减轻农民负担，建议尽量从社队企业利润中提取干部补贴和行政开支费用；五是维护集体资产，全面登记，清理债务；六是对于土地管理制定法规，统一规划；七是制定社队干部岗位责任制和奖惩办法（杜润生，2005：128）。但是，除了少数地方能够做到上述部分建议之外，大部分村庄都把集体资产折价出售，或者承包出去收取一点租金。比如，泥河村除了将一些机动土地承包出去收取租金作为大队干部的一部分补贴和行政开支之外，基本上就没有什么集体资产了。

三 是劳动激励问题，还是人地比例问题？——农业生产经营体制改革的争议

根据经济学家林毅夫关于包产到户这一体制转变对农业生产效率贡献的研究，就全国情况而言，1978～1984年，农业生产值增加了42.23%，年均增长7%，其中农业投入对农业生产值的贡献率是19.34%，占总的农业生产增加值的45.79%；家庭承包改革对农业生产值的贡献率是19.8%，占总的农业生产增加值的46.89%（林毅夫，2008：81）。对此，林毅夫的结论是，相对于家庭农场体制，集体化农业生产组织的农业生产效率是低下的，他认为家庭农场才是发展中国家农业增长更为适当的方式（林毅夫，2008：85）。但是，这个模型并没有进一步解释为什么家庭联产承包责任制就能提高农业生产效率，也就是说，计量经济研究模型需要更加微观的机制分析作为基础。人们需要知道的恰恰是为什么家庭联产承包责任制能够提高农业生产效率，也就是说，家庭联产承包责任制是一个需要进一步解释的因变量。根据当时的农业政策专家杜润生的说法，农业生产的自然特征要求采取家庭经营形式，这样才可以灵活地跟进农作物的生长规律，进行现场决策，提高农业生产效率（杜润生，2005：134）。言外之意就是，集体化农业经营中，生产队无法跟进农作物生产规律灵活地调整劳动投入。这个说法有点勉强，生产队作为一个自然村，也是和土地生产密切接触的，对农作物生长一样可以了如指掌。如果说瞎指挥的话，问题只存在于"大跃进"时期脱离生产劳动一线的公社层面，可是在1962年重新确立人民公社"三级所有，队为基础"的体制之后，不可能在生产队层面出现瞎指挥的问题。周其仁从产权理论角度解释了生产队时期有效劳动投入不足问题。集体化时期通过一种行政等级控制和思想政治运动方式来激励生产队干部，周其仁认为这种行政控制和意识形态激励办法对于

基层干部是无效的，因为他们没有升迁渠道，只有群众压力，难以产生激励效果（周其仁，2004：12～13）。生产队干部没有激励动机，集体化生产就会导致两个效率低下的现象：一个是因为存在"搭便车"现象，大家都不愿意尽力而为；另一个是生产队干部不能获得剩余权，所以没有动力去监督和管理社员增加劳动投入。

可是生产队时期真的存在农村有效劳动投入不足的问题吗？曹锦清、张乐天、陈中亚的个案研究指出，集体化时期生产效率低下不是劳动投入不足问题，而是劳动投入过多的窝工现象。他们用非常具体的个案资料，计算集体化时期陈家场村农业生产加上副业、农田水利建设和生产管理用工等所有劳动投入总和，然后和当时的劳动定额比较，发现竟然有50%左右的窝工比例（曹锦清、张乐天、陈中亚，2014：152）。也就是说，农民的出工劳动时间相对于核定的劳动定额标准，有50%是无效劳动。这表明，集体化时期农村存在无效劳动，只有减少农业劳动投入，才能提高生产效率。实际上，黄宗智有关新中国成立前长江流域小农经济的研究，也发现存在着把过多的无效劳动投入到有限的土地精耕细作上，而出现所谓的自我剥削的过密化问题（黄宗智，2006）。而且这个问题不是黄宗智一人发现的，许多有关中国传统农业的研究都发现了这个问题（李丹，2009）。所以，问题的关键是中国自古就存在人多地少的矛盾，到集体化后期，这个问题更加严重，过多的农村富余劳动力，无法转移到非农产业，只能通过集体安排的基本建设任务，进行无效劳动投入，而其边际产出效率却是递减的。所以，要想提高农业生产效率就要降低劳动投入，提高单位劳动投入的边际产出比例。

实行家庭联产承包责任制，能否提高农业生产效率，取决于是否存在闲置土地或者利用效率不高的土地。比如，小岗村1966年到1978年13年156个月份，吃国家供应粮87个月，吃了22.8万多斤，占13年总产量的65%，占到集体分配口粮总数的79%。但是1979年实行大包干，全队打下粮食13.237万斤，还给国家破天荒地上交2.4995万斤爱国粮；全队收获油料3.52万斤，一次卖给国家花生、芝麻2.493万斤；社员收入最好的人家可达五六千元，最差的也在250元上下（陈桂棣、春桃，2009：74）。小岗村的现象在于那里存在周其仁所说的劳动激励不足问题，集体化时期小岗村农民宁可出去逃荒也不愿意投入农业劳动，所以通过家庭联产承包责任制能够提升劳动投入。可是像浙江海宁县陈家场村这类村庄并不存在劳动投入不足问题，所以实行家庭联产承包责任制不能提高粮食产量。比如实行家庭联产承包责任制之后，海宁县陈家场村1983年当年的粮食总产量低于1982年的丰收年，以后几年也是稳定在1978年、1979年的水平（曹锦清、张乐天、陈中亚，2014：164）。

就泥河村的情况而言，实行分田单干之后，泥河村民确实感到生产自由了，各家各户可以自由支配自己的劳动时间和闲暇时间。但是家庭承包经营，并没有带来多么大程度的农业产量提高，因为不管是集体生产，还是家庭承包生产，泥河的农业劳动投入都是饱满的，不存在闲置土地。包产到户只是增加了泥河村民的休闲时间和心理上的优越感。如果说农民获得了实际利益的话，主要是国家调整了农产品种植比例和提高了农产品收购价格。农民通过调整农产品种植结构，使农产品卖出较好价格，取得了较好收入。比如，那时候泥河村的第一个万元户就是原来五队的葛江信家，1984年因为种植棉花丰收，而且当时高村供销社棉花厂提高了棉花收购价格，葛江信家一下子就成了万元户。但是靠调整种植结构，提高农产品价格来促进农民增收的措施很快就没有潜力了，原因是总体上依然无法解决人地矛盾问题，富余的农村劳动力无法通过非农产业转移来持续提高农业效率和增加农民收入。当时，整个淇县的乡镇企业都不发达，所以通过转移农业劳动进入第二、第三产业解决富余劳动力增加农民收入的策略，在泥河乃至高村乡、淇县都无法实行。根据《淇县志》的记载，到1989年的时候，全县共有乡镇企业54家，职工人数2023人（淇县志编纂委员会，1996：518）。这对于全县22万人口而言，能够吸纳的就业人口不足人口总数的1%。而当时全县劳动能力人口（14～65岁）大约有14.34万人，乡镇企业就业人口占全县劳动能力人口的比例也只有1.4%。如果再加上村办企业，1990年全县有107个村办企业，从业人员2710人（淇县志编纂委员会，1996：520）。乡镇企业和村办企业两者合计从业人口4733人，占全县人口的2.2%，占全县劳动能力人口的4%。这根本无法转移剩余的农村劳动力。那时候，淇县其他乡村的农民实行家庭承包以后，在农闲季节开始做小买卖，走街串巷，繁荣农村集市。但是，因为农村集市很快饱和，做小买卖相对于农业生产的比较优势并不突出，挣不了多少钱。如果自己家里土地够种，人们参与农村集市的积极性就不会很高。比如，那个时候一般都是其他村的小商小贩喜欢到泥河村做买卖，他们推着各种瓜果蔬菜和熟食品，到泥河交换获取粮食，每次都卖得很快。而泥河的村民却很少有人参与到小买卖当中，宁可在家守着二亩地，也不出去做小买卖。这是因为泥河村相对于外村土地比较充裕，不需要通过做小买卖来贴补家用。这也成为泥河村民的自豪，因为那时候农民仍然认为种地才是自己的本职，靠种地日子过得也不差，在心理上就比走街串巷吆喝着做买卖的要优越。

淇县在 20 世纪 80 年代的情况其实可以和浙江海宁县的情况做一比较。浙北地区的情况是农村副业和乡镇企业发展得较好，家庭联产承包责任制的主要贡献是可以转移富余的劳动生产力进入副业和工商业，从而提高农民家庭收入。比如 1983 年海宁县的蚕茧生产出现了大幅度提升，又加上蚕茧收购价格提高，农民来自蚕茧副业的收入增加。海宁县陈家场村王某家里就是靠蚕业收入大幅度提高了家庭收入，1986 年他家全年总收入 2541 元，总支出 618 元，净收入是 1923 元，按照 1979 年的价格换算是 1026 元，比集体化时期增加了一倍多（1979 年的全年净收入是 500 元）（曹锦清、张乐天、陈中亚，2014：168）。另外，浙北地区在 20 世纪 80 年代工商业开始发达，村内大量的农业劳动力转移到工商业。家庭承包前一年（1982 年），陈家场村务农的劳力有 89 人，进入附近乡镇企业或从事个体手工业的劳动力大约是 20 多人，不到 25%。到了 1989 年他们村就有 74 人从事工商业，约占当年劳动力总数（114 人）的 65%（曹锦清、张乐天、陈中亚，2014：170）。所以，海宁县陈家场村的农民收入提高其实不是得益于家庭联产承包责任制带来的粮食生产增加，而是得益于农村副业以及工商业的发展。

对比小岗村、泥河村和陈家场村三个村庄，我们可以发现，20 世纪 80 年代农村经济改革的出路应该在哪里？当时主要存在两种思路：一种是改革集体经济模式，恢复小农经济；另一种是发展农村工副业，转移农业劳动力。这两种思路针对两种不同的农业问题，一类是农业生产劳动效率问题，另一类是农业资源配置效率问题。改革集体经营模式、恢复小农经济是针对农业生产中的劳动激励问题的，因为采取集体经营模式，缺乏劳动激励，社员出工不出力，所以需要化小经营核算单位，制定劳动激励机制。而发展农村工副业，是假定农业生产存在富余劳动力的窝工现象，需要通过发展非农产业，转移剩余劳动力。这两个问题在不同地区的严重程度并不一致。安徽小岗村在集体化时期土地利用效率不高，许多村民因为对于集体化生产方式不满，所以不但出工不出力，而且宁可外出讨饭也不在家种地。这样实行家庭联产承包责任制以后，农民看见了劳动投入和所得的关联，所以增加对土地的劳动投入，提高了土地利用率，进而增加了粮食产量和收入。但是，对于河南淇县泥河村和浙江海宁县陈家场村，分田单干对粮食产量增加并没有太大的贡献，因为这两个地区的土地使用效率在集体化时期就已经比较充分，实行分田单干后的家庭化生产并未显著提高农业产量。泥河村和陈家场村的差别关键在于有没有农村副业以及工商业。浙江海宁县农村副业和工商业发展起来了，可以转移多余的农村劳动力，这样才可以把家庭承包以后粮食集约生产剩余出来的劳动力转移到其他产业，从而提高农民的收入和促进经济发展。淇县位于豫北地区，在整个20世纪80年代农村副业和工商业都不怎么发达，所以包产到户对于泥河村农民的影响只是获得了自由和闲散时间，并没有提高农业产量和增加农民收入。由此可知，当时政策和理论界都过度看重所谓的家庭联产承包责任制，而忽视了十一届三中全会提出的大力发展副业和社队企业的重要内容。其实大力发展农村副业和社队企业，转移剩余劳动力，才是当时提高农业资源配置效率、增加农民收入的根本出路。

第十章　改革开放以来的泥河村（中）：
新礼治模式

自古到今，社区生活都不是滕尼斯所说的那种紧密的自然意志包裹下的共同体状态（斐迪南·滕尼斯，2010），而是不断地发生着内部的裂变。这在埃文斯－普里查德描述的非洲尼罗河畔的努尔人的社区日常政治中得到集中展示。埃文斯－普里查德说到，虽然特殊的生态环境使努尔人对特定的地域部落产生强烈的认同感，但是这种社区认同感的地理边界是伴随族群身份的远近而发生弹性变化的，并需要通过对外的掠夺和竞争来强化对内的团结和整合（埃文斯－普里查德，2014：140~156）。这类似于费孝通所说的差序格局，中国的人际关系也是以个人为中心，像投入水中的石子引起的波纹一圈一圈向外扩展（费孝通、吴晗，2012）。所以，社区认同和团结互助不是自然产生的，需要特殊的文化礼仪和集体行动才能制造出来。社会学和人类学的主要研究结论是只有在远离国家中心和市场侵袭的情况下，社区才能逐渐发展出具有合作互助功能的集体伦理和仪式（王铭铭，1997）。从20世纪70年代后期到80年代，虽然泥河村也有矛盾和冲突，但是整体上泥河村的社区生活是充满温情的，各种乡情睦邻关系渐渐浮现，各种传统礼仪庆典也得以恢复。然而，泥河村的社区睦邻关系的改善并不完全如其他研究中所提到的，是因为国家权力的撤退，乡村政权的空缺，传统社会关系和社区仪式复兴才发挥乡村自治的功能（古学斌，2011：268~292；郭于华，2000）。实际上，不管是逐步改善的村民关系，还是日益复兴的乡土文化，都和基层政权的支持是分不开的。

一　通过礼仪实现社会治理

1. 泥河村的互惠合作机制

华北地区和华南地区不一样，不是靠家族体系把大家联合起来的（王铭铭，1997），而是和浙北农村一样，早在新中国成立前就已经失去了大型家族组织结构和家族财产，再加上新中国成立后历次政治运动和"文化大革命"对传统家族体系的破坏，所以改革开放以后恢复的传统社会关系，也多是围绕家庭联盟而出现的，而不是家族组织主导的（曹锦清、张乐天、陈中亚，2014：420～422）。在20世纪30年代，李景汉对河北定县调查时发现，东亭乡的60个家族中，仅有13个宗族有祠田，多者60亩、少者仅3亩，全部祠田共有207亩，占所有耕地的比例不足0.1%。同样，浙北农村的海宁县，1951年土改时，包括祠田、庙产和其他公田，占全部耕地的比例只有0.5%（曹锦清、张乐天、陈中亚，2014：418）。这都表明，在华北、浙北广大平原地区，大型家族结构几乎不存在了。淇县尽管在历史上有很多古老的姓氏，但是因为地处中原，为历代兵家征战的腹地，所以大型家族组织和族产到民国时期就已经破坏殆尽了。《淇县志》里只有一些望族的奇闻轶事，并无家族组织结构和财产的记录。具体到泥河村，郭氏家族作为村里最大的家族，到新中国成立时，也没有正规的祠堂和族产，整个家族早已分裂为小型的几股，缺乏统一的大家长把大家组织起来。新中国成立后在20世纪60年代初期郭全英当政时，郭氏家族辈分较高的郭宝全（二爷）曾经组织族人续过一次家谱。但是，这个事件成了"文化大革命"时期造反派批斗郭全英的一个借口，批判他支持老家长续家谱，恢复"四旧"。所以，当20世纪90年代郭氏家族一些中年人再次请出几个耆老准备续家谱时，因为没有获得村庄政治权威的认可而遭到一些人的反对。因为缺乏权威支持和资源动员力量，所以这次家谱编得很草率，形式上也很不正规，更没有起到团结家族力量、重整家族秩序的作用。

随着包产到户，村民实现了耕作自由，但是在农忙季节，靠单门独户的劳动难以完成耕作任务。比如，每年开春之后，冬小麦返青前需要进行一次水浇地；在小麦抽穗的时候，需要一次集中施肥；麦收的时候更是需要抢收抢种；等玉米抽天箭的时候，则需要集中浇水除草；秋收时候，又是一次集中收获的时机；直到把地犁了，把小麦种上，这时候一年的冬闲季节才算来临。在这几次重要的时点，都需要集约劳动，只有这样才能完成大面积耕作的农业生产任务。不像在传统社会，因为土地面积划分得很小，相应的农业生产任务也比较分散。集体化时期，华北地区村集体对耕地进行了整理和合并，大片土地连在一起，便于集体化耕作和管理。但是

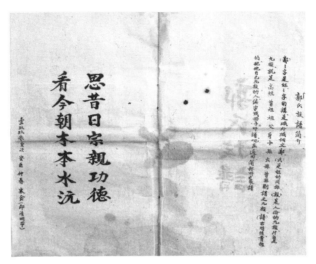

图 10－1 20 世纪 90 年代编写的泥河郭氏家谱

包产到户以后，这种集中连片的土地虽然划分成不同面积分给了农户，但是各家各户的承包地基本上只靠一条地垄分开，实际上大家的承包地仍然是成片连在一起的，所以耕作起来非常劳累。那时候，山区来的亲戚或者嫁到泥河的媳妇，很难适应平原地区的农业劳动，感觉特别辛苦。夏天麦子熟了，金黄的麦田给农民带来的除了喜悦，还有焦虑，农民担心万一下雨，麦子淋湿在地，收成就要受到损失，所以用"抢收"来形容收麦子一点儿也不夸张。而 20 世纪 80 年代初期，农民还是用镰刀割麦子，看着一望无际的麦田，有一种绝望的感觉，在地里帮忙的小孩子就不断地去拿水壶喝水。后来有了收割机和打麦机，减轻了割麦运输的劳累，但是因为机器是租用别人家的，需要不断地赶工，劳动密集程度就更大了。记得有一年笔者家里打麦轮到凌晨三点接班，母亲很早就给我们做好了绿豆稀饭热馒头，家里哥哥姐姐嫂子一起拿着木叉、扫帚、木锨去场上打麦。那时候三哥身强力壮，吃苦耐劳，用他的话说就是"顶打"，他负责在打麦机跟前续麦穗。笔者和二哥负责把麦捆挑开，又到他面前。两个嫂嫂和姐姐负责把打出来的麦子铲到一起，装到布袋里。机器不停，人也不停，一直干到第二天清晨，大家累得倒在打麦场上，饭都不吃就睡着了。打麦子很累，等到暑期给玉米浇水的时候，那简直就是受罪。暑伏天，玉米已经长到一人多高，钻到玉米地里，一会儿工夫就汗流浃背，但是又不敢脱了衣服，不是因为怕羞，而是因为玉米叶子边沿上的小锯齿拉得皮肤生疼，难受极了。而且，玉米地里的田垄随时会被水冲开，这时候就要拿铁锨迅速挖土堵上漏洞，不敢有半点儿松懈。

因此，在上述农业劳动的节骨眼上，村民们之间的相互换工，就成为乡村社会互助合作的基本形式。尤其是对于那些家里成年男性劳动力相对较少的家庭，更需要亲戚朋友的帮忙，只有这样才能完成紧张而又劳累的农忙任务。比如笔者家里那个时候成年的几个哥哥都在外工作，所以每到浇地或者施肥、打农药的时候，就要亲戚朋友帮忙。亲戚朋友不一定像福建安溪县美法村那样根据亲属关系的远近来帮忙（王铭铭，1997：65），而是类似浙江海宁县的陈家场村按照日常生活中交往关系的亲疏程度提供帮助（曹锦清、张乐天、陈中亚，2014：440）。给笔者家里帮忙的几个村民都是从小在我们家里一块儿玩耍长大的稍微远房的亲戚。一个是本村远房舅舅家的表哥秋海（大名郭建军），另一个是五服内的本家侄子文东（大名郭灿良）。他们两人从小母亲去世得早，家里兄弟姊妹又多，缺乏关爱。笔者的母亲（李富荣）虽然对外是一个比较强势的女人，但是对于晚辈则比较疼爱，尤其是对于那些没有能耐的穷苦人，她更加宅心仁厚。所以，秋海和文东两人从小就喜欢到我们家来玩，到吃饭的时候就和我们一起吃，有啥农活儿也帮助我们家一起干。尤其是后来，他俩长成半大小伙子后，个子高、力气壮，我们家的许多力气活儿都是他们两人帮忙干的，帮了我们家的大忙。当然，在那个时代，商品物资供不应求，许多商品需要有票证才能买到。笔者大哥在部队当兵，二哥在县物资局上班，他们给家里购买一些紧缺物资，除了我们家自用，母亲也用来周济那些帮助我们家的乡邻。我们家是村里最早拥有自行车的少数家庭之一，笔者大哥从部队得到指标，购买了两辆飞鸽牌自行车。那个时候，附近谁家有什么急事外出，或者需要体面一些，就借我们家的自行车。当时骑上一辆飞鸽牌自行车，"嘀呤嘀呤"摇动着车铃，飞驰在乡村崎岖不平的道路上，也是一件很自豪的事情。那时候村民已经开始用煤火烧饭取暖，尤其到冬季每家都要在屋里盘一个煤火炉，生上煤火做饭取暖。但是那时候煤炭供应不是那么充足，所以能够从物资局获得平价煤票就很体面。笔者二哥那时候是县物资局的司务长，常常弄些煤票给母亲，让她还村民们平时给家里帮忙的人情。谁家盖房子用木材等，有时候也找二哥从物资局买平价木材。那个时候蒸馒头、熬稀饭，流行放些碱面，这样防止馒头发酸，让稀饭喝起来润滑，因此二哥从物资局批发出来一麻袋碱面放在我家里，谁家需要就来我们家称上二斤。所以，那个时候的乡村关系网和人情机制就是通过这种实践过程建立起来的，而不是严格按照传统社会的家族关系的亲疏远近。而且也不一定都要通过礼物的流动来建构人情关系网络（阎云翔，2000），而是通过互通有无、优势互补的策略来建构出一个人情关系网络。

除了农忙的时候村民们相互换工帮忙，农村盖房子、办红白喜事等重要事件时更是要通过互助帮忙的形式筹集劳动力。笔者还记得家里在 20世纪 80 年代初期盖老家堂屋的时候，砖、瓦、门、床、檩条、大梁和石头，都是自己家预备好的，然后大工师傅是要按日付工钱的，小工一般都是找熟人朋友免费"穿忙"，主家提供吃的就可以。当然这个时候，因为用工量比较大，除了本村的一些熟人朋友，还需要动用亲属网络，包括堂亲和姻亲都要用上。笔者记得那时候家里盖堂屋的时候，就把各种亲属都动用起来，包括刚刚结亲不久的二嫂娘家兄弟也都来"穿忙"。当然，那时候能否找到亲戚朋友来"穿忙"，也要看主家平时的为人以及干活时候的伙食供应。记得那时候有个笑话调侃村西头一家主人小气抠门儿，他们家盖房需要找邻居"穿忙"，这家主人兜里装着一盒烟，手放在口袋的烟盒里，问人家明天是否有空、能否"穿"一天忙。如果别人说可以，他就把烟掏出来，递上一根烟，以示感谢；如果别人说没空，他就把烟放回去。有个故意捣乱的小伙子开始答应他说有空，他把烟掏了出来，并且热情地点上烟。那小伙子抽着烟告诉他："我想起来了，明天我得去淇县办个事，刚才忘了，你看看，这可咋办？"这根烟就算白白浪费了。所以，请人帮忙，首先自己得会为人，还得厚道地招待帮忙的亲戚朋友。那个时候，家里平时很少吃肉，但是如果谁家盖房办事，请人来"穿忙"，就要改善伙食好好招待大家。除了一日三餐好好招待之外，晚上吃完饭，还要给每人发一盒烟，表示感谢。这样，"穿忙"的村民背后才不会说闲话。否则，大家背后就议论讽刺谁家小气抠门儿，以后有啥事再叫也不去了。所以，在 20 世纪 80 年代的泥河村，人情关系并不是基于宗族体系的亲属关系，而是一种半商业化、半人情化的社会关系。那时候，村民们对于商品化关系和人情关系没有像詹姆斯·C. 斯科特描述东南亚地区的农民那样把二者对立起来（詹姆斯·C. 斯科特，2001），而是平衡地将二者融合在一起。对于技术工匠劳动采取市场交易关系处理，而对于一般劳务则通过人情机制获取。不管是通过市场交易关系，还是通过人情机制，大家都能接受，关键是不能白白使用别人的劳动，要体现出一种衡平对等的内在机制。

随着半商品化、半人情化社会关系的建构，大队干部以及其他具有正式职业身份的人也在参与建构乡村社会关系网络，而不是完全撤出了乡村社区的公共生活。最为突出的表现是谁家有什么红白喜事的时候，除了找人"穿忙"做些杂役之外，还要找一些有头有脸的人物负责迎来送往，撑起场面。这时候主家找来撑场面的人物一般包括这几类人：一是自己家族里面近门亲戚中辈分较高的长辈，二是村干部，三是在外工作的干部。他们一般并不干具体的杂活，而是负责接待不同的客人。如果有其他亲戚来了，就由本家长辈负责接待；如果是外村来的朋友，就由村干部出面应酬；如果有在外工作的干部来了，一般也是在外工作的亲戚负责接待。另外，在20世纪80年代，村中教师地位是仅次于村干部的体面人物，他们虽然不参与接待，但是一般都会被邀请参与婚礼或者其他庆典，通常会被单独安排一桌席面，以示对教师的尊敬。尤其是如果谁家的孩子考上大学或者外出当兵，就会专门请来老师办谢师宴。所以，在改革开放初期，尽管集体控制力减弱了，但是村干部的威信在村里依然延续，他们通过参与红白喜事的接待，来支撑村民的场面，获得村民的认可。所以，泥河村的经验是，在改革开放初期，村级组织没有瘫痪或者缺位，通过传统社会关系的复兴填补空缺（郭于华，2000；古学斌，2011：268～292）。而乡村精英的功能发生了转换，由直接控制村庄各项事务，转为支持和参与村庄人情机制的建构。后面，我们还会看到，泥河乡土文化的复兴也跟村干部的兴趣和支持是分不开的。

2. 节日中的泥河礼仪实践

实际上除了农活、盖房子等日常生活中的互助关系之外，传统社会延续下来的节日仪式和人生仪式，更能发挥维克多·特纳所说的怨恨冲洗作用（维克多·特纳，2006：207），从而强化农村社区的结构关系。通过仪式活动，大家进入了一种特殊的阈限状态，也就是进入人为制造出来的、暂时排除了日常结构的人际关系状态。人们围绕着共同的象征体系，进行祭拜或者举行庆典，通过宣泄情绪或者升华，修复日常生活的人际关系。泥河一带的节日活动按照阴历来算，主要包括农历年（从腊月二十三开始准备过年，一直延续到正月十五、十六才算是过完年）、二月二、三月三、清明节、五月端午、六月六、七月十五、八月十五、十月初一、冬至、腊八。

农历年（春节）是中国人最看重的节日，从腊月二十三就开始准备了。那时候学校一定要在腊月二十三之前放假，通常到正月十七再开学，这一期间都是春节期间，或者农历年期间。泥河流行的风俗是"二十三祭灶关，二十四扫房子，二十五拐豆腐，二十六蒸馒头，二十七杀公鸡，二十八贴画画，二十九剃狗头，三十蜕皮，初一撅着屁股做个揖"，这句话基本上讲明白了农历年的准备过程。腊月二十三祭灶关本来是祭奠灶王爷，让他到天上汇报人间事务的时候，多说好话，不要惹老天爷生气以免带给人间灾难。但是，小孩子们并不知道这些事情，只知道让家长去县城赶集，回来买祭灶糖吃，就是那种很黏牙的麻糖棍。腊月二十四开始打扫房屋，农村一年下来房子都是很脏的，所以这一天要把房屋进行彻底的打扫，从屋顶到墙脚旮旯都要清扫一遍，因为不但自己过年，还要请家里过世的祖先回来过年，将其供奉在自家的堂屋八仙桌上。"二十五拐豆腐"，是说原来农家自己磨豆腐，都有一个小石头磨，把黄豆放进去慢慢地一圈一圈拐着圈磨，所以就形象地叫作拐豆腐。那时候农村比较穷，吃不起肉，大家总要弄几斤豆腐过年招待客人。"二十六蒸馒头"，是说要蒸好多馒头，预备够一个春节吃的馒头，原则上一直到正月十六之前就不再蒸馒头了。"二十七杀公鸡"，也是为了过年，把自己养了一年的公鸡杀了，预备好过节时招待客人。"二十八贴画画"，就是各家都要贴对联和门心画，表示喜庆、吉祥、丰收、幸福等农村社会的祝福。"二十九剃狗头，三十蜕皮"，就是自我嘲讽要在这一天剃剃头、洗洗澡，把自己收拾得干净利落，换上新衣服，准备迎接新年。"初一撅着屁股做个揖"，形象地说明了大年初一的早晨，要按照亲属关系的远近，从自家父母到最近的大爷叔叔家里，再到五服之内的近门长辈家里，然后是同姓的长辈家里，最后是本村其他关系较近的朋友、熟人家里，从五更天开始一直到中午十二点都在串门跪拜。这个时候，就算是平常有些矛盾的亲属之间，也要摒弃前嫌，到长辈亲属家里去磕头祭拜；如果不去，传出去之后就会被旁人背后说闲话。就算是大人之间心里有疙瘩解不开，也会让孩子去跪拜。小孩子通常为了讨要压岁钱，都会穿着新衣服，跟着大孩子，欢天喜地地到亲属朋友家里磕头要赏。那时候因为农村还很穷，大多数大人只是给几个核桃或者糖块，只有富裕的家庭、关系特别好的亲属，才给几毛钱，最多给一块钱，即使这样小孩子也会高兴得不得了。所以，过年期间的跪拜实际上是把亲属关系的象征体系在自己身体上进行刻画和重演。这种身体化的实践仪式，能够压制日常生活中的竞争和分裂，恢复亲属之间亲密的象征秩序。

不但大年初一那天，通过身体实践来修复父系亲属的象征关系，从大年初二开始就要走村串巷，来强化和修复姻亲之间的亲属关系。一般来说，大年初二，一定要去自己的姥姥家里行跪拜礼，而且要预备最为丰厚的礼物，送到姥姥家里，然后再依次去姥姥家的各个亲属家里跪拜。当然，姥姥家中午要预备丰盛的饭菜招待外孙们。一直到正月初十之内，都是不同层次的姻亲之间的走访和跪拜。初三，一般是去拜访母亲的娘家，也就是去给老姥娘和舅姥姥、舅姥爷行跪拜礼；初四要去姑姑家里；初五要去拜访姨娘亲戚家；然后是姑奶奶家、姨奶奶家、姑姥姥家、姨姥姥家等，一直到正月初十能够把亲戚走完就算不错了。同样，如果姻亲之间平时存在什么隔阂和矛盾，春节的走访跪拜仪式，等于就是一个机会，可以通过这个机会来修复和强化姻亲关系。

最为有趣的是新建立的姻亲关系，就像特纳所说的，为了建立起一种结构化的亲戚关系，就需要通过反结构化的仪式来实践（维克多·特纳，2006：207，168）。如果谁家有新客（指春节前新婚的新女婿），大年初二接待新客就是一个比较热闹而且带有羞辱性质的仪式过程。首先主人家里要准备非常丰盛的酒席以示对客人的尊敬，在20世纪80年代，村里最高规格的酒席标准就是所谓的八碗八的席，再加上酒水。所谓八碗八的席就是八碟凉菜、八碗热菜。那时候村里摆席不流行炒菜，而是用碗盛上，而且以蒸、烩、煮为主，这样冬天吃起来也比较热乎。八个凉菜主要是瓜子、糖果两个果盘，然后是五香花生、拌芹菜、拌黄瓜、凉调猪头肉、凉调猪肝（或者猪肠等下水之类）、凉调牛肉（或者烧鸡）等八个凉菜，主要是为了下酒。农村喝酒要猜拳行令，等酒过三巡，人都喝得差不多了，然后开始上热菜。八个热菜，一般第一碗是杂烩，第二碗是蒸条肉，第三碗是蒸方肉，第四碗是烩白丸子，第五碗是烩小酥肉，第六碗是蒸红薯丸子，第七碗是鸡蛋汤，第八碗是甜汤。但是，新女婿头一年去岳父岳母家拜年，这些饭菜可不是那么容易吃到嘴里的。首先新女婿上门，就要给岳父、岳母磕头跪拜。这时候就要小心了，没准小舅子或者老女婿、小姨子等会从后面伺机拖他的后腿，把他拉个狗啃泥。等他爬起来一回头，旁边可能有人拿锅底灰和着猪油抹他一脸，把他抹成一个黑脸包公。更有甚者还可能把他掀翻在地，就像农村盖房子夯实地基一样，抬着他的四肢在地上上下"吊夯"，摔得他哭笑不得。总之，这一天对于新女婿是没有所谓长幼尊卑秩序的，岳父家的亲戚是想法戏弄他。而中午开始吃饭时，他还会发现怎么给他碗里盛的饭菜不是咸得要死，就是辣得要命。但是作为新客，他又不敢当众吐出来，那样会显得不礼貌，只好强忍着吃下去。大家就是要出他的洋相，看他难受、痛苦的表情才开心。实际上，对于新女婿的戏弄，跟结婚时婆婆家的亲属戏弄新媳妇是一样的。小时候不明白为什么要这样，只知道婆婆家亲属戏弄新媳妇了，所以娘家人家就要报复戏弄新女婿。那为什么双方不能都客客气气、规规矩矩呢？看了维克多·特纳的《仪式过程》才知道，戏弄和打闹，正是为了打破生疏的距离感，进入一种彼此交融的亲密关系状态，把心里的紧张和激动都宣泄出去，让紧张的情绪彻底释放，这样才能使本来陌生的两个家庭建立起姻亲关系。等到来年再去岳父家时，岳父家里的亲戚就按照正规的亲属礼仪，规规矩矩地敬奉女婿了。

按照农村的理解，直到正月十五元宵节过完，春节才算真的结束了。元宵节就相当于农村小孩子们的嘉年华，华北农村一般不像南方元宵节吃汤圆，而是继续吃饺子。吃完饺子，就去赶庙会，看花灯。如果有兴致的话，泥河村民会去更远的浚县县城赶庙会。据李富荣在世时讲述，古时候浚县有一个园子，里面种满了各种鲜花，每年正月十五就要搞一个打花比赛，夺取花魁，输掉的把花打掉，所以叫打花比赛。当时，淇县有一个公子去浚县参加打花比赛，结果不但花被打了，人也病死他乡。后来，他的孩子长大以后，依然喜欢养花、斗花，决心要去浚县参加打花比赛，他妈妈怎么劝都劝不住他，告诉他父亲的惨痛经历。这个孩子听了以后更加坚定地要去参加打花比赛，去给父亲报仇，夺回荣誉。结果，他夺得了花魁，而且被当地的员外家小姐看中，小姐就跟着他回淇县了。对于这个故事的真实性我们无从考究，但是其象征意义很清楚，再次强化了子承父业、父仇子报的传统父权家庭文化。到现在，浚县庙会已经没有打花比赛的内容了，而是祭拜两个山神，一个是大伾山上的八丈佛爷，另一个是浮丘山上的碧霞元君。善男信女们摩肩接踵、前拥后挤奔向两个山神，为了烧香祭拜，求各路神仙保佑。然后就是观看各种民间艺术表演，有踩高跷、划旱船、背阁、唱大戏、舞狮子的，还有各种儿童喜欢的泥咕咕（一种鸽子形状的泥塑玩具，吹起来响声像鸽子咕咕叫）以及木头雕刻的刀枪剑戟，简直是应有尽有，热闹非凡。随着淇县云梦山、朝阳寺、灵山三座寺庙的复兴，泥河村民去浚县赶庙会的热情有所下降，开始往西山庙上朝拜。总之，在缺乏现代电子游戏的时代，去庙会看各种演出、买各种玩具，对于大人孩子都具有莫大的吸引力。而且，大家觉得，这是春节里最后一次狂欢了，再不玩，一开春就要进入单调而劳累的日常生活了。

过完阴历年，就要开春了，这个时候是一年中最为难熬的时候。冬季储存的东西在春节基本上就吃完了，新的农作物还没下来，大家进入特别艰难的忍耐期。但是，几乎每个月都有一个小节日，打破单调的日常生活，给疏于走动的亲戚制造一次交往的机会。二月二这个节日要炸黏糕，传统社会用一种很黏的黍子磨面，和成面团，包入黑糖，炸成黏糕，送给姥姥家，算是女儿对娘家的一种孝敬。但是在20世纪80年代，淇县基本上不种黍子了，因为产量太低，所以就改为炸油条、糖糕，送给姥姥家。另外，二月十九在邻村杨吴有一个很大的庙会，农民拿出自己家闲置的东西进行交换，换些现钱购置农具，小孩子们就去吃点凉粉等小吃。三月三和六月六思德村有两个大会，据说是三月三王母娘娘过生日，大家都要送馒头祝福，而且一直庆贺到六月六，再蒸一次馒头，把王母娘娘送走。这在象征意义上是农民和天神之间的纽带，大家孝敬王母娘娘，期望获得她的庇佑。但其实三月三蒸馒头就是穷老百姓找个机会打一次牙祭，而六月六新麦下来，大家再大吃一顿，犒劳全家。在三月三和六月六的中间是清明节和端午节。但是，清明祭祖的习俗在淇县一带并不太隆重，不像南方家族强大的地区，要举行盛大的祭祖仪式和家族聚餐。听李富荣老人在世时讲，新中国成立前她们李家在西岗沙窝村有祖坟和族产，每年清明祭祖时，都要举行盛大的仪式，所有李家后人，即使迁到了外村，也要回去祭祖，然后用祠田打下的粮食，给所有参与祭祖的子孙提供一顿免费午餐，包括闺女、外甥都可以参加宴席，但是女婿是没资格参加的。到20世纪80年代，对祖先的共同祭拜在泥河一带基本上已经淡化了，最多就是各自到坟里，祭拜一下自己三代以内的直系祖先，不会进行家族祭祖和聚餐。在豫北一带，清明节的另外一层含义是收鬼。所谓收鬼，就是说农忙就要开始了，告诉逝去的列祖列宗的鬼魂以后就在阴间待着，不要来阳间走动了，好让世人安心劳动，有个好收成，这样来年也好孝敬前辈。这就表明，人鬼之间也是一种契约关系，要遵循一定的时间规律活动，人们在不影响生计的前提下祭祖，而不是盲目地强调对逝去先人的祭拜。

清明之后是五月端午，这个南方纪念楚国大夫屈原的节日，传到北方之后，就改变了庆典方式。北方不是包粽子、赛龙舟，而是炸油条，串亲戚，仍然是给姥姥家送。到阴历六月初，有舅舅对外甥的回礼——舅舅给外甥送羊。据说，古时候有个孩子不孝顺父母，被送到舅舅家进行管教，舅舅就领着他放羊，他看见小羊羔吃奶的时候都是跪在地上，就问舅舅为什么羊羔吃奶时要跪着，舅舅说因为它吃妈妈的奶要感激妈妈呀！后来这个孩子就懂事了，知道孝敬父母，舅舅就把那头羊和他一起送回了家，告诉他对待父母要像羊羔吃奶那样。以后就形成了每年舅舅给外甥送羊的习俗，只不过，后来舅舅不会再送真羊给外甥，而是送面粉蒸的羊，再加上一些油条，表示心意。这个故事说明，舅舅在孩子教养过程中的重要地位，如果孩子不孝敬父母，舅舅是有权利和义务参与对外甥的管教的。

六月初一是小年，其实是一年的一半，也要吃顿饺子，犒劳一下家人。然后就是七月十五的鬼节了，这好像比清明节更受重视，主要是嫁出去的闺女要回娘家给去世的长辈烧纸送钱，而且总会有个别女儿在祭奠去世的父母亲时，把平时的委屈在父母的坟前哭诉，有时会哭得震天动地，多半是因为和娘家兄弟有一些过节难以处理，借着给父母上坟发泄出来。娘家的其他亲戚知道了，就会去劝说，这样就多了一个倾诉对象。亲戚们有时候就从中调解一番，也算缓和娘家关系的一种方式。所以，表面上是出嫁的闺女给去世的老人烧纸送钱，实际上是活人在处理自己心里的委屈和矛盾。

接下来的八月十五中秋节是一个比较隆重的节日，因为小时候也不出远门，不知道是团圆的意思，只知道这一天要比一般的节日走访的亲戚多。除了八月十五这一天自家家人吃一顿肉烩菜配花糕，接下来的连续几日，都像过年一样，要去给亲戚家里送月饼，首先是出嫁的闺女在八月十六回娘家，然后是去七大姑八大姨的各种表亲戚家里。这实际上是秋收期间亲属之间较大规模的关系纽带的强化机制。

不知道为什么城市里重视的九月九重阳节好像在泥河村不怎么受重视，倒是阴历的十月初一，村民会再一次给去世的长辈烧纸钱送寒衣，仍然像七月十五那样哭诉一番，借着逝去的先人疏解活人心里的委屈和矛盾。十月初一这一天在豫北地区又叫放鬼节，也就是从现在开始进入农闲季节了，告诉祖先们可以到阳间走动了，有什么要求可以告诉后人准备好纸钱焚烧祭奠，就像清明节一样，这也是人鬼之间的一个约定。

然后就到腊月里的腊八节了，吃腊八饭，喝腊八粥。豫北地区大米稀少，腊八粥通常是杂粮糊涂饭，里面包括黄豆、干菜、花生米，甚至肉丁等，跟面条头、小米等一起熬，做出咸的糊涂饭。不知道什么原因，吃腊八糊涂饭，还要给枣树喂饭，拿筷子挑些糊涂面条抹在枣树上，据说这样第二年枣树可以多结大枣。

所以农村一年的节日循环的这套象征系统主要是处理人和神、人与鬼以及人与人之间关系的，通过仪式实践来修补、强化亲属关系系统。这套亲属关系系统包括父权体系下的继嗣系统，以及姻亲关系系统，还包括鬼神系统。许多研究已经指出，传统社会的华人就是在祖荫之下生活的，以父系亲属系统为主，形成一种亲疏有别、竞争合作的差序格局（费孝通，1998；许烺光，2001）。但是，过去对于父系亲属系统的单系偏重结构的强调，恰恰掩盖了当中姻亲关系的重要性，以及妇女在联系姻亲关系网络的纽带作用。近年来有关礼物关系的研究突破了以男性为主导的传统华人社会关系模式，强调以女性为纽带的姻亲关系的阴柔力量（阎云翔，2000；杨美惠，2009：286～287；李霞，2010）。这在泥河村的一年四季的节日礼物关系中也是很清楚的。除了春节当天是父系亲属内部的拜访，强化父系亲属系统，其他节日大都是加强姻亲关系的。清明节祭祖已经基本退化成家庭内部的祭祖，失去了父权家族联盟祭祖的强大力量。剩下的节日基本上都是围绕姻亲关系来送礼和回礼的，要么是在活着的姻亲之间的礼物流动，比如正月初二之后的串亲戚、二月二、五月端午、六月送羊、八月十五等都是姻亲之间的礼物赠送；要么是借助人鬼祭奠，来强化姻亲关系，比如七月十五、十月初一等都是出门的闺女回娘家上坟烧纸，处理感情和现实矛盾。就算一年中三个最大的祭神节日——元宵节拜山神、三月三庙会、六月六庙会，也都以女性香客对女性神灵的祭拜为主。比如浚县山（淇县叫东山）虽然有大伾山的八丈佛爷和浮丘山的碧霞宫，但是香火最旺的还是浮丘山的碧霞宫；而西边太行山的两处寺庙，尽管有鬼谷子和其他佛教神像，但是老百姓最虔诚祭拜的还是灵山的女娲娘娘和云梦山的王母娘娘。这都表明泥河附近的鬼神祭拜在 20 世纪 80 年代的复兴主要以女性村民对女性神灵的祭拜为主。所以，一年中大部分节日都是以女性为主来建立、修复和强化姻亲关系的。相反，父系亲属系统，因为家族组织和仪式的衰弱，其日常生活中形成的竞争矛盾关系，倒是难以处理，除非借助结婚、丧葬等人生仪式，才显示出父系亲属的重要性，然后借机修复和强化父系亲属系统。

3. 反映父系亲属系统的两大人生礼仪

人生周期中有两个最大的仪式让父系亲属系统主导表演过程，建立所谓的父系继嗣体系，一个是结婚，另一个是丧葬。以郭良和家的儿子丽明结婚为例，结婚仪式最为重要的部分都是由父辈直系亲属来担当的。比如选取领客（就是婆家派去新娘家带领新娘的客人）时就一定要从父辈的大爷、叔叔或者堂兄弟中找男领客，然后再从父辈的大娘、婶婶或者嫂子中找女领客。丽明迎娶媳妇时候的男领客就是他二伯家的堂哥以及他父亲的一个同事；而女领客是他小婶、堂嫂，还有他父亲单位的一个女同事。这就是一种充分代表父系亲属关系的角色安排。尽管丽明有亲舅舅、亲姨娘，但那都算外客，只能在幕后参与婚事的讨论，原则上不会派出去做场面上的事务，因为婚礼上各个角色代表的都是父系家族的人。

另外，典礼这天最为亲近的直系亲属原则上都来当贵客，坐在椅子、沙发上，协助主家招待客人，显得这是自家的事情。这天，舅舅的地位也很重要，会被请来当贵客，但并不参与主要的仪式过程。另外，一个重要的环节是官桌①上主要陪客的选择，一般都是领客继续担当官桌的陪客，再增加几个父系家族里的长辈坐官桌陪客，原则上让姻亲关系的舅舅等至亲做副陪客。因为第一次建立姻亲关系，在官桌上总是存在着一些检验和试探亲戚的人品和地位的小动作，需要主家的陪客能够代表主家机智应

---

① 所谓官桌就是专门招待娘家来的送客的主要席面，在比较艰难的时期，官桌上的饭菜和烟酒要好于一般客人的席面，以示对主要客人的尊敬。

对。在结婚典礼上，双方的父母是不便出面的，原因是初次建立亲戚关系，在双方试探检验的微妙互动中，如果伤了面子，以后不好相处。所以，结婚典礼时，双方都要派出能够代表主家的最为亲近的本家兄弟或者妯娌来出面应酬。官桌上的斗酒过程就是主客双方试探检验的环节。主家的陪客要先敬酒，而且豫北地区的规矩是敬酒前自己先喝三杯表示诚意，然后开始敬酒。如果娘家的送客觉得招待不周，或者故意刁难，就会把酒杯扣在桌上不喝。这就是最为严重的抗议。即使不发生这种严重的抗议，双方也会不断升级斗酒过程，你敬完我，我敬你，把对方的某个陪客最后喝趴下了，就表示自己这方有面子。通常情况下，官桌上总要喝倒一方，才算喝好了，之后开始上主食吃饭。这时候还有一个试探环节，官桌上主食之前，一般娘家来的送客代表要先给婆家厨房的师傅封一个红包，以示对厨师的感谢，然后厨房才开始上菜。如果厨师觉得红包封得不够大方，有可能会把饭菜做咸了或者甜了，故意刁难女方来的送客。这时，男方的陪客要善于察言观色，觉得吃出问题了，就得赶快给送客赔不是，然后告诉厨房把饭菜做好点。如果处理不好，就有可能引发争端。在20世纪80年代，曾经发生过在婚礼酒桌上双方斗急了打了起来，最后娘家人把新娘领回去的事。

结婚当天，男方的父母其实并不重要，主要是被戏耍和当作傀儡参与表演过程。比如丽明结婚的那天，他父母就是闲人，不参与具体的接待事务，甚至还要被其他宾客嬉闹，从而打破日常生活中的权威结构。那天丽明的父亲就被客人在脸上画了彩，头上绑了小辫子，这个平常脾气火暴的父亲在这一天也只能忍着，任客人嬉闹。当然，这种"闹"主要是针对新郎新娘的，他们从下轿开始，就要接受各种突然袭击。在20世纪80年代，小孩子们主要是从楝树上够一些楝枣，又圆又硬，有时候还要掺些小石子，攥在手里，跟着新媳妇，突然朝她头上投，然后就躲到一边偷乐。等到开始举办跪拜仪式时，男方父母就像傀儡一样坐在那里，接受新郎新娘的跪拜，新郎新娘则不断遭遇客人的袭击，尤其是在夫妻对拜时，有人突然会上来抱着他们的头往一块儿碰，或者在后面推搡他们往一块挤，或者往新娘脸上抹黑，让她出丑。好不容易进了洞房，更大的灾难就来了。农村流行所谓三天之内不分大小，有年纪大些的兄弟姐妹，甚至是长辈中的年轻人也会挤到洞房里，轮番对新娘进行语言调侃和肢体上的戏弄。豫北地区流行的戏弄新娘的游戏就是"吊夯"，几个小青年抓着新娘的手和脚抬起来，再往床上蹾下去，说是检查一下新房的床是否结实，晚上睡觉会不会压折了。这种闹腾一直持续到吃中午饭。客人都去坐席吃饭了，新娘只能待在新房里偷偷吃些婆家姑嫂等女宾客送来的喜饺子，怯怯地浅尝辄止，不然外面就会传出笑话，讽刺新娘傻能吃。吃完晚饭后，往往开始新一轮的闹腾，一直持续到半夜。等客人都走了，新娘新郎仍然是胆战心惊地上床睡觉，不仅担心两个陌生人新婚之夜如何同房，关键还要担心外面有人偷听。

对于这个闹洞房的过程，新郎新娘一定觉得非常尴尬和难堪，但是按照人类学家维克多·特纳的说法，其实这是打破常规的伦理规矩、增加亲密接触的方式。因为在传统社会里，男女之间的界限是非常严格的，如果像现代西方婚礼那样，礼貌地举行结婚仪式，男女双方其实是难以适应初次亲密关系的，相反经过一天的闹腾，新郎新娘被众人推搡、拥挤着开始发生异性身体接触，有利于打破心理防线，建立亲密关系。不过对于现代社会的男女关系，这套礼仪可能正在失去其功能，因为现代青年男女之间早已不是严格的授受不亲的男女关系，而是有了较长时间的恋爱接触过程。所以，现代婚礼尤其是在城市里，正在逐步走向西式婚礼的礼貌化过程，最多加上专业主持人的调侃，传统婚礼上的闹腾程度在日益减轻。

丧葬仪式上更是传统社会父系亲属和舅权体系之间的一次碰撞，尤其在母亲的葬礼上，这个碰撞就显得更为突出。首先，丧葬仪式上父系亲属系统要严格按照传统的五服之内的关系远近披麻戴孝。从最亲的儿子辈的斩衰，到侄子、孙子辈齐衰，再到大功、小功和缌麻等依次递减。到了20世纪80年代，泥河一带的孝服已经不用传统社会的麻布了，而是都用白粗布。儿子的孝服是毛边的，继承了传统斩衰的做法，孙辈的以及侄子的孝服都是缝好的整齐的边，也是按照传统的齐衰的做法。重孙和玄孙辈的都不穿孝服，只是带个孝帽，而且孝帽的颜色变成黄色。另外，到了20世纪80年代，虽然也说儿子要守孝三年，但基本上也只是办三次周年祭奠，而不是如古代社会说的严格退守坟墓、结庐蓄发守三年孝。所以，丧葬仪式其实是平时缺乏紧密交往联系的父系亲属的一次组织结构的排演，甚至那些因为矛盾和纠纷日常缺乏来往的亲属也会借办丧礼的契机实现团结和融合。比如笔者曾经记得，当年因为父亲和叔叔分家时存在一些矛盾，叔叔在世时母亲心存芥蒂，两家日常来往不多。但是叔叔过世时，需要父母过去主持葬礼过程，两家的关系就因为叔叔的葬礼，实现了重新整合。从此，叔叔家有什么家务事，父亲就成为两个家庭的共同家长，主持两个家庭的家务事。

舅舅家的亲属虽然不参与葬礼服丧，但是却对整个葬礼过程发挥着重要的监督作用。如果平时子孙不孝，那么舅舅这个时候就会借机刁难外甥们，让他们难堪。即使子孙平时做得不错，舅舅以及其他表亲也会过来监视整个丧葬过程，看是否按照规矩厚葬自己家的姐妹。厚葬一说，现在虽然遭到非议，认为是封建迷信，但厚葬其实是教育子孙的，如果不善待老人，那么从舅舅到邻居就会看他们的笑话，甚至要在葬礼上进行惩罚。笔者曾经听母亲讲述，她的一个姑姑（笔者的姑姥姥）嫁到了铁路西的马庄，儿子不孝，老人受折磨，娘家人几次劝说都没用。等到这个姑姥姥去世下葬时，笔者的舅舅就代表娘家去给她死去的姑姑出气，好好刁难了一下这些不孝的外甥们。即使厚葬，对于普通的农村家庭也没有破费太大的财力，主要是选择上好的棺材以及送老衣，给老人穿好盖好，然后就是请人糊一套送葬的纸扎，包括阴间各种可能需要的童男童女、房屋、物件等。另外，"文化大革命"以后，泥河一带已经没有和尚道士念经的传统了，但是要请来最好的响器班子，吹奏响器。一般情况下，如果天气不是太热，就会停尸五天，或者三天，让亲戚朋友来吊孝，家里的儿孙们要跪着陪吊。晚上，要有长明灯点在棺材前，每天闺女媳妇要给老人棺材前的押食罐里放三顿饭，孝敬老人。出殡前天晚上要做九顿饭添到押食罐里。每次添饭的时候，孝子们都要烧纸哭拜，念叨着爹娘的称呼，希望老人有灵魂能够听见儿孙的孝心。小时候不懂为什么要停尸三天或五天，后来母亲那时候给笔者讲了一个故事，说有家人，老人死了，停尸三天，晚上祭奠的时候，突然棺材动了。孝子们吓得都不知道是怎么回事，以为诈尸了，结果那个人又活了。虽然这个说法无法考证，但是反映了老年人对于子女不孝的担忧，不要草草把老人埋掉。

出殡的时候，更是展示孝子贤孙心意的时候。这时候除了看儿孙们是否出钱请来最好的响器班在前面开道，还主要看孝子贤孙们的哀伤程度，检验标准就是痛哭的声音。到了20世纪80年代，随着经济发达，有些人家为了显示自己的孝心，专门请来哭丧的。但是，这个做法其实是不受人尊敬的。那个时候，泥河村民们印象最深的哭丧过程，是杨家华老人去世时他儿子的哭丧过程，男人的哭声震天动地，感人至深。杨家华老人本来就是老辈人中家风最严的老人，一般的家庭都是儿子一结婚，就要分家以防出现家庭矛盾。但是，杨家华家里两个儿子即使结婚生子，仍然在一起组成大家庭过日子，保持传统社会三代同堂的大家庭。等他去世时，葬礼很隆重，全村老百姓都能从哭丧中感受到他的儿孙们的悲痛。

整个葬礼过程中，舅舅家的表兄弟们和姑姑家的表亲们，尽管也是至亲的亲属，但是他们都不穿孝服，只是头戴一顶孝帽，陪着亲人，一路搀扶着来到坟地，看着自己的亲姑姑或者舅舅、舅母下葬。这就是父系亲属和母系亲属的区别。母系亲属作为外戚，尽管平常的亲密程度不比父系亲属差，但是在出殡的时候，还是会显示出父系亲属的单系偏重的局面。

在本书中，笔者更多的是通过泥河村一年的节日周期和人生周期两大类礼仪，研究礼仪实践中参与各方的主体构成、扮演角色和仪式过程，来显示泥河村礼仪实践的特征、功能，而不是通过礼物类型来研究人际关系网络问题。所以，本书和阎云翔的礼物研究不同，阎云翔关注的是不同礼物类型背后的人际关系类别，从而区分出基本的人情伦理关系和扩展的人情伦理关系，以取代黄光国提出的亲情关系、混合型人情关系和工具型人际关系，强调中国社会的人情关系是一种基于乡土社会的熟人稳定关系的伦理道德和情感特征，而不是黄光国所说的权力游戏（阎云翔，2000）。而本书则发现，泥河村的两大类礼仪实践主要是通过一种仪式过程来连接人际关系的，礼物的种类和数量虽然也很重要，但是礼物本身并不能成为人际关系的神物，它必须借助维克多·特纳所说的礼仪过程，遵循礼仪过程的角色设定，来建构一种人际关系模式。如果说当代中国的人际关系发生变化的话，那也是通过参与和修改礼仪实践来发生的，这虽然不是否定阎云翔的礼物纽带关系的说法，但至少是对他研究视角的重要补充。

二　通过文化活动实现村民教化

在 20 世纪 80 年代，泥河村民除了通过恢复各种礼仪和节日活动实现礼治，也通过复兴一些乡村公共文化，进行潜移默化的教化。这些乡村公共文化也是在传统耆老和乡村干部的联合推动下，在村中年轻一代知识精英的积极参与下复兴的，体现了传统民俗文化和高雅文化的杂糅状态。那个时候，泥河村有影响、受群众欢迎的公共文化形式主要有三种：第一个是戏剧文化，第二个是书法文化，第三个是庙宇文化。

1. 戏剧教化

如前所述，泥河本来就有演出大平调戏剧的传统，从 1975 年到 1984 年这几年，依靠村集体的支持，泥河村大平调剧团演出形成了一个历史高潮。作为村公共文化的一种重要形式，泥河大平调剧团通过如下方式发生教化作用。

第一，剧团的幕后支持者主要是村集体组织的领导干部，通过唱戏加强了社区不同精英的相互交往关系。有好几名村干部自己就是戏迷和热心支持者，比如贾致河、李香元是当时的主要领导，但是两个人都是超级戏迷。他们不但自己参与唱戏，而且也提供大队的资源给参与排戏的演职人员，整个冬天的排练和春节演出都给演职人员计算工分，算是参加集体劳动的一种方式。而且，那个时候参与演出的，有许多都是学校的教师，石同勋、李熙光、李跃明都是 50 年代师范毕业的老教师，偶尔也会上台客串一把，而葛江林、贾宝海、郭林东、王华礼则是本村培养出来的民办教师，他们要么上台演出，要么拉弦伴奏，和村中其他文艺骨干形成一个相互融合的集体。通过唱戏，实现了乡村政治精英、文化精英、教育精英和普通村民的融合，大家在排戏、唱戏的时候，都要服从剧情的需要，彼此平等地交流和争论，结成深厚的友谊。石同勋后来当了文化局局长，但是每年春节都要回村参与演出，和大队干部李香元结成深厚的友谊。而大队干部李香元也因为唱戏和戏班里的司鼓贾胜德结成了干亲戚。另外因为酷爱戏剧，郭爱和、郭顺和、杨明义等都和戏剧老师李存山成了干亲戚。石林良则因为唱戏把闺女也嫁给了杨明义的儿子，两家结成了儿女亲家。

第二，这个时候的演出剧目体现的价值伦理，已经不再是"文化大革命"期间的破旧立新的革命意识，而是传统社会的讲究正统、忠孝仁义、因果报应等道德观念。粉碎"四人帮"之后，演出剧目不再受限制，许多传统剧目重新获得排演，包括《王莽篡朝》《白玉杯》《麒麟山》《铡美案》《铡赵王》《破洪州》《孙膑下山》等。传统戏目表演的价值伦理是一种经过提炼并延续下来的乡村社区的价值伦理体系。这些戏大多数反映了忠孝信义文化，比如《王莽篡朝》和《铡赵王》演绎的是外戚、庶出阴谋篡权，终被挫败的正统皇权文化；而《白玉杯》《麒麟山》和《破洪州》都是反映朝中大臣忠奸势不两立，最终邪不压正的忠君文化；《铡美案》反映的是家庭成员要相互忠诚，不能忘恩负义的忠贞文化；而《孙膑下山》反映的则是朋友之间和家庭成员之间如果背信弃义则要快意恩仇的报应文化。

第三，这个时候戏剧反映的价值伦理体系并不是停留在舞台上，而是随时作为一种脚本，被运用到现实生活中去谴责那些背信弃义之人，颂扬那些忠贞不屈、知恩图报之人。许多老人对于传统剧目的剧情和唱词都很熟悉，经常将其运用到日常生活中，去谴责和颂扬现实生活中发生的人物故事。在20世纪70年代末期，生产大队解散之前，仍然存在乡村派系政治竞争，许多人就根据《王莽篡朝》的剧情，来评论村里干部谁是正统的、谁是谋反的，或者通过所谓的红脸、白脸来影射乡村干部。1984年生产大队解散之后，泥河的大平调剧团也解散了，但是每年仍要请外地的剧团来演出，那些经久不衰的剧目依然影响着大家的价值判断。只不过此时人们关注的重点不再是村干部之间的派系竞争，更多地转向了日益呈现出来的家庭矛盾。大包干之后，随着家庭成为农业生产核算的基本单位，家庭内部的权力冲突超过了村集体层面的派系冲突。年轻的一代开始在家里和父母一辈争夺家庭资源的控制权，注重享受，攀比吃喝穿着，厌恶吃苦耐劳。这时候，不管是村西头还是村东头，都有一些新娶进门的媳妇，撕破脸皮和公公婆婆发生冲突，有时甚至不顾脸面打到街上。面对日益严重的家庭内部代际冲突，老人们发现传统家庭规矩日益衰落，难以为继，就通过传统剧目借古讽今，来嘲笑那些不孝的媳妇。那个时候，农闲季节大家在村口街头聊得最多的就是谁家媳妇不孝顺，谁家婆婆又被儿媳妇打出来了。所以，那时大家最喜欢听的一出戏是豫剧《打金枝》。这出戏讲述的是唐朝忠臣郭子仪的儿子郭暧娶了唐王的女儿升平公主为妻，升平公主不去给公爹祝寿，违背家庭伦理，郭暧怒打金枝，公主回宫告状，唐王教育女儿嫁到婆家要孝敬公爹的故事。那时候收音机已经普及，夏天天热，每到吃饭的时候，邻居们就把饭碗端到街门口石台上，打开收音机，边听戏边吃饭。东头的百灵驹锞儿（大名郭连和）最喜欢听的就是豫剧《打金枝》，尤其是听到豫剧大师刘忠河用花腔唱起唐王教育女儿的唱段，往往就会发表一些议论，斥责现在的年轻人不孝顺老人。

2. 书法熏陶

前清时期，泥河郭家一门出了五个秀才，甚是风光。据说有一年过年的时候，有个秀才到近门邻居家郭宝山老人家拜年，结果发现他家的对联上边没有字，一问才知道，老人家自己不识字也找不着人帮忙写对联，只好贴了一副无字的红纸。这个秀才甚是羞愧，赶紧拿来笔墨帮老人写上了对联。这个故事成为一个励志故事，告诉后人就算自己再穷，也要教子女学习写字，否则过年连个对联都不会写。所以，一直以来，郭氏就传承练习毛笔字的传统。村里老一辈人写字比较好的有郭文汉、郭宝珍、郭发安、郭林东、石新庆、石同勋、贾勤德等人，他们曾经在新中国成立前后的私塾和村小学教过村里边许多人写大字，如后来从事文字编辑工作的《山西日报》原副总编辑刘志强、河南财经学院原党委书记郭新和、河南省计划生育管理干部学院原副院长郭水和、高村乡文化站原站长宋文泽等人都受益于他们的教诲。郭水和、宋文泽是"文化大革命"初期的高小毕业生和初中生，上学时学习书法和绘画技能，在"文化大革命"初期都派上用场，帮助村里出墙报和画毛主席像。一直到20世纪90年代，郭水和画的毛主席像依然在老学校校舍的东山墙上，从村中那条南北马路经过时，能看到他画的毛主席像。他们两个因为有较强的书画能力，到部队当兵后不久就被提干，成了文职干部。郭新和则先在家乡学校教书，后到鹤壁煤矿九矿当工人，也是因为文采好，被提拔为九矿团委书记，后来考上大学，成为大学教授。

随着国家高考制度的恢复，我国中小学教育体系逐渐向应试教育模式发展，这使得村中60年代出生的人相对接受了比较完整的教育，许多人都具有高中文化水平。村里60年代出生的人基本上是承上启下的一代人，他们有相对完整的教育历程，又加上当时恢复了传统文化教育，在中学里就接受了古诗词和书法方面的良好训练。这代人中书法较好的代表人物有石凯、贾文海、郭良和、郭双和、晋喜明、宋化元、郭光明、石玉清等人，他们几个从小就是上下届不远的同学，受其老师郭林东的影响，对书法产生了浓厚的兴趣，并受到很好的基本功训练。然而，他们那时候很少有人考上大学，跳出农门，好几个返乡之后，就被安排到村中学校继续培养年轻的一代传承书法艺术。

泥河村的书法真正形成小气候，并产生一定的影响，其实正是20世纪80年中期李香元当村支部书记时，大力推动支持的结果。他自己上学不是太多，但是对于文化事业比较积极热心，除了自己喜欢唱戏，而且也喜欢年轻人练习书法。那个时候贾文海、郭良和、郭双和等几名书法较好的高中生，都回到村里中学教学，附带教中学生毛笔书法。李香元特别欣赏有才气的年轻人，看到他们书法小有成就，就更加积极地支持他们相互切磋技艺，参加各种比赛。1984年，淇县首届群众书法比赛暨中日书法友好交流比赛中，泥河村的石同勋、石凯、贾文海、郭良和、郭双和、郭灿光等人的书法作品获奖。特别是石同勋、石凯、贾文海三位的书法作品漂洋过海到日本展出，荣获日本书道特别奖，为中日书法交流做出了贡献。1986年，在石同勋的鼓励下，泥河村两委积极筹备，成功地举办了首届泥河村农民书法邀请赛，省书法家协会副主席王澄、省群艺馆馆长王胜泉等省市名家亲临现场挥毫献艺，切磋交流。此次农民书法大赛受到了多家新闻媒体的关注，中央电视台、河南电视台、人民日报、中国青年报、农民时报、河南日报、鹤壁日报等新闻媒体均做了详尽报道。此后，泥河村又先后成功举办了"社教杯""计生杯""小康杯""社会主义新风杯""廉政建设杯""拥军优属杯"等书法大赛和书法展览。他们几人的书法作品多次在《中国农民报》《河南日报》《河南科技报》《鹤壁日报》《淇滨晚报》等多家报刊发表。河南电视台还为泥河村拍摄了专题片《书法村的故事》。在此基础上，泥河村成立的农民书法家协会已发展会员60多人，其中国家级协会会员2名，省级协会会员4名，市级协会会员12名，县级协会会员50名，全村形成了一支"农民书法队伍"，村民郭双和、葛付林等每年春节前还到县城为全县群众书写展销春联，获得美名。贾文海现为中国书法家协会会员，担任市书协理事、县书协副主席；郭良和现为河南省书法家协会会员，担任市书协理事、县书协副主席。他们两个成为整个淇县的书法代表人物。泥河村还被鹤壁市委宣传部评为先进的文化基层单位，被市委宣传部、市文联联合命名为"书法村"。

书法文化其实是一种高雅的个人修养文化，如果只是个人练习，很少能够对于村庄集体荣誉产生直接的影响。但是，在日益走向商品化、市场化的过程中，村干部鼓励年轻人练习书法，增强个人修养，不但可以抵制物欲横流的社会风气对农民心态的腐蚀，尤其难能可贵的是，泥河村的村民通过写春联、办书法比赛，找到了联系日常生活的纽带，增强了村庄集体荣誉感。每年春节的时候，几个书法爱好者就成为其他村民竞相邀请帮忙写春联的对象。同时，在大年初一拜年时，站在门口品味春联的书写水平，成为泥河村拜年时的独特风景。村里举办的几次书法大赛更是增添了村庄的集体荣誉感，省、市书法名家和领导莅临小村庄，聚集在大队部的礼堂里，挥毫泼墨，现场展评，大大提高了村民的书法欣赏水平，也提升了村民的道德修养水平。

3. 宗教慈善和报应观念

1949 年之前，泥河村就有两座公共庙宇，一个是村东头位于十字路口的菩萨庙，另一个是村西头的关爷庙，还有一座比较小的家庙，是村东头郭氏家族修的家庙，供奉的是文曲星和孔圣人。据村东头的菩萨庙最早的碑文记载，该庙曾经在明朝万历年间重修过，历史久远。而村西头的关爷庙也历史久远，香火旺盛。根据现在人们的描述，到新中国成立时，村东头的菩萨庙至少有三间大殿，还有几间配房，院里种有松柏，气氛庄严肃穆。村西头的关爷庙也有三间大殿和东西厢房，门前的两棵大杨树，据说七八个人才能合抱树干。在 1949 年之前，村中两座寺庙不但是宗教祭祀的场所，更是提供公共救济的场所，不管是村东头的菩萨庙，还是村西头的关爷庙，都住着一些生活破落户。前述，村东头的郭文臣母子，村西头的李春城家、李发元家和闫树家都曾经住在庙里。

新中国成立前后，这两座庙都逐渐被改造和破坏掉了。首先是为了兴办乡村教育，村东头的菩萨庙早在民国时就被改造成泥河村的小学，新中国成立后继续作为村小使用。一直到 1981 年，村小搬到了村北旧窑址上新建的校舍，原来校舍靠西边一块地，连校舍和校园卖给村民闫东林家做宅基地；北边正中几间的堂屋被改造成供销社，继续由郭文长家承包经营；东南方向临马路的几间危房被拆后改成一个戏台，东北角几间房供唱戏的做化妆间使用。这样，菩萨庙就被改造成村里公共文化表演的地方，每年春节在这个地方唱大平调戏剧。

而村西头的关爷庙，新中国成立时门前两棵大杨树被刨掉，给解放军当木料用。土改的时候，把关爷庙的东、西厢房分给了新中国成立前因为家贫寄宿在庙里的几个家庭。他们后来就把分给自己的庙产拆了，把材料拉回自己家盖房子用了。大殿里的关爷塑像直到 1957 年破除封建迷信时才被打掉。

到 20 世纪 80 年代中期，随着淇县云梦山和灵山两座寺庙的恢复，村里有一些香客开始悄悄地恢复村中的两座寺庙。最初泥河村比较虔诚的香客是李永元，他每年春节都要先去云梦山跑山拜神，然后才回到家里，接待客人。在 1986 年左右，李永元和刘瑞芬两个挑头，在原来村西头关爷庙的遗址上，用砖头垒了一个很小的房间，供奉一座小型的关爷像。而几乎同时，村东头的几个妇女在闫秀英的带领下，在原来菩萨庙的旧址上，也就是废弃的村小学东北角的几间房屋里摆放一个菩萨像，初步恢复了菩萨庙。

那个时候，一方面，寺庙被政府当作封建迷信，不断地被取缔和拆除；另一方面，为了旅游开发，政府又把云梦山、灵山两处全县最大的寺庙当作历史文物开发经营。实际上，云梦山和灵山的寺庙最初并不是政府投资建设的，而是周围几个县的农民出于祭拜需求，自发组织起来恢复的。后来，政府发现云梦山香火旺盛，而且也存在一些历史文化因素，为了开发县里的旅游资源，就由县文化局接管了云梦山，重修传说中的战国时期著名军事家鬼谷子在云梦山开坛授徒的遗迹，将其当作历史名胜来发展旅游产业。灵山寺庙也是这样一个发展过程，一开始老百姓出于宗教信仰，自发恢复了那里的女娲宫。后来，政府根据《封神演义》的描写，找到了殷纣王当年到女娲宫降香写歪诗的典故，就把灵山也接管过来，当作所谓的殷商文化遗址来开发旅游产业。

所以，一开始官方和民间对于寺庙文化的定位和需求就不一样。官方是希望发展旅游产业，所以一定要从中寻找历史文化因素，把寺庙包装成文化遗址，然后把旅游产业定位为历史文化旅游。虔诚的老百姓一开始则是出于对神灵的祭拜，以此实现对自己现实生活问题的保佑或者解脱，同时也是对于神圣组织的集体生活的归属。随着农村集体组织的瓦解，农民没有组织可以依靠来解决现实问题，也没有组织提供共同的集体生活把大家团结起来，于是宗教作为一种共同的文化活动和象征体系，开始发挥涂尔干所说的集体欢腾和社会团结的功能。另外，那时候宗教和日常生活的关系既不是涂尔干所说的严格的圣俗二分，也不是杨庆堃所说的弥散性关系，而是一种半组织化的互惠关系。寺庙有一种民间自发组织的管理体系，接受香客们的供奉，伺应庙里的神灵。老百姓只有在节日里或者遇到麻烦的时候才去寺庙里给各路神仙上香，祈求保佑并许下愿望，等将来应验了，实现了自己的愿望，再到寺庙里烧香、上供还愿。

比如，当年泥河村两处寺庙的活动主要分为两大类：一类是季节性的节日祭拜活动，每逢春节、元宵节、阴历二月十九菩萨生日、三月三王母娘娘生日、五月十三关帝生日、七月十五、八月十五等重要节日，都要组织村里的一些善男信女进行秧歌队表演。许多平时朴实无华的老太太也都会打扮得花枝招展，参与集体舞蹈，这类似一种集体娱乐的形式。这类活动也最容易被大众接受，甚至作为一种大众健身活动获得了政府的认可。比如，刘瑞芬老奶奶告诉笔者："我们这里（村西头的关帝庙）又叫高村镇泥河村老年康乐活动中心，每年都要组织大家去参加公社（她仍然习惯叫乡镇为公社）和县里组织的表演比赛。"当然，还有一类活动就是老百姓对神灵的祭拜，人们期待获得一种人神之间的互惠交换关系，那些在日常生活中有什么病灾和烦恼的人，通过到庙里烧香进贡，并借助神婆的祷告，来实现和神灵的沟通，获得神灵的保佑。

当然，最基层的乡村干部对于本村庙宇文化的态度是模棱两可的。面对上级政府的压力，他们有时候需要执行上级命令，把那些没有文化名分，或者得不到政府承认的寺庙，当作封建迷信予以取缔。但是，作为普通乡村社区的一员，在他们的记忆里，庙宇文化本来就是他们早年生活的一部分，需要通过寺庙活动来开脱烦恼和寻求保佑。所以，他们对于寺庙就会采取睁只眼、闭只眼的态度。比如，泥河村领导恢复寺庙文化的恰恰是退休村干部刘瑞芬老奶奶，以及在 20 世纪 50 年代曾经当过村支书的李永元老人。尽管当年在共产党的领导下，他/她们曾经带头打破了村庄寺庙，但是，他/她们骨子里是信仰寺庙文化的，血液中流淌着庙宇文化的基因，所以当他/她们不再是村干部，不受政府制约之后，他/她们就开始回到传统庙宇文化当中，并积极恢复本村的寺庙。而且，刘瑞芬老奶奶长期担任村干部，具备较强的表达能力和组织能力，退下来后，通过参与寺庙文化，重新找到了发挥自己领袖才能的机会和领域。她一直热情饱满而且不折不挠地领导村庄寺庙的重建。当笔者 2010 年回到村里进行村庄调查，到关爷庙里去拜访她时，她已经 80 多岁，依然精力充沛，几乎把全部精力都投入到村庄三个寺庙的管理当中。

三 权威转型和女性参与：社区礼治模式背后的力量

20 世纪 80 年代，经济自由化导致农村开始出现家庭矛盾，婆媳之间的争吵和冲突不断升级，家庭成员内部的权力争夺和利益竞争成为乡村社会日常生活中的焦点。这时候，幸亏泥河村出现了短暂的传统文化的复兴时期，传统社会的各种节日礼仪和人生礼仪得以重新实践，传统寺庙也顽强地恢复，传统戏剧表演也在村委会干部的支持下一度繁荣，随后出现的相对高雅的书法文化也通过春联和书法比赛等形式，成为村民喜闻乐道的公共事件。传统文化的复兴在一定程度上对正在浮现的商品化大潮引发的家庭文化冲突起到了缓冲调和作用。这在某种程度上是传统儒家所说的礼乐教化治理模式。儒家尽管强调将道德修养作为社会治理的根本，把德政譬作北辰，然而对于君子和小人，孔子提出不同的治理手段，"君子喻于义，小人喻于利"，又说"君子之德风，小人之德草，草上之风，必偃"（《论语·颜渊》）。这都表明要对老百姓有一套不同的治理方式，这套方式主要是通过伦理秩序规范人们的行为，主要包括五种伦理关系：父子、兄弟、夫妇、长幼、君臣，体现出十种伦理行为的义理：父慈、子孝、兄良、弟悌、夫义、妇听、长惠、幼顺、君仁、臣忠（《礼记·礼运篇》）。然而，"小人"容易利令智昏，产生喜、怒、哀、惧、爱、恶、欲七情，所以就需要制礼以节情，防止出现以情乱伦的社会麻烦。《管子·心术》曰："礼者，因人之情，缘义之理，而为之节文者也。"《礼运》也说："故圣人之所以治人之七情，修十义，讲信修睦，尚辞让，去争夺，舍礼何以治之？"（《礼记·礼运篇》）。尽管儒家提出的社会治理手段包括德、礼、政、刑四种手段，但是孔子在《论语·为政》里提出的社会治理的理想境界应该是老百姓知耻礼让的无为而治的状态，"道之以政，齐之以刑，民免而无耻；道之以德，齐之以礼，有耻且格"（萧公权，2005：43～46）。所以古代社会有一套复杂的礼仪制度用来节制人欲，杜绝争乱，达到儒家理想的臻于治平的太平世界（瞿同祖，2003：290～304）。当然，礼治秩序的维护通常是结合法律制裁来实现的，但是在古代社会，中国的纠纷调解和裁决不是根据个人的权利，而是通常要体现出礼俗秩序中应有的伦理道义，达到一种以礼入法的治理模式（梁治平，2002：236～264）。而且，传统社会的礼治秩序更多的还是通过仪式和诗书音乐来教化民众，预防纠纷的出现，达到一种无讼的状态（费孝通，2001）。

通过上述描绘，我们发现20世纪80年代泥河村社区治理模式，其实正是体现了某种礼仪文化和诗书戏剧文化的教化特征。但是，改革开放初期，泥河村的礼仪文化和诗书戏剧文化的复兴，并不完全是所谓的古代社会的双轨政治，也不是有些学者发现的国家权力撤退导致的，毋宁说是社区权威人物的职能转变导致的。我们可以把泥河村20世纪80年代的礼治模式总结为如下几个特征。

第一，村干部并没有像其他研究所指出的是撤退或者缺席的状态，而是在场参与的状态。如果说庙宇文化主要是普通村民基于自己的祈福心理和集体归属感而恢复的，那么戏剧文化和书法文化则主要是在乡村干部的推动下复兴的。他们的功能不再是集体化时期传统礼仪的反对者、破坏者，而是传统礼仪的积极参与者。作为村里的权威来源之一，他们会被邀请参与到村里各个家庭重大事件的礼仪表演之中，而且他们也乐于接受这个邀请，扮演积极的角色，来维持自己的象征性权威。而且，现职干部除了不敢直接参与庙宇文化，其他如传统戏剧、现代书法等公共文化，都是在当时村干部的积极推动下发展起来的。甚至，一些村干部退休或辞职了，没有了政治压力，他们更愿意发挥自己的领导才能，全身心地参与到村庄庙宇文化的活动之中。

第二，社会关系的复兴并不是传统象征体系的简单复制，而是表现出以女性为主导的姻亲体系的强化，或者至少是父系亲属和姻亲体系的平衡趋势，而不再是费孝通、许烺光等老一辈人类学家所揭示的父系亲属的单系偏重的结构特征。大量的日常合作、礼物馈赠、祭神拜祖，都是女性主导着社会关系交往的对象和方式，体现出美籍华人人类学家杨美惠所说的日常关系人情机制中阴柔的力量（杨美惠，2009：286～287）。

第三，不管是村干部的积极作用，还是女性的阴柔力量的发挥，他们都对日渐衰落的父系家族体系构成补充，共同成为社区礼治的基础力量。在华北地区，至民国时期，父系家族就逐渐萎缩至小家庭层面，几乎没有家族的祠堂和家产，也缺乏大型家族集体层面的祭祖仪式和家族规则，这样父系亲属就缺乏传承的组织体系和资源动员力量。到了20世纪90年代，我们看到，郭氏家族因为缺乏统一的家族权威和财力，甚至连续家谱这一事件都难以获得全体郭氏家族的认可。父系亲属的象征体系表演仅仅体现在春节、清明节、婚礼和葬礼等方面。所以，自民国以来，华北地区的父系家族体系不断地处在衰落之中，社会主义革命只是进一步加剧了父系家族体系的衰败过程。但是，在市场经济全面瓦解传统亲属力量之前，

20 世纪 80 年代的华北农村仍然可以在乡村干部、父系亲属、母系姻亲等联合作用下，产生一种社区礼治秩序模式。

诚然，这种道德贤人推动下的礼治秩序仍然是一种靠不住的人治传统，面对市场经济大潮的涌动，这种社区礼治模式也需要朝着基于个人自主性的新公共性转变。即使是比较完善的西方法治国家，也需要发展公共道德，来对抗个人的自我功利主义趋势。美国社会有良知的公共知识分子，也在研究和呼吁如何重建社区公共责任精神，以对抗美国社会日益突出的两种个人主义：功利主义的个人主义和表现主义的个人主义（罗伯特·N. 贝拉等，2011）。前者只知道追求个人财富的最大化，后者只关心个人的人格独立和心理表现，都不关心社会公共利益。中国在 20 世纪 90 年代以后的发展趋势是，一方面，传统社会文化随着商品大潮正在被破坏；另一方面，现代法治秩序和公共精神还没有建立起来，到处是精致的利己主义，这才是基层社会治理的根本问题。然而，这个问题不是通过简单的基于个人权利的法治手段就可以解决的，个人权利基础上的法治模式，无法解决社区公共利益问题，也无法回应人们所需要的归属感以及对爱与尊重的需求（亚布拉罕·马斯洛，2010）。这种对集体归属的需要，并不是自我心理学所说的低等动物的认同模式或者说不成熟的青少年和女性的需要（埃里克·H. 埃里克森，1998），而是人类社会追求个体自由和群体归属的双重属性所需。伊罗生在《群氓之族》中，专门针对埃里克森的个体自我认同理论提出批判，指出人类社会的群体归属的心理需求，这种群体归属的需求尽管有时表现为盲目的情感力量，甚至以种族主义的狭隘族群认同排斥和杀戮其他族群，但是并不等于它就是低等的文化（哈罗德·伊罗生，2008）。现代社会转型的关键是在个体自由解放和社区公共精神的重构之间取得平衡，通过发展一种自由结社、自由协商的公共交往模式，来解决个体化时代的心灵安置问题和社会秩序问题。然而，后面我们将会看到，随着市场化进程的加快，泥河的现代化转型并没有对应的社区公共伦理的转型，而是陷入了一种功利化的人情机制之中，存在相互竞争和冲突。

第十一章 改革开放以来的泥河村(下): 生计转型和"悬浮型" 政权下的民风遗韵

动笔写作本章时,两个震惊国人的农村极端事件一直萦绕在笔者的头脑:一个是 2015 年 6 月 8 日晚上河北肃宁县西石宝村村民刘双瑞持双管猎枪打死两名村民、两名警察,打伤三名村民、三名警察;另一个是 2015 年 6 月 9 日晚上贵州毕节市七星关区四名留守儿童服毒自杀,最大的孩子 13 岁,留下遗言说:"死亡是我多年的梦想,今天清零了!"这两个看似无关、相距很远的事件,其实都和中国社会的发展趋势有关,那就是 20 世纪晚期以来快速城镇化进程导致的中国农村社区的衰败。20 世纪 90 代末的中国改革进程,打破了改革开放早期的乡村工业化模式,走向了一种以城镇化为核心的地方政府主导的资本经营模式。农村社区的劳力、土地和教育等资源都被吸纳到城市,留下老弱病残留守社区。伴随着资源枯竭而来的是农村社区集体伦理的瓦解和治理方式的转变,农村社区治理由礼治秩序正在转向一种行政化的治理方式。

一 人生礼仪消费中的面子和压力:市场经济条件下的 泥河村生计转型和地位分化

在 20 世纪八九十年代,中国经济中的集体经济和乡镇企业是支撑整个中国经济快速发展的支柱。从 1978 年到 1990 年,乡镇企业的就业人数占中国农村劳动力的比例已经由 9.5% 上升到 10.93%;乡镇企业产值占中国农业产值的比例已经由 21.2% 上升到 32.67%。从 1978 年到 1992 年乡镇企业产值占整个国民经济的比重由 9% 上升到 24.9%,如果再加上 13.2% 的集体企业产值比例,乡镇企业和集体企业产值合计占国民经济的比例达到 38.1% (国家统计局,1993)。

对于通过分灶财政制和承包经营制发展起来的占国民经济将近 1/3 比例的乡镇和集体经济，国内外学者对此重要经济成分的贡献和作用评价不一。国内主流经济学界一般认为，通过承包办法发展起来的乡镇企业和各种集体经济，尽管激发了地方政府的积极性，但是并不能提高乡镇企业的效率。地方政府通过各种信贷途径，扶持了大量低效率的地方企业，导致银行贷款坏账增多和通货膨胀，也导致出现地方保护主义性质的三角债现象。所以，有人认为，乡镇企业的繁荣，只不过方便了地方政府放水养鱼，进而通过各种非正式的收费扩大地方政府的预算外财政收入（周飞舟，2007）。早在 1986 年，时任领导人就提出了一套以价格体制、税收体制和财政体制改革为重点的配套改革思路，希望能够改革价格双轨制和分灶财政制，从而建立一个在自主经营、自负盈亏企业基础上的由市场调节资源配置的经济体制和分税制税收体制。这一改革方案获得了中央财经领导小组的高度评价（吴敬琏，2003：73）。然而，这套改革方案在当时并没有得以实施。在 1987 年和 1988 年第二轮城市经济改革时，继续推行五项承包制，包括企业承包制、部门承包制、财政大包干、外贸大包干、信贷包干，被国内著名经济学家吴敬琏先生评价为"由于丧失了大步推进改革的时机，结果造成以后的被动局面"（吴敬琏，2003：73）。

有些学者对中国 20 世纪八九十年代分权改革模式持肯定态度。著名经济学家钱颖一等学者就在多篇英文文章中，对中国的分权改革模式给予了肯定。他们先从财政联邦制结构、后又从组织结构理论，论证中国分权制、渐进改革的经济合理性。他们认为，相对于苏联、东欧的激进总体性改革，分权型财政包干制造就了一种 M－型组织结构（多重事业部型组织结构），从而大大提高了对基层各个地方政府的激励效果，在不同地区之间产生了一种标杆式竞争模式（yardstick competition），同时相对独立的小规模经济体也降低了改革风险，从而使中国的经济发展绩效优于苏联、东欧（Qian & Weingast，1997：149－185；Maskin，Qian，Xu，2000：359－378）。同样，美国著名的中国农村问题研究学者戴慕珍（Jean Oi）也认为，正是财政包干制和企业承包制对地方政府产生了预算约束的硬化效果，使他们不能吃国家财政的大锅饭，这样就对地方政府，尤其是县级以下的乡镇和村政府产生经济激励。地方政府的主要领导转变成为企业家，把主要精力用于指导本级政府管辖的集体企业，参与企业经营、投资和利润分配。所以，她认为，中国地方政府官员主导的乡镇企业发展模式是一种不同于苏联、东欧私有化改革方案的另类发展模式，可以让地方政府在努力发展非农经济的同时，继续保持其政治权力，完成地方社区的各项社会发展任务（Oi，1992：99-126）。当然，这种乡镇企业发展模式也带来了地方保护主义和不同地区的发展差距等问题，部分削弱了中央政府的政策推行能力。这种地方政府主导的乡镇企业和集体经济发展模式，从宏观经济和长远来看，其效率和发展趋势都是不确定的，但是就中期而言，却给农村社区的经济生活提供了稳定有效的保障。

　　20世纪80年代中期以来，淇县的国有、集体经济得到了良好发展，先后建立了石英制品厂、编织厂、热电厂、油脂加工厂、毛纺厂、棉麻纺织厂、大理石厂，全县形成了以电力、纺织、机械、造纸、化工、建材为主体的六大支柱工业（淇县志编纂委员会，1996：505）。到1994年左右，全县国有工业企业有所谓的九大支柱企业的说法，包括淇县高村机械厂、淇县造纸厂、淇县水泥厂、淇县化肥厂、淇县热电厂、淇县毛纺织厂、淇县棉麻纺织厂、淇县宏大集团（畜牧业）、淇县大理石厂（淇县志编纂委员会，1996：507~510）。除了水泥厂之外，其他八大企业都属于淇县经委系统。当年，淇县经委下属共有14家国有工业企业，它们在1994年创造的销售产值合计29455万元，创造的利润合计2712万元，创造的税金合计1840万元，解决的就业人数合计10368人（淇县志编纂委员会，1996：513）。除了地方国有经济的蓬勃发展，淇县的乡镇集体企业在20世纪90年代也有一定的基础，到1994年，全县乡镇集体企业共计有6656个，其中乡镇办企业有105个，固定资产合计为32426万元，就业人数合计34786人（淇县志编纂委员会，1996：522）。相对于苏南地区，淇县的乡镇企业可能不是那么发达，但是在豫北地区已经成为当时的发展典型，许多企业都是当时河南省各个行业的学习榜样。正是这九大县级国有企业和乡镇集体企业提供的非农就业岗位为当时淇县各个乡村的农民创造了费孝通老先生当年所说的离土不离乡、半工半农的生计模式（费孝通，1983）。

　　前述，泥河一直因为耕地相对多，所以泥河村的乡村工业一直都不发达。到20世纪90年代，周边的村庄，比如南边的郭庄，西边的崔庄、吴寨，北边的杨吴都开始办起了砖窑场、面粉厂、海绵厂、烧碱厂、电线厂、砖瓦厂等村办企业的时候，泥河的村办企业仍然没有什么起色。倒是个体私营经济在泥河村发展起来，一个是村西头的秦中古夫妇利用村里原来的合作医疗卫生点的房子，自己开小诊所；而原来合作医疗时期的赤脚医生闫长梅也在自己家里开办个人诊所。另外，集体经济解散之后，除了郭文长继续经营供销合作社的代销点，村东头的王革新也利用自己家的临街房屋办起了一个日杂百货门市部。一直到 20 世纪 90 年代后期，村里的个体经济也就是这么几家个体诊所、小商店。另有几家是在县城或者乡镇经营，和村里没有什么关系。比如杨文堂在县城办了一家织袜厂，效益突出，实现了个人的快速致富；郭宝珍、刘瑞芬夫妇曾经带着儿子郭文清、郭海清兄弟一起在桥盟乡新庄东南的淇滑公路旁边办了一家化工厂，效益也一度不错；高建中在外面学习家电维修技术，回到县城开了一个家电维修点，后来成立淇县最大的家电代理企业；郭光利先是在北京跟着别人学做烧鸡生意，后来自己返乡经营农药；而李洪洁则跟着自己的亲戚陈勇一起开办同济肾病医院，现在成了西安同济肾病医院的院长；最新商业奇才是郭文长的儿子郭鹏飞在郑州开办河南广源影视传播公司，成为河南电视台的主要合作伙伴。这些个体、私营经济曾经给村里提供一些公共捐助，比如资助建立乡村大舞台和路灯，尽管相对于苏南地区或者漯河南街村的村办集体企业而言，这些资金较少，但对村里的贡献聊胜于无。

因为没有发达的村办集体经济作为支撑，那时候的泥河村民比较普遍的改善家庭生计的模式就是到县城或者乡镇各种国有或者集体企业里上班，下班后骑着自行车回家，和家里人一起吃饭闲聊，周末再忙一下地里的农活。这种所谓"一头沉"的家庭生计模式，成为当时村里许多人的生计转型模式。那个时候正是淇县的几个劳动密集型工厂——比如毛纺厂和棉麻厂等扩大生产的时候，每个乡村都有招工指标。能够去这几大工厂上班挣工资，是当时村里那代年轻人的向往。每天骑着自行车穿行在上下班的乡村大路上，令路过的村庄中的年轻人羡慕。村民一方面，可以通过家乡附近的县城或乡镇企业挣工资；另一方面，又可以维持农村农业种植，保持农村社区家庭生活形态的完整，大大改善了农村生活的面貌。20 世纪 90 年代，农村娶媳妇只需要三到五间大瓦房就可以了。当然，这三到五间大瓦房相对于 80 年代的房子，无论在高度和结构上都上了档次。一般都是净高一丈三尺五寸带有门楼的高瓦房，带门楼的瓦房是华北地区比较气派而又传统的房屋结构，在一层房屋上边增加半层结构，用棚顶隔开，留有楼梯口，便于上去储存杂物和粮食，房屋上半层的门楼对着院子方向开有小窗户，便于通风透气。这种房屋结构一般是新中国成立前地主家的房屋结构，到 20 世纪 90 年代几乎成为华北农村普遍流行的房屋结构。同时，房屋的结构已经基本上被改成砖木结构，虽然不用钢筋水泥，但是整个墙体都是用石灰泥砌成的砖墙，不再是 20 世纪 70 年代的一层砖包裹着土坯的"里生外熟"的墙体。讲究的人家还会在一层的屋顶吊起来一个芦苇秆扎的架子，然后再用报纸或者其他装饰纸糊上，漂亮美观，老百姓起个好听的名字叫映衬。有钱的人家会用白石灰粉刷或者石灰泥抹平屋内墙面，地面用砖铺上或者用水泥抹平，再配上新式家具，这样就成为那个时候的时尚住宅了。

总之，20 世纪 90 年代的泥河村中，没有一个成功的村办集体企业，依靠个体私营经济经商致富的村民也不多。大部分村民都采取"一头沉"式的家庭分工策略，年轻人到县城或者乡镇企业上班，老人在家里种田做家务，攒上几年钱，也能盖起五间大瓦房娶媳妇。

这样的家庭生计模式到 20 世纪末期随着国有集体企业的改制开始陷入困境，再次被迫转型。1997 年中共十五大提出了整体推进改革战略，"国有经济改革有了历史性突破：否定了认为国有经济在国民经济中所占比重愈大愈好的苏联模式观点，明确规定公有制经济为主体、多种所有制共同发展是至少一百年的社会主义初级阶段的基本经济制度"（吴敬琏，2003：78）。以朱镕基为核心的国有经济改革攻坚战提出要用三年的时间解决国有企业问题。而当时的主要策略就是"抓大放小"，实现国有经济的结构重组（郑永年，1999：150）。伴随着这一改革思路，20 世纪 80 年代推行的以放权让利为核心的行政分权改革模式被新联邦主义的财政集权模式配以市场化的国企改革模式所取代（郑永年，1999：231~276）。在这种改革思路的主导下，对应的基层农民的生计模式也必然发生重要的改变——由一种地方化的亦工亦农（半工半农）的生计模式转向远距离的外出打工模式。

淇县的国有集体企业在 20 世纪 90 年代末期的那场改革大潮中，多数也都通过改制的方式实现了重组。曾经引以为豪的九大支柱企业，水泥厂、化肥厂、造纸厂、发电厂、机械厂、石英厂、大理石厂等纷纷破产，而两个效益不错的纺织厂则通过改制成为私人企业。本来在 90 年代主要因为创办两个纺织厂有功而被提升为分管工业的副县长马文生，此时辞职下海去购买自己当年创办的淇县棉麻纺织厂。放弃了工业产业后，淇县主要通过发展旅游业、民间医疗产业和畜牧养殖业，实现经济转型。首先是大力开发战国时期鬼谷子开坛授艺的旅游景点云梦山，全县集中县直属机关的力量连续几年到景点附近的山区植树造林，绿化荒山，并召开鬼谷子军事文化研讨会，借着文化造势招商引资；随后又开发了传说中殷纣王曾经降香的古灵山女娲始祖庙和殷纣王冬季取暖的朝阳寺两个旅游景点，把南边的云梦山、中间的朝阳寺和北边的灵山寺通过一条山区扶贫道路连接起来。通过旅游开发带动淇县经济发展，成为那届两委班子的主要政绩。但是真正带动淇县经济发展和就业的则是两家畜牧养殖企业，一家是大用公司，另一家是永达公司。这两家起源于 20 世纪 80 年代的个体养殖企业在 2000 年以后却成了淇县民营经济的支柱产业，沿着 107 国道分别在当时的高村镇和桥盟乡发展起来。两家企业都是集中发展养鸡、孵化、蛋品、养猪，以及屠宰分割业务，通过"公司＋基地＋农户"的经营模式发展壮大起来的。两家企业的就业人数分别为 8000 人和 5000 人，成为取代当年九大国有企业的当地农民就业的主要企业。另外，那时候淇县还出现了两家民办肾病医院——同济肾病医院和朝歌肾病医院同城竞争的局面。这两家医院也拉动了淇县相关客运、饮食、住宿等民营经济的发展。

国有企业、集体企业改制以后，许多在国有或集体企业上班的工人被迫进行分流，有的转向了两家新兴的畜牧养殖企业，有的则开始发展个体经济，有的则加入了全国外出打工的潮流。这个时候泥河村里的年轻人纷纷加入了大用公司或者永达公司，成为两家畜牧养殖企业的产业工人或者销售人员。但是，他们已经不再像 20 世纪 80 年代那样，把到国有企业工作叫作"上班"，而是称呼自己为"打工的"。因为这个时候到私营工厂就业已经不像原来到国有工厂就业那样稳定而体面。

比如，20 世纪 80 年代泥河村两名当兵转业的村民郭连和（小名百灵锁儿）、郭申和（小名梅生）被安置到县化肥厂工作。两人尽管是普通工人，但在当时做的也算是体面稳定的工作。梅生家在村里最早翻盖房屋盖起了两层楼房，在当时获得村里许多人的羡慕。那时候梅生喜欢打牌，上班的时候容易犯困，结果有次他负责的锅炉因为自己上班期间瞌睡而烧坏了，丢了工作。为了这件事，家里人都埋怨他，好好的正式工作让他给弄丢了。郭连和则为人本分乐观，每天都骑车到县城去上班，晚上回来吃饭的时候，喜欢端着饭碗到马路边和街坊邻居们一起"喷闲谝"①。他总是大声地放起收音机里的豫剧，边听广播，边和大家天南海北地"闲喷"，对生活充满了信心。

2000 年以后，尽管仍然会有一些人在村里街边路口"闲喷"，但主要是上了年纪的老人和妇女、孩子。年轻人大多数都在外边忙着打工，只有少数闲人聚集在一起打麻将，博得一些彩头。到 2010 年左右，村里有四个营利性麻将室，无论白天、晚上都有人在那里打牌。这成为村里一些闲人消遣的主要方式。尽管村里也修建了两个篮球场、露天健身器材等，但是并不像 20 世纪七八十年代那样，能够吸引年轻人去玩。健身场所成了村民晒粮食和被褥的地方。村里一些比较时髦的留守妇女会利用泥河村戏剧大舞台，在晚饭后表演健身操和广场舞，甚至会参加春节期间的县乡文艺会演。但是，在一个缺乏人气的乡村夜晚，几个人的表演倒是显得冷清。农村的硬件设施比原来好多了，但是却看不见当年农村热闹的气氛和凝聚力。

生计压力让青壮年劳动力不敢留在村里过悠闲自在的生活。这倒不是说他们的饮食起居、穿着打扮等日常生活消费多么高昂，而是说伴随着市场经济而来的各种重要的人生礼仪花费已经高得惊人。正如笔者 2010 年暑假访谈郭秋海时听到的："我从 2000 年以后就一直在外面打工，先是给大用公司做销售，后来就去了大同，在一个矿上给人家老板打工。这次回来就是盖盖房子，小康马上该成家了，没有房不行。现在的年轻人都在外边忙着打工挣钱，给孩子将来结婚成家做准备。现在孩子结婚可不像原来了，不光要两层楼房，而且还得要几万块钱的彩礼。不去想法挣钱，谁给你说媒提亲？西头葛家老二结婚，没有新房，给人家女方 20 万块钱，人家都不要。人家就要一座楼，盖不起楼不结婚，逼得他爹赶紧盖楼。"

2014 年春节时，也听郭文东说："你别看我有时候打打麻将，那都是愁得没法呀！小妮有病，跟婆家离婚了，在家养了两年，殁了。还有个小

---

① 淇县农村把饭后聊天通俗地称作"喷闲谝"，又叫作"瞎喷"，意思是没有什么具体目的和主题，随意地扯闲篇，信口开河地发表自己的意见。

孩儿，在职业中专上学，上学也不顶事，将来工作也不好找，出去打工挣钱也少。我还得使劲扑操着往前赶，将来给他娶个媳妇。咱也没啥本事，就靠掏力吧。这两年在生猪屠宰场给人家扛生猪挂架子上，论件的，扛一头猪5毛钱，一天扛上200头猪，挣100元钱。现在也干不动了，一天下来，累得腰疼啊。现在，我在家养了两头牛，到时候一头牛也能卖几千块。有时候累了，就想到麻将室坐那儿，跟人家打两圈。打，就得出个彩，要不不提劲啊！"

在县城做家电维修和代理销售的老板高建中也说："别看我当老板的，现在也是整天忙叨叨的。甭说别的，就光说养这一辆车，每天烧油钱，就得几十块。一般人买得起车，开不起车啊！现在小孩马上也要成家了，人家倒是自己谈的，不用家长操心。但是，以咱这个身份，你终得办得不能丢人吧？"而所谓事情办得不能丢人，就是要按照县城的规矩，婚房、婚礼要风光，亲朋好友都要通知到，选较好的酒店，用好烟、好酒招待客人。

笔者曾经在2014年春节期间参加了一次小学同学石海勋母亲去世三周年的祭日酒宴。石海勋长期在外面做建材生意，朋友多、脸面大，所以并没有按照传统规矩在农村老家设宴，而是选择在县城一家酒店里宴请宾客。整个酒店一层大堂都被他包下来，每个酒桌上都有白酒（河南名酒仰韶大曲）、红酒、啤酒三种酒，还有可乐、雪碧等各种饮料，红旗渠牌的香烟。席面上的菜品也都是鸡鸭鱼肉、海参鱿鱼等高档食品。估算一下，每桌酒席的价格大约要500块钱，总共下来要两三万块钱。

2000年以后，泥河村民的生计变得灵活而多样了，有本事的人在外边经商做老板，他们可能平常不在村里居住，但是仍然和村里发生着各种联系。尤其是当有红白喜事的时候，他们一定要回到村里，在村里老家举办仪式，并邀请村里的亲戚朋友一起赴宴。作为新时期的精英，他们带到村里的是有身份、有面子的示范模式。而其他村民也在这水涨船高的人生仪式中，努力去完成自己的人生任务。然而，市场并不可能给每一个村民提供平等的发财机会。那些缺乏门路和技能的普通村民就只好如郭文东说的"靠掏力""使劲扑操着往前赶"过日子。在这种世俗的压力下，尽管大家都努力拼搏，但终有一部分失去希望的失意者，躲到麻将桌上消耗时光。留在村里的老人们依然会坐在街头巷尾品头论足，看不惯年轻人整天坐在牌桌上消耗时光。但是现在的农村老人舆论对年轻人已经远远不如市场诱惑那么重要。每个人都知道，没有两层楼房和 10 万块钱的彩礼，那孩子就有可能打光棍。生活的压力已经让年轻人宁可躲到牌桌上消磨时光，也不愿意去听老年人唠叨了。

二　训政的终结和私利的角逐："悬浮型"政权下的泥河村社区秩序问题

在 2015 年春节对现任村干部的访谈中，大家都一致赞同老支书李香元当年的领导方式。李香元是从村里第一代领导集体中脱颖而出的第二代领导核心。"文化大革命"时期李香元曾经当过村里的"二七派"红卫兵，后来作为村里的民兵连长和青年突击队队长，带领村里的青年突击队修样板渠，为泥河集体化时期的农田水利建设奉献了自己的青春。李香元1984 年接任贾致河当村书记，一直干到 2003 年退休，将近 20 年。根据他的口述，他在任期间最难做的工作，80 年代是计划生育工作，到了 90 年代以后，主要是征收公粮和提留款。而长期在村委会任职的现任村长葛江春认为，那时候村里最难办的事除了计划生育问题、收公粮问题，还有就是调宅基地、村庄规划问题等。这些问题一方面是村庄内生因素导致的，比如人口增长带来了宅基地的需求增多，但是村庄宅基地总量却有限，从而产生了矛盾；另一方面，乡村许多问题都是民族国家建设对基层动员造成的压力导致的，比如征收公粮和提留款问题、计划生育问题等。这些问题都是国家在推进现代化进程中，为了调解人口和资源的宏观比例，对人口生育、农业资源、社会秩序等进行调节治理的问题。从国家治理层面来看，到 20 世纪 90 年代已经由原来的主要依靠高压政治进行治理，转变为依靠合同（赵晓力，2000）、项目制（渠敬东，2012）等专项技术进行治理（渠敬东、周飞舟、应星，2009）。但是，不管是对人口生育的指标控制，还是对公粮、提留款的合同管理，其实都离不开行政发包制（周黎安，2014），落实到基层干部头上是目标考核。但是行政发包制对于最基层的乡村干部就无法再往下发包，而是要靠他们亲自落实。当时的泥河村干部，尤其是党支部书记李香元，完成行政发包任务的主要策略其实是通过一种匿名训话的方式来施加压力，然后再采取当面劝解等软硬兼施的方式。

据李香元自己回忆，在 20 世纪 80 年代的时候，公社给大队分计划生育指标，必须要控制三胎，动员生过二胎的育龄妇女到公社卫生院做结扎手术。"老百姓想不通，村里就把计划生育对象叫到大队部学习班，集中开展思想工作。实在想不通的，就会报给公社。"

但是到了 90 年代，计划生育工作不是那么难做了，只要你缴了罚款，就允许你生了，一切就开始拿钱说事，有钱就能够生。这时候比较难做的是征收公粮和村提留乡统筹款。每到夏季，开始征公粮的时候，就提前在喇叭里宣传动员。那时候，一早一晚，都能听到李香元通过村里的高音喇叭不点名地批评村里不缴公粮的钉子户，向他们施加压力，然后再去他们家里当面做工作。当年的村干部之一、现任村长葛江春就说："那时候还是香元有法儿，他也不点名在喇叭里刺你，指桑骂槐，讽刺你。他这是比较文明的，高村有个支书直接就把你弄到学校办学习班、给你开批斗会。这都是他们那个时代的执政风格，现在都不能这么干了。香元他不点名刺你，给你施加压力。但是下来后，去你家里做工作的时候，仍然对你好好的。这就是他的法儿。"

从这些访谈里，我们看到，20 世纪八九十年代，农村社区干部完成行政任务的策略主要是一种准强制性训政模式。李香元那一代农村干部对于国家强制任务，擅长使用高压舆论手段结合个别劝导等方式来完成。但是，总体而言，伴随着改革开放，农村社区治理的专制程度下降了。正如现任村长葛江春所言："现在这些法儿都不管用了，那是那个阶段的法儿，现在可不敢惹老百姓不高兴了。"那么 2000 年以后，农村社区的治理手段又发生了什么变化呢？农村社区治理是否比原来更加文明有序了呢？

2003 年以来，农村开始进行税费改革，减轻农民负担。2006 年又开始在农村实行新型合作医疗，解决农民医疗保障问题。这些都是胡锦涛、温家宝执政时期中央采取的新农村建设手段——通过民生政策来改善农民的生活。然而，如果从农民的整体生活感受来看，他们对于这些政策似乎并不满意。比如在 2012 年一次对村民的访谈中，就听说："农业税取消了，但是其他的又给加上了。"

问："什么加上了？"

答："肥料。"

问："其实就是没啥变化，现在农业税少了，但是肥料价加上了，一样的，对吧？"

答："对。"

问："现在看病难不难啊？医疗条件好点儿吗？"

答："现在药太贵了。"

问："不是有新农合了吗？"

答："现在有新农合，但是药费也更贵了，其实也一样。用老百姓的话，就是新农合救活了乡镇卫生院，乡镇卫生院养活了很多人，给了很多工资。但是老百姓看病花费并没有减少。"

实际上，2003 年以来国家通过一系列公共财政补贴逐步解决了农村中小学义务教育问题、农村"五保"问题、农民合作医疗问题，乃至实施了新型农民养老保险制度。但是这些措施都是上级政府通过单项政策建立的，而不是县、乡政府提供的公共服务，反而导致乡、村两级政府的公共权威大大降低了（焦长权，2010）。正如上一节所言，2000 年以后，整个农村发展模式发生了改变，国家不再鼓励发展乡镇企业和村办企业，而是转向扶持发展民营经济。同时，随着国家财税体制由承包制转向分税制和农村税费改革，国家不再通过税费来汲取农村资源，而是通过专项财政转移支付的方式来进行农村专项建设。乡镇政府经过 1998 年的精简改革之后，人员大大减少，功能发生了大转变，由原来的控制和汲取农村资源，转为向上级各个政府部门争取专项扶持资金。但是因为这些专项资金大多需要地方配套资金，而地方又缺乏单独的税源来提供配套资金，于是大多数专项建设项目只能偷工减料，节省出一部分资源用来维护乡镇政府的各项职能部门的日常运作。一种新型乡镇政府功能类型产生了，它们虽然不再从农村直接收取税费，但是也无力提供农村公共产品服务，从汲取型政权转向了悬浮型政权（周飞舟，2006）。

在悬浮型政权模式下，农村公共权威开始衰落，农村社区秩序开始变得更加混乱了。宅基地问题、邻里矛盾问题日益浮现，而失去了公共权威的村委会面对这些问题，只能采取灵活的逐个调解的办法。农村干部没有权威手段解决村民的问题，村民反过来对村干部的职能更不满意。比如一队的郭清军家要盖房子，需要占后面邻居家的宅基地。两家本来就有矛盾，这时候因为宅基地问题矛盾变得更加尖锐起来。村干部也是协调不下来，最后郭清军家只能重新去买别人家的承包地盖房。又比如村后街二队郭文东家要翻盖房子，但是需要占邻居的宅基地。邻居不同意，郭文东的房子就没法盖。村干部出面协调也解决不了，一直拖了很多年，最后还是掏钱买下对方的部分宅基地。文东就对村干部很不满意，背后埋怨他们不办事。

对于这些涉及村民切身利益的麻烦事，有时候村干部反而不如民间社会力量解决问题有力。泥河村虽然还没有特别强势的黑恶势力，但是下面两个案例就反映了当下农村强人当道的态势。原来村里边谁家办丧事或者给过世老人办周年，都会请响器班子。按说请哪家响器班子这都是办事的主家自己决定的事情，如果关系不错，当然应该优先请本村的响器班子，但是如果不请本村的响器班子，也不应该被强制。可是，村里曾经一度就有一个强势的响器班子，控制了响器班子市场，如果村民请外村来的响器班子就会被找碴儿。同样，也有人控制本村的夏秋两季的粮食收购市场，如果谁家卖粮食不卖给他，而是卖给了外村收购粮食的，他就去找别人麻烦。对于这些问题，村干部基本上管不了，除非是发生了严重的伤人事件，构成刑事案件了，公安局才插手调查解决。

当然，通过司法途径解决乡村社区的纠纷，也不是那么高效而公正的。进入司法程序，其实也是双方社会力量相互较量的过程。比如，前几年村里发生了一起打架纠纷案，一方被打伤了。按照以往的惯例，村干部出面调解一下，到医院看看，赔个医药费就可以了。但是，受伤的认为事情不是那么简单，如果不让打伤自己的那家受点教训，那以后自己在村里还怎么有脸面继续混。所以，被打伤的就住在医院里，动员亲戚关系给公安局施加压力，拘留了打人的。最后打伤人的那家拿出了 1 万多块钱赔偿被打伤的人，这事才算了结。所以，现在大家都知道了，一般情况下不能打架，因为打伤了是要赔钱的。

面对农村社区的失序现象，有人提出这是税费改革后基层乡镇政府治理权力弱化和分类治理能力下降导致的（申端锋，2010）。但是这只是看到了表面现象。如果从农村社会生活整体模式出发，我们发现，其实是农村生活方式整体上发生了转变，继而推动社区治理模式和策略也发生转变。国家提倡的依法治国话语促进市场经济下村民权利意识的提升，原来通过训政方式和礼乐教化进行农村社区治理已经失效，而政府系统内部实际奉行的行政发包制和目标考核模式导致基层乡村干部只能疲于应付上级任务，努力保持社会稳定，无法建立起一个法理型公共权威（郭伟和，2014）。于是村庄强人垄断市场，社区秩序日益混乱。

总之，在一个功能悬浮、权威衰落的乡、村政权结构下，面对市场大潮导致的物质利益诱惑和矛盾冲突，本来需要法理性公共权威来支持正义。但是在行政发包制和目标考核的压力下，乡村干部只能努力去完成上级政府的考核任务，无力再对社区公共秩序形成权威关系。农村社会自然就会依靠强人私力或者借助其他黑恶势力来填补乡村公共权威的缺失。尽管有研究指出，农村社区秩序紊乱呼唤法律资源下乡（董磊明、陈柏峰、聂良波，2008），给农民提供更加合理的公正秩序，但是在行政吸纳司法的司法体制（强世功，2001）下，这种对"迎法下乡"的呼唤是否能够真正把司法正义和文明秩序带给农村社区是不容乐观的（应星，2007）。

三　挑战与吸纳：村民选举机会下的泥河村政权更替模式

自从 1948 年泥河村解放建立了以郭全英为核心的第一代领导权威，到 1998 年为止，乡村政治精英基本上都是由村里老领导核心推荐和乡镇（公社）政府选拔的。当然，每个历史时期都受当时国家政治路线的主导，政权更替会表现出不同的特色。比如，1948 年村里第一任领导班子的人员，大都是跟着郭全英闹革命的积极分子，包括刘瑞芬、郭合喜、李永元、贾致江、贾致河等人。但是，到 1949 年土改时，土改工作队组建农会时，农会成员则从村里最为贫穷的贫下中农代表中选拔，当时的农会成员主要是王魁明、刘茂群等人，但是仍然由村支书郭全英领导。土改结束后，进入互助组、合作社时期，郭全英调到吴寨乡任副乡长，在他的推荐下村里组建了以李永元为支书的领导班子，包括刘瑞芬、贾致江、贾致河、郭仁和等人。1958 年"大跃进"时期，国家推行激进的集体化运动，这给村里不同政治势力提供了政治斗争的机会，相对保守的李永元被当时一个激进的退伍军人推下台，激进退伍军人的上台当然也是因为迎合了当时高村公社自上而下推行的激进合作化路线。随着"大跃进"的失败，1960 年高村公社清理了泥河村过激的支书，重新派郭全英到泥河村任党支部书记，组建了包括贾致河、刘瑞芬等老党员的党支部。1966 年中央发动"文化大革命"，号召群众造反夺权，劳改释放回来的"大跃进"时期的过激支书又发现了新的机会，就发动其他造反派打倒以郭全英为核心的村政权，再次夺取了村级政权。但是经历了短暂的夺权造反之后，到1968年中央发动清理阶级队伍中坏分子时，工作组又清理了这个投机激进分子，重新组建了以贾致河为主任的革命委员会，成员包括郭全英、刘瑞芬、秦玉喜等老人，也吸纳了李香元、郭贵和、贾春海、晋善文、郭文花等年轻一些的干部。1969年中央再次发动整党运动，到1971年时，工作组又选拔出为人老实本分的晋善文，由他出任革命委员会主任兼任村支书，秦玉喜、贾致河、郭贵和任副支书，李香元、李潮元、葛江银等都是村委委员，郭全英担任治安主任，刘瑞芬担任妇女主任。1978年，老实耿直的晋善文因为村内事务和高村公社闹僵，辞掉党支部书记，由贾致河接任泥河村党支部书记，班子成员包括秦玉喜、李香元、郭贵和、葛江银等人。1984年贾致河又因为村民告状卸任支书，换成李香元担任村支书。从1948年到1984年可以说是泥河村集体化时期的第一代领导集体掌权的时期，当中尽管发生过领导核心的转换，但是基本上都掌握在郭全英最早提拔的第一代领导集体手里。尽管在1958年和1966年发生过夺权行动，但是很快就又恢复了第一代领导集体的执政地位。这个时期的泥河村政权产生于革命时期，基层政权的些微调整，基本上都是因为上级发动政治运动给基层激进分子提供了政治机会，但是往往又被紧接着的纠偏运动所否定，重新恢复了正统的革命领导集体地位。

1984年李香元担任村党支部书记，一直到2003年，这构成了村里第二代领导集体。这个时候在体制上实行党政分开，李香元担任党支部书记，支部委员包括秦玉喜、郭贵和、葛江银等人。而郭贵和担任村委会主任，村委委员包括郭文清、葛江春、贾秋德、赵秀河等人。1985年秦玉喜辞去副支书、1988年葛江银辞去党支部委员，老一代领导干部基本退出村级政权，郭文清、郭文采、郭顺和、郭灿鹏、葛平林等年轻一代陆续经过李香元的推荐进入村领导班子。这一时期的村庄政权的更替出现了一些新特征：虽然新的村庄干部仍然由现任领导核心经过权衡村庄内部的不同社会势力推荐，但是要经过法定村民选举程序才能进入村委会班子。1988年颁布了《中华人民共和国村民委员会组织法（试行）》，1998年颁布了《中华人民共和国村民委员会组织法》，中国在农村推行村民选举制度，开启了基层政治的民主化进程。然而，在 1998 年之前，泥河的村政权基本上都是现任领导核心考核推荐，再经过法定选举程序获得正式任命。也就是说，村民选举只是对领导选拔机制的合法承认而已，并不是一种真正的多元竞争民主政治模式。

1998 年的村委会换届选举时，泥河出现新生政治力量竞争选举的现象。年轻一代的杨文平和贾文喜代表了新的力量，他们动员各自的家族力量和社会力量，向时任村委会的候选人发起挑战。杨文平家里兄弟多，而且有一定的经济基础，又是第一代村领导集体成员刘瑞芬的女婿；贾文喜是当年老支书贾致河的儿子，也是贾氏家族的力量代表。按照当时的政治格局，郭贵和、郭顺和、葛江春、赵秀河、贾培德、韩同兰等都是现任村干部，而且也都代表了村庄中不同地理位置的六个村民小组的力量，他们是既定的村委会候选人。面对挑战，支书李香元积极动员村民支持郭顺和竞选村委会主任，并且最终获得了成功。但是这次竞争选举也促使新任村庄领导核心——两委班子不得不考虑如何平衡和吸纳新生政治力量的问题。2003 年老支书李香元正常退休时，他举荐了能力和家族势力都很强的郭顺和担任村党支部书记。另外，郭丽峰是第一代老支书郭全英的侄孙，又是退伍军人和党员，也被选拔为副支书，作为后备干部来培养。但是郭顺和上任不久便生病不能胜任，郭丽峰也迫于生计辞去村干部到外边找工作。这样，镇上便让贾培德接替郭顺和代理支书。贾培德长期担任泥河村的电工和村干部，为人朴实，而且也是老支书贾致河的侄子，是贾氏家族的代表人物，他弟弟贾秋德又和李家联姻，所以，贾培德出任代理支书可以说是顺理成章，也能够平衡村中的政治势力。2004 年换届选举时，贾培德顺利当选村党支部书记，新任党支部领导集体吸纳了葛江春、郭文采、李树清、郭灿鹏等几大家族的代表人物，而新一届村委会则选出葛江春为村长。而且他们吸纳了年轻一代的挑战者杨文平和贾文喜等人担任各自村民小组组长。经过几年的锻炼，到 2007 年换届时，他们二人就顺利进入了村委会，成为领导班子成员之一。另外，2007 年换届选举时，贾培德又在村党支部吸收了李树州、葛文林、杨文平等人担任支部委员，成功实现了政权更替。2014 年换届选举时，又有郭震海等年轻一代来挑战现任政权，但是因为郭震海的家族力量和经济力量都比较弱，又加上缺乏群众基础，威信不够，所以并没有挑战成功，基本上维持了原来的村庄政权结构。

总的来看，1998 年以后随着村民选举制度的普遍推广，农村政权更替开始面临公开合法的政治竞争，如何回应和吸纳政治竞争力量，各个地方的做法是不一的。泥河村的做法是吸纳挑战势力进入村庄政权，从而避免了其他村庄贿选、黑恶势力参与竞争的不良态势。尽管这还不是理想的竞争性民主，但是它已经具备查尔斯·蒂利所说的实质性民主的一些特征。民主形式有许多种，但是就其实质而言，"民主化意味着增强政府代理人和政府所管辖人口同呼吸共命运的平等关系，增强政府所管辖人口对政府人员、资源和政策的有约束力的协商，增强人口（特别是少数人口）的保护使之免遭政府代理人独裁行动的侵害"（查尔斯·蒂利，2008：13）。也就是说，对于理论界热烈讨论的村民选举制度，尽管有很多争议，有人认为它是中国基层政治民主化的形式（徐勇，1997），有人认为它只不过是党国体制合法化的手段（O'Brien and Li，2000：465 - 489），难以成为推动全社会政治变革的力量（党国印，1999），也难以促进乡村社会日常政治秩序治理的好转（应星，2005）。然而，这些评论要么赋予选举制度太多的政治意义，要么期待民主化进程一蹴而就，忽视了民主化进程旷日持久的细微变化。如果我们就基层政权现任领导班子面对村庄内部不同政治势力挑战的回应方式来讨论政治民主化问题，就会发现，实际上选举制度本身的意义并不是它自身的政治意义，而是其导致的挑战村庄内部自主政治力量的机会的产生。比较一下"大跃进"时期和"文化大革命"时期发生的两次对泥河村政权的挑战方式，我们就会发现选举制度带来的政治意义。前两次挑战都是在国家激进政治运动的动员下，村庄内部异端政治力量被动员起来进行的，而选举挑战则是由村庄内部力量自发掀起的。而且，针对这次挑战的回应方式值得关注。以往的挑战都被后来的纠偏运动所镇压，重新恢复了正统政权。选举挑战却促使现任村领导集体不得不平衡村庄新生政治力量，吸纳他们的代表进入领导集团，并逐渐培养他们进入领导核心。这不能不说是泥河村政治民主化进程中细小而重要的一步。

四 相对节制的专项工程建设

进入 21 世纪，胡锦涛、温家宝政府把新农村建设当作新一届政府的重要工作。这个思路首先表述为 2003 年党的十六届三中全会上中共中央提出的"五个统筹"的科学发展观，把统筹城乡发展作为科学发展观的首要任务。然后，在 2005 年党的十六届五中全会上关于国民经济和社会发展第十一个五年规划纲要中，中共中央明确提出"建设社会主义新农村是我国现代化进程中的重大历史任务，要按照生产发展、生活宽裕、乡风文明、村容整洁、管理民主的要求，扎实稳步地加以推进"。为此，中央政府加大了对农村的公共建设投资和公共服务投资，只不过大都是通过专项工程的方式，要求地方配套投资。所以，各个地方的农村建设情况就要取决于该地区的领导人是否有胆识去争取上级的专项工程款，然后再筹集配套资金，搞负债经营。这种专项工程建设模式不同于 20 世纪 90 年代的模式，那个时候农村公共工程主要是由农村自己筹资建设的，国家投入很少。

1991 年，泥河村修通了第一条柏油铺设的道路。这是一条从南到北贯通泥河村的县级公路，北部连接高村乡东部的几个村庄，南部连接桥盟乡东部的几个村庄，最北端和一条高村乡的东西走向的乡村公路交叉，最南端和淇县县城连接。这条柏油道路修好后，大家骑自行车走在柏油道路上，再也不用担心下雨天到县城或者高村乡办事的时候道路泥泞湿滑了。当时还不太富裕的村民们能够有辆自行车在乡村柏油路上骑行，也是很自豪的事情。尤其是年轻人，都梦想着有一辆崭新的飞鸽牌自行车，骑在公路上到县城或者高村乡去上班。这条道路的修建确实方便了村民们通往县城和乡政府所在地去上班、赶集和做生意。然而，这条道路其实主要是依靠村里基层干部动员村民修建的。那时候县交通局只负责村庄外部的路面铺设部分，而村庄内部的道路，以及村庄外部的本村管辖范围内的路基修筑等都是由各个村庄自己出力、出钱完成的。

老支书李香元回忆说："那时候村内道路加宽，涉及村民住宅的拆迁，都是村里做工作。涉及谁家房子，村里再给人家调一处庄，另外补偿一些费用，一般就是补五六百块钱。道路路基都是动员村里老百姓出义务工修的。大队把道路分段包给各个小队，再由小队根据各家人口一段一段包给各家各户。谁家的责任谁家完成，自己完不成的，就出钱请别人来完成。另外村内那段道路的柏油铺设，也是由村民出钱完成的，每人出 70 元。"

那么村集体为什么当时不出钱，而是由老百姓集资完成呢？

李香元解释说："包产到户的时候，大队基本没有什么集体资产了，每个小队只留有 15 亩机动地，还是属于各个生产小队的资产，也承包给私人耕种，每年收点承包费。当时大队的拖拉机也包给了个人，果园砍了，各个小队的牲口也都分了。大队也就是把果园砍伐后的 15 亩地留下作为机动地，承包给私人耕种，每年收取一点承包费。除此之外，没有任何资产。如果有什么任务就给小队分派。涉及公共建设，只能靠各家各户摊派。"

这就是说，包产到户以后，村集体就已经没有多少公共资产了，又加上泥河村始终没有一家成功的村办企业。所以，在 2003 年农村税费改革之前，如果村里要搞什么公共工程建设，就只能通过村民集资和出义务工来筹集资源了。但是，那时候国家把减轻农民负担当作核心工作，所以在 2000 年之前，除非迫不得已，村里基本上没有什么公共物品供应。

2003 年税费改革以后，国家开始强调对农村的专项补贴，推行新农村建设。这给乡村干部积极申请上级政府部门的专项补助进行乡村公共建设提供了新机会。但是，专项工程建设仍然需要乡村筹集配套资金。2004 年，国家教育部门提出教育资源优化配置思路，各个村小集中合并，推行中心小学。泥河、贯子、杨吴三个村庄的干部经过商议，共同集资修建一所中心小学——杨子河小学。当时，三个村庄共同出资修建了一期工程，共计 13 间两层楼房，代替了 1991 年建成的破旧的村小。根据现任村支书贾培德的回忆："杨子河学校是我上任后修建的，乡里要求三个村各出 5 万块钱。那时候各个大队都没钱，主要就靠那点机动地的钱。咱村 1999 年高速公路征地时还有点钱，所以就靠这个出的钱。当时用咱村的地做校址，杨吴和贯子都答应补偿给咱村 1 万块钱，现在贯子都没还我们这个钱，他们村没钱。"

2005 年的时候，上级政府又要求改善村政府办公室。这次改造村室时村集体已经没有资金了，就由大队干部来垫资作为配套资金，完成村室改造任务。贾培德说："每个村干部集 5000 元，支书、村长集 1 万块。大队干部带头集资，改造村办公室，不能向村民集资了。剩余的就从大队机动地承包费出。"

2007 年村里进行村内道路的硬化，修通了三条东西走向、两条南北走向的村内水泥路。这次村庄基础设施建设，是借助在村里进行包村援助的鹤壁市军分区对口支援完成的。当时鹤壁市军分区支援了 12 万块钱，又加上在省里工作的本村村民郭新和捐赠的 10 万块钱，村里从机动地承包费中拿出两三万元，解决了村庄内部道路硬化的工程款。

2009 年，杨子河学校进行二期工程建设，主要是路保琴校长在丈夫郭良和的帮助下，自己掏腰包到省城找到了在省慈善协会当会长的杨吴村老乡杨德恭，讲述杨子河学校的发展困难，争取到专项扶持。杨德恭介绍了一个慈善家周森捐赠 10 万元，县教育局配套 10 万元，完成了杨子河学校的二期工程建设，命名为周森实验楼。同时，这一年，外出创业成功的本村企业家郭鹏飞，向村里捐了 8000 元，安装了路灯，并负责每年 2000 元的电费。

2011 年在西安同济医院当院长的泥河人李洪洁向村里捐资 10 万元，村里配套 2 万元，建成了泥河村戏剧大舞台，改善了村里每年唱大戏的条件。

2014 年郭新和再次联系省体彩基金，出资 9 万元，给泥河村修建了三处体育健身场所，有篮球场、健身器材等。

五 民风遗韵：项目制治理下稳健型社区反应的社会基础

泥河村 2003 年以后的公共工程建设，和 20 世纪八九十年代相比，似乎更多。而且，这些公共工程建设基本上不再由农民出钱，而是由外部专项款、个人捐赠和村集体资源共同出资。这是农村公共工程建设的新模式，乡镇政府由压力型政府转为悬浮型政府，转而去向上级各个政府部门申请专项资金，来弥补乡镇日常经费和建设开支（周飞舟，2006）。但是国家专项拨款通常都是差额拨款，要求地方一级一级进行配套。到最后一级村委会，只好动用村里的集体资金或者通过其他办法募款来解决配套资金问题。这样，能否动员关系募集到额外资金，就成为基层村级政府完成国家配套任务的关键。泥河村的几项公共建设项目都是依靠村干部动员在外工作的老乡给家乡引资或者捐资，同时利用村里仅有的一些机动地承包费和征地款等集体资源，解决了配套资金问题，完成了上级政府对村级干部下达的日常任务和考核指标。实际上，这正是税费改革之后，国家通过专项财政资金对农村进行项目制治理的新方式（渠敬东，2012）。因为项目制治理要求地方各级政府进行配套，这就导致地方政府的筹资压力和风险增大，所以项目制治理所产生的后果具有很大的不确定性（折晓叶、陈婴婴，2011）。那些缺乏冒险精神的村庄就不敢去争取国家的专项资金，而那些争取到专项资金的村庄也有可能因为违法违规筹集和使用资金而出现问题。但是不积极争取，就又会导致地方公共建设滞后。所以，项目制治理带给农村的并不是均等的公共服务，而是充满不确定性和地区差异的农村公共事业发展状况。

泥河村并没有多少自主性市场开发项目，所以2003年以来的乡村公共建设采取的是比较稳妥的策略，既避免了一些村庄争抢项目导致的潜在债务危机问题，又不至于消极回避项目导致村庄建设停滞不前。泥河村干部的稳健策略主要和泥河村早年传承下来的民风社情有关。在当地调研时，高村镇领导告诉笔者，河南省推行的"四议两公开"制度，在实践中产生了一定的效果。"四议两公开"制度由河南省邓州市首创，即所有村级重大事项的决策由村党支部在广泛征求党员和村民意见的基础上提议，再由村"两委会"商议、党员大会审议、村民代表会议或村民会议决议，决议和实施结果都要向全体村民公开。这就从制度上推进了农村社区由民主选举走向民主决策和民主管理。但是"四议两公开"制度能否执行下去，还要取决于村干部的素质以及乡村社区的民风。就像当年托克维尔在《论美国的民主》一书中所言，"法制比自然环境更有助于美国维护民主共和国，而民情比法制的贡献更大"（托克维尔，2006：354）。在2011年的一次调研中，笔者曾经观察了高村镇新乡屯、漫流村、高村等村庄就低保名单的讨论过程。镇上的包村干部到各个村召集村干部加上村民小组代表一起开会，每次讨论的时候，包村干部都充分尊重各个村干部的意见，不敢擅自干涉。但是村级干部的素质和公心决定了这个村的低保名单出来后的公平程度。比如，当时漫流村的村干部有私心，首先考虑自己家的亲戚问题，结果会开了一个晚上也没有满意的结果。新乡屯的支书比较有公平心，首先声明村干部的亲戚最好不吃低保，而且能够把政策标准和村民的实际情况结合得很好，所以很快就形成了公平合理的名单。高村的情况也是因为老支书有威信，本来村长主持各个小组干部讨论时存在争议，但是老支书来了，要求按照乡里的文件，考虑各个村民小组的实际情况，把标准公布下去，结果就顺利产生了各个小组的低保名单。同样，泥河的村干部基本上还能继续保持比较朴实的传统。在 2014 年的春节座谈中，人们对本届泥河村干部的评价是，"他们都是老实人，不敢贪，但是也办不成啥大事"。几个村民都认为，许多村选出的村干部都是花钱买来的。"一张选票 100 块钱，当上以后就想捞回来的，有的能够捞到，有的也捞不回来。反正就觉得自己有钱了，花钱买个官当当，听起来好听点。"在乡村选举制度不完善的情况下，泥河村干部能够保持一种老实本分的特色，这主要还是得益于 20 世纪八九十年代老支书李香元大力推行文化教育时所保留下来的一点遗风。现任村干部、李香元的儿子李树洲就说："咱村的干部出去以后说话就和外村的不一样，外村干部往酒桌上一坐，就骂骂咧咧的，咱都说不出口，还是不一样。咱这儿的人都相对来说文明点儿，还是受当年村里练书法、唱老戏等活动的影响。"

　　总之，我们看到，农村税费改革之后，泥河村的公共物品供应在现任村干部的积极而审慎的努力下稳步发展，既没有出现为了冒进而负债经营的现象，也没有因为保守而裹足不前的现象。这一方面是因为国家的基层民主评议和村务公开制度在制约着村干部的公共行为，另一方面是因为老一届领导干部开创的文化教育活动影响着村干部的行为规范。当然，所谓比较淳朴的民风只是相对而言，市场化进程已经扰动了人心，而随着征地拆迁、农民上楼、建设新型农民社区，这个传统能否传承下去则是一个未知数。

第十二章 泥河村的未来：走向城乡一体化？

随着鹤淇产业集聚区的规划立项（2008 年 12 月），经历 400 多年历史的泥河村的未来走向成为一件牵动人心的事情。这涉及当前中国农村发展思路的转变。前文提到，在 2003 年以后，中央提出了统筹城乡发展关系的科学发展观，通过专项公共工程，调动地方各级政府配套投入，进行新农村建设。有人说，新农村建设是试图在保留村落历史地理形态的基础上，通过农村社区的文化和生计发展，来对抗城市化过程导致的农村衰败趋势（温铁军，2006；李剑阁，2009）。但是，2008 年召开的党的十七届三中全会通过了《中共中央关于推进农村改革发展若干重大问题的决定》，提出"我国总体上已进入以工促农、以城带乡的发展阶段，进入加快改造传统农业、走中国特色农业现代化道路的关键时刻，进入着力破除城乡二元结构、形成城乡经济社会发展一体化新格局的重要时期"。由统筹城乡发展到城乡一体化，字面上听起来差不多，但实际上却导致农村发展政策发生巨大转变。为了贯彻落实党的十七届三中全会的决定，在 2010 年左右，山东、安徽和四川等省在争议中开展的以农村土地整治为手段的城镇一体化试点，逐渐获得中央高层的关注，取代了之前的新农村建设模式（吕苑娟，2010；夏珺，2010）。相应地，如何处理土地整治的收益分配问题，在理论界和政策界的争论已经是刀光剑影，水火不容。在新自由主义学者的眼中，土地整治的关键是要给农民土地确权，促进土地流通，通过市场交易机制来提升城镇化过程中的土地增值，并让农民分享土地增值收益，增加农民收入（文贯中，2008；周其仁，2010）。但是，另一些人持国家干预主义思路，认为土地级差的租金收益不是劳动经营所得，不应该归土地占有人，而应该由国家掌握和分配使用，以此为现行的国家土地征用制度辩护（贺雪峰，2013；龚春霞，2013）。

一　养老和结婚：关于城乡一体化政策的泥河村民反应态度的代际差异

随着中央调整农村发展思路，鹤壁市对于农村发展思路也做出了调整。比如 2006 年鹤壁市委、市政府按照中央要求，结合本地实际，提出了"规划先行、产业支撑；政体推进、示范带动；农民主体、政府助推；因村而异、分类指导"的 32 字新农村建设思路，并归纳出了"急不得、偏不得、等不得、同不得、靠不得"的"五不得"工作基调（徐小青，2009：401～406）。但是到 2008 年 12 月，鹤壁市就在全省统一部署下规划了用地面积达 25 平方公里的鹤淇产业集聚区，除了把淇县原有的 10 平方公里的两个工业区——铁西工业区和高村工贸区纳进之外，又增加了 15 平方公里的发展区。新发展区北起淇河、南至淇县县城、东起京港澳高速公路、西至 107 国道，主要涉及高村镇和桥盟、卫都两个街道办事处，区内有行政村 18 个，人口约 8 万人（引自《鹤淇产业集聚区建设情况介绍》，2011 年）。2012 年又设置了鹤壁市城乡一体化示范区，把 25 平方公里的高新技术产业开发区纳入了规划面积达 130 平方公里的城乡一体化示范区①，包括泥河村在内的 25 平方公里的农村进入了快速城镇化、工业化过程。

不管是鹤淇产业集聚区，还是城乡一体化建设示范区，对于泥河村的老百姓来言，落实到最后就是征地拆迁以及家园重建问题。按照规划，整个集聚区内的村庄都要集中安置到沿着鹤淇大道两侧新建的几个大型农民社区。2010 年的时候，泥河村归属高村镇，计划和北边的古城、二郎庙、贯子合并到一个新型社区；2011 年以后，泥河划归桥盟街道办事处管辖，又被重新规划到南边的郭庄、崔庄、古烟村等合建的朝阳社区。

面对集中居住的新型小区，村民们大致有两种不同类型的看法：一种是上年纪的老人的观点。老人长期生长于这个村庄，对泥河的历史风情和地貌景观充满了感情，经过岁月的磨炼，他们已经不觉得农村生活艰苦。

---

① 见鹤壁市城乡一体化官网，单位职能介绍，http://sfq.hebi.gov.cn/sdxq/508258/508301/index.html。

而且喜欢和过去的苦日子相比，他们对现在的农村生活很满意。比如年过60岁的郭俊和大哥，每次见面，总是乐呵呵地对笔者说："现在的日子都赶上过去地主老财家的生活了，天天白面蒸馍，有肉吃。过去地主老财也比不上这啊！"在县城工作退休的淇县文化局原局长石同勋先生虽然不住在村里，但是对泥河村充满了感情。年已80岁的他，尽管因为偏瘫而不能再亲自动笔，但是非常热心编写村史，不但对村庄地名典故等民俗有考据，而且对村里在20世纪50年代修建护庄堤、60年代兴修水利、70年代恢复大平调剧团、80年代兴起书法热等重要历史事件，也都记忆犹新，他津津有味地给我们讲述，饱含深情地对我们说："泥河村就要没有了啊！能否把村里的老石碑、老文物留住，给后人留一点纪念，这就要靠你们了！"

即使年纪不算太大的50岁左右的人对泥河村也充满了感情，有着强烈的家乡认同感。比如郭良和在县城上班，儿子一家都在鹤壁工作定居，妻子也到鹤壁给儿子带孩子了，但是他本人坚持晚上要回到泥河那个稍显破旧但温馨的小院子里。他觉得，"这小屋都是爹娘住过的地方，虽然爹娘不在了，回到这个院里，但还觉得守着老人。而且，街坊邻居家来串门，家里没人，跟大家的联系慢慢就断了"。他继承了父辈热心帮助左邻右舍的家风。亲戚朋友谁家有个红白喜事，不管是自己本家的后生，还是他的同学、朋友家，都请他去主事，他也在这种帮忙张罗邻里的事务中找到了自己的社会价值，乐此不疲。

除了有一种心理上的家乡认同感，上年纪的人对于搬进小区还有其他顾虑。现在的村里人虽然靠种地富不了，但是吃穿是不用愁的。尤其是老年人，不求大富大贵了，就担心老年生活保障问题。他们在村里房前屋后可以自己种菜，地里的粮食吃不完，所以，只要没有病灾，就算儿孙不孝顺，也可以生活得悠然自得。但是住进小区之后，所有这些基本生活保障都没有了，而且还要增加诸如水、电、供暖和物业费用。虽然国家征地拆迁有一定的补助，但是这部分款项基本上都被成年子女用于房屋装修和添置家电设备了，老年人基本上失去了对于家庭财政的控制权。

这也是乡村干部共同担心的问题。2011年在高村镇调研时，就听高村的老支书跟笔者抱怨："住小区是好事，关键是如何解决农民的社保问题。上次市里边领导来调研，征求我们的意见。我就直接提出来，如何解决老百姓的社会保障问题。尤其是老年人的社会保障问题，他们也没有给我一个满意的答复。"尽管从 2009 年国家开始推行新型农民养老保险制度，但是农民自己知道要交够 15 年以后才能领取，而且因为缴费较低，所以领取的养老金对于农民而言也是杯水车薪。尤其是那些没有参保的已经 60 岁的老年人怎么办？这个问题同样也是泥河的村干部所顾虑的。2012 年春节的一次聚会上，村长葛江春也告诉笔者："住进小区，老百姓的生活如何保障？年轻人可以出去打工，老年人的吃饭就成问题。啥东西都要买了，不像现在这样，随便在地里种点东西就可以解决温饱问题。"

第二种是中青年的观点。年轻人，无论过去还是现在都想往外走。套用一句流行的话"世界这么大，我想去看看"。即使在计划经济时期，城乡分割不那么严重，当时人们也还是努力通过招工、征兵和升学来跳出农门。更不用说，改革开放以后，在市场经济的诱导下，大批农村年轻人都到城里打工，寻求自己的社会流动渠道。而且面对日益增长的生活成本，农民不得不出去打工来维持生计。前述泥河村的郭秋海就说："现在年轻人必须出去打工，你小孩要结婚，不出去打工挣钱，小孩结婚去哪给他弄房呢？现在农村结婚至少都得一座楼，一座楼盖下来要 20 来万，再加上婚礼钱小 10 万块。你敢在家歇着？"他的话反映了当下的农村生活方式在市场经济的影响下发生的翻天覆地的变化。当下农村生活成本的攀升并不是由一般生活消费拉升的，基本上是由维持传统社会的基本人生礼仪消费拉升的。基本人生礼仪包括孩子结婚和老人殡葬两大重要的礼仪，这本身就是带有一定根基性的传统文化行为，人们对其充满了价值和感情投射，同时受乡村社会的面子压力推动。给孩子建婚房并不是简单的生活资料投资，而是在家庭、代际传承血脉的生活意义建构过程中的财富交换（赵丙祥、童周炳，2011）。如果谁家不能达到新的婚房标准，那就是意味着孩子难以成家立业，整个家庭就在乡村社会失去了社会根基，难以立足和进行社会交往。而且，问题的核心是年轻人的婚恋观已经不是注重人品和爱情，而是在传统文化礼仪的表面下被市场功利主义绑架成为一种相互攀比的炫耀消费模式。尤其是基层社会性别比例的失调，也让传统社会父系继嗣的权威荣耀逐渐堕落成婚姻关系中男方家庭不堪重负的负担。

所以，为了解决孩子的婚房问题，只要补偿公平合理，年轻的一代都愿意搬进小区。当 2014 年因为城乡一体化示范区统一进行区内主干道路的建设，需要提前拆迁泥河一部分村民的房子时，许多村民都争着要求提前拆迁，搬进小区的一期工程。这让城里人大跌眼镜，泥河的村民为什么这么老实，没有多少人当钉子户去和政府讨要补偿，而是争着抢先要求拆迁房屋，住进小区？当时唯一一家有意见的村民并不是对政府拆迁补偿不满，而是不满政府在搬进小区前没有提供临时周转房屋，给的临时周转房租金太低，无法维持原有的住房水平。但是，随着新建小区一期工程的交付，那些被拆迁的村民都痛快地搬进了新小区。

图 12 - 1 处在征地拆迁中的泥河村（西侧和南侧两处公路就是拆迁后
新建的示范区大道）（黄强先生航拍）

二 是级差地租，还是土地产出？——征地拆迁过程中的
利益分歧和矛盾冲突

随着鹤淇产业集聚区建设的进展，征地拆迁成为乡村政权工作的新常态。从整体上来说，建设高新技术开发区，推进城乡一体化进程，符合党的十七届三中全会提出的农村改革发展的新思路。通过土地整治，实现农

村土地的集约使用，提高土地的使用效益，在理论上也是说得通的。但是，在实践上这么做取决于几个条件的满足：第一，要有实体经济的招商引资来保证土地使用价值的增值。我们看到这是地方各级政府的工作重心，大家都认识到只有招来各种投资，才能保证土地开发的后续增值潜力。第二，要有公平合理的土地价值显示机制和分配机制。目前的土地制度一级市场由地方政府垄断控制，二级市场则是公开自由竞拍。这意味着在土地征收环节，土地价值的显示机制是由地方政府决定的，而不是通过买卖双方公开自由竞争。因此，在土地征收环节，作为土地出让方的农户如果不满意补偿款，只能通过抗争来要求分配更多的土地。第三，如果不是由市场自由交易来显示土地价值和分配土地利益，而是由地方政府来垄断决定土地征收价格，占取垄断利益，那么地方政府至少应该负责解决失地农民的生计问题和社会保障问题。第四，既然是地方政府借口公共利益垄断土地开发，那么就应该切实做到土地征用指标的跨地区补偿，对那些出让用地指标的偏远地区给予公平补偿。第五，为了保证国家 18 亿亩耕地红线，地方政府应该通过新的耕地开发来补偿产业集聚区占用的耕地。这几个条件综合在一起，我们发现现有的政府主导的征地拆迁模式，其实取决于地方政府如何平衡招商引资和解决征地拆迁对象的合理补偿问题。它不是一种市场竞争机制，而是一种政治结构，地方政府的政策倾向就取决于被拆迁的农民和需要引进的资本的压力。

这样一种征地拆迁的政治结构其实是现行法律体制造就的。现行的土地征收制度主要是由 2004 年修订之后颁布实施的《土地管理法》中的第五章"建设用地"相关条款规定的。其中第四十三条规定："任何单位和个人进行建设，需要使用土地的，必须依法申请使用国有土地；但是，兴办乡镇企业和村民建设住宅经依法批准使用本集体经济组织农民集体所有的土地的，或者乡（镇）村公共设施和公益事业建设经依法批准使用农民集体所有的土地的除外。前款所称依法申请使用的国有土地包括国家所有的土地和国家征用的原属于农民集体所有的土地。"这就规定了国家是城镇建设用地的唯一出让方，也规定了国家是农村集体土地的唯一征收方。而第四十七条规定了国家征收土地的补偿标准，"征收耕地的补偿费用包括土地补偿费、安置补助费以及地上附着物和青苗的补偿费。征收耕地的土地补偿费，为该耕地被征收前三年平均年产值的六至十倍。征收耕地的安置补助费，按照需要安置的农业人口数计算。需要安置的农业人口数，按照被征收的耕地数量除以征地前被征收单位平均每人占有耕地的数量计算。每一个需要安置的农业人口的安置补助费标准，为该耕地被征收前三年平均年产值的四至六倍。但是，每公顷被征收耕地的安置补助费，最高不得超过被征收前三年平均年产值的十五倍。征收其他土地的土地补偿费和安置补助费标准，由省、自治区、直辖市参照征收耕地的土地补偿费和安置补助费的标准规定。被征收土地上的附着物和青苗的补偿标准，由省、自治区、直辖市规定。征收城市郊区的菜地，用地单位应当按照国家有关规定缴纳新菜地开发建设基金。依照本条第二款的规定支付土地补偿费和安置补助费，尚不能使需要安置的农民保持原有生活水平的，经省、自治区、直辖市人民政府批准，可以增加安置补助费。但是，土地补偿费和安置补助费的总和不得超过土地被征收前三年平均年产值的三十倍"。

这就是目前土地征收制度的基本规定，大致来说就是三条，第一是国家掌握着农村集体土地的征收权；第二是土地征收费包括补偿费、安置费、土地附着物和青苗补偿费三项；第三是土地补偿费和安置费的总和不得超过被征收前三年平均产值的30倍。2007年颁布的《物权法》第四十二条在承认《土地管理法》相关规定的基础上增加了一条，即"安排被征地农民的社会保障费用，保障被征地农民的生活"。

在这个土地征收制度框架下，各地政府看到了巨大的土地征收利益，冒着潜在的财务风险，通过地方融资平台筹措土地征收款项，以每亩2万~3万元的土地价格征收农村集体土地，然后在土地二级市场上以每亩四五十万元的价格出让土地（2005年的全国平均水平）（韩俊，2009：20）。土地出让金收益已经成为地方财政的主要支柱，"吃饭靠财政，建设靠土地"的格局基本形成并不断强化。1999~2009年，国有土地出让收入与地方财政收入之比从0.092∶1提高到0.437∶1，国有土地出让收入与地方预算外收入之比从0.163∶1提高到1.942∶1（刘守英、周飞舟、邵挺，2012：7）。

通过征收土地，一方面，给地方政府带来了巨大财政利益，土地收入成为地方政府的第二财政；另一方面，却导致严重的经济发展和民生问题。根据国务院发展研究中心和世界银行联合调查的结论，当前我国土地征收存在如下严重问题：第一，土地农转非速度太快，土地征收规模过大，失地农民群体越来越多；第二，对地方政府的征地行为缺乏有效约束，强制性征地范围过宽；第三，对失地农民补偿过低，不足以解决他们长远的生计问题；第四，失地农民再就业困难，生活水平难提高，社会保障程度低；第五，补偿收益主体不明确，补偿截留现象严重（韩俊，2009：19~22）。关键是地方政府如此依赖土地征收来促进经济增长，是否取得了良好效果呢？有人通过实证研究1981~2009年211个地市经济增长模型得出的结论是，我国经济增长最优土地使用数量都少于实际土地使用数量，而从1997年到2009年模拟出来的工业用地最优价格都高于实际价格，这表明我国长期存在着工业用地价格过低、数量过多的粗放型土地利用状况（刘守英、周飞舟、邵挺，2012：110~111）。而1998~2008年，我国建设用地边际生产率是0.935亿元/平方公里，其中1998~2005年只有0.483亿元/平方公里。2006年提出18亿亩耕地红线，国家开始控制土地征用，这导致各地开始提升了土地利用效率，每平方公里土地的边际产生效率提升到1.613亿元（刘守英、周飞舟、邵挺，2012：123）。在整个经济增长模型中，土地贡献率是最高的，这表明尽管我国土地使用方式是粗放型的，但是仍然是当前各地经济增长的主要发动机。

正是依靠粗放型土地征用推动地方经济增长，基层乡村政权再一次由悬浮型政权转变为上级地方政府征收土地的推动机，既顾不上跑项目，也顾不上进行社会建设。实际上鹤淇产业集聚区涉及的高村、桥盟两个乡镇的工作基本上就是围绕着鹤淇产业集聚区的征地拆迁。泥河村民对于征地拆迁基本上没有什么抵触，尽管大家平时都在议论这件事，但是并没有爆发严重抗争事件，但是这不等于鹤淇产业集聚区的所有村庄都是平静的。其实，不管是桥盟街道办事处的小王庄、吴寨，还是高村镇的思德、王屯等村都有过抗议征地拆迁的案例。这些抗争事件背后，都有农民一定的逻辑和道理，只不过他们和地方政府奉行的逻辑不一样而已。

比如小王庄发生的抗议事件是因为当时小王庄和古烟村两个村庄的地价不同问题。两个村庄的两块土地相邻，但是征地款不一样，古烟村的地价是3.2万元，小王庄的地价是2.8万元。这引起了小王庄被征地农户的不满，他们认为两块地相邻，土地肥力一致，为什么一亩地就差四千块钱呢？所以，他们就阻碍桥盟街道办事处的强征队进地征收。街道办事处几次交涉无效，县政法委就现场监督强制征收，结果村民和政法委发生冲突，村民把政法委的汽车掀翻，并打伤了政法委书记。后来带头抗拒的村民被抓，征地工作顺利推进。关键是为什么地方政府不执行统一的补偿标准而导致村民发生暴力冲突呢？其实我们发现地方政府也有自己的苦衷。原因是土地补偿价是由省国土资源厅统一规定的，土地价差是根据土地距离县城的远近定出来的。前述，根据土地管理法的规定，土地征收补偿费和安置费合计不能超过前三年平均年产值的 30 倍。在此基础上，河南省又根据土地的地理位置不同确定了不同的级差地租，所以确定一亩地 2.8 万～3.2 万元的不等价格。这个逻辑听起来也是合理的，但是这是政府官员按照经济学教科书规定的土地价格原理制定的，它不符合农村的实际情况。实际上，两个村庄土地相邻，而且离县城距离比较远，又没有土地租赁市场，根本不存在所谓的级差地租。村民则是根据土地本身的肥力和产出来评价的，认为两块地的肥力和产出一样，地价就应该一样。两种逻辑不同，又加上基层政府无权制定政策，只能执行政策，夹在中间的基层政府就成为矛头的指向。

当然，也有一些冲突是村民钻了政府逻辑的漏洞，来谋取个人利益，成了所谓的"赖户"。比如王屯一户村民知道自己家的土地要被征收，而且也知道征收时对于土地上的附着物是要单独计算补偿费用的。他家的土地上面有塑料大棚，家里还有一辆耕种用的小型农机具，他就跟政府纠缠，要求补偿他的塑料大棚和小型农机具，他认为这都应该算是土地附着物，因为这些都是为了耕种土地的附属物，别的能补，为什么他为了种地购买的这些农机农资就不能补呢？但是高村镇领导也很为难，哪些算做土地附着物，哪些不算都有明文规定，自己说了不算。于是双方就为此发生争执，土地不能顺利征收。再比如除了征地，还涉及宅基地拆迁。宅基地拆迁更是没有国家法规，完全由市级政府自己制定政策。鹤壁市的农村房屋拆迁政策规定，凡是有屋顶的就算是房屋，如果家里的房屋有瓦房屋顶，按照一层半计算，如果是两层楼的价格就翻倍。村民们虽然不能影响拆迁补偿政策，但是就钻这个政策空子，把院子里全部用简易建材盖起来，而且盖两层高，这样拆迁时就可以按照两层楼的价格要求补偿。政府发现这个苗头，就赶紧下发通知，巡逻检查，提前对村民的房屋进行测量和拍照，对于新盖的简易建筑不算补偿范围。可是，尽管这样拆迁时也难免发生纠缠不清的情况。

总之，在一个缺乏公开竞争协商的征地拆迁过程中，再加上上级政府掌握着土地补偿款和拆迁补偿款的价格制定权，他们的定价逻辑不一定适合基层社会的实际情况，而基层政府执行人员又缺乏机动灵活的调整权限，这就必然导致征地拆迁对象和基层政府执行人员发生冲突。

三　通过人情网络实现共谋变通和恩威并重：农村社区分类治理的连续谱

在一个缺少公开协商、民主参与的政策实践过程，基层政府干部就成了夹在中间两头为难的受气筒，上级政府施加的任务要完成，村民提出的抗议也不能简单否定。面对如此严峻的征地拆迁矛盾，他们是如何完成任务，实现社会治理的呢？我们发现基层政府干部主要采取的是分类治理的策略。

第一，面对正常的民间纠纷上访，基层政府通常采取的应对策略是在法治前提下的共谋变通。他们根据相关的法律、政策规定，给上访户做出解释，让他们理解政府行为的为难之处。这也就是董磊明、应星等人所说的基层社会为什么需要"迎法下乡"（董磊明、陈柏峰、聂良波，2008；应星，2007）。不管是基层乡镇政府的工作人员，还是赤脚律师，他们同处于 20 世纪 80 年代以来中央政府的"法律精神"的新意识形态话语之下（Lee，2002：189 - 229）。尽管中国的法治总是要服务于政治这个大局（应星，2007），但是"法律精神"的新意识形态话语已经普及、深入人心，成为基层体制精英和法律精英构建社会秩序的重要话语资源。当然，正如前面分析的，现在许多法律政策体现的逻辑和基层社会农民的理解是不一致的。如果单纯进行法律解释，其实是无法解决问题的。但是法律政策毕竟提供了一个政策框架，它成为基层政府干部和上访户之间进行协商的前提。基层政府往往会和上访户之间进行共谋行为（周雪光，2009），做出一些变通，暗地里对上访户进行一些补偿，从而解决那些比较简单且不涉及政府行为的民间纠纷。

下面这个案例就是笔者在高村镇调研时亲自观察到的一个案例，镇、村两级政府共谋协商，寻求政策变通，解决村民的宅基地问题：新庄的一个老农民到镇里找分管他们的副镇长，要求帮忙协调宅基地。副镇长显然没有这个权力，就给他耐心解释，调宅基地归村里管，镇上管不了这个事，但是答应以后和村里协调一下。老农民就说，那他就等着镇长给协调了。

后来，镇里的郭书记带着其他镇干部一起到新庄去调研。村支书也提出宅基地问题是目前最突出的问题，"我们村早已没有机动的宅基地可以分配了，谁家需要的话就得和别的人家协商，给被占用地方的人家补偿。如果人家不同意，还真没有办法。另外一种办法就是我们土地置换，我们村西边有大面积的石岗荒地，没法耕种，可以变成宅基地。但是，几年前，镇里为了搞开发，已经把这些荒地置换成耕地了，所以我们现在没有办法调宅基地了。你说这问题怎么办？"

村支书的一席话显然是把难题推回给郭书记，但是郭书记就用党性政治来说服村支书，"镇里都知道你是先进支部书记，一直在镇里都是先进。镇党委和政府都对你的成绩有目共睹，你要和镇里保持高度一致，从社会稳定的角度，把这个问题解决好。有什么困难，镇里尽量支持你，但是要在国家的法律政策范围之内来解决，不能突破国家的耕地红线"。

村支书说："其实也不是没有办法，现在有些家庭的人都搬到城里了，已经空出来一些房屋没人住，所以通过村庄规划，还是可以协调出来一些宅基地的。但是，因为他们的要价比较高，村民们支付不起，就上访。"

镇里一个副书记说："那咱们一起想想办法，从其他征地款里，给村民补贴一部分，争取解决这个问题。"

村支书说："我们前几年就是这么做的，前几年为了村庄规划，村里要冲出一条路，需要拆几个人家的房子，但是他们当钉子户不想拆，顶住不干。我们就提出除了调给他们新宅基地，大队还拿出一部分钱来进行补贴，给他们免费拆房。"

这个案例说明，国家的法律政策是底线，一般基层政府和农民都不敢违背。但是还要解决农民不断提出的新要求，这些要求不合法，但是合乎农村社会的习俗伦理，"总不能耽误了人家孩子结婚吧"这句话就是镇村两级干部都认可的农民对宅基地的诉求。在国家耕地保护政策和农村习俗伦理之间，镇、村两级政府只好共谋寻找其他变通的办法来解决问题。但是，这个策略对于那些不明事理、不讲道理的村民就不管用了。

第二，对于那些不明事理、不讲道理的"赖户"，在维稳的压力下，乡村政府更加偏重采取软硬兼施的二分策略中的收买和求情的措施。下面这个例子也是笔者在高村镇调研时，听到的一个他们处理过的不明事理、不讲道理的农妇"赖"上政府的个案。

古城的妇人吴某是一个养子的媳妇，因养子和媳妇不能生男孩，和养父母关系恶化。2003年吴某就指使其丈夫到法院告状，和养父母解除收养关系。在法院的调解下，养父母同意解除收养关系，但是提出要3000元钱的抚养费。养子不愿意出钱，养父母就不给养子口粮田。结果，双方就中断了来往，养子一家到外地打工。到2007年，随着国家粮食补助政策出台，种地变得有利可图。养子一家生活紧张，重新提出要口粮田。养父母不给，养子就又到法院告状。于是当地政府和法院就又联合起来帮忙执行口粮田的分配。但是养父母提出要3万元的抚养费才给其口粮田，养子不愿意出抚养费。后来经过法院艰苦工作，终于说服了养父母口头同意给其口粮田。但是，正直秋收季节，养父母在玉米长熟时，找亲戚朋友一夜之间就把给养子的地里的玉米全都收走了。第二天，养子夫妇到地里一看就傻眼了，于是开始上访。

这本是一个民事纠纷，正常的法律程序已经判决清楚，但是遭遇到民间情理机制的阻碍难以执行。养子作为村民有权利获得自己的口粮田，但是养父母认为要解除抚养关系，就得赔偿抚养费，然后再给口粮田。法院不得不照顾当地村民关于收养的习俗和赡养老人的法定义务，不能强制执行口粮田的分配。当通过法律判决无法要回自己的口粮田时，吴某开始寻求另一种途径——通过行政上访来获得帮助。然而，很难说这对养子夫妇的请求具有实体正当性，恰恰是他们夫妇不遵守乡村伦理，才导致其法定权利被侵犯。

然而，接下来的情况发生了戏剧性变化，上访引起县政府的重视，县政府责成法院和镇政府联合做吴某的工作，防止其上访。于是两个单位组成工作小组联合做吴某的工作。吴某发现和法院的关系变了，由原来的司法诉求转变为法院的讲和，而且还加上镇政府的包村干部一起找自己讲和。于是，吴某的态度更加强硬了，坚决拒绝支付抚养费，而且还要讨回自己的口粮田。最后，法院和高村镇政府都没办法了，只能委曲求全，法院拿出1万元钱，镇里拿出1.5万元，给了老人2.1万元，给了养子四千元，把这事给暂时摆平了。

问题是，从此吴某就"赖"上政府了，有什么困难就说要上访，要求政府给予解决。自己家里没有菜地，要求政府给协调一块菜地。但是现在农村已经普遍没有菜地，而且农村土地基本上承包30年不变，也没有多余的土地可供政府调剂。包村干部就不断地给其讲道理、帮助她家里"吃"低保，满足她的无理要求。后来，她家里又要求宅基地，又找政府协调。同样，当前农村宅基地要么用自己的地去调换，要么出钱给被占用土地的人家。因为吴某丈夫不是本村的原住民，而且作为养子又不愿养老人，在村里名声不好，村里没人愿意与她调换土地。镇里又怕其上访，没办法，只好在镇政府所在地给她一块地。但是她得寸进尺，又提出要临街门面房。镇上不答应，她就一直到省里上访告状。镇上就得派人到省城去接她（注意不是武力截访），请她吃饭、陪她逛街，好言相劝，才接回来。后来，她生病住院，镇上领导不断地去探望，帮助解决其家庭困难，她最后才说："你们这些人这是干什么呢？对我这么好，让我不能去上访了。"她好像受了多大委屈似的！

从这个案例中，我们可以发现当下基层乡镇政府解决纠纷的模式具有如下新特征。

首先，上访当事人并不是乡村社会的底层精英，而是极为普通的底层百姓，甚至是受到乡村伦理谴责的对象，他/她既没有可动员的社会资本，也没有可利用的道义伦理，然而他/她却在和乡镇政府的博弈中掌握了主动权，获得了实际利益。他/她在这个案例中并不具备实体正当性，也已经获得了司法途径的正常救济，所以他/她的上访行为不存在所谓的正当抗争问题，也不存在依/以法抗争问题（O'Brien, 1996：31－55）。但是，他/她的行动策略却延续了以往上访的逻辑——通过上级政府施加压力，获得地方政府的让步，进而获得利益补偿。这确实符合申端锋等人所说的"赖户"上访或者说牟利性上访类型（申端锋，2010；田先红，2010）。

其次，基层政府的行动策略发生了微妙的变化，由原来的先"捂盖子"后"拔钉子"的策略（应星，2001），变为无原则的"求和"与"迁就让步"。但是，这不等于基层政府完全没有办法，只不过是采取了"收买"和"求情"的策略，通过物质利益补偿和做感情工作，最后解决了这个问题。这虽然不是正当合法的解决问题的办法，但又何尝不是一种治理手段呢？当然，有人担心政府的迁就让步会导致更多的要挟性上访

（申端锋，2010；田先红，2010）。但是除非乡村社会的伦理道德和做人的底线都丧失殆尽，否则就不会发生井喷式的要挟性上访。另外，地方政府毕竟保持着使用各种强制措施的最后底线。在本书中，我们发现基层乡镇干部对于那些通过软性安抚手段无法阻止其胡闹的"赖户"，在特殊敏感时期，就会采取强制措施来限制他们的行动。

实际上在征地拆迁问题上，因为是市政府工作的重中之重，所以基层政府迫不得已，也会采取强制措施。比如小王庄的征地事件和吴寨的拆迁过程中都发生过官民冲突，甚至把乡镇干部都打伤了。但是这个升级了的冲突，恰恰给镇里采取更加强硬的措施提供了理由，县里高度重视这个骚乱事件，把带头闹事的和直接打人的村民抓了起来，关在了拘留所。剩余的村民成了散兵游勇，溃不成军，失去了抵抗能力。事后，这个事件成了县里重点宣传的一个案例，在其他各个将要征地的村庄进行广泛宣传，警告村民们，谁采取抵抗措施，王庄的暴力抵抗的村民就是下场。于是，在其他村庄的征地中，突击征地就相对容易。

上述案例表明，应星当年研究揭示的面对上访对象的"捂盖子""拔钉子"的二分策略（应星，2001）仍然在乡镇干部中使用，或者说"软硬兼施"仍然是乡镇政府维持乡村秩序、完成上级任务的基本策略（孙立平、郭于华，2000）。只不过，当前在维稳目标的压力下，乡镇干部使用"拔钉子"等强制策略时更加谨慎了，更多的是采用收买和求情等让步策略。正是这个特征，让一部分学者误认为基层社会治理失效，其实只不过是二分治理策略的侧重点有所调整而已。

最后，除了上述两种策略，乡村政府还有一种治理社会矛盾的策略是通过人情机制施加行政压力。下述这个案例就使用的是这一治理方式。

思德村处在产业集聚区的首批征地范围。产业集聚区开发的第一步是"三通一平"，最为关键的就是通道路。在开通产业集聚区的主干道时，就需要拆迁思德村几户村民的住宅房子。但是因为不是大规模的合并撤村，只是涉及几户人家，所以政府就通过私下协商做通了工作。也正是因为不是统一拆迁，而是私下协商，留下了隐患。有一户人家的房子按照道路规划红线，只拆了一半，把另一半房子的山墙砌了起来，继续住着。但是其实当时已经给他补完拆迁款了。过了一段时间，仍然需要拆迁他的另一半房子，他就拖着不干，要求再给补偿。镇里和村里的干部都去做他的工作，可他说他的表亲戚是镇里的副书记，谁敢拆，他就告谁。书记听到汇报后，就说：
"我是有这么个亲戚，但是这拆迁是市里定的政策，咱也不能顶着不干呀！"
于是书记就找来了这个"钉子户"的儿子来做工作。因为他儿子也需要书
记帮忙给予工作上的照顾，就只好对书记说："我爸那人是老糊涂了，也怨
村里的干部不会做工作，先和我说一声，不就好商量了？"书记说："那你
就做做你爸的工作吧，我们都是亲戚，你得支持我的工作呀，以后有什么困
难，我也尽量帮你的忙。"这样，本来这户人家想利用亲戚关系争取多一点
儿的拆迁补偿，但是书记也利用亲戚关系，压他的儿子去做工作。当然，我
们知道，书记不会单纯地压他的亲戚，而是答应以后在别的地方照顾他们的
利益，但是至少完成了这个涉及地方开发问题的敏感工作。

这个案例说明，人情机制在乡村社会治理中的作用已经不是黄宗智所
说的那种发挥调节细事的作用了（黄宗智，2008）。有学者指出，当下的
农村社会是一个"半熟人社会"（贺雪峰，2000），也就是说，人们并不
完全生活在一个紧密的共同体中，服从传统社会的伦理习俗。传统社会的
人情机制融化在一个逐渐扩大了的、功利化的社会关系网络中，和其他市
场机制和行政机制共同发挥作用。而且，现在的人情机制更加依附于地方
权力－利益结构网络（吴毅，2007），服从于地方权力－利益结构网络的
精英意志。这导致传统社会的人情机制失去了社区共同体的道德约束力，
转化成一种特殊主义的精英庇护网络。

四　爱财无道：征地拆迁带来的农民心态失衡

现代化过程本来就是社区共同体逐步转向一个失去集体约束的个体化
过程（斐迪南·滕尼斯，2010；诺贝特·埃利亚斯，2008；安东尼·吉登
斯，2000）。只不过，征地拆迁加速了农村社区共同体的瓦解过程。尽管
征地拆迁对农民而言是一个利益受损过程，但是毕竟农民在此过程中也可
以获得一笔不菲的土地补偿和房屋安置费用。面对巨大的利益分配，村民
们开始失去了心理平衡，传统社会的家长权威也渐渐失去了利益纠纷的调
节能力。强人政治裹挟个人势力一起参与到经济利益的分配过程。

豫北地区的农村土地都是承包到户的，而且根据 2002 年颁布的《农
村土地承包法》的规定，国家保护农村土地承包关系的长期稳定，在土地

承包期内承包方有权利获得承包地被征收、征用、占用的补偿费。这样，鹤淇产业集聚区的征地方式都是把补偿款直接补给承包地农户的，农村集体经济组织只获得一些田间地头的沟渠、道路等公共土地和集体预留的机动地的补偿款。长期的耕作过程，导致各家各户的承包地的边界发生一些变动。平时大家耕种时并不在乎谁家多一点地、少一点地，因为粮食本身也没有多少价值。但是征地事件把土地未来30年的价值立即变现，凸显出每一寸土地的价值总量，所以相邻的农户就会为了承包地的地界问题而寸土必争。泥河村里就有两户土地相邻的堂兄弟，因为地界问题而在征地过程中反目成仇。过去，两家在长期耕作过程中导致土地边界变动，在农业收益低廉的时候，彼此都不在乎地界的变动。但是当政府开始征地的时候，本来相安无事的邻里面对土地征用带来的巨大利益而心理失衡，要求重新丈量土地边界，结果导致兄弟反目、亲情不在。

宅基地问题不像承包地容易发生边界不清的问题，但是会因为宅基地划分中家长的权衡掂量，而引起兄弟间反目。比如村里有这样的情况，兄弟们分家时各自都有一处宅基地，但是可能有的兄弟早先已经搬到了县城，并且把老家的房子折价处理了。家里老人和其他孩子一起生活，而且住的是别的孩子家的房子。但是拆迁政策规定，只要老家有老宅的，在外工作的家庭也可以分得一处90平方米的平价套房。这样，家长就动了帮扶那个早年出去工作的孩子私心，就把老家的房子在名义上给在外工作的孩子重新划分一间，这样那个孩子就可以多分一套90平方米的平价套房。但是，这样一来，这个多分的房子到底归谁，是否需要给老家的孩子补些钱，等等一系列问题就产生了。

产业集聚区带来的另一类矛盾是随着招商引资的到来，工厂门口的门面房租赁者开始为了竞争客户而发生争执。泥河北地就引来了目前最大的电子产品加工厂——富士康公司。富士康公司门前的马路边就成了村民们争相开设门面房的宝地，如有开饭店的、有开小商铺的、有开麻将馆的，等等。可是，这里的治安管理并没有说清楚归哪里负责。虽然说这块地原来属于泥河村，治安问题应该由村里来负责，但是现在土地已经被征收，属于国家土地，相应的治安管理就应该由开发区相关部门来负责。可这里又远离城镇，城镇执法部门根本无法管理这么大范围。这样，富士康公司门前的商铺就容易因缺乏管理而发生冲突。有两户为了各自的小饭馆生意而起冲突的，也有为了在富士康公司门前卖水而发生严重的打架斗殴事件的。

总之，不管是征地拆迁，还是产业聚集，都导致原来低廉的乡村土地及其房产发生价值增值。一些见钱眼开的村民们很难再保持原来的矜持和礼让，邻里之间、兄弟之间出现纷争。此时，家长或者村庄干部本来应该来解决纠纷、恢复社会秩序。但是上一章阐述的 20 世纪 90 年代以来的悬浮型乡村政权和社区公共权威的衰落，恰恰碰上了乡村利益纷争的爆发，从而难以提供有效的社区治理资源。在一个失去了社区传统权威而又因利忘义的时代，我们该如何重建基层社区的纠纷解决模式呢？

五　不仅仅为了留住乡愁：农村社区未来的出路何在？

2014 年的秋季，第一批泥河村民已经搬进了政府统一规划建设的朝阳社区。2015 年许多人就开始在新小区过春节了。尽管小区的二期工程因为资金困难，放缓了建设步伐，但是政府已经测量过每家的房屋面积，确定了补偿标准，而且随着鹤淇产业集聚区的招商引资步伐加快，泥河村民全部搬进小区并不是一个遥远的梦想。到那时，村民们似乎就实现了 20 世纪 50 年代推行合作化道路时流行的口号"楼上楼下，电灯电话"。当初认为农村现代化只有通过走社会主义集体化道路来实现，但是在经历了 20 多年的集体化之后，国家又把农村集体经济拆散成小农经济模式，而经历了短暂的农业增收之后，小农经济又经历了长达 20 年时间的徘徊不前。直到 2007 年城乡一体化战略提出之后，各地才开始大规模地进行招商引资和征地拆迁。城镇生活终于带着它并不热情的笑容迎接失去乡村伦理保护的心理失衡的村民。通过征地开发，地方政府获得了巨额土地利益的同时，村民们也在这场土地开发的盛宴中分得一杯羹，人们纷纷搬进了新型城镇化住宅小区，家庭生活也得到了很大程度的改善。我们不知道未来泥河村民们是否还记得他们的父辈曾经生活奋斗的地方，是否还有美丽的乡愁。

正如有人批评的，现代乡愁是一边逃离，一边眷恋[1]，因为如果不解决城乡一体化发展思路，仅仅解决温饱问题，靠文化建设是难以缓解农民

---

[1] 旷新年：《现代化的乡愁：一边逃离、一边眷恋》，新华网思客，2014 年 9 月 17 日，http://sike.news.cn/article.do? action = articleDetail&id = 218360329。

进城谋生的压力的。但是如何进行城乡一体化发展，其实我们国家有关农村现代化道路始终存在着乡建派和城镇化的争论。新农村建设思路本来也是要解决城乡差距问题，实现城乡统筹发展的。问题是新农村建设思路仅仅停留在通过财政扶持来解决农村基础建设问题，而不解决农民的生计发展问题，到头来青年农民还是要涌入城市打工的大潮。而要解决农民生计问题，实现城乡均衡发展，就需要反思我们国家的工业化、城市化发展道路。改革开放30余年的经济增长奇迹其实是通过前20年的人口红利加上最近10年的土地红利创造出来的。对此，新自由主义者提出的思路就是土地私有化方案，通过土地确权，允许土地市场自由交易，让农民享有土地市场收益，帮助农民增收（文贯中，2008；周其仁，2010）。但是，这个方案遭到了国家干预主义者的反驳。国家干预主义者认为，土地收益来自土地级差地租，而级差地租不是农民的劳动投入所得，而是因为地理位置优势而产生的收益，所以应该归政府掌握分配（贺雪峰，2010）。新自由主义者和国家干预主义者的这场争论，貌似激烈，其实都没有触及问题的关键。土地私有化当然可以使农民的收益增多，但这不是城乡协调发展，而是通过市场调节产生短期收益。土地私有化可以平衡土地征收过程中国家和农民之间的利益分配，但是长期下去必然会导致不同地区、集体和个人的收入进一步两极分化，到头来还是需要通过国家建构统一的社会保护机制来解决。然而，国家社会保护机制的建立并不是国家干预主义者所说的通过现行土地征收制度赚取的垄断利润来实现。除非有良好的民主法治制度做保障，现行国家垄断土地一级市场强行征地拆迁的模式，难以回避寻租腐败问题。国家社会保护机制应该是从宏观和微观两个方面来建立：在微观方面，面对城市化进程带来的集体资源增值问题，应该设法完善村级集体经济组织的产权结构，保护乡村集体利益；在宏观方面，应该完善资源税和财产税，通过财政支持给城镇化进程中的农民建立社会保障机制。如果有一套乡村集体经济的产权安排，以及社会保障机制，或许经过一轮激进的城镇化过程之后，人们就会重新发现乡村的价值，进而可能出现法国社会学家蒙德拉斯在《农民的终结》一文中所说的农村的复兴现象（蒙德拉斯，2010）。黄宗智先生在《中国的隐性农业革命》一书中分析了三大历史性变迁交叉导致的新型农业出现的可能性。他认为，中国正在经历人口生育率下降、快速城镇化和非农就业以及食物消费结构的转化，这三大历史变迁趋势将改变中国历史上长期存在的农村人地矛盾突出、农业生产效率低下的问题。在此背景下，他认为未来中国农村社区有可能将集体财产作为主要经济资源，通过综合性农业合作协会，扩大经营规模和投资能力，提高农业生产经济效益。黄宗智认为，"在这个转化过程中，一个可能是中国社会的全面资本主义化以及新农业及涉农产业的完全向资本牟利型的龙头企业倾斜；另一个可能则是在政府的抉择下，探寻出另一条在全球化市场现实下具有一定竞争力的合作组织道路。如果是前者，农村社区将会进一步地原子化，农村社会将会进一步向资本占有者和农业无产者的两端分化；如果是后者，那么很有可能做到今天中国政府在言辞上打出的口号，也即一种'小康'、'和谐'社会，一种'社会主义市场经济'或'中国特色的社会主义'经济"（黄宗智，2010：137）。

黄宗智先生预测的中国隐性农业革命在泥河村估计是难以看到了，因为泥河村的状况正是黄宗智先生所说的三大历史变迁之一——快速城镇化过程，泥河的土地和村落已经伴随着城镇化和工业化而融入现代市场经济之中。但是融入现代化的泥河村民如何保留先人在历史上创造的团结互助的传统则是他们未来面对的共同挑战。现代化并不是个体主义盛行，而是依然需要传承一种公共精神（罗伯特·N. 贝拉等，2011）。当下的泥河村已经失去了老一代村民依靠家长权威和社区集体伦理进行自治的资源。不管是基层乡村政府还是村民，只是保留和利用传统社会的人情机制，攀附于权力利益结构网络，并借助这个网络实现各自利益的最大化。然而，这种发生了功利主义转型的现代人情机制并不是一种优良传统，也无法进行社区治理，它甚至会阻碍传统和现代的对话和转换，形成一种转型的陷阱。未来的泥河村不管融入什么样的新型社区，都需要重建社区公共精神，而不是强化功利主义的人情机制。这种公共精神可能是一种志愿服务，也可能是民族大义，但是最贴心的还是社区邻里之间的守望互助精神。重建社区邻里守望互助精神不是重新强调传统家长权威主义或者寄生在现代党国体制下的权威主义，而是在一个个体独立理性的时代，建立自由平等的公民权利基础上的志愿结社和公共服务形态，建立一种制度化的居民参与社区公共事务的民主协商机制，建立一种传统文化形式与现代公民意识对话交流的多元开放的平台。只有这样，未来泥河村民的生活才会更加美好！

附录：泥河村家族姓氏和各项事业的发展

一 泥河村解放以来大事记和发展概况

1. 泥河村解放以来大事记

［根据老支书李香元（又叫李相元）回忆整理、现行村两委干部印证］

1948 年，解放。革命伤残军人郭全英返乡全权领导泥河，组建首个党支部。

1949 年，土改。郭全英发动组织贫农协会，领导泥河土改。上级派工作队员张明胜、董振国、董新庆等人指导土改。

1950 年，将民国时期在菩萨庙建立的具有私塾性质的村学改为国民教育小学。

1953～1954 年，成立互助组、合作社。

1955 年，归属桥盟寺光芒庄（高级合作社）。

1956 年，组建泥河村大平调剧团。

1957 年，李永元组织集体力量修起了环形的护庄大堤。

1958～1960 年，进入高村人民公社，成立生产大队，下设三个生产队，设立三个大食堂、一个集体育婴室、一个集体养老院。

1958 年，公社干部秦明生来村里带领大伙开发北大荒的茅草地，增加了 500 多亩土地，全部种高产作物红薯。

1962 年春，解散食堂。食堂解散后，所有村民都搞百日整修，农业生产全部停止，当年的生产情况更差。之后分成六个生产队。

1964 年，村里搞"四清"运动。

1966 年，建立村医疗卫生室。

1966 年冬季，村里开始发动"文化大革命"，村里成立了两个红卫兵组织，一个是红旗战队——"二七派"，另一个是"老文革"——"八五派"。"八五派"作为造反派，夺取了村政权。

1969～1970 年，改造村庄中央的旧盘龙河道，建成一条东西走向的大路；同时平整村周围的耕地，增加土地 300 多亩。

1971 年，成立村林业队，赵高生任林业队长。各个生产队都有 1 亩苗圃，开展植树造林运动。

1972 年，建立村果园，有 60 亩左右，高圣海任果树林场场长；开办养殖场，李富荣任饲养员，为大队养猪 10 头左右。

1974～1977 年，成立采石队，李香元任队长，修建样板渠，建设了 8 里长的水渠，浇灌 1500 多亩土地，占全村耕地的 80%。

1979 年，村里购买了洛阳产“东方红”牌履带拖拉机一辆、上海五零胶轮车一辆，用于集体农耕生产。村里配了 5 个农机手，葛江智任车队队长。

1980 年，村里购买了一台 24 英寸“日立”牌彩电，给村民集体放映。

1981 年，村学校搬迁到在村北窑场旧址新建的学校，其间把初中部改为农业中学，培养两用（文化课和农业技术）人才。小学部校长为郭林东；初中部校长为贾文海、郭良和二人。

1982 年，建立村办小香槟厂。梁华任厂长，郭全英为村管干部。

1983 年，包产到户，解散集体经济，砍伐果园，变卖集体财产。

1985 年，村里建立煤球厂、硫酸铜厂。郭文采为煤球厂厂长，梁华为硫酸铜厂厂长，郭全英为村派干部协助办厂。

1986 年，李香元组织举办首届“泥河村农民书法邀请赛”。

1987 年，因为扩建宅基地破坏了原护庄堤，村里组织村民在村西新建一条南北走向的护庄堤，每家派工，自行修建。

1991 年，县里规划建设的乡村公路通过泥河，村里有了第一条柏油路，每人摊派 70 元，每家派工修路基。

1993 年，高村乡组织村里派工，到花庄附近的福善山（浮山）进行绿化，连续几年村里都配合乡里派工上山栽树。

1999 年，京珠高速公路占地 30 多亩。

2003 年，“非典”期间，全村组织起来严防死守，盘查过往行人，防止“非典”扩散。

2004 年，和杨吴、贯子两个村庄一起，三个村联合开展杨子河小学一期工程（逸夫楼），共计两层，每层 13 间，每个大队投资 5 万元。

2005 年，按照高村镇的要求修建村办公室，支书、村长垫资 10000元，每个村干部垫资 5000 元，并用村里的机动地款项垫付剩余款，建成了村委会新办公楼。

2007 年，村里修通了三条东西走向、两条南北走向的水泥路，鹤壁军分区作为包村共建单位出资 16 万元，郭新和帮忙引资 10 万元，其他款项用村里的机动地款，每个小组 2 万 ~ 3 万，共计 40 多万元。

2009 年，建设杨子河学校二期工程——教学实验楼，两层 6 间。校长路保琴联系省慈善协会的杨德恭，牵线周森捐资 10 万元，县教育局配套 10 万元。

2009 年，郭鹏飞捐 8000 元，给村里安上路灯，并负责每年的路灯电费 2000 元（2014 年停止）。

2010 年，京港澳高铁占地 50 亩。

同年纳入鹤淇产业集聚区，泥河村划归桥盟街道办事处，计划和郭庄、王庄、乔盟寺、高庄、古烟村、崔庄一起，纳入朝阳新型农民社区。累计征地 800 亩左右，进入快速城市化过程。部分村民拆迁后，搬入新建好的阳光社区。

2011 年，李洪洁捐款 10 万元，村里出资 2 万元，修建了泥河村戏剧大舞台。

2014 年，郭新和联系省体彩基金，向村里捐资 9 万元，村里投资 4 万元，修建了两个公共体育健身活动场地。

2. 泥河村解放后历任村、组领导干部主要成员

（老支书李香元、老党员刘瑞芬、现任村支部委员郭文采共同回忆供述）

1948 ~ 1955 年，郭全英，全村首位党员，吴庄乡副乡长，兼负责泥河村各项工作，当时村政府成员是村长葛铭玉（又名葛大群）、副村长石林仁、张荣全等。1949 年，郭全英领导村里土改，成立农会，主席刘毛群、副主席王奎明。土改结束后，农会解散，改组原来的村政府，新一届村政府包括村长郭文选，村委员刘瑞芬、贾致河、贾致江、郭仁和（小名大孬）、宋金河、张清河等人。继而，郭全英发展出全村第一批党员，包括刘瑞芬（1951 年）、郭合喜（1951 年）、贾致江（1953 年）、李永元（1957 年）、贾致河（1958 年）等人。郭仁和兼团支书。闫树任贫协主席。郭宝玙任文教助理。

1955 ~ 1958 年，郭全英不再兼任支书，李永元任村支书，刘瑞芬任副支书。村委会干部包括刘瑞芬、贾致河、贾致江等人。

1958 ~ 1960 年，李树德任村支书，贾致河任副支书。1958 年归属高村人民公社以后，生产大队负责生产指挥，大队长是贾致河，大队干部包括贾致江、刘瑞芬、宋金堂、杨明义、李树英（兼妇女主任）等人。村会

计分别是李祥云、郭永和等。

大队下面成立了三个生产队，建立三个集体大食堂。三个生产队队长分别是一队队长郭宝贵、二队队长杨明义、三队队长葛铭德。同时每个生产队成立了自己的大食堂，一队食堂设在郭文采家里，二队食堂设在贾勤德家里，三队食堂设在葛江彬家里。

1960~1965年，大食堂解散后，郭全英回村任支书，贾致河任副支书。大队长是贾致河，大队干部包括贾致江、刘瑞芬（兼任妇女主任）等人。从食堂解散一直到改革开放，村会计为葛江仁、葛平林，现任会计葛文林。现金出纳为葛平林、郭灿鹏等人。

1962年年底重新划分生产队，三个生产队分成了六个生产队。从1962年到1983年集体化时期，六个生产队的干部分别如下。

一队队长先后是郭宝贵、郭文运、郭泰安、郭喜安、郭顺和，副队长为郭庭和、郭耀东，会计分别是郭文庆、郭顺和，现金出纳为郭发安，保管员是郭宝春。

二队队长最初是郭连全，后来接任的有郭树和、郭治安、郭长和、赵秀河、郭富和等，会计先后是郭贵和、郭顺和、郭文庆等，现金出纳为郭清全等。保管员是郭宝德、郭连成等。

三队队长分别是贾致海、贾全德，副队长是王树中，会计是贾小保（贾臣德），现金出纳为石心庆等，保管员是石林志。

四队队长分别是贾致江、宋金堂、杨明义、高全军、张明河等，副队长是宋金礼、秦根喜、杨开清，会计是贾文德，现金出纳为张存德等，保管员是王永梅。

五队队长分别是葛江福、高圣海、葛江生、付喜贵等，会计是葛江信，现金出纳为葛江春等人，保管员是郭合林。

六队队长分别是李永元、李香元、贾瑞德、李树林等，副队长有闫金秀、石林俭、张荣福等，会计是宋培菊、张明海，现金出纳为郭文河等，保管员是李喜德。

1984年生产队解散后，把六个生产队改为村民小组，各村民小组的组长分别是，一组组长郭灿鹏、郭丽峰、郭文采；二组组长赵秀河、郭灿鹏、冯红燕、李树洲等；三组组长贾秋德、赵秀河、贾培德、贾文喜等；四组组长葛江春、韩同兰、郭文采、杨文平等；五组组长葛江春、葛文林等；六祖组长郭文清、李树清等。

1965～1966年，公社派李文希工作员协助郭全英工作，实行双支书制度，秦玉喜任副支书。大队长仍然是贾致河，大队干部包括贾致江、刘瑞芬（兼妇联主任）。

1966～1968年，"文化大革命"开始，村里的干部被造反派批斗，村政权瘫痪，公社工作员杨敏负责领导"文化大革命"。

1968～1971年，村里成立革命委员会，贾致河是革命委员会主任，郭全英、刘瑞芬、秦玉喜任副主任，李香元、贾春海、郭宝贵、晋善文、郭文花都是委员，还有贫协代表刘学礼。另外，当时村里有民兵队伍，民兵排长是冯培功。

1971～1978年，村革委会改组，成立党支部，晋善文任支书，秦玉喜、贾致河、郭贵和三人任副支书，李香元、李潮元（李漕元）、葛江银是支部委员。实行村党政一体化领导。另外，村里单设治安主任和妇女主任安置老干部，郭全英任治安主任，刘瑞芬任妇联主任。当时村里有林业队，赵高生任林业队队长，1972年村里建立林场果园，高圣海任林场场长。郭文长为团支书。村里还设有民调组织，石心庆任民调主任。

1978～1984年，贾致河任支书，秦玉喜任副支书，李香元、郭贵和、葛江银是委员。郭全英任治安主任，刘瑞芬任妇联主任。葛江春为团支书。

1983年，高村公社给郭全英颁发"光荣离职"匾额，赵秀河任治安主任；妇联主任也由刘瑞芬换成李秀珍。

1984～2003年，是李香元任村支书的时代。

1984年，李香元任支书，秦玉喜任副支书，郭贵和、葛江银两人是委员，成立四人支部。1985年秦玉喜不再任村干部，郭贵和任副支书，支部成了三人支部。1988年葛江银不再任村干部，郭文清进入村党支部，仍然是三人支部。1997年郭文清不再任村干部，葛平林成为支部成员，仍然是三人支部。郭灿鹏为团支书。

1984年，农村实行两委会，分设党支部和村委会。郭贵和任村委会主任，郭文清是副主任，葛江春、贾秋德、赵秀河等为村委会委员，组成五人村委会。1984年，王秀荣任妇联主任。1985年，韩同兰继任妇联主任。1992年增加郭顺和为副村长、郭文采为村委会委员。1997年李树清、郭灿鹏进入村委会。

1998年，村委会实行换届选举，郭顺和当选村长，葛江春、赵秀河、贾培德、韩同兰四人为村委会委员。韩同兰任妇女主任。葛文林为团支书。

2001 年，村委会换届，郭顺和当选村长，葛江春、赵秀河、贾培德、韩同兰四人为村委会委员。韩同兰兼任妇联主任。贾文喜为团支书。

2003 年，李香元主动退休，推举郭顺和当支书，郭丽峰是副支书。郭顺和上任一天生病，贾培德主持工作。贾文喜为团支书。

2004 年，贾培德任支书，葛江春任副支书，郭文采、李树清、郭灿鹏三人为支部委员。葛江春主持村委会工作，李树清、贾文喜两人任村委会委员。2006 年冯红燕继任妇女主任。贾文喜为团支书。

2007 年，贾培德任支书，葛江春、郭文采两人任副支书，李树清、李树洲、葛文林、杨文平四人为支部委员。葛江春任村委会主任，贾文喜、冯红燕两人为村委会委员。贾文喜兼任团支书。冯红燕兼任妇联主任。

2010 年，贾培德任支书，葛江春、郭文采任副支书，李树清、李树洲、葛文林、杨文平四人为村党支部委员。葛江春任村委会主任，贾文喜、高金娥两人为村委会委员。2010 年高金娥继任妇联主任。贾文喜为团支书。

2014 年，贾培德、葛江春、郭文采等村两委班子连任村党支部委员会和村委会委员。

3. 泥河村解放后人口、经济发展基本情况

表 1　泥河村解放后人口、经济发展基本情况

年　份	总户数（户）	总人口（人）	土地面积（亩）	耕地面积（亩）	新增耕地面积（亩）	亩产量（斤）	户平均收入（元）或户均粮食（斤）
1950	190	400	1600	1400	*	*	*
1958	240	850	2200	1900	500	900	300 斤
1970	260	1050	2500	2100	300	1400	1000
1982	300	1170	2610	2200	100	1600	1500
2000	330	1320	2640	2117	− 83	2000	3000
2010	360	1440	2640	2117	0	2200	6000
2013	361	1396	2660	2150	− 33	2200	6000

注：1999 年京港澳高速公路征地 50 亩左右；2009 年京深高速铁路征地 50 亩；2010 年鹤淇产业集聚区开始征地，富士康园区征地 270 亩，美特斯邦威产业园征地 510 亩，但是征地费用还没有从村会计的账上减去。

资料来源：2012 年村会计葛平林提供，2013 年补充。

二　泥河村家族姓氏

郭良和、贾宝海整理

1. 郭氏家族

郭氏家族在泥河村现存姓氏家族中是最古老、最大的家族，也是自明、清以来历史上最为辉煌的家族。相传最早郭氏始祖是从山西洪洞县迁至河南的，其中一股落脚淇县山郭庄村一带。而后发展壮大，后辈又四处迁居，其中一股又迁至现在的郭庄、泥河一带定居。

据泥河村现存最早的半截石碑记载，明朝万历三十五年（1607年）"创建许家屯泥河石桥"，名曰"淇水桥"。此碑记录的捐款捐物姓氏人名里，就有郭氏人家。另外明朝万历乙巳年（1605年）创建、崇祯八年（1635年）重修的泥河村白衣大士神祠碑记里，也有关于郭氏的记载，如香首郭容吴氏、副香首淅川教谕郭维谦魏氏，碑文里还有十多个募捐善人的丈夫都姓郭。但这些碑文都残缺不全，说明不完整。

能够确切记录泥河郭氏的迁居来源和时间的则是郭氏祖先郭同心的碑记。碑文上铭记："祖居上官郭家庄，崇祯十五年迁移吴里泥河村。清故先考郭公讳同心、妣晋施张氏之墓。康熙四十四年七月十五日孝男宗成、宗保，孙元、初、良、世臣，重孙大二和尚全立。"崇祯十五年即公元1642年。由此可以推测，在郭同心之前，或许郭氏祖先就已经在泥河村劳作或侨居，但是到了崇祯十五年，郭同心才正式迁居泥河村，这是确切有碑文可证的历史记录。

到了康熙四十六年（1707年）重修村西玄帝庙拜殿的碑记上，明确记载了郭宗成、郭宗保各捐款一百和二百。[1] 这通碑上记载的郭宗成、郭宗保的名字和郭氏老祖碑上记载的郭宗成、郭宗保可以相互印证。

自从明朝崇祯十五年（1642年）始祖郭同心从上官郭家庄迁到吴里泥河村，郭氏家族在泥河村已经有300多年的历史，有十五代子孙。如果上溯到明朝万历三十五年（1607年）的淇水桥碑记的时间，泥河郭氏已有400余年的历史。现在全村六个村民组中几乎都有郭姓，一、二组基本全是郭姓，总人口600余口，约占全村人口的1/3。

---

[1]　碑文上如此记述，无单位。

郭氏家族自迁居泥河村以后生根发芽，并渐渐枝繁叶茂。经过大约100年的发展，到第三代郭良辰（第二代郭宗成的儿子）时期，郭氏家族已经殷实富裕，逐渐读圣贤书，做厚德事，发展成为泥河的旺族。郭良臣的妻子张氏率领两个儿子郭龙、郭虎，于清雍正九年（1731年）三月修建了楼房，立有"光前裕后"的斗板石，并于乾隆九年（1743年）增盖了门楼，立下"万福攸同"的门匾。但是郭宗成的后代，不知何故，并无碑文记载。倒是郭宗保的子孙继承了郭宗成的福荫，将其发扬光大。

图1　郭双和家保留的郭氏三世祖郭良辰妻子乾隆九年修建的"万福攸同"的石匾

据二代老祖郭宗保的碑文记载，他的四个孙子都已经是清朝的秀才，长门郭元臣的儿子郭现龙为修生，次门郭大治的大儿子郭家齐为文礼生，二儿子郭家修和三儿子郭逢金为邑庠生。

又据碑文记载，郭氏到第五代郭饱德（四代郭逢金的四子）获封朝廷的例赠修职佐郎，为清代从八品的文官虚职，而他的具体职位为"社书"，其实就是在当时泥河村所属的吴里社负责管理户籍粮册。

郭饱德的儿子郭凤楼（第六代）不但获封例赠修职佐郎，皇帝敕封的九品衔，而且在当时德高望重，其妻子崔氏也治家有方，获封"清标彤管"，有墓碑铭刻为证："公讳凤楼，字来仪，景尹公子也，禀性廉直，立

图 2　郭氏二代祖宗保的墓碑

志忠诚，故虽少孤无怙而规矩，常遵主善为师而品学兼裕，且其事母也，则孝而敬；其训子也，则义而严；其行己也，则俭而廉；其待人也，则宽而恕。虽艰难辛苦备尝于身而正直，刚方不易其志。想持家之谨严，内外共守其家法；思交友之肃敬始终，克全其友谊。此其所以能创基业于前而垂统绪于后者也。享年六十有三。配崔氏，善承姑志，恪守妇道，闺训素娴，常相夫而教子，俭德克慎，能慈幼以成家。真足树仪型于闺壸，立坊表于彤管也已，享寿七十有一。生男五人，女三人。"郭凤楼夫妇不但为人敦厚，且教子有方，五个儿子也都是有功名在身。长子郭文振（郭氏第七代）为附贡生、次子郭遐振为郡庠生、三子郭丕振为优增生、四子郭羽振为九品衔、五子郭旅振为邑庠生，一门出了五个秀才，一直流传至今都有所谓的郭家"五顶帽"的美传。

图 3　郭氏三世祖大治的墓碑

图 4　郭氏四世祖逢金的墓碑

图 5　郭氏六世祖凤楼的墓碑

郭氏祖先不但文治有功，而且文武双修。据清道光五年（1825 年）所立的一块碑记载，四代老祖郭家修年过四十才入泮为生（考上秀才），后对科举失去兴趣，转为培养子孙，"惟以友爱兄弟，教导子侄笃事，优游伴侥，雅意林泉"。他的两个儿子（第五代），长子郭天枢、次子郭天一均在府学考取郡庠生武生。

图 6　郭氏四世祖家修的墓碑

其中一个儿子据传说通过了乡试，是武举人。而且，武举人的传说也不完全为虚，后辈郭全英家里现存的当年祖先留下来的清朝武科考试的三百斤的石礅为证。

图7　郭全英家保留的祖上传下的武科考试的石礅

有清以来，郭氏祖先一直秉持耕读传家、文治武功、敦亲睦邻的优良传统，直到清朝末期，郭家还出了一名小秀才（大约在光绪年间），名讳郭向荣（十代郭荣安的父亲）。民国以后，小秀才郭向荣在四邻八乡靠在私塾教书为生，留下清名为后人称颂。郭氏家族虽然没有金榜题名，但是作为最基层的生员——士绅阶层，也具备资格担任乡村里社的各种首长，承担乡村治理的实际管理职责。比如前述郭饱德获封例赠修职佐郎，从八品的官衔，曾经做过里社的社书。郭饱德的儿子郭凤楼为九品衔，“敕授登仕佐郎、例赠修职佐郎”，当时也为地方的文职官员，供事于里社。郭凤楼的妻子还被官府授以“清标彤管”牌匾。新中国成立后“破四旧”时，被后辈人当木板做成门扇了，现安装在后辈郭根东（十二代）的屋门上，遗迹“清标彤管”依稀可见。

从清朝末期直至民国时期，是中国近代历史上的战乱灾荒时期。中原地带的农村老百姓生活在水深火热之中，基层社区的家族传统遭到极大的破坏与毁灭。泥河村郭氏家族在这一时期的发展也处于低谷时期。现存的泥河郭氏族谱是20世纪90年代续写的，当时人们主要根据郭氏祖坟的碑文来考据郭氏祖先的历史。家谱上记载的这一时期的世代传承很多，无法清楚考证具体的代际传承关系，主要是因为这一时期的祖坟碑文缺乏清晰的记录，在某种程度可以反映出这一时期郭氏家族威望和地位的衰落趋势。这一时期郭氏家族穷困潦倒，甚至出现卖庄卖地、卖儿卖女的现象。而导致郭氏家族衰败的直接因素，就是当时盛行的"吸老海"的陋习，这导致泥河郭氏家族的部分家庭，要么背井离乡逃荒要饭；要么落草为寇行走江湖；要么给人家当伙计；要么加入地方乡团混口饭吃……如郭老茂（学名郭平安）落草当了"老抬"头；郭文臣家穷得全家住庙堂；郭全英的父辈穷得卖女儿；郭海全穷得赊个烧饼哄着孩子把儿子给活埋了；郭庆荣穷得带着孩子去逃荒要饭。还有好多郭氏家庭穷得舍下故土拉起子女到山西等地去逃荒下煤窑养家糊口。

这一时期，泥河郭氏家族中原来较有名望的"五顶帽"门里的后辈人算是能勉强通过卖地、办私塾、出去当教书先生等手段，继续传承耕读传家的风尚。比如"五顶帽"之一的郭旅振（秀才、邑庠生）的后代郭美玉（大名郭宝璠），就是其母亲通过卖地供他读书，考取了民国时期的河南省立第五师范学校，毕业后任淇县国立第一小学的校长，实现了向上流动。他的弟弟郭宝全虽然没有考取国立学校，但也读过书，后来在村里的私塾当过教书先生。"五顶帽"另一股的后人郭文汉也是读书人，曾在浚县钜桥粮行当过差事（文书），后回家务农，同时也在村里的私塾教书。郭文汉的叔叔，人称六爷，名叫郭宝玛，当时也曾上过学，在村里任过采粮（相当于会计）。但是，"五顶帽"的老三郭丕振之子郭英华的三个儿子到了民国元年也因家庭困难，最后弟兄们分了家。遗存分单曰："谨遵母命，因荒年难度，今邀同族亲共议分居，各顾生命，恐日后无凭，立分单为证。"（见图8 郭宝训、郭宝山、郭宝玉弟兄三人的"分单"）。

总之，这一时期，郭氏家族在兵荒马乱之中日渐衰落，退出了泥河的政治中心。民国时期，郭氏家族中只有郭新安曾经做过日伪统治时期的保长。

新中国成立后，郭氏家族重新焕发了活力。尤其是"五顶帽"（属郭氏六世祖郭凤楼的后辈）门里的后人又焕发了新的生机。"五顶帽"中排行老五的郭旅振的后人郭兰华之子郭美玉（宝璠）、郭宝全兄弟在新中国成立后虽然因为成分不好在集体化时期受到思想改造，但是改革开放之后，郭宝全又因为其辈分高、懂礼仪，成为郭氏家族红白喜事中管事的

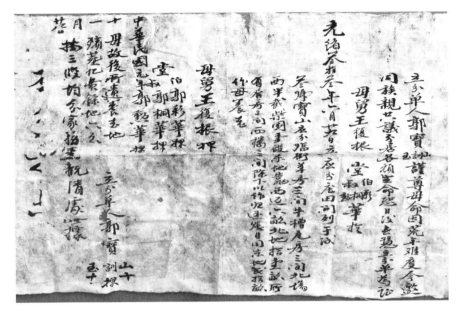

图 8　郭宝训、郭宝山、郭宝玉三兄弟的分单

人，晚辈们尊称他"二爷"，平辈们称他"二先儿"（因他当过教书先生，在家排行老二，平时给左邻右舍管事管得好，故被称为"二先儿"）。郭美玉的二子郭文采改革开放后加入了中国共产党，现任村党支部副书记，负责村文教工作以及分管第一村民小组。除此之外，"五顶帽"的老五郭旅振的后人、旧社会少有的读书人之一郭文汉文章及毛笔字写得都很好，对后辈影响很大，对全村的书法文化起到承前启后的作用。文汉的两个儿子郭中和、郭日新（英和）字都写得很漂亮。郭中和不仅文章、字写得好，还会纺花织布、绣花刺字，心灵手巧，高中毕业后，曾任西岗乡党委秘书、县委宣传部干事、县物资局副局长等职。另外，郭文照、郭文秀兄弟俩新中国成立后分别在西安经商（文照一家）、太原火车站当工人（文秀一家）。郭文照的长子郭西安曾在改革开放初期任一队队长。还有郭文彬、郭文亭兄弟俩也都有出息，郭文彬是新中国成立初期的技工学校毕业生，在国营淇县水泥厂工作（当技术员）直至退休；郭文亭在鹤壁煤矿当工人至退休。六爷郭宝玙的儿子郭文记虽然长期务农，但学得一手好厨艺，成为泥河乡村味道的传承人；七爷郭宝璐生子郭文臣，新中国成立后一直在高村粮库当主任，直至退休，被誉为人民的红管家。他们的后人更是枝繁叶茂，在各自的岗位上自强不息、开拓进取。

　　"五顶帽"中排行老大的郭文振的后代也比较多，后辈郭彩华的长子郭宝善的子孙最为旺盛。郭华领的儿子郭五成、郭连成新中国成立后都是劳动能手。郭五成曾是全村有名的赶大车车把式，郭五成的儿子郭林东、郭春东是村小学有名的乡村教师，现已桃李满天下。郭五成的三子郭根东的孩子也是个个聪明伶俐，各有所长，他们的子孙现在是泥河郭氏辈分中最为长远的子孙。郭彩华的次子郭宝圣的后辈子孙也很旺盛。宝圣长子松领的长子郭守和曾是一队赶大车车把式，宝圣三子夏领之子郭永和曾任当时大队会计，宝圣四子秋领解放战争时期参加解放军，打过太原战役，得过好多勋章，被人尊称为"老党"。

　　新中国成立前"五顶帽"排行老二的郭遐振的后代郭庭华之子郭宝新在西岗一带行医，新中国成立后回到村里，继续作为村里的合作医疗的中医。其长子郭文庆先后任人民公社时期的生产小队一队及二队的会计，文庆的大儿子郭灵和更是继承了爷爷的中医传统，在周边治疗胃病小有名气。郭宝新的次子郭文祥是村里解放后第一个上军校的郭氏后人，之后被分配到解放军通信兵总部做通信技术工作，后转业到国家公安部、安全部从事机密工作，退休后享受地厅级待遇。文祥的成才，对本村五六十年代出生的晚辈们影响较大，人们尊称他文祥叔。

　　"五顶帽"排行老三的郭丕振的后代中香火较旺的一股数郭宝玉一家。宝玉生七子，七子中三子文章生二女，四子文合乏后，五子少亡，其他兄弟子女旺盛。郭宝玉的长子郭文选又生三子，长子郭爱和是当年村大平调剧团的演员，尤其旦角扮演得惟妙惟肖；次子郭平和在鹤壁煤矿当过工人；三子郭顺和曾任泥河村村长、支书。郭宝玉的六子郭文治生四子，长子郭付和曾当过二队队长，次子郭年和务农，三子郭新和是正厅级干部，曾任河南省科学院院长、省人大常委兼教科文卫委员会副主任，四子郭双和曾在县教体局青少年活动中心任书法教师，生前曾是省书法家协会会员。郭宝玉的七子郭文福曾在山西铁路当过工人，"文化大革命"时期作为毛泽东思想工宣队队员回村宣传毛泽东思想，生子郭惠和，在家务农。郭宝玉次子郭文喜生子天海（海和），天海之子郭灿光大学毕业后现于市财政局供职。

　　"五顶帽"排行老四的郭羽振的子孙也都兴旺发达。后辈郭宝海的长子郭文俊新中国成立后长期在高村机械厂当工人，次子郭文长一直是村供销合作社代销点的营业员，其子郭鹏飞更是新一代商界精英，成为省会郑州文化产业的领军人物。另外郭宝庆的长子郭文运曾任人民公社时期的一队队长多年。

图9　郭氏四世祖家齐的墓碑

　　上述这一大股属郭氏四世祖三兄弟中老三郭逢金的后辈传人，而老大、老二的后辈虽然不如读书人"五顶帽"家门兴旺，但是世事变迁，沧海桑田，历史也为他们提供了复兴发达的契机。四世祖长兄（老大）郭家齐的后辈在新中国成立前后至今大致可分作两大股，一股迁居泥河村西边的邻村崔庄，另一股仍居住在泥河村。迁居崔庄这一股的始祖叫郭九如。郭九如是泥河郭氏第八代，迁居崔庄后生四子，长子郭福荣，郭福荣又生三子，长子郭文仁曾任崔庄村大队电工、党支部书记；次子郭文义为中国人民解放军某部转业干部，曾任本县朝歌镇党委副书记；三子郭文礼亦农亦工。郭九如次子郭福水，早年参加解放军，在西藏戍边，后转业焦作市工作定居。郭九如三子郭宝祯又生三子，长子郭文江，曾任崔庄某生产队队长；次子郭文海部队退役后，曾在化肥厂当工人；三子郭文胜是改革开放后发展起来的民营企业家，企业发展得较好，是全县民营企业家中的佼佼者之一。郭九如四子郭宝祥生二子，长子郭文明，次子郭文亮，兄弟靠务农种地，日子过得也属小康水平。

　　郭家齐的后辈人中留在泥河的一股，按辈分可划为五股。与郭九如门数最近的一股郭合成生二子——郭宝春、郭宝珍（泥河郭氏第九代）。长兄郭宝春曾任生产队保管员，人称红管家，生一女，叫郭文英，文英秉承孝道，招婿上门，为其父养老送终。二弟郭宝珍勤奋苦学，在长兄的帮助下考上公立学校，毕业后一直任公办教师。郭宝珍又生三子，每个都成才，光宗耀祖。尤其是郭宝珍的妻子刘瑞芬更是泥河的传奇人物，儿时参加妇女儿童团，新中国成立后一直是泥河村的大队干部，改革开放后和丈夫儿子一起经商办企业，晚年时热心村里的庙会，成为村民崇拜的庙首。

　　郭家齐另几股的九世传人还有郭何荣、郭德仁、郭德义等，也都是子孙满堂，光前裕后。新中国成立后郭何荣的后代大锁、金锁的子女们都到外地做事了。郭金锁留在村里，在 20 世纪 50～70 年代是全村有名的厨师，他发明的"俩净碗""八碗八""一色席"等低、中、高档的办事待客席面，最具豫北特色，深受百姓喜爱。而德仁、德义后辈人基本上在本地经商做工的较多。郭德仁的长子郭心清的儿子郭庭和（曾任一队副队长）曾经是泥河东头一队有名的孝子，孝敬母亲、维护家风。郭德义的长子郭心明曾经是村里早年大平调班的拉二弦的高手，其子郭白银之子郭耀东曾经担任一队的副队长。郭德义的次子郭心敬早亡后，其妻长期守寡，拉扯两个儿子俊和、连和，乐观积极，克己勤奋，虽然日子一直过得不宽裕，但是老太太为人处世厚道祥和，受到邻居们的高度赞扬。人们不知她的名号，但是都亲切地叫她"孬人娘"。"孬人娘"不是因为儿子孬，那时候给孩子起名都是正话反说，恰恰是因为她的大儿子郭俊和是当时一队有名的勤奋老实人。每年春节没过完，"孬人"就早早到田里挖土积肥，一生都是默默无闻，勤劳朴实。而"孬人"的二弟郭连和从部队转业后一直在县化肥厂当工人，是附近最为乐观和热心的人，每到吃饭的时候，他都端出饭碗，和邻居笑谈村里村外发生的趣闻轶事，带来欢声笑语。

郭氏四世祖三兄弟的老二郭家修的两个儿子天枢、天一，都是当时的武秀才，民国初年威震四方的义匪郭老茂不知道是否和祖上的武秀才有关。但是清末出过一个小秀才郭向荣，确实是郭家修的八世传人郭文杰的后辈。郭向荣的儿子郭荣安，新中国成立后曾参加过援越抗美战争，后转业返乡任北阳镇司法所所长。与小秀才郭向荣同辈的九世传人还有郭生荣、郭海荣、郭庆荣、郭驴妞（家谱乳名）、郭春雷、郭林德之父（名字家谱未记）、郭章荣、郭春生、郭金生等。他们的父辈是谁，族谱上记载不详。郭生荣生子郭泰安，泰安生子五个，长子郭长和当过二队队长。郭海荣生子郭治安，曾任二队队长。郭庆荣生子连安、永安、同安。郭同安曾经是村里同辈人中出色的学生，当学生干部，配合老师管理班级，差点耽误了自己的学业，后参军当军医，转业后先在村卫生室当医生，后调到县医院工作。郭驴妞生子郭新安，其子郭秀和曾是太原铁路工人。郭春雷生子领全、福全、金全三人。郭领全之子郭贵和，是穆生子（父亲去世后出生），但是在母亲的辛勤哺育下，曾任泥河村副支书、村长。郭福全生二子，长子郭树和，曾任二队队长；二子郭林和务农。其孙子辈也都勤劳致富。郭林德的父亲名号不详，其子是郭春和、郭夏和、郭秋和。郭章荣生三子，分别是林全、河全和清全。林全生一女喜英，嫁外村；河全生二子，长子郭仁和，新中国成立时期曾在村里参加儿童团，当过村青年干部，主抓民兵工作，50年代到内蒙古铁路上当工人去了；次子郭佩和，部队转业后随其哥仁和在内蒙古集宁安家。清全生子郭义和，新中国成立后到山东省聊城地区临清县供销社工作，曾任人事科科长。其子郭灿鹏，自幼聪慧，爱文艺，笛子吹得很好，曾是村大平调剧团的演职人员。

郭氏家族后辈十世传人之一郭全英是泥河村的新中国开村元勋，首任支书。但因其长辈在清末民初就吸大烟，家道败落，祖辈也没有留下明确的谱系传承关系，所以只能回溯到其父亲郭金生，还有一个大伯叫郭春生，他们都是泥河郭氏的九世传人。从亲属关系的远近来看，郭全英家应该和郭春雷、郭林德、郭章荣等祖上是近门，而且是不出五服的近门，每年他们的后辈都在春节时相互换饺子，以显示近门关系。郭全英姊妹七人，兄弟两人，因此他的幼名叫六妞，弟弟郭连全幼名小七儿。郭全英祖辈虽然无名，甚至因吸食鸦片而家道败落，但是郭全英却在逆境中没有沉沦，而是努力抗争命运的不公，逆境反弹，通过自己的努力改变了家庭的命运。他曾经是八路军一团三营十连战士，参加过安阳码头战役，负伤后转业到当时的汲淇联合县民主政府所在地小店河村做农会主席，新中国成立后回到泥河任首任支书，领导土改和合作化运动，后任吴寨乡副乡长，"四清"运动后，村中支书缺人，他再次回到村里接任支书，一直工作到1983年光荣离休。妻子李富荣相夫教子，其家庭在整个淇县都小有名声。长子郭水和部队团职转业后，一直在河南省人口和计划生育干部管理学院任副院长，副厅级干部离休；次子郭安和在本县桥盟街道办事处任科级干部；三子郭良和现任县计划生育服务站党支部书记，副科级干部；女儿郭爱青在县人口计生委药具站任副站长；四子郭伟和香港理工大学应用社会科学专业博士毕业，现为中央民族大学民族学与社会学学院教授。由于郭全英夫妇教子有方，对待儿媳如同女儿一样，既亲又严，所以一直以来，几个儿媳妇之间和睦相处，三儿媳妇路保琴成为全省师德标兵。郭全英的弟弟郭连全，去世较早，郭全英就帮忙弟媳照顾几个侄子、侄女。郭连全的长子郭太和、次子郭保和，也都成家立业，儿孙满堂。

除了上述郭氏家族老三股兴旺发达外，还有一股一直是单传于后，大概是四世郭现龙的后辈人。目前健在的郭氏家族最老的长辈人名叫郭保恩（九世传人），一生务农，笃实敦厚，善待邻里，被族人称为老族长。生子郭红军，也已经成家立业。另外，值得记述的是新中国成立后及人民公社时期郭氏家族的四个上门女婿，也都融入了泥河郭氏大家庭，繁衍后代。两个老女婿一个名叫李田兰，婚配郭宝山之女郭张娥，生子李跃明，师范院校毕业，娶妻闫长梅，是泥河合作医疗的创办人，医术高明，宅心仁厚，深受泥河村老少妇幼的爱戴。郭氏另一个上门女婿名叫郭发安，婚配郭宝义之女郭文兰。郭发安旧社会读过书、懂礼仪，任一队现金出纳多年，曾经是20世纪90年代泥河郭氏族谱的主要编修记录人。郭发安生子郭灿东，长期任泥河民办教师，后转为公办教师，心灵手巧，多才多艺，会家电维修，且把手艺传给了儿子，很受人尊重。人民公社时期的两个过门女婿，一个名叫王华礼，婚配郭宝春之女郭文英。王华礼当过民办教师，外拙内秀，被选派为当时的外语教师接受培训，其外语教学深受当时学生的喜欢。另一个叫程有成，婚配郭宝全之女郭玉珍，程有成原是县良种场工人，会木匠手艺，为人厚道，谁家有木匠活都愿找他帮忙。还有两户张氏家族，不算上门女婿，但在娘家定居，一户是张洪友，另一户是张洪州。

总括泥河郭氏家族，自始祖郭同心开创祖业以来，繁衍生息至今已有十五代，虽然当中随历史潮流而发达、衰落，进而复兴，但一直都是泥河中最大的家族，在泥河村社区治理中发挥着核心作用。伴随着泥河村融入现代社区，泥河郭氏可能会进一步发生分化和流动，难以继续保持累世而居的生活模式。但是郭氏祖先开创的生生不息、厚德载物的人文精神，定会在现代化大潮中发扬光大。

表 2　新中国成立后泥河村郭氏家族在外地及本村工作的人员任职级别以及学历情况

级　别	地厅级	县处级	乡科级	村股级	
数　量	4	5	12	23	
学　历	博士	研究生	本科	大中专	高中以下
数　量	3	7	9	36	542

表 3　泥河村郭氏家族辈分用字排序表

辈　分	用　字
第一代	同
第二代	宗
第三代	臣、治
第四代	家、逢
第五代	天、贵、德
第六代	香、时、楼、春、言、常、谟
第七代	重、梦、来、花、振
第八代	华、如、成、文、春
第九代	宝、福、荣、德、生
第十代	文、锁、心、安、全、领、林
第十一代	和、忠、昊、智

辈　分	用　字
第十二代	灿、丽（利）、云、木
第十三代	光、涛（其他各自取字）
第十四代	志（其他各自取字）
第十五代	以家庭自由取字

2. 贾氏家族

贾姓是泥河村最早的先民之一，根据新中国成立后建立的生产队划分，全村六个生产队，其中三队绝大部分、四队一部分均为贾姓人，占全村总人口的1/6以上，算上移居山西等地的，近300口人。

当地很多姓氏都有山西洪洞县大槐树移民之说，但贾姓最为靠谱，因为山西是贾姓的发源地。据考证及史料记载，西周公明被封贾国国君，贾国封地就在山西襄汾地区一带。从贾氏先祖公明算起，已有两千多年的历史。贾国后来被晋国所灭，后代便以国名为姓，有了贾氏。以后代代发展，贾氏成为山西最大的姓氏之一。到了明初贾氏先人就住在大槐树下或离大槐树不远处，且明代移民登记站就设在洪洞县贾氏先人居住的贾村大槐树下。明洪武、永乐两朝为开垦华北荒田，曾十八次向华北移民，当时都由大臣负责，到中原安家落户。近水楼台先得月，贾氏先民响应官府号召，遂到河南进行艰苦创业。

根据泥河贾氏老辈相传，泥河村贾姓先祖原落脚处在西岗北边的淇河西岸，即现在的西岗苗街村北，遗憾的是由于资料缺失，仅有一块被称为贾家坟的土地。据当地老年人回忆，当时有坟头十几个，仅有一座石碑，立碑时间为光绪十二年（1886年），后被移往桥盟石岗凹新庄村，因原在淇河湾（西岸）居住的一支后迁居新庄村。经多次查访，泥河贾姓从淇河湾迁居泥河村的时间大约在清嘉道年间。中国人自古有相信风水的习俗，尤其是在选择坟茔时，据说依山背水是好穴，且能泽被后世。先人就先生活于淇河湾，后移居泥河村，在古盘（亦蟠）龙河畔安茔，可能也是冲着这儿的风水而来。思德老河岸边，自西而东，有不少老坟如崔家坟、宋家坟、郭家坟，还有陈家柏树坟、棠柳洼白家坟等。目前可以发现的泥河贾氏最早的祖坟石碑是光绪十二年（1886年）的贾柄及其两位夫人的墓碑，继子贾凤鸣、孙贾聚为其立碑。

图 10　贾柄及其夫人墓碑

另一通较早的墓碑是 1954 年贾怀让带领孩子贾致富、贾致贵以及孙子贾俊德给贾瑞立的碑文："清故先考贾公瑞府君、先妣刘氏太君合葬之墓。"

图 11　贾瑞及其夫人墓碑

但是因为泥河要拆迁搬进小区，从贾致河家的老房子墙洞中拆出一个木匣子，里边叠放一些旧纸张，原来是贾氏老辈留下的契约文书，虽算不上文物，但是一些口口相传的往事得到了印证。细读其中的文书，还可以发现当时的时代背景、人情事态。

贾家最早的一份分单出于同治六年（1867年），是贾凤鸣、贾凤舞、贾凤德、贾凤灵、贾凤翔五个兄弟的分单，分单中明确写道："立分单，贾凤鸣、舞、德、灵、翔（押）。因年岁凶荒，家道贫寒，不能度日，今同公亲邻佑将家中一切器物产业以及欠外账目，外欠账目按五股分任，至于日后或贫或富，各听天命，空口无凭，立分单为证。"分单上写的明见人有公亲李连城，以及邻右晋培增、郭遐振。现在的贾氏族人只知"怀"字辈的"老五股"，不知还有更早的"凤"字辈"老五股"，他们的传人是谁，无法得到考证。但是，这份分单证明，早在同治年间，贾氏已经在泥河定居了。

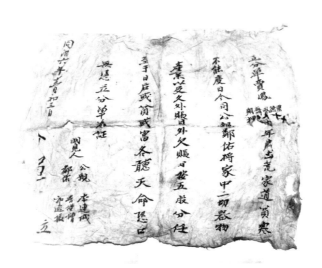

图 12　贾凤鸣、贾凤德、贾凤舞、贾凤灵、贾凤翔五兄弟的分单

另有一份光绪十四年（1888年）田产买卖合同和官府的地契，显示的是石万祥卖地给贾凤舞，说明当时泥河村石氏和贾氏之间发生土地交易关系，而且那时贾凤舞的家业正在逐步壮大。

但是贾凤舞却膝下无子，有一份光绪三十一年（1905年）的契约显示，贾珍过继给堂叔贾凤舞，证明人是石金玉、郭兰桂、郭庭华和李聚等人，还有同族的贾现、贾琏、贾起、贾琚、贾怀义等人作证。

图 13   贾珍过继给贾凤舞的契约

另有一份民国 28 年（1939 年）的分单，显示"怀"字辈的贾怀礼、贾怀智、贾怀温、贾怀俭、贾怀道五兄弟，作为族长给"致"字辈的贾致中、贾致政、贾致成、贾致文四个兄弟分家，并请来了邻佑郭美玙、郭华领作证。

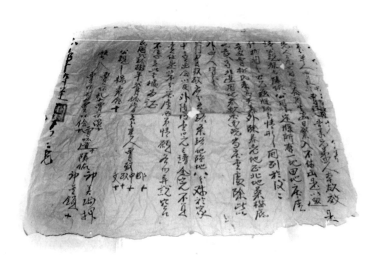

图 14   贾致中、贾致政、贾致成、贾致文兄弟四人的分单

　　另有几份民国时期贾怀道收买土地的契约，分别显示石林义、贾致和、贾致魁因为家庭困难把土地、马车、家具等卖于贾怀道的情况。这些破旧而珍贵的文书不但说明了晚清以及民国时期泥河贾氏家族的生活变迁状况，也表明了贾氏和郭氏、晋氏、石氏的交往情况。

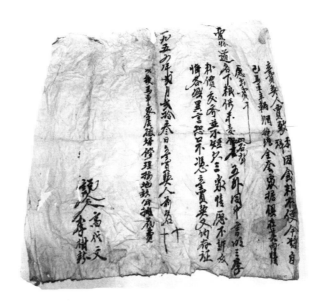

图 15　贾致和、贾致魁卖马车给贾怀道的契约

图 16　石林义卖地给贾怀道的契约

　　泥河贾家的祖坟位于盘龙河北岸，过桥口坑沿一条路沟向北，坐落于西岸，这算作老坟。因人丁兴旺仅四代贾珍就生育五个儿子，以后称"老五股"，老坟无法容纳后人，于是贾珍及其后人又选了一个新坟茔，就在路沟东偏南的地方。这样贾家就有了两处坟地。

　　泥河村贾姓以前无家谱，后代人取名时无所适从，从"致"字辈便已不统一了，例如新庄村的贾家，确定无疑是泥河贾家的近本家，但"致"字辈中只有一个叫"贾致然"的，另两个弟弟，名后一个字都是"然"，如此新出了一个"然"字辈。族人都同意效法古人，使长幼有序，辈分有条不紊，1995 年，由五代传人、族长贾致河主持，首次续家谱。说是续家谱，其实也很简单，不过是梳理了一下上几辈的取名用字，确定了以后的取名用字原则，然后晚上演一场电影庆贺，印发并当场宣读了一下"泥河、新庄贾姓首次修订族谱记"。不像其他大的姓氏，如石佛寺夏家、西岗马家、北阳高家，他们的声势要大，相对严格而工整。当地的辈分用字多是二三字交替使用，或以五行相生顺序排列，贾家则借鉴孔孟和湖南毛氏的方法，确定二十辈用字，具体为：

名贤昌礼义　　　乾坤显盛世

祖宗恩泽远　　　万代永承袭

　　已有的七世为不详或为单字"柄"——"凤"居中——单字"玉"字旁——"怀"居中——"致"居中——"德"居后——"海"居后。

　　贾姓在泥河村称得上望族，祖祖辈辈敦亲睦邻，耕读传家，新中国成立前在浚县刘寨、本县七里堡打工，亦有极好的口碑，尤其四爷贾怀俭，独创"倒拉牛"锄地法，一天锄地八亩高粱，被后人传为佳话。新中国成立后，贾家先后有两人任村支书，即已故贾致河，在任期间开了泥河农业机械化的先河，村里购置了东方红拖拉机和上海五零胶轮车。现任支书贾培德，他任内大事多，先后完成小学重组和新建，村委大院重建，村民土地征用和旧村拆迁改造等，使本村多项工作位居乡里前列。在旧社会，贾姓人先后有三人任保长，分别为贾致和、贾致德和贾致文，前两人在村里以不怕硬闻名，如贾致德不顾个人生死，挺身而出勇斗恶棍，贾致和强逼势力强大的屡次欠粮饷的大地主，这些行为都深得民心。有一次老四爷被土匪绑票，第二天黎明借机逃回，二人闻讯率二十多个家丁扛枪直奔"老抬"处，土匪闻风而逃，大长了贾家人的威风。

　　新中国成立后生活条件好了，贾家人文化素质逐步提高，新中国成立后到"文化大革命"前高中毕业生一人，贾信德高中毕业后在安阳矿务局当了技工；初中毕业生四人。现在专科以上学历不下三十人，科级干部和中级以上职称的人员有二十多人。先辈贾怀礼的后人永德、保德和朝德三人先后参加解放军，转业后在不同岗位上任科级以上中层干部。永德在部队任营长，转业后在林州钢厂工作，保德复原后在新乡三塑任工会主席，朝德复员后到十堰市工商局工作，任局办公室主任。后辈贾秋喜原在乡办企业当厂长，因成绩突出，后调县物资局机电公司任经理。尤其是修德，在太原工作，曾因工作成绩突出，事迹刊登于《太原日报》，还被评为市级劳模，他的儿女个个争气，特别是次子原喜在山西物资总公司，负责业务工作，后任公司总经理。曾任三队队长的已故贾致海的子女们都为国之有用人才，长子贾培德现任泥河村支书，次子贾秋德原为村干部，已病故，三子贾中德现于县一家保险公司工作，四子贾清德在市级一家保险公司工作，他们的晚辈也都学业有成。已故贾付德曾开过食品门市，其妻韩同兰曾任村妇联主任。泥河是远近闻名的书法村，贾文海从小酷爱书法，曾多次参与筹划本村的书法比赛，为青年人义务辅导，参加各级书法和书艺交流，2014年被全国书协吸收为会员，成为名副其实的书法家和书艺领军人物。他特别重视对子女的教育和影响，四个子女都成为大学生。贾宝海一家三人当教师，分别做教学管理工作，先后被评聘为中高级职称，是真正的"教师之家"。贾家前辈给人扛活儿，尽管口碑很好，但多是干苦力，现在的贾家虽还是以体力劳动为主，但多是干技术活或从事工商业，如机械工贾新海曾被当年的公社招为拖拉机手，后调任县火电厂车间副主任；木工贾明德、贾春海，瓦工贾红德（曾担任村兽医员）、贾春德、贾胜德、贾平德、贾梅海，装潢工贾明德、贾利德，拥有大型机械的贾陈德家、贾军德家。过去贾家人给别人扛活儿打工，现在贾家也有不少当老板或当包工头的，雇别人给自己打工，率先致富，如贾春德搞建筑，贾明德、贾利德搞装潢，贾梅海弟兄发展养殖业，贾品德、贾长德和贾瑞海分别搞婚庆服务，贾长军在外地开超市。旧社会贾致安家里子女多，加之受社会风气影响"吸老海"，在家无法生活，颠沛流离，最后客死他乡，子女却勤俭持家，长子林德参加解放军，复员后到焦作煤矿工作，次子树德留村务农，以吃苦耐劳著称，三个儿子继承父辈良好传统，两个儿子都建了楼房，另一个儿子拆迁入住朝阳社区，获得了与城市人一样的生活水平。新中国成立前贾致荣穷得到山西佛山县逃荒，水土不服，一条腿落下残疾，而他的后人一代比一代强，儿子春德干建筑，孙子俊海买卖越做越大，现定居广州。去年贾家办了一场大事情，即贾致河夫人逝世，她是"致"字辈中的最后一位长者，因辈分高孝子多，所以场面盛大空前。这次办事在朝阳社区，小区有大礼堂，出门就是柏油路，人们的感觉是环境好，办事更方便。2015 年春节第一次经历不一样的大年，原以为一部分人入住小区，住几层高的楼房，拜节会淡化。没想到，大年初一吃过早饭，朝阳社区到泥河村庄的大路上成为新的风景线，老家人向往小区，住小区的人留恋老家，人来人往，川流不息，互相拜访，互相招呼，互相问候，显得更亲切，其乐融融。小区二期工程进入高潮，高楼已封顶，二期全是小高层，有电梯有地暖。估计一两年之内泥河村民就会全部入住社区，泥河老村将被新厂房占据，泥河人的生活将迈向新台阶，那时过年不知会是什么新情景。

3. 葛氏家族

春秋时期中原有一小国名葛国，其后人以国为姓。历史上葛姓最著名的人物有道教理论家、医学家葛洪。泥河葛姓始祖相传为山西洪洞大槐树移民，明初有葛德川、葛德林兄弟二人移民到淇县庙口乡葛箭村；后因人丁兴旺，几个分支先后移居山东和淇县县城等地。泥河村葛氏家族分为三个支系，清中后期由葛箭迁来的一支人口最多，民国初由淇县县城迁来葛溪朝一支，民国期间由城关西街村迁来葛树槐一支。目前发现的泥河葛氏最早的祖坟碑文是洪宪元年桃月初三给葛锦乡夫妇立的墓碑，记载如下："前清处士葛公讳锦乡字邻里，配韦氏之墓。故子在田，暨孙维屏、维垣、维藩、维泉，曾孙振清、玉清、涟清、河清、浇清、渭清全立。"这个石碑还记载："葛箭村南葛氏老茔也，吾曾祖向荣公葬焉，年代久远，茔无隙地，不得不另择吉地，兹于泥河西北建一新茔，吾祖葬焉，恐相沿已久，不知自何而迁，因勒石以志，后之不忘云。"泥河葛姓是泥河三大姓氏之一，从最早来到泥河的一代算起历经十一世，现人口 220 余人。

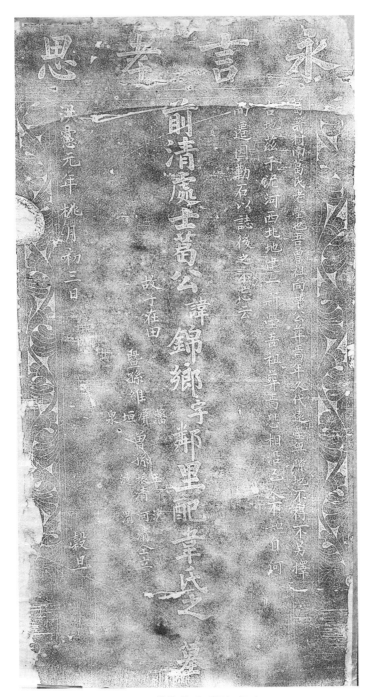

图 17　葛箭葛氏迁泥河祖碑

泥河村葛氏家谱因"文化大革命"期间丢失，故于 1994 年重新修订时，只能根据淇县葛箭村的老祖推算，从十三代树字辈算起，至十九代然字辈为止。后又续了二十代，仍以木、火、土、金、水相生相克原理，并将阴阳之别贯彻于内，具体为：

栋、炳、垣、钧、洪、杰、培、汗、辉、钦、桂、炬、墌、锦、泽、彬、坚、河、炫、钢。

其排列为：葛栋×、葛×炳、葛×垣、葛钧×、葛洪×

葛×杰、葛培×、葛×汗、葛辉×、葛×钦

葛桂×、葛×炬、葛墌×、葛×锦、葛泽×

葛×彬、葛坚×、葛×河、葛炫×、葛×钢

葛氏族人勤劳善良，耕读传家，为泥河的发展做出了突出的贡献。如十六世族人葛铭芹（从葛箭村排序）兄弟二人起早贪黑，家道殷实，不仅置买土地七八十亩，还配了枪支，盖起了小炮楼，土改时险被划成富农，因其外甥据理力争才改划为中农。他还敢作敢为，非常有胆识，在白家佃户方金昌家被"老抬"打劫时，十几杆枪都没有打退"老抬"，他在自家的炮楼上连开 25 枪，为方家取胜起到了举足轻重的作用。其后人葛三林、葛四林仍为致富能手。还有葛铭金，在国家推行"三自一包"时开荒种地成为致富带头人，在"文化大革命"时被"割资本主义尾巴"受到错误批判，现其后人葛江顺的四个儿子仍为致富能手，特别是葛海林已在郑州经营多年。其他十六代族人葛铭玉、葛铭福、葛铭德、葛砚田、葛铭银、葛铭良、葛铭增、葛铭精、葛铭祥、葛铭新等在新中国成立前后都是致富能手，他们做挂面、卖菜、做小生意等，养家糊口，辛勤劳作。特别是葛铭良口算能力极强，人称"肉算盘"。十七代葛江梅在邯郸铁路上工作了大半辈子；葛江孝、葛江忠、葛江平、葛江信、葛江礼、葛江智、葛江文、葛江福、葛江禄、葛江和、葛江祥、葛江仁、葛江春、葛江彬、葛江魁、葛江泉等人，在集体化时期在各自的工作岗位上都为泥河村的发展做出了应有的贡献。其中葛江福任过第五生产队队长，葛江禄入伍加入中国人民志愿军，上朝鲜参加过抗美援朝战争，葛江信任过第五队会计，葛江礼做过生产队大车车把式，葛江智开过修配门市，葛江文开过煤球厂等。葛氏后辈人十八代葛琪林、葛振林、葛瑞林、葛爱林、葛付林、葛双林、葛魁林、葛文林、葛武林、葛利林、葛前林、葛桂林、葛周林、葛广林、葛增林、葛现林、葛平林、葛均林、葛鹏林、葛举林、葛俊林、葛保林、葛全林、葛育林、葛永林、葛秋林、葛禄林等，现在大多从事建筑、运输、网络、信息、粮食收购等行业，并且都成了致富能手。

十六代葛铭标曾在民国时期某部队就职，擅长枪械制造修理，级别为排级，他的后代前后有十人参军，成为行伍世家，其长子葛江海转业后曾任汤阴县（淇汤合并时）水利科科长，次子葛江楹转业后曾任高村卫生院院长，三子葛江义转业后在鹤壁煤矿工作。他们的后代十八代葛松林、葛柏林、葛竹林、葛学林、葛勇林、葛拥军、葛付林等现于县保险公司、卫生防疫站等部门工作，大多成为行业精英、致富能手。

十六代葛铭瑞的后人葛江楼的长子葛森林，因电焊技术好，在高村机械厂工作了大半辈子，次子葛刚林转业后长期在鹤壁军分区工作，曾任浚县武装部部长、鹤山区区委常委、副书记等职，现任市宗教局副局长，正处级。

十六代葛铭珍的后人，长子十七代葛江生人称"诸葛亮"，谋事有方，集体化时期当过副队长，其子葛玉林先后在青岛、太原等地经商，现又在周口经营多年，经商致富。葛铭珍的次子十七代葛江银毕生致力于泥河村的经济发展，曾任泥河村支委、副村长等职，长子葛红林在县城开了一家诊所，次子葛龙林转业后经营了一家超市，三子葛伟林部队转业后在县纪检部门工作。葛铭珍的三子十七代葛江林终生当教师教书育人，其子葛林涛、葛林波、葛林凯从事建筑等行业。

葛氏族人不但自己耕读传家，勤劳致富，还为泥河村的发展做出了特有的贡献，新中国成立前后至今有村长二人、会计三人在村里任职。他们分别是十六代葛铭玉土改时任村长，十七代葛江春现在任村长（现称村委会主任），已连任三届；十七代葛江仁任会计近二十年；十八代葛平林任村会计十多年；十八代葛文林现任村会计。

葛氏族人新中国成立前因生活所迫，文盲较多，现在随着社会的发展，在发家致富的同时，越来越重视文化教育，现今已有十多人具有大学学历，时代在发展，社会在进步，展望未来，葛氏族人会更加发奋图强，以自己的努力回报社会。

4. 李氏家族

李姓是中国人口最多的姓氏之一，李氏家族在泥河村约 160 口人，占全村总人口的近 1/10，其中源于本县西岗镇沙窝村的一族最多，16 户，约 120 人。另有民国时期从沙窝迁来的皮匠李法元家和新中国成立后从浚县善堂迁来的非本家人艺人李存山家。另外李承恩家族中，还有两家投亲过来的李姓，都不是西岗沙窝的李家。现将泥河李氏情况介绍如下。

泥河李氏最早的一支是清朝晚期从河北沙河迁至泥河的李承恩的祖上（李金斗、李银斗、李满斗三兄弟），他们和西岗沙窝李姓前来泥河的李氏不是一族，但先辈世代单传，现在只有弟兄三家，人口不足二十人。李承恩家在晚清时很富有，清光绪时八国联军打到北京，连光绪皇帝和西太后都逃离北京城，京城的李家族人知道淇县有李家老本，便投奔而来。因来了几十人，他家只得给本族人盘缠路费，让来人另谋生路。民国时，他们家土地房产很多，家里还筑有炮楼，可惜土改前已破败。李承恩的儿子李祥云是个文化人，也是泥河大平调剧团的主要演员，当过大队会计，后被招工到煤炭部所属钻井勘探处参加工作，长子文海也在该单位当工人，次子文河考上西南政法大学，现在淇县法院当法官，三子文江在家务农。

西岗沙窝李氏家族始祖李天向于清乾隆十年（1745 年）由林县迁于淇县。由于后来的发展，人丁兴旺，村小地少，后人便到淇县各地落脚谋生，李氏祠堂门前仅留下两通嘉庆二十五年（1820 年）重修家祠的记事碑。泥河李氏的主要成分是在清后期从西岗沙窝村迁至泥河的一支，遗憾的是家谱散轶，只能从第三代麟字辈算起，以下是"钟、元（源）、树、熙、培、镜"共九代。这支李家发现最早的祖坟石碑是民国 27 年（1938 年）李麟全的墓碑"皇清显考李公讳麟全府君暨配荀孺人合葬墓，孝男钟恒，孙魁源、琛源，曾孙树心、树义、树珍仝立"。墓志铭如下："公讳麟全，生性简朴，勤俭耕读，务农为业，长也不改其治家也。克勤克俭，其处众也，惟和惟谦，人存善良，致意宣扬，有人患难，拯救，德。配旬公之女，未归天妇，辛勤治家，只生一男一女。公因辛勤治家，享寿八十有五，阖然长逝，合殓殡葬，复念罔极之恩。只因不孝子钟恒亡故，因茔无穴，不能葬下边。因不孝子迁遗泥河北地路西，旧有云，报万一谨颠末，立石以志，永垂不忘。"

图 18　西岗沙窝迁泥河李氏祖碑

　　到民国时期，李法元又从西岗沙窝迁至泥河，有用熟皮做皮袄的手艺，新中国成立前后一直为十里八乡的群众服务。因为是外来户，最初李法元一家是寄居在村西关爷庙里为生的。新中国成立后，泥河的大平调剧团请来了浚县善堂镇店上村的李存山艺人一家，发展泥河大平调剧团。另有两家李姓，都属投亲而来，李跃明大专毕业后当过教师，妻子闫长梅是从医近四十年的乡村医生，救死扶伤，深受群众欢迎，现与儿子经营私人诊所；李新全家以务农为主，兼从事建筑工作。另外，李氏家族还有一户特殊的家庭是郭合成、郭合喜、郭合林三兄弟。他们随母亲改嫁到泥河李家，仍然保留原来的姓氏，但跟随李家的辈分认亲。老大郭合成曾经参加过解放军，在太行军区49团服役，解放后复员返乡，未生育子嗣。老二郭合喜，新中国成立前是儿童团员，新中国成立后到铁路上当工人，后任陕西宝鸡机务段党支部书记等职，生三男二女。老三郭合林曾任五队保管，生二男四女。郭合林还有一个姐姐郭凤英，定居山西榆次。

　　耕读传家是中国农民代代相传的祖训，李家同样想方设法让后代受教育。新中国成立前有文化的李中秀，会画画，善做"打油诗"，流传后代的白话诗，堪称泥河村新中国成立前后的"诗史"。李树新当过民国时的伪保书记，他节衣缩食，新中国成立后让儿子李熙（希）光上安阳师范，毕业后当了人民教师。李树奇参加过红枪会，还是种菜能手，集体化时期，他和李中秀种菜供全队人吃。

　　新中国成立后，随着教育的普及，李家上学的人多了，高学历的也多了，相当一部分成为国家不同战线的骨干人才。如李潮元及老支书李永元之子李树青都曾在本村小学当民师，李树青现任村委干部，并学得一手好厨艺，全村红白喜事大都请他去做主厨。特别是李存山家，两个孙子都大学本科毕业，长孙李军在县高中教外语，次孙保安当了公务员，供职于鹤壁市农业局。"文化大革命"后李潮元成为国家干部，曾任黄洞乡副乡长和县公安局副科级干部。李春元有四个儿子，长子定居山西临汾，参加国家铁路建设工作，次子李树明曾在本县高村棉站当工人，已故，三子李树玉参军复员后在天津大港油田工作，四子李树林虽留在家乡，但当过生产队队长，现在是经纪人，远近闻名。李法元长子李树德参军打仗光荣负伤，曾在泥河任支书，次子李树文当过工，参过军，当过狱警，后来调淇县人民法院工作，曾任某法庭庭长。老支书李香元长子李树海在本县一家企业当技术工人，次子李树江在云梦山管理处任副主任，三子李树洲在本村任支委干部。李树文之子李洪洁现任同济医院西安分院院长，为了满足乡亲的精神需求，致富不忘家乡，共出资十多万元在村中建起了大戏楼。

从泥河村建立中共党组织起至今，李家出了三任村支书，分别是新中国成立后第二任村支书李永元，他任期内最大的事儿是在上级的支持和周围村庄的帮助下，修筑了护庄堤，确保村民汛期的安全生活；第三任村支书李树德，曾经是"大跃进"时期的支书；第八任村支书李香元，是泥河村支书任期最长的一位，任期内组织三次农民书法大赛，为泥河赢得了"书法之乡"的美誉，还获得县"先进党支部"等多项荣誉，使泥河村成为市、县、乡文化书法名村，培育出一批农民书法家。

李氏家族还为泥河的戏剧事业做出了突出贡献，李存山是大平调名角，师承著名艺人张发旺（道妮），艺名二妮，主攻花旦。他没文化，据说单凭记忆会二百多部戏文，20 世纪 60 年代村里慕名请他来教戏，便落户泥河，为泥河大平调的传承发展做出了突出贡献。

在经济全面振兴的当今，李氏家族人不甘下风，很多人不仅致了富，还成为村里的致富标兵，如从事电路安装的李培海，从事餐饮服务业的李树洲、李树军，从事建筑业、养殖业的李树青，从事农资经销的李熙国、李熙群兄弟，从事过建筑、亦农亦工的李树平、李树峰。李树奇之子李熙德长期靠搞畜力运输致富，熙德子李培才部队转业后在郑州经商发了家，李树德的儿子李海宁靠搞汽车运输致富。

5. 石氏家族

泥河石氏，祖籍迁民里古城村，因地域狭窄，没有施展才华的空间，先祖朝思暮想择地乔迁，以展鸿鹄之志，创业兴家。先祖石兴于清咸丰元年（1851 年），舍弃温馨的家园，来到举目无亲、人地两生的蟠龙河畔（又叫盘龙河）——泥河村，开始了艰辛而漫长的创业生涯。民国 15 年（1926 年）所立的石氏二世祖石万斗的墓碑，详述了始祖石兴从古城迁至泥河的过程，碑文如下："公，兴公之次子也。回忆生前，欲兴其家，持身克勤克俭；欲立其业，作事无怠无荒。乃不谓时势所限，志愿莫随，于此大费精神，别改图谋。忽生审处择地之志，出谷迁乔之心。虑及到此，心事一定，遂由古城移居此处。家产渐兴，事业历茂，迄今七八十年。虽子孙能世守实，因先祖所开创功业如此流芳百世，恐后不传知，勒石以志之。"

图 19　石氏二祖万斗的墓碑

　　蟠龙河从泥河村西分几支流过村中央，至村东头向东南方向流去，清朝时期为治理水患，疏浚河道，修思德支渠从村南流过，经郭庄村东头向东南方向流去。蟠龙河俗称老河湾，因河床九曲十八弯，宛如一条巨龙盘卧在地上，故名。蟠龙河畔风景秀丽，景色宜人，早在三千年前就被纣王看中，被辟为皇家御用之河。蟠龙河犹如太行山中飞出的一条巨龙，横穿泥河村。泥河人犹如骑在龙背上，扶摇翻滚，直上云霄。

　　百余年来，石氏先祖凭借蟠龙河的龙脉地气和敦本忍耐的家规家训，克勤克俭，节衣缩食，男耕女织，置买庄田。四世祖石金玉（石老岐），制定了"敦本忍耐"家规家训，并把"忍耐"二字雕刻在主房上。"忍"就是福，时刻提醒子孙凡事都要忍耐，只有忍耐才能家和，家和才能万事兴，才能成就大事。其墓志铭记载："公，讳金玉，字岐山，逸考先君讳江字，万斗之子也。生性淳厚，聪慧持家，涉世无恶喜厉色，故事亲而能养志，持家而能勤俭，一家之内老幼数十口莫不欣然而和顺，繁简各事物咸备而有条目。能于处理家务之余，一遇乡邻有斗，勇于排难解，有仲连之风。马公虽鲜，兄弟而能和气致祥，以致子孙绳绳上寿矣。曾嘱旧茔壤地无有不迁不可，远迁不忍，乃卜于旧茔之西约数十步，遵嘱迁葬于斯，故志。"

　　泥河石家在石金玉的带领下，人丁兴旺，良田千顷，骡马成群，家财万贯。泥河村近一里长的街道两岸，都是石家的宅舍，被誉为石家高门台。良田遍布泥河村的各个角落，张坟地、买卖街、六井地、桃园地、棠梨洼、桑树底下、南北二园等地都有石家的产业。到四世祖石金玉时，石家已成为泥河的名门望族，石老岐的声望在十里八乡大振。

　　族人传世人物有：家道中兴、名扬乡里的四世祖石金玉（石老岐），抗美援朝保家卫国的石心庆，血洒大别山的革命伤残军人、离休干部石文学，文职干部石林森，淇县文化界领军人物石同勋，组织部干部石建勋，巾帼法官张春风，傲立潮头的商界精英石海勋等。

　　始祖石兴，有三子，万仓、万斗、万祥。现今泥河村的石氏家族近百口人都是他们的后裔。

　　石心庆，石万仓后代。其父石金德为石万仓次子石海的次子。石心庆有三子一女。长子石凯（石林森），在淇县商务局工作，有一子，名冬，为鹤壁市财政局财政科学研究所副所长；次子石朋，有三女，名丹丹、方敏、莎莎；三子石峰，有二子，名强、力。

图 20　石氏四祖金玉的墓碑

石金玉为石万斗之孙、石江之子。有五子，名心成、心合、心容、心安、心和。

石宏勋，金玉长子心成之孙、林仁长子，移居山西太原，有四子一女，四子名宝芸、宝良、宝国、宝林，女名桂英；石功勋，林仁次子，移居山西太原，有子名宝文。

石同勋，金玉次子心合之孙、林义之子，原淇县文化局局长，1999年7月退休。有一子四女。子宝忠，为淇县安监局党组成员、副局长；长女玉琴、次女玉清，为淇县科协办公室主任，三女玉英，在浚县农场工作，四女玉霞，在淇县旅游局工作。

石明勋，金玉三子心容之孙、林智长子，有二子一女。长子宝奇，在河南大用实业有限公司工作，有二子一女；次子宝光，有一男一女；女桂菊。石敬勋，林智次子，有一子三女，子宝伟，女桂荣、桂霞、桂香。

石华勋，金玉三子心容之孙、林信之子，原高村修配厂厂长。有一子一女，子宝峰，亦农亦商（开个体超市），女桂莲。

石海勋，金玉四子心安之孙、林良之子，经营钢材生意。有一子一女，子宝栋，在淇县安监局工作，女圆圆。

石建勋，金玉五子心和之孙、林温（又名文学，心和长子）之子，任中共鹤壁市委党校副校长（正处级）。

石民勋，金玉五子心和之孙、林恭（心和次子）之长子，在河南大用实业有限公司工作。

石岭勋，金玉五子心和之孙、林恭（心和次子）之次子。

石平勋，金玉五子心和之孙、林华（心和三子）之子，在淇县人劳局工作。

石林俭，为石万祥后代。有二男三女，两男分别名为广勋、亮勋，亦农亦工。

6. 晋氏家族

相传淇县晋氏为明初大槐树移民，庙口镇老庄村（过去为浮山里）是泥河村晋氏先祖的落脚地。老庄晋氏后因家族人丁兴旺，分散到淇县各地，老庄晋氏祠堂见证了当年的辉煌，现仅有两通清咸丰六年（1856年）重修家祠记事碑刻屹立在祠堂之前。

泥河晋氏先祖于清末移居吴里泥河村，至今约150年，传承9世，现有

20 户，百余口人，其中新中国成立前后移居余庄村 4 户（晋守业的一股）、山西榆次 4 户（晋善修等）。目前留下来的最早的一通石碑为清光绪三十四年（1908 年）晋培源的侄子晋炼业为其立的墓碑，碑文记载如下："先伯考晋公讳培源暨配窦氏之墓。故男起业、胞侄炼业、孙玉镜、玉成、迎春。"同时，晋炼业还为其堂兄晋起业立墓碑，显示晋炼业把儿子晋玉镜过继给了晋起业。

图 21　晋氏祖先培源的墓碑

图 22　晋氏祖先起业的墓碑

　　泥河晋氏也是泥河村比较大的家族之一，他们为泥河的发展做出了突出贡献。五世传人晋玉德日伪统治时期曾任保长，因为他家比较富有，当保长不要报酬，而且仗义执言，因主持公道，得罪了歹人，被"老抬"暗害。他还是泥河高跷班的组织者和主要演员，据说当年泥河高跷很有名气，晋玉德有踩高跷窜桌子的绝技。晋玉荣是一位兽医，民国时期在当地很有名气，天天有人请，药到病除，新中国成立后还到处给猪牛羊治病。六世传人晋善言、晋善信都是新中国成立后的人民教师，村里有歌谣流传："庆妮、楞妮、晋小孩（均为弟兄三人的乳名），一个木匠俩教员。"足见晋家耕读传家的家风，当时一门两个教师，令很多人羡慕。尤其是晋善信（晋玉德之子）在本村教学三十多年，为泥河培养了一大批有用之才，加上妻子范翠英也在本村当教师，很受人尊敬。六世传人晋善信三兄弟并不是同胞兄弟，而是亲叔伯兄弟，但他们却长期没分家，足见家庭和睦无比，由于全家勤奋节俭，土改前已有土地近一顷，因此土改时被划为富农成分。

　　六世传人晋善文系晋玉荣之子，"文化大革命"中后期任泥河村党支部书记，为人忠厚老实，无私无畏，任支书十多年，不贪污，不吃请，不以权谋私，是泥河村最清廉的村官之一。

　　在山西榆次的晋善修，大字不识多少，凭着对伟大领袖毛主席的无限热爱和敬仰，"文化大革命"时期做好人好事，克服重重困难，背诵毛主席语录最多，曾被评选为学毛著积极分子，甚至到外省市交流。

　　晋氏耕读传家的家风在今天得到了发扬光大，已由单一的种地转变成立足土地，发展多种经营。在发展现代经济中，很多晋氏子弟成为村里的致富标兵，如七世晋喜章、晋喜文搞公路修筑，晋喜全、晋喜群搞运输，八世晋桂堂搞土木工程，晋贵强搞装潢和婚庆礼仪。在其他行业工作的有：晋喜明当兵转业后在淇县政府部门工作，现任淇县社保局局长，晋喜军在淇县职专做财会工作，晋贵彬在公路局工作，特别是八世孙女晋祎一通过刻苦努力，郑州大学本科毕业后又获得中山大学的硕士学位，现已被鹤壁市职业技术学院录用为教师。泥河晋氏后人在自己的岗位上努力拼搏，用聪明才智为祖国和人民做贡献，为自己的家乡增光彩，也为自己的祖先增荣耀。

7. 杨氏家族

　　泥河杨氏人家一百多口，主要有两门，都是民国时期从外村迁来，已传承五代。一门是杨季春家族，来自县城灶君胡同，另一门是杨明义家族，来自西岗马庄村。

杨季春兄弟四个，他的大哥是赫赫有名的杨拔贡，因十二年才有一次选拔机会，在全国也是凤毛麟角，杨拔贡清末也为生活所困，不得已到岳母家罗元村落户，因为他的名气和为人，找他帮忙打官司的络绎不绝，据说他介入的讼事都是满贯赢。杨拔贡是重名节的士绅，日本人侵略中国东北，他感到大势已去，不甘当亡国奴，投水自尽。杨季春是老二，为生计投奔泥河亲戚，以卖烧饼、油条为业，维持一家生活。他有两个儿子，老大过世较早，二子杨家华（又名杨家荫）有一定文化，曾在保里当过书记，"文化大革命"前后村里从东头到西头，红白喜事都请他当总管，尽管年岁已大，但他还是热心帮忙，从不推辞。杨家华的长子杨凤礼，中师毕业后当了中学教师，后来在县三中、一中当教导主任；次子杨凤智，当兵转业到商业战线，也是生产公司里管业务的领导。杨家华的大侄儿杨凤仁，生有五个儿子，人称杨家五虎将，个个事业有成。老大文玉当过兵，后来转到地方当工人；老二文宝虽是农民，但能干会计划，特别是儿女刻苦勤奋，出了两个研究生；老三文堂更有胆有识，先在县剧团工作，当戏剧行业低迷时，他干起企业，办过针织厂，开过石料厂，现在县检察院工作；老四文平是村委委员、治安主任；老五文安既是农民，又在工厂上班。杨家华的侄子杨凤义曾在汤阴当工人，他的儿子文泉既种地又经商，家里存储粮，县里开门市，靠勤劳致富。杨家弟兄勤劳持家，个个有项目，可谓是致富带头人。杨季春后人人丁兴旺，现在占泥河杨姓人口的百分之七八十。

杨明义为泥河四队杨家第二代传人，源自淇县西岗乡马庄村。据马庄村杨氏家族健在的老人口述，他们至今已经有十六七代相传，祖先距今大约有400年。照此推算，也应该是明朝成化年间，从山西洪洞县大槐树村迁移到淇县。迁到泥河的应该是20世纪初的杨生林一家，并置买了四亩田地，平时以种菜为生，农忙时节为地主家当"看米孩儿"（给人家当看场的伙计），娶张氏为妻，育有一女。张氏卒后，续冯氏，育有二子一女，长子杨明仁、二子杨明义、女儿杨明荣。

杨明仁成年后参军入伍，据说参加过北伐和抗日战争。抗战期间在国军32军服役，并随远征军到缅甸作战，其间寄来两封家书，后杳无音讯，至今下落不明。

杨明义娶妻岳小娣，育有四子一女，四子分别是杨开清、杨开红、杨开明、杨开亮，女儿杨开荣。杨明义从小练就了种地种菜的好把式，新中国成立后积极加入合作社，在 1958 年人民公社时期，任二队队长（最初为三个生产队），带领大家大力发展生产，搞基本建设，如平整土地、开垦荒地、兴修水利、修护庄堤等。全村改为六个生产队之后，他从生产队长退下来，一直在四队负责菜园种菜、给生产队当饲养员，在平凡的岗位上兢兢业业、任劳任怨、廉洁奉公。由于他老实本分、勤劳善良、公道正派，在群众中有很高的威信，是大家公认的"老黄牛"。杨明义不但是种庄稼的好手，而且喜欢文艺，是村大平调剧团的大号手，一把长号吹得出神入化，响彻云霄，荡气回肠，体现了大平调剧种高亢激昂的特色。不但他自己喜欢唱戏，而且儿子杨开清、女儿杨开荣也都喜欢唱戏，再加上后来的儿媳妇石连英也是因为唱戏结的姻缘，杨家一门四口都是村大平调剧团的演员，被村民称为"杨家将"。演出剧目《辕门斩子》时，杨明义一家四口登台演出，杨宗保、穆桂英等主要角色都由他家演出，真正是"杨家将"。

杨开清也曾任四队的副队长兼民兵排长，而且热爱文艺，当过泥河学校的宣传队队员，演过《红灯记》《林海雪原》等样板戏。在 20 世纪 80 年代还带领四队的青年民兵 20 多人，连续三年参加卫河的清淤工作。20 世纪 90 年代又带领四队的青年民兵到庙口朱家、贺家开山挖渠，配合乡里的农田水利建设。

杨开亮大专毕业后长期工作在教育和宣传战线，锻炼成淇县小有名气的青年诗人，公开发表诗作、散文一百多篇，荣获各种奖励荣誉，现为中国诗歌学会会员、河南省作家协会会员、鹤壁市作家协会常务理事、淇县作家协会副主席。

杨建中也是西岗马庄村人，"文化大革命"前到泥河，属葛姓上门女婿，生有二男一女。

8. 高氏家族

泥河村高姓共有三个支脉，虽都系"淇园高氏"，即属于北阳高遐昌（清代名宦）的后裔，但入住泥河的时间不尽相同，现在居住泥河的高姓人不足百人，连同迁往山西和本县他乡的约百二十人，现分述如下。

高姓人在泥河村虽总数不多，但属较早的姓氏家族之一，清朝中后期贾家的文契上，就有高姓人出现。三支中最早的是高钜义家，高钜义家在泥河传承十代，前几代无据可考。高钜义家庭弟兄三个，现在泥河居住的只有他和兄弟高钜礼。大哥高钜仁（小名磨妮）去了山西，现在村民只知叫磨妮（乳名）的居住在山西榆次。另有本家高载有、高载成和高钜山于清末迁往本县赵沟村，时间久远，渐渐与老家失去联系，只知道高太生现任赵沟村村委会主任。高钜义生三子，老大派新曾在鹤壁当工人，退休后病故，生二子高胜利、高光明，现于本县的大用饲料厂上班；老二派中当时初中毕业在泥河算学历较高的，当过生产队会计，后来当兵提干任营职干部，转业后在驻马店市卫生局工作，已退休病故，其子高俊华现在驻马店市某区防疫站上班；三子派喜高中毕业后在本村务农，其子高峰搞个体经营。

高老向家族于民国中期到了泥河村，他们从清同治年间于北阳村迁居淇县阁南，与淇县著名企业家高代福是近门本家，高家善工商，人才辈出。二代高代顺曾在县城最有名的"合记"当掌柜，高代文曾在思德王老香家当监管造酒的造酒官。三代高玉钧曾任四队副队长，高全钧曾任四队队长，高福钧曾在高村供销社上班，是有名的厨师。四代高渐喜、高渐群都是边种地，边搞建筑，靠勤劳致了富；高渐喜现在大用公司从事基建管理；高渐国继承父辈传统，在高村桥车站从事餐饮服务业；高建中先在本村当民办教师，因钻研无线电技术，后改行从事家电维修业，服务多年至今，并在县城建有自己的公司，名青岛赛维电子信息服务有限公司淇县分公司，任总经理。在他的帮助和影响下，亲属中有好几个都从事该项业务，走上了致富之路。这一族中代字辈在新中国成立前因生计缘故到山西文水落户安家。五代集字辈多人从事家电修理和餐饮服务。高元集通过上中专，被分配在新乡铁路部门工作。

另一支高姓人是高树林家族，大约在清末民初从北阳高楼新庄迁来。高树林生有三子，长子高圣河，勤劳俭朴，有几个女儿，但无男丁；次子高圣水落户山西省某地；三子高圣海曾任五队队长、大队果树林场场长，他的三个儿子可谓致富的精英人物，老大春福、老二春禄从事建筑和装潢业，老三喜林从事服装销售业。本族高家人过去在学校接受教育不多，新中国成立以后才真正享受到受教育的权利，也不乏优异人才，如高春禄的儿子和女儿都学有所成，女儿高雁静大学毕业，在鹤壁市湘江小学任教，儿子高新华专科毕业，在福田小学当美术教师。

高圣海还有个近门本家哥哥叫高圣泉，新中国成立前当过兵。令人佩服的是，日伪统治时期邻村何占勋是有名的特务头子，该人为非作歹，横行乡里，人见人恨，人见人怕，而他敢大骂何某，虽遭毒打但在当时被传为佳话，一直流传至今。

9. 宋氏家族

宋氏家族中现在泥河的人不算多，但称得上泥河村较早的居民之一，据说祖上是从淇县桥盟村迁来的，有二百多年历史，传承八世。原来偌大的家族，因诸多缘由，代代都有迁出，所以只能用减法计算。现在泥河村居住的宋姓人不足百口，留守泥河的仅是宋德成后人中的一部分。据说宋氏家族在泥河的土地不少，分布在村西的南地和西地，仅宋长明弟兄这一股就有土地二百来亩，祖上曾为村西头关帝庙捐地五亩，称得上庙地主。清代中后期，一股宋家人到鹤壁老区安家，据传曾有人官至道台，因多年失联，无有考证。民国初因生计所迫，又一股到淇县东街落脚，现还有来往走动，日寇侵华期间，匪盗四起，宋长玉家道殷实，结果遭"老抬"绑票，最后落得家破人亡。宋家三世宋长明所生三子，即金堂、金礼和金河。

老大宋金堂"文化大革命"前曾担任泥河村（当时称大队）副大队长和第四队队长。他的子女个个事业有成，足见父辈重视教育，教子有方。长子文泽参加过解放军，曾担任过高村镇副镇长、畜牧局副局长、县食品公司经理，退休后不甘清闲，率子女搞服装加工及销售业。三子化元省警校毕业后到公安局工作，先后任过派出所所长、110 指挥中心主任、信访办主任和工会主席等职，他还是淇县公安系统有名的书法爱好者，常常刻苦研习，但从不炫耀张扬。三女宋梅珍在泥河学校从教三十余年，为小学高级教师，为本地培育了一批批有用人才。二子文中是唯一留守在家的子女，除了农业生产，闲时就外出打工，现在有楼房、小车，堪比城里人。

老二宋金礼勤俭持家，曾任过小队副队长，长子宋文喜在家务农，次子文海曾参加过中国人民解放军，复员后在当地一家企业上班，三子宋文明，既干农活又搞建筑，靠勤劳和智慧成为小康人家。

老三家宋金河，土改时是积极分子，当过青年干部，其夫人曾任泥河村妇女主任。新中国成立前宋金河在铁路部门工作，之后多年在内蒙古铁路公安局工作，后任集宁铁路分局监察长直至退休，已病故，他的子女也都在内蒙古工作。

10. 张氏家族

泥河张家属中等姓氏，主要居住在村西头，四、五、六村民组都有，人口最多的数张荣福、张荣全家两大家（传承约五代三十口），据说原籍在西边山区大石岩村。荣字辈的父亲姓名已经不详，据说也是弟兄两人，因生活所迫，离家到山外给人打短工，先在七里堡、赵沟，后来又辗转到泥河，二弟兄安顿下来后，又把他们的老父亲接来，就成为泥河村人了。"文化大革命"后他们也曾返乡认祖，虽找着了本家，但老坟仅剩下一块宣统元年的石碑。

泥河人都知道张家和张明胜是本家，张明胜是大石岩村人，土改时就在泥河村驻村，负责指导土改，他文化程度不高，但口才很好，讲话滔滔不绝，风趣幽默，如讲到今后社会发展"脑巴勺上挂眼镜——往后瞧"。张明胜因工作能力强，后来步步高升，曾任濮阳县武装部部长、革委会副主任。"文化大革命"时物资紧缺，泥河大队干部托他办事，他都热情帮忙。

张家最大的特点是勤劳朴实，张荣福亲弟兄四人，三个哥哥新中国成立前到太原定居，特别是老大张荣安，在太原车站，无人不知，他个大，力大如牛，在站台上扛大包，两胳膊夹两个大麻袋货物，曾当过太原市劳动模范。他乐善好施，淇县籍人到太原找工作，由他帮忙安排的不计其数，有人求他，来者不拒，找不着工作，就吃住在他家。张荣福曾担任过第六生产队队长，儿子张明海任过小队会计，次子明水在山西工作，三子明玉务农经商。

张荣全土改时当过副村长，在集体化时期一直是车把式，因会说能办事，改革开放之初成为经纪人。长子张明河曾任第四生产队队长，次子明礼务农经商。张荣全的哥哥叫张荣富（白妞），三个儿子，长子张清河曾任过村治安主任，后到安阳煤矿当工人，次子张狗妮到榆次入经纬厂当工人，落户山西，三子张明德在新疆当过兵，转业后先在淇县机械厂当工人，退休前在县工商局工作。

另一张姓，虽为泥河老户，但人丁并不兴旺，哥哥张太生，死得早，妻子无子，新中国成立后做小买卖维持生计，因很会说话，人们都尊称她"张老婆儿"，在生产队时是有名的"五保户"。弟弟张金祥从小逃荒到山西，新中国成立后在榆次当了工人并结婚生女，"文化大革命"开始时返乡回泥河。

另三户张家，都属投亲泥河，或者做上门女婿。张洪友是郭家上门女婿，婚配郭氏郭连叶，收养女儿张秀英，招女婿梁华。新中国成立前在伪四支队当过兵，因有土地雇别人耕种，尽管没有住房，土改时被划为富农成分。他有点文化，在泥河业余剧团演过些角色，据说还能自编小戏，新中国成立初淇师招生被录取，因家庭条件有限，没有坚持到底，失去了当人民教师的机会。另一户张洪州，婚配郭氏郭合凤，落户泥河。张洪州曾为县医药公司的职工，为人厚道。两个儿子张六林、张学林，也都成家立业。第三户张存德也是入赘泥河的上门女婿，曾任四队现金出纳。张存德勤劳善良，为人忠厚，壮年时养育儿女，年老后干了不少善事，帮助别人，诸如东西两头的杂活、脏活，能干则干，不讲代价，任劳任怨。

11. 秦氏家族

泥河秦家是民国时期因姻亲从淇县县城迁来泥河村定居的。秦姓在县城也是望族，家族中新中国成立前有县商会副会长，新中国成立后有皮麻社经理。姻亲这一股因在泥河落户相对较晚，总人口也不足50人，但在泥河影响力较大，有声望的人较多。

第一代秦光权因与郭姓有联姻，1939年落户泥河。秦家第一大特征是从军的多，四代中参加解放军的有5人。秦光权本人因生活所迫，早年在国民党新五军吃粮，解放战争中投诚李先念部队。第二代长子秦玉喜参加过抗美援朝战争，三子秦三喜安阳师范毕业，1959年参加解放军。第三代从军的有秦中民（四子秦四喜的长子），1993年参军。第四代从军的有秦铭山（秦玉喜长孙），高中毕业后于2004年参军。

秦家第二大特征是人才济济，当各级干部的人多。秦玉喜1951年参加抗美援朝战争，曾任机枪手、班长等职，转业后到东北某煤矿工作，同年任矿机电科科长。后因家中父母年迈，人口众多，为照顾家庭，他不顾领导和同志的挽留，于1955年毅然返乡务农。返乡后，秦玉喜在泥河村先后任团支书、大队长、村长和支部副书记。他工作细致，关心群众疾苦，善做思想政治工作，因所在的生产小队四队干部没文化，多年来他一直是四队的名誉队长，在四队乃至泥河村威望很高。

秦三喜1959年参军，因有文化有能力，由班长升到排长，排长升到连长，后为团长，1985年从浙江金华某部转业至新乡市百货公司任支部书记，2004年退休。秦三喜的夫人靖云英，原是淇县一中教师，"文化大革命"时期返乡至泥河学校，多年教初中数学，为泥河村的教育事业做出过突出贡献；后又返回淇县一中，任教改组副组长，之后随军调至浙江金华，曾任金华结核病医院政工书记；后随丈夫转业到新乡，在新乡工贸中心任政工书记，2001年退休。

秦家第三代中也是人才辈出。秦三喜的二子秦中豫毕业于郑州大学，后考取研究生，现任上海某国企工程师；秦玉喜长子次孙秦铭琛2010年毕业于河南警察学院，同年通过招警考试成为正式干警，现工作于南阳市某县公安局。

而留家务农的后辈中，秦玉喜的长子秦中古经营机械耕作，他的妻子葛雪英开一个卫生室；秦玉喜的次子秦中文亦农亦商。秦根喜、秦四喜兄弟俩一生居家务农，根喜生子中月、中秋、中华，四喜生子中民、中伟。新社会新时代他们的子女以务农为主，搞多种经营，生活美满幸福。

12. 其他姓氏家族

泥河村除了郭、贾、葛三大姓，及李、石、晋、杨、高等几个人口较多的姓氏外，还有一些人口较少的姓氏。他们虽人口较少，有的甚至是单门独姓，但他们也为泥河的发展做出了不可磨灭的贡献，有的还是泥河较早的居民，现简述如下。

王姓：据近年发现的几块残碑记载：万历年间修的白衣大士祠的庙地主是王道建，修泥河"淇水桥"的石碑上也有王公捐物记载。崇祯年间他的两个儿子又重新修庙宇，碑文上也有记录。但是这些明朝时期的王姓后人去了哪里，已成历史云烟。泥河现有的五个王姓家族基本上都是姻亲关系，近代落户泥河，分别是王东科家、王华礼家、王光焕家、王吉仁家、王老龄家等。

新中国成立前王东科与葛家联姻从南关村落户泥河，生有儿子，名永良、永梅。长子永良生二女，已出嫁，本人早年病故；二子永梅生有四子三女，现有总人口20多人。王永梅心灵手巧，会机织线袜、钉白铁、修门锁等手艺，曾任第四生产小队保管员。

王华礼"文化大革命"前与郭家联姻从黄洞石老公殷寨村到泥河落户，王华礼当民办教师多年，为人忠厚，他家可谓人旺财旺，三个儿子个个事业有成。长子革新从事农机服务，先后购置拖拉机、收割机数台，农忙时服务于本村及其他乡村百姓，还经营肉食和蔬菜等，日子富裕。二子玉新开办纸箱制品厂，是小有名气的个体企业家。三子伟新在郑州某厂上班，全家人口近 20 人。

王光焕，原籍西岗大车村，与贾家有姻亲，20 世纪 60 年代迁到泥河，参加过中国人民解放军，在部队当卫生员，复员后曾在浚县武装部和黄洞乡卫生院工作，生有五女。

王吉仁因与郭家有姻亲，和弟弟东水都在泥河落户，王吉仁民国时曾在新乡当厨师，泥河人去新乡大都找他，他热情待人，管吃管住。弟弟东水在山西太原工作。

王老龄家，原籍高村二郎庙，因与郭家联姻，民国期间落户泥河，王老龄会六爻卦，儿子王奎明会说评书，农闲时常给村民说《五女兴唐传》《三侠五义》等。新中国成立前王老龄家最穷，儿子是换亲，民国 33 年（1944 年）曾逃荒山西，妻子为顾儿子，饿死在返乡路上。王奎明土改时被推选为农会副主席，新中国成立后任村贫农代表。儿子王树中曾任三队副队长，王树中生有两个儿子，王午河、王午玉，都是靠卖凉皮、凉粉，起早贪黑，不因利小而放弃，在村里率先致富。

刘姓：新中国成立前刘家有好几股人，如刘富元、刘奎元等。刘奎元的长子刘文德，新中国成立前逃荒到山西落户，他的孙子刘志强，山西大学毕业，曾任晋中市报社副总编辑。次子刘玉德生有一女刘瑞芬，年轻时加入共产党，土改时是斗地主分田地的骨干，解放战争时期是支前模范，新中国成立后当干部多年，曾任村党支部副书记、革委会副主任、妇女主任等职。刘瑞芬的长子郭文清当过乡中学教师，也当过村委会副主任。刘瑞芬还是乡村办企业的带头人，她带领三子文海办化工厂多年。

另一门刘心德（刘毛群）民国前当过县府衙役，他办事谨慎，为人善良，家里十分贫穷，土改时被推选为村农会主席，领导村里土改工作。刘心德生有二子，长子刘学礼，生有四子一女，刘学礼曾在鹤壁某煤矿当工人，因工伤返乡，曾任村贫协主席，喜爱大平调，曾任村业余剧团主演。次子刘学智在鹤壁蔬菜公司当职工，现已退休。

还有一门刘柄礼和母亲曾在泥河郭家当长工，原籍本乡王屯村，生有一女名玉英（乳名桃兰），刘病故后，妻子改嫁，刘玉英由祖母抚养，长期在泥河生活。

再有一门刘景田原籍滑县，新乡公路段职工，与泥河郭新梅结婚，退休后到泥河落户，生有三子一女。

最后，刘孝国原籍黄洞乡石老公殷窝村，当过兵，后在淇县二机厂上班，因和泥河崔丽君结婚落户泥河，生有二子一女。

赵姓： 泥河赵姓共三家，一是赵高生家，赵高生原籍高村大屯，因是贾智明外甥，新中国成立前到泥河村落户。赵高生工作认真勤恳，曾任大队林业队队长，他的长子赵秀河曾任二队队长，后任村治安主任，次子赵水河参过军，后在永达公司当业务员。其孙子辈也已成家，长子孙赵增光在县公安局工作、次子孙赵贞祥做装修营生。

第二家是赵国安弟兄二人，土改前到20世纪60年代一直生活在泥河，因与晋家联姻，在泥河落户。

第三家是赵福喜家，原籍黄洞乡对寺窑村，因与三队王秀英结婚而落户泥河。赵生有一子一女，先后打工和从事餐饮服务业。

白姓： 泥河白家就白子丰一家，白子丰原籍淇县西街，土改时落户泥河，是泥河村唯一的地主。民国时期他曾任淇县商会会长，在泥河有200多亩土地，租给佃户方金昌兄弟耕种，应该是淇县商界的精英。日本侵华时，白子丰坚决不同日伪政府共事，有民族气节，不当日伪政府的官员。他的儿子白炳南在民国时上过河南省立第三师范学校，思想比较进步，后参加了解放军，曾参加川藏公路修筑和大西南解放，在部队任文化教员，多次立功。新中国成立后，白炳南复员当了中学教师，"文化大革命"时被迫害致死。白炳南的妻子杨贵茹、妹妹白玉兰和女儿秀文、儿子增武都先后当教师。

黄姓： 泥河黄家有两股，一股是黄清泉弟兄家，黄清泉弟兄四个，老大黄清泉一生无后，善于做小买卖，新中国成立前后卖过肉、油条、烧饼；老二生一子，名玉喜，生三女，后收养了一子名黄河，黄河在盖房时失事身亡。老三无后，老四黄清海是泥河大平调剧团的成员，主弹大弦，他只有一女，已嫁他乡。随着黄河之妻子改嫁他乡，泥河便没有黄家后人。

黄复义是黄清泉弟兄的本家，在新中国成立前曾参加援助方家的抗匪斗争。当时，白家的佃户方金昌虽然是租种白家的土地，但也是骡马成群、房屋气派，结果被当时的绑匪看上。某个夜晚绑匪带着一队人马来到方家打劫，在双方对抗的关键时刻，黄复义勇敢地加入战斗，掏枪向"老抬"开火，为方家取胜起到了至关重要的作用。新中国成立后黄复义到山西太原工作落户。

马姓： 马家是泥河老户之一，共两家，一是马培泉家，马培泉生有三女一男，儿子马德胜"文化大革命"后到高村供销社工作，后任县社副主任。

二是马德成，他是马培泉的侄子，生有两女一子，儿子马致路又生二子，在泥河务农。

潘姓：潘家也是泥河较早的居民，因世代单传，所以人丁不多，潘德玉为人厚道友善，他会杀猪，编麻编笆，经常为人帮忙，义子连喜，勤劳能干，先后干过收树木等买卖。

冯姓：冯振元原籍黄洞鱼泉，当过国民党部队的连长，新中国成立前在泥河落户，后来学打鼓，是泥河大平调乐队的指挥。冯的两个儿子勤劳好学，都是自学成才的木工。长子培功，曾任村里的民兵排长，后来落户淇县中山街；次子培臣和儿子多年加工木制门窗，不仅自己率先致富，还方便了方圆百里的农民建房。

闫姓：闫家共两个家族，其中较早的是闫海发、闫海德弟兄，据说清末从黄洞烟岭沟迁来，至今已有八世。据闫金秀回忆，他父名叫小红，闫金秀土改时参加农会工作，"文化大革命"前后任六队副队长。闫金秀的两个儿子文河、文水都是勤劳的农民，边种田边打工。闫金秀还有两个兄弟闫金福、闫金禄，闫金福新中国成立后去了哈尔滨，他的女儿闫春花率三个儿子经商，据说有好几个商铺。

泥河另有一支闫家是闫树家。闫树、闫林二兄弟民国末年从高村三里屯迁来，因无房屋曾住村西关帝庙，弟兄二人都爱大平调，尤其闫树，善于救场，老生、花脸、老旦，缺人时都能上场扮演。新中国成立后，闫树当过大队贫协主席，他和儿子义臣都是自学成才的木匠。闫义臣有五个儿子，老大春明当过村民办教师，后来经商；老二春文务农，也做过其他副业；老三春利当兵并转了干部，老四春其经商；老五春五务农。

付姓：泥河付家仅一家付保妮（大名付同合），与李家有亲戚关系，曾在山西榆次生活多年，"文化大革命"前返回家乡，他生三子，长子喜成、次子喜贵、三子喜明（早年少亡）。付喜成曾参加解放军，复员后在淇县工作，曾任二机厂、纺织厂副厂长；付喜贵曾任五队队长多年。

陈姓：泥河陈家就一家陈秋山，原籍董桥村，因和葛家有亲，而迁入泥河，儿子小毛后改名崔好光，随母去了高村镇漫流村。

方姓：方家是西岗方寨人，新中国成立前曾在泥河多年，给富户白子丰家种地。方金昌老人率两个儿子，耕种白家一百多亩地，起早贪黑，自己还购置了大车和几个大牲口，外人看了眼红，有"老抬"来抬票，他们有勇有谋，奋力反抗，加上两户邻居协助，"老抬"落荒而逃，不仅保护了自己，也长了泥河人的威风。由于对土改政策不甚了解，土改开始当二地主被斗争，但他们实际是佃户，结果他们没被划为地主，后来就返回原籍方寨了。

郑姓：郑姓仅一户，虽在泥河多年，但新中国成立前就去了山西，只知是本村郭仁和（大孬）的舅舅家。

韩姓：韩家仅一家，在其他姓的契约上有韩福顺卖给贾家土地，韩有德是吹鼓手，红白喜事给人吹唱，演艺不错，他小名二成，当地有"泥河的吹手有二成"之说。日本侵华时韩家家庭殷实，却遭来"老抬"抢劫，他发现"老抬"牵自己的牛去拦劫，结果被"老抬"刺成重伤，不治身亡，韩家就此绝户了。

崔姓：崔家仅一户，因与贾家有亲，民国中期从史庄迁来。崔大黑父子勤劳俭朴，到山西等地逃荒打工，全家先扎根山西太原，后在泥河置了地。在逃荒途中，崔大黑生有四子，长子生于忻州野外戏台，所以四个儿子取名"台"，后改为"太"。长子崔永太，次子崔富林，三子崔三太，四子崔四太。老大、老二和老三均在山西落户工作，四子曾在东北、石家庄等地工作，最后落户泥河村。长子孙名崔朝晖，自幼聪明好学，后考取北京大学，学习原子能，曾在西北酒泉参加原子弹实验多年，为我国的原子能事业做出了突出贡献，后调入清华大学，后又到原子能出版社做大学原子能教材的编审，退休时有自传《三北情怀》。次子孙崔强保在山西介休某工厂任副厂长，次孙崔迎保曾任山西某单位宣传部部长，三孙崔三保长期在山西铁路上工作。三子孙崔俊保也在山西铁路上工作。

岳姓：岳家只一户，户主岳朝芝，生三男三女，新中国成立后落户泥河村从事裁缝生意，为人厚道热情，生意红火。"文化大革命"时期回迁原籍淇县韦庄定居生活。

三　泥河村名人轶事

郭良和、贾宝海 整理

1. 新中国泥河村的开村元老——郭全英

郭全英，原名郭英全，1922 年 2 月 26 日出生，男，汉族，系泥河村郭氏家族第九代传人郭金生长子，中共党员，1945 年 4 月参加八路军，因伤致残，1946 年 5 月转地方工作，历任部队战士、机枪手、汲淇联合县民主政府小店河村农会主席、淇县吴寨乡政府副乡长、泥河村第一任党支部书记等职。1983 年光荣离休，离休后参与村里的一些公益事业，曾任村学校校外辅导员、名誉校长等。2000 年 2 月 1 日因病医治无效与世长辞，享年 78 岁。

青少年时期的苦难岁月。 郭全英出生在民国初期贫穷落后的泥河村，他兄弟姊妹共七人，上面有五个姐姐，所以街坊叫他乳名"六妞"。他是男孩中的老大，还有一个弟弟。那时，郭全英家里因长辈抽大烟（鸦片），加之国破家穷，全家一贫如洗，穷得叮当响，家产几乎被卖光。他上边的五个姐姐两个被卖掉，一个做了童养媳，这三个至今杳无音信，两个大姐也早早出嫁。家里实在无法生活，母亲气得疯疯癫癫敲着破锣满街要饭，郭全英作为长子，无奈只好很早就去给富户人家扛伙计。为了顾家，年纪稍大以后，他被抽作壮丁加入了迁民村大地主王仲禹的民团做事。1945 年 4 月，共产党领导的八路军来了，解放了他们，问愿意留下的就参加革命队伍打日本人，想回家的就发给盘缠，郭全英毅然选择了参加八路军。

部队作战时期的光荣岁月。 参加八路军后，郭全英在八路军太行一团三营十连担任机枪手。他很快接受了中国共产党的理想信念及革命精神，坚定地跟随党和军队转战在豫西北一带，南到焦作修武，北至河北邯郸的涉县。在火线上加入了中国共产党，从此之后，他把一切都交给了共产党，一心一意跟党走，踏踏实实干革命，全心全意为人民服务。正是因为加入八路军，他的名字改为郭全新，后又改为郭全英，沿用一生。

抗日战争时期，他随部队转战于太行地区的新乡获嘉、修武至安阳林县、汤阴、邯郸武安、涉县、磁县、临漳等地。作为机枪手，他冲锋在前，英勇奋战，沉重打击日伪军，为抗战的胜利立下了汗马功劳，多次受到嘉奖。抗战结束后，仍在这一带与国民党军队高树勋部迁回作战。据他生前讲述，那个时期一夜就要奔袭 100 多里地，与敌人抢时间，占据有利地形，争取每次战斗的主动权。解放安阳时（安阳战役），他们强渡漳河，河水近一人深，水流湍急。司令员骑马阵前动员，讲话鼓舞士气，并率先

填　卡　人：		一九九二 年 二 月 一 日
籍　贯	淇县乡村乡泥河村	附
单位或住址	同上	
出生年月	一九二二年一月	
入伍年月	一九四五年四月	记
退伍年月	一九四六年五月	
伤残时间、地点、原因	一九四五年九月于安阳码头作战负伤	注：①用钢笔蘸碳素墨水填写；②内容要准确，字迹要工整、清淅；③伤残部位要确切，残情要简明扼要；④"附记"栏应记载伤残证件换发、丢失补发、等级变更等情况。
伤残时所在单位、职务	太行一团三营机枪战士	

图 23　郭全英生前残疾军人证件记录的部队番号

骑马渡过去，战士们随即也一排排手挽手，团结一致，奋勇而过。在激烈的战斗中，郭全英身为机枪手，遭到敌军机枪的反扫射，左手、右胸、右股骨都被打穿。负伤后，他昏迷不醒，在团长的命令下，通讯员将他背送至几十里外的八路军后方医院治疗养伤（现林州市五龙镇渔村附近）。那次战斗中，他因作战勇敢受到部队的嘉奖。

图 24　林州市五龙镇渔村太行五分区战地医院旧址（2015 年 10 月拍摄）

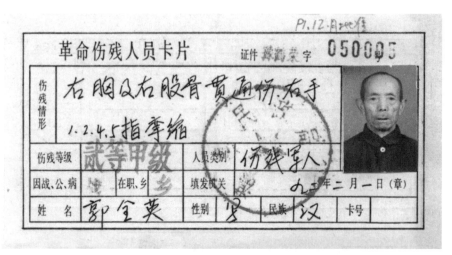

图 25　郭全英的伤残军人证件

小店河工作时期的义气为人。 1946 年 5 月，郭全英伤病痊愈后，因受伤致残，被评定为二等乙级伤残军人（后因伤口恶化改为二等甲级伤残军人），服从组织安排，转业到地方工作。那时候家乡淇县还未解放，他被安排到汲淇联合县民主政府所在地狮豹头乡小店河村落户，任农会主席，领导了该村及周边羊湾、李闫沟、沙滩、仙女塔、李沟、南沟等几个村的土地改革工作。为了做好工作，他组建了农会组织，具体领导该村与周边几个村的土地改革工作。当时，作为一个外乡人，为了开展工作，他积极和小店河村里相同身份的复员退伍军人宋秀林、宋福林等人结成拜把兄弟。他还在小店河村认下贫穷人家的孩子闫关鱼为干闺女，把自己享受的残疾军人粮食补贴，和老乡们分享。这种为人义气的个性使他迅速打开局面，团结了群众，顺利开展土改工作。

小店河村当时是豫北地区比较富裕发达的乡村。整个村庄盘踞在一个乌龟形状的小山包上，而整个龟形山包又坐落在群山环抱的河谷旁边，是山水秀美的风水宝地。据说，闫氏家族的先人在清朝初期自浙江来到此地做小生意，发现此地山清水秀就定居下来。通过做纸张和羊皮生意，然后购置周边河谷山坡的土地，闫氏家族逐渐成为周围几十里有名的大地主，牛羊成群，漫山遍野，这些都是闫氏家族的产业。自清嘉庆年间以来，闫氏家族出现了许多有功名的人，一方面，教育子女读书习武，考取功名；

图26　郭全英在小店河土改时的结拜兄弟宋秀林的残疾军人证

另一方面，开始建立城堡，把村里的房子都连接成片，前后左右都有明街暗道相连，进退自如，便于防守匪盗袭击。

到1946年开始土改时，这里已经是八路军太行军区根据地的一部分，大部分地主都已经逃跑到新乡、天津等地了。所以，郭全英领导小店河土改时并没有激烈的斗争，而是按照上级指示，把地主富农的土地、房屋及家里的浮财都充公归集体，进行抽肥补瘦、重新分配，让人民群众当家做主，土改工作进展得比较顺利。

据村民回忆，当时作为农会主席的郭全英做事公正，吃苦在先、享乐在后，他分的房子是村里最破的。他还把上级每月发给他的伤残抚恤粮与街坊邻居一起分享，老百姓都称赞他是个好人。但是也有人反映，他脾气不好，有一次关于如何分配浮财和粮食，他和工作组发生激烈冲突，把自己分配的家具和粮食都扔到了大街上。当时村里有一个地主婆，比较顽固，拒不交代自己家的余粮，郭全英领导村里民兵和农会干部，把地主婆扫地出门。1946年6月蒋介石命令国民党反动军队进攻太行解放区，郭全英配合县大队组织小店河的群众转移到罗圈等安全地区，保护了群众的生命财产安全。

图 27　闫氏家族的后人站在自家门前回忆郭全英当年土改时的情景（2011 年暑期摄）

图 28　郭全英的五个子女站在父亲在小店河村土改时居住的三间石头房前（2015 年 2 月摄）

在家乡工作时期的业绩。1947 年 3 月淇县与汲县分开后，郭全英被分配到淇县西山武工队。此时还正是共产党的西山武工队与位居滑县和浚县的国民党残匪杨富、王三祝部队拉锯作战时期。当时作为全村唯一的共产党员，郭全英受党组织派遣，隐蔽共产党身份回到泥河领导全村的解放斗争。他组织成立了民兵游击队和儿童团，协助西山武工队与杨富、王三祝等顽敌打游击，直到 1949 年 5 月淇县彻底解放。新中国成立后，按照党的指派，郭全英又负责全面领导泥河的土改工作。他组建了泥河村农会，具体组织开展土改工作。经过郭全英与他领导的农会干部的共同努力，泥河的土改工作平稳有序而不激烈残酷。

经过土改运动的洗礼，郭全英成立了泥河村第一个村党支部，发展了第一批共产党员，并改组了村政府（原村组织与农会解散）。新的村领导班子年富力强，思想纯正，对于全村各项工作的开展起到组织和领导作用。在抗美援朝时期，郭全英积极动员村里的青壮年踊跃报名参加中国人民志愿军，抗美援朝保家乡。为了发动群众参军，他首先发动自己的妻子李富荣带头报名参军，但是因体检不合格，未能成行。农业合作化运动初期，他和邻居组建了互助组，带领大家一起走合作化道路，并把自己享受的残疾军人补贴拿出来和组员共用。1955 年初，郭全英按照组织安排，到当时的吴寨乡任副乡长。1958 年大办钢铁会战，他又被调入高村鱼坡工地钢厂工作。这一时期，他还兼着乡里泥河的包村工作。1960 年因为本村的党支部出了问题，他又被组织派回到本村工作，重任村支书，重组了村党支部班子，带领全村百姓走上了社会主义集体化道路。

经过 1961 年的人民公社整顿之后，农村的生产经营体制稳定规范起来，建立了三级所有、队为基础的人民公社体制。当时泥河设有一个生产大队、六个生产小队（即现在的六个村民组前身），全村进入了社会主义建设的规范时期。社员分生产小队集体劳动，按劳动日记录工分，年底根据全队的生产结余和每家的工分多少，分配结余，农村生产生活水平稳步提高。1963 ~ 1965 年的"四清"运动和整党时期，没有发现泥河村党支部有什么实质问题，工作组只是指出泥河党支部比较薄弱，需要加强党支部建设，于是公社派来了一个工作员李文喜任副支书，协助郭全英开展党支部工作。

1966 年冬季，泥河也发动了"文化大革命"，造反派夺取了村政权，郭全英、贾致河、刘瑞芬等老干部受到冲击和错误批斗。但是不久，1967 年农村重新建立了"三结合"的革命委员会管理体制。郭全英依然是泥河革委会成员，并担任革委会副主任、治安主任等职。以后不管村里领导班子发生什么变动，支书在变，但他始终都是核心领导成员，直到 1983 年光荣离休。当时高村乡党委和政府还专门为他举办了离休仪式，颁发了"光荣离职"匾额，并宣布他继续享受正村级待遇。

离休后，他仍然关心村里的公共事务，积极参与到村里的各项工作。改革开放初期曾负责村办企业（村煤球厂等），90 年代负责村学校校外辅导工作，曾任名誉校长、校外辅导员，进行革命传统教育，加强泥河村学校的学生思想政治工作。直至 2000 年初谢世，当时县民政局及乡村两级党组织专门为他举行了追悼会。

郭全英同志出身贫寒，年轻时备尝生活的艰辛。参加革命后，军旅生涯又塑造了他英勇无畏、一身正气的品格。他转业到地方之后，一方面，保留了乡土生活的人情冷暖，注重乡情和人缘，避免受到极"左"的影响，善于保护村民，不管是在小店河时期，还是回到泥河以后，他都能够与人为善、广交朋友、善结良缘、庇护弱小；另一方面，他保持了一个优秀共产党员的品格，严于律己，对子女严格管教，要求孩子们努力奋斗，尽量要出去读书工作，不要在村里和村民争权夺利，最后五个子女都到外面工作。人们一定会记住泥河村这位耿直而善良的老革命、老支书。

2. 会过日子的生活哲人——李富荣

李富荣，女，1928 年 8 月 6 日生于泥河，2011 年 2 月 27 日谢世于泥河，享年 83 岁，一生都守着泥河这方水土。她是一名极为普通的家庭主妇，一辈子相夫教子、勤俭持家，没有任何光辉的履历。除了年轻时，为了支持丈夫的革命事业，响应党的号召，积极报名参军，准备抗美援朝，但是因为体检不合格，没有参军成功；后来在集体化时期给生产大队喂猪，获得公社的"劳动模范"称号，除了到七里营公社刘庄大队参观学习之外，再也找不出她更加闪光的履历。然而，在这里之所以回忆李富荣，是因为她平凡的一生，却体现出中国老百姓最大的生活智慧——过好日子。许多人为了功名利禄而忙忙碌碌，许多人为了柴米油盐而吵吵闹闹，但是日子过得却不成光景。能够过好日子，其实并不是一件轻松容易的事情。正如北京大学哲学系老师吴飞说的，过日子是中国老百姓的核心生命意义。过好日子需要生活的智慧，这种智慧不是一种系统的哲学，然而却融化于日常生活之中，贯穿于言谈举止。李富荣从来没有上过一天学，到老也就是会写自己的名字，所以她从不会夸夸其谈她的生活哲学，她只是用自己的行动来践行一种过日子的生活智慧。

李富荣在娘家排行老大，但是因为是女儿身，并不得其母亲的偏爱，所以从小就跟着奶奶一起走街串巷，为淇县西山的两座庙收布施。她耳濡目染，又加上聪慧强记，背下了许多庙上流行的善恶轮回的口诀和顺口溜，直到老年偏瘫之后，她都念念不忘，这成为她磨炼自己记忆力的一种游戏。另外，受父辈的影响，她一生钟爱听戏，虽然不是票友跟着唱戏，但是却会背诵大段大段的唱词。所以一个大字不识几个的农村妇女能够积累充满智慧的生活哲学，这可能是因为她从小受庙宇文化和戏剧文化的熏陶，从而形成了她大道无形的生存智慧。

经历共产主义革命之后的中国是一个依靠群众运动进行社会治理的国家，这个被著名社会学家总结出来的社会治理特征，却很早就被李富荣看透，她说过："运动就是一阵风，这个运动过后还有别的运动，做人要给自己留条后路。"那时候她丈夫郭全英是村里的开村元老级干部，有着极端热烈的革命感情和秉直刚强的性格，村里人都对他敬畏三分。但是并不是所有人都真心佩服他，而且有些人借着"文化大革命"运动，试图批斗他。得知要批斗丈夫郭全英的消息，李富荣就动员娘家李氏家族的亲属力量和村里的造反派中的投机分子进行抗争，保护了丈夫免遭批斗。同样是村干部的其他几个老干部，因为没有获得亲属力量的保护，成了"文化大革命"初期的批斗对象。在人生险恶时期，李富荣之所以能够动员亲属力量来保护自己的丈夫，是因为她对传统村落社会的人情世故的练达和善良正直的品格，而不是她老于世故的圆滑。比如她对邻居绝不会因为谁贫穷没落而疏远谁，也不会因为谁飞黄腾达而巴结谁，而是救济穷人及时热心，礼遇贵人止于尊严。当时她娘家的一个远房侄子年轻时落难被判刑，家里唯一的男性顶梁柱缺失了，李富荣却和这个远房侄子家关系最密切；另外，她婆家一个远房侄子"文化大革命"期间也从外地被戴"帽"遣返泥河村接受改造，李富荣也是和这个侄媳妇以及侄孙们关系密切，提供力所能及的周济和帮助。但是，李富荣不是一个没有原则的人，同样是她娘家远房的一个侄子，家里兄弟姊妹多，母亲去世得早，也喜欢到李富荣家一起玩乐和吃喝。但是，这个孩子手脚不是特别干净，李富荣就警告训斥，绝不纵容。但她不会像其他人家因为你有毛病就歧视你，而是分清是非对错，只要改了错误，她就好心善待。正是因为她平时对亲属邻居的热心帮助，才能换来她在有需要时，别人对她的及时回报。

如果说李富荣善良而正直的心在亲戚邻居中获得了好心好报的话，那么她这种宽容而博爱的情怀在那个时候的农村子女教育上更显得难能可贵。李富荣教育孩子的方法和她丈夫完全相反。她丈夫郭全英对孩子也是热爱有加，但是他自己脾气无常，常常会爆发莫名的火气，所以孩子们在稍大了之后，都渐渐疏远了这位严父。但是作为母亲的李富荣对孩子完全体现了人本主义心理学大师罗杰斯所说的无条件的接纳和关怀。这并不是说她对孩子没有原则，纵容和溺爱孩子，而是说不会因为孩子犯了点小错误就情绪失控而责骂孩子。她会默默地等着孩子去告诉她自己做错了什么，然后和孩子和颜悦色地讨论，让孩子体贴父母的苦心和艰辛，最后，孩子自己幡然醒悟而痛改前非。这是一种让孩子在安全信赖的亲子关系中获得成长体验的过程，而不是靠威严和体罚来管教孩子，所以孩子们能够举一反三学会很多道理，而不是会约束了自己的行为和个性，最后失去创造力。有一次她的老生小和邻居家的孩子打架，人家去家里告状，吓得她的老生小不敢回家，坐在家门口的一处石台上忐忑不安。马上要吃晚饭了，李富荣见老生小不回家，就出来寻找他。她见老生小老实地坐在那里，什么也没说，就领他回家去吃饭。老生小自己觉得理亏，一个人安静地吃饭。直到吃完饭，她才问他："你和人家海勋打架了？"老生小只好吞吞吐吐地告诉她和小伙伴打架的事情。她听完之后，只是淡淡地说："你明天知道去和人家咋说吗？"老生小就知道该如何做了。

李富荣教育孩子不但让孩子通过自我反省，自己学会改正错误，而且还以身作则，给孩子示范出来生命不止、奋斗不息的自我负责精神。她有五个孩子，上边三个男孩子、一个独生闺女，下边是最小的老生小。按照农村的老理儿，一般是上边的几个兄弟姐姐成年立业了，都要帮助父母分担抚养下面的弟弟妹妹。但是，李富荣在夫妻二人力所能及的情况下，绝不让上边的几个孩子帮助她们分担责任。相反，李富荣总是去帮助几个大孩子带孙子、孙女，让他们过好日子。老生小上学时间最长，可是他的学费和生活费，都是李富荣自己攒钱支付，绝不让他的几个哥哥姐姐承担。这首先是因为那时候丈夫郭全英有老干部补贴，一年360元，再加上他的残疾军人抚恤金200多元钱，这500多元钱，李富荣夫妇一分不花，都攒着，就成了那个时候老生小上大学的生活费用。然后，家里还有几亩土地，李富荣年龄接近60岁，依然坚持自己料理农活儿。她觉得只有通过自己劳动挣来的粮食吃起来才硬气。那时候放暑假，老生小回家到农田里劳动，每次都是李富荣哄着他说："五一，天不热了，咱到地里干会儿活吧，回来我给你做好吃的。"大暑天的，年近60岁的她和老生小一起到地里劳动，回到家里，儿子躺在床上看书，她就去厨房做饭。做好饭，端到桌上，叫上儿子一起吃饭。她一辈子不识字，也不对读书人多么羡慕，她只是觉得，孩子愿意读书的话，就供孩子读书，如果不愿意读，也不勉强，听从孩子的兴趣。她的口头禅是"反正在这个世上，勤奋人哪都有口饭吃。大不了，咱回家种地，或者找个地方当工人"。在尊重孩子的兴趣的前提下，李富荣特别注重孩子们责任意识的培养，很早就和孩子讨论家中的任务、积蓄和负债，让孩子们参与家庭事务的讨论和决策过程，逐渐养成了孩子自我负责的责任意识。

正是因为这种包容、爱护、尊重、负责任的教育孩子的方式，李富荣教育的孩子个个事业有成，有副厅级干部、大学教授、基层公务员。一个只会写自己名字的普通农村妇女、一个从没有离开过泥河村的家庭主妇、一个不求孩子富贵和显达的母亲，只是用自己最朴素的过好日子的人生智慧，在政治运动中保护了丈夫免遭批斗，在艰难生活中，乐观地培养了五个积极向上的孩子。直到晚年偏瘫后，坐在轮椅上，她依然乐观地说："别看我现在偏瘫了坐在轮椅上，其实是菩萨奶奶保佑我，不让我干活了，让我歇歇。我现在吃的、穿的都得得的了。连我死后埋葬的地方，狗儿（她大儿子的乳名）他大爷都给占好地方了。"生前她被推选为鹤壁市"十佳母亲"，但是一个连死都看得很开的母亲，这个荣誉对她来说又算得了什么呢？而在这世上又有几个哲学家能够达到这种人生境界呢？

图 29　李富荣老人生前荣获"十佳母亲"照片

3. 闻名遐迩的教育文化名人——石同勋

石同勋，男，1937 年 10 月出生，淇县泥河村人。历任淇县豫剧团教导员，淇县文化馆馆长，县委宣传部秘书，淇县文化局局长，政协淇县三、四、五届委员会委员、常委，河南省鬼谷子学术研究会副秘书长，河南省城市科学研究会会员，河南省戏曲协会会员，河南省书法家协会会员，鹤壁市书法家协会理事，淇县书法美术协会名誉主席，淇县古都学会副会长兼秘书长，淇县女娲文化研究会会长。

石同勋 1956 年加入中国共产党，同年初中学业期满，由于品学兼优、德才兼备，被学校保送到汤阴一中就读。由于家庭贫困，学费难筹，他自己找到招生办，改志愿到安阳二师。1959 年安阳二师毕业后，他被分配到汤阴县五陵镇屯庄完小任教，1960 年调五陵镇任教。1962 年淇汤分治后，他又调高村完小任教，1964 年调淇县实验小学任教。1969 年淇县一中老校长李广春点名调他到一中教导处工作，负责学生管理和课程调配。由于在教育战线工作时间较长，桃李遍天下，他在淇县有"石老师"的美称。

石同勋是淇县旅游事业的发起人和奠基人。在任文化局局长期间，他以独到的眼光预见旅游是很有潜力的事业，大力发展淇县的旅游事业，发动群众捐款捐物对云梦山进行修复建设。1987 年，修通了云梦山盘山公路。为了增强云梦山的文化底蕴，扩大云梦山的知名度，加大云梦山的对外宣传，他邀请著名书法家张海为云梦山书写近万字的大型石刻碑文——《鬼谷子》；邀请时任国务院副总理、国务委员方毅为云梦山题写遒劲的"龙吟"二字，镌刻在云梦山九龙聚首之处；邀请时任河南省书法家协会副主席陈天然书写榜书"战国军庠"镌刻于云梦山水帘洞古军校上方摩崖。他大力推广宣传云梦山作为中国第一所古军校的美誉，推广宣传鬼谷子军事家的形象。随着时代的发展、观念的更新，旅游业成为一个新兴的产业，云梦山也到了一个很好的发展时期。在县委、县政府的大力倡导下，他参与第一、二、三届鬼谷子研讨会的筹划和召开。通过鬼谷子研讨会的召开，进一步明确了云梦山——中国第一所古军校的历史地位。在开发云梦山的同时，他还组织对摘心台公园、古灵山、朝阳寺等景区的旅游开发。

石同勋擅长书法，是淇县书法美术协会名誉主席。1984 年 5 月，在他任文化馆馆长期间，日本国学院教授、现代书道研究所所长中岛司有先生，率领由 22 人组成的书道访华团莅临淇县进行友好访问。中岛先生对淇县的书法大为赞赏，请求淇县选送一批书法作品到日本参加国际书展。8 月，他组织了淇县冯子践、石同勋、王永昌等 22 人的书法作品到日本参加第七届国际书展，这些书作全部刊登在日本较著名的书法杂志《银河》上，他的书法作品荣获国际特别奖。1986 年 4 月，在他的鼎力相助下，泥河村举办了首届农民书法邀请赛，周边十里八村的农民书法爱好者前来参加。他邀请了河南省书法家协会副主席王澄、鹤壁市书协主席李子玉、淇县县长刘贯军和县委副书记白宝珍等嘉宾出席。人民日报、中央电视台、河南电视台等多家媒体都做了宣传报道。此后，他又协助泥河村举办两届农民书法邀请赛和两次书法展览。在他的推动和带领下，泥河村涌现出一大批书法爱好者，泥河村也因此成了远近闻名的"书法村"。与此同时，淇县形成了练习毛笔字的高潮，省级书法会员迅速由 3 名发展到 31 名。1987 年，他的书法参加晋、冀、鲁、豫"清泉杯"赵文化群众书画大赛获佳作奖，同年，他的行书作品参加"河南省统一振兴书法展"，1988 年，他的书法作品参加"河南省第一届艺术节书法展"。

石同勋是淇县文艺界的领军人物，不仅在淇县有很高的声誉，而且在鹤壁市也有很高的名望。他潜心研究淇县的历史文化和地方史志，踏遍了淇县的山山水水，全县 176 个行政村都留下他的足迹。对淇县的历史典故、文化古迹他讲起来滔滔不绝，如数家珍，被誉为淇县的"活字典"。著名书法家、原河南省书协副主席陈天然为他书写的《烟霞癖》是很精当的评论。他潜心研究淇县历史文化，在他任文化局局长期间，组织修编了《淇县戏曲志》《淇县文化志》《淇县曲艺志》《中国民间故事集成淇县卷》《中国歌谣谚语集成淇县卷》。其中 1986 年 12 月完成的初稿《淇县戏曲志》成为河南省第一部戏曲志。他还是《淇县文化志》的编审。为了弘扬淇县的悠久历史和英雄人物，他主编了《纣都朝歌史料选》《朝歌人物传略》《抗日烽火》《朝歌风物》四本文史资料，编著了《朝歌览胜》，与他人合著《鬼谷子与云梦山》。他有深厚的文化底蕴，擅长写散文诗词，精通填词撰文。他的散文《中华第一古军校——云梦山战国军庠》发表于台湾的《桃园观光》杂志。他编著的《朝歌楹联大观》现在已成为诸多文人墨客的工具书。退休以后，他有更多的时间从事自己喜欢的事业，更是在文坛耕耘不止，出版了《淇园逸韵》《淇园拾贝》等百万字的著作和文章。在任淇县老干部大学校长期间，他编写了《中华第一古军校——云梦山》《与朝歌有关的成语故事》《淇县老干部大学乡土教材》《扯淡碑的由来》《冯玉祥训令碑的启示》等十几万字符合老干部口味的教材。其传略已载入《世界华人文学艺术名人录》《中华世纪英才荟萃》。词作《水调歌头·忠魂》刊载于《二十一世纪中国诗人档案》。

为了丰富人民群众春节期间的文化生活，石同勋每年正月十五、十六都组织大型的群众文艺会演活动，如正月十五晚上猜谜语，正月十六晚上放焰火等。在改革开放初期，举办全民参与的大型活动，人如潮涌，人流攒动，大街是人的海洋。贴红对，穿新衣，喜气洋洋；鞭炮声，吆喝声，欢声笑语。1985 年，举办了淇县第一届元宵节灯展，展出花灯百余盏；组织举办了淇县第一届"朝歌之春"文艺晚会。在他的领导下，1988 年淇县新建了图书馆大楼，总面积 12000 平方米，设借书室、采编室、期刊阅览室、少儿阅览室、过期书刊阅览室，总藏书 14324 册。

参天之木须有根，环山之水有其源。石同勋自 1959 年告别家乡到外地工作已有半个世纪，他无时无刻不都惦记着家乡的发展，无时无刻不惦记着家乡的教育事业的发展。2009 年 6 月，行动不便的他委托自己的儿女，将自己编撰的价值万元的书籍捐赠给母校——杨子河学校（原为泥河村学校）。石同勋不但在工作业绩和社会公德上成绩非凡，而且在家庭道德和家族伦理上率先垂范。当他三姑无人养老时，他把姑姑接回自己家里，给姑姑养老送终；到了晚年（2012 年），他又拖着病残之躯，组织本族编写了泥河石氏的族谱——《石化家乘》，把泥河石氏家族的光荣传统传承下去。

图 30　石同勋（前排右二）组织《石氏家乘》编写工作时的照片

图 31　石同勋编纂出版的图书作品代表作

4. 逃荒要饭却志存高远的原子能专家——崔朝晖

崔朝晖，男，中共党员，原子能专家，1935 年出生在河南省淇县泥河村。由于生活所迫，他四岁时随家人离开故乡，辗转奔波于山西和黑龙江等地，后定居山西榆次，最后定居北京。

崔朝晖从小目睹旧社会家庭、家乡、国家的苦难和屈辱，跟长辈逃荒要饭，所以他上学后，学习特别刻苦，成绩优秀，立志成才。从小学到高中换过几所学校，都是他自作主张，他有胆有识，寻名师上名校。新中国成立前，他跟随父辈逃荒到山西，1941 年入榆次扶轮小学，那是日本人开办的学校，因不满学日语和老师的作为，曾私自去考由徐向前任校长的晋中公学，虽被录取，但因家人干预，未能成行。1950 年他曾报考榆次县中，位居榜首，虽未去上，但名噪一时。当时有个教师想试一下自己的水平，也报考了，结果位居朝晖之后。在家长的鼓励下，他进入山西省立国民师范，这是一所名校，有不少名师任教，程子华等老一辈革命家都曾在这里学习过。因不甘心当教师，他又到太原考取了山西农学院的初中部，它的前身是孔祥熙所办的明贤中学。半年后国民师范找到明贤中学，要求他还回国民师范。因他当时不辞而别，而原学校不愿失去这个高才生，就到农学院追讨。迫于无奈，他就离开农学院，开始在家中自学。1952 年他又考取了天津铁中，开始了高中生涯，经过刻苦努力，顺利毕业。1955 年他考入东北人大物理系，由于国家发展原子能事业，又转入北大学习原子能，1959 年毕业。1960 年他进入大西北，在酒泉 404 厂从事原子能研究 15 年，为第一颗原子弹爆炸做出了贡献。1974 年他调入清华大学，参与 820 工程，即在核能技术研究所设计院工作。"文化大革命"期间，核研究中断，后来他调入核能情报所，从事原子能出版工作。从此，他进入了编辑审核领域，主要从事大学核能教材的编审工作。在任编辑室副主任时，正是国家全面改革阶段，他坚持"保军转民"，以核为主，多种经营，在搞好大学核能教材编审评选的同时，帮助出版民品书籍，如《中小学寒暑假作业》《小学生英汉词图解小词典》等，既解决了中小学生的燃眉之急，也弥补了编辑部的经费不足问题。在个人问题上，他表现得宽宏大度，始终不与领导和部下等争名利。在诸多政治事件中，崔朝晖都能坚持党性原则，始终与党中央保持高度一致，做了大量思想工作，确保了单位的大局稳定，起到了党员的先锋模范作用。

1995 年他到了退休年龄，但原接手的编审工作未完，他退而不休，还参与了《百科辞典》的编辑工作。之后，他才真正退休，在家里写写自传，与妻子女儿享受天伦之乐，其乐融融。

崔朝晖是泥河村崔氏家族的骄傲，也是泥河人的骄傲，愿他在晚年余热生辉，为国家与家乡继续增光添彩。

5. 逃荒山西而自强不息的新闻人——刘志强

说起刘志强一家，还得从他的上辈讲起。他爷爷名叫刘文德（1899～1958 年），祖居泥河村，旧社会因兵荒马乱，家庭穷困得实在无法生活，他爷爷就带着当时一家四口人（奶奶、父亲、叔叔、姑姑），于 1930 年舍弃眷恋的家乡逃荒到山西榆次，靠扛长工度日，后在山西落户。新中国成立后，志强的先辈及家庭翻了身，子承父荫，不忘党恩，走上求学成才之路。

刘志强系刘学仁之子，生于 1940 年 8 月，1967 年山西大学政治系毕业，1979 年加入中国共产党，先后担任山西省和顺县一中政法教研室主任、和顺县委办副主任、县委党校副校长、晋中市委讲师团第二教研室主任，副教授职称；晋中市社会科学联合会副主席、晋中日报社副总编辑，主任编辑职称，于 2000 年退休。刘志强曾获山西省晋中市市直机关优秀党员、优秀党务工作者、山西省优秀审读员，山西省优秀理论编辑等荣誉称号。退休后，他又任晋中日报社老干部党支部书记、晋中市老年书画研究会副会长、晋中市市直老年书画研究会会长，又是中国老年书画研究会会员、中国甲骨文书法艺术研究会会员。

刘志强夫人名叫葛凤英，祖籍山东，生于 1941 年 1 月，系中共党员。1967 年山西大学政治系毕业，参加工作后，曾任山西省和顺县城关公社副书记、和顺县委常委、宣传部部长，山西省晋中市艺术学校党委书记兼校长，晋中市文化局党委书记兼局长，于 2001 年退休。退休后，她又担任晋中市文化局老干部支部书记，三晋文化研究会常务理事。在职期间曾获晋中市市直优秀党务工作者、晋中地区巾帼建业活动先进个人等称号，同时被命名为"三八红旗手"，1999 年荣获全国文化先进工作者光荣称号，受到朱镕基等党和国家领导人的亲切接见。她的事迹被收录在《跨世纪山西妇女》一书中。

刘志强夫妇共生一女二男，子女们也都遵循优良家风，成才立业。长子刘冰冰，中共党员，现任晋中市文工团团长；次子刘凌凌，在晋中市群艺馆工作；儿媳杨春燕，中共党员，现为市文工团国家二级演员；女儿刘冬冬，中共党员，现任晋中时报社工商部副主任，职称为主任编辑。

6. 新中国成立后泥河村走出的国家安全卫士——郭文祥

郭文祥是泥河郭氏家族的十世传人，属于清朝中期的"五顶帽"中排行老二的郭遐振后代郭宝新的二子。他是泥河村解放后第一个上军校学习通信技术的人，军校毕业后一直在解放军通信兵总部服役，后来转业到国家公安部工作，后又调入国家安全部工作，长期从事祖国的通信安全技术保障工作，退休后享受副厅级待遇。下面是郭文祥亲自撰写的自传体回忆录。

我是农历一九四三年十月初八出生在河南省淇县西岗村的，居住在一家三代均为女性的地主家（上两代男性均过世了，一位女孩尚未出嫁，我称她为姐姐），她家还有一位女童工佣人。其家有五间瓦房南屋，据说这五间南屋是没人敢住的，谁家如果住进去就会死人。我家因为是外来的贫穷人，无奈才住了进去。好像是免费居住的，还都她们家种了几亩地。我父亲在那里行医，他会治疗腿疮，因为医术精湛，人称他为"郭先儿"。记得有次有个病人病治好了，没钱付医药费，就给我们家送了好多熟猪肉，但是因为那时候年纪小，吃多了不消化，后来全都吐了。从此以后，我不吃肉，只吃素食。

我四五岁时才知道这里不是我的家，说家在泥河，并且泥河有一大家族，叔叔伯伯兄弟姐妹好多好多。我真想回家。1949年土改时，西岗村政府将我们借住人家地主家的房子分给了我们，还分了其他地主家的家具等东西，可是到晚上就原封不动都退还回去了。那时候听说，回到老家也可以分房和土地，我们家就决意要回泥河。大概是我五六岁时，我们全家搬回了泥河老家。

到了泥河真正住到了自己家的两间南屋瓦房里，房子虽破旧不堪，但确实是自己家的祖业，真正找到了一种安全舒心的家的感觉。而且我们家种上自家的八亩地，还多分得了一块土地，但是因种种原因被大家在那里取土，最后成了一个芦苇坑，废置不用了。刚到泥河，我在街里见到比我大的男孩女孩都叫哥哥姐姐，其实我比人家的辈分都大，成了大家的笑柄，都说我是傻瓜。

　　在我童年时期，我记得泥河村从土改到农村组织生产合作社这段时间里，村里文化气息很好，村级领导好，组织男女老少扫盲，大家白天干活，夜间学习，全村的男女青壮年大概有一百人都参加了夜晚识字班，人们热情高涨，每天晚上都在小学校里上课。我的汉语拼音就是在那时期悄悄听大家唱汉语拼音歌曲学会的，我到现在工作中计算机用的汉语拼音都是那个时期学会的，至今都在受用。我六大伯郭宝玙每到夜里都教村里年轻人打算盘，村里许多年轻人受益不浅，成为村里的财会人员，我哥哥郭文庆就是那个时候学会打算盘的，后来成了村里的小队会计。我因为小，没能正式学习，也是看哥哥练习时我自己学会的。

　　村里后来不知从哪儿请来了师傅，成立了大平调剧团，乐队、演员都是本村农民，演出过《辕门斩子》《二进宫》《铡美案》等许多好剧目。剧团的水平还是比较高的，全县也不多，所以三里五村的老百姓都来泥河村看戏。外村的姑娘有的就是因看戏才嫁到了泥河。村里的老人也都要上台露露脸，我记得一位李姓老人，自编自导自唱了一出戏："一只青蛙一张嘴，两只眼睛四条腿，一蹦蹦，一蹦蹦，一蹦蹦到水坑里，咯呱叫一声；两只青蛙两张嘴，四只眼睛八条腿，一蹦蹦，一蹦蹦，一蹦蹦到水坑里，咯呱叫两声……"他一直唱到16只青蛙16张嘴，32只眼睛64四条腿，台下的男女老少仰天大笑，后来成了村里小孩儿们的儿歌噱头。戏剧活跃了农村气氛，增加了村民的感情，社会也很稳定。

　　那时候小学校的老师教学水平很高，老师和学生感情很好，与村民关系也很好。我一、二年级一边下地干活（其实也干不了什么），一边上学，学习经常缺课，二年级时，我还加入了少先队。上三年级时我的学习成绩才好，到五六年级，就到迁民村上完小。我有一次到魏泽春老师的办公室，魏老师还没进来，桌上放着老师写给每位学生评语的笔记本，我一看，上面写着"郭文祥升学心切"，我好纳闷，不知道老师是怎样看出来的。

　　中学时期，初一是走读生，好累。我利用假期在"思德农场"打工赚些学费，后来在姐姐的资助下，我开始住校了，学习成绩很快进入班里前几名。晚自习作业很快就完成了，一些还没完成作业的同学就来问问题，这样反而使我对学习内容的理解更加深刻透彻了。

初中毕业时被部队特招到军校学习通信专业，在军校学了六年。军校毕业后我被分配到解放军通信兵总部工作。1969年中国和苏联在珍宝岛发生军事摩擦，中苏战事在即，我被立即调到前线指挥部工作。次年我又被抽调到部队最新通信设备研制生产组工作。那时，北京无线电工厂为部队生产通信设备，我到工厂做技术指导。产品生产出来后我带机器回部队参与新机器在全军的使用试验和改进工作。

1978年上半年我被调到通信兵部的全军指挥自动化办公室工作，下半年办公室全体人员和通信兵总部的部分领导受到党和国家领导人的接见。同年国家要加强公安系统力量，公安部到部队要人，我转业到公安部工作。公安部把我派到了国家安全工作领导小组工作。这个小组是周恩来总理在1972年主持成立的，由国家公安部、解放军通信兵总部、解放军总参三部、国家邮电部、国家财政部、国家计划委员会分别抽出人员组建。我到公安部后就被派到这个小组工作，负责国家的通信安全工作。报到后，我就立即被派到满洲里、吉林等东北地区工作一个月，排查通信线路的信号安全。回到北京后，我主要负责对各重要机关的驻地、航天指挥要地以及中央领导的驻地等重要活动场所进行通信安全的监测检查工作，同时，也参与指导一些省份的通信安全工作。1983年国家成立了安全部，我又到了国家安全部工作，参与反间，一直工作到退休。

回顾一生，儿时家境贫寒，依靠父亲在别村行医糊口。直到新中国成立后，党的土改政策才让我回到老家泥河，有了自己的家和土地，并且受到了四邻亲友的帮助，过上了正常的生活。在党的教育领导下，泥河村的扫盲识字教育教会了我汉语拼音和打算盘，小学教育和村里的业余文化生活启迪了我的心智，之后到军校学习，成为一名优秀的通信技术战士，毕业后被分配到解放军通信兵总部工作。参加工作后，我就一直在通信安全战线工作，分别在通信兵总部、国家公安部、国家安全部等部门工作，为了国家的通信安全，奉献了自己的一生。可以说，泥河村的父老乡亲和集体组织重新给了我们家新的生活，并且养育了我，使我成为一名共和国的通信卫士。

7. 恢复高考后泥河村第一位金榜题名的大学生——郭新和

郭新和，男，汉族，1954 年 2 月出生于泥河村，1973 年 1 月参加工作，1983 年 12 月加入中国共产党，2014 年任河南省科学院院长、院学术委员会主任，教授，河南大学、河南财经政法大学硕士研究生导师。郭新和是泥河解放后走出来的第一个本科大学生，也是泥河解放后养育长大的第一个大学党委书记。他儿时家境贫寒，生活艰苦，但是在父母的关爱下，从小就养成了刻苦钻研的志趣。1973 年高中毕业后，正值"文化大革命"，他回到村里学校教书，一方面，为家乡的教育事业做贡献；另一方面，复习自己所学的功课。后来鹤壁矿务局招收工人，村里推荐他去当工人，由于自己有文化，就成为鹤壁九矿的团委干部。1977 年恢复高考后，他认真复习，顺利考上了河南大学（当时叫开封师范学院）中文系，成为村里第一个大学本科学生。大学毕业后，他被分配到河南师范大学（当时叫新乡师范学院）工作，历任校纪委干事、党委宣传部秘书和副部长、校长办公室主任、校长助理和校党委委员。1998 年 9 月他调任安阳师范高等专科学校党委书记；2001 年 4 月任安阳师范学院党委书记（2000 年 9 月至 2003 年 6 月，在北京师范大学研究生院学习；2005 年 4 月至 6 月，在加拿大约克大学培训学习）；2007 年 8 月任河南财经学院党委书记，其间在他的努力下，河南财经学院升格为河南财经政法大学；2010 年 11 月任河南省科学院院长、院学术委员会主任，2015 年 2 月 1 日任第十二届河南省人民代表大会教育科学文化卫生委员会副主任。同时，郭新和任中国殷商文化学会常务理事，河南省素质教育研究会副会长，河南省自然辩证法研究会副会长，河南省哲学社会科学研究立项、评奖专家，河南省高校特聘教授工作专家咨询委员会会员，河南省高级专业技术职务资格评审委员会专家，河南省自然科学研究系列高级技术职务资格评审委员会专家；曾任教育部本科教学水平评估专家组成员、副组长、组长，先后参加了湖南科技大学、贵州财经学院、玉溪师范学院、安徽财经大学等七所院校的评估工作。

郭新和工作成绩突出，曾获河南省教育奖和河南省高校优秀党务干部、安阳市劳动模范等荣誉称号，是安阳市"五一劳动奖章"获得者，安阳市第九、十届人大代表，河南省七、八次党代会代表，河南省第十届政协委员，河南省第十二届人大常委，河南省对外友好学会特邀理事，河南省产学研合作促进会顾问。

郭新和虽然不在泥河居住生活，但是他非常关心家乡建设，多次通过不同方式为市、县、乡、村的集聚区建设，农村城镇化社区建设献计献策，并从经济上、物质上回报老家的养育之恩。曾经给泥河村联系体彩基金 10 万块钱，解决村里的全民健身体育设施；帮助村里争取资金，支持村里道路硬化。身为厅级领导干部，郭新和吃水不忘挖井人，时刻关心老家村民的公共福利，不愧是泥河村培育的贤达人士。

图 32　郭新和帮助村里获得援建的健身场所（2014 年暑期拍摄）

8. 将门虎子自学成才的军地两用人才——郭水和

郭水和，男，汉族，1952 年 1 月 25 日出生于泥河村。父亲是泥河村的老八路、开村元勋党支部书记郭全英。郭水和从小聪明好学、多才多艺，自学了版画艺术。1966 年"文化大革命"爆发后，中学停止招生，他高小毕业后，回到村里务农，给村里大街山墙上手绘的毛主席像，一直到 20 世纪 90 年代都是村里的一大景观。"文化大革命"期间目睹村里的造反派分裂、揪斗，不满 18 岁的他在 1969 年 12 月毅然报名参军，远到山西大同服兵役。1972 年 3 月加入中国共产党，在部队历任战士、排长、助理员（正连级）、炮兵团后勤处股长（副营级）、北京军区某坦克师后勤部科长（副团级）。1987 年 12 月转业到河南计划生育干部学院工作，1989 年 2 月任河南计划生育干部学院党委办公室主任（副处级），1992 年取得讲师职称，1993年2月任河南计划生育干部学院（2004年单位更名为河南省人口和计划生育干部学院）党委委员、副院长（正处级）；2005年取得函授大学本科学历；2011年12月任正院级调研员（副厅级）。

郭水和在部队和地方工作期间，始终对事业持有远大理想，保持坚定的政治方向，牢固树立大局意识，责任心强，团结同志，创造性地开展工作。在部队期间多次被评为五好战士、优秀干部，1981年荣立三等功一次，多次受到嘉奖。他在部队服役期间，参加了北京军区后勤干部培训班，自己钻研学习，掌握了建筑绘图技术，成为一名建筑工程师。从部队转业到地方后，连续10年被上级有关部门评为优秀共产党员和先进工作者，特别是2002年带队下乡到扶沟县驻村扶贫期间被河南省委、省政府授予先进工作队，2003年抗击"非典"期间被评为河南省教育系统先进个人，2006年被国家人口计生委授予全国人口计生系统优秀工作者荣誉称号。

郭水和虽然少小离家，长期奋战在北部边关和省会郑州，但他始终关心家乡建设，多次利用不同形式和机会积极为老家的发展建言献策。特别是2009年家乡小学扩建时，他牵线搭桥，联系了省慈善协会的老乡杨德恭会长，给家乡小学募集资金。小学建成后，他又和女儿一起为学校捐献电脑和打印机，推动家乡教育事业的发展，造福子孙后代，赢得了家乡政府和父老乡亲的赞誉。

9. 名扬乡邻的石家四世祖——石金玉

石金玉，系泥河石家三世祖讳江之子，字岐山，号称石老岐，生有五男二女。他生性淳厚，待人厚道，处事公正。在他的主事下，石家几十口人和睦相处，人丁兴旺，大小事情处理得井然有序，有条不紊。他乐善好施，德高望重，邻里街坊发生口角纠纷时，都找他出面调停，深受乡邻的拥戴，在村中有很高的威望。

他亲自制定了"敦本忍耐"四字家训，并把"忍耐"二字雕刻在主房上。他常讲"忍"就是福，时刻提醒子孙凡事都要忍耐，只有忍耐才能家和，家和才能万事兴。泥河石家在他的带领下，人丁兴旺，家财万贯，族人超过百十口，良田千顷，骡马成群。在泥河近一里长的街道两岸，都是石家的宅舍，由于中间的道路低，两边的房舍台阶高，被誉为石家高门台。在他的带领下，泥河石家成为名门望族，石老岐的声望在十里八乡大振。

10. 威震四方的义匪——郭老茂

郭老茂，大名郭平安，泥河村人，娶过妻，但无儿无女。郭老茂是泥河郭氏家族第八代传人，当时在村里算是辈分高的长辈，族人尊称他"老茂爷"。他大约生活在清朝光绪末年到民国中期，具体生卒年月不详，但他因为曾经当过土匪而又对本村起到保护作用而声名远播。

清末民初，因战乱民不聊生，华北一带横行乡里的土匪很多，一些人为了生计，落草为寇，绑票勒索。因为那时候主要是在晚上去打劫，把人蒙上眼睛抬走，所以在淇县一带，绑票的被称为"老抬"。但是他们并不都是流氓无赖，也有一些土匪能够做到盗亦有道，注重乡村伦理秩序规则，成为黑道侠客。郭老茂就是这样一位有名的侠盗"老抬"。他身为土匪，却还注重乡情伦理，不但不抬本村人，而且还在周围村庄放出话来，如果有谁敢欺负泥河的人，郭老茂就找他算账。当时，泥河的葛家一户人到高村集上卖菜，当地流氓耍横，他一说是泥河的，流氓就不敢找他麻烦了。泥河的老一辈人回忆起郭老茂时，都心怀感激地称他"老茂爷"。在泥河人眼中郭老茂是为生计所困被迫落草为寇的，但他比较仗义，算是义匪。他有两个信条，一是不抬当地人，二是不抬穷百姓。本村有两个青年上交"投名状"，提出村里某某家道殷实，让他去抬，郭老茂听了怒火中烧，说"兔子还不吃窝边草呢，你把老茂爷看作什么人了？"幸亏手下讲情，那两人才慌忙逃下山来。另外，郭姓有个孙子辈的想投靠他在山上混碗饭吃，郭老茂婉言相劝，说自己是被逼无奈，深陷其中，不能自拔，本家人断不能再走这条道，给他一块大洋，让他回家安心务农。

11. 晚清以来家道变迁的典型代表——李蒙正家

李蒙正，男，生卒年月不详，大约生活在清末民初年间。据考证，他家是泥河村现有李氏家族迁来泥河最早的一支。

19 世纪 60 年代末，由于天灾、战乱，官民纷纷逃难。李蒙正的祖上原系河北省沙河县，日子较富足，但到了晚清也被迫背井离乡。祖上李金斗、李银斗、李满斗兄弟三人从沙河县（今沙河市）逃荒到现在的河南淇县泥河村，以扛长工为生。刚到淇县时兄弟三人年轻能干又勤快，家里逐渐有了一些积蓄，但是所攒积蓄只够一个人成家，所以三兄弟中只有一人成家立业，繁衍后代，其他二人都断了后。李蒙正就是成家立业这一股的传人，先后四代单传，儿子李老玉（大名李锅），孙子李承恩，重孙李祥云都是单传。直到新中国成立后，李祥云的香火（传后人）才旺盛起来，育有四女三男。

到了19世纪90年代，李蒙正家就利用先辈的积蓄在县城开了一个挂面铺、一个磨坊，做起了小生意。随着生意的扩大，又在县城开了一个当铺，由于做生意时诚实守信，经营有方，逐渐富了起来，他们就在泥河村大量购买土地，置办房产。李蒙正、李老玉（李锅）父子在泥河村有田地200余亩，建有三进院落，房屋三十余间，家里雇有长工、伙计，并建有专门的马棚，在当地小有名气。

民国15年（1926年），由于战火不断，土匪猖獗，为保护家里财产和家庭平安，李家在门口建了一座炮楼，有长短枪十余支，与泥河村葛家（葛铭芹父子）的炮楼呈掎角之势，遇有情况相互配合、支援，曾多次击退土匪的打劫和对百姓的骚扰，既保护了自家的财产和人员安全，又保全了一方平安。但是到了民国23年（1934年），李蒙正的孙子李承恩由于抽大烟（鸦片），大量田地被卖，家境逐渐衰落。1935年李承恩去世，留下三个寡妇和四个未成年的孩子，无力保护子女，两次被土匪绑架，其妻变卖了全部房屋和部分土地，准备赎回人质，但由于土匪们索价过高，无力支付完全赎金，造成其长子被"撕票"（至今下落不明）的严重后果。所以，李承恩的妻子李秀兰新中国成立前就加入了村里的地下民兵组织，协助共产党武工队打击国民党地方武装和土匪势力，和刘瑞芬等成为当时为数不多的女兵民。

新中国成立后，李秀兰的儿子李祥云进了学堂，毕业后曾任村政府早期的会计、大平调剧团初期的主要演员，后因招工到国家煤炭部所属钻井勘探处工作。然而，李祥云的母亲和妻子、子女继续在村里生活，成为当时比较典型的"一头沉"家庭，有人在外上班挣钱，有人在家种地有粮食吃，家庭生活日益改善。李祥云的长子文海（幼名：海来、"海"通"还"，"还来"的意思），学校毕业后随父亲到单位当了技术工人；次子李文河（幼名：双海），考上了西南政法大学，毕业后在淇县人民法院当法官；三子李文江（幼名：海根），守家务农。

12. 民国时期的中农品格的代表人——葛铭芹

葛铭芹（1891～1975年），男，泥河村人，祖籍庙口东葛箭村，清朝时期祖辈迁至现在的泥河村。

葛铭芹一生乐于助人，为人厚道，哥哥去世后，帮助嫂子一家抚养侄儿。早在民国时期为脱离贫穷，就和家人搞起了手工业，进行农副产品加工，开粉房、卖菜等。由于经营有方，从小本生意逐渐转向置办土地，随后添置骡马大车等农用工具，成了村里少有的富裕户之一。葛铭芹是典型的勤俭持家、发家致富的中农户，发家之后，他仍然保持这节俭的习惯，村里人说他家连一条抹碗手巾都不舍得用。

当时社会混乱，土匪较多，为了保护家产不受外侵，在民国30年（1941年）就和家人盖起了三间炮楼，炮楼上有观望台和枪眼，能够俯视整个大院，造型别致。葛铭芹虽然节俭稳重，盖起了炮楼保护家院，但是并不意味着他只顾自己，相反，当村民邻居发生危难的时候，他能勇敢地出手相助。当时，就在他家建好的炮楼不远处，住的是城里白家的佃户方金昌家。方金昌虽然是白家的佃户，但是因为租种土地较多，生活也过得有滋有味，还有骡马牲口，很是遭人忌妒。一天夜里，白家牲口棚突然升起火光，房里的哭声和救命声惊醒了葛铭芹。他带领家人到炮楼上一看，原来是土匪在抢劫白家，在这千钧一发之际，葛铭芹和家人拿起长枪和短枪对土匪进行射击，当即打死土匪一人，帮助方家解围。事后方家用杀好的猪肉和粮食进行答谢，但被婉言谢绝。

土改期间，葛铭芹因为有一个投靠他生活的外甥一起劳动，土改工作队就把他当作雇工，错把葛铭芹划成富农。忠厚老实的葛铭芹怎么也想不通，一生勤勤恳恳，收养孤儿外甥，外甥怎么就被当成了雇工，自己成了富农？于是，他带领被抚养的外甥韩春水到县里进行申诉，八路军驻西岗办事处的同志对他的申诉进行核实调查，终于查明原因，为他一家进行平反，改为中农。

13. "神仙相助"的土兽医——晋玉荣

晋玉荣（1888～1961年），男，泥河村晋氏族人。他前半生务农，靠种地为生，后半生亦农亦医，义务当兽医。由于他行医看病，一看就药到病除，且又从不收费，故周边村庄百姓家的牲畜生病，都爱请他去医治，在方圆几十里地很有名气，大家给他起了个绰号叫"晋老花"。

说来也奇怪，晋玉荣自己说他的兽医术，是遇到一个"神仙"传授给他的。据说有一天，老花在半路上拾粪，遇到一个白发苍髯的老翁，看出老花自幼喜爱牲畜，爱做善事，于是介绍给他做兽医的秘方，让他后半生行医给牲畜治病做善事。须臾，白胡子老头就不见了。老花也很纳闷儿，可晚上做了一梦，梦见那老翁是个狐仙爷，笑眯眯地请老花一定要行好医。从此以后，老花便开始了边农耕边行医给牲口看病的营生。谁家牲畜生病了请他去一看就好，母畜要产生畜仔了，便请他来助产接生，终得平安。更惊人的是谁家牲口得了大病、急病，晚上就托梦给老花，醒来确有请他去医治牲畜的人在门口等候。他给牲畜看病主要用的药是中草药，加上自己特制的钢针针灸扎治，他自己说这完全是"神仙"托给的方子。天长日久，由于老花的医术高明且分文不取，在十里八乡出了大名，名望日渐兴起。平时大户人家的牲畜病了，户主就用轿子来接他，而老花不管穷富户都不收费，大户人家过意不去，就设宴席招待他。

新中国成立时期，八路军的骑兵战马病了，他主动去医治，也是一分不收，子弟兵说他真是名好兽医。新中国成立后，人民当家做主，老花正儿八经成了百姓家的好兽医。他后半生做兽医，医术高明，后生们有来向他求教的，他也毫不保留地教给他们，邻村吴寨村的吴兽医就曾是他的徒弟。

科学毕竟是科学，可老花终究也没向后人说出他学会兽医的真谛，只一味地说是"神仙"保佑他行善义诊医疗兽病。他的医术高明加上分文不取，于是大家就默认了他的说法，称他为"神医善医"。虽然这是个谜，但老花的德行义举，也教育着三个儿子笃实行善，勤奋工作。长子晋善根、次子晋善修均在山西省榆次市工作，事业、家业有成。尤其是老二善修，是共产党员，"文化大革命"时期是学习宣讲毛泽东文选的积极分子，曾多次到北京受国家领导人的接见。老三晋善文，留守在老家，是共产党员，曾任泥河村党支部书记多年。

14."小秀才"——郭向荣

泥河村"五顶帽"在清朝当时名气很大，因为一门出了五个生员（秀才），对后人也是激励和鞭策。约一百年后又出了个"小秀才"，"小秀才"比"五顶帽"低两辈（"五顶帽"是第七代，"小秀才"属第九代），所以前边加一小字。

"小秀才"名讳向荣，生活于清光绪至民国年间，也可以称得上中国最后的生员。那时清王朝摇摇欲坠，科举制也到了尽头。郭向荣和其他秀才一样，只能自谋职业，走上私塾先生之路。"小秀才"一直在高村、大屯等村教书，语言文字和书法功底不错，春节期间免不了给邻里写春联等，还帮不识字的穷户写书信契约。穷人有冤屈，打官司难于上青天，也请"小秀才"帮忙写诉状，让他递状纸。所谓递状纸，就是上公堂，有点儿像现在的律师出庭辩护的意思，秀才虽不是官，但有"功名"在身，头上有"顶子"，上堂见知县可以立而不跪，加上他能言善辩，又得了个"麻牙秀才"的绰号。"小秀才"文武双全，闲暇时爱武枪弄棒，去世后家里还留有一口练功的大刀，有人说他也是武秀才。千百年来，国人都认为"不孝有三，无后为大"，"小秀才"家庭经济状况不错，先后娶过三四个夫人，仅有两个女儿。为续香火，年过花甲后又娶了本村张氏女为妻，"小秀才"终于在75岁生了儿子荣安，乳名"天保"，即"苍天保佑"之意。

"小秀才"81岁病逝，儿子郭荣安年幼无依靠，就跟舅父张荣全生活。他天资聪明，又刻苦用功，初中毕业后，参军入伍，在部队当了干部，转业后，在本县工作，最后从乡镇司法所长的职位上退休。

15. 虎口逃生的庄稼状元——贾怀俭

俗话说"三百六十行，行行出状元"。过去干农活被视为最下等的行业，但也不乏种庄稼的行家里手。泥河村贾怀俭便是种庄稼的能手，人称种庄稼状元。贾怀俭是泥河贾姓第四代传人，生于清末，逝世于20世纪60年代。他们弟兄五个，个个身材魁梧，农活儿样样精通。他排行老四，干农活儿尤为突出。他长相最魁梧，饭量大，不善言辞，干农活儿超过旁人。他们兄弟先后在浚县刘砦、淇县七里堡给富人打短工，在当地很有名气。

贾怀俭排行老四，后人尊称老四爷，在刘砦打工时40多岁，曾创下一天锄八亩高粱的奇迹。八亩地怎么一天锄完？他用的锄法是"倒拉牛"，这也是他独创的，其实就是拖着锄把在垄间不停地拉，一垄又一垄，说起来轻巧，但是不说锄地，就是空跑，八亩地一天也难得过一遍，令人难以想象。

新中国成立后，年岁大了，不大干重活儿了，但他还不服老，常指点年轻人该怎么干农活儿。一次去西岗赶九月二十五的庙会，看见路旁有人在耩地，那人耩地扶耧绝对是好手，很多人驻足观看，老四爷也停下来观看。待耩地人到了地头，见这么多人观看，很是得意。又见这老翁精神矍铄，与众不同，大有不以为然的样子，就问："我耩得咋样？直不直？"老四爷回答"直是怪直，就是垄里有脚印"。耩地人说："怎么没脚印，你给我试试看。"老四爷不客气地说："试试就试试"，他把夹袄一甩，那人很客气地递上旱烟，让他吸一袋。老四爷便吆喝牲口，干了起来，只见他一只手扶耧，去时站左边，回时倒手站右边，难怪耩过的地里没脚印，只扶了一遭，那人便佩服得五体投地，在场的人也都啧啧称赞。

最令人称奇的是，老四爷被当地"老抬"抬票，而后又死里逃生。那是 20 世纪 40 年代的事，当时民不聊生，贼盗四起，本村被抬过的人不下十几个。当时，老四爷被一件衣服蒙头，绑架出了村。据说，"老抬"架着他乱转，曾在村北郭家坟乱转，一个坟包又一个坟包，说什么上山了，折腾一大阵子，弄得他晕头转向，后来进了一个村里，被卸到地窖里。由于劳累，他睡着了，大约到了后半夜，他醒后，才发现自己被扔到一个地窖里，上口虽有什么东西盖着，但还有缕缕光线透进来，定睛细看，才知道自己被困在废弃的红薯窖中。他不知道天明以后会有什么后果，想到土匪撕票，更加可怕，求生的愿望促使他试图逃离虎口。他手刨脚蹬地向上挪动，头一顶像乱针猛扎，原来窖口有葛针捆，上边还用一个磨扇压着，怎么办？不跑就是死路一条，老四爷急中生智，把两只大鞋扣在头上，再顶倒是不太痛了，但上边的东西太重，无奈歇了一会儿，二次再顶，他用尽全身力气，猛地一下，葛针捆被顶出窖口，石磨盘也偏到一边，真是急生虎力。老四爷慌中不乱，逃跑前四下看了一下，还在这家人的外墙画了记号，他出了村才辨认出，被困的村子是泥河村东边的冯庄村，距泥河不足五里。他怕"老抬"追赶，不走西路，而是向南到迁民桥，见并无人追赶，才折向西北。回到村里天还没亮，他不进自己家，而是叫开大侄子贾致和的家门，诉说原委，因那时贾致和是村里的保长。

天一亮，贾致和、贾致德就召集贾家青壮劳力，又借了本村连庄会的十几支枪，贾家父子兵 20 多人，气势汹汹直奔冯庄。到了村里，"老抬"们早已逃之夭夭，只见两人正装车拉东西，那两个装车人当了"替罪羊"，被带回泥河痛打，后有亲戚证明，二人并不是歹人，才被放了回去。这一事件令贾家"老五股"名声大振，"老抬"再也不敢来泥河寻衅滋事了。

贾怀俭被抬之事，一直流传至今，而且越传越神秘，还有人说老四爷顶起来的不是磨盘而是大碾盘，也有的说是西庙老关爷叫醒了他，要不怎么能把千斤石头顶起，的确老四爷被抬走当晚，老四奶就到关爷庙里烧香许愿了。

16. 敢骂日本走狗的泥河先民——高圣全

高圣全，泥河村人，穷苦农民；何占勋家住郭庄村，与泥河村一河之隔，是日伪统治时期无人不知、无人不恨的汉奸头子。高圣全、何占勋两人似乎八竿子打不着，但一件事情把两个人连在了一起，高圣全也因此出了名。

先说何占勋，其貌不扬，还有一只残疾胳膊（俗称拐胳膊），为了博得日本鬼子信任，他谎称是八路军打的，其实是自己小时候玩火药造成的。他在县日本宪兵队特务股当了队长，当时此人在日本鬼子面前红得发紫，主要原因是他心狠手毒，办了许多坏事，残害了很多无辜中国人，实在是罪恶累累，罄竹难书。借日本人的势力，他无恶不作，挖空心思搜刮民财，其父亲早就死亡，为了捞一把，他给父亲办十周年祭日，大发请柬，附近各保、城里的大小店铺都得去随礼，不去不行，随礼少了也不行，得罪不起。何占勋一个子儿也不用掏，肉和馍由淇县较大的铺子送，思德王老香包米酒，大车王老寿管粉条，他还绞尽脑汁想出"家里收礼，新乡待客"的主意，谁会跑到新乡去吃一顿呢？事后记账人知道何占勋的心思，讨好说保管账簿干什么，还还账吗？何占勋会意地笑了，于是礼账簿当场被烧掉。

何占勋经常欺男霸女，变着法子玩女人，曾在本县同时找两个少女，让女子赤身裸体，脖子上挂铜铃，擀面时一擀一晃一响，他在旁边看着，发出阵阵淫笑。这就是他独创的所谓"叮当面"。这样的人，谁不恨，谁不想骂两句？

大家对何占勋敢怒不敢言，敢骂何占勋的人就更少了，但是泥河就出了一个，高圣全。高圣全早就想骂何占勋了，终于有了机会。一天，高圣全和往常一样，挑菜担在铁西村子里转悠，下曹村的张生妮见了高圣全，知道他与何占勋一河之隔，就问："这几天见何占勋了吗？"高一听"何占勋"三字，就想出一口恶气，脱口说："死了！"那张生妮和何占勋是一路货，听后大吃一惊，就问："真的？"高圣全又说："昨天死、今天埋。"说过高圣全像没事人似的，心里好不舒服地继续卖他的菜去了，殊不知大祸即将来临。那张生妮信以为真，立即带烧纸骑车朝郭庄奔去，谁知刚到门口，见何占勋从家里走出，为避免尴尬，他掉头就走，何占勋已看见，自然不肯放过，如此这般一说，何占勋恼羞成怒，立即带领几个手下，气势汹涸，直奔泥河。抓住高圣全，不容分说，一顿棍打。先在泥河村打，又在路上打，一直打到郭庄村，中间打得没气了，就用冷水浇过来再打。高圣全知道自己先咒骂人了，更知道何占勋的为人，于是一不呻吟，二不求饶，旁边看的人都觉得可怜，有的都掉泪了，都称赞高圣全有骨气，够爷们儿，是条汉子。泥河多名有脸面的人讲情，何占勋不准，后来保长去了，连哄带说好话，"他已没气了，扔到北墙外让狗吃了吧，别再费力打了"。何占勋的人马撤走后，泥河人把他抬回来，所幸的是高圣全又活了过来。

自古道"善有善报，恶有恶报"。何占勋丧尽天良，哪知"卤水点豆腐，一物降一物"，降何占勋的人终于出现了。何占勋在当地玩腻了女人，还嫌不够刺激，又跑到河东，在浚县发现了一名美少女，于是又吃了一次"叮当面"，但他做梦也没有想到，这次玩女人差点要了他的命，而且比高圣全挨打更惨。被何占勋玩弄的女子的哥哥也在日本宪兵队，而且是何占勋的顶头上司，在郑州日本宪兵总队，那人为了报妹子的受辱之仇，主动要求下调新乡。不久就找到了何占勋的把柄，何占勋受刑时，爱看热闹的人很多，他被日本兵押着，粗铁丝从肩部贯穿而过，两只日本狼狗轮番撕吃他的肉，每撕一次何占勋都狼嚎般地叫喊，直到肉撕完气耗尽。场面惊心动魄，无人同情，只有解恨。这只日本鬼子的走狗，终于死在日本人的手下，也算为高圣全报了仇，为民除了害。

17. 令人尊敬的"地主"之后——白炳南

白炳南原籍淇县西街，是县城李、白、薄三大户之一，其父白子丰，曾任民国时期淇县商务会会长，是位开明绅士。日伪统治时期，白子丰誓不为日寇效劳而选择激流隐退。白家在泥河购置了200多亩地，平时由佃户方金昌兄弟耕种。白子丰有文化，接受新思想，对贫苦农民不那么刻薄，与方家商议收成三七开，收获后自己只收三成，遇见歉收年景也是租地的方家说了算，并不争执。方家见白家为人厚道，也是踏实种地，自己有四匹骡子和马车，以至于人们把方家当成"二地主"，当年遭"老抬"袭击，差点被绑架。

白子丰爱和穷人打交道、交朋友。当年日本统治时期，介屯马某是老实巴交的穷苦百姓，他和本村几个老乡被日本鬼子抓去，日本鬼子声言要把他们用机关枪打死。白子丰得知他们有冤屈，不幸丧命太可怜，就以身家性命担保，这几个人才免去血光之灾。白家与马家由此成了生死之交，新中国成立后两家还像亲戚一样互相走动。

新中国成立时，白家落户到泥河，成为泥河唯一的外来地主。虽然白家作为外来地主土改时被分了地，成为一个普通的村民，但是其实泥河人，尤其是他家所在四队村民都对其充满敬意，因为他们不但没有欺压过泥河村民，而且一家人知书达理，顺应时务，早已加入了共产党的解放事业。在泥河的第二代传人白炳南出身书香门第，自幼聪明好学，1947年从当时的河南省立第三师范学校毕业，受进步思想影响，毅然参加中国人民解放军，在十八军五十七团任专职文教，级别为副排，在西藏解放及修筑川藏公路中，八年中立三等功两次，四等功一次。1955年退役，先后在浚县方城中学、淇县三中和思德小学任教。然而在"文化大革命"时期1968年清理阶级队伍时，因不堪忍受接连不断的"政策攻心"，投井自尽，时年43岁。白炳南的妻子杨桂茹也是一位知识女性，1951年在淇县阁南小学当代课教师。她性格刚直，反右斗争中敢于发言，被打成"中右"（"右派"分等级，问题严重的称极右）。不久后虽平反，但没有恢复教师工作，一直在泥河村劳动生活，"文化大革命"中受到造反派批斗。直到1979年，杨桂茹才彻底平反，并被重新安排工作，但是两年后因患癌症病逝。白炳南的妹妹叫白玉兰，1954年毕业于安阳师范学校，先在鹤壁小学工作，后调市高中，从事后勤管理工作，曾任校计生专职，还被评为"三八红旗手"，直至55岁退休。

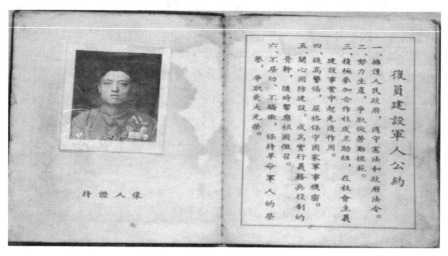

图33　白炳南的复员建设军人证件

图34　白炳南生前荣获的各种军功章和纪念章

白家第二代传人虽然受到了不公平的对待，但是他们却都受益于现代教育，为人清白，与邻为善，并且诲人不倦，终于教育第三代子女通过读书而改变命运。白炳南夫妇的儿女均是教师。女儿白秀文在市里参加教育工作，先后任教于市一完小和师范附小，是市优秀教师，从教31年，现已退休。儿子白增武为下乡知青，1980年落实政策，在黄洞乡任教育组会计，通过自学取得了会计师资格，在山区工作14年，1994年因患癌症去世。孙女白喜平，鹤壁师范毕业，是城关镇中外语教师，孙媳申海平，安师专科毕业，外语教师，现任教于县实验学校。两人都继承了书香门第、教育世家的传统，是当地的教育名师。

18. 危难时刻获得乡邻援助的租地户——方金昌

日本侵略中国期间，民不聊生，贼盗四起，各村农户都有被抬的。在绑匪中既有占山为王竖起大旗的惯匪，也有为活命临时聚伙的难民。小小的泥河村被抬的家户就有几十家，不过声势最大的是方家被抬事件。

方家原本是西岗方寨村人，所以泥河人只知方金昌举家租种淇县西街大户白子丰的两顷土地。为种这二百亩地，方家买了四头骡子，在当地有点名气，有人还以为他是"二地主"，其实只算是当时的富裕户。"老抬"大概是冲着方家的四头骡子来的。

一天夜里，一行近 20 名"老抬"进了泥河，很快占据了方家居住的胡洞口，他们拿着各式各样的枪，也有拿刀或棍的，从装备和行动上看并不正规，有点乌合之众的意思。他们人多势众，让方家开门，里边不肯开。他们喊叫说什么"没有怨没有仇，就为几块袁大头（银圆）"。口水战越来越激烈，后来发展到里外对骂。他们捣门撬门门不开，就找来柴草火攻，但外边刚一点着，马上就被墙里的人用水浇灭，枪声稀稀疏疏地响着，一直僵持了好长时间。

这种场景惊得鸡飞狗叫，村里人早已坐不住了，"老抬"敢来村里挑衅，不能见死不救。方家住胡洞北口，路东是贾致田家，有近 20 个青年，枪上膛，战斗一触即发。可惜有老人在场，不让年轻人开火，生怕打了"老抬"，土匪们会伺机报复，血洗泥河村，有一老年人当场下了跪。但村里并不都是胆小怕事之人，方家西面的葛铭芹见"老抬"向方家射击，按捺不住怒火，借自家土炮楼的地势，愤然参战，一连向土匪处打了 20 多枪。后来据说，方家东南方向的黄复义家也向"老抬"开火了。

土匪见一时攻不开，还试图从南侧贾致和家进入，由于贾家死守，未能成功。经过很长时间的战斗，土匪借月光又别又砸，门终于被弄开了，正当"老抬"要蜂拥而入时，方家一枪正击中冲在前头的一个"老抬"，局势急转直下，"老抬"直好逃命而去。第二天，方家门外的车挡板不见了，地上到处是血，有人说被打中的"老抬"死了，也有人说受了重伤，用车挡板抬走了。人们不得而知，甚至是哪股势力都不清楚。

方家被抬过后，不但"老抬"没有血洗泥河，村里再也没有发生被抬的事了，因为各路"老抬"都知道，泥河村不可小觑，农户每 20 亩土地一杆枪，有备无患。

19. 开现代教育之风气的文化传承人——郭美玉兄弟

郭美玉原名郭保璠，父辈因为吸大烟，家道中落，母亲通过卖地坚持供他和弟弟读书。后来因为生活所迫，尽管弟弟和他一样学习出色，但母亲只能让弟弟在家务农，全家供他一人读书，希望将来他能够功成名就，复兴家业。郭美玉不负母亲所望，是村里唯一民国时期考上河南省立第五师范学校、接受现代教育启蒙的人。毕业后，他先后在迁民完小、西街完小等淇县几所完小教国文课并任教导处主任。他是当时用标准国语教学的现代教书者，同时有着良好的传统文化修养，书法功底深厚。当时能够用国语朗诵课文的老师很少，所以有的学生回忆起来，说他念书时表情丰富，令人回味无穷。通过自己的辛勤工作和省吃俭用，他又重新帮助母亲买回来自己家当年供他读书时出卖的土地，完成了母亲复兴家业的愿望。

郭美玉的弟弟郭宝全，人称二爷，虽然没有完成学业，但是也有良好的国学底子，在村里办私塾，教村民读书识字、明理守礼，而且积极支持村里成立大平调剧团，传承和丰富乡村文化事业。兄弟二人齐心合力，成为民国晚期郭氏家族的贤达之士。

新中国成立后，郭美玉因为是少有的受过正规现代师范教育的教师，被调往南乐县第一中学，任教导处主任。本来他可以为新中国的教育事业做出更大的贡献，但是由于新中国成立前他曾任过伪联保主任，反右派斗争时接受审查，尽管没有调查出什么历史问题，但是最终他还是被莫名其妙地遣返回原籍泥河村接受劳动改造。回乡后尽管他有病在身，但仍力所能及地为村里工作，50 年代扫盲工作开展得如火如荼，村里文化人少，他带病工作，当上村里民校的教师。民校的特点是在农闲和夜里上课，他不分昼夜，辛苦工作，加上身体虚弱，终因心情郁闷、积劳成疾，在 20 世纪 60 年代初就因病去世。

郭美玉教子有方，对子女要求严格，不怨天尤人。在他的教育和影响下，子女个个有所作为，女儿郭彩凤考上中专，在铁路上工作。长子郭文魁小时长疮，因无钱医治，造成腿部终身残疾，但他身残志坚，和正常人一样干农活儿。次子郭文采继承了父亲聪明智慧的品质，在改革开放后，加入了共产党，后来成为泥河村党支部副书记，还因舍身救人被县里授予"见义勇为先进个人"称号。郭文采发扬光大父辈尊师重教的传统，更是教育几个子女好好读书，学有所成。大女儿郭云霞中师毕业，在县城教书，二女儿郭云利卫校毕业，是计生战线优秀的医生。两个儿子更是一个比一个出息，大儿子郭兰波研究生毕业，在北阳镇中学教学；二儿子郭磊安阳师范毕业，也已参加工作。

世事变迁，造化弄人，虽然郭美玉一生经历了从辉煌到落寞的过程，但是他们家里尊师重教、知书达理的家风，却帮助他们熬过了生活的苦难，汲取生命的力量，再次由低谷实现复兴。

20. 泥河书法文化的承先启后者——郭文汉

郭文汉（1912～1980 年），男，系泥河村郭氏家族第十代传人，属郭氏"五顶帽"之一郭旅振之后裔。郭文汉的父亲郭宝正生前为民国时期泥河村的私塾先生，受其父郭宝正的影响，郭文汉从小勤奋好学，写得一手好毛笔字，文才及珠算都有一定功底。由于他个人的才气，加之为了家庭生计，1940 年前后，他受聘到当时的大赉店火车站张老九粮行任会计。1942 年春天，该粮行迁至浚县钜桥镇，文汉先生仍跟随任会计。直到1945 年秋后，因其父病故，需要他回家操持家务，他才忍痛割爱辞掉娴熟的会计工作，返乡从事农业生产，维系家庭生活。回家后，他秉持祖训，耕读传家，勤奋劳作，深得晚辈们敬重。尤其是街坊邻居，平时谁家有个红白喜事，或算个账，都爱请他帮忙。新中国成立后，人民当家做主，平民百姓的孩子也进了学堂。新中国成立初期泥河学校的老师一致推荐学生向文汉先生习文学字，他也热心手把手地教孩子们，于是他便成了学生们习字的书法老师，这为后来泥河村大力弘扬传统书法文化奠定了良好基础。如今受他影响和教过的后生们，都不会忘记文汉先生的启蒙教育。

21. 三代从军的军旅世家——葛铭标一家

葛铭标是居住在泥河的淇县葛箭葛氏第十六代传人，出生于清末，生活于民国年间，新中国成立前夕病逝。从小随三叔到灵宝学机械修理，返回淇县后，适逢淇县成立县保安大队，为生计进保安队当差，因学过机修，便干了维修枪械的差事，他有修理技术，肯钻研，加之比保安队的官兵稍微年长点儿，保安队都尊称他"葛副官"，其实他并无官衔，仍是士兵。后来日本入侵，保安队解散，他又返乡当了农民。县保安队虽不是正规部队，但他也算有过军旅生活，所以他对部队仍有几分留恋，认为部队能锻炼人，年轻人大有用武之地。新中国成立时期，他认为共产党的军队是人民的军队，为劳苦大众服务，他便教育孩子们要爱党爱国爱人民，有机会要参军立功，报效祖国。受他的影响，新中国成立后他的三个儿子都入伍参军，他的家人先后有九人当兵，成了名震一时的"军旅世家"。

长子葛江海与次子葛江楹于 1951 年同时入伍，加入"健康大队"参加战地救护等项目训练，随时准备赴朝参战，后因故未到朝鲜，改为参加祖国建设。葛江海先后在汤阴县水利局、鹤煤二矿工作，他的三个儿子中的两个儿子都应征入伍，长子、三子都参加过解放军，后转业到鹤壁老区，到厂矿工作。葛江楹从部队转业后一直在淇县卫生战线工作，先后在城关卫生院、西岗卫生院、高村卫生院、县防疫站等单位工作，几十年兢就业业从事医疗和防疫工作。葛江楹的两个儿子也都参军，而且两个儿子工作积极，追求进步，都是在部队加入共产党，长子葛学林从部队转业后到县财险公司工作，任公司办公室主任。葛学林的次子葛小贺也参加过解放军。葛江楹的三子葛拥军从部队转业后到县疾控中心工作，任健康教育科科长。葛铭标的三子葛江义，曾参军在北京某部队，参加过北京城铁的修建工作，转业后在鹤壁四矿工作。

22. 农民诗人——李中秀

李中秀（1910? ~1971 年），男，泥河李氏"麟"字辈后代"钟"字辈传人，他画画得不错，但最擅长的是编歌谣，群众叫顺口溜，不管遇到什么大小事、稀罕事，他都信手拈来，出口成章，堪称农民诗人。

李中秀编的歌谣都是白话，通俗易懂，有打油诗的韵味，朗朗上口，听后令人回味，百听不厌。当时有个长期驻泥河的乡干部冯书记，开群众会引用李的顺口溜，常常把听众逗得哈哈笑，会场气氛热烈，干群关系拉近了，效果很好。他所编的歌谣，不乏讽刺意味的，但大多数还是积极向上的，传递的是正能量。他的歌谣用韵自如，有一韵到底的，也有中间自由换韵的。试录几首，与大家共同欣赏。有一首叙事诗如下。

> 咱算经的鲜，大队会计（葛江仁）不如李存山。
> 集体调个三角地，"不精"（人名）把他（葛江仁）撵回去。
> 这一撵他就跑，回去就和葛铭新吵。

这首诗听了感到怪可笑，风趣幽默，但它反映了那个特定年代的民生、民俗和社会状况。那时个人盖房，需要经由大小队调地。李存山虽是外来户，但他是村里请来的教戏老师，所以得到调房基地的特殊关照；而会计葛江仁心地善良，不愿得罪群众，晋不精（上述歌谣里的"不精"大名晋喜平）认为这块地（上述三角地）原是自家土改时的土地，大队调地，也得征求他家同意。葛会计只能埋怨叔叔葛铭新："当时你说准能成，出的这主意，净让我丢人。"

有两首民谣反映生产大队学大寨和生产小队生产状况的，也有鲜明的时代特色。

其一：

> 我们大队（行政村）学习大寨先垛墙，
>
> 中间盖起头伏槽（饲养室），两边都是宿舍房。

其二：

> 群众穿衣很破，地里干活光坐，
>
> 牲口拉套光卧，社员饥了要粮食，队里仓库没货。

所谓垛墙是一种砌墙的方式，主要是用麦秸和泥，一层一层垛起来。到了 20 世纪 70 年代，一般是在泥墙外部包上一层单皮的砖，俗称里生外熟墙，因墙体厚，所以冬暖夏凉，里面再涂上白灰，也干净漂亮。宿舍房指民房，中间头伏槽是生产队圈养牲口的集体用房，用作拴牲口，另外那时生产队晚上开会记工等事务多在饲养室进行。另有一首批评小队干部抓生产不力的。

> 贾瑞德个人盖房，石林俭亲戚家穿忙，
>
> 张荣福弄眼了，队里生产没人管了。

当时第六小队贾瑞德是正队长，石林俭和张荣福都是副队长。还有一首反映 20 世纪 60 年代引进的新作物红薯生产和食用情况的歌谣。

> 红薯胜过山药蛋，
>
> 下到锅里甜又面。
>
> 能生吃能磨芡，
>
> 下成粉条扯不断。
>
> 蒸成皮渣上席面，
>
> 方的条的都体面。
>
> 一斤粮食四斤半，
>
> 经济实惠很合算。

20 世纪 60 年代经历三年困难时期之后，为了解决老百姓的吃饭问题，整个华北地区都以种植高产作物红薯为主。那时红薯兑换粮食，是一斤粮食换五斤左右的红薯，有人说它叫"吃不够"，还有人称它"扭脸想"，说明那个时候红薯对于老百姓的生活很重要。

农村学大寨搞大会战时，泥河干群一起向茅草宣战。泥河村杨吴排水沟北边有近二百亩地完全因是草窝地而失耕，号称"北大荒"，茅草一年比一年旺盛，盘根错节，犁了又出，而且还有比茅草更厉害的多年生宿根的草和芦苇。为了开荒造田，泥河群众硬是一铲一铲地剜，一根一根地拾出，最后终于人胜天，原先人见人头疼的草窝地，野草终于绝了迹。李中秀赋诗一首。

> 可恶茅草太欺天，
> 把俺群众下眼观。
> 集体开了动员会，
> 一铲一铲把它剜。

李中秀老人早已谢世，但他的歌谣还在被传诵，年轻人也爱像他那样编，不断有新的作品问世，在"文化大革命"后期有人编出反映农村面貌的歌谣。

> 样板渠，样板路，
> 两边栽下样板树。
> 田里庄稼长势好，
> 路上闲人来散步。
> 路边样板田，村里万元户，
> 青年爱穿样板裤。
> 发展经济致了富，
> 啤酒喝出将军肚。

23. 土改时期的老村长——葛铭玉

葛铭玉（乳名葛大群），男，生于1901，逝世于1957年，是在泥河村定居的葛箭葛氏第十六代传人。由于历史原因，葛铭玉在新中国成立前家境穷迫，生活极为贫困。20世纪40年代，共产党开展革命运动，春风沐浴了泥河村，从此他翻身得解放。由于历史背景清白，思想进步，热爱革命事业，新中国成立初期他被任命为泥河村首任村长，至此泥河村穷人当家做了主人。

葛铭玉按照党和上级的安排，协助村里的党组织成立了村农会，重点开展了全村的土地改革和其他革命工作。在具体的土地改革工作中，他为人耿直，心地善良，上下协调，左右逢源，既结合本村实际，又执行上级指示，较温和地配合当时的村级党组织推进土改工作，积极稳妥地完成了全村的土地改革。如他从本村自己家的富户及较亲近的大户做起，耐心做工作，让他们主动配合工作与接受改造，免遭大的冲击与斗争，确保土改有序进行。他与当时的村农会主席刘心德（幼名刘毛群），皆被赋予"大好人"的雅号。泥河村土改结束后，由于他个人的身体状况，他主动退出了村政府班子，1957 年病逝。葛铭玉在协助农会搞土改工作时，无论是在葛氏家族，还是在当时的全村百姓当中，都享有很高的威望。他的儿子葛江梅（乳名鸡换）继承前辈的光荣传统，新中国成立后在邯郸铁路部门上班，率其子女秉承家训，艰苦创业，勤奋工作，为社会做出了积极贡献。

24. 土改时期的农会主席——刘毛群

刘毛群，大名刘心德，当时在泥河乃至县城以北，人们都对他很熟悉。他经历了新中国成立，做过旧社会的县衙差人、新社会的农会主席，按说有权有势，但是人人都称赞他是个大好人。

刘毛群生有两子一女，家里人口多，又没有土地，所以在泥河属最穷的家户。据说，早年刘毛群在县衙当差，他从不摆架子，在穷人之中最有人缘，穷人有什么难事，都找他帮忙。俗话说"衙门口朝南开，有理无钱莫进来"。谁家要吃官司，刘毛群自然是近水楼台最先得到消息。如果先天得知要抓村里某人，他就会先行拐到某家说"明天县上来抓你，你要小心等待，不要逃跑"。那人自然听懂意思，便溜之大吉，结果派去的人空跑一趟。旧社会穷人打官司，免不了挨一顿水火棍，但是刘毛群对穷百姓却手下留情。据说刘毛群从老班头那得了真传，练就一手打棍棒的绝妙手艺，打棍时高高举起、轻轻落下，还不能让顶头上司看出破绽，和演员唱戏一个道理"台上一分钟，台下十年功"。据说开始学习打杀威棒时，要在豆腐上练功，打在豆腐块上，豆腐块不裂不碎，可见功夫高深。

刘毛群的女婿，日伪统治时期也在泥河村住，名叫王之连，此人吃喝嫖赌样样精，坑蒙拐骗无恶不作，外人送号"黑豆虫"，有人想除掉他，去找刘毛群。刘说："儿大不由爹，何况他是个女婿，我管不了他，你们怎么他我不管。"后来王之连就在一天夜里被人杀死在村北地里，当时对于这一事件村里无人不震惊，而刘毛群则显得淡定镇静。

土改时刘毛群被推选为农会主席，全面负责泥河土改工作。他该翻身了，但他不但无私心，甚至分了东西，晚上又悄悄送回去。他不是怕反攻倒算，而是怕得罪乡里乡亲，因此刘毛群得到了一个"大好人"的雅号。当了村干部，刘家依然清贫，直到新中国成立了，他家仍住着三间小泥抹棚。

常人云"好人有好报"，刘毛群上辈人丁并不兴旺，但之后家道发达，人丁兴旺。他有两个儿子，老大刘学礼，当过煤矿工人，因事故受伤返乡，"文化大革命"时当过大队贫协代表；老二刘学智落户鹤壁老区，在城里当了工人。他们的孩子都生枝发芽，各自成家立业。

25. 新中国成立后复兴大平调剧团、修建护庄堤的老支书——李永元

李永元，男，1930 年 7 月出生于泥河村，2016 年 3 月病故。原中共党员，曾任泥河村第二任支书（光芒庄高级合作社时期）。他任支书期间的突出业绩是组建了泥河村大平调剧团与修筑护庄堤。

李永元从小就天资聪慧，做事勇敢。孩提时代被同龄人拥戴为"小孩儿王"（儿童玩耍的领头者），人称"李冒儿"（果敢的意思）。由于他做事果敢，善于组织办事，表现积极，青年时期就被吸收为中共党员。又因为工作出色，在第一任支书郭全英被抽调到乡里任职后，他成为村里第二任支书。他热爱文化娱乐活动，又加上 1956 年正赶上国家号召繁荣社会主义文化事业，于是他和大家商议，决定在原有的村戏班的基础上，组建村大平调剧团。泥河在旧社会就有戏班子的底子，不缺演职人员，当时缺的是服装道具。道具还能使用，可专用的古戏服装压根就没有。怎么办？买，村上没钱，社员（人民公社时期对村民的称谓）更无钱。于是，李永元就不辞辛苦，与几个干部分别几下山西与陕西，找在外干事儿的老乡"化缘"（筹钱）。老乡们在他们的解释下，非常支持，都愿为老家办剧团解囊相助，不久款项就凑齐了，当时张荣安（从老家出去干事儿的劳模）、郭合喜（陕西宝鸡铁路工人）出钱最多。这些钱真派上了用场，用它们置齐了"五蟒五靠"等主要戏曲服装，保障了村剧团如期演出。之后的村大平调剧团，风风雨雨几十年，都是在这个老底子的基础上传承发展的。泥河作为文化村，的确受戏曲文化的益处匪浅。而李永元的名字也一直与之

有关，各个时期的剧团管理也都没离开过他，至今他还保管着原村剧团的"戏箱"（戏装道具）。

图 35   泥河大平调剧团和护庄堤建设的组织者李永元（2011 年秋摄）

李永元当支书时为村里办的另一件大事是修筑护庄堤。当时的泥河村是思德河（古蟠龙河）正冲的洼地村庄，十年九涝，每年夏季水患成灾，对全村百姓的生命财产造成极大危害，百姓每年都担惊受怕。涨大水时，水深没到玉米顶端，进到屋里能漂起床和家具。李永元当支书时，几次组织召开村支部会议，商议修筑护庄堤之事。正巧那时候，村里有个在汤阴县水利局（在新中国成立初期淇县曾经被并入汤阴县）工作的人给他透气，水利局支持村里申报水利设施建设。他就联合在吴寨乡里工作的郭全英，一起申报村里的护庄堤修建项目，并获得了汤阴县水利局的支持。最终在 1957 年一过完春节，他就带领大家开始动工，经过几个月热火朝天的昼夜奋战，在当年夏季大水来临之前竣工，确保了安全度汛。全村百姓有史以来免遭了水害的袭击，无不打心眼里儿高兴。自从修好了护庄堤，泥河村百姓再也不受大水灾害的侵袭了。至今，全村人提起护庄堤之事都还记着李永元支书的大功劳。

遗憾的是因为组建剧团唱老戏，到 1957 年"破四旧"时，有人诬告他当支书搞封建迷信，他被免去了支书职务。在 1958 年时，又有人陷害他诬告他偷集体财产，他被抓到公社接受审查。经多方努力，他虽然没有被判劳动改造，但是被开除党籍，降为一个生产队的小队长，一直干到"文化大革命"时期。"文化大革命"以后，国家放松了对传统文化的控制，一生因为恢复传统文化而饱受风霜的他终于有机会可以投入到自己喜欢的事业。他又积极投身到大平调剧团的戏剧排练和演出事业，每年冬天他都张罗着组织大家排戏。他自己不会演戏，但是会在开戏时，帮助剧团维持秩序、做好后勤服务，让村民们可以欣赏到传统戏剧的魅力。随着国家对传统庙宇的控制放松，他又热心于传统庙宇的恢复重建之事，一方面，为淇县的两座神山——云梦山和灵山的重建积极"化缘"，募集善款；另一方面，和刘瑞芬等人一起，积极开展本村两座寺庙的修建工作。

李永元是泥河李家优秀家风的传承者，他的父辈就出现了几位多才多艺的乡土文化名人，他自己为了传承大平调戏剧饱受陷害打击，但是这都不能阻挡他醉心传统文化，并且努力实践传统文化的善良和宽恕的核心价值。他那双看透世间风云的双眼，闪耀着平淡从容的光，永远给人以坚强有力的启迪。

26. 传奇女子——刘瑞芬

刘瑞芬，女，生于1933年，系泥河村刘氏家族刘玉德之女，中共党员，在泥河村历任团支书、妇女主席、副支书、副大队长、革委会副主任、妇联主任、治安主任等职。

刘瑞芬从小父母去世较早，所以不像那个时期的女孩子受到那么严格的封建家庭管教，养成了比较泼辣的性格。她从小跟着男孩子在街上跑着玩，共产党领导的西山游击队来了之后，她就跟随郭全英等人加入村里的民兵队伍，参加对抗国民党地方武装的游击战，成为当时年纪最小的女民兵队员。新中国成立后，她又成为村里最早的一批中共党员，成为当时的女干部。后来她嫁给本村郭氏家族进步青年郭宝珍（新中国成立后任公办教师，终生扎根基层从事教育事业）为妻，二人戮力同心，在各自的工作岗位上，都做出了出色的工作。她丈夫郭宝珍的乳名叫"春群"，在泥河村郭氏家族同龄人中辈分高，所以"春群奶"的别称，在全村后辈人口中取代了她的大名"刘瑞芬"。

刘瑞芬的传奇在于她在每一个时期都能够出人头地，成为村里的领袖式人物，不愧是泥河的女中强人。新中国成立前，她从十几岁就参加共产党的地下民兵组织，跟着共产党打游击。新中国成立后，她成为全村最早

图 36　刘瑞芬守护在她的关帝庙里（2013 年暑期摄）

的女共产党员、女干部，在当时也是叱咤风云，风光体面，县里、公社领导都知道泥河的女干部刘瑞芬。"文化大革命"时期，她作为村里三人领导班子成员之一，受到造反派的揪斗，但是硬是没有挫败她的革命干劲。造反派被清理出阶级队伍之后，她继续出任村妇女主任，积极参与村里的妇女工作。改革开放初期，刘瑞芬退出村领导岗位，然而她却找到了一个更广阔的发展天地。她先是和丈夫一起开了一家红旗化工厂，成为全村最早的农民企业家，带头发家致富。后来随着年纪增大，把工厂交给三儿子打理，她回到村里接管了刚刚兴起的两个庙会，成为一群善男信女的精神领袖。她不但不辞辛苦，还乐在其中，几乎以庙为家，整天守在庙里，集资建庙，组织文化活动。她组建了泥河村老年康乐中心，每到初一、十五，她都带领大家在村里扭秧歌。正月十五，她还组织大家参加县里边的文艺会演。现已 80 岁高龄的她（2015 年时），仍然热心经管着村里的三个村庙。有人可能比她工作执着，有人可能比她信仰虔诚，有人可能比她会经营企业，但是历经革命、解放，将村干部、工厂主、庙会香首等众多经历于一身的人，在泥河她是唯一的。她总是能够跟随时代的步伐，找到发挥自己才干的领域，并且成为这个领域的领袖人物，作为一个女子能够做到这一点，刘瑞芬在泥河村是第一人。

27. 山西淇县老乡的保护网——张荣安

20 世纪五六十年代，在山西榆次（晋中市）、太原火车站提起"大个儿老张"，几乎无人不知，无人不晓，他就是太原火车站货运站退休职工张荣安。

张荣安原籍淇县泥河村，生于清末民初。日本入侵中原后，华北一带百姓民不聊生，张家弟兄多，在老家无法生存，弟兄四人中三个逃荒到山西，仅有四弟张荣福留守在家。张荣安打过短工，下过煤窑，最后在榆次火车站落脚。火车站货运主要是指装卸火车，当时叫"扛大包"，没有力气干不了，不管盐包、粮包，都将近二百斤，要扛上扛下火车。张荣安个子大，力大如牛，别人扛一包还上气不接下气，他却两臂夹起两包就走，很多人啧啧称奇。老张不但省吃俭用，而且人缘很好，后来成了货运站负责人。榆次站是二等站，而太原站货运吞吐量大，他后被调到太原火车站，仍干本行。张荣安最大的特点是乐于助人，尤其是对穷人、困难人。那时，河南农村生活艰苦，不少人到城市碰运气，仅泥河村找张荣安安排工作或帮忙的就有十几人，也有淇县籍外村人慕名来找张荣安的。虽然太原城市规模不断扩大，用工需求量大，但安排工作并不是一件容易的事情，有时需要等待，张荣安家便成了临时旅馆。特别值得一提的是，本村人张金祥来投奔他，金祥是个孤儿，一路要饭到山西，张荣安管找工作，管吃住，而且一管就是十几年。张金祥与他虽说是同姓，但无任何瓜葛，非亲非故，张荣安只是同情他，直到张金祥成了家，另起炉灶。经张荣安安排或帮忙的淇县人不计其数，很多人成了正式工，他们无不感激涕零，都说是张荣安帮了忙。

泥河人更不会忘记他当年为村业余剧团捐助的事。新中国成立后，生活好了，村民有了新的精神追求，于是村业余剧团得到新的发展，请来名伶当老师，也排了几出像模像样的大平调戏曲，但剧团的装备太差，无法进行正式演出。当时集体财产空空如也，连戏曲教师吃饭也是演员（学生）轮流管，戏装是唱啥角色自备服装，刀枪自造，穿戴只是自做软巾软袍之类，而蟒袍之类就非得去买，没钱只能望洋兴叹。后来村干部想到已在外地工作的老乡，而在外人员集中的地方就是山西榆次和太原，于是村干部专门去拜访，说明来意。老乡见老乡，很是热情，又是张荣安带头，个人拿出一百多元，相当于两三个月的工资，同时还组织本村籍的同乡捐款，一次就筹集了两三千元。从此泥河业余剧团有了"五蟒五靠"，髯口刀枪头饰等服装道具基本满足了外出演戏的需要。

张荣安工作认真负责，成绩突出，曾先后被评为太原市、山西省劳模，他个大，饭量也大，干活儿一个顶几个，据说粮食实行供给制后，他和大庆王进喜一样，享受双职工待遇。张荣安退休后还积极参与公益事业，为困难职工和灾区捐款捐物。人常说好人一生平安，张荣安老人一生儿女双全，晚年喜欢挑着或脚蹬三轮带鸟笼遛鸟，2010 年无病而终，活到 98 岁高龄，也是泥河人中最长寿的一位。

28. 新中国成立后"翻身"当家做主的矿山干部——郭连安

郭连安（幼名：小蛋儿），男，1929 年 12 月出生于泥河村。他 12 岁那年，也就是 1942 年，正是豫北地区遭遇"三害"（水灾、旱灾、蝗灾）的时候。灾荒战乱导致民不聊生，妻离子散，流离失所。而郭连安的家境更加窘迫，无法生活。

起先，郭连安的父亲郭庆荣靠种粮食兼种菜卖菜维持家庭生活。相传泥河村当时种菜卖菜的多，有的说 60 条扁担，有的说 80 条，反正那时种粮收成低、官府收租多，泥河这里低洼地多，黑泥壤适合种菜，所以种菜卖菜的多，收入稍微多点，钱来得也快。那时候，西前街全部、其他街家境困难的，几乎家家都种菜，一出就是几十条扁担挑筐，天不明就走到四五十里开外的丘陵山区庙口、黄洞一带（当时的山区缺菜）去卖菜。郭连安一家为了解决生计问题，其父郭庆荣也加入了扁担队挑挑儿卖菜换票儿糊口。可到了 1942 年前后的灾荒时期，加之日军的侵略压榨，种菜也不行了，人多孩儿小的家庭就没法维系生活。穷困潦倒之际，共产党的军队来了，郭连安的父亲就参加八路军打鬼子去了。剩下母亲与四个孩子连安、永安、春枝、保枝（当时还没有小弟同安）就更无法生活了，于是郭连安就逃荒到山西太原白家庄煤矿找舅舅（当时连安的舅舅在此矿下煤窑）避难。

当时年仅 12 岁的郭连安到矿上当了下煤窑的童工，可见日子是多么艰难。终于到了 1949 年迎来新中国成立，进入新社会，政府成立了矿务局，郭连安获得了新生，到了 1950 年 12 月，他被调到井上工作，由于工作积极、成绩突出，从 1956 年开始，他又被调到矿团委工作。1967 年他又被调矿"上山下乡办"（知识青年办）工作，直到 1978 年被提拔为矿知青办主任，走上了领导干部的岗位，一直干到 1989 年退休。现已 87 岁（2015 年）的他，一提起自己一生的经历，就从内心里感谢党、感谢新社会。他的妻子李小容，还是从老家邻村二郎庙村李家娶的，与妻子结婚后，夫唱妇随干工作。妻子退休前任白家庄矿五二街居委会主任，1988 年退休，现年 84 岁。而他们的孩子们生在新社会，长在红旗下，受父辈的教育，他（她）们更加珍惜新社会的生活，勤勤恳恳地学习与工作。长子郭富河在矿学校做后勤工作，次子郭富新在矿务局医院任办公室主任，三子郭富平在矿供应科工作。四个女儿桂英、改英、兰英、淑英也都当了工人，各自成家立业。

29. 土改后获得新生的一家人——李春元家

李春元（幼名：春成），男，出生于战乱时期的清朝末年（1894 年左右），60 来岁去世（大约在 1954 年）。他是泥河村土生土长的老实人，心善笃实，靠种地为生。那时村里还有戏班，他热心去当个轿夫，混个热闹，顾个嘴。李春元夫妻共生四男二女。

旧社会由于土地少，又是兵荒马乱的年代，加之李春元已有了三个孩子，靠耕种土地仅有的一点儿粮食，除了缴租，所剩无几，家庭生活饥一顿、饱一顿。大约是 1945 年，李春元家仅有的几间破草房年久失修突然倒塌，这给他家带来了莫大的灾难。房子塌了，没地方住，又无力量盖房，不得已举家搬进了村西头的"关帝庙"，在这里一住就是四五年，艰苦度日。在庙里先后又生了老四（男孩）、老五（女孩），还娶了大儿媳妇，日子依旧穷得叮当响。

1949 年新中国成立后，村里开始全面土改，李春元家土改时分了地，还分了庙产。在村里的帮助下，他家又新盖了几间平房，重新安了家。从此以后，李春元一家翻身得解放，当家做主人。尽管李春元 60 多岁就离开人世，但是他的孩子都在新社会成家立业，兄弟四个的生活发生了翻天覆地的变化。李春元的长子李树合新中国成立后，当了铁路工人，现定居山西临汾，成了工人家庭；次子李树明曾被招为县供销社高村棉站工人，有了自己的固定收入；三子李树玉参军后转业到天津大港油田，曾任调度和保卫科科长；四子李树林曾任过六队生产队长、车把式，现在还是三里五村的经纪人。

30. 灵活谋生的末代保长——贾致文

贾致文，泥河贾姓第四代传人贾怀温的四子，出生于民国初年，逝世于改革开放之初。贾致文灵活谋生的生命历史，印证了泥河村近百年的人事沧桑。

贾致文是民国时期最后一任保长，有人认为贾致文没啥本事，遇事哈哈一笑，或许推选他当保长，就是看上他不温不火的个性。因为前几任保长性格火暴，虽办事果断，但很容易碰钉子，贾致文的个性却能够适应那时的形势。那时正值国共两党开展军事拉锯战的时期，对于国民党、共产党以及地方杂牌军等，村里都得应酬，贾致文总能哈哈一笑，打发他们离开。"文化大革命"时，清理阶级队伍，明确旧时的老保长也是斗争对象，但贾致文却没挨斗，这也是得益于他柔和的个性，在村里不得罪人。

但贾致文的灵活个性，有时也会带来麻烦，新中国成立初期就因为灵活挪用国家贷款而获刑。那时候，政府发放贷款没人敢贷，贾致文算是敢于"吃螃蟹"的人，申请到贷款。但是国家贷款是支持生产的，要求专款专用，他却把发展农业生产的资金用于盖房，解决居住问题。结果他因为挪用专项贷款而获刑。

三年困难时期，生活日用品相对紧张，他又发挥其灵活多变的长处，到新乡、安阳、邯郸等地购买一些紧俏的商品用于家用，或和亲朋好友分用，当然也有卖给别人的，赚个小钱贴补家用，但不敢太多，否则便犯投机倒把罪。一次他带次子贾新宝（大名贾品德）到安阳开眼界，见饭店卖汤面条，父子吃了几碗，感觉很好吃，就准备买点儿带回家，让全家人都尝尝安阳的汤面条。他们父子分两三次，共买了20多碗，还买了一只桶，准备盛上面条带回家。不料，他们的做法被市管会人员发现了，告诉他们粮食是国家管控物资，只能在食堂消费，任何人不得带走。退货自然不能，花钱买的，扔掉太可惜，只好自己慢慢消费，吃吃歇歇，到饭店外溜达一圈再回来吃，最后总算吃完了，才搭上火车返回家乡。这成了村里一个苦中作乐的小故事。

贾致文除了性格灵活，还有几样谋生的本事。一是会打算盘，他不仅教会自己的亲门近子，还被有点儿亲戚关系的葛家请去教打算盘，原大队会计葛江仁就是那时跟贾致文学会打算盘的。还有一样本事就是会下粉条，集体化时期，红薯产量高，各队都栽红薯，秋后红薯熟了，大家吃不完，就加工成粉条。那时候，一般队里都要出钱雇下粉条的师傅，请来之后，就想"偷技术"，省得以后还要出钱请人。唯有三队的贾致文会下粉条，三队能省不少钱，其他五个队最初都请贾致文帮忙，从他那里学技术。

贾致文不但心灵手巧，而且个儿大有力气，50多岁也不服老。生产队有的活儿需要热闹场面，烘托气氛，如挑场上垛、担水泼场，要一鼓作气，短时间完成。一次挑水，驻村干部老杨在场，他没见过这种场面，在一旁不住地呐喊，贾致文大步流星，桶满不洒，老杨逢人便说"贾致文挑水冒骨头儿"。"冒骨头儿"是满得出尖的意思，这虽然是夸张的说法儿，但贾致文的力气大、挑水行走稳当，却留下佳话。

贾致文有三子一女，当时那个年代孩子多劳力少，经济很紧张，但他硬是供长子永德上完初中，随后送子参军。永德后来在部队提干，工资涨到七八十块钱，村里人很羡慕，毕竟永德是泥河村解放后贾氏家族第一个解放军军官。但后来问题出现了，家里人口多，永德母亲得了重病，希望他往家里多寄些钱，永德自己刚成家，不愿多寄钱回家。父亲生气了，甚至用上了当时最流行的词语，说儿子是"走资派"，要断绝父子关系，确定儿子活不养，死不葬，祖业不分一间给大儿子。这一过激的做法，导致父子几年不往来。经过几年的苦苦煎熬，父子和解的机会终于来了。父亲不给分房子，永德决定自己回老家盖房，房基地有了，但奠房基地必须找人穿忙。永德的假期有限，要想短时间盖好房子，必须晚上加班，他长期在外，和村民不熟，难以请来村民帮忙连夜加班。有年长的本家建议，你虽然在部队是连长，但来家却管不住老百姓，街坊邻居未必买账，叫你父亲来，老脸面肯定比你强。永德只好去求父亲帮忙，父子总算和好。贾致文亲自去给儿子请人来帮忙，而且给穿忙的人炸油条。结果，一下来了20多辆平车，不到晚上十一点，就奠成了房基。永德也在规定的假期内盖好房子，顺利返回部队。

贾致文的次子贾品德受父亲影响，从小在"文化大革命"的各项运动中锻炼了口才，人很机灵聪明。他在小学上了八年，高村公社第一次成立高中招生时，他没上过一天初中，竟也榜上有名。后来到淇县庙口水泥厂当了工人，一直做到水泥厂的监事。三子贾长德更是直接受益于父亲贾致文的机灵头脑，算是子承父业，经营红白喜事餐具、炊具租赁。早在改革开放初期，贾致文就看到了餐具炊具租赁的商机，置办了一套餐具和炊具，用于租赁，不过当时受经济条件限制，只能是小打小闹。儿子贾长德接手后，更换了全部餐具、炊具，而且服务周到、车接车送，不仅在当地获得大家信赖，还把服务范围扩大到庙口、西岗等地。人们都说长德干的这一桩生意，是父亲留给他取之不尽的财富，比干正式工还强很多。

31. 新中国成立初期的经纪人——贾致明

贾致明，男，出生在新中国成立前，去世于1982年。在世时为泥河村乃至周边县远近闻名的经纪人（简称"经纪"，现叫"交易员"），主要是指为买卖双方撮合从中取得佣金的人。那时候一般每个村有一个经纪人，除了辖本村的生意，也可跨区作业。而泥河村的贾致明，经历的事儿多，估价让双方满意，一般买卖交易都找他说合。特别是他对牲口的估价，比较符合市场行情，成交率特别高。所以每逢集市的会头儿上，买卖牲畜户都喜欢说："贾经纪又来了！"

贾致明当经纪人，一上集会的牲口市场，他用眼一观，手一捏一撮，就知道这个牲口几岁了，出力如何，很快就估出价来，使买卖双方满意成交。他做经纪人很适合，平时乐观热情，总是笑哈哈的，有亲和力。集体化时期，各小队搞运输、犁地耕作，主要靠人与畜力。曾经在一个时期，泥河村六个生产小队买卖牲口都由致明做经纪人，而各队的牲口都比外村的好。平时各村庄修水利，拉石头、泥土等，都离不开牲口，而泥河各队因为牲口有劲、跑得快，总是提前完成任务，获得先进。因为大部分牲口都是经他手买卖的，在这一点上，全村干部群众都称赞贾致明。他一生主要从事经纪职业，做经纪人也使他的家庭逐渐殷实富裕。新中国成立后他家最先盖起砖石两层楼，即使在三年困难时期，贾致明家早晚就饭吃的还是大籽黄豆，邻居甚是羡慕。他家是当时远近有名的富裕户。

可人总是有不如意的地方，贾致明夫妻一生未生过子女，后来要了一男一女。义子义女孝顺能干，义子贾玉保是本小队的车把式，日子更是红火。但后来一次事故中，义子贾玉保触电身亡，这给贾致明夫妇造成极大的打击，从此贾致明一病不起，家道也就没落了。

32. 曾经当过某族司令员的贴身警卫——贾林德

贾林德（1925.3～2005.6），男，幼名五保，出生在旧社会泥河村贾氏家族中一个贫寒的家庭。在旧社会战火纷飞的年代，13岁时他父亲就在逃荒中走失，下落不明，兄弟三人跟随母亲艰难度日。他在兄弟三个中排行老大（二弟贾树德，三弟贾有德），为了减轻生活的压力和寻求活路，他毅然决然地告别母亲和两个弟弟，于1946年5月参加了中国人民解放军，所在部队正是解放军西北野战军第120师某旅，先在部队任司号手，后担任机枪班班长、排长、连长等职。

自1946年6月，贾林德随某旅中原军区北路突围部队开始突围中原，转战鄂、豫、陕、甘四省。越过平汉、陇海铁路，进入秦岭、六盘山，抢渡唐河、白河、丹河、渭河、泾河诸河流，经历大小战斗60余次，10月返回延安。11月在山西省离石地区，与吕梁军区机关一部、独立第四旅组成晋绥军区第二纵队，南下（已是南下支队）行程长达两万余里，被称为"第二次长征"。1947年3月，贾林德跟随部队由晋中经永和关西渡黄河，参加保卫陕甘宁解放区的作战任务。先后参加青化砭、羊马河、蟠龙、三边、榆林等战役，所在部队共歼灭国民党军5400余人，并收复三边。8月，参加沙家店战役，会同第一、三纵队歼灭国民党军整编第36师。接着所在部队沿成渝公路追击南撤之国民党军，攻占九里山、骆驼铺、大小崂山等据点。10月会同第四纵队，攻克石堡（今黄龙）、韩城、宜川，俘宜川河防中将指挥官许用修，东渡黄河至晋南，解放吉县。1947年12月随某旅部分干部和部队在山东省渤海地区扩建教导旅。回到山西省后，又参加解放运城、安邑的战役。1948年3月，经禹门口再次西渡黄河，参加宜川战役，挺进渭北，参加收复石堡、白水等战役，又在荔镇、肖金镇跟随部队抗击国民党军的反扑，掩护主力向东转移。之后，参加澄合、荔北冬季战役，俘第76军军长李日基及第20、24师师长。由于他在历次战役中表现突出，作战勇敢，被某旅司令员看中，成为司令员的贴身警卫。

1949年2月，他随部队参加春季战役和陕中战役，解放咸阳、武功、扶风、凤翔、眉县、周至等县城。7月跟随部队向甘肃、青海进军，相继参加解放清水、甘谷、和政、临夏等战役，尔后由循化、永靖过黄河，挺近甘肃河西走廊，参加攻占民乐、张掖、酒泉等战役。1949年10月随部队进军新疆，至1950年3月，先后在南疆的喀什、蔬附、阿克苏、焉耆等地区参加战役。1953年3月，军部整编为南疆军区，他所在部队整编为步兵第4师，第5、6师整编为新疆生产建设兵团第1、2师，也就是后来的中国人民解放军新疆军区生产建设兵团农业建设第1、2师。由于部队需要，贾林德离开司令员，调入新疆阿里地区运输指挥所，任运输大队长。由于担心家中两个弟弟的生活状况，他拒绝了所在部队提拔团长的机会，申请复员，于1956年3月20日转业。

贾林德在长达10年的军旅生涯中，经历了无数次的战斗，也曾多次负伤，其中，胸部贯穿伤两处，胃部切除1/3，右肺部有两处枪伤。由于曾经失血过多，退伍后常年有贫血、胸部肿胀等症状。转业回到老家，看到自己的弟弟没有成家娶亲，随又挑起了家庭的重担。在自己也没有成家的情况下，用自己的转业津贴为二弟贾树德先成家娶了妻。后经人说合他与本乡的刘秀英结缘。他与妻子刘秀英（1939.1～2011.9）结婚后，两个经过苦难的人恩爱有加、相互扶持、相濡以沫。结婚不久，1958年春，贾林德与妻子一起到焦作矿务局冯营矿参加工作，任职工餐厅炊事员，直至1985年7月离休。由于在餐厅工作认真，做得一手好菜，离休后，又被局领导聘请为矿区指挥部干部餐厅厨师长，直到1992年请辞。妻子一生在工作上吃苦耐劳，勤勤恳恳，一直任灯房班组长，曾获"三八红旗手"等荣誉称号，于1992年5月光荣退休。

贾林德一生兢兢业业、历经沧桑。他经历了旧社会的苦难，接受了解放战争血与火的洗礼，见证了新中国成立初期和改革开放后国家的建设和发展，他的一生是令人尊敬且钦佩的一生，他的子女们为有这样一位父亲而感到骄傲。贾林德夫妇生育两子三女，共五个孩子。长子贾年喜，在焦煤集团赵固二矿工作；次子贾焦喜，在焦煤集团冯营公司办公室工作；长女贾喜玲，在焦煤集团冯营公司工作；次女贾爱玲，在焦煤集团公司工作；三女贾年玲，是自由职业者。

33. 党的忠诚战士革命伤残军人——石文学

石文学（1926.11～2007.11），原名石林温，男，系石心和长子，中共党员，娶本县江屯张玉梅为妻，育有六个子女。1947年参加革命工作，历任刘邓大军战士、班长、副排长，平原省（旧省名）荣军医院学员，黑龙江省虎林劳改农场科长，青海省人民医院管理员（正科），淇县县委招待所所长，淇县民政局办公室主任。1987年经中共鹤壁市委批准，享受县处级干部待遇。

解放战争时期，石文学被抓作壮丁，不堪压迫，毅然投身中国人民解放军，随刘邓大军挺进大别山。他思想追求进步，在部队第二年就加入中国共产党；他作战勇敢，不怕流血牺牲，在大别山战斗中身负重伤，七天后才被当地民兵营救，被评定为二级甲等残废军人，为中国人民的解放事业和新中国的成立献出了青春和鲜血。

新中国成立后，他服从组织分配，拖着残躯，奔赴遥远的黑龙江。工作中，他认真负责，严格执行政策，教育和帮助服刑人员积极参加改造，争取早日重新做人，为新中国的劳教事业默默无闻地工作，后又奉组织之命，远赴青海，在青海省人民医院从事后勤管理工作，工作岗位虽然平凡，但他不因岗位平凡而不为，而是尽心尽责，想方设法杜绝跑、冒、滴、漏，不拿公家的钱物送人情，人称"红管家"。

1963 年他调回淇县工作后，不论是从事接待工作还是从事民政工作，都勤劳踏实，埋头苦干，不争名、不争利、不争权，做到了公平处事、以诚待人，是淇县干部圈里公认的老实人。

石文学为人敦厚，待人热心，严于律己。他子女多，家属无工作，在老家帮家属干农活儿，但他从不以老军人、老革命自居，从不向组织要照顾，搞特权。他对子女要求极为严格，教育子女要珍惜生活、热爱生活，努力学习，勤奋工作，做社会有用之才。子女无论务农做工，还是当公务员，都能遵从父亲的教诲，诚实做事、低调做人、遵纪守法。

34. 由儿童团员到新中国铁路建设者——郭合喜

郭合喜，男，1933 年 4 月出生，中共党员，祖籍泥河村，现为陕西宝鸡铁路机务段退休干部。

说起郭合喜，可谓泥河一传奇人物。他自幼与兄弟姐妹随母亲改嫁到泥河李氏家族安家落户，他们虽未改姓，但与李家按辈分相称。旧社会，合喜家境极为贫寒，虽脑子聪颖，但无法上学。解放战争时期村里成立了儿童团，他积极参加儿童团。从此，合喜由一个衣不遮体的"穷小儿"，加入了村儿童团跟着村党组织闹革命。由于他机灵能干嘴又巧，很快他就当上了儿童团长。他很负责任，经常按照组织的统一装束，手持红缨枪，在村口站岗放哨，严格盘查过往行人，为了问话方便，他就用儿童团的路条唱歌问："老乡、老乡我问你，你上哪里去？今天儿童团轮到俺站岗，请问老乡你有无路条子，掏出看看，掏出看看，才让你过去，没有这路条子，就是不让你过去。"他还自编了很多顺口溜，宣传革命道理与村情，即使在人不高兴时，他也能把人逗笑。因为他随母改嫁到的泥河李家有位能说会道的农民诗人李中秀，也许他的聪明嘴巧是受李家"秋叔"（李中秀的别称）的影响。

后来他逐渐长大了，随着革命的历练，思想也逐渐成熟，他成了村里第一批共产党员（1951年）。从此他紧跟共产党干事业，搞土改，建设社会主义。1954年上级来村里招铁路大锹（土音：秋）队工人，就是砸洋镐护路的工种，他踊跃报名去当了铁路工人。当时在京广路新乡段修筑铁路，工作非常艰苦，与他一同去的几个人，受不了这份罪，没干多长时间，就辞工返乡了。唯独他坚持下来，一干就是一辈子，先后辗转于郑州、西安、宝鸡等地，为修筑京广及陇海铁路立下了汗马功劳，多次被评为思想教育及工作积极分子、劳动模范等。由于他能吃苦，肯吃苦，又有组织宣传能力，他由一个普通的工人升为工长、安检督查，直至1973年升为宝鸡机务段党支部书记（正科级），退休时，享受老干部正处级待遇。

郭合喜，说传奇也传奇，在旧社会穷得上不起学，参加儿童团闹革命，在新社会靠聪慧实干，受到组织的信任、培养与重用。职位提升后，他不忘家乡本源，竭力为家乡做贡献，50年代村里办剧团、修建护庄堤时，他从自己当时微薄的工资中拿出一部分解囊相助。总之，无论是村里的事还是别人个人的事，他都尽心尽力地去办，总让人满意，是个热心人、好心人。

35. 由铁路建设的大锹工到劳动模仿——贾修德

贾修德，男，幼名贾张保，1930年11月生于泥河村，1985年左右病故。

提起贾修德，现在家乡人知道的不多，但一说起贾张保，老茬儿人都知晓。他的踏实肯干，他的做事为人，他的敬长爱幼……令后代人敬重。修德是泥河村贾氏家族"德"字辈（六世）传人之一。他出生于贫寒落后的旧社会，虽然当时家境困窘，但他从小受父辈（父亲贾致中，三个叔叔贾致政、贾致成、贾致文）敦亲睦邻、勤劳踏实的影响，养成了勤奋向上、笃行实干、善待邻里亲友的好习惯。父亲贾致中一生只养育了修德（张保）一个儿子，新中国成立前，因家贫无机会让儿子上学，新中国成立后，贾修德进了当时的迁民完小读书上学。党的培养、家庭的影响，使他走向社会后，立志成为父亲给他起的名字那样的人——修身立德。

从学校毕业后，贾修德就返乡投入农村劳动，经媒人介绍他与邻村杨吴的贤惠女杨美荣（1929年9月生）结为伉俪，从此夫唱妇随、同心协力创家业。20世纪50年代中期，国家大修铁路，来村里招工，贾修德积极报名参加了铁路大锹队。当时他在山西太原铁路上，不怕苦不怕累地一干就是多年。后来因工作成绩突出，其勤劳实干的典型事迹曾在《太原日报》上刊登。在太原工作稳定后，他把妻儿老小接去，同为国家建设做贡献。他们住在工区家属院，妻子美荣及全家老小为人敦厚善良，左邻右舍爱求他（她）们帮忙做事，很快成了邻居们的好朋友，直到现在那个时期的旧邻里的后辈们都念念不忘他们当时的恩惠好处。邻居炉子坏了他们帮着修、生活一时拮据他们把省吃俭用的钱借给他们，老家来人了，他们一家主动接待与帮忙，临走还送乡亲们路费盘缠。由于贾修德夫妇在工作中勤劳实干，生活上与人为善，后来组织调贾修德到太原中心医院工作。而妻子杨美荣也有了一份工作，在山西省机床厂工作至退休。

贾修德夫妇长期乐善好施、勤奋敬业，子女们也传承了这种美德。贾修德夫妻生育三男三女，三个女儿均已出嫁成家，其中一位女儿叫"小花"，曾是一位列车员，每当她值班路经淇县，都要望望老家泥河村，可谓是乡情浓浓。儿子们更是尊重父母遗愿，父母逝世后，墓葬老家，无论是办丧事周年，还是父母迁坟，都把家族近亲请来聚会，但从不收礼。长子贾四喜，在太原机车车辆厂物资部任计划员；次子贾原喜曾在山西省机电设备总公司任副经理、工会主席，省物产集团工会副主席，现自成公司，是"瑞典SKF"轴承山西省总经销的董事长；三子贾全喜曾在省机床厂工作，现任山西本田汽车销售公司总经理。尤其是孙子贾宏宇，从韩国留学归国，自成一家公司任总经理，事业兴旺。

36."文化大革命"时期忠诚实干的村支部书记——晋善文

晋善文，男，出生于1932年，病逝于2011年，享年79岁。他1970年加入中国共产党，1971年到1978年任泥河大队党支部书记。他任职于"文化大革命"时期，但这一时期却是泥河村最风清气正的时期。当时造反派夺取了村政权后，村里一度派系林立，矛盾重重。到1968年，中央开始清理阶级队伍，推行上海经验，在农村建立革命委员会，重新恢复农村政治秩序，随后1969年又派工作组到农村整党。晋善文就是那个时候被工作组选出来的忠厚老实的新党员、新干部。整党结束后，他于1971

年被工作组委任为泥河大队新任党支部书记。

图37　晋善文的遗照

　　担任支书期间，晋善文虽然文化程度不高，也不会顾及人情世故，但他忠诚于党的事业，以党员标准严格要求自己，以身作则、率先垂范，做事兢兢业业。在廉洁奉公方面，他尤其令人称赞，集体的利益一分不沾，尽管他可以随意调动六个生产队的车辆，但他一次也没有用生产队的马车为自己家运东西。

　　在任期间，晋善文主要带领社员兴修水利、大搞农田基本建设。当时，他指派团支书李香元作为民兵队长，直接带领村里的民兵突击队，上山采石头，拉回村里，修样板渠和样板路。从村北的思德渠一直沿着三队、四队、二队、一队的农田，修了六七里的样板渠，保证几个队的农田可以引水灌溉。而且，他带领大家进一步填沟开荒，使全村耕地面积不断扩大，粮食产量在全公社名列前茅，村里街道更加宽阔平坦。

　　"文化大革命"时期，泥河的村风在他的权威治理下，也有了很大的改进。晋善文个性耿直，不怕得罪人，对于村民的私心杂念和贪图小利的行为，他敢说敢批，而且首先在他所在的五队和自己本家开刀。他曾对村民骂街斗气的恶习进行惩戒，并在自己所在的五队率先施行。这一措施确实对乱骂街的不文明行为起到震慑作用。有一次自己近门本家的猪跑出圈，他照罚不误。最终，因为本队一社员违反纪律的处罚没有得到落实，他感觉自己的威信受到挑战，便耿直地辞去了大队支书的职务。

晋善文的执政历史表明，"文化大革命"时期泥河村并不像人们想象的那样混乱不堪，而是对 1966～1967 年两年的造反运动进行肃清，这一时期是农村生产建设和村规民风积极发展的历史。

37. 生产大队的"铁算盘"——葛江仁

葛江仁，男，生于 1936 年，曾任大队会计，一干就是 30 年。他以老实著称，为大队精打细算、认真把关，人称"铁算盘"。他经历了新旧两个社会，从小吃苦受难，塑造了他艰苦朴素的性格。他勤奋好学，新中国成立前后本家两个叔叔做小生意，特意请人教打算盘，他晚上也常去凑热闹，结果大人还没学会，他在旁边倒学会了，两个叔叔赞叹不已："五臣（乳名）面似老实，心里透着呢。"随着不断练习，他的算盘越来越熟练，为以后做大队会计奠定了坚实的基础。

"老实"在市场经济时代是窝囊的代名词，但是在 20 世纪五六十年代，那时提倡"当老实人、说老实话、办老实事"，"老实人"可不是贬义词。葛江仁能当大队会计，正是因为他老实、倔强，而且算盘打得好，所以获得大队领导的信任，当上了大队会计。葛江仁在泥河是工作时间最长的大队会计之一，从人民公社之前开始，历经人民公社到改革开放之初，和五六任支书供事，始终是大队的大管家。会计不是个官，但位置重要，可谓是"一人之下，千人之上"，不仅管财管物，还是"内总管"，掌握着实际权力。在集体化时期，大队会计大笔一挥，写下工条到小队就是工分，就能变成物或钱；别人拿来条子，在他那里就可以报销。但是如果谁要有丝毫不实，在他面前准碰钉子，他常说："亲是亲，财务要分清。"因办事丁是丁，卯是卯，所以又得了个"老抠儿"的雅号。他之所以能干 30 年，历任支书都愿意用，就是因为他忠诚老实，制度不走样，无论是干部，还是群众，他都一视同仁。

葛江仁当会计多年，泥河大队又相对是个大的集体组织，会计核算任务繁重，晚上加班是常有的事儿。那时候当大队会计每年有 300 多个工分补助，但是为了养家糊口，葛江仁依然需要在完成会计工作之余，到生产队干活。葛江仁讲，他自己就是一个普通农民，是五队的社员，平时穿着打扮非常朴素，根本不像一个大队会计的样子。这让上级领导和外来找他的人产生不少疑惑，因为泥河的会计没有干部样子，不爱穿戴，甚至比农民还"农民"，初次见面都不敢相信自己的眼睛，以为认错了人。尽管葛江仁当了30年会计，却没有贪占行为，家里依然生活拮据。

1986年葛江仁光荣退休，当时他已体弱多病，不能再干重活儿，又闲不住，就在自己家开了一间小杂货铺，和过去的货郎挑差不多，村里大一点儿的超市有两三个，他的小卖部与众不同，净是经营些针头线脑儿、钉子螺丝的日用杂货，根本赚不了什么钱。他的回答很乐观："我干这个就是有事干，不给人添负担，也不想发财，权当为村里人再服务一回！"

38. 红旗队长——贾致海

贾致海（1928.9~2008.1），男，系泥河村贾氏家族"致"字辈（第五代）传人之一，饱经沧桑，是种田的好把式，曾任泥河村三队队长30多年，是泥河村生产队长中任职最长的一位，为农业生产做出了突出贡献。他所领导的三队是红旗队，曾多次被评为县、公社（乡级）的模范。

泥河村共有6个生产队，各项工作先进的是三、四队，三队又更胜一筹。贾致海任队长多年，探索出一套自己的管理方法，首先是以身作则，那时的队长既是领导者，又和群众一样，处处给群众干出样子，同时又要监督，看社员干得合格与否，如锄地是否够深，草是否被锄死。他严格管理，常拿自己家里人或家族中最近的人开刀，这种方法最有效，其他人哪还敢糊弄敷衍。当干部重在谋划，干部自身自然需要起早贪黑，地里场里多转悠，群众下晌了，干私活儿去了，他要考虑下一晌或第二天干什么，怎么干，这样才不至于安排失误，既完成任务，又不窝工。他还带领三队社员开荒造田，"北大荒"净是茅草，他和群众一起灭草，把荒草窝变成了良田；三队北河塘是蟠龙河故道，水沟水塘占地20多亩，他和群众一齐分段包干，从别处拉来好土，使多年的坑坑洼洼的土地上结出硕果。三队的成功经验是既要苦干更要巧干，坚持科学种田，推广新的耕作方法。贾致海还虚心学习外地的成功经验，如寿阳的棉花、滑县秦刘拐村的玉米种植技术等。特别是棉花，三队曾代表泥河大队，在县上交流经验。20世纪六七十年代多数村生产的农作物除了交公粮、分口粮，所剩无几，而泥河村三队社员很自豪，他们除了交公粮还能分工资，其他队都羡慕。一个工能分八九角钱，好年景甚至突破一元，这是全体农民干出的结果，更是干部心血和智慧的结晶。贾致海不仅带领群众脱贫致富奔小康，还严于律己，严管自己的家人和子女，教育子女一心为公，子女个个不甘人后，四个儿子都事业有成，长子贾培德当泥河电工多年，后当上包队干部，现任泥河村支书；次子贾秋德早年参加解放军，后任村小学教师和小队干部、大队干部，英年早逝；三子贾忠德在淇县保险公司工作；四子贾清德，部队复员后在市保险公司工作。

贾致海只是泥河村生产队队长的突出代表，除此之外，还有很多生产队队长，他们都功不可没。如较早和年长的生产队队长郭宝贵、贾成德、贾致江、宋金堂、葛铭德、葛江福、李永元、杨明义、张荣福、郭连全、郭致安、郭文运、贾瑞德、高圣海等；也有年轻点儿的，如郭树和、郭长和、赵秀河、郭西安、李树林、张明河、付喜贵等。这些最基层的生产队队长为泥河的发展默默无闻地贡献，做出了一定牺牲，历史会记住他们，泥河人民不会忘记他们。

39. 集体化时期的林艺师——赵高生

赵高生（1915～1982 年），男，原籍淇县高村乡（现为"镇"）大屯村，新中国成立前因生活难以维持，便投亲舅舅贾致明家，落户到泥河村居住。因他有林果树木栽种技术，所以平时谁家嫁接个果树、修剪个树木，他都热心去帮忙，随叫随到，认真勤快。因此集体化时期，大队成立林业队，全村林业队队长的职务就非他莫属了。

任职后，各小队抽人，成立了专职林业队，专门负责在全村的田间地头、道路两旁、沟渠旁、大街小巷的空闲地及护庄堤坡两侧等，开展植树造林及一年四季的管理和养护工作。赵高生是个勤快又肯钻研的人，他为了搞好全村的绿化，带领林业队种植多种果树及经济林等，让社员既享受绿荫清风，又收到经济效益。随着品种的增多，他亲自上县林技单位（农林所、园艺场等）学林技（果树嫁接、病虫害防治及栽种管理等），返村后，他总是毫无保留地把所学到的技术手把手地交给林业队员，很快为大队培养了一批懂技能、会管理的人员。由于他率领的林业队员长年坚持不懈地忙于全村的林业生产，不几年，全村到处是种（栽）植有序的果树林及经济林。木材树参天而立（杨树、桐树、柳树、榆树、槐树等），经济林葱郁喜人（簸箕柳可编篮子、馍筐和罩炊等；柳叶可夏天熬水喝，解暑败火；植树槐及白蜡条可编荆篮、荆条筐和背篓等）；而果树更是老幼皆喜爱，他们栽种及嫁接的果树"桃三、杏四、梨五年，椿栽骨朵、枣栽芽、橙柳山楂柿树栽在冰冰碴儿"等，不几年就能挂果，满足了社员大人小孩的口福。

那个时期，泥河村一带有塘洼地与纵横交错的沟渠，还有护庄堤，所以有很多可供绿化与发展林业经济的空闲地，而大队用人用对了，当时的林业生产在全乡乃至全县也是小有名气的，社员亦交口称赞。赵高生是人们不会忘记的好林艺师。

40. 为弘扬大平调艺术落户泥河的老艺人——李存山

李存山（1922.6~2011.2），男，生于浚县善堂镇店上村。自幼因家里生活贫穷，为了生计，从小就卖身学艺，专功花旦，12 岁就登台演出，艺名"二妮儿"。由于他学、演刻苦认真，登台演出惟妙惟肖，字正腔圆，一时名扬浚县、淇县及周边的县市地区。

20 世纪 50 年代（1956 年），泥河村在原有大平调戏班子的基础上，正式成立了大平调剧团，当时的剧团，为了提高演艺水平，不断从豫北著名的浚县大平调剧团请教师莅临泥河教戏，先后聘请魁妞（张魁妞）、徐太和、李存山、老孟、高本学等知名大平调艺人当教师，他们都很敬业，毫无保留地耐心施教，终使泥河大平调剧团能登台演出。随着时代的发展，泥河大平调剧团变更演出剧目，老戏、新戏交替演出，深受四里八乡老百姓的喜爱。而这些艺人教师当中，唯独李存山老师对泥河大平调剧团情有独钟，干脆于 1962 年举家迁来泥河定居落户。

从此，李存山就把自己一生对大平调戏曲艺术的热情，倾注到泥河大平调剧团的发展与提高上。李老师虽未上过学，不识几个字，但他脑子聪慧，从小在剧团练就娃娃功，脑子里记下了一两百部戏文，不但记下自己角色的唱词，还把所有角色的唱词都熟记于心，所以他在村里教唱戏时，可以对每个角色进行唱词和唱腔的指导。"文化大革命"时期，大唱革命样板戏，那时样板戏进校园，是革命传统教育的一种方式，李老师受聘到泥河学校初中部任大平调新戏教唱老师，不论唱词有多长，只要学生给他读两遍他就用大脑记下来了，随时根据剧情谱曲教唱。如当时有个革命剧目叫《红嫂》（也叫《沂蒙颂》），有一段红嫂为伤员做饭的唱段："点着了炉中火，放出红光，添一瓢沂河水，情义深长，续一把蒙山柴炉火更旺……"好大的一段戏词，学生给他念了两遍，他竟然全记住了，全班的学生大为吃惊。于是，大家都专心致志地听李老师教唱，一堂课时间，大家就学会了这个"大慢板"的一大段戏。他任教时是泥河大平调剧团的辉煌时期，泥河大平调剧团的演职人员跟他学会了二三十个新老剧目。

李存山老师不仅戏演得好、教得好，而且邻里关系和睦，为人也好。他为人亲和，尤其受小孩儿们爱戴，那个时代的孩子们都亲昵地称他为"老李叔"。他老家种大枣、花生，每次从老家回来，他都要带些干果，分给孩子们吃。因为唱戏，好几个人都认他为干爹，并与原来本村的李家认成了本家，彻底融入了泥河村，后辈们也都在泥河成家立业。李存山老师虽然去世了，但全村人不会忘记他在泥河大平调剧团发展上所做出的突出贡献。

41. 家风敦厚、关心集体的一家人——贾致江一家

贾致江是泥河贾姓第五代传人，泥河村第一批共产党员之一，曾任村副大队长、团支书，第四生产队队长。"文化大革命"时期受冲击（批斗）患上心血管病，1967年，一天早饭后因病情突发倒在生产队上工的路上，享年58岁。贾致江不但自己献身于泥河的生产管理，而且养育的三个孩子也都关心集体事业，热心服务村民，形成了良好的家庭风尚。

长子贾红德，曾长期任村兽医，为村民家养的家畜家禽治病防疫，随叫随到，仅收取药费。俗话说，"穷人家的孩子早当家"，他除了做兽医，而且多才多艺，自学了厨师手艺，村里的红白喜事，他义务服务；自学了泥瓦匠手艺，谁家盖房起屋，他也穿忙干活。上了年纪，也不肯歇息，又到大用公司，给人家看鸡场，自食其力。

次子贾付德，初中毕业后当小队电工，改革开放之后，曾一度主管第四村民组事务，相当于过去的生产队队长。他患有慢性心脏病，却不顾个人安危，不仅管理本队的事务，还兼任本村未来搬迁建设的朝阳社区的质量监管员，结果也和父亲一样英年早逝，年仅58岁。他的妻子韩同兰长期任村妇女主任，和儿子贾民海都是共产党员。

三子贾明德，从小聪颖，爱琢磨钻研，在上小学时就学干木工活儿。当时没钱买工具，就自己制造，把一把掉了头的勺子把，打磨锋利，算是凿子。墨斗也是他自己加工的，本家哥哥送给他的锯子和斧头，就是他的全部家当。上初中时，他就有了"小木匠"的称号，有的生产队农具坏

了，就让他去修理。正在学校上课，就会有生产队队长来求他救场，犁耧锄耙坏了，没人修，要误大事，无奈老师只好答应，算是对农业生产的支持与贡献。直到高中毕业，他才正式拜陈希文为师，成了一名正式木工，当时村民乔迁新居、举行婚礼都要做几件家具，于是他就在家里开办起木工作坊，给村民提供打造家具的便利。随着事业的扩大，他收了徒弟，雇请帮工，扩大生产规模，成为附近小有名气的木工作坊的主人。

42. 父辈庇荫勤学人——晋善信

晋善信，男，1935 年生，本是名门之后，父亲晋玉德当年在民国时期做村保长，为人正直，深孚众望。但是其父得罪了村中歹人，不幸被陷害致死。那时他年纪幼小，幸亏晋家家风严谨、互相团结，在奶奶的带领下，他们和叔叔家一起保持三代同堂的大家庭，直到新中国成立，都是村里的富裕户，土改时被划为富农。晋善信从小聪明好学，先是在村里郭氏二爷办的乡村私塾读书，学习成绩优秀。新中国成立时，县里要普及大众教育，办了师资培训速成班，年仅 16 岁的他成为那时候全县最小的速成师资班学员，毕业后成为泥河最早的新中国公办教师，被派到县里最远的小河口村（现归卫辉市管）教书。在那里，因为他小小年纪就当上了教书先生，被学生家长看中，就娶了自己的学生范翠英为妻。之后，晋善信偕妻子回到泥河村小学教书。

图 38　晋善信（左）接受访谈村史时的照片（2013 年暑期摄）

晋善信从教40多年，在泥河村工作时间最长，可谓桃李满天下。虽然他学历不高，但他有与众不同的教学和管理方法，很受学生和家长的称颂和爱戴，培养出许多优秀的学生，主要代表有郭水和、郭新和、李潮元、贾品德、郭安和等。晋老师初到泥河村小学时，只有他一个教师。那时师资缺乏，民办教师又因待遇差没人愿意来，他就让爱人范翠英当了村民办教师，两口子一起教书，一教就是十几年。

晋老师教学和管理方法灵活多样，令人记忆犹新。如任命的学生干部，开始大都是成绩优异的，可以做榜样；"文化大革命"时期他变换手法，让一些成绩一般、爱管闲事的人当干部，这些人成绩不怎么样，但是当了学生干部后增强了自信心，大都认真负责，敢干敢管，有的还改掉了自身的毛病，对班级的纪律不但无影响，而且还有促进作用。最有趣的是晋老师发明了一种检查学生下河洗澡的方法，让当时调皮的男生不敢下河洗澡，本村小学生从无溺水事故发生。晋老师的方法是通过在小学生身上用指甲划道道儿，来检查是否下河洗澡。原来在河里泡上一阵，身体就会像黑板一样明亮，指甲一划，就是一道白印，没有经验的人是不会知道的。另外，他还告诉学生们，谁下河洗澡，他就会在谁身上写个字，有了字得长时间保留，学生就更不敢沾水了。

晋老师不但教书育人，而且还热心公益，无论在本村还是在外村教书时，他都积极协助当地干部解决群众的老大难问题。他乐善好施，见别人有困难就主动帮助，有时候拿自己的工资接济困难学生。他甚至还帮助好几个学生的小孩儿找对象，想法托人帮他们撮合，促成美好姻缘。实际上晋老师退休前工资很低，甚至赶不上普通工人的工资，但他不计较得失，仍然表现出乐观向上的人生态度。晚年晋老师除了和朋友一起打打麻将，走亲访友，安度晚年，还热心村中的红白喜事，给村民们做管事先生，协助办事人家按照传统礼仪待人接物，迎来送往。年过80岁的晋老师，依然精神矍铄，乐观开朗，热心管事，成为村中的"明白人"。

43. 杨门家风育英才——杨凤礼

杨凤礼，男，出生于1936年的泥河杨家，中共党员，是新中国第一代培养出来的师范毕业生。他秉承了杨家最为严谨的家风传统，在教育战线上发扬光大，桃李不言，下自成蹊。

杨凤礼的父亲杨家华是20世纪七八十年代泥河有名的家风严谨的老

家长。虽然中国传统社会崇尚四世同堂、聚族而居的家庭生活，但是能够做到大规模的极少，又加上现代化反对封建家族制度，所以能够保持大家庭形态且和睦相处的家庭，在新中国成立后的泥河村更不多见。然而，杨家华老先生却可以在新中国成立后建设并维持一个家风严谨、关系和睦的大家庭，四世同堂，同居共爨。而且，在老先生的带领下，兄弟姊娌们和睦相处、子孙们入孝出悌。20世纪80年代老先生去世出殡时，全村人都被他几个孝子贤孙的哀恸哭号所感动。

杨风礼就出生在这样的大家庭里，从小聪颖好学，既读过私塾，也受过现代教育。小学时，杨风礼是大班长，教过他的名师有郭美玉、贾承勋、涂云风等老一代教师。从小学时起，他和石同勋既是同窗好友，又是竞争对手，学习成绩不分上下。二人从小学到师范都是相互促进，比谁学习成绩优秀，比谁字体秀丽潇洒，比谁的文章能在班上当范文，结果两人在淇县同被保送上了安阳师范学校。

1959年中师毕业后，杨风礼被分配到林县任教，先后在林县三中和八中任教。在林县任教时，他成为学科带头人，一直任教研组组长，后被评选为安师地区优秀模范。"文化大革命"时期，他以教师身份成为林县（横水）八中革命委员会副主任，参与学校管理。后来，他返乡回到泥河村，负责泥河学校教学工作，在教育与生产劳动相结合的教育方针下，他仍然对泥河的教育事业兢兢业业。在"文化大革命"时期，他负责的泥河学校培养出一批批人才，如郭新和、郭水和、马德胜、石凯、宋文泽等都受过他的教育和指导。这一阶段虽然国民教育体系整体上发展不是那么快速，但是作为乡村教育，泥河学校却受益于他们这些公办教师的返乡运动，取得了突出的成绩，这些教师曾在全县教育工作会上作为典型交流经验。

后来，杨风礼由于教学管理成绩突出，被调到高村公社高中，既教高中语文又管理学校业务，从此走上领导岗位。后来，他又到二郎庙学区当大校长，1974年到淇县三中任教导主任，1980年又调到淇县一中任教导处副主任。"文化大革命"过后，教育战线抓规范化管理，抓教育质量全面提高，他带头教改，实施目标教学，广泛开辟"第二课堂"，为淇县一中的教育质量提高做出了突出贡献。

杨风礼近40年兢兢业业干教育，退休前患上股骨头坏死的病，因身体不佳错过评中学高级教师的机会，所以退休金只有两千多元。他在一中任班主任和教导主任期间，接触的干部不少，本可以为儿女安排好一点儿的工作，但他并没有假公济私，为儿女谋利益，儿女们仍是农民。他的这种正直、严谨的作风，在家中继续传递，杨门后继有人，他的孙女杨娜以优异的成绩考上了河南师范大学，毕业后在鹤壁市兰苑中学继承了爷爷的事业，继续从事教育工作。

44. 书香门第、教育世家的姑侄仨——郭麦枝、郭林东、郭春东

泥河郭家是全村望族，清代时期曾经有"五顶帽"的显赫名声，一门出了五个秀才。郭林东、郭春东兄弟的祖上就是"五顶帽"之一，新中国成立后仍然保留下来的宽大的门楼和"耕读传家"的门牌，便是历史的见证。

图 39　郭林东祖上传下的耕读传家的门匾（黄强先生拍摄）

图 40　郭林东祖上留下的大门楼（2015 年春拍摄）

　　郭林东的曾祖郭老珂（大名郭宝善）新中国成立前曾在本村办私塾多年，据说他文笔超人，凡是他书写的状纸呈上，诉讼必赢无疑。尽管新中国成立前郭林东家已经成为贫农，或许是祖上的庇荫，新中国成立后他们家又传承了读书明理的风气。姑姑郭麦枝、大哥郭林东、弟弟郭春东一家三口同年考上淇县一中。1959 年三人同时毕业，一同当了民办教师。三个人退休时，教龄都在 40 年以上，即使在全县这样的家户也不多见。

　　郭林东在庙口乡参加教育工作，不久转为公办教师，但一年多后因国家经济困难，又被下放回村里。"文化大革命"初期，桥盟乡古烟村招聘民办教师，他应聘当了民办教师。后来，他来到了泥河学校当民办教师，又逐步兼任学校负责人。那时正是"文化大革命"时期，根据毛主席1966 年的"五七指示"，学生要以学为主，兼学别样，教育要革命，要和生产劳动相结合，所以当时的农村学校师生还要参加村里的农业劳动。尤其是 1975 年"学朝农、迈大步"时，村北林场的二三十亩地也交给了学校，让全校师生作为试验田勤工俭学，学校工作非常繁重辛苦。作为当时的泥河学校负责人，郭林东一方面贯彻毛主席提出的教育方针抓革命促生产，另一方面，强调学校的教学秩序，保障学生的德、智、体全面发展。郭林东还有自己的特长，从小受家庭影响，他的正楷字工整美观，对学生写大字起到了示范作用，促进了泥河学校书法的发展。当时字帖不多，为了节约，很多学生都用他写的大字临摹，应该说，郭林东教育学生注重写大字，为泥河村后来成为书法村奠定了良好的基础。他的儿子郭光明便是诸多书法爱好者中的一个，他不仅练楷书，行草还超越父亲，只是后来搞企业，未能坚持下来。

　　老二郭春东"文化大革命"前长期坚持在山区搞教育，先后在庙口乡、黄洞乡和桥盟乡任小学教师，服从分配，任劳任怨。民办教师待遇低，山区教师生活更艰苦，十年来他坚守山村教育，毫不动摇。"文化大革命"成立革命委员会时，他曾代表教师，任桥盟乡（当时叫公社）革委会委员。返乡后，他在泥河学校任教，后来还兼任二郎庙学片副片长。郭春东一直干到 60 岁退休，把自己的韶华都贡献给了泥河的教育事业。

　　在郭林东的大家庭中，还有两个女教师，一个是姑姑郭麦枝，另一个是爱人晋连英。郭麦枝同郭林东一齐参加教育工作，后出嫁城关镇付庄村，长期在城关镇任民办教师。晋连英和郭林东结婚前就参加了教育工作，她先后在古城四集体学校和庙口乡任教。由于根正苗红，晋连英后来当了领导，任庙口乡中心小学校长，当时她才 20 岁出头，一个女孩子，没有什么阅历，再加上不适应当年频繁的运动斗争，管一个学区的教育教学工作，她感到压力大，就辞职回家当了农民。

总之，郭麦枝、郭林东、郭春东一家姑侄三个，加上郭林东的妻子晋连英，都曾经是社会主义农村集体化时期的民办教师，他们一边参加生产劳动，一边投身乡村教育事业，真正把教育和生产劳动、学生的全面发展结合在一起，不但传承了中国古代强调的学以致用、知行合一的传统，而且开创了社会主义集体化时期乡村学校教育促进乡村文化繁荣的新局面。正是在郭林东的带领下，新一代泥河青年才养成了良好的书法爱好，带来了 20 世纪 80 年代泥河书法热潮的出现。

45. 人称"老党"的复员退伍军人——郭秋岭

革命年代培养的共产党员，有的一辈子都坚信党的领导，忠诚党的事业，履行党员义务，即使一名默默无闻的普通村民，也会在日常劳动中起到模范带头作用。泥河就有这么一位优秀党员，人们甚至不叫他的名字，但是因为他始终如一地表现出一个共产党员的崇高品质，所以人们亲切地叫他"老党"。

"老党"本名叫郭秋岭（1929 ～ 1984 年），是泥河村郭氏家族第九代传人郭宝圣的四子。他出生在一个贫穷的家庭，青少年时期目睹了国破家贫、民不聊生的社会状况，激发了他参加革命的决心。1947 年，淇县初次获得解放，那年，郭秋岭响应党的号召，踊跃参加了中国人民解放军，投入全国大解放的战斗。他参军走时，挂着大红花受到全村百姓欢送，他心情非常激动，决心永远跟党走，上战场奋勇杀敌。他转战于山西南部及河南北部，先后在豫北战役、解放太原时获得二级勋章四枚、三级勋章五枚，历任副班长、班长，1953 年光荣退役。返乡后，在集体化时期，他思想进步，每逢全村的大会、小会，总是把在部队学的革命歌曲及顺口溜演唱给社员群众，激发老百姓红心向党、大干社会主义的热情。他一心为公，在社会主义革命和建设的各个时期，充分发挥老党员的模范带头作用，积极工作与劳动，曾多次被县、公社（乡）评为先进劳动者。

"老党"是战争年代和社会主义集体化时期共产党员的优秀代表，他用自己平凡的一生诠释了一个优秀共产党员的伟大人格。尽管他立过战功，但是转业回乡后，他并没有向组织凭功劳要名利待遇，而是积极响应党的号召，回家务农，全心投入农村集体的生产劳动。"老党"一生辛勤劳动，但因妻子去世早，无子孙后代，老年后，独自一人生活，但从来没有向集体提过非分要求，争取特殊照顾。"老党"不愧是名副其实的优秀共产党员。

46. 泥河味道的传承人——焗掌老师儿（主厨）郭文济

郭文济，乳名玉良、济文，男，出生于 1954 年 1 月 17 日，系泥河村郭氏家族第九代传人郭宝玙之子。文济的母亲，人称六奶，会接骨、扎针放血的传统中医手艺。村里谁家有人不小心脱臼了或者有什么头疼脑热的毛病，就去找六奶给看看。六奶总是热心帮助，分文不取。这种热心肠的品质也传给了她儿子文济。文济从小就热爱做家务，心灵手巧，厨艺一学就会，剪裁手艺人人夸赞。由于他热心于此，活儿又做得好，左邻右舍，乃至全村东西头，谁家有个红白喜事，都爱请他帮忙，做焗掌老师儿或剪纸掬（折）花。因他在郭家辈分较高，人们叫他"玉良叔"，以示敬重。

玉良叔从小就跟族内当时知名的厨师郭金锁、郭文照学大厨。日积月累，他通过学习既继承传统，又不断随时代发展改革创新，总结和推出了传统与时代相结合、与农村家庭情况相适应的百姓菜谱，穷富人家都能承受得起，食者也都满意。传统的菜谱有"八碗八"的席（又名八大碗、一色席）：肉杂拌、鸡块、方肉、条肉、小条肉、大条肉、滚刀肉、一个汤；还有"俩净碗"的席：方肉、条肉、其他皮渣与汤；档次再低些的是大锅菜：又分肉浇顶的以及荤素烩在一起的，主食配蒸馍。现代的菜谱包括十二盘菜（六荤六素）、六大盆（杂拌、红丸、白丸、鸡块、一个甜汤一个咸汤）、四菜（两荤两素盘菜）二汤（一咸一甜）等不同档次的菜谱。前者招待官桌与平桌，后者接待街坊贺喜之客。总之，他总是会根据各家各户的情况，安排周全。

由于郭文济的厨艺继往开来，具有浓郁的地方特色，他做的鸡蛋汤连大饭店都做不出来那味道。而且，作为村里的大厨，谁家有个红白喜事，请自己村里的大厨开火做饭，既经济实惠又热闹喜庆，深受村民的喜欢。目前，全村东西头有老少十几个大厨，大家都尊重"玉良叔"——郭文济为大师傅。他不但手艺好，而且人缘好，是泥河村传统味道的传承者，也是泥河村宴席文化的传承者。

图41 郭文济（中）在村里红事上做菜（2011 年秋摄）

47. 体制转轨时期的泥河村支书——贾致河

贾致河，出生于 1935 年 8 月 5 日，20 世纪 50 年代初期入党，是泥河村发展较早的共产党员之一。先后任泥河村团支书、副大队长、大队长、副支书，"文化大革命"期间实行"三结合"，出任泥河大队革委会主任。1978 年接任泥河村党支部书记，1984 年卸任，2008 年因病去世，享年73 岁。

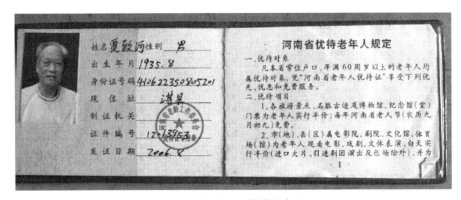

图42 贾致河生前的老人证

贾致河当干部多年，特别是"文化大革命"后，担任村里主要干部，领导了泥河村包产到户。他利用村集体公积金，购置了"东方红"拖拉机和上海五零胶轮车，推动了农业生产机械化；领导农村集体生产体制改革，实行家庭联产承包责任制；新建了学校校舍，把村学校由村中庙舍搬迁到窗明几净的瓦房里，办学规模不断扩大，并附设了初中班；支持本村大平调剧团发展，本人积极参与剧团演出，主演须生，丰富了村里的文化娱乐生活。

贾致河任村支书期间，还大力推动农田水利建设，那时主要联系县水利局打井队给村里打机井，保证农业生产旱涝丰收。到了20世纪80年代，他领导村民开始大力种植经济作物——棉花。当时泥河的棉花生产位居全乡前列，县、乡两级多次在泥河村召开现场会。贾致河任支书时期，正是农村改革开放之初，他响应上级号召，带头在自己的承包地里种瓜果蔬菜、发家致富。他在自己的承包地试种西瓜，在他的带领下，村里有几户建设塑料大棚种菜。尽管贾致河积极响应上级号召，努力推动泥河村发展多种经营，但是因为泥河土地资源丰富，而且村民有农业生产的习惯，并不擅长从事工商业，所以，那个时候虽然村里也试图扶持几户村民开办工厂，但是最后都没有发展壮大。

贾致河执政时期，正是我国农村改革开放的时期，他带领泥河村走出集体经济，并试图推动承包经营后的小农经济发展多种经营，尽管由于体制和文化限制，泥河没有出现繁荣的工商业，但是毕竟进入了一个全新的时代。

48. 泥河村文化教育事业的复兴者——李香元

李香元，男，中共党员，1945年生于泥河，1965年以来历任泥河村团支书、党支部委员等职，1984年任村党支部书记，任职达20年之久，直到2003年退休。他为泥河村争得多项荣誉，特别是为本村文化教育事业的发展，做出了突出贡献。

泥河人爱戏曲由来已久，民国年间已有自己的大平调班底。李香元受家庭影响，从小对大平调情有独钟，12岁就跟名角儿老魁学戏并开始登台，主演《哭头》《借头》等戏，很快成为业余剧团的主演，主攻须生。尽管年龄小，个子低，穿蟒袍还拖地，但他嗓音嘹亮高亢，于是有了"叫叫油儿"的绰号，"叫叫油儿"即是"蝈蝈"，个头不大，声音却嘹亮无比。"文化大革命"中后期，农村剧团再度复兴，以唱现代样板戏为主，同时逐渐恢复了传统剧目，泥河的大平调剧团也恢复了活力。那时，他在

图 43　李香元和他那届村干部领导班子（从左到右：郭文采、乡包村干部段炳河、李香元、郭贵和、郭顺和，摄于 2011 年）

村里当干部任党支部委员，虽然不是剧团的团长，但他十分关心剧团的事情，积极参与剧团的排练和演出。俗话说"宁管三军，不管一会"，更何况村剧团的演职人员都是农民，农活家务缠身，晚上还要排戏练戏，缺人是常有的事儿，只能去家里找人。有的演员闹情绪，还得做思想工作，不好办的事儿他办，不好管的事儿他管，他成了不是团长的团长，为村剧团做了大量工作，为泥河剧团的发展做出了突出贡献。但是 1984 年农村集体经济解散之后，村里缺乏投入剧团的资金，泥河大平调剧团也就慢慢解散了。

　　为了推动泥河的文化事业发展，1984 年李香元任村支书之后，又挖掘培养出一种新的高雅艺术——书法，在村里普及推广。当时村里有几个高中生受老一辈老师的影响，喜欢书法。李香元作为支书，喜欢文化人，就对这几个高中生另眼相看，把他们安排到村学校里当民办教师，并鼓励他们练习书法。在他的鼓励下，村里的几个年轻人参加县里的书法比赛，并得了奖，甚至有几位的书法作品，漂洋过海到日本参加书展。为进一步因势利导，发扬这一传统文化，在本村出去的县文化局局长石同勋的支持下，他搞起了农民书法邀请赛，助推农民书法水平向新的高度发展。1986 年泥河村举办了第一次农民书法比赛，得到县市的大力支持，多位名人助阵，中央电视台还进行了报道。他任职期间共组织各类书法比赛三次，使泥河村成为远近闻名的书法村，一批青年人脱颖而出，泥河籍的国家、省、市、县各级书法协会会员已有二三十人，贾文海、郭良和任县级书法协会副主席、市级书法协会理事。贾文海还成为本县为数不多的国家级书法协会会员，成立了泥河书法艺术研究中心。李香元本人也酷爱书法，收藏陈天然、张海等全国知名书法名家的书法作品多幅，在他的影响下，两个儿子的书法水平不断提高，三子李树洲是县级会员，次子李树江是市级会员。

除了推动戏剧和书法等群众艺术发展，李香元还积极支持本村的教育事业，这成为他又一重要成绩。"文化大革命"时期，农村小学开始附设初中班。改革开放以后，国家砍掉了大部分村办初中部，一是因为缺乏经费，二是缺乏师资。但是，泥河在20世纪80年代中期，在李香元的坚持下，继续办初中部，用村集体微薄的机动地提留聘请村里的几个高中生担任初中部教师，既解决了几个高中生的就业出路问题，也让村里的孩子们可以就近读书。也正是在他的带领下，这批高中生既提高了村里的办学水平，也普及推广了书法艺术，对于提高泥河村的文化素养、净化社会风气、扩大全村的知名度，都有积极贡献。

20世纪80年代，当农村因为家庭联产承包责任制，村集体瘫痪的时候，泥河村却在他的带领下一枝独秀，有过一段文化复兴时期。这段文化复兴对于后来的村庄治理产生持续的影响，直到现在泥河的社会秩序都要好于邻近的村庄。

49. 小户人家而又善于协调关系的村干部——秦玉喜

秦玉喜（1936.8~2002.5），男，中共党员，淇县泥河村人，泥河秦氏家族秦光权的长子。1951年参加抗美援朝战争，赴朝作战，其间先后任机枪手、班长等职，两年后凯旋归国，被安排到黑龙江某煤矿工作，矿领导根据他的能力委任他担任矿机电科科长职务。因家里生产建设需要，1955年返乡务农。

回到家乡，他就投身到热火朝天的农业生产战斗中，诸如"北大荒"翻土刨茅草根、兴修水利挖沟渠，什么脏活儿累活儿他都抢着干，后来他当了干部，先是团支书，后来任大队长、村长、副支书等职。"文化大革命"后期曾主持过全村工作。当时，论能力、威望，他完全能当全村的"一把手"，关键时刻，他主动让贤，不与他人争名利。他有个性，但时常

图 44　秦玉喜（右）夫妇和女儿的合影

表现得不温不火，稳重而大度。农村工作千头万绪，他发挥在部队做思想政治工作的特长。农村又和部队不一样，经过"文化大革命"运动，情况复杂，家族体系林立，再加上农村人素质参差不齐，他创造性地工作，秦玉喜在村里和较大的家族郭家、石家和葛家都存在亲戚关系，他充分利用各种人脉关系，和不同的人促膝谈心，摆事实，讲道理，有实际困难的帮助解决，有错误认识的指正批评，特别是遇到当时有关计划生育指标、宅基地和邻里纠纷等问题，他都妥善解决。他公而忘私的精神和平易近人的作风赢得了村民的交口称赞。

　　秦玉喜所在的四队，一直是泥河的先进队，队长和社员苦干实干，与秦玉喜的关系也十分密切，四队的两三任队长都是实干家，但谋略不足，年岁偏大且没有文化，他这个包队干部有时得履行队长职责。如决策重大事情和开社员大会时，都得由他亲自出马。不管是领导小队生产，还是领导大队管理，秦玉喜都是个为人低调、善于协调人际关系的基层干部。

50. 见义勇为好邻居——郭文采

　　郭文采，男，1954 年 2 月出生于泥河村，中共党员，现任村党支部副书记，属泥河村郭氏家族第十代传人之一。父亲郭美玉（又名郭宝璠）和二叔郭宝全都是民国时期郭氏家族中读书明理之士，新中国成立后虽然因为家里成分不好经历了政治冲击，但是在改革开放以后显示出良好的家教优势，郭文采迅速出人头地，开始任村民小组和村委会的干部，参与管理家族和邻里的公共事务，成为郭氏家族中年纪较轻的管事人。

1990 年临近收麦时节，本村郭氏门里的一个姑娘与外村男孩儿因感情问题发生矛盾，那男孩儿就到泥河这位姑娘家制造事端，行为过激，持枪威胁该女孩。郭文采作为家族长辈前去劝解，可那男孩不由分说，情绪更加过激，竟把双管猎枪对准该女孩开枪射击。郭文采奋不顾身，上前阻拦，子弹正打在他的胸膛，身负重伤，一时倒在血泊中。之后幸亏送医院抢救及时，才幸免于难，但却留下永久的内伤。

郭文采的这种义举，在四里八乡一时间传为佳话，深受乡村百姓的称赞。当年他被淇县人民政府授予"见义勇为"称号，被鹤壁市委、市政府评为"见义勇为"先进人物。之后，鹤壁市军分区授予他"民兵预备役"先进个人，市委宣传部、团市委授予他"学雷锋"先进个人等荣誉称号。1995 年他家还被评为全市的"五好文明家庭"，他个人又被河南省民政厅评定为"二等乙级革命伤残"。

郭文采在帮助族人解决纠纷时，或许并没有想到会有如此严重的后果，但是当他面对穷凶极恶的歹徒时，他没有躲避和推诿，而是挺身而出。在那一刻，他超越了一个普通老百姓的斤斤计较，表现出一种大无畏的精神，这并不是革命牺牲精神，但是在和平时期能够有这种大无畏的精神，就显得更加珍贵，显示出所受的良好的家庭教育。

51. 多才多艺、敬业睦邻的"新管事儿"——郭良和

郭良和，男，1960 年 10 月出生，中共党员，大专学历，政工师，现任县卫生和计划生育委员会副主任科员（副科级干部），兼县计划生育服务站党支部书记，负责该站全面工作。个人爱好书法、绘画、文学、新闻通讯和摄影，现任省书法家协会会员、市书法家协会理事、县书法家协会副主席。

自 1979 年参加工作以来，先后从事过教育（泥河学校初中部教师，兼副校长）、文化工作（县文化局云梦山管理处办公室主任）和人口计生工作。自 1989 年从事人口计生工作以来，先后任县卫生和计划生育委员会宣技科干事、宣技科副科长、宣传科长、办公室主任、机关党支部书记，县计生服务站党支部书记（副主任科员级）等职。郭良和在从事过的各项工作中均为业务骨干，长期以来被评为不同级别的先进工作者。尤其

是自从事人口计生工作以来，先后被国家中宣部、计生委表彰为"婚育新风进万家活动"先进个人、被省政府表彰为全省人口计生工作先进工作者，连续多年被市县和计生系统评为先进个人，在各年度工作目标考核中，连续多年被评为优秀等级。其个人书法、绘画作品先后在国家、省、市、县赛（展）事中获奖和展出。文学、新闻通讯和摄影作品不断在多家报刊媒体发表和获奖。所探索总结出的具有指导意义的淇县计生依法行政"211"综合执法机制、基层计生宣教工作、基层队伍建设、优生促进工程等经验做法在全省得到推广，并在《中国人口报》《中国人口杂志》上发表。特别是2007年任县计划生育服务站党支部书记负责全面工作以来，率领大家，改革创新，推进发展，开展了以"避孕节育、生殖保健、优生优育、不孕不育"为主的四大特色服务，大力拓展服务领域，已被全站职工、全县育龄群众所认可，创出了优质服务的新工作经验，并在全省经验交流会上交流推广。2009年其经验在全省人口计生工作电视电话会上受到表扬。他所负责的县站被授予全省甲级县站、示范县站、消费者信得过单位、巾帼建功成才先进单位等荣誉。

郭良和不但工作积极、成绩突出，而且深深热爱家乡，虽然早就在县城买房，但是他却长期在老家居住，孝敬父母。尤其是母亲偏瘫、父亲去世以后，母亲不愿意离开老家跟随其他儿子到外地生活，他就和妻子承担起在老家照顾母亲的重任，一照顾就是十几年。俗话说久病床前无孝子，但是郭良和和妻子路保琴却不辞辛苦，坚持十几年照顾母亲，亲情已经化作一种毅力和德行，深得母亲的喜欢，也深受兄弟和妹妹的敬佩。

他不但孝敬父母，而且与乡邻们的关系深厚。平时乡里乡亲有啥事爱与他商榷，左邻右舍有红白喜事也请他写对联并参与管事。2000年以后的乡村社会，外出打工的人增多，乡村秩序涣散，除了几个乡村耆老还在热心村民的家务事，年轻一辈的人中越来越缺乏管事之人，郭良和却越来越热心这些家长里短的杂事和闲事。尽管他脾气耿直，有时难免会得罪人，但是他却对这些烦恼想得开，任何闲言碎语都挡不住他投入到街坊邻里的杂事中。可能是因为父亲作为村里的首任支书，无形中传给了他热心公益的精神；也可能是母亲一辈子乐善好施，潜移默化地滋养着他的灵魂。总之，在市场经济大潮汹涌澎湃的今天，在一个个人主义日益扩散的社会，多亏有他这么一个多才多艺而又热心邻里杂事的人，虽然他有时候脾气一时失控难免得罪人，但是却有助于维持和传承乡村社会的公序良俗。

52. 泥河村书法艺术的新标杆——贾文海

贾文海，男，1961年1月出生于泥河村，供职于淇县交通运输局。中国书法家协会会员、河南省书法家协会会员、鹤壁市书协理事、淇县书协主席。

自幼上学受泥河村石同勋、郭林东、贾保海等几位老师的影响，和书法结下不解之缘，坚持习字而日日不辍，浸染于柳体、颜体之中，一本柳公权的《玄秘塔》字帖被视为珍宝，加上几位老师和其父贾勤德的谆谆教导，在小学、初中阶段，其大字书法在全校、全乡已小有名气。

高中毕业后，他和几位同道进入泥河学校教书，为使学生全面发展，每周安排学生上两节书法课，努力从身心上陶冶学生情操，促进青少年健康成长。其间，他和郭良和、郭双和等几位老师利用课余时间经常探讨书法艺术，从微薄的收入中挤出部分用于购买书籍，并到郑州河南省书法函授院进修学习，取得河南省书法函授的第一批毕业证书。

为带动全村青少年追求书法艺术，他和几个同道一齐在淇县文化局原局长石同勋和泥河村原党支部书记李香元的大力支持下，从1984年开始，组织和策划了一系列书法邀请赛和书法展览。其中，影响较大的是1986年春季的泥河农民书法邀请赛，省书协发来贺信，省书协副主席王澄、省群艺馆馆长王胜泉亲临现场挥毫泼墨，给予泥河书法高度评价。安阳市、鹤壁市及淇县一百多位书法家和爱好者齐聚一堂，同台交流献艺。原县委书记刘冠军、主管副县长刘玉秀到会讲话，对泥河村农民书法邀请赛给予肯定和表扬。鹤壁电视台、鹤壁日报、河南电视台、河南日报、中央电视台先后做了专题报道，泥河书法村美名享誉中原大地。

凭着对书法艺术的热爱，他与郭良和同道好友先后被招聘到高村乡政府、淇县文化局云梦山管理处工作，对书法追求的空间更大。他除了给单位办板报、墙报外，还把书法艺术的影响带向社会。1986年组织了高村乡书法展览，并随淇县书法代表团参加了"安阳殷墟笔会"，获得了优异的成绩。和日本现代书法研究代表团进行了中日书法交流，获"日本第十六届书法展国际友善特别奖"。其后尽管在不同的工作岗位上，但他对书法的钟情和追求一日没有停止过，先后到中国书法家协会培训中心胡立民（中国书协行书委员会委员）导师班、河南省书协培训中心等进行深造培训，书法理论和创作水平日渐提高。从 2012 年以来，先后参加国家级书法大赛 5 次，其中 2015 年参加抗日战争胜利 70 周年书法展，书法作品被南京市的抗日战争纪念馆永久收藏，被授予"世界和平艺术家"荣誉称号，参加省级比赛和展览 20 多次并获奖。四川汶川地震、青海玉树地震等重大灾情过后，他参加了多次义捐活动，捐出书法作品 10 余幅，所得数千元都捐献给灾区群众，并获鹤壁市文联义捐荣誉证书。2010 年他被鹤壁市委授予"全市文化建设先进个人"荣誉。

图 45　贾文海（中）和他创办的泥河村书法艺术中心——文锦堂（贾文海供）

53. 百姓喜爱的春联书法家——郭双和

郭双和（1959.10～2014.5），男，泥河村人，生前曾任省、市书法家协会会员、县级书法家协会理事、县青少年活动中心教师。他的家庭世世代代耕读传家，从小就喜爱习字。经过几年努力，他逐步练成了一手"颜体字"，他写的颜体字大气浑厚且带有乡土气息，深受群众喜爱。老百姓不仅喜欢他的字，有的还把孩子送来让他辅导习字。

　　一手好字也改变了他全家的生活，以致后来他成为淇县的"春联专业户"。从20世纪末开始，他每年春节进城为单位和群众写春联，已有20年历史。每年腊月都是郭双和最忙的一月，他及早从外地批发红纸数千张，过了腊八就开始在农村集上、会上摆摊写春联，一过腊月二十，就进城在闹市处摆下地摊，开始为路人写春联。因为多年的"对联功夫"，他自己还编撰出一些内容较好的对子，如"富自三中全会后，春在辛勤劳动中""朝歌大地春潮涌，沫乡人家喜庆多"等，歌颂党的富民政策。他还登门为部分企业写春联，除了挣些钱，企业老板还给他备上烟、酒以示谢意。

　　2012年，他因为身体原因，不能再进城写春联，在很多人的心中留下了不小的缺憾。2014年5月郭双和英年早逝，好多书友及喜欢他的书法作品的人，皆来为他吊唁。大家在深深怀念他的同时，也对他活泼洒脱的书法作品深表钦佩。

图46　郭双和站在郭氏三世祖留下的"万福攸同"（清乾隆玖年立）的斗匾下（2011年暑期摄）

54. 青年诗人——杨开亮

　　杨开亮，笔名朝歌歌者、殷子，1969年4月出生于泥河村，中共党员，大专学历。曾当过教师、特约记者，现供职于淇县县委宣传部，任副主任科员兼理论科科长。

　　杨开亮系中国诗歌学会会员、中国散文学会会员、河南省作家协会会员、鹤壁市作家协会常务理事、淇县作家协会副主席。先后在《诗潮》《新诗》《河南日报》《河南诗人》等各类报刊发表诗歌、散文百余篇，其作品曾荣获"2010 全国散文作家论坛征文大赛"一等奖、"2010 全国乡土诗歌大赛"优秀奖、"2011 年'炎黄杯'国际诗书画印艺术大奖赛"一等奖、"全国首届'盐业杯'诗歌、诗词作品大奖赛"入围奖等，并入选多种选集。

　　其自幼怀揣文学梦想，中学时期便开始尝试文学创作，一直笔耕不辍。1991 年大学毕业后，在繁忙的教学工作之余，长期致力于校园文学的创作，陆续在《河南教育》《教育时报》《鹤壁日报》等报刊发表校园文学作品以及新闻稿件数十篇，在当地文坛偶露峥嵘，并引起大家的关注。2002 年春天被抽调到淇县县委创办的《朝歌报》报社工作，担任专职编辑、记者，主攻新闻写作和摄影。次年秋天，又被借调到县委宣传部新闻科任宣传干事，从事新闻外宣工作。仅 2003 年，他就在市级以上主流媒体发表新闻（摄影）作品 300 多篇（幅），其中两篇还分别荣获鹤壁市委、市政府好新闻特别奖二等奖、三等奖。

图 47　杨开亮（左三）和他的发小们诗酒聚会（杨开亮供）

2008 年以来，他在忙碌的工作之余，每天坚持读书写作，并走上了诗歌创作之路。近年来，他仅创作诗歌就达二百余首，在市级以上报刊公开发表上百首，其作品还先后多次获奖，一时声名鹊起，反响空前，成为当地诗坛上一颗崛起的新星，成为一名优秀的青年诗人。

淇县，古称朝歌，既是商末四代帝都和周朝时卫国国都，又是《诗经》的主要发祥地，历史文化底蕴非常深厚。"淇水滺滺，桧楫松舟。"悠悠淇水在《诗经》里绵延流淌了数千年，《诗经》中描写淇河风土人情的诗达 39 首，淇河在历代文人墨客的笔下成为一条史河、诗河、文化河。杨开亮从小生于斯长于斯，天天浸淫其中，冲浪歌乡乐海，他炙热多情的胸膛里，满满倾注着对《诗经》的爱，对故乡的情。这些爱，这些情，喷薄而出，化作了古淇河里的一股清流，奔向远方。读他的诗，人们能够从中获得真善美的崇高洗礼、灵魂的诗性升华和前行的强劲动力。

诗是人心灵的事物，是柔软的人性之光，从某种意义上讲，读诗最终是在读人。杨开亮是一个性格率性达观、感情丰沛细腻的人，似乎天生就拥有一种悲天悯人的人文情怀，对故乡的思念、对家人的亲情已深深地植入了他的骨子和灵魂里，深深地印在了他的诗行里，字里行间充满了对乡土、乡情、乡亲的深切眷恋和热爱，处处弥漫着温情、温暖、温馨的气息。

55. 改革开放初期的第一个万元户——葛江信一家

集体化时期，当个万元户，那真是多少泥河人日夜梦想而很难实现的事情。当时是工分制，就算是出满勤，但由于工钱（工分分红的平均值）低，一年到头，全家单靠种地挣工分分红拿钱，也只能是除了吃饭穿衣、修房盖屋之后，就所剩无几了。改革开放之后，个体私营经济逐步放开，适应形势早的就先富起来了。泥河村的百姓们虽然仍是靠地多种粮食生活，日子过得也较殷实，但是相比邻村靠副业做生意挣钱富起来的普遍较晚。当时只有第五生产小队（现在的第五村民组）的葛江信一家，靠辛勤种地加经营其他副业，成了全村第一个万元户。

葛江信，男，出生于 1943 年 5 月，曾任泥河大队（人民公社时期）第五生产小队会计。由于自幼家境贫寒，虽脑子聪明，但上学很迟，且只上到高小便辍学回家务农干活，担起维系家庭生活的重任。毕竟葛江信有点文化，也勤快能干，能写会算，集体化时期，他 18 岁那年就当上了生产队会计。1983 年人民公社解散之后，一家人在他的带领下，充分发扬勤俭持家、勤劳致富的老传统。他带头向家人宣讲当时的富民政策，把全家老少勤劳致富的积极性充分调动起来。其父亲除了白天下地干活，还利用早晚割草积肥，母亲在家中每年都要喂几头肥猪，妻子李桂英因从小在娘家练就了能吃苦、肯下力的品格，也是种庄稼的能手。1984 年国家鼓励种棉花，但是种棉花是个劳累活，需要比做其他农活付出更多的时间进行田间管理和打农药杀虫，许多村民不愿意种，但是葛江信一家却看中了棉花高产、价格高的好处，不怕辛苦，把自己的承包地大部分都种上了棉花。那年他们家棉花产量丰收，加上国家提高棉花收购价格，所以，他们家一下子就发了。加之葛江信与儿子还会泥瓦工的手艺，利用农闲时节，带领孩子们干一些建筑活及从事其他经营行当，全家人又省吃俭用，顺理成章成为全村第一个万元户。

56. 葛氏家族的杰出人士——葛刚林

葛刚林，男，1956 年 10 月出生，中共党员。从小在泥河村长大，并在泥河学校读小学和初中。1970 年 7 月 ~ 1973 年 7 月在高村公社上高中。1974 年 12 月参军，在中国人民解放军第二炮兵 80401 部队服役，历任班长、排长、中队长、技术员。1985 年 12 月调入鹤壁市军分区服役，其间任参谋、教导队长、动员科长。1997 年 12 月 ~2001 年 2 月任浚县、鹤山区人武部部长（正团）。2001 年 9 月转业到地方鹤山区工作，任区委常委、政法委书记、纪委书记（正县级）。2010 年 2 月调入市政府民族宗教局任正处级副局长至今。

葛刚林系泥河葛氏家族十七代传人（从祖籍葛箭葛氏算起）葛江楼次子，自幼天资聪慧，秉承父辈慈教，勤奋刻苦，立志成才。学生时期，品学兼优；军旅生涯中又建功立业；到地方后继续发挥光和热。葛刚林虽然长期在外工作，但是对家乡的情谊却依然深切，时刻不忘泥河老家的养育之恩，尽其所能地报答泥河老家乡亲们的恩情，他是新时代泥河村葛氏家族在外工作人士的优秀代表。

57. 石氏家族的杰出人士——石建勋

石建勋，石文学之子，1965 年 6 月生于泥河村，1982 年 10 月参加工作，中共党员，中央党校在职研究生毕业，历任中共鹤壁市委办公室机要科科员，中共鹤壁市委组织部科员、调配科副科长、干部科科长，中共鹤壁市委党员干部电教中心主任（副县级），中共鹤壁市山城区委常委、组织部部长，2015 年 1 月任中共鹤壁市委党校副校长（正处级），鹤壁市九届、十届人大代表，鹤壁市七届、八届党代会代表。

参加工作以来，石建勋勤勤恳恳，爱岗敬业，严于律己，廉洁从政。从事机要工作期间，他能严格遵守党的纪律，恪守保密规定，苦练业务技能，1985、1986、1987 年连续三年荣获"全国党政系统译电技术能手"荣誉，受到中共中央办公厅机要局和河南省委办公厅的通报表彰。从事组织人事工作近三十载，他认真贯彻落实党的政策，严格执行党的干部方针，敢于坚持原则，秉公办事，身居要职而无私心，公正待人而不傲气，曾荣获鹤壁市首届"十佳公仆"称号。石建勋虽然身为领导干部，但是他并没有忘记自己是泥河村人，时刻关心自己的家乡建设和发展，无论是对亲戚朋友的个人困难，还是对泥河村集体的公益事业，都热心帮助，积极支持，为家乡人民谋福利。

58. 省师德标兵——路保琴

路保琴，又名路琴科，女，1958 年 5 月出生，祖籍淇县西岗乡姜庄村，1982 年嫁到泥河村，中共党员，大专学历，小学高级教师职称，曾任淇县高村镇杨子河中心小学（前身是泥河村小学）教师、校长，2013 年 5 月退休。她扎根农村教育事业长达 35 年（1978～2013 年）。她热爱党的教育事业，认真执行党的教育方针，团结实干，开拓创新，所任班级多次被评为县、镇"优胜班级"，个人先后荣获县"十佳好媳妇"、县"五好文明家庭标兵户"、县"十佳名校长"、市"平安家庭户"、市"十佳道德楷模"提名奖、市县"优秀教师"、市"十佳优秀儿女"、省市"三八红旗手"、省"十佳师德标兵"等荣誉称号。

路保琴注重"以身立德，以德促教"，坚持"忠、孝、仁、义"的做人准则，并付诸自己的学习、工作与生活。在工作岗位上，修德敬业、甘为人先，得到同事和上级领导的认可，被评为优秀教师；在家里照顾瘫痪的婆婆 16 年，注重孝道、和睦相处，被左邻右舍称为好媳妇。她助人为乐，多次从经济上、物质上帮助困难教师、学生和邻里乡亲，使他们安心教学、学习和生活。2006 年正月初六，她陪护瘫痪多年的婆婆到卫辉医专住院治疗，一住就是十几天。住了几天以后，眼看就要开学，而婆婆的病情又不见好转，无法抽身回家，她只好把病房当作办公室，一边陪护婆婆，一边趁晚上人静时，拿出从家里带来的教学书籍和资料，订计划，写教案，细备课，思考和准备开学事宜。一天晚上，她写教案实在太困了，写着写着，就趴在婆婆的病床前睡着了。邻床患者的陪护人员起来方便，看着她掉在地上的书籍和教案，感动地说："路老师，你太感人了，如不是俺家离你家老远，俺非叫孩子去你那儿上学。"正月十六婆婆病好出院，学校正月十七开学，路老师如期到校正常上课。同年她所接的三年级数学，由全镇的第 23 名跃居全镇第 2 名。

为了乡村教育事业，路保琴老师总是牺牲家庭责任去完成教学任务。2007 年正月十八晚上，她女儿在县医院要生孩子，她急忙赶到县医院。等女儿生下孩子时，已是午夜十二点多了，想到春节过后刚开学，又加上自己是班主任，有几十个孩子在等着自己，第二天还要上课，她就忍痛割爱冒着大雪赶回泥河认真上课。女儿坐月子期间，她只是在课下用手机给女儿发个短信，没有影响正常教学。

路保琴乐于助人，为了同事和学生奉献出自己无私的爱心。2009 年秋天该收秋了，农村有地的协议教师工资还未到发放时间，他们秋收亟须用钱，为了解决其困难，路老师主动借钱给他们，帮助他们联系农资用品，保证了他们顺利收秋。无论同事有什么困难，她都设法去帮助解决。对待学生，她更是胜过对待自己的孩子。有一年冬天，该校五年级学生李思同上课期间突然发病，肚疼、恶心、脸色苍白，不能自己到村卫生室看病。任课老师又在上课不能送学生去看病，于是，作为一校之长她就亲自带着这位学生直奔所属村卫生室去看病。她还替这位学生付了药费。看病后又带学生返校正常上课。后经了解，该学生的父母均在外地打工，她独自和奶奶在家生活。直到现在，这位学生及其家长见到路保琴老师，都还向她致谢。除此之外，诸如为学生郭亚齐买书包、衣物，留学生贾元鑫、杨甜甜在家吃饭等帮助学生的事情，可以说在日常生活中如家常便饭，举不胜举。

在教育教学方面，路保琴从教学实践中总结出的转化差生的"快乐教学""实物和影像"相结合的教学经验在市、县得到推广。她总结出了教师日常敬业"四勤三习法""课前预案课堂互动法""晨读与黎明共舞""小学生一日规范""特色书法课"等行之有效的教育教学方法，大大提高了教学效果和学生的整体素质。路保琴多次被评为市县优秀教师、市

"转化差生"、"电化教学"先进个人。在 2009 年县中小学生书法比赛中，她所辅导的 3～5 年级学生软笔字书法课参赛作品共获得一、二、三等奖 23 名；硬笔字获一、二、三等奖 21 名，其中两名学生的作品被推荐到市里参赛。

图 48　路保琴（右）向嘉宾介绍杨子河学校取得的成绩（2011 年暑期摄影）

路保琴任杨子河学校校长期间，注重学校基础设施建设，先后个人垫资近 2 万元用于学校校舍和基础设施建设。2009 年暑假，她冒着酷热，会同三个村的村支书，亲自赶赴省会郑州争取学校建设资金。她们争取到省慈善总会的大力支持，获得北京书画院周森院长捐资 10 万元，获得汇丰银行捐赠图书 2600 余册，书柜 6 个，电脑 1 台。她还动员家人支持学校建设，在郑州工作的大哥及侄女捐赠电脑、功放音响设备各 1 台（部），在北京工作的小弟帮忙协调中国红十字会捐赠价值 1.5 万元的图书和书柜，中国政法大学社会学院党委书记卢少华为学校捐资 1 万元。她还动员她当年教过的学生西安同济医院院长李洪洁捐电化教学设备，价值 4 万元，加上争取的县教体局的 10 万余元，她共筹集资金 20 多万元用于教学实验楼建设。她任校长期间，全校师生团结实干，拼搏奋斗，把一个古老的乡村小学建设成环境优雅、设施完备、管理科学、成绩突出的现代乡村学校。

59. 博学笃志为教育——贾宝海

贾宝海，男，出生于 1949 年 8 月，与新中国同龄，大专学历。"文化大革命"前夕（1965 年）初中毕业后在本村任民办教师，1980 年考入濮阳师范，1985 年河南电大淇县中文班毕业。师范毕业后在高村镇一中任语文教师，历任语文教研组组长、教导主任、副校长和校长，退休前任镇技校校长。

贾宝海在泥河学校任教 15 年，先后教小学和附设的初中班。他初中毕业，为了适应教学，认为就要像毛主席所说的"在战争中学习战争"，在教学实践中学习教学技能和知识，如因中国学习苏联经验，先是专设现代汉语、古代汉语，而后又将语法、修辞等穿插在语文教材中，为适应新的教材，他就找来大量语法书，如大家王力、吕叔湘、张志公、胡裕树等人的著作，使现代汉语知识融会贯通。他还利用写批判稿和专题发言等机会，提高写作和语言表达能力。尽管那时的文化教学受政治形势影响，但他能排除干扰，始终以文化教学为中心，所教班级的语文成绩在乡、片（当时乡与村之间的管理组织）组织的统考和抽查中多次名列前茅。他教出的学生很多都在各自岗位上独当一面，优秀的学生有法官李文河、检察官杨文堂、警官宋化元，行政领导有晋喜明、郭良和、贾文海等。

1980 年国家首次从民办教师中招考中师，他与多数高中毕业的民师角逐，因语文成绩优异被濮阳师范录取。毕业后，他被调入高村镇一中任教，在教学中他重视教学改革和研究，他创造的目标教学法曾为县教育局语文教研室指定为淇县实验示范教学法。他还在成功教育方面探究，与别人合作论文，在郑州参加交流会。为了提高学生的写作水平，他采取多种手法，多管齐下，如本人写示范作文，评选学生习作，油印《青果集》，组织学生成立"新淇文学社"，创办《淇河浪花》学生手抄报等，经著名书法家王澄题写刊名和社名，极大地调动了学生的读写兴趣。他还鼓励学生积极向报刊投稿，当时学生秦庆军、周树强、华淑娟等都有文章见诸国家级报刊。在德育活动中，他与"第二课堂"结合，寓教于乐，组织的少先队活动多次获奖，如《致——不相识的亲人》获全国"创造杯优胜奖"，另有省"奋飞奖"优胜奖一项，鼓励奖五项。在任校长期间，他加大普九工作力度，不搞虚假，使软硬件达标，校容校貌发生很大变化，顺利通过了上级的验收。

贾宝海任教 40 多年，有多种因素促成其取得一定成绩，其中也得益于家庭的影响与支持。他祖上和父辈有点文化基础，"文化大革命"前一段泥河连年都是两个人考上初中，但是大多因家庭困难辍学，而他们兄弟二人先后有幸考上初中，并都完成了学业。贾宝海钟情于教育事业，且薪火相传，儿子贾爱中鹤壁市师范学校毕业，进修取得中专学历，其课件曾获市级"示范课"荣誉，现任高村镇某中心小学副校长兼漫流小学校长；儿媳郭占梅是本村人，中师毕业后通过自考学历合格，曾被评为市级优秀班主任，现为高村镇实验中学副主任。贾宝海一家成了泥河村教育世家之一。

60. 誉满西安的医学届民营企业家——李洪洁

李洪洁，男，1972 年 10 月 1 日出生于泥河村，EMBA 硕士毕业。作为军人出身，转业到地方后，他从中美集团普通员工成长为办公室主任、副总经理、董事局执行董事，并创办西安同济医院（现名祈康中西医结合医院），继而创建益生医学集团，出任董事长、总经理（院长）。一路走来，他坚持科技兴院、技术创新，逐步使企业形成核心竞争力，企业也从单纯的治疗肾病、尿毒症为特色的专科医院，到发展成为如今医疗与科研为一体的现代化综合医院。

李洪洁在部队服役 5 年，在首长的关怀下，由部队保送到上海复旦大学读书。毕业后，作为热血青年，他放弃了进入国企捧铁饭碗的机会，毅然投身当时的改革潮头——民营企业。在中美集团，他倾注了 20 年的心血，在多次策划下，2002 年他又到西安创建了祈康医院（原西安同济医院）。强烈的社会责任感是一个企业家应具备的基本素质。十几年来，他坚持倡导和践行品质、责任、专注、精诚、勤奋、用心、患者和服务对象至上的企业价值观。在医院创业初期，正是中国民营医院方兴未艾之时，个别民营医院医德缺失，坑骗患者，唯利是图，群众怨声载道，媒体屡屡曝光。针对这种医疗大环境，他向全院员工提出做道德企业、良心企业的要求，并把这一要求细化到每个岗位、每个工作流程中。

位卑未敢忘忧国，这是他从少年时就深植于心的座右铭，当国家面临严峻的社会就业压力时，他要求所管辖的企业尽可能多地向社会提供就业岗位，尤其是对应届毕业学生的就业，更是要高度关注和支持。他的企业每年都主动和相关大专院校联系招聘事宜。现在，所管辖的全国各地的企业在岗员工常年保持在 3000 多人。随着企业不断发展，他认为，不仅仅要让员工对工作环境和待遇满意，更重要的是要给员工提供成长和发展的条件，这才是真正对员工负责、对社会负责。他的企业一贯注重对员工的培训和培养，尤其注重对进入企业的应届毕业生的培养，采用"走出去、请进来"的形式，每年都对员工进行有针对性的专题培训。十几年来，为社会输出了大批人才，他们活跃在各个企业，谈起在同济医院就职时期的收获，无不感慨万分，感激之情油然而生。

作为中国青年志愿者协会会员，"感恩、报恩、回馈大众"是李洪洁长期以来坚持的宗旨。他把全部的热情投入其中，用最大的力量为所需要的人提供尽可能多的帮助。2003 年 4 月初针对突发的"非典"疫情，成立了西安同济医院"非典"防治领导小组，制定"非典"预案，做了大量社会公益活动。走出医院为群众赠送 5 万余元的医疗用品，改造房屋，承担全区的"非典"排查工作。2006 年 3 月、6 月分别对雁塔区 2400 余名低保户进行免费健康普查，总价值 24 万余元。2006 年 9 月至今为蓝田县田坡小学捐款、捐物总价值 6 万余元，改善了学生的学习环境和教职工的办公条件。2007 年 6 月为陕西蓝田县希望小学募捐现金及物品共计 12 万余元。2008 年 5 月，为汶川地震灾区群众捐款 3 万余元，捐赠药品、卫生材料近 7 万元，并组织医疗队奔赴灾区 15 天。2010 年 4 月为青海玉树捐款 2 万余元，捐赠药品、卫生材料价值 5 万余元。2013 年 8 月，资助榆林子洲县 12 名大学生 20 万元。几年来，他共捐款、捐物合计达 300 余万元。他还特别关注家乡的建设，捐资 10 万元建起了泥河乡村大舞台，还为老家学校捐助了电子黑板等教学设备。

他的努力得到政府和社会的广泛认同，近年来，他先后被雁塔区评为"尊老、敬老、爱老工作先进个人"，被西安市卫生局评为"中医工作先进工作者"，被雁塔区卫生工作者协会选为副会长。2006 年 4 月荣获"雁塔杰出青年创业奖"；2007 年当选为陕西省青年联合会常务委员、西安市雁塔区第九届政协委员；2007 年参加 CCTV《赢在中国》晋级全国 108 强；2008 年当选为中华全国青年联合会委员；2010 年 7 月被选为陕西省统战理论学会副会长；2010 年 10 月在第五届亚洲品牌盛典上荣获"中国自主创新品牌十大领军人物"；2010 年 12 月当选中国青年志愿者协会会员；2011 年 12 月出席中国青年代团代表赴日本交流；2013 年 3 月当选为第十一届陕西省政协委员；2013 年当选为西安市第十三届工商联副主席。

61. 全省知名的文化界民营企业家——郭鹏飞

郭鹏飞，男，1975 年 9 月生于泥河村，父郭文长，母吴连风，家中独子，有姐三人，大姐郭鹏云（原名郭玉梅），二姐郭玉英，三姐郭玉霞。幼长于泥河村，小学师从泥河小学宋梅珍、郭春东等老师，聪慧好学，以全乡第三名之成绩考入乡重点初中，又以全县第十八名的成绩考入安阳市中医药学校，成为全国最后一批包分配的公办中专生。

1996 年医学专业毕业后，因不安于一隅、终老于乡野，没有选择到政府分配的乡级卫生院工作，而是选择了"仗剑走天涯"，只身远赴省会郑州发展，初为人打工，勤奋努力，肯吃苦。为领悟学艺之道，睡地板、楼梯间也在所不惜。两年后，自己独立创办企业，有过成功，有过失败，经多年打拼，终在郑州商圈争得一席之地。

郭鹏飞现任河南省会展业商会副会长、河南省舞台美术学会副秘书长、河南省电视台《锦绣中原》栏目总制片人、河南天兆文化传媒有限公司董事长、郑州广源视听设备有限公司董事长兼总经理、河南省重点文化项目"中原大舞台"联合投资人，旗下机构承办 2008 年奥运圣火传递郑州主会场方案的策划执行，连续多届策划执行河南省电视台春节文艺晚会、多届洛阳牡丹花会开闭幕式、河南省运动会开闭幕式等大型文艺盛会，本人也获得了省市艺术圈多位领导的接见及嘉奖，为河南省文化事业的繁荣发展做出了巨大的贡献。

郭鹏飞生于泥河、长于泥河，始终心系故土，获悉村里多年不通路灯的困难后，个人捐资数万元为全村修了路灯通了电，并连续多年捐助电费。邻里发生困难时，他也多有看望捐助。鹏飞认为生于斯，长于斯，魂系于斯，游子无论走多远，终要归家。

62. 邻村奋斗成功的泥河郭氏后人——郭文义

郭文义，男，1948 年 11 月出生于桥盟乡（现桥盟街道办事处）崔庄村，祖籍泥河村，系泥河郭氏第十代传人，中共党员，正科级干部退休。自幼受长辈教诲及祖籍泥河郭氏家族的影响，从小立志，奋发有为，报效国家。

郭文义，1956年8月至1966年8月上小学及中学，因"文化大革命"开始，他无法继续上学，1966年8月返乡务农。后应征入伍，1968年2月至1984年12月在部队服兵役。其间因表现突出，被推荐于1972年6月至1974年6月在石家庄军事学院进修，取得中专文凭。1970年4月在部队加入中国共产党，在部队期间曾任班、排、连长职务。1984年12月转业到河南省劳改第十二支队工作，任干事。1986年6月转到淇县粮食局工作，任所属油厂厂长。1988年6月至1991年调淇县政法委工作，任科员。1991年6月至1995年6月在高村镇党委任副书记，主管政法工作。1995年6月至2001年6月在城关镇党委任副书记，仍主管政法工作。2001年6月至2008年11月调回政法委工作。2008年按正科级干部（主任科员）退休。郭文义妻子张学枝，为大学学历，中共党员，曾任庙口乡妇联主任、县团委书记、民政局局长、审计局局长等职。退休后，他们夫妇过着恬静的生活。

63. 根系泥河的崔庄实业家——郭文胜

天天编织厂坐落在鹤淇大道中段路西，南边不远处就是美丽的思德河，这家私营企业的厂长是淇县桥盟街道办事处崔庄村的青年农民郭文胜。

郭义胜，男，1963年11月生，初中文化程度。他中等身材，举止稳健而干练，话语朴实透出几分机智。谈到家乡，他似乎言之不尽。崔庄与泥河村一河之隔，又因文胜的祖辈根在泥河，他家与泥河郭家本家的红白喜事往来，一百多年来从未间断。崔庄郭家是由泥河郭氏迁来，文胜因是郭家后人而自豪，泥河郭姓是他坚强的后盾，他认为其所做的一切就是为父辈增光，不辱祖宗。他听父母讲，祖上因家里地少房少，住处太挤，无奈爷爷郭九如投奔姑母婆家，到崔庄落户。岁月如梭，110多年，历经四代，说起故乡泥河的人和事，文胜滔滔不绝，如数家珍。其父郭宝祯已去世，生前当过生产队队长，母亲高氏也是勤劳致富的农民，父母经常教育他们，不忘耕读传家祖训，人生在世要勤俭，靠双手奋斗，有粮要想到天下还有饥饿之人，钱多了也不能乱花，父母的谆谆教诲，给了文胜奋发向上的正能量，使他从小就与别的孩子不一样，自幼就知道干活、帮助大人。

郭文胜的经历比较复杂，十二三岁时就骑自行车卖冰糕，稍大一点儿卖苹果，总之干啥能挣到钱就干啥，干啥能帮上家里就干啥。一不上学他就跟着建筑队当小工，搬砖提泥再苦再累也坚持。20世纪80年代，改革开放之初，当时的桥盟乡企业如雨后春笋。崔庄村已有几家小厂，郭文胜先给电线厂跑业务，因他肯吃苦办事能力强，又忠诚可靠，被编织厂老板挖走，当了几年编织厂的业务员。在为别人打工期间，文胜不仅注意市场，也关注编织袋的生产流程，他梦寐以求的是自己当老板，但苦于缺乏资金。时机终于到了，2000年他打定主意，办自己的编织厂。办工厂谈何容易，千头万绪，但最难的还是资金，他自己省吃俭用，求亲戚朋友帮忙，仅凑到3700元钱，就是用这3700元，他终于办起了自己的天天编织厂。谈到办企业，他感慨颇多，历经坎坷磨难，曾六次更换厂址，从家乡崔庄到县城铁西，但厂房都是租别人的，从三千多元起步，厂子就像滚雪球，越做越大。借助市县建立鹤淇产业集聚区的大好机遇，政府支持企业发展，他又返回家乡，这时的崔庄已是集聚区的中心腹地，在集聚区征购土地20亩，建起了真正属于自己的工厂，不仅盖起现代化的厂房（楼房），还增添了新型设备，如今的天天编织厂，总资产800万元，30多人就业，连同与别人联办的驾校近百人，年生产各种编织袋收入近百万元，上缴利税6万余元。在厂长办公室，没有看到什么锦旗证书之类的东西，室内外倒有不少他自己捡来的奇石和形态各异的树根。郭文胜处处低调，没什么头衔，他认为自己就是农民，他说这些根艺和奇石，算不上企业文化，纯属个人兴趣。忙里偷闲，间或到当地风景美丽的地方转一下，他认为可以开阔视野。他与麻将无缘，戒烟戒酒，他认为这样更能心静考虑自己的企业该怎么办，比聚堆儿凑热闹强多了。

天天编织厂走上了良性发展的轨道后，他心中又有了新的目标。人们生活水平不断提高，汽车作为代步工具，寻常人家过去是想也不敢想的，近几年已成为现实。但考取驾照，越来越难，原有的驾驶培训学校远远不能满足人们考取驾照的需求，于是郭文胜就和朋友一起投资办起了淇县豫龙驾校。驾校位于县城东淇浚路旁，现已初具规模，共有各种教练车58部，两年来已办班、培训学员四千多人，取得了良好的社会效益，为淇县的交通安全和人们生活水平的提高做出了突出的贡献。

64. 顺应时代、改变生计模式的一家人——葛铭德的子孙们

葛铭德，男，1912年3月出生于泥河村，集体化时期（全村分三个

小队）曾任老三队队长，后当过现金会计，1987年过世。从祖先葛箭村算起，他是迁居泥河村后出生的第十六代传人之一。他一生敦厚，勤劳善良，教育子孙温良恭俭，本分敬业，靠自己的"礼、智、文"勤奋创业。故他为其三个儿子依次取名为：葛江礼、葛江智、葛江文。礼，以礼仪待人处事；智，用智慧干事创业；文，用文化修身养性。虽然在旧社会他家里贫穷，文化水平不高，但从他给孩子们的取名分析，就是希望孩子们从小就养成勤奋好学的习惯，长大后敦亲睦邻，自食其力，发奋创业，光前裕后。

子孙们没辜负父辈的厚望，个个家庭跟随时代潮流，创新发展，家业兴旺。长子葛江礼，1952年出生，他这一代人年富力强时，生活在集体化时期，江礼曾当过生产队的车把式，是当时生产队时期挣工分（当时以工分计报酬）最高的人，现在年老了，成了葛氏家族的管事人（红白喜事的总管）；次子葛江智，1955年出生，曾是村里的农业机械手，是泥河村最早的焊工之一，后来开过修配门市，是最早经营修配门市的人，现在人老心不老，还经营着一辆叉车做掘土生意；三子葛江文，改革开放初期开过煤球厂，一度红火兴旺，现利用自己购置的机犁机耙胶轮车（过去曾经营过东方红拖拉机犁地），承包了几十亩地。兄弟三个称得上是全村靠自食其力种地，又通过搞机械经营致富兴家的能手。

而兄弟仨的孩子们，更是青出于蓝而胜于蓝。老大江礼的两个孩子桂林、周林，靠开大车或做买卖或犁地耕种或搞建筑，致富忙个不停；老二江智的独生子广林在移动公司当司机挣工资；老三江文有两个孩子，老大增林靠开大车搞运输、开网店致富，老二现林适应新时尚，靠"互联网＋"创业，在网上经营店铺，艰苦奋斗，已形成规模，在市县远近闻名，已引起政府领导的重视与关爱，市场前景广阔，成为全村致富的带头人。葛铭德实现了给孩子起名时所寄托的愿望。

65. 泥河手工空心挂面的传承人——葛均林

自清末以来，泥河李氏、葛氏家族祖传的传统手工空心挂面，名扬四邻八乡。民国时期，李家的空心挂面专供县城商号；葛家的手工挂面则是周围百姓节日待客或者走亲访友的礼物。

空心挂面属于手工艺食品，做工麻烦，新中国成立后逐渐被机制挂面所代替。但机制的挂面没有手工的筋道好吃，随着新时代人民生活水平提高，手工挂面又成为百姓青睐的传统风味食品。而泥河村的手工空心挂面虽然没有过去那么红火，但也从未断续。现在泥河手工空心挂面的传承人，主要是葛氏家族第十八代（从葛箭村算起）的葛均林，及其叔叔葛江祥。

葛均林，男，1963年3月生，初中文化程度。因其母系本村李氏家族之女，本来李家、葛家就有做手工空心挂面的手艺，这样一联姻，做手工空心挂面的手艺就更加红火精到。葛均林得家庭真传，练就了一手好功夫，到了改革开放时期，因恢复个体经营，于是葛均林的手工挂面手艺得已发扬光大。

图49　葛均林在村里婚宴上帮厨（2011年拍摄）

之所以泥河手工空心挂面远近闻名，关键是它的选料及做工。据现葛均林介绍：一是选料，要选用上等的冬小麦磨成的面粉，一斤面粉，加五两食盐。二是工艺流程，前天晚上和面，把面倒在盆中，按比例加入温水和开食用盐，和1个小时左右使盆光、面光，且面起泡，然后倒在大案上（案板），用刀切成粗条，在大案上用粗面扑（玉米细面）搓成小条，然后盘在盆中醒。第二天起五更（早上四五点钟）用杆上下压，再上洞（专用墙炕洞）醒半个小时。出洞上大杆（专用有孔的墙杆）压，再用两个小杆撑开，醒醒抻抻，抻到 1 米左右，再进洞醒。然后白天出洞上架撑，抻成挂面，在朝阳处晒干后，放在大案上切成段儿（3～5 寸），约半市斤包装 1 筒，就成了成品。目前 1 斤卖三四块钱。

为什么这种手工挂面叫空心挂面呢？因为它下到锅里煮熟后，带汤用勺舀在碗里，用筷子挑起无汤，放下有汤，它能把汤吸进面里，但面又不坨。用这种挂面做汤挂面更好，筋道味美。豫北农村古传做汤挂面的谚语云：胡萝卜丝，胡萝卜片，荷包鸡蛋下挂面，少放盐，恐怕咸，葱花芫荽香油拌，挂面滚起盛（放）里边。

66. 新中国成立后通过参军和民兵训练成长改变的贾氏四兄弟——永德、保德、品德、朝德

泥河贾姓"老五股"无人不知，而五股的二门贾怀礼家族更令人羡慕。新中国成立后城市的优越条件日益凸显，农村人以能外出干事儿、吃上商品粮为荣。且不说在山西太原的贾致忠家，仅在本村就有永德（贾致文长子）、保德（贾致成长子）、品德（贾致文次子）、朝德（贾致成三子）叔伯四兄弟走出乡村，成为国家不同行业的精英人物，而且其各自的家庭生活在当地也比较富足，实受乡邻羡慕。

贾永德，现年 76 岁（2016 年），中共党员，淇县一中初中毕业后参加了中国人民解放军，不久提干，新中国成立后成为泥河村第一名参军被提干的军官，由排长升至连长，以营职干部身份转业到地方工作。由于他对汽车驾驶和修理技术精通，退伍后被安排到林钢（时为林县钢铁公司）任汽车队队长，直至退休。现定居林州市（原安阳地区林县）。

贾保德，现年 71 岁（2016 年），淇县一中毕业后参加中国人民解放军，在部队升至排级干部转业，到地方后，曾在乡镇当临时干部，"文化大革命"后，国家在湖北十堰组建"二汽"，他被安置到"二汽"工作，后来调至新乡市，在新乡"三塑"工作，"三塑"被新飞电器集团兼并成为新飞分厂。贾保德工作业绩突出，由车间干部提升为分厂工会主席直至退休。现定居新乡市。

贾品德，现年 66 岁（2016 年），"文化大革命"开始时他高小毕业，学校停课闹革命，毕业时算八年级，凭借写批判文章和发言稿，他语文成绩突出，高中首届招生，他一天初中没上，竟也榜上有名，后因家庭原因，没有上成。当时毛主席号召"备战、备荒、为人民"，首都民兵师在

天安门广场上精彩亮相，于是各地出现了"民兵战备训练营"，当时的高村公社也在全公社范围内，从各村基干民兵中挑选素质较高的人员，在高村砖厂组建成立训练营，脱产训练。贾品德是训练营战士之一，后来淇县水泥厂开工，从训练营挑选人才，贾品德去了水泥厂当工人，一干就是三十多年，他也由一名工人，成为业务骨干，后成为厂中层领导，由运输队领导升到厂调度（科股级），主要职责是在厂长的领导下协调各车间工作。水泥厂改制后，任监事（副厂长级别）。贾品德进工厂后不忘家乡和乡亲，水泥厂产品曾一度供不应求，贾品德有得天独厚的条件，常帮大小队购买水泥。家户用水泥不多，就是用一点，也没法去厂里买（路途远），常有人托其代购。当时水泥厂工人大都骑自行车上下班，贾品德骑车回家时常带水泥，这些水泥都是为乡亲帮忙代购代运的。

　　贾朝德，现年64岁（2016年），也是从乡"训练营"走出去的一位基干民兵，中共党员，泥河初中班毕业。他是在湖北十堰工作的哥哥带出去的。他的大哥（前述贾保德）看三弟（贾朝德）有才气，又看他在村里表现得很好，可"文化大革命"时期又无法供他继续上学，所以就想法带他到十堰市（湖北）工作。到十堰后，朝德被安排到市工商部门工作，退休前一直任五堰工商所所长（正科级），工作勤奋敬业，为人处世也好。老家亲戚朋友到十堰找他帮忙，他总是想方设法让他们满意。

67. "文化大革命"时期从泥河村走出去的七位贤能

　　"文化大革命"初期，虽然社会一时出现动荡，但是那个时代泥河村的青年人中还是有人能够跳出"护庄堤"（原村庄四周的防洪堤，这里是村庄的代称）内的权力竞争，到外面发展自己的职业生涯。下面记述他们中间的七位代表。

　　宋文泽，男，汉族，中共党员，1952年10月出生于淇县泥河村。7岁后在本村读小学，先后在桥盟寺、贯子村读完小学和初中。1970年12月"文化大革命"期间应征入伍到北京卫戍区首都警卫二师外使团当兵（中国人民解放军第4514部队）。复员返乡后，宋文泽于1977年7月至1981年在高村公社工业办公室当统计，后于1981年至1986年任高村乡文化站站长。1986～1996年2月先后任高村乡（镇）一区、二区区长，区委书记、副乡镇长等职。1996年2月至1998年10月，他被调到淇县畜牧局任纪检书记兼淇县食品公司经理。1998 年 10 月至 2012 年 10 月任畜牧局副局长、常务副局长（正科级），直至任主任科员退休。退休后，他还余热生辉，住郑州与儿女们一起经商办起了公司——河南达晓商贸有限公司，生意兴隆。

马德胜，男，汉族，1954 年 6 月出生于泥河村，会计师，国家干部，中共党员。1961 年在泥河就读初小；1966～1968 年在桥盟寺学校读高小、初一（七年级）；1969～1970 年在高村公社贯子村、泥河村就读初中。1970 年 7 月以贫下中农管理商店名义招工到高村供销社工作。1970～1981 年在高村供销社分别做营业员、县内采购员、会计、统计工作。由于工作踏实能干，1983 年 4 月调淇县供销社财务科任干事、副科长、科长，其间自学高中课程并取得毕业证书。1987 年加入中国共产党。1989 年取得会计师职称。1991 年 10 月调淇县供销社任副主任、党组成员，主抓财务、审计工作。2010 年因当时年龄问题退二线工作。2014 年 6 月按正科级（主任科员）退休。马家在泥河为小姓氏，但马德胜自幼聪颖，学生时代品学兼优，深得村民及当时村组织领导的喜欢，故被推荐外出工作。他也不负父老乡亲重托，不论在哪个岗位，都创出了佳绩。

李漕元（李潮元），男，汉族，1950 年 7 月出生于淇县泥河村，中共党员，退休时为副科级国家干部。他初中毕业后返乡任村学校教师，于1971 年前后进入当时的大队（村）党支部班子（任支部委员），从事农村管理工作。1972 年县里通过实行“两推一选”的办法来农村选骨干基层干部，派往各公社（现在的乡镇）工作，以充实基层工作力量。李漕元选上后，被派往山区黄洞公社工作。到黄洞公社后，他开始当驻村干部，先后于石老公、温坡等行政村开展包村工作。由于工作肯干踏实，后被提升为包片（现在的区）干部、副乡长。走向乡领导岗位后，他主管过计划生育、文教卫生、民政扶贫、工业办、农林水利等工作，几乎把乡里的各项工作干了个遍。不管哪项工作，他都尽职尽责，尽心去做。1990 年，他调县公安系统工作，先后任黄洞派出所、西岗派出所指导员，后被借调县公安局交警大队工作，工作至病休，2010 年正式退休。泥河村的老百姓称李漕元是个热心人，大好人，他无论在家，还是在外工作，都热心助人。自己家或邻居家谁有个红白喜事，请他去管事儿或者谁家有困难了，他都尽力帮忙。即使在山区工作，他休班骑自行车回家，在回家的路上也做好事。有一年，村西高氏家族的一位老太太在村西北思德路边田野里拾柴火，要背着回家，他正好骑车走到跟前，把高老婆（村民对年岁大的人的爱称）拾的一大捆柴火绑在他自行车的后车架上，推车步行与老太太又说又笑地回了家。

郭安和，男，汉族，1956年11月出生于泥河村，中共党员，大专文化程度，科级干部。他1976年3月被淇县劳动局招工到当时的县物资局工作，先后在局办公室工作8年（兼局事务长）。1984年调到高村104仓库任主任（隶属县物资局），1989年6月至1995年8月调局机电公司任党支部书记兼总经理。1990年7月20日被鹤壁市人事局聘为国家干部。在县物资局工作期间由于工作成绩显著，于1985年被安阳市物资局评为"先进工作者"，1986年7月1日入党，1989、1990、1991年连续三年被县委组织部评为"先进工作者"，1992年被鹤壁市评为政工师、经济师。1995年被县委组织部调到当时的桥盟乡任经联社副主任（副科级），一直工作至今。1998年过度为国家公务员，现任桥盟街道办事处（原桥盟乡）工会主席、工商联会长等职，其间分管招商引资、工会、统战及财贸工作。2015年1月享受正科级待遇。在桥盟乡人民政府工作期间，多次被乡党委评为"优秀党员"和"先进工作者"。1999年被县委、县政府评为先进工作者。2001、2003、2004年均被县委、县政府评为招商引资工作和发展非公有制工作"先进工作者"。2005、2006、2007、2008年先后被市、县评为"先进工作者"。2001年被省人事厅、省乡镇企业局评为"先进工作者"。郭安和自从老家出来工作后，常年从事物资及财贸工作，受祖辈及父辈家庭的影响，他工作细致认真，无论是在物资局还是在桥盟乡、桥盟街道办事处，他所分管的工作多年在行业中、全县乃至省市都名列前茅。工作性质及环境的历练，使他成为一名理财好手，兄弟姊妹及同事都赞赏他。

贾秋喜，男，汉族，1954年8月出生于泥河村，高中毕业，中共党员。幼年在泥河村读小学、初中，1972年至1974年3月在淇县一中读高中。毕业后于1974年8月份被聘到黄洞乡乡办企业工作。1975年至1976年被抽调到县农业学大寨指挥部工作，先后做过写简报、通讯员的工作，会战结束后，回黄洞乡乡办企业当采购员、会计。1981年加入中国共产党，1981年至1991年任黄洞乡化工厂厂长，曾获县政府最高荣誉奖（最佳农民企业家）。1992 年调县物资局机电公司工作，任支部书记、经理。企业改制后，从事食品加工业。贾秋喜是泥河村贾氏家族同辈中有经营头脑的佼佼者，特别是在当时乡办企业经营上，在全县是出了名的。无论是集体化时期的企业，还是现在搞的个体经营，都给泥河贾氏后辈人及全村的后生们树立了榜样。

石凯，男，汉族，1955 年 8 月出生于泥河村，中共党员，幼小时胖乎乎的，聪明可爱，父亲给其取小名叫智慧，大名随辈分叫石林森。因当时大多数人特别是农村人文化水平低，不知道"智慧"是什么意思，还以为是叫"刺猬"（谐音），所以从起名至今，老家的人一直叫他"刺猬"（谐音），压根儿没人知道他叫智慧。1963 年至 1966 年他在本村学校上初小，1967 年至 1968 年在桥盟寺完小上高小，1969 年至 1970 年在本村学校上初中，1971 年至 1972 年在高村公社上高中，毕业后在本村第三生产小队务农。1974 年至 1979 年，在武汉军区通信团服役。其间，1974 年为警卫排一班战士，1975 年至 1976 年任司令部小分队文书，1977 年至 1979 年任警卫排二班班长，于 1977 年 4 月加入中国共产党，1978、1979 年两度当排长。从部队复员后，1980 年至 1981 年在本大队（泥河村）开拖拉机（50 轮式与东方红式）。由于石凯上学时就热爱写作，又加之在部队的锻炼，不仅字写得漂亮，而且文章也写得好，1981 年 6 月被特招到高村乡（当时泥河村隶属的乡镇）经联社办公室从事文秘工作。后因工作出色，于 1986 年被调至乡镇企业局办公室工作。1995 年 6 月至 2002 年 12 月在龙马集团挂职，任科长、办公室主任、副总经理。2002 年 12 月至 2004 年 9 月调淇县经济贸易委员会任大项目办负责人、办公室主任。2004 年 9 月至退休，任淇县商务局对外经济贸易合作科科长。2015 年 9 月退休。在泥河石氏家族中，新中国成立后，文才最好的要数石同勋，但比同勋年龄小，却辈分高而且文才好的要数石凯了。石凯年轻时生活的年代是"文化大革命"中后期，那时，因他字写得好，文采好，高中毕业后返乡，大队出墙报及写标语等工作，都由他与同村的爱好者郭安和等先后主笔撰写（用毛笔抄写）与承办，这为他以后到部队及复员回家从事文秘工作奠定了好基础。在泥河村的书法艺术鼎盛时期，他的书法作品与同村的几位爱好者同时漂洋过海到过日本展出并获奖。石凯是从泥河村走出去的一位儒雅才子。

石华勋，男，汉族，1951 年出生于泥河村，中共党员，本村学校初中毕业。1970 年进高村修配厂当工人，历任木工、机工、车间主任，1998年接任厂长，2011 年退休。高村修配厂是个老厂，原由县里管辖，"文化大革命"后期放到高村乡管理，当时已发展成集木工、机工、翻砂、白铁和自行车修配为一体的综合厂，职工一百多人。石华勋是厂里的老工人，业务骨干，谙熟木工和机工等车间的生产流程，他任厂长后对单位进行一系列改革，严明纪律，规范化管理，得到乡经联社的认可和支持。原来工厂以修配为主，单一生产犁耙、小农具和轧面车等，他在考察市场的基础上，与新乡市、开封市电机厂联系，扩大生产电机配件的规模，产品供不应求，两个厂争相签订合同，厂里效益大增。90 年代后期，高村修配厂曾为北京旅行车制造厂生产汽车轮毂，每年为乡经联社上缴 4 万到 5 万元利润，实现社会效益和经济效益双丰收。因此修配厂多年受到县乡的表彰，石华勋本人也被表彰为县乡级优秀党员、先进工作者。2011 年石华勋退休回到泥河村，他不甘清闲，除了干点家庭农活儿，还在自家门口建起小养殖场，两年养猪 80 多头，另外投入近 5 万元，帮儿子办起了小超市。石华勋是改革开放早期，泥河人在外成功经营乡镇企业的优秀代表。

68. 改革开放以后从泥河村走出来的六位政界精英

集体化时期的泥河村受益于从外地下放回村的知识分子，村办教育获得了大力发展。这一时期教育发展的成果之一就表现在改革开放初期从村里走出去的六位政界精英。他们要么考学，要么参军，最后都进入政界，成为地方精英。

晋喜明，男，汉族，1963 年出生于泥河村，中共党员，大专文化程度，经济师。1980 年 11 月参加工作，现任淇县社保局局长。他 1980 年11 月至 1987 年 10 月在中国人民解放军国防大学服役。历任汽车队通讯员、文书、院长办公室工作人员、汽车队调度员、校务部保密员等。转业后，1987 年 10 月至 1988 年 9 月在淇县人劳局劳动保险公司任会计，1988年 9 月至 1990 年 8 月在安阳师专上学（大专，党政管理专业），1990 年 8月至 1998 年 11 月在淇县人劳局工资股、工人股上班，1998 年 11 月至2002 年 7 月在淇县人劳局办公室任主任，2002 年 7 月至 2005 年 8 月在淇县人劳局征稽中心任主任，2005 年 8 月至 2012 年 9 月在淇县社保局任副局长，2012 年 9 月至今在淇县社保局任局长。晋喜明是"文化大革命"

时期在泥河接受村办教育的佼佼者，他性格文静，文采好，书法也好，功底扎实。这对他参军乃至到地方工作，走上基层领导岗位都大有裨益，工作起来游刃有余。

杨文堂，男，汉族，1963年12月出生于泥河村，中共党员，本科学历，现任淇县人民检察院反贪局副政委。他1966年9月至1971年7月在本村上小学，1971年9月至1973年7月在本村上初中，1973年9月至1975年4月在淇县四中上高中。毕业后，1975年5月至1981年11月在淇县豫剧团工作，1981年12月至1993年6月在淇县电影公司工作，1993年7月至1996年12月在淇县人民检察院劳动服务公司工作。在该公司工作期间，他参加中南政法大学自学考试学习，获本科学历。1996年元月至今在淇县人民检察院反贪局工作，现任副政委。2003、2004、2005年度先后三次被市检察院授予个人三等功荣誉称号，各年度都是单位的先进工作者。杨文堂在县剧团从事过戏曲文艺工作，随剧团走南闯北锻炼了他的胆识，他善于抓住机遇，发展自己。剧团处于低谷时期，正是改革开放初期，于是他积极转到电影公司工作，后来又到淇县人民检察院劳动服务公司经商办企业。经过刻苦钻研，他又获得自学考试的本科学历，转变成为一名干练的检察系统干部。文堂在老家兄弟们当中排行老三，由于他吃苦能干，敢于担当，所以村里人送他个雅号"拼命三郎——杨三郎"。

宋化元，男，汉族，1966年12月出生于泥河村，中共党员。他毕业于开封人民警察学校，在党校本科班进修，本科学历。1987年参加公安工作，历任淇县公安局办公室副主任、派出所所长等职。他的特长是书法，系中国青年书法家协会会员、全国公安文联会员、河南省书法家协会会员。2005年参加中国书法家协会导师班学习。书法作品曾获全市书法大赛一等奖，在全省公务员书法展上获奖，参加全国公安系统书法比赛获二、三等奖。宋化元是现在泥河宋氏家族中很有才气的好后生，他在公安战线上是一位儒将，在全县的书法艺术圈内是精英。

石宝忠（又名石保中），1968年11月出生于泥河村，中共党员，本科学历，工程师。1977年9月至1982年7月，在泥河村上小学，1982年9月至1988年7月，在淇县一中上初中、高中，1988年9月至1990年7月，在安阳师范专科学校中文系上学。大专毕业后，1991年8月至2001

年 12 月，在淇县北阳乡乡政府工作，历任党政办主任、党委委员、武装部部长，其间 1996 年 11 月被提拔为副科级干部。2002 年 1 月至 2009 年 12 月，调淇县环境保护局工作，任党组成员、纪检组组长，2003 年取得中央党校函授法律专业本科学历。自 2010 年 1 月至今，在淇县安全生产监督管理局工作，任党组成员、副局长。2011 年考取全国注册安全工程师。石宝忠是泥河村石氏家族石同勋（淇县文化界名人）先生的儿子，从小受家族及父辈儒雅敦厚家风之濡染，他无论是在生活、求学、工作等人生之路上，都克己俭德，敦本务实，勤奋敬业。

郭灿光，男，1972 年 2 月出生于泥河村，中共党员，大学本科学历。1995 年 5 月至今在鹤壁市住房公积金管理中心工作，现任办公室主任（正科级）。他全程参与了全市住房制度改革，为市住房公积金制度的奠基人之一。多次荣获省市住房和建设系统先进工作者、新闻宣传先进个人、五一劳动奖章获得者、先进党务工作者和优秀党员等荣誉。郭灿光小学、初中是在泥河村学校就读的，他性格文雅秀气，字写得出色，曾在 1984 年全县群众书法比赛（少年组）中获奖。深厚的文字功底，促进了他各科成绩优秀，当时淇县一中破格录取他进入高中部就学。扎实的文字功底，也使他无论是上大学，还是就业从政，都工作出色，深获单位历任领导及同事的好评。

郭光伟，男，汉族，淇县高村镇泥河村人。1971 年 3 月出生，1994 年 7 月参加工作，大学本科学历，获经济学学士学位，现任淇县商务局副主任科员。孩提时期分别在本村及乡中上小学及中学，1987 年 7 月至 1990 年 6 月在淇县一中上高中。1990 年 7 月至 1994 年 6 月在河南财经学院就读国际贸易专业。大学毕业后，1994 年 7 月至 2008 年 8 月在鹤壁市外贸土畜粮油食品总公司工作。2008 年 9 月至 2009 年 12 月在淇县商务局任商务管理服务中心主任兼对外贸易及经济合作科科长。2009 年 12 月至今，任商务局副主任科员，负责对外贸易、外资利用及外商投诉工作。学生时代家庭并不富裕，但他受祖辈郭氏家族耕读传家的影响，上学勤奋用功，不忘父母养育之恩，一鼓作气考上了大学，且成才就业。

69. 跟随时代发展的六位自主创业者

泥河村的特色是文化底蕴深厚，注重教育和礼仪，强调耕读传家，深受儒家的家国一体化的政治文化影响，集体化时期出现一些党政干部和文化名流。改革开放后，泥河村集体经济较难实现经商办实业的成功转型。然而，随着时代的发展，个体经营、自主创业也逐渐成为年轻人的发展方向。比较突出的六位商界精英的介绍如下。

郭光明，男，汉族，1962 年 10 月出生于高村乡泥河村，大专文化程度。1969 年在本村读书到 1976 年初中毕业。1977 年 9 月至 1979 年 9 月高中毕业于淇县第二中学。毕业后，在家边务农经商，边攻书法。1986 年秋至 1996 年被招聘至淇县公安系统工作。其间自学公安管理专业，获得河南省高等公安专科大专学历，曾多次被评为先进工作者。他的特长是书法，现为鹤壁市书法家协会会员。1997 年调淇县化肥厂任保卫科长，化肥厂改制后，他于 1998 年再就业于鹤壁市绿邦化工有限公司。自 2001 年开始组建自己的农化企业——淇县田园农化厂。其间获省级和国家级农业主管部门批文和登记证，产品受到国家认可，并畅销省内外，服务农事，深受客户青睐，企业一时名扬乡里，利润日益增长。2010 年在鹤壁市组建鹤壁鸿泰物流有限公司，至今已有 5 年，在市级物流运输行业名列前茅。郭光明是个有商业眼光的人，他善抓机遇、自主创业，是泥河村出来的享誉鹤壁的商界精英。

郭灿阳，男，1963 年出生，祖居泥河村。兄妹 5 人，从他记事起，自家祖上就是以务农为生。到他父亲这一辈，由于种种历史原因，父亲在 39 岁就离开了他们兄弟姐妹，他们的母亲领着一家八九口人艰难地挣扎生活。当时他家的经济状况在全村可排倒数了。高中毕业后，灿阳的大哥、二哥为了生计已分家另过，他过早地担起了养家糊口这一重担。他卖过画册、豆腐、柴油、饲料，开过门市。由于他父亲过早地离开了，没有长辈的指导，样样都没有坚持到底，最终功亏一篑。2005 年，灿阳偶然接触到了润滑油这一行业，就下定决心，坚持到底，咬定青山不放松，直至最近几年，他家里才有了一些积蓄。在这创业的几年里，灿阳认为让他最受鼓舞的是泥河村父老乡亲的支持。灿阳自己总结的一句话：为人不可贪，十败九贪，把一件事做好、干透，一辈子吃喝不愁。郭灿阳的门店（小超市）在泥河村乃至周边的村庄，是时间最早而且经营时间最长的，因为经营有方，远近闻名。

郭光利，男，1969 年 5 月出生于高村乡泥河村。1976 年至 1981 年在本村读小学，1981 年至 1984 年在高村乡读书。1986 年至 1995 年在北京经商开门市，1995 年至 2005 年转行于鹤壁市绿邦化工有限公司，任业务骨干；2006 年至 2008 年在鹤壁市新区开设皮肤科专科门诊；2009 年至 2012 年在鹤壁市开设工程公司；2013 年至今开设及经营鹤壁市减水剂厂。郭光利是个脑子灵活的新时代青年，改革开放的春风吹拂着他年轻的心，使他中学未毕业就踏上了下海经商之路。他几经转行，道路虽曲折，但磨炼了意志，最终获得了商业成功。

高建中，男，1970 年 9 月出生于高村乡泥河村。1976 年至 1981 年在本村读小学，1981 年至 1984 年在高村乡读初中，1985 年至 1988 年高中毕业于淇县第四中学。毕业后，返乡当教师，1988 年 9 月至 1991 年 9 月在二郎庙联中教书（当时在泥河上初中的学生合并在此，教师也合并在此）。不甘平庸的他于 1992 年到郑州新华学校进修无线电专业。之后，他在县城开设淇县彩电专修门市，其间他又进修于信息产业部电信科学研究院通联科技公司。于 2001 年管理淇县区域青岛海信、深圳创维售后服务工作，建立了自己的维修服务公司——青岛赛维电子信息服务股份有限公司淇县分公司。2002 年至今，康佳、熊猫、上广电、夏华、乐视、夏普、松下、三星、现代等电子公司，依次授权其公司管理淇县区域售后服务。2003 年被信息产业部电子行业技能鉴定中心鉴定为高级技工。2007、2008 年连续两年被创维公司评为最佳优秀服务商，2012 年被评为海信电视技术能手，2013 年被评为创维优秀服务商最佳进步奖。自 2014 年至今管理淇县区域黑电（液晶电视）（TCL、海尔除外）的所有售后事宜。高建中是淇县电子信息产品维修及自主创业的佼佼者。

石海勋，男，汉族，出生于 1968 年 11 月 13 日，泥河村石氏族人。1976 年至 1984 年在淇县高村乡泥河村上学。1984 年初中毕业。中学毕业后先在高村乡乡办企业高村油厂工作两年。1990 年至 2000 年在永达食品有限公司工作，任基建部供应科科长。淇县的物资供应体制改革之后，钢材、木材、机电等领域也开始了市场化运作。石海勋就是在这个节骨眼上，抢抓机遇，瞄准经营钢材市场，于 2000 年辞去永达公司的工作，自己经销起钢材生意至今，并在县城建有自己的公司——海新型材（钢材）总汇，现公司规模越做越大，钢材远销安阳、濮阳等地。石海勋是淇县个体经营钢材业务的佼佼者。

高喜林，男，1968 年 12 月出生于淇县高村乡泥河村。1977 年至 1985 年在本村学校读小学、初中。1985 年至 1988 年在淇县第三中学读高中。虽然当时未考上大学，但是他树立了正确的人生观、价值观，以平常的心态维系生活，勤奋刻苦创业。他善于分析、明辨是非，为人处世的理念是：事前三思、做事心平、事后知足。他邻里关系和睦，为人正直，每时每刻都在用自己的能力为社会及村里做着力所能及的小贡献。他平时在家以务农为生，同时经营服装生意。虽说摊位不大，但他与妻子每逢东村西庄的集会必去，仅赚取微薄的利润。他多年的经营宗旨是，经营需要能力、智慧、拼搏。在他二十多年风风雨雨的勤奋劳动与经营中，功夫不负有心人，收获逐步丰富，生活日渐红火。他膝下的两个姑娘，同年结婚成家，为了孩子们的幸福，出嫁时喜林夫妇给每个闺女一人陪送了一辆小轿车，令全村人敬慕。他一家经营服装这些年，由于诚信经营，与人为善，多次被县工商局评为文明商户。2010 年至今，在全县童装（现主营童装）界个体文明商户评比中，名列前茅。

70. 新时代泥河村发展的引领者——贾培德、葛江春领导班子

"九曲盘龙村北过，十里清溪庄南流"，泥河村平原"小江南"的胜境已成历史。从各个朝代到民国，再到中华人民共和国，悠悠思德河、肥沃盘龙土，养育出全村各个姓氏家族祖祖辈辈的精英才子，滋润着敦厚勤劳的盘龙河传人。进入 21 世纪之后，因为国家现代化进程加快，京珠高速、京广高铁都从村东穿行而过；尤其是 2010 年之后，在城乡一体化建设方针的指引下，泥河被划入了鹤淇产业集聚区，进入征地拆迁的历史时期。在未来若干年内，泥河村将要搬迁到新型农民社区，泥河的地理位置和景观都将成为记忆融入泥河村后人的乡愁里。

引领泥河村进入快速城镇化道路的，正是当前一届村领导班子。现任党支部书记贾培德、村委会主任葛江春，两位同志都是新社会出生、党培养多年的农村干部。贾培德，出生于 1949 年 7 月，学校毕业后就返乡务农，曾在集体化时期任小队、大队电工，1995 年 7 月加入中国共产党，1993 年至 2002 年任村委委员、村委会副主任，2002 年任村党支部书记至今；葛江春，出生于 1952 年 3 月，初中毕业后返乡务农，曾任大队农业技术员、共青团书记兼民调委员，1981 年 7 月至 1985 年 8 月任泥河村委

员会成员兼团支书，1985 年加入中国共产党，1987 年 7 月任村委委员兼民调主任，1987 年 7 月至 1997 年 7 月任村委委员兼计划生育专职干部，1997 年 7 月至 2003 年任村委委员并分包过三组、四组、五组（村民小组）工作，2003 年 7 月任村支部副书记，2005 年至今任村委会主任，兼村党支部副书记。

面对快速城镇化的发展形势，历史注定了新一届领导班子要在新农村建设和征地拆迁之间穿梭前行。在新农村建设方面，他们率领全村村民，实现了村主要街道水泥硬化（东西走向三条大街、南北走向两条大街）、安装了路灯，改善了村庄基础设施。同时，他们牵头联合杨吴、贯子两个村庄，整合资源，选择新校址，新盖了杨子河中心小学，实现了农村学校基本建设质的飞跃。他们还多方争取上级资金，动员村中在外的精英为村里做贡献，在村主要街道，建起了三处公共娱乐健身场所，并在原戏台的旧址上，新建了"泥河村文化大舞台"，为村民健身娱乐，开展文体文娱活动，创造了新的环境场所。

当新农村建设遇上城镇化道路时，他们又要积极配合上级政府的规划和指挥，动员村民拆迁，为城镇化建设开路冲锋。鹤淇产业集聚区以及后来的鹤壁大新区建设，使泥河村由原来的高村镇划归桥盟街道办事处，祖辈都是农民的泥河村民，开始向城镇化的新市民转型。随着村东的京珠高速公路、京广高铁客运专线全部贯通，产业集聚区内富士康等一批批企业入驻，泥河村成了大新区建设的中心腹地，原有的护庄堤周围，被新建的四通八达的大马路所开通，形成了东高铁西路、西经一路、南纬五路、北纬六路的方格状。大新区的开发，使泥河村大部分的土地被流转置换征用，已有一部分村民入住了新社区（阳光、朝阳社区），祖祖辈辈的农民变成了城镇居民。无论是搬进小区的，还是未搬的，全体村民都在这场史无前例的改革大潮中，更新观念，顺应与适应时代，既享受改革开放的成果，又继往开来地谋划今后的新生活、新基业。这些天翻地覆的变化，无论是在轰轰烈烈的改革发展工作中，还是在繁杂的纠纷事端中，无不凝聚着当今一届村两委班子人员的心血，而作为村支书的贾培德和村委会主任的葛江春，更是在这场历史变革中经受了洗礼与锻炼。泥河村的未来如何发展，还需他们马不卸鞍地创新思维，统筹谋划，带领泥河人齐心合力，向前奋进，开创美好的未来。

图 50　新一届泥河村两委班子成员（从左到右李树洲、贾文喜、葛文林、葛江春、贾培德、郭文采、杨林安、李树青，2016 年摄）

四　泥河村教育事业的发展

贾宝海、郭良和　撰写

1. 旧社会的私塾

新中国成立前，泥河村环境恶劣，经济落后，但村民重视教育，希望通过子女受教育而改变落后面貌。早在清朝中后期，郭氏家族曾有"五顶帽"的辉煌，即弟兄五个都中了秀才，这不仅是郭家后人的骄傲，也是泥河人的骄傲。清光绪年间考中秀才的郭向荣老人，曾一度在大屯等村当私塾先生，因与"五顶帽"比较辈分小，人称"小秀才"。泥河私塾形式流传久远，据老年人回忆，能够回忆起来的私塾可以追溯到清朝末年的郭宝善（人称郭老珂），利用村中菩萨庙办私塾，至于他是不是秀才出身，尚有争议，但从大门上官府的赠匾看，绝非普通先生。可惜因后代盖房困难，匾额被做了屋门，但"清标彤管"几个遒劲的大字仍依稀可见，再加上他们家祖宅大门两侧"耕读传家"的砖雕，说明了他家祖上曾经的辉煌和较高的荣耀。

图 51　郭宝善（又名郭老珂）家老宅大门两侧的砖雕"耕读传家"（2015 年摄）

　　民国时期，在本村教私塾的共有两个人，同出于郭家，而且是亲兄弟，老大郭宝正在菩萨庙里教，大部分学童都在那里上学。可能是由于学生太多，于是由村民石老岭、李法元等人发起，用黄家的三间房作教室，聘请老二郭宝贤任教。他有个明显的特征，嘴角上有个瘊子，所以人称瘊先生。据说他教书卖力，一年竟教了一年多的课程。一日放学后，他倒在书案上，就再也没有起来。因为郭宝贤无子，一个闺女也出嫁外村，学生和家长帮他料理了后事，也算对他鞠躬尽瘁精神的回报。

　　民国后期，村里才算有了真正的村小学，因为教师的报酬由当时的保里出，学生不再支付教师工资，但教学内容和方法仍与私塾一样。免去了每年五六斗粮食的学费，本村子弟上学的人增多了，但一到农忙，就得放假。当时的教师只有一人，就是郭宝全，因在家排行第二，人称二先儿。二先儿的哥哥郭宝璠（学名郭美玉）是河南省立第五师范学校毕业的现代教书先生，他当时在国立淇县迁民里小学教书。那时候泥河村小学是保里出资办的，所以教学内容和方法不如国立学校正规，只能延续传统的私塾教育内容和方法。

　　直到新中国成立前后，泥河村的私塾教育模式才随着社会的变革，被

"提倡全面发展，文理分科"的"洋学"所替代。那时候，人们称私塾为"黑学"。"黑学"不讲究灵活多样的方式，信奉的只是"严师出高徒"，各个私塾都少不了两样东西，一是"出恭签"，二是"手板"。出恭签用于限制学生的自由，包括"出恭"，即"上厕所"也得一人一人去，免得时间过长，或者多人在外玩耍，所以"出恭"的人要领一个签；手板则是用于惩戒，对违反校规班规或完不成学业的，教师就用手板责打，打肿或打出血的，大有人在。教学内容也不统一，主要教材有《三字经》《百家姓》《五经》《四书》《必需杂志》《七言杂志》《弟子规》《千字文》等。写毛笔字贯穿整个阶段，初入学时是"描红"，即将"绵纸"放在帖上，一笔一画地描，"描红"过关了，才可临帖，所以凡有黑学底子的，毛笔字一般都不错，这些应该是泥河村书法的基础。

私塾的教学方法，主要是死记硬背，很多文言的东西，学生根本不理解，据说学三年后先生才开讲，让学生枯燥无味地念背，学习者反感，效率自然不高，于是学生就有对立情绪，"人之初、性本善、越打老头儿越不念，老头儿才备（刚刚）学会了，你把老头儿打睡了；老头儿才备学好了，你把老头儿打跑了"，还有"赵钱孙李，开锅下米"等学生民谣，都可以反映出私塾教与学的对立情况。

2. 新中国成立初期的泥河小学

新中国成立初期村里才有了真正意义上的学校，受国外进步教育的影响，学校不仅开设语文，还开设数学（算术），逐渐发展成完善的文理科，上过私塾的学生，感到新鲜，也乐于学习。公派到泥河的第一任教师是刘金明，兼任学校负责人，他受过师范教育，学生的反映是文理都会，多才多艺。新中国成立之初的教师，兼有工作人员的身份，很受人尊重。此时管理学校的村干部是郭宝玙，人称文教，那时文教管的事情很具体，据说包括冬天为学校扫雪，可谓服务型干部。

新中国成立后公派的教师，有的上过师范，但多是初师，因人才奇缺，也有的是经简师或速师短训出来任教的。新中国成立之初至1957年反右派斗争之前，教师每年甚至每学期都有调动，先后在泥河村任教的有：

刘金明，淇县枣园人。

董振国、董新庆，二人为郭庄村人，董新庆后来曾任鹤壁三中教导主任。

索凤英，淇县东街村人。

王永娥，淇县南门里村人。

王新海，西岗马湾村人。

晋善信，本村人，是以往公办教师中在泥河村任教时间最长的教师。

小学的校址一直在村东头的菩萨庙里，教师一般是一人，最多时两人，他们自己做饭，学生每年有五六十人不等，有的班级必须采用复式教学，有时甚至三四年级也采用复式教学。那时候国家的教育方针是"教育为无产阶级政治服务，教育与生产劳动相结合"，教材也不断变化，特别是文科，变化幅度更大，如增加时事，以突出政治。中苏友好期间，有条件的学校就增加俄语，当然也是很简单的单词之类的。还有劳动课，通过勤工俭学，弥补经费不足。因学校规模不大，没什么教学仪器，上下课的信号是摇铃，如开学之前，则由一两个学生，拿摇铃，满村子摇。当时本村小学还不是完整小学，无高年级教育，五六年级的学生需出村到桥盟寺高小去上学。

"大跃进"时期，泥河村出现短时期学校停办的情况，根据上级统一安排，教师和学生一同入"四集体"学校，"四集体"学校设在古城村，学生吃住在校，负责生活起居的保姆由村里的女同志担任。

3. "文化大革命"期间的泥河学校

在"文化大革命"初期最为激烈的两三年里，泥河的教育也受到冲击，教师被批为"臭老九"，学校贯彻"五七指示"，"以学为主，兼学别样"，不仅学生学农，教师也得干农活。曾有一段时间，星期日教师统一到各小队轮流锄地，学校盖房子，教师当小工。特别是"学朝农、迈大步"时，村北地林场的几十亩地，都由学校来管理。当时淇县有一个兼学别样的笑话，铁路西一所小学管学校的老贫农给学生上"兼学课"，他说："我不会干别的，会打兔子，那我就教你们打兔子吧，兔子怎么寻找？要记住口诀：'长地头，短地腰，蒿中草，草中蒿，高卧低，低卧高。'"人们听后哄堂大笑，怎么和封建先儿看坟地一样啊？

但是，"文化大革命"动乱在农村也就是两三年的工夫，之后村里小学就走上比较正规的教育道路。只不过那个时期的教育一直比较重视"三结合"：和生产劳动结合、和工农群众结合、和阶级斗争结合。学校要组织学生参加农业试验田，在农忙时期参加农业劳动、组织群众代表到学校上课讲授农业生产技术和培养劳动能力、组织学生参加各项政治运动和阶级斗争。而且那个时期，尽管学校缺乏办学经费，但是却可以通过参与生产劳动实践，自己创造条件，建造很多教学场地和设施。比如那时候学校为了增加师生的体育活动设施，就自己打造用水泥台子做的乒乓球案子以及用水泥柱子和木头板子做的篮球架，让学生可以从事课外体育活动。学生们参加生产劳动实践，似乎影响了常规的文化课学习，但是相比于现在的应试教育，学生们确实有更多的机会接触社会和生产实践，锻炼了学生的动手能力和实践能力。而且从 1962 年以后，国家就强调要精减城镇职工以及开展社会主义教育运动，要求知识分子通过上山下乡接受贫下中农再教育，许多在外地的公办教师都被下放到老家。在外地工作的泥河公办教师也开始返乡任教，杨凤礼、靖云英、李熙光等是那个时候返乡教书的公办中学教师。另外，村里也陆续增加了民办教师和耕读教师，先后有范翠英、贾保海、郭林东、郭春东、葛江林等加入村办小学当民办教师。到了"文化大革命"时期，相继进校的老师有李潮（漕）元、贾品德、马文香、郭雪梅、宋梅珍、贾秋德、郭灿东、郭新和、王华礼、郭改香、李树清、郭爱菊等人，他们在村里当民办教师，最多时村学校有二十来名教师，开设了初中班。所以那时候泥河村学校的师资力量空前提高。一批下放回乡的公办教师，再加上一批中学毕业的返乡青年，都进入学校充实乡村的教师队伍，大大增强了乡村教育的实力。除了杨凤礼、靖云英等返乡的本村公办教师之外，还有上级派来的外村的公办教师，包括思德村的郭义，初中毕业，善于做思想工作；马湾村的赵全波老师，初中毕业，忠厚老实；石佛寺村的夏熙明，善写诗文，安师毕业；李恒有，安师毕业，代数教得很好。正是因为有这么一段特殊的教育改革时期，泥河村学校才能培养出一大批德才兼备、有文化、懂劳动的青年才俊。郭新和、郭水和、郭安和、郭良和、李潮（漕）元、贾品德、宋文泽、马德胜、贾秋喜、葛刚林、晋喜明、贾文海、宋化元、杨文堂、石建勋等，都是"文化大革命"前后从泥河学校走出去的从事不同职业的优秀人才。

4. 20 世纪 80 年代的泥河学校

20 世纪 80 年代后小学附设的初中班均被砍掉，因泥河村初中与众不同，学校办学有特色，得以保留，改称农中班，开设的课程除与正规学校文化课基本相同外，还增加农业基础课程。此时酷爱书法的贾文海、郭良和、郭双和都曾任农中班的教师，所以书法教学是另一亮点。当时的学生郭灿光、郭灿海等人曾在县书法比赛中获奖。一时美名传校，不仅本村的适龄学生有初中可上，也引来了邻村的学生前来就读。此时突出的学生有郭伟和，从泥河小学毕业后一直到大学毕业，现在在中央民族大学任教；闫春利，泥河小学毕业后考上军校后转干；郭灿光，泥河小学、中学毕业后又考上大学，现在市财政局供职；杨开亮，泥河小学毕业后一直升入大专，现在淇县宣传部工作；李洪洁、郭鹏飞都是后来晚几年从泥河小学、中学毕业后成为著名的民营企业家的。这一时期来泥河学校借读的董桥村人郝青保考上淇县高中，后又考上大学、研究生，现定居国外；董桥村人郝华堂从泥河学校考上县一中，大学毕业后被分配到县农业局工作。

泥河学校开设初中班之初，教风学风是比较正的，当时还没有打麻将、赌牌的风气，教师自感知识不足，一有闲暇就是学习，甚至拿《新华字典》《汉语成语小词典》互考，在教师中以谁掌握的字和成语多为荣，备、讲、批、辅也下功夫。乡里组织统考，泥河学校大部分科目在全学片都名列前茅。

5. 泥河的扫盲教育和学前教育

为提高村民的文化素质，对村民进行扫盲教育，泥河村还在20世纪50年代办过民校。民校教学灵活多样，教室一般在学校，借用学校教室，教师主要由学校教师兼任，晚上教学，所以也称夜校。民校一般在农闲时上课，教室就选在大队（村委会）部，选用的教材是民校课本。泥河的民校很有特点，村里请20世纪50年代从南乐一中下放回村的公办教师郭美玉（又叫郭宝璠），当民校教师。他就利用晚上给村民们扫盲，农民饱尝了没文化的痛苦，发自内心地学习，学习很认真，很多原本大字不识的农民，初步脱离文盲，达到能看报读书信的水平。很多人在那个时候的民校里学会了打算盘、识字，比如郭文清通过民校学会打算盘，后来当上了生产队会计；郭夏和通过民校扫盲以后，在做钉牲口蹄的生意时，可以自己给别人打条进行业务往来；老支书郭全英在民校扫盲以后，一直到晚年都拿张报纸戴上老花镜读报纸。

20世纪八九十年代，学前教育悄然兴起，有学校办的，但多数是民办的，称"幼儿园""育红班"或"学前班"，先后有本村王清梅、晋贵强办的学前班，也有村民家的孩子坐外村派来的接送孩子上学的校车到外村上学前班。现在泥河村个人与外村人联办的"天赐"幼儿园比较正规，本村儿童不再出村就读，家长有了安全感。如今学前教育已成了整个教育的重要组成部分了。

6. 泥河村办学条件的改善

历史上的私塾无固定校舍，一般是农家闲房。泥河的私塾和最早的学校都是长期占用村中的菩萨庙。北屋一排共六间，西屋三间，因房子和教师紧缺，一个教室有两个年级，后来房子实在不够用，就在临街西屋南头，盖起一大间与过道相连的小平房，算是教师办公室，班多了，这间小平房还当过小班教室。旧庙九间都是瓦房，常常漏雨，修缮不断。

"文化大革命"期间，当时的支书晋善文，以及管理学校的团支书李香元扩展校舍，于是旧庙被拆，大队部从西边搬走。整个学校改成两排对脸的四合院，每排11间全是新房，加上后边一间平房，共23间。

从20世纪80年代开始，国家重视对基础教育的投资，提出口号"再穷不能穷教育，再苦不能苦孩子"。农村学校逐步实现"一无两有六配套"，为消灭危房，1981年泥河学校搬离村中的老菩萨庙，迁到村北的新校址，教室里当桌案的木板、水泥板换成了标准的课桌。新校舍共3排31间，因不是一年完成的，所以既有普通瓦房，也有前出厦瓦房。当时的支书是贾致河，管理学校的村干部先后是李香元、离休老支书郭全英、现任村委会主任葛江春等人。

新世纪伊始，学校又实现一次跨越，根据生源等实际情况，2004年泥河与贯子、杨吴三村协商，整合资源，合校并班，组建新的学校，三村各取一字，校名"杨子河"，校址选在距离三村正中的泥河排水沟北边，先建起了一期工程逸夫楼，2009年又争取"周森基金"盖起了学校二期工程周森实验楼。

学校还得到了社会的资助，如文化局原局长石同勋捐赠个人藏书，在郑州工作的郭水和捐赠电脑及音乐教学设备，在西安工作的李洪洁捐赠电化教学设备等。此时的教师整体素质大幅提高，民办教师不复存在，学校以公办为主，少数"代教"老师也都毕业于正规师范学校，又通过统一招考入校任教，教学质量显著提高。经过校长路保琴等人的不懈努力，学校取得了市县（镇）级教育教学先进单位、文明单位和花园式学校等多项荣誉，还被确立为中国政法大学社会学院实习基地、书法教学特色学校，并由

图 52 中国政法大学社会学院师生到杨子河学校进行暑期实践（2011 年暑期摄）

完小升格为中心小学。如今的杨子河学校远近闻名，综合教学水平提高，特别是书法教学特色显著，不仅受到了群众称赞，还多次受到上级的表彰和嘉奖。三村合成"杨子河"学校后，分管教育的村干部为郭文采。

7. 外出任教的泥河教师

新中国成立前泥河村很穷，以"八十条扁担"著称，说的是泥河村很多户都以种菜卖菜为生。因为泥河郭氏曾经是名门望族，到民国时期衰败之后，在外地教私塾的很多。新中国成立后，泥河重新恢复了文化教育事业，一度被誉为文化村，这是因为村里除了有业余剧团、热爱书法的人多，还有一个原因就是外出教师多于邻近村。

清末民国时期，小秀才郭向荣曾在大屯等地教私塾。

新中国成立前，郭美玉（又名郭宝璠）曾是村里首位接受现代师范教育的村民，他从民国的河南省立第五师范学校毕业后，先后在国立淇县迁民小学任校长，后调到淇县第一小学任校长。新中国成立后他被调到安阳地区南乐县一中任教导主任，50 年代初期审干时，他因为家庭成分不好被下放回家劳动，还做过本村的民校老师给村民扫盲。

"文化大革命"前在外地任教的有：

郭中和，在西岗乡任教，后任西岗公社秘书、宣传部秘书，物资局副局长。

石同勋，安阳师范学校毕业后在汤阴任教，后调淇县实验学校、淇县一中任教。

杨风礼，安阳师范学校毕业后在林县任教，后调淇县任教，"文化大革命"期间曾在泥河学校任教兼学校负责人，退休前任淇县一中教导处副主任。

靖云英，安阳师范毕业后在一中教导处工作，曾在泥河学校任教。

李熙光，安阳师范毕业后在鹤壁市完小任教，后回泥河学校和二郎庙学校任教。

李跃明，新乡师专毕业，曾在淇县庙口乡中任教，后在贯子学校任教。

白炳南，毕业于民国时期的河南省立第三师范学校，曾参军在部队任文教，转业后在庙口乡中和思德学校任教，全家三代多人从事教育工作。

杨贵茹，白炳南之妻，曾在淇县南门里当"代教"，"文化大革命"时期被停止教学，"文化大革命"后被平反到贯子学校任教。

晋善信，新中国成立后第一个速成师范毕业生，毕业后在小河口村任教，后回到村里任教，在本村任教时间最长，爱人范翠英也在本村小学任教。

郭林东、郭春东弟兄二人，毕业于淇县一中，都曾在外乡任民办教师，"文化大革命"后回到本村教小学。

晋善言，50年代在桥盟寺小学任教，后自愿返乡务农。

晋连英，郭林东妻子，曾在古城四集体学校（又名红专学校）任教，曾到庙口乡任中心校校长，后自愿返乡。

郭宝珍，淇县师范毕业，曾在南关学校任教，后在石佛寺学校任校长。

改革开放以后，泥河村民发扬了尊师重教的传统，许多孩子都考上了师范学校或者大学，毕业后任教的老师代表主要有：

郭伟和，曾为中国政法大学教授，现为中央民族大学教授、博士生导师；

郭新和，曾任教于河南师范大学、河南财经政法大学党委书记；现为河南人大文教科委专业委员会主任；

郭水和，曾为河南人口和计划生育学院副院长；

杨开亮，曾任职于淇县南关学校；

郭　栋，任教于郑州外国语学校；

郭云霞，曾任教于淇县城管镇中学，现在桥盟乡街道办事处教育组工作；

郭玉和，任淇县一中教师；

郭峥妍，任淇县一中教师；

李宝平（又名李军），任淇县一中教师；

郭兰波，任淇县北阳镇一中教师；

贾丹华，任淇县职业中专教师；

杨　娜，任鹤壁兰苑中学教师；

高雁静，任鹤壁湘江小学教师；

高新华，任鹤壁福田小学教师；

贾爱中，任淇县高村镇漫流小学校长；

郭占梅，任淇县高村镇实验中学教师；

郭小芳，曾任淇县黄洞乡教师，现从事教学管理工作。

8. 泥河村比较出名的教育世家

白炳南及其家庭；郭美玉及其家庭；晋善信及其家庭；郭林东及其家庭。这四个家庭的具体情况，在泥河村名人轶事篇中都有介绍，这里不再赘述。

五　梨园花艳十里香
——泥河村大平调戏剧的发展

杨开亮、贾宝海供稿

引子

"拉大锯，扯大锯，姥娘门上唱大戏，请闺女，叫女婿，小外甥，也要去……"对此童谣，如今已过中年的人大都耳熟能详，并勾起自己孩提时三五成群、欢呼雀跃前去看戏的种种回忆。过去的农村不像现在，在那相当漫长的一段岁月里，劳动群众终日辛勤劳作，业余生活十分单调，唯戏曲为生活中一大盛事，故而极其重视。但凡乡村唱戏，家家户户四处通知，邀亲请友，好不热闹快活，如同过节。

淇县泥河村因为拥有自己的大平调业余剧团，每年从新年破五开唱，一直唱到二月二龙抬头，一场场好戏虚位以待。那气势、那场景、那感情，分明是非让你过足、过够了戏瘾不可。其时人海如潮、摩肩接踵、热闹快活由此可见一斑，真的是"梨园花艳赶趟开，香飘十里蜂蝶来"。铿锵豪放的泥河大平调，一唱响就酣畅淋漓地响彻了半个多世纪，既闪亮了一方乡村的生活，又温暖了一方乡民的梦。

1. 泥河大平调戏剧的发展综述

大平调属于河南地方戏种，俗称大梆戏，因所用梆子特大而得名。据《淇县戏曲志》记载，明清以来，淇县开始流行大梆戏。清朝末年，淇县县衙"老班头"、铁杆戏迷杨老凡变卖家财，收了30个穷家子弟，在东门里财神庙创办大平调窝班。徐太和自幼热爱戏曲艺术，后进杨老凡大平调窝班学艺。由于其天资聪颖，练功刻苦，进步极快，学成后留班，成为教戏师傅。1910年杨老凡的窝班解散，徐太和带领学生，并广邀艺友，成立"同乐班"，自任"掌班"。"同乐班"在豫北地区活动30余年，拥有许多优秀演员，深受广大群众欢迎。"同乐班"曾拥有黑妞、道妞、王道修、魁妞等多位名角，一时声名鹊起，成为豫北地区著名的大平调戏班。进入20世纪三四十年代，大平调发展成为淇县的主要剧种，流布范围广，演出团体多，为别的剧种所不及。

据《淇县戏曲志》记载，20世纪40年代，泥河郭氏家族的郭庭华、郭老珂（大名郭宝善）在村大平调戏班的基础上办大平调窝班，由当时有名的原"同乐班"班主徐太和执教，三个月后开始登台演出。由于年代已远，当时的演出情景已不可考，但限于当时简陋的条件，那时的戏曲演出大抵没有固定场所，或就地演出，称搭地摊，或临时搭高台，围以席子，用时搭起，不用时拆除，是故理应以"板凳头"戏和"一桌两椅"式戏曲为主，且以庙会唱戏为最主要的戏曲活动形式，得以生存发展。

新中国成立后不久，泥河村便紧锣密鼓地组建了大平调业余剧团，并请来原"同乐班"的名角儿张魁妞、徐太和教戏，精心编排了《下高平》、《哭头》、《借头》、《骂殿》、《穆桂英下山》、《武家坡》（当地又叫《王三姐剜菜》）、《收马岱》、《玉石楼》等十几出传统历史戏（"袍带戏"）。那时候的戏曲演员学戏依然还是由老艺人口传，在相互传授中不断加工修改。初期的主要演员有：石同勋（红脸）、贾成德（红脸）、石林志（红脸）、石林仁（黑脸）、郭爱和（花旦）、高圣海（青衣）、郭凤花（唯一的女子花旦演员）等。待到正式演出时，先为"板凳头"戏，后改为化装演出。村剧团成立后由于缺钱无法购置统一戏服，只好实行"谁演出，谁办（或自制）服装"的办法，这样既不方便，也很杂乱。为适应新形势发展，1956 年前后村支书李永元选派代表几上山西、陕西等地，先后找到在宝鸡铁路局工作的老乡郭合喜，以及在榆次工作的以张荣安为主的 20 多位老乡进行募捐，募集钱款上千元，这才终于置买齐了"五蟒五靠"等服装道具。村剧团为了进一步开源节流，改善演出设施，全体演员也曾上铁路修筑工地抬土方，将所挣之钱悉数用于剧团。

由于泥河村曾住过窝班，有演出大平调的传统且服装道具又较全，拥有演职人员五十来人，在艰辛繁忙的劳动生产之余，每年都坚持冬春唱戏，故泥河大平调业余剧团逐渐成气候，在淇县以及周边一带都有一定影响。剧团自成立以来，一直到 20 世纪 60 年代中期，除了每年在本村冬春唱戏外，还曾多次参加县乡会，并获奖。1953 年中国人民志愿军从朝鲜归来，村剧团应邀在县城皂君庙为志愿军进行义演，赢得好评。更值得一提的是，抗美援朝时，泥河村村民张洪友曾编快板剧《王大娘支前》，后又编写现代大平调小戏《破除迷信》，在本村及邻近村庄进行演出。《王大娘支前》一剧，曾获县文化馆的奖励，演员还曾应邀到县城以及黄洞、对寺窑、王屯、赵沟等村进行义演，所到之处广受欢迎，三里五村的群众闻讯后蜂拥而至，场面颇为壮观。

"文化大革命"时期，受极"左"政治路线的影响，全国文艺战线受到的冲击尤其严重，地方戏曲舞台也随之变得冷落萧条。所有传统剧目和新编历史戏全被作为"封资修货色"横遭禁演，举国只能演出八个所谓的"样板戏"，即《红灯记》《沙家浜》《智取威虎山》《奇袭白虎团》《海港》《龙江颂》《白毛女》《红色娘子军》，出现了八亿人口八个戏的不正常现象。泥河大平调剧团当然也不例外，十年中的演出剧目屈指可数，群众耳闻目染，翻来覆去看的都是以上八个"样板戏"。

1976 年 10 月，"文化大革命"宣告结束，举国欢腾，百废待兴，各条战线出现了转机。文艺舞台也随之发展繁荣，传统戏开放，"文化大革命"前一些深受欢迎的传统剧目再次为群众所喜爱。泥河大平调也趁势上扬，迎来了繁荣发展的春天。需要特别提出的是，在"文化大革命"前，村剧团演职人员都是义工，从来不计报酬。"文化大革命"后，村集体给演职人员开始实行计工分，虽说报酬十分微薄，却基本能维持生计，有效地解除了演职人员的后顾之忧。村剧团对领导班子和演职人员及时地进行了调整充实，这个时期的主要召集人有李存山、李香元、郭宝全、郭文长、杨明义、刘学礼等人。村剧团聘请李存山（续聘）、老蒙（孟）、高本学为指导老师。李存山是从河东的浚县善堂镇被引入到泥河村落户的第一个也是唯一的大平调民间艺人，作为大平调戏剧老师培养泥河的大平调演员。李存山是浚县著名的大平调艺人，从小家里条件艰苦，就卖身学艺，专攻花旦，12 岁就登台演出，艺名"二妮儿"，名扬整个浚县、淇县等乡村地区。除了上面这几位师傅是从外面特意聘请而来的，其他演员、司鼓和琴师都是本村村民。每当秋收之后的冬闲季节，几个老戏骨就开始召集演员到大队隔壁的石林良家里的东屋开始排戏。大家白天在自己家忙活，晚上就到石林良家东屋，围着火堆，一出一出地比戏，先后精心编排了三四十出传统剧目、新编历史剧和现代戏。

就这样比比画画一冬天后，等到了春节大家走完亲戚，破五（阴历正月初五）之后开春之前，村里剧团就开始搭戏台，贴海报，准备开戏了。各家各户就借着春节的剩馍剩菜，再买点酒水，请亲戚朋友来村里看戏。这时候村里就像赶会一样热闹，台上唱戏的锣鼓喧天，台下卖香烟瓜子的、炸油条的、丸子汤的，老人小孩各取所需。而且，最好看的就数晚场，舞台上的老鳖灯，虽然不如电灯明亮，但是遇到断电时，也能照亮舞台上演员的脸庞。老人们看得懂戏的内容，主要是为了听戏；孩子们看不懂戏文，主要是凑热闹。

在 20 世纪 70 年代中期到 80 年代初期的时间里，泥河大平调的发展到达了顶峰，可以说在淇县梨园一枝独秀，闻名遐迩。除了坚持年年在本村冬春季节演出外，还应邀多次外出演出，远的曾到浚县尚村，近的曾到高村车站、北阳乡宋爻村、黄洞乡等地演出，深受欢迎。

1983 年人民公社解体，实行家庭联产承包责任制，村集体没有财力支持，在戏曲舞台上活跃了半个多世纪的泥河大平调剧团也举步维艰，被迫解散。1984 年，因泥河大平调的名气和影响较大、人脉深厚，淇县桥盟乡高庄村的刘焕然先生曾经选择在泥河村继续办大平调窝班（其实就是私人办的收费戏剧班），学生一时多达 50 余人。与此同时，浚县的商振锋先生也选择在泥河村筹建朝歌大平调剧团，后改为鹤壁市（振锋）大平调剧团，至今仍在鹤壁市广大的县、乡、村演出，使泥河大平调得以薪火相传，经久不衰。2000 年以后，随着村里经济条件好转，虽然本村没有了大平调剧团，但是每年冬春季节，村里都会出资请外面的大平调剧团来村里唱戏。

图 53　淇县云梦山寺庙石刻——"毛遂入山访师棋时"

2. 不同时代的主要演职人员和主要剧目

20 世纪 40 年代，由泥河村村民郭庭华、郭老珂创办的大平调窝班，由当时有名的原"同乐班"徐太和执教，由于年代久远，主要演职人员和主要剧目已不可考。

1949 年 10 月组织的村剧团

组 织 人：	郭宝玙	郭宝海	李中祯	郭文选
指导老师：	张魁妞	徐太和		
演出人员：	贾成德	石林志	石林仁	石同勋
	贾致河	李祥云	郭永和	张洪友
	郭爱和	高圣海	郭夏和	闫　树
	闫　林	郭文治	郭文福	石林俭
	宋金堂	韩二黄		
司　　鼓：	冯振元	郭宝全		
大　　弦：	黄金海			
二　　弦：	郭心明			
大　　锣：	杨家华	郭泰安		
大　　钹：	郭金锁			
大　　铙：	李树奇			

二　　锣：郭宝新　李永元

大　　梆：郭文选

大　　号：杨明义　李树明

厢　　管：李树新　郭夏领

演出剧目：《下高平》《哭头》《借头》《骂殿》《穆桂英下山》《三叫
　　　　　门》《武家坡》《二遇路》《三遇路》《辕门斩子》《收马
　　　　　岱》《玉石楼》《山海关》《二进宫》《收杨衮》《二冀州》
　　　　　《铡美案》《御史楼》《三叫门》《跪铺》等

1956 年 10 月正式组建了泥河村大平调剧团，增加的新演员有马德容、
郭凤花、高春菊、高派中、李树玉、李香元、刘学礼等。

1962 年 10 月的剧团班子

组　织　人：郭宝海　李永元　石心庆

指导老师：李存山（二妞）谭福礼（二猪）

　　　　　老美（乐器指导）

演出人员：李存山　贾致河　李熙光　李跃明　郭春和

　　　　　刘学礼　李树玉　高派中　郭永和　李香元

　　　　　郭文长　高圣海　郭夏和　石心庆　郭爱和

　　　　　贾秋德　贾培德　石同勋　李祥云

演出剧目：《王莽篡朝》《白玉杯》《麒麟山》《铡赵王》《反阳河》
　　　　　《探地穴》《三娘教子》《卖虎皮》《槐花泪》等

1975 年 10 月以后的村剧团班子

组　织　人：李香元　郭永和　贾致河　石心庆

指导老师：李存山　老蒙（孟）　高本学

主要演员：李香元　郭永和　贾秋德　李熙光　李跃明

　　　　　郭付和　郭顺和　郭秀梅　郭秀娟　郭文长

　　　　　石连英　杨开荣　杨开清　刘付海　高小菊

　　　　　贾改平　贾瑞海　贾春海　郭文济　葛江奎

　　　　　冯桂婷　晋海英　李树海　李树兰　郭金鱼

　　　　　郭军安

司　　鼓：贾胜德

二　　弦：贾宝海　石林良

三　　弦：王华礼

二　　胡：郭林东

班　　胡：葛江林

红　　笛：郭灿鹏

大　　号：杨明义　李树明

大　　罗：赵水和　刘付清

大　铜　器：郭灿山　李树清

演出剧目：《王莽篡朝》《白玉杯》《麒麟山》《铡美案》《铡赵王》《破洪州》《孙膑下山》《红灯记》《沙家浜》《智取威虎山》《前进路上》《扒瓜园》《掩护》《渡口》等

3. 音乐

戏曲音乐代称为场面，民族管弦乐叫"文场"，也叫"软场"，打击乐叫"武场"，也叫"硬场"。新中国成立前后，大平调伴奏乐器的文场早期只有"老三手"，即大弦、二弦、三弦。武场有边鼓、大锣、铙钹、二锣、大梆，以及大号、大铙、大钹。大平调使用的大铙、大钹，俗称"四大扇"，大号又称长号，颈细而长，约三尺半，状似喇叭，声音尖细嘹亮。"四大扇"和长号一齐演奏，气势雄壮，异常热烈。20世纪70年代中期，才逐渐增设了板胡、二胡、竹笛、笙、琵琶等。

其基本板式有：头板，一板三眼，在次强拍上起唱，唱词为十字句，行腔较长，善抒情，可分慢板、三搭腔、金钩挂、拐头钉、二混头等；二板，一板一眼，多在眼上起唱，唱词多为七字句，富于变化，有慢二板、一串铃、倒三梆、流水等；三板，相当于豫剧的散板，有栽板、滚白、大起板等。

4. 表演

表演程式是中国戏曲特有的表演手段，戏曲演员学戏主要是"练嗓"和"练功"。戏曲演员讲究"四功五法"，四功为：唱、念、做、打，其中"做""打"是以形体动作表现思想感情的。五法为：手、眼、身、法、步，它综合了舞蹈、武术、杂技等艺术，采取写意手法，以虚拟为主，虚实结合，通过高度凝练的程式化表演，在有限的时间、空间内，展现深远而丰富的生活内容。

新中国成立前后，泥河村剧团没有导演制度，演戏靠老艺人言传身教，称为"比戏"。泥河的大平调戏班一直都是由原来县城的同乐班老板徐太和及名演员教戏传艺。1949年10月1日新中国成立后不久，泥河村便紧锣密鼓地组建了大平调业余剧团，并邀请原"同乐班"的名角儿张魁妞、徐太和前来教戏。1962年10月剧团又进行了调整充实，聘请原"同乐班"的名角儿李存山（二妞）、谭福礼（二猪）为指导老师。李存山，艺名二妞，浚县善堂镇店上村人，自幼开始学戏，师从原"同乐班"的道妞（张发旺），主攻花旦，为原"同乐班"名角。由于其学戏时极其刻苦勤奋，且记忆力极好，精通一两百出戏。谭福礼，艺名二猪，浚县小河乡大碾村人，自幼学戏，主攻花脸。其间，还曾聘请老美为乐器指导老师，据说十来天后他就主动辞职了，但他走后还常来指导。

5. 唱腔

大平调唱腔大体与豫剧相同，但是唱腔粗犷豪放、高亢嘹亮，比豫剧腔更高，有"高调不高、平调不平"之说。其源流一说由豫剧演化而来，一说是武安平调传到豫北后和当地民间音乐结合而成。唱腔舒展豪放，长于表现雄壮、悲愤的情绪。唱腔发声一般用真嗓，唯有慢板、拐头钉等起板时，尾声使用极高的假嗓。

泥河大平调唱腔流派属"西路平"，深沉浑厚，刻画的人物细腻，具有粗犷、朴实、豪迈、雄伟的风格特点。大平调擅长演袍带戏（历史戏），角色以红生为主，表演强劲有力，群众称大平调为"大戏"，但其调门不够丰富，唱腔的音乐结构简单，表现雄壮、悲愤的情绪较适应，而略乏委婉抒情之表现力。

6. 行当

大平调戏班中行当与豫剧基本相同。早期淇县豫剧戏班中行当简单，"四生四旦四花脸，八个场面俩箱管"就基本上可以凑成一个戏班。"四生"指的是：大红脸、二红脸、小生、老生。"四旦"是正旦（青衣）、花旦、小旦、老旦。"四花脸"即黑头（大净）、大花脸、二花脸、三花脸（丑）。随着剧种的发展，行当也越来越多，分工也越来越细。但大平调演出袍带戏较多，日常生活儿女情长的戏较少，行当以黑、红脸为主，生、旦行当分工不甚细致。

新中国成立前后，旧时化装，没有油彩，用铅粉、洋油灰、银朱化装，色泽暗淡，易被汗水冲坏，对演员面部皮肤也有损伤。直至20世

50 年代中期，方陆续改为油彩妆。先用凡士林油涂面，再以油彩打底色，然后根据角色要求，勾眉画眼。脸谱是戏曲"脸子"（花脸）行当的化装程式。在用色上，早期设色简单、古朴，后来不断革新发展，有红、黄、白、黑、蓝、绿、紫、灰、粉、金、赭、银等色。艺人中传有"红忠、黑直、白奸、紫英雄"之说。

7. 舞台美术

旧时，戏曲演出没有固定场所，常就地演出，称作地摊。地摊演出简单，演出人数少，一般是本村自成戏班娱乐，或流浪艺人卖艺。后来改为"板凳头"戏，也是一种地摊的形式，就是用几条长条板凳搭建一个临时的舞台，演员登台演出。稍大或正规些的戏班演出，一般围棚搭台，也就是临时搭高台，围以席子，用时搭起，不用时拆除。新中国成立后乡村演戏仍用此法，一般不再用席子而以布幔、帆布搭棚，直至现在。自 20 世纪 50 年代中期开始，演出舞台普遍增大，即使农村业余剧团演出，所搭戏台也较以前增大，台口一般在八米至十二米，台深少则四米，多则六米。伴奏乐队坐于台右，为幕布幕条所隐藏。农村搭台演戏，乐队仍裸露于台上。但一般都有大幕，转场和换场时，拉上大幕，使演出有节奏感、统一感。

新搭成的舞台，要祭台，祭台一般是头场戏之前，要鞭炮齐鸣，锣鼓喧天，一人手执一只活白公鸡，当众将鸡头砍下，让鸡血滴在台上，然后才开演，是谓大吉大利，有的还要在戏台前左角挂一口宝剑，辅有戏装、支口等，这种情况只有戏台门朝西时才有，因为正对西方，西方按五行属金，主杀戮，挂宝剑等可避邪，与鬼怪对擂。另外，无论是群众自凑资金唱戏还是庙会上唱戏，首场前一般都要到各庙去"朝顶"，即顶礼朝拜，类似鲁迅小说中的社戏，几个主要演员各唱一段，内容雷同，主张向神灵祈福，求得吉祥平安。

过去唱戏开场前还有导引和打荒台的习惯，导引这一现象，民国时还存在，导引官上台坐下，慢条斯理地诉说，大概内容是简单介绍戏文，等待演员化妆，长达半个小时。因说了上句，很长时间才有下句，听众很反感，不耐烦了，就喊导引官下台，甚至谩骂，后来这种习惯就被取消了。

另外，过去农村演戏，还时兴打荒台，主要是为了在开戏前吸引观众，演奏一段敲击乐配长号子，但是戏台上并没有演员，是空戏台，所以叫打荒台。随着人们生活生产的节奏加快，这一习惯也自动废止，现在最后一次电铃响过，顶多有一个"紧急风"，正戏就开始了。此前的演出要比现在的演出时间长，有时要演四个小时，稍短点的剧目就加"垫戏"，即加演折子戏。

过去农村演出，还没有音响和灯光，仅有照明灯光，使用照明灯可分为三个阶段，油灯阶段，油灯是一种叫鳖灯的瓷灯，有深口和长流口，深口用于添加煤油，长流口用于安灯芯，因长流口脖子长，像鳖的长脖，所以称鳖灯。一般前台三盏，两盏在两边高柱子上挂着，一盏放在桌子上，因为要掏钱买鳖灯，而且中间要加油，于是村民又想出好主意，即用便壶替代鳖灯，只需安上布棉芯，绑在柱头的钩头上，一夜不用再加油。后来条件好了，演出使用汽灯，汽灯虽然亮如白昼，但是慢慢会中间变昏暗了，要卸下汽灯打气补充，接着再使用。最后是电灯阶段，农村有了电后，演唱用的灯光，只是白炽灯，功率稍微大点儿，至于音响和其他灯光，使用时间则更晚。

2011年泥河村在西安创办医院的李洪洁夫妇为村里捐赠10万元，新修了泥河村大舞台，方便村里演出大戏。现在虽然村里的大平调剧团散了，但是村民还会在农闲时候，利用大舞台跳各种舞蹈健身。

图 54　泥河村大舞台建设碑记（2013 年暑期摄）

图 55   村民在大舞台上排练扇子舞（2015 年春节摄）

8. 演出习俗

乡村演戏，以放炮（三眼铳）为令。炮手由老会首安排。听到第一次放炮演员就得赶紧吃饭；第二次放炮，演员开始化装，做演出准备；待第三次放炮，得马上开戏。炮手一般与演员配合协调，吃饭、化装、开演时间安排大致合理。观众也可以凭炮声了解演出情况。

9. 人物传略

徐太和。徐是淇县后张进村人，祖籍滑县。他自幼热爱戏曲艺术，后进入杨老凡大平调窝班学艺。由于其天资聪颖，练功刻苦，进步极快，学成后留班，成为教戏师傅。1910 年窝班解散，徐太和带领学生，并广邀艺友，成立"同乐班"，自任"掌班"。"同乐班"在豫北地区活动三十余年，拥有许多优秀演员，深受广大群众欢迎。新中国成立前，徐太和一直在泥河村教戏传艺。新中国成立初期，又到淇县东街组建戏班。20 世纪50 年代初，回到滑县大平调剧团从艺，1959 年在家乡去世。徐太和从艺一生，对泥河以及整个淇县的大平调剧种的发展和传播做出了一定的贡献。

李存山。李存山艺名二姐，浚县善堂镇店上村人，自幼开始学戏，师从原"同乐班"的道妞（张发旺），主攻花旦，原为"同乐班"名角。由于其记忆力极好，且学戏时刻苦勤奋，往往学新戏一两遍就能熟稔于心，精通 100 多出戏，可以说是装了一肚子的戏。1962 年秋，李存山被泥河大平调业余剧团聘为指导老师，并从此落户泥河村，与泥河大平调结下了一辈子难解难分的深厚情缘。他先后精心编排了《王莽篡朝》《白玉杯》《麒麟山》《铡赵王》《探地穴》《三娘教子》《卖虎皮》《槐花洞》等二三十部新戏，并亲自登台演出多出戏，为泥河大平调的发展繁荣做出了巨大贡献。20 世纪 70 年代中期的某年春节，他家里要盖新房，李存山为了不影响剧团演出，只好狠下心来，对家中盖房的事情不管不顾，全身心扑到剧团的演出上来。

李香元。李香元曾担任村剧团团长和主要演员，主攻红脸。在 20 世纪 70 年代中期到 80 年代中期长达十年的时间里，在他的领导和努力下，村剧团的设施装备有了很大改善，演出水平有了很大提高，还经常会应邀到外村外地演出，使泥河大平调得到长足的发展和繁荣，可以说具有里程碑式的意义，贡献很大。他还是个远近闻名的戏迷，特别好听大平调。小喇叭里凡播大平调，他都要走到喇叭跟前站着听完，有谁在一旁说话走动，他就跟谁急。他最赏识村剧团里有个唱红脸的，一次，唱红脸的盖房砸折了腿，他比人家老婆还急，亲自送去县医院治疗。但红脸到底落下了残疾，没法登台了，他就在村广播室装了麦克风，让其每天晚饭后到村广播室去唱。光听还不过瘾，他就亲自学戏当演员，在舞台上填补了红脸留下的空缺。

刘学礼。刘学礼原为鹤壁二矿正式职工，20 世纪 60 年代回到村里，痴迷大平调，主攻老生。说来也奇怪，刘学礼由于下煤井时曾不慎造成小腿骨折，落下个轻度残疾，他平常不唱戏时总感觉有些病恹恹的，浑身好像都是毛病，可一旦唱戏就像服了一剂灵丹妙药，立马通体舒畅，格外精神。另外，他还会自做髯口，颇受欢迎。

"杨家将"。在 20 世纪七八十年代，泥河村大平调剧团里，杨明义一家就拥有四位演职人员，被乡亲们亲切地称为"杨家将"。父亲杨明义自村剧团成立时就一直是长号手，俗称大号，可以说一把长号吹得出神入化、响遏行云、铿锵激越、荡气回肠，为剧目增色不少。其长子杨开清、女儿杨开荣、二儿媳石连英都是村剧团的中青年演员。许多时候，"杨家将"往往还会同台演出，如演出《辕门斩子》时，"杨家将"就囊括了剧中的杨宗保、穆桂英等主要演员，成为名副其实的"杨家将"，曾一度被乡亲们传为佳话。

图 56 泥河村大平调剧团的三个演职人员在村中大舞台前面合影（从左到右贾全喜、李跃明、郭文长，2014 年摄）

图 57 站在村中大舞台前广场上的泥河最高寿的老寿星闫金秀妻子和女儿（2015 年春节摄）

六　泥河村医疗卫生事业的发展

闫长梅　口述　郭良和补记

闫长梅，女，1944 年 6 月出生，她是村里最早建立合作医疗卫生室的赤脚医生，至今还在从事乡村合作医疗卫生服务。2013 年暑期，她接受访谈，口述了自己的经历以及村里医疗卫生事业的发展历程。以下是根据访谈整理的内容。

1. 个人的从医经历

我娘家是庙口乡原本庙大队高庄村的，本村高小毕业，母亲会土法治病，妹妹因为 1959 年饥饿腹泻，庙口卫生院医生用链霉素静脉注射，不久我妹妹就死了。我妹妹少亡之后，就刺激我，想去学医，1960 年安阳钢铁厂医院卫校招生，我就报考了安阳钢铁厂卫校，学了两年后，1962 年卫校毕业（18 岁）后留校。以后，因为当时城市闹饥荒，我就从安阳下放回本村劳动了。庙口卫生院牛海林院长主动到家去找我当医生，我就回去安阳钢铁卫校拿来档案，去庙口卫生院上班了。庙口卫生院三间堂屋，主要以防疫为主，全科医生，看老百姓的常见病。1964 年卫生院院长介绍我嫁给了泥河的李跃明。当时李跃明在庙口中学教书，他是新乡师

图 58　2013 年暑期接受访谈时的闫长梅医生

专毕业，被分到庙口中学教书。1965 年高村卫生院到庙口卫生院要人，我就被调到高村卫生院工作。那时候卫生院在下面的大队设有联合诊所，我就过去到石佛寺联合诊所当医生。后来，被高村卫生院的曹院长的侄女冒名顶替了，我就又被下放到农村了，回到泥河婆婆家劳动了。再后来，因为脑膜炎流行病，县里卫生局来公社调查情况，问我咋不上班呢，我说公社卫生院说人手富余，把我下放回家了。他们了解情况后，又把我叫回高村卫生院。

2. 泥河村合作医疗卫生室的创办经过

（背景知识：1965 年 6 月 26 日，毛泽东批评卫生部是"城市老爷卫生"部，号召要把医疗卫生工作的重点放在农村，后来简称"六二六"指示，之后农村开始大力推广合作医疗制度。）

1966 年春天，咱大队向高村卫生院写申请想成立村卫生室，我就亲自去跑手续，先到高村卫生院，卫生院同意后又到高村公社，公社同意之后又到县卫生局，最后县卫生局批准成立。县卫生局批准后，大队盖了三间房，最初叫联合诊所，跟石佛寺村一样，都是高村卫生院的联合诊所，由卫生院派医生负责门诊看病。"文化大革命"一开始，联合诊所就很快转为合作医疗，归村集体领导了。我和王增山两人是村卫生室第一任医生。大队请来了王增山主要看疮，做外科大夫。1968 年村里成立"革委会"，"革委会"对卫生室精减人员，把我减下去了。贾春海那时候是红卫兵"二七派"积极分子，"二七派"胜利以后，大队工作组就把贾春海安排进卫生室当会计。那时候王增山的姨（桥盟公社郭庄大队高庄村人）来泥河看病，王增山就把他姨介绍给贾春海当媳妇了，并且答应把春海教会当医生。两年之后，因为卫生室账目不清，大队整顿村卫生室，贾春海就退出了卫生室，王增山也离开了卫生室。王增山、贾春海走后，大队重新请来了西岗的徐好英和我做村卫生室的大夫。后来，徐好英也回自己家去了，换了郭宝新进卫生室，当中医大夫。郭宝新会看中医，治疗腿疮。

1973 年，淇县办第一届卫校，培训各村在职医生，卫校里有中医班、西医班，一届一年。卫校一直在办，未间断，现在与中医院合并了。葛雪英是秦玉喜的大儿媳妇，那时候秦玉喜（当时的大队副支书）就派雪英到淇县卫校学习。1981 年淇县卫校毕业后，大队就把葛雪英安排进了大队

图 59　闫长梅大夫在抓药（2016 年 6 月摄）

卫生室当赤脚医生。[1] 但是雪英到村卫生室不久，公社就解散了（1983 年人民公社解散），大队卫生室也就散了，村里的卫生室就作价卖给了雪英自己家了。当时，卫生室的三个医生我、葛雪英和郭宝新，都在自己家分别成立了私家门诊，给人看病。合作医疗制度取消后，总的来说，我们还是在医药公司买药，但是老百姓看病就要自己掏钱了。

3. 合作医疗期间的经营情况

当初办合作医疗时，贾春海当卫生室会计，村里有个规定，三级投资总共 3.6 元，大队、小队、个人各自出 1.2 元。等到我再进去时，就改为 2.2 元，大队不出了，小队出 1 元，个人出 1.2 元，负责一年的医疗费用。一直到 1983 年解散，都是这个筹资方案。

那时候村民看病，挂号费 5 分钱，拿药不要钱。去乡里、县里住院看病，能报销 15%，但是因为卫生室没有钱，所以基本上也报销不了。开始

---

① 那时候（1978 年），大队还安排了部队转业的卫生员郭同安到村卫生室当赤脚医生，没多久，郭同安就被调走到县里去工作了。郭良和补注。

时我既当医生又当卫生室的会计，后来大队会计葛江仁兼卫生室的会计，代理核算。大队给卫生室的大夫计工分，工作比较轻松。有时也会去田间地头劳动，随叫随到，一个月 25 个工，算满勤，女的一个工算 8 分的劳力。

当时的主要工作还有卫生防疫，都是国家发药，去高村卫生院领药，有疫苗、糖丸、种牛痘等，医生工作很细致认真。而且那时候，医患关系不错，当时大家都很客气，相互尊重。

4. 对农村合作医疗的总体印象

那时候的合作医疗，虽然只收 5 分钱的挂号费，很便宜，但是只能解决眼前的问题，能看小病，不能看大病，当时物质太匮乏，没有药。农村合作医疗制度取消之后，自己家开了门诊，服务还跟以前一样，村民有病随叫随到，而且都是本村的，谁家有病实在没有钱，也给看。但是，在 2006 年之前，农民得了大病，看不起病的就更多了，去大医院更看不起。2006 年重新恢复了农村合作医疗制度，但不给报销日常门诊，只有 100 多块钱的定额补助，农民就把 100 多元的定额补助，到我们定点卫生室换成商品或者保健品拿回家了。有了大病，只能到乡卫生院以上医院去住院报销。相比过去的合作医疗，现在的合作医疗更加让人满意一些，因为毕竟农民得了大病，可以到医院住院报销了。

5. 泥河村卫生医疗从业人员

除了上述闫长梅医生一家之外，参与泥河村医疗卫生事业的还有如下人士：新中国成立前后的老中医贾致庆，集体化时期的部队卫生员郭同安，改革开放以后从医的葛雪英、郭灵和、郭丽娟及贾春海的子女们。

贾致庆，男，生活在新中国成立前后。他主要从事中医治疗，是当时与泥河村郭氏家族郭宝新齐名的老中医，郭宝新在西岗村一带从医，贾致庆在家乡及周边董桥等村庄行医，医术医德令人敬佩。

郭同安，男，中共党员，1953 年 5 月出生于泥河村。1961 在泥河村上学，到 1970 年 12 月份参军。参军前曾在大队卫生室任小队防疫员一年，参军后被分配到济南军区炮兵第 8 师师直侦察连，到连队后，根据个人情况他被安排到师部卫生科（实际是师卫生院）学医，毕业后又回到侦察连，任连队卫生员。由于工作积极向上，在部队参军 5 年，受过团嘉奖一次，连队表扬多次，1974年3月加入中国共产党。1975年4月自己申请复员回家。1975年8月全国招工农兵学员，由县、乡、村推荐，他又上了工农兵大学，学校是当时的安阳地区卫生学校，他上的是中医大专班，学习三年，于1978年10月毕业。当时毕业后没有分配工作（因要求工农兵学员哪来哪去），他又回到泥河村，在村卫生室当赤脚医生。村卫生室解散后，他自己开了个诊所，为群众看病。1980年10月经政策落实和个人努力，他被分配到淇县一中，任生理卫生课教师，兼一中校医四年。后于1984年7月调到淇县人民医院做医务工作，其间由医士升为主治医师，到2013年退休。郭同安在淇县人民医院工作了30余年，是骨干医生，他从医认真，精益求精，受到广大群众和院领导的好评。

葛雪英，女，1960年1月出生于泥河村。1976年高中毕业，后进入淇县卫生学校学习，进修中专，获得西医士职称。毕业后，她进入村合作医疗卫生室工作。村合作医疗卫生室解散后，葛雪英靠自己的医技能力，开办了自己一生钟爱的诊所，至今仍然工作在村医疗卫生第一线。全村有这样的美称：东有长梅（闫长梅医生），西有雪英（葛雪英医生），意思是她们两位医生，看病问诊细心，且待人热诚，村民百姓都喜爱。雪英住在村西头，方便西头百姓就近看医。长梅住东头，方便群众东头就医。两位医生，都医德高尚，不管是刮风下雨，白天黑夜，随叫随到，且秉性好，不管大小病号，都耐心诚恳对待。她们两位还肩负着上级安排的农村防疫、保健等公共卫生服务工作，由于工作认真，她们多次受到上级的表彰嘉奖。

郭灵和，男，1963年6月出生于泥河村，高中毕业后，进入县卫校学医。他出生于中医世家，其爷爷郭宝新是当时（新中国成立前后）远近闻名的老中医，主要是看腿疮，特别是在西岗乡一带享有盛名。郭灵和从小耳濡目染爷爷为本村百姓和远道而来的病人细致看病，立志学医。1980年从淇县卫生学校毕业后，1981年至1982年分别在县人民医院和城关卫生医院进修。1983年村卫生室解散后，他也回到村里开起了个体诊所。1985年他又到南乐县人民医院进修，在那里学到了穿线治疗胃病、气管炎的特色疗法，主要从事穿线治胃病的专科治疗。在这个基础上，灵和根据自己在学校学到的理论和本身的临床实践，总结研究出穿线也能治癫痫病的新方法，并且得出成功经验。

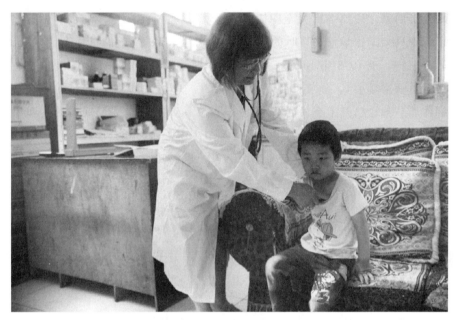

图 60　葛雪英大夫在给孩子看病（2016 年 6 月摄）

图 61　郭灵和大夫在自家门诊（2016 年 6 月摄）

郭丽娟，女，1981年6月出生于泥河村郭氏家族，她是郭宝珍、刘瑞芬夫妇的孙女、郭文河之女。她本科毕业于河南科技大学医学专业，后考上郑州大学医学院，医学研究生毕业。现就业于新乡医学院第一附属医院（原卫辉医专），从事彩超影像工作，已成为该院的学科带头人。老家有来医院看病的都愿意找她帮忙。

贾春海，男，1949年4月出生于泥河村，17岁进入村卫生室，师承王增山医生学医，在看腿疮上有建树。后因故离开卫生室，教育子女学医。长子贾振国，自幼学医，先上淇县卫校，后进修本科，先后在县人民医院实习，开过个体诊所，现于郑州金城医院从医。女儿贾振英现为本县朝歌人民医院医生，与丈夫合开社区诊所。

七 泥河村书法文化的发展

贾文海、郭良和 供稿

泥河村村民喜爱书法，应该说是从明清时期传承下来的，村中流传许多与习字有关的脍炙人口的故事。传说，清朝中晚期，村里郭氏大户第六代传人郭凤楼生有五个孩子，都是当时的秀才。长子郭文振为附贡生，次子郭遐振为郡庠生，三子郭丕振为优增生，四子郭羽振为九品衔，五子郭旅振为邑庠生，一门出了五个秀才，一直流传至今都有所谓的郭家"五顶帽"的美传。这五个秀才字写得都特别好，且传承于后。到了民国时期，由于战乱，郭氏家族一些家庭破败穷困，无法上学习字，出现了无文化家庭。"五顶帽"后辈中的郭宝山家，有一年过春节时，因家中没有文化人，又不愿意求人写对子，便把没有写对联内容的红纸贴到了门上。大年初一早上，同族兄弟郭宝璠（字美玉），与其他兄弟打着灯笼上门拜年，一看对联上没有字，宝璠就对堂兄宝山说："二哥，咋弄这呢！"觉得很不是滋味，马上提着灯笼回家拿来笔墨挑着灯悬腕给补上了春联。那时曾是民国时期，科举制已经废除，但是郭宝璠曾在河南省立第五师范学校求学，被当时的村民尊称为"秀才"，留下了"秀才挑灯写对联"的美谈。通过这件事，人们受到启发，感到爹有娘有不如自己有。也就是从那个时候，泥河人开始重视书法，教育后代要好好学习，认真练字，以艺立身，祖祖辈辈养就了喜爱习字的好习惯，形成了好传统。

但是，全村书法出名还得从新中国成立前后说起。新中国成立初期，泥河村文化就名扬十里八村，当时村里写字较好的有郭美玉（又名郭宝瑞）、郭宝全、郭文汉、郭发安、石心庆、贾勤德、晋善信等先生。现在这些人中，除晋善信老先生健在外，其余六位先生都已作古。在那时，几位先生秉承耕读传家之良风，每逢过年时，都要提前把红纸、黄纸买回家，过了腊月二十，就在家里铺开写对联的摊子，先把自己家的写好，春联内容都非常吉祥，诸如"春前有雨花开早，秋后无霜叶落迟""春播千粒粟，秋收万石粮""福如东海长流水，寿比南山不老松"等，然后再为左邻右舍书写一副副喜庆的春联。此外，他们还为村菩萨庙、关帝庙、文庙写上有历史渊源内容的庙宇春联，增加了全村文化气息，致使路过泥河村的外乡人都要驻足看一下"泥河春联"，被浓浓的文化和春节气氛所感染。可能是他们经常练字的缘故，书法上叫"精、气、神"，几位老先生都寿过八旬。仍然健在的晋善信老先生都已八十几岁，仍然精神矍铄，身体健康。

新中国成立后，泥河村书法的领头人还有石同勋、杨风礼、郭林东、郭春东等先生，他们都在泥河村学校任教多年，为人师表，除教课外，把习字作为学生的必修课，每周二、四下午都要安排两节写字课，一直延续至今。他们教学生写字时要求非常严格，从执笔姿势到书写过程都要手把手地教，他们带出来的学生如郭水和、郭新和、石凯、宋文泽、郭安和、高派喜、杨开清等，到后来的贾文海、郭良和、郭双和、高春录、晋喜明、宋化元、石玉清等人的书法作品，在全乡（当时叫公社）、全县优秀作品评比中，历次都拿到好成绩。由于全村大兴教育，吸引了周边村庄的群众，他们争相把自己的孩子送到泥河村学校读书。郭水和、郭新和、宋文泽、郭安和、石凯、贾文海、郭良和、晋喜明、宋化元、葛学林、郭双和、石玉清、郭光明、贾中德后来分别从戎、从文、从政、从商等，在各自的工作岗位上有所作为，很多是沾了写字的光。因此，在他们人生的记忆中，石同勋、杨风礼、郭林东、郭春东诸位老师的教诲，是他们一生都难以忘怀的。

泥河村书法鼎盛期还是在党的十一届三中全会以后，农村土地承包带来了百姓的丰衣足食，同时物质生活的满足，助推了群众对精神文化的渴求。那个时候，该村的石同勋已是淇县文化局局长，他于1984年组织了第一届全县群众书法比赛，在全县获奖的十人中，泥河村的贾文海、郭良和、郭双和、郭灿光四人获奖。之后，石同勋、石凯、贾文海三位同志的书法作品还漂洋过海，在日本展出并获得日本书道特别奖。当时贾文海、郭良和、郭双和相继在泥河村村办学校教书，在多年的教学中，传承弘扬泥河书法文化。贾文海、郭良和还从收入不高的工资中挤出部分钱到省会郑州"河南书法函授院"进修学习两年。这一时期，全村培养出了一批书法新秀，较有功底的有：郭灿光、杨开亮、李树江、李树洲、葛拥军、葛付林、贾长波、郭灿海、李红旗等。值得一提的是 20 世纪八九十年代，泥河村党支部、村委会对泥河书法的发扬光大给予了大力支持，时任支书李香元深知文化对农村孩子今后成长的重要性，他每年都要从大队（村委会）办公经费中挤出一部分用于教育和书法活动。1986 年，在时任县文化局局长石同勋的积极支持下，泥河村成功举办了全县农民书法邀请赛，省、市、县有关部门的领导、专家莅临指导祝贺，包括当时省书法家协会副主席王澄、省群艺馆馆长王胜泉等。其后几年又举办了"创收富民笔会""廉政文化笔会""计生笔会"等，中央电视台、河南电视台、河南日报等八家媒体深入泥河村采访，为社会主义新农村建设进行新的解读。

"翰墨飘香耀农舍，共建文明和谐村。"泥河村农民书法文化的传承与发展，促进了全村社会风尚的良性循环，也影响着周边的乡村，附近村里的人把自己的孩子送到泥河村拜师学艺成了一种新时尚。泥河村被鹤壁市委宣传部评为基层文化先进单位，被市委宣传部、市文联联合命名为"书法村"。全村现有国家级会员 1 名，省级会员 4 名，市级会员 12 名，县级会员 50 名。

泥河村优秀书法代表作品

1. 石同勋代表作品

2. 贾文海代表作品

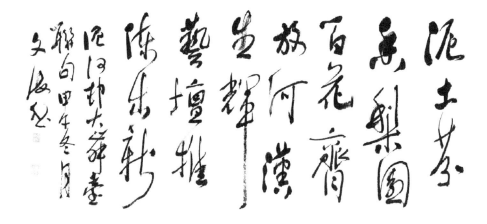

九曲蟠龙邰北过

十里清溪庄南流

泥河村土地肥沃，民风淳正，全村邻里和睦，各项事业欣欣向荣，尤其是全村文化发展迅速，远近有名，是著名的文化村。为彰显农村和谐、书法……村运道鹤供产业集聚区建设，全村整体搬迁，作此联记之。甲午季子……

3. 郭良和代表作品

東臨淇水觀魚躍

西依太行聞鹿嗚

集涞里春聯佳句

乙未年春節良和書於泥河邨

舍南舍北皆春水，但见群鸥日日来。
花径不曾缘客扫，蓬门今始为君开。
盘飧市远无兼味，樽酒家贫只旧醅。
肯与邻翁相对饮，隔篱呼取尽余杯。

杜甫客至二首　乙未年良和

4. 郭双和代表作品

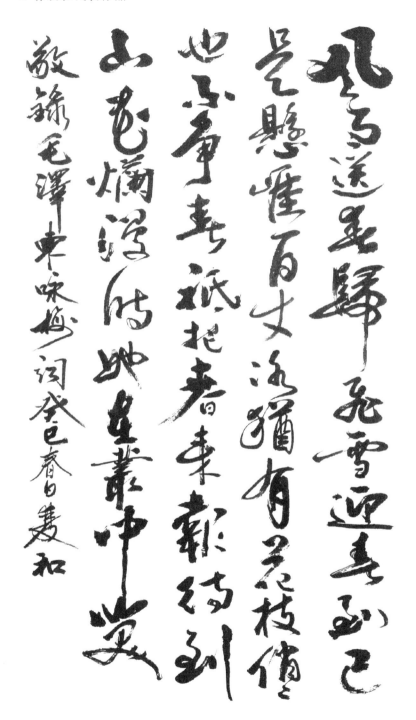

5. 晋喜明代表作品

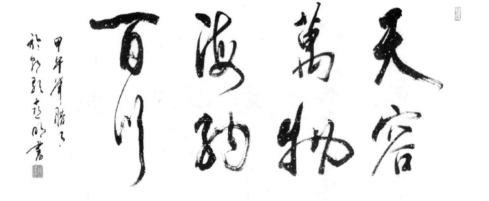

6、宋化元代表作品

7. 石凯代表作品

8. 石玉清（女）代表作品

北国风光，千里冰封，万里雪飘。望长城内外，惟余莽莽；大河上下，顿失滔滔。山舞银蛇，原驰蜡象，欲与天公试比高。须晴日，看红妆素裹，分外妖娆。

江山如此多娇，引无数英雄竞折腰。惜秦皇汉武，略输文采；唐宗宋祖，稍逊风骚。一代天骄，成吉思汗，只识弯弓射大雕。俱往矣，数风流人物，还看今朝。

毛泽东词沁园春雪　甲午年荷月　石玉清书

八　泥河村礼仪风俗的变迁

李香元、李树青、郭文采、郭良和等口述

"礼仪"是泥河人日常生活中非常重要的内容。正是在礼仪中，泥河人维持着彼此之间的关系，共同维护着社区秩序，也在礼仪中找到自我。泥河人的生活是由一年之中大大小小的节庆与礼仪串联起来的，并且这些节庆与礼仪又与本地的饮食文化息息相关。下面我们先简单介绍泥河人的日常节庆礼仪，然后重点介绍过年、婚、嫁三个重要节日的礼仪。

1. 泥河一带的节日礼仪

泥河村民的日常生活是被大大小小的节气串联起来的。一年 12 个月，几乎每个月都有节日，村民都要按照习俗过节串亲戚。下面我们将按照时间线索做简单介绍。

每年农历二月二泥河人都要过"龙抬头"，并在这天有特殊的饮食习惯：70 年代之前二月二早上都要煎黏糕，即和黏面，包进糖，用油炸；70 年代之后慢慢用糖糕取代了黏糕。二月二这天炸黏糕（糖糕），又有炸蝎子爪的说法，即希望将蝎子的爪子毁掉，不再蜇人。俗话说："二月二拍瓦，炸的蝎子没爪。"70 年代之前，二月二中午还要吃"老龙抱蛋"，即将去过皮的玉米放进锅里煮，在将熟之际放进面条，然后加点油盐、菜叶。70 年代之后就不再有"老龙抱蛋"这道菜了。

二月二之后则是清明节，一般是阳历的四月五日或者六日，阴历在三月份的某一天。儿女们一般都要回家，拿上纸钱、纸元宝、烟酒、糖块去祖坟上磕头祭奠。这天的祭奠中，最重要的是要在坟头上压纸，以表示这家香火还未断。清明节这天有折柳的习俗，在太阳没有升起的时候，折回新鲜的柳枝，插在院门口。据说是为了纪念屈死在绵山老柳树下的晋国大臣介子推。另外，豫北地区又把清明节叫"收鬼节"，意思是农忙将要来临，祭奠各路鬼神回归阴间，别再影响阳世的劳作。

五月单五是端午节。土改之前，端午这天要吃粽子、油条、糖糕。从土改到 20 世纪 80 年代，端午这天家家都会自己做油条、糖糕。80 年代之后，端午这天有家里自制油条、糖糕的，也有出去买的。北方没有赛龙舟、喝雄黄酒的习俗，但是端午这天有折艾草的习俗，在太阳未升起之前

折回艾草，插在院门口。艾草可以熏蚊子，又和恩爱谐音，在北方农村有多重用场。

端午节之后的某一天（不固定，五月十五之前的某个初三、初六、初九）出嫁的女儿要回娘家看母亲。传统礼品为油条（十几斤油条）、糖糕，20世纪80年代之后也要拿油条、糖糕，但是数量变少，用其他礼品替代了。娘家也会有少量的回礼。

六月送羊（前半月的某个初三、初六、初九，姥姥要去女儿家看外孙女、外孙；如果下半月去叫瘸羊）：送羊的礼品，从传统来看，主要是面羊（每个小孩四只羊、四个羊蛋），再加上油条。80年代之后，除了面羊与油条（现在很多人都去外面购买），还要带些糕点、饮料过去。送羊一般不回礼，据说是因为舅舅为了教育外甥要孝顺父母，通过羊羔跪下吃奶的形象告诉外甥，连动物都跪拜母亲的养育之恩，何况人呢？于是就送了一头羊给外甥，让外甥铭记孝心。另外在农历六月初一过小年，早上放挂鞭炮，中午吃顿饺子。

七月十五，也是个鬼节气，在淇县有些地方过这一节日，这一天也是家人给过世的亲人们上坟烧纸送纸钱。

八月十五中秋节，一般之前要准备好月饼、皮馇、肉。20世纪90年代之前，八月十三、十四会提前蒸月饼，一般是以白糖、红糖为馅，有时候还会放豇豆。最近二十多年慢慢不再在家里蒸月饼，而是去市场上购买月饼。八月十五中午吃烩菜，做出来烩菜之后，先要供飨家神（烧香、烧纸钱、磕头），本地供飨有一个习惯，就是供飨的食品在撤供的时候都要留一点放在地上，主食为馒头、蒸月饼或者花糕。第二天八月十六，女儿回娘家送月饼，据说是和八月十五杀家鞑有关。相传在元朝，中原汉人称呼蒙古人为家鞑，借着八月十五聚会起事造反。[①] 大概以80年代为界，之前主要是拿月饼（起码五六斤，甚至十几斤）；之后月饼渐渐减少，礼品的种类更加丰富：饮料、牛奶、鸡蛋、油、水果等。当然，娘家也要好好

---

① 相传元朝时，中原广大人民不甘受蒙古人的残酷统治，纷纷起义抗元。朱元璋欲联合反抗力量，但元官兵搜查严密，苦于无从传递消息，刘伯温想出一计策，命王昭光制作饼子，将写有"八月十五夜起义"的纸条藏入饼子里面，派人分头传送到各地起义军中，通知他们在八月十五晚上起义响应，从而一举推翻元朝。为了纪念这一功绩，中秋吃月饼的习俗也就传了下来，有"八月十五杀家鞑"的说法。

招待女儿女婿一家人，像过年一样中午吃席和烩菜，有时候女儿一家临走之前要做个汤，米汤或者鸡蛋汤。也有少量回礼，一般以糕点为主，不会回送月饼。

九月九重阳节，孝敬老人，困难时期也就是摊煎饼吃，甚至吃杂粮煎饼，条件稍微好点儿吃白面煎饼；80 年代之后开始吃饺子，一般都是肉馅饺子。

重阳之后是十月一，也是个鬼节气。豫北地区称这个节日为"放鬼节"，意思是进入农闲时节，阴间的各路鬼神可到阳间，来和世人分享秋收之后的幸福快乐。世人也借此节日祭拜先祖，上坟烧纸，送纸钱。

再过就是冬至了，一般是清早吃饺子，有"安耳朵"的说法。

然后就是腊八，在 2000 年之前，腊八节会吃"鸡刨米饭"：用小米、羊肉、粉皮（粉条）加上调料，煮成咸米饭，一般是较米汤稠、较蒸米饭稀，又叫稀不稠羊肉米饭，因为熬出来的米饭，样子不好看，像鸡刨过似的，所以叫"鸡刨米饭"。鸡刨米饭还要涂在枣树上，期望来年枣树能够丰收。2000 年之后，很多人就不再吃"鸡刨米饭"了，开始用八宝粥替代。

最后就是过大年了。有个顺口溜"二十一筛沙土，二十二装香炉，二十三祭灶官，二十四扫房子，二十五拐豆腐，二十六蒸馒头，二十七杀公鸡，二十八贴花花（门心贴关公秦琼，门框上贴对联等），二十九剐猪头，三十蜕皮（换新衣服），三十一（初一）撅撅屁股作个揖"。这表示进入腊月二十以后，每天都在准备过年。

二十一、二十二主要是为祭祀做准备，严格来说沙土都要用硼砂，含有吉祥的意思。二十三祭灶官（傍晚）：要买或者自己制作祭灶糖，祭灶糖是一种比较黏的糖，有黏住灶王爷的嘴的目的，防止他上天说多余的话。祭灶糖供飨过灶王爷之后，大人小孩分食，希望家庭能够幸福、家人长寿。供飨灶王爷的同时要烧香、放礼炮三响或六响（又叫大雷）。祭奠完灶王爷做晚饭，晚饭一般是汤挂面、汤面条。汤挂面、汤面条一般用菠菜、白菜佐食，加入家常的葱花、香油、味精、盐、酱油等调料，饭熟后，需先盛少许，供飨灶王爷，然后全家食用。

二十四扫房子，要全面打扫家庭卫生，包括屋子与院子。农村平时顾不上打扫卫生，但是过年一定要好好打扫一次卫生，以迎接祖先神灵和客人。

二十五拐豆腐，可以自制豆腐，几个家庭可以合在一起共同制作，也可以去市场买。豆腐是供过年用的。豆腐的食用方法有两种：白豆腐和红豆腐。红豆腐指油炸的豆腐。白豆腐指食用前不加工直接加入烩菜或汤。

二十六蒸馒头，这可不是简单的馒头，而是各种面点，以及豫北一带特有的蒸皮馇，而且要预备从初一到十五至少半个月的干粮，所以往往要从早蒸到晚，忙活一整天。过去蒸馒头都是自己家和面、发面，找一小块老酵面，然后以老酵面为基础，用温水在缸里揉一团面，面团揉至手光、盆光、面光（三光），然后放到温暖的地方"发"到面膨胀，内部有气泡。然后再拿出来放在案板上撒面粉，继续揉面，揉出馒头，上锅蒸。过去因为是通过预留的酵母面头自己发酵，难以掌握发酵的程度，所以发面的时机比较难掌握，即使是老厨师如果不是用自己家的酵母面头，也难以把握发酵的分寸，常常蒸出来的馒头容易发酸。所以，那时候谁家的馒头蒸得好，在邻居中也是很有面子的。

那时过年不蒸实心的馍，馍里一般都会加些甜馅，如豇豆、枣、红薯等。在普通馍的基础上，也会制作"大馍"，即在个头比较大的馍的顶部用面片包住一个枣子作为装饰〔将一个圆面片切成两半，半圆面相对放置，用筷子抄（夹）一下，形成一个莲花状饰品，黏在馍上并在饰品中心嵌入一个枣〕，将馍升级为"大馍"。也会蒸"菜馍"，菜馍一般都是咸馅，或素或荤。素菜馍一般是白萝卜、韭菜等素菜加作料调制。荤菜馍又分两种，有纯肉馅的，只加大葱和其他作料，或者是混合肉馅的，用肉与韭菜、粉条、萝卜干等调制。

另外就是制作"枣扇"：将一团面搓成长长蛇形的圆条，然后将圆条盘成一个圆盘，用筷子以十字形抄（夹）两下，使圆盘形成梅花状，然后在中心放一个枣，在四周放四个或者八个枣（放八个枣的时候一般用刀将梅花瓣切开，圆盘边缘等分为八段，每段上放置一个枣作点缀）。

过年最隆重的是制作"花糕"：将一团面擀成一个厚面片作为底座，然后在厚面片边缘盘一圈花即将小面柱拧成 S 形并黏在厚面片边缘，在每个更靠近边缘的 S 缺口处放一个枣，将底座圈未被 S 形覆盖的地方用枣覆盖。然后再做一个较小的厚面片，放在下层厚面片的中央，在上层的面片上放上用面做的各种模型，如摇钱树、鱼、双龙戏珠、荷花、菊花等。花糕有的会做三四层，寓意来年高升的意思。当然层数越多，越难蒸熟。

泥河一带乃至整个豫北地区，过年都要用红薯粉做皮馇，将粉条煮到一定程度，捞出后与红薯粉芡、大料等作料拌在一起放入蒸笼里铺平，蒸一个小时。然后放凉后预备做菜用，一般包括烩大锅菜，和猪肉、白菜、粉条等材料一锅烩，也可能用来炒肉片或者蒜薹等，甚至用来做汤的辅料。

二十七杀公鸡，过去农村养鸡都是为了下鸡蛋卖钱或者给病人做补品，自己平时很少吃鸡。但是一定要养几只公鸡，过年时杀掉，供祭祀用，这符合农村的礼仪，表示对祖先的尊敬。当然，家人和尊贵客人也可以趁机享口福，因为一年难得吃顿鸡肉。

二十八贴花花，就是将提前写好的"花花"贴上，包括对联、横批以及门心画。

二十九剐猪头、杀猪，供过节祭祀、饮食用。

三十蜕皮，三十这天理发、洗澡、换新衣服，有除旧迎新的意味。泥河一带不吃年夜饭，而是在三十中午吃年饭，一般是肉浇顶的烩菜。烩菜的主要食材是皮馇、粉条、红白豆腐、白菜萝卜等；然后用卤肉浇顶。烩菜做好后，先盛上一碗，浇上卤肉，供飨家神，然后全家分食。三十晚上吃饺子（扁食），有素馅或者肉馅，供飨家神之后全家食用。吃饺子又有"填穷坑"的说法，这是一年最后一顿饭，是对一年苦与甜的总结，同时在初一的早晨也吃饺子，以昭示着一年有个好的开头。此外，三十晚上要准备好初一早上五更时候的供飨用品。供飨用品非常有讲究，包括五斤的肉块，五碗皮馇，皮馇上放三大片熟肉片，摆上两座花糕，六个大馍。三十晚上也要准备好初一早上吃的饺子，并且在一两个饺子里包进硬币，目的是第二天早上吃饺子时，看谁能吃到包了硬币的饺子，谁就是这一年里最有福气的幸运者。三十晚上长辈会给晚辈压岁钱：80 年代之前压岁钱从几分到两毛不等；80 年代之后钱数随着经济条件变好也在递增，现在从 10 元到 100 元。新进门的媳妇第一年能得到更多的压岁钱，80 年代之前一般是三五块钱，80 年代之后递增，现在是 100 元到 1000 元不等。

初一撅起屁股作个揖，一大早天不明就起床，看谁家起得早，预示着新的一年万事如意。洗漱完毕后，先摆好前晚准备好的供飨，然后下饺子，饺子熟了之后舀取三碗供飨家神，烧香放鞭炮，全家一起参拜家神，一般是磕四个头，然后全家人才开始吃饺子（在家神牌位前点香之后，烧 3、6、9 个纸元宝，还要在各个屋门左右都点上一支香）。吃完饺子后，小辈儿的一般都先给自家父母行跪拜大礼，然后，在六点左右出门，去全村的长辈家拜年。拜年一般是上午 10 ~ 12 点。初一中午吃团圆饭，将供

图62   郭文庆老屋子里供奉的祖先牌位

飨的食品、肉块、皮馇等制成烩菜，另外准备几个小菜，吃花糕。初一下午一般都会休息，晚上讲究的家庭，会在家祖先牌位前点两个红蜡烛，类似庙上的长明灯。初一早上，长辈要给晚辈发拜年钱，第一年的新媳妇也有拜年钱。80年代前一般都是给黄豆、核桃、糖块；80年代之后慢慢给钱，从一毛两毛到现在的一块十块。

初二，嫁出门的女儿阖家都会回娘家拜节。回来之后先吃煎饺子，之后女儿女婿带领外孙们给长辈拜年，然后去给自己娘家的主要亲属拜年。第一年，新女婿回丈母娘家拜年，一般有"玩女婿"的传统，以拉近距离。中午吃饭的时候也会有陪客的过来，隆重招待新女婿。吃中午饭时，条件好的会做十几个菜（双数），条件差的一般做六到八个菜，菜的搭配一般是荤素对称，配上烟酒热闹一翻。中午的主食是烩菜、花糕等。吃完中午饭，聊会儿天，在下午两三点，会给女儿女婿做两碗汤：咸汤与甜汤，咸汤一般是鸡蛋汤与豆腐汤；甜汤一般是小米汤、白面蛋花汤，里面放苹果与糖，喝完汤之后一般就要送客了。

女儿回娘家拜年拿的礼品，较早时候一般是拿八个盒子：八份挂面装在四个盒子里；另外四个盒子里面装饼干等各种点心；另外还会拿一盒花糕、两个枣扇。第一年出嫁的女儿还要拿三斤或者五斤猪肉。从80年代后期开始，女儿回娘家拜年拿的礼品也发生了变化，礼品越来越丰富，视经济条件不定，一般有饮料、奶制品、食用油（十斤）、烟酒、鸡蛋等。出嫁的女儿头一年拜年，会给闺女拜年钱：80 年代之前是 1~5 元；80 年代之后越来越多，现在是 50~100 元。有外孙以后，也要给外孙拜年钱，80 年代之前是 0.5~1 元，80 年代之后越来越多，现在最少 100 元，极少数能给到 1000 元。女儿回家的时候，也要回礼：大概以 80 年代为界，之前是让她拿回去两个自己带来的礼盒，换个花糕带回去；现在回箱礼，和女儿换换。

初三，一般是成家后的外甥要去给舅舅拜年。外甥给舅舅的礼品一般包括：以前是四个或者六个礼盒外带一座花糕，盒里也是挂面与饼干等点心，一般都是一半挂面，一半点心；现在是牛奶、饮料、方便面等。到舅舅家拜年，也要行磕头大礼，磕完头之后吃煎饺子。舅舅也会好好招待外甥，中午饭有菜有酒，吃烩菜。临走之前喝两碗汤，拿着回礼回家。回礼一般是两个礼盒，如切开的花糕，或者枣扇。

初四之后就是走动各种表亲戚、干亲戚，关于走亲戚，有句谚语：拜节拜到初十头，也没蒸馍也没肉。意思就是亲戚太多了，走动时间长，到最后亲戚家里连招待的好吃食都没有了。在 20 世纪 80 年代以前，大家都比较穷，一年都吃不了多少荤腥，所以过年就会通过走亲戚，改善生活，大吃大喝一番。

正月初五饭（也叫小年饭，也叫破五饭），破五早起掏穷灰，将灶膛里的陈灰掏出少许，送到十字路口。早晨吃饺子，中午吃烩菜，晚上喝米汤。初一至初五之间，不吃糊涂饭和面条。原来在淇县一带有个说法，尽管平时都以吃面条为主，但是面条不算饭，可能是因为面条容易煮过了，太软、太稀，吃了以后不顶饿，人很快就饿了，所以过年时都吃各种蒸的面食。

正月十五元宵节。破五之后，在泥河农村一带就算过完年了，下面的节日是正月十五、十六两天的元宵节和闹花灯。过去，正月十三、十四两天要炒馇，将玉米面、白面、芝麻、黄豆、皮馇块、豆腐等放在锅里面干炒，炒至面发黄。炒馇主要是为十五、十六晚上准备的：十五晚上、十六早上煮好饺子之后，抓两把馇放进饺子锅里面，混着吃。关于炒馇有一个谚语：十五不喝馇，饿的小孩就地爬。但是实际上，我们发现炒馇无非是把过年剩下的杂粮和碎渣再充分利用，变着法儿来增加口感，随着人们生活水平提高，泥河一带基本不吃这种炒馇了。80 年代之前，正月十五早上九点之后街上开始热闹，村里组织踩高跷（1952 年之后没有了）、扭秧歌、唱戏（1952 年后替代踩高跷，过去从初一下午就开始搭戏台晚上开始唱戏，唱到十六晚上）、中午吃烩菜，晚上吃加馇的饺子。十五、十六晚上还要看灯，家家门口都要挂上大灯笼。十六早上要吃加入炒馇的饺子，中午吃烩菜，十六晚上就彻底过完年了。80 年代之后，发生了些变化：首先踩高跷的没有了，唱戏也没有规律了（村里剧团在 80 年代后期就没有了），有时候破五之前唱几天，有时候十五、十六唱几天。90 年代之后，农村的热闹项目进一步消失，大家十五晚上去县城看灯笼、十六晚上看烟火。十五早上、十六晚上要吃元宵，以前是自家做元宵，80 年代之后就慢慢不自己做了，去商店购买。

2. 泥河一带的结婚风俗

媒人。"天上无云不下雨，地下无媒不成婚。"媒人在婚姻中起着非常重要的作用。有"男女配不配，全凭媒人一张嘴"的说法。旧时，有专门以说媒为生的妇女，俗称媒婆。男女双方不但要管媒婆吃喝，还要给媒婆送礼物。订婚之后，男方要送媒婆一份厚礼，有烟、酒、糖、点心等物。举行婚礼后，还要给媒婆送一份厚礼，俗称谢媒人。礼品除了烟、酒以外，还有肉有鱼。但是，媒人并不是为了礼物而去说媒，很多媒人是为了牵线搭桥办好事。俗话说，说成一份媒，积一份阴德。将孤男寡女撮合到一起，幸幸福福繁衍后代过日子，是一件积阴德的大好事（这和官方宣传的封建媒婆形象不一样，官方宣传的媒婆是封建家庭包办婚姻、买卖婚姻的中间经纪人，都是缺德顽劣的农村妇女）。

传统的婚姻类型包括：①养老女婿；②娃娃亲；③指腹为婚；④姑舅亲；⑤买卖婚；⑥童养媳；⑦换亲（用家中女孩为家中男孩换媳妇）；⑧冥婚（为早亡的家中男子找个死去的闺女做鬼妻）；⑨续亲。

20 世纪 70 年代以来男方的婚姻程序，包括相亲、相家打听、定亲、择好、下帖、做喜被、抽客、典礼、回门等几个步骤。

相亲，俗称小见面、初见面。经媒人说和后，男女双方往往要在媒人的带领下，去看一看对方的长相、自然条件。初见面有的是隐秘进行，即在不确定的时间、地点，在对方不知道的情况下，打量对方。有的则约好时间地点，男方带上瓜子、糖果与女方进行简单交换，做进一步的了解。

相家打听。初见面之后，双方要对对方的房屋、经济情况、家庭地位、社会关系、男方的为人、脾气秉性等进行实地察看，多方了解。

定亲。指男女双方在确定要结成婚姻关系时进行的定亲仪式。定亲俗称细见面、大见面。男方要蒸花糕，摆宴席，双方家长、媒人坐在一起，商量彩礼数额、嫁妆数量、举办婚礼时间。男女双方则要互换定亲礼物。20 世纪 80 年代之前，男方给女方的订婚礼物一般是买一身衣服，女方给男方的礼物一般是一支钢笔、一个笔记本。而今，男方为女方准备的礼物为"三金"（金项链、金戒指、金耳环），女方给男方的礼物为腰带、衣服、皮鞋等。宴席结束时，男方要给女方及其近亲、媒人准备礼物。给女方父母的礼物有好烟好酒、肉、点心、火腿肠、饮料、方便面等，价值在千元左右；其他人的礼品一般较少，一般为糖果、方便面、饮料等，价值在 100 ~ 200 元。

择好。根据男女双方的年龄和属相，双方家长请个算命的先生或者会看相的人给算日子，然后协商确定迎娶日期，俗称"择好"，即选择良辰吉日，同时还要占卜上轿的时辰、方向和下轿的方向以及送女客、搀扶新娘下轿人的属相等。

下帖。下帖也称过帖、传大喜，男方通知女方迎娶日期，让其做准备。由媒人带着主家长辈和未来新郎前去下帖。下帖的同时还要给女方家赠送礼品，给下帖钱。男方要在婚礼举行前 10 天之前，找个 3、6、9 日将喜帖送到女方家。喜帖里面要放钱（70 年代之前喜帖里面的钱比较少，10 ~ 20 元；"文化大革命"期间取消；80 年代之后从 100 元起步，现在从一千元起步甚至有上万元的，一般都是吉利数比如 999 元或者 9999 元等，寓意千里挑一、万里挑一）、瓜子、糖块。

做喜被。传大喜之后，男方家人要为新郎做迎亲的被子。穷者为两床，富者为四床不等，但是必须是表里棉三新。请来帮忙做被子者必须是"全乎人"，半坡人（丧偶者）、再婚人不能参加，属相不对者不能参加，并且做棉被的要是四个不同姓的人。女主人不参加做被子，负责给来做被子的人做饭。做被子的时候，未来孩子的爷爷要在被子中间放一把棉花，有"爷爷安心添个孙"；被子的四角一般是不封住的，在四角放进两个枣、花生、核桃、小长石头，叠被子的时候也要将两个枣、花生、核桃、小长石头放在被子中间，寓意将来新郎新娘要早生贵子、儿孙满堂。

图63　郭利明的新婚喜被（2011年秋摄）

抽客。也称为预备会，即迎娶的前几日，事主准备几桌酒席，邀集族人、管事、村里有名望的头面人物议论迎娶的有关事宜，如收礼范围、席面安排、采买的物品及人员分工等。主家请来村里的"明白人"，成立筹备委员会，包括正副总管、两个礼账、一两个支房。在酒席上主家会开门见山地给筹委会的人员交底：规模多大、招待多少客人、用什么烟酒、准备几个菜、什么规格的菜、典礼时用多少车辆、下次全体工作人员聚会的时间，以及厨师、帮伙、端盘、倒水、领客数量和大致人选。筹备委员会的人员在很多事项上可以跟主家商量，比如用什么价格的烟酒、菜品等。如果主家定的标准过高，组成筹委会的"明白人"能够对婚礼的规格进行限制，以符合节约精神，也是对村里规矩的维护。

喝喜酒，就是举行典礼。抽客之后，事主口头或下请柬通知亲戚朋友，说明迎娶日期。凡是接到通知的亲戚、朋友、邻里，迎娶的先天中午或者晚上都要来道喜送礼。近亲多为迎娶当日的上午来。贺礼在20世纪80年代前多为画、暖壶、茶杯、被面、床单等。之后不再随礼品，改为随礼金，视关系远近为30元、50元、100元、200元、300元、500元不等。与此同时，男方家要安装高音喇叭，放《朝阳沟》《百鸟朝凤》等喜庆的戏剧歌曲，挂彩旗，放鞭炮、烟火等。典礼那天男方要安排领客，领客亦称伴客，是陪同新郎到女方家迎娶、招待送客的人选。一般选用知书达理、应变能力强、有身份地位的人担任。迎娶时，由领客与新郎同桌吃席和花糕，新郎坐在上首，意即贵人高攀。

婚礼前一天下午，总管、领客（一般是长辈或者哥哥，能拿出门面的人）、未来女婿要去女方家一次，问女方还有什么要求。男方问询之后，女方的嫂子、姐姐也会过来男方这边，将被子等陪嫁的物品带过来，帮着装装柜子。男方要准备酒席、红包款待新媳妇的姐姐、嫂子，还要负责将她们送回去。晚上所有男方家来帮忙的客人都要吃糊涂面，即小米面条。婚礼前一天晚上，要将不受礼（前来送礼，但是主家不收）的街坊四邻叫过来，弄6个或者8个盘子，喝点喜酒。这个规矩最近两年少了，因为大家觉得不能白吃，一般都会随礼，而主人家第二天就要请随礼的人正式吃席。在过去只有亲戚才随礼，街坊四邻也就是沾喜气，在典礼的前天晚上来喝喜酒，并不需要正式随礼。

婚礼前一天晚上要给新郎新娘铺床，铺床之前要先将被子等物品用秤称一下。铺完床之后要放三个大雷。铺床一般为新郎之父为新郎铺床，铺上谷草和苇席。民谚云："公公铺床，生个儿郎。"若新郎之父亡故，则由新郎叔父代替，有时候则是由舅舅帮忙铺床。总之，男性长辈铺床，即将传宗接代的期待寄托在里面。铺完床之后，婚礼前一天晚上，要找个晚辈侄孙过来压床，与新郎同铺而眠。晚间压床者可以在被窝里掏核桃、花生吃，压床的小孩如果尿床了也是吉利的事，这是暗示新郎新娘在新婚之夜有生育孩子的责任义务。90年代后期这个礼仪发生了变化，人们不再通过这些手段来增加新郎新娘的生育暗示了。

在结婚典礼当天是礼仪规矩最为繁缛的一天，包括礼物往来；亲属的角色（领客、送客、抬嫁妆人选）；迎娶媳妇的具体礼仪；新房里的摆设；闹洞房等。女方那边出嫁闺女也有不同的规矩：如何陪嫁，如何抬嫁妆去送，如何送女客，新女婿如何回门等。下面分别表述。

亲戚的礼物往来。沾亲的一般都有礼，尤其是表亲戚，有"表亲亲三辈"的说法，还有"老表亲、辈辈亲"的说法，好朋友也要随礼。随礼的钱数，在80年代之前很亲的亲戚最多5元，一般是3元，街坊四邻一般给1元，外客送点礼品（暖壶等）；80年代是5~10元；90年代是30~50元；2000年之后礼越来越大，100元成了起步价。

图 64   郭利明婚礼上登记礼账的先生（2011 年秋摄）

　　典礼当天迎娶新娘。过去是骑马或者坐轿娶亲，到了 70 年代是骑马和坐马车；70 年代后都是骑自行车；90 年代后则是坐汽车。

图 65   郭利明结婚时的迎亲车队（2011 年秋摄）

　　早上起床之后，把家里打扫得干干净净的，然后放三个炮仗。装食盒，食盒里面有十样东西：米、面、麸、扎头（发面的酵头）、盐、双掰葱、双掰白菜、两棵艾、一把儿粉条、五斤肉、一斤点心。给去接新娘的人"壮行"，吃烩菜、花糕，新郎吃花糕心儿。然后就是派人送食盒：旧社会食盒状似蒸笼，连底带盖五层，在迎娶当日先派人将食盒送给女方。新中国成立后，食盒改为篮子，俗称食盒篮。食盒内放置果子（饼干）99个，连根（两棵在一起）大葱、白菜各两棵，粉条一把，两块连在一起的大肉（谓之连心肉），米面各一包（谓之米面夫妻）、艾蒿（寓意爱情美好）等。东西装好后，食盒加封条。送食盒途中，送者可以偷吃点儿点心，但是封条不能撕破。20世纪60年代之后，食盒篮替代了食盒。送食盒篮的人走后，迎亲的新郎队伍再走。而且要等送食盒篮的离开女方家之后，迎亲队伍才能进女方村里。这可能是因为送食盒篮的本就是最后一次男方派出去打听女方情况的礼仪人员，要等他们出来以后，透露出女方那边的诚意后，男方迎亲的队伍才能进村，以免双方意见不合，影响婚礼进程。新娘那边要回食盒：肉回一半、老酵母、99个喜饺子，寓意多子多福，让男方的送礼人带回去。而且，这喜饺子是新娘嫁到婆家后的第一顿饭，在过去可能是担心新媳妇在婆家羞怯，吃不上东西的缘故吧。新郎进入岳父家后，不能马上把新娘接走，要经历一些艰难的考验和等待。新郎一般是先到新娘的邻居家坐着或者直接进女方家坐，开始领客坐上首，女婿坐下首。当新娘准备好之后新郎换到上首，有高升的意味。新娘从娘家出来的时候，穿双底上粘粉纸的新鞋，寓意不带走娘家地上的土。而且穿上这双鞋，新娘就不直接踩娘家的地了，由新郎直接抱出门，送上花轿/花车，到了新郎家里之后，才下地。鞋底那层纸中包有一些零钱，到婆家后会在地上搓破纸，钱掉地上，小孩子们去捡新娘带来的彩头。这双鞋过门时穿过之后，就不再穿回娘家。

迎亲礼仪中还有很多讲究，处理不好，被认为是不吉利的，往往影响男女两家的关系，个别情况还会导致婚姻失败。在过去，食盒送走之后，新郎衣着一新，头戴礼帽，身着长衫，肩披红绸，鸣炮之后，在领客的引导下，骑马或坐轿去女方家迎亲，并备一台花轿迎娶新娘。迎亲往返忌走一条路，上轿时一般不向正西走。到女方家后，新娘的叔叔、兄长或者陪客打躬相迎，一人作首，一人尾随，把伴客和新郎迎入客厅。伴客坐上首，新郎在下首，双方寒暄应酬，献烟敬茶。十几分钟后，伴客问话：新娘可曾梳妆齐备？对方回话：一切齐备。伴客就会对新郎说：新贵人请升一升。新郎转为上座。然后为新郎的帽子上插金花，在身上披绿绸，谓之

"披红挂绿，帽插金花"。这种待遇一般只有新科状元才能享用。但新郎结婚为新贵人，也可以享用一次。一切准备好之后，命炮手鸣炮，乐队奏乐，准备上轿。送客（只两人，不用女性）把新郎领到轿前，互相打躬，新郎退于轿内。新娘身着艳服，带九个铜钱，头盖蒙头，倒坐在太师椅上。由两人抬至轿前，新娘上轿时，由新郎抱起新娘走向花轿，待新娘坐好后，新郎从另一侧上轿并坐好。起轿后，送客站于新娘花轿两侧，手扶轿杆，护送到村外，然后另外乘车到男方家。迎新队伍在回去的路上，路过桥、十字路口的时候新娘新郎要往外扔硬币，过最后一座桥的时候要把硬币扔完。新娘下轿之后脚不能接触地面，以前要用两个席子接替着往前走，现在是铺红地毯。"文化大革命""破四旧，立四新"的时候，程序简化了很多，不送食盒等，新娘的陪送很少，一般是铁锹、扫帚、毛主席像章，比较有特色的是新人会相互送毛主席的红宝书。迎亲花轿回到婆家之后，伴客先把女客迎到客厅品茶聊天。两顶花轿按照事先占卜的方向并在一起，先打醋丹，再燎轿底，然后花轿方才落地。所谓打醋丹，即把一个烧热的犁铧倒上醋，浇洒在花轿四周。燎轿底就是在花轿地下放三个炮，把谷草点燃，这样可以驱妖辟邪。新郎可以先下轿，迎女客走到新娘轿前施礼相拜后，才搀扶到天地桌前，街口放一束花，上面再放一个马鞍，让新娘从上面越过，谓之"骑鞍过乘"，寓意婚后生活美满，出门不是骑马就是乘车。拜天地时，在院中放一张方桌，俗称天地桌，前供奉玉皇大帝的牌位，桌子上围着红布裙，上面放一只斗，斗里装着五谷杂粮，用红纸封盖，上书红双喜字，斗里插着香，按照三媒（天地人）、六证（天为日月光明之证、地为承载万物滋养群生之证、父母为生身育人之证、秤为重量之证、尺为长短之证、镜为人品之证）的习俗，将媒人请来，父母端坐天地桌两旁，将秤插入斗中，尺子、镜子放在天地桌上面。

拜堂的仪式如下：迎女客揭去新娘头上的盖头，新郎新娘并立天地桌前，鸣炮奏乐之后，新郎的父母站在天地桌的两侧，按照礼相的口令新婚夫妇逐项进行礼拜，一拜天地，二拜高堂，夫妻相拜，最后引入洞房，拜堂仪式到此结束。这个过程中，看热闹的婆家客人和街坊邻居就开始"嘲新媳妇"，包括新郎、新娘以及公公婆婆等，都会被脸上抹黑、相互推搡、往新娘头上撒楝豆等。拜堂之后，让新娘坐在天地桌的右侧，迎女客为新

图 66　郭良和夫妇接受儿子儿媳新婚夫妇的拜礼（2011 年秋摄）

娘梳妆整容，准备入洞房。梳妆之后，迎女客陪同新娘入洞房。新娘为了不被过分地戏耍，把身上带的铜钱掷到地上，让小叔伥抢。入洞房后，迎女客送来一盆水，盆中放两枚铜钱，让新娘洗脸。最后，新娘吃喜饺子。新娘如不想吃，也要用筷子夹破饺子皮，这时，婆家人问新娘饺子生不生，新娘要回答"生"，寓意早生贵子。

　　女方娘家出嫁闺女的准备活动包括：接到迎娶通知后准备嫁妆；要通知亲戚朋友；出阁前几天，近门家族轮流请新娘吃饭为其饯行；出阁前一天，娘家的亲戚朋友都来送贺礼，多系衣物，谓之添箱；晚上找不同姓氏的四姓人为新娘包 99 个饺子。传说此习俗源于周礼。文献记载："文王百子。"因此包 99 个饺子，祝愿新娘、新郎将来像文王一样多子多福。出嫁当天也分几个步骤，下面一一叙述。

　　待嫁。传统婚礼一般是女家早晨摆"出嫁酒"，男家中午摆喜宴。如是纳婿，则相反。过去待嫁的姑娘由母亲或者姐姐梳好头，用丝线绞去脸上的绒毛，化好妆，谓之"开脸"，然后饰上凤冠霞帔，蒙上红蒙头布，等待迎亲队伍。现在这些都没有了，一般都是到专门的美容店里梳妆打扮好，然后回家等着。

　　迎嫁。花轿一到，女家奏乐鸣炮相迎。迎亲队伍进入女家堂屋后，花轿落好，新郎叩拜岳父岳母，并呈上以其父母名义写的大红迎亲柬帖。接着是女家动乐开宴，象征性地吃一点东西。席间，媒人和新郎要谨慎些，因为中国民间有不少不成文的习俗，在新婚的三天里，亲戚朋友中的平辈或者晚辈青少年可以别出心裁地在媒人和新郎身上搞恶作剧，称之为"洗媒"和"挂红"。新娘的嫂子说不定会在盛给新郎的饭里放上许多辣椒面儿，或者新娘的妹妹会在斟酒时给姐夫抹上一把锅底灰。对于这些恶作剧，媒人和新郎只能忍让，绝对不能生气、发火。

哭嫁。吃完饭后，新郎新娘在媒人的引导下向新娘的祖宗牌位和长辈行拜别礼，之后伴娘就可以搀着新娘上花轿了。旧时新娘出门上花轿之前，往往会趴在娘亲的怀里哭几声，以表示对家人的依恋。

起嫁。新娘上轿后，即奏乐鸣炮，起轿发亲。乐队在前，乐队后面是新郎（有条件的骑马），接着是花轿和其他送亲的人员。新娘在起轿之时，往往要塞个红包给轿夫，以免花轿摇摆得过于厉害。接亲的队伍将要到达新郎家门口的时候，男家要鸣炮奏乐相迎。花轿停在新郎家的堂屋门前，男方家请的伴娘要上前掀起轿帘，将新娘搀下轿，候相上前赞礼，并向新郎、新娘身上散花草（彩纸屑和当地的圪节草混合在一起），将婚礼推向高潮。

送嫁妆。迎娶这天，女方把陪送的桌子、柜子、箱子以及衣服等，派专人送到男方家中。这些嫁妆里都要放入一些东西，还要放些花糕，意即新郎家里节节攀高。对送嫁妆的人，婆家要封礼，还要盛情款待。

翻箱。新娘入洞房后，送女客交出箱柜上的钥匙，男方家中女性打开箱柜。当众展示新娘家陪送的嫁妆，谓之翻箱。此举对女方来说，有炫耀之意，对男方来说则有承情之意。

完成了基本的拜堂礼仪之后，男方家要大摆喜宴，招待来宾。过去拜堂之后，新娘便在新房落座，不再出来待客。只有新郎一个人出来接待贺客。当然现在在宾馆、酒店宴请宾客，新郎、新娘都得出去见宾客并向宾客敬酒。婚宴的规矩很多，包括安排席面和座次、道喜、报礼单、杀气馍、送客等。

安排座次。喜宴的座位要按照来客的尊卑长幼安排，称之为"清客"，也就是清点和安排座次的意思。排位的原则是上尊下卑，右尊左卑。主席（俗称官桌）要摆在堂屋的正中，请"大亲"坐上首右边席位，新郎的长辈至亲坐左边的席位作陪，其余的按照尊卑长幼对号入座。除了堂屋的正席外，次尊贵的一席一般也要按照尊卑次序进行排定。旧俗，女方的父母在婚礼当天是不跟男方父母相见的，因此也不参加当天的婚宴。主要由新娘的叔父、婶子、舅父、舅母及同族兄弟送亲。各席的酒菜应该是统一标准，唯"男大亲""女大亲"所在的官桌席位必须有清蒸肘子等一两个硬菜，而且，新郎要守在桌边，为"上亲"斟酒倒茶、递毛巾等，以示尊重。事实上，按照淇县最近几年的习俗，官桌的席面与其他席面都是一样的，只是烟酒比其他席面高一个档次。

新人道喜，看酒，看菜。女方家的送客为上宾，男方要尽力招待，入席必须坐首席，其他人等皆围着他们转，席间他们不动筷子，其他人不准动。酒菜上齐之后，管事的带领新郎到席前高喊：新人道喜，看酒，看菜啦！接着让新郎向送客致礼表示，送客马上站起，拱拱手道：都有了！新郎去道喜，有两层意思：一是怕送客嫌酒菜不好，请包涵；二是如果烟酒不足，尽管吩咐。

报礼单。酒席用至半途，管事人带一用人端一托盘，盘中置放红纸、笔砚让女方送客报礼单，意即对于在酒桌上女方所受男方陪客的礼，请女方送客依次写出，事后男方要设宴招待。女方送客则说："礼亲家收了，客人亲家待了，请免吧！"随即女方送客离席，端着酒壶，跟随用人到厨房为厨师敬酒："亲家的酒，我的手，请师傅多喝几杯。"然后为厨师封礼。为厨师封礼的习俗各地有所不同，在淇县泥河一带较常见的习俗是，饮酒过后开饭之前，一人忙端一托盘上前询问是否上饭，主送客一边说："上饭上饭"，随即拿出一个红包放在托盘上，并交代："男女（送客）都有了"，意思是女方送客那里就不再封礼了。此后，宴席上即开始上饭（主食）。

杀气馍。酒足饭饱之后，女主客拿出手帕，每人包上一包馍，谓之杀气馍，意即既已成儿女亲家，以后永不生气。有的也可能是怕男方招待不周，给女方送客每人都包上一兜馍，作为回礼。

送客。喜宴结束后，女方的送客大亲先到堂屋侧间休息一会，吃些点心，喝些茶水，由男方尊长陪着说些客套话。待勤杂人员把席面撤去，扫了地，大亲就该起身告辞了。临起时，男方要"打发"衣料、鞋袜之类，讲究的还有红包。送大亲是又一个热闹场面，男家所有体面的人都要送到门口，还要鸣炮奏乐，以示敬重。新郎及其父母，应送客至村口。

送走女方客人之后，"文化大革命"之前，还有"上拜"的传统：新郎带着新娘给在家的长辈"上拜"磕头，长辈是要封红包的，"文化大革命"之后这一习俗已经消失。

婚宴上的饭菜，不同时期盘和碗数有不同搭配：传统为八碗八盘，现在是十二盘六大碗（盆）。

盘菜，过去为猪脸、肺、肝、肚、黄豆、粉皮、花生、蔬菜等；现在一般是牛肉、腐乳肉、烧鸡（烤鸭）、大虾、香菇炒肉、海参鱿鱼、花生、拉皮、千叶豆腐、炒腐竹、苦苣油皮、木耳等。

碗菜比较有特色：以前的八个碗（90年代之前）：第一碗是杂烩，第二碗是方肉（蒸的八块扣肉加高汤），第三碗条肉（也是蒸的八条扣肉加高汤），第四碗是酥肉，第五碗是白丸子，第六碗是甜的红薯丸子，第七碗是甜汤，第八碗是咸汤。

现在的六大碗（90年代之后）：第一碗是杂烩（红白丸子、皮馇、红白豆腐、酥肉等），第二碗是红丸子，第三碗是鸡块或者排骨，第四碗是白丸子，第五碗是甜汤（苹果汤或者玉米羹），第六碗是鸡蛋汤（红豆腐条、木耳、蒜黄、菠菜）。明显地，虽然数量少了，但是更加健康了。

过去，婚礼后，还有一系列礼仪，把新娘纳入婆家的大家庭，包括送换鞋、上拜、试活、抻床扫床、喝交心酒、听房、拜坟、送饭、挂门帘、回门等。

一是送换鞋。午饭后，女方送客到新娘房间话别，一见面互相施礼。然后向新娘嘱咐如下内容"从今日起你成了婆家的人了，我们成了亲戚，应以礼相待。往后一要勤快，二要孝敬公婆，三不要想家，九天以后来叫你回去"。然后拿出事先压在腰间的睡鞋交给新娘。因为过去女人睡觉时既不能脱袜子，又不能脱鞋子，故睡觉时要换上新鞋。

二是上拜。在迎娶当日下午，新娘向婆家和亲戚中的长辈逐一叩头，长者给新娘封礼，称"上拜"，意即让长者亲戚和新娘互相认识。有的新郎新娘一起向长者施礼叩头，称"双上拜"。

三是试活。上拜之后，要试试新娘的针线活。家长给新娘做被子时都留两行不缝，留给新娘来做，看看新娘的手艺，谓之试活。

四是抻床、扫床。新婚第一夜，要有新郎的姑母来抻床、扫床。期望新郎新娘早得贵子，而且儿女有出息。在抻床、扫床时，还念念有词：

"新媳妇，入洞房，请来姑姑扫扫床，一头状元爹，一头状元娘""扫扫柜，生一对""扫扫桌，生一窝""扫扫窗户台，生个小白孩""扫扫门墩，生个胖孙"。

五是喝交心酒。新郎新娘休息之前，在洞房备有酒菜，新婚夫妇要饮交心酒。新郎首先斟杯酒，双手端给新娘："这杯酒是你的，要你生儿育女哩！"新娘饮过之后，回敬新郎一杯："这杯酒是你的，叫你遮风避雨哩！"意即从今日起成为夫妻，男女双方要相互关照，互相体谅。

六是听房。新婚之夜，新郎的家长要派新郎的弟弟及其小伙伴在窗外听房，观察新郎新娘的感情是否融洽。如果没人听房，是不吉利的。这虽然是件很尴尬的事情，但是在一个注重传宗接代的时代，听房是对新婚夫妇的感情和性生活的监督。

七是拜坟。结婚第二天上午，家人带领新郎新娘到祖坟祭祀。家人按辈分在坟头上铺上红毡，新郎洒祭喜酒，新娘逐墓叩拜，谓之新媳妇拜坟，意即家中添了新人，让祖先知道。同时，也让新娘认识祖坟，生为婆家的人，死是婆家鬼。

八是送饭。新娘出嫁的第二天，娘家的叔伯兄嫂，带着喜盒，里面有礼物和食品，赶着大车到新郎家做客，谓之给新娘送饭。一般是六碗菜，四盘馍，称"六碗四"，也有少许的点心等。这样可以加深姻亲关系，也是对自己出嫁闺女的关心。

九是"挂门帘"。娘家人吃过饭后，派人将洞房内重新收拾整洁，摆上烟、茶、瓜子等。伴客带领娘家人（指新娘的叔、婶）到洞房去看一下，门上挂的门帘是女方陪送的门帘。这时新娘的叔父必须掀开门帘挂到门帘钩上，方可进入洞房，商量回门等事。"挂门帘"这一习俗，在封建社会中，说它是一种低级的东西，另一种说法是让新娘牢记娘家。

最后是回门。回门之前要谢红娘，需要拿礼品：烟酒、点心、衣服等。一般在初三、初六、初九等天数回门。礼品：80年代之前回门的礼品很少，皮馇、过水肉二三斤、馍、花糕、礼肉五斤；80年代之后越来越丰盛，十斤肉、鱼、烧鸡、烟酒、点心、花糕等。女婿回门，女方家要招待，需要找陪客。女方家要摆一桌席招待女婿，席面跟婚礼差不多。一般在上午九十点钟动身，午饭前赶到，所带礼品一般有四件，事先备齐，要买女方家人喜欢的礼品。新郎新娘应像参加婚礼那样认真修饰、打扮，保持婚礼上那般漂亮、俊美的形象。回到娘家，新郎新娘首先要问候老人。这时，新郎就应该改口，跟新娘一样称岳父岳母为爸爸、妈妈，要叫得自然、亲切，对待亲友和邻居也应该热情大方，彬彬有礼，见人先打招呼，以礼相待。

为了进一步解决新婚的生活适应问题，过去还有瞧闺女的习俗。结婚第五日，女方的叔伯、兄弟再到男方家做客，谓之瞧闺女。见了亲家说些客套话："俺家侄女（姐、妹）年幼任性，不懂事理，望亲家多多关照。"另外，为了缓和新婚夫妻的不适应，娘家还要"叫九"。一般在女方出嫁第九日，娘家赶上马车（富户人家用轿车）到男方家中把闺女接回家，称之"叫九"。回家九天后再送回男家，叫"送九"。"送九"时，女方家还给男方家拿四个盒的礼物，也有的七天叫，八天送，俗话云："住九还九，两家都有""住七还八，两家都发"。

随着社会发展，上述婚姻礼仪都在发生变化。食盒已经绝迹，用篮子代替食盒，俗称"食盒篮"，送食盒篮时骑自行车、摩托车，现在坐轿车。女方的嫁妆，一般是男方购买，用汽车送到女方家。出嫁当天，女方家用汽车再送到男方家。有的村民直接给女方嫁妆钱，女方自己购买，然后再送到男方家。也有的是男方购买嫁妆，直接随车拉回家，省去中间环节。新娘下轿跨马鞍（或绳花）、脚踏红毡、新娘给长辈上拜、拜祖坟等习俗已经绝迹。2000年以来，村民的结婚典礼注入新元素，如拍婚纱照、用轿车组成迎亲车队、录摄像等，有的还使用婚庆公司，在饭店举办婚礼，婚礼越来越时尚，越来越讲排场。现代婚礼，尽管许多礼仪还有那样的名称，但是都已经失去了原初的意义和功能。下面是一首反映新中国成立初期婚姻性质变迁的民谣。

> 解放前旧封建，
> 不到年龄结亲眷，
> 穿旧衣，吃稀饭，
> 挨打受气不敢怨，
> 来了解放军，区里去离婚，
> 婚姻自做主，
> 再不想那个老龟孙，

住新房栽上树，

丈夫是个好干部，

夫妻恩爱幸福多，

共同奔向小康路。

3. 泥河一带的丧事习俗

丧事也有所谓的委员会，有主管、礼账、支房，还有厨师和帮厨、端碗端盘的人员。丧事的筹备委员会较喜事的筹备委员会规模较小。老人去世后，孝子或者儿媳妇要去请"明白人"组成丧事委员会，在街上看见村里的成年人就要磕头，间接通知邻人家里有老人去世了。在举行葬礼期间，除了请"明白人"组成丧事委员会，其他时间孝子、儿媳妇一般不出门，因为出门就要给人磕头。出门给亲戚报丧一般是由丧事委员会派本家的晚辈去，以减轻直系亲属的压力和负担。

老人去世前后，儿女要给老人穿上寿衣，戴上寿帽。寿衣、寿帽上不能有扣子。传统的复古的寿衣是：男式寿衣一般都是大蓝袍子，女式寿衣一般都是裙子。寿衣等物品在样式上变化很少，只是现在会有人穿西服。穿上衣服之后，就要将老人送到堂屋的中央临时搭建的停尸床上，身下铺垫干草。只有家庭中辈分最长的男家长才能放在正门的正中央，女士以及上有老人的男士去世之后不能放在正中央，要偏一点放。停尸床前要放上一个小供桌，桌上放干果盘五个，以及一盏长明灯（照尸灯）、一个压食罐。家里的孝子，一般是女儿或者儿媳妇定期给去世的老人供飨食物，每顿供飨之后要抄一点食品放进压食罐里。出殡前一天晚上做九顿（种）饭，出殡前的最后一顿饭须把压食罐填满，出殡前拿一个用白布包着上面插着筷子的馒头，盖住压食罐，出殡的时候压食罐要揣在大儿媳妇的怀里。

老人去世之后要在嘴里含用五色线拴住的三个铜钱；女士还要戴上耳坠儿、手镯等饰品。另外用两三张草纸将脸蒙住，并且用红绳子拴住影身草，压住草纸。死者右手拿一块手绢，左手拿一块"打狗饼"，头下面还要枕上"黍米枕"。这是为了死者的灵魂在去往阴间的路上，能对付各类恶鬼，要么施钱买路，要么用饼打狗。

第三天晚上入殓，入殓的时候亲属一般都会在，看最后一眼。入殓的时候不能说话，尤其不能叫人的名字。入殓之后大儿媳妇要用七个棉花团用碗端点儿水给老人净面，口头念着俗语"擦擦眼明晃晃，擦擦鼻闻香香，擦擦嘴吃香香，擦擦耳朵听四方"。擦完之后棉球仍在棺材里，擦完之后儿媳妇将剩下的水喝掉。之后开始钉口，儿女要喊"爹（娘）躲擦"，要给打擦的人封个礼。传统上钉棺木不用大铁钉，要用木擦在棺盖与棺椁四角上开四个八字口，打进木擦。

出殡时，泥河一带的风俗是要准备纸扎、哀杖、灵幡、莲花盆、摇钱树、老盆等丧葬物品。哀杖一般是请人用高粱秆制作，上面缠上白纸条，分亲疏远近做不同的哀杖，儿子、儿子结拜弟兄、媳妇、女儿为第一等亲，他们要带着高粱根；其次是侄子侄女、侄媳妇、孙子孙女为第二等亲，他们不带高粱根。灵幡，葬礼时候大儿子拿着，用白纸裁剪而成，糊在一根高粱秆上，下面飘着两条白纸条。莲花盆是一个盆子底部锥七个眼，在糊好的盆口插一朵纸制莲花，出殡的时候女儿拿着。摇钱树也是出殡的时候女儿拿在手里的。老盆是出殡时起灵用的，提前放置在死者的棺材前，等到客人祭奠完毕，管事的喊起灵时，长子拿起老盆摔在地上摔碎了，代表由他来继承这个家里的权威和遗产。所以，原来豫北地区有抢摔老盆的传说，谁要是在出殡时抢了死者的老盆摔了，他就成了死者的事实继承人。

另外，无论过去现在，有条件的都要请响器班在殡葬过程中吹奏哀乐。一般是去世当天就要安装广播，播放哀乐。请来的响器班，根据主家的意愿演奏不同的场次。但是出殡前一天晚上的吹奏是关键。一般在吃完晚饭后开始吹，一直吹到12点。这个过程可以随意变换吹奏的曲子。12点之后，一定要在棺材前边吹一段名为"闹天河"的乐曲。这算是给死者的灵魂送行。因为吹"闹天河"有特殊目的，所以主家要单独给响器班封礼，吹"闹天河"的时候要关三次灯，以示给死者送行。第二天出殡前也要响器班做前奏，整个葬礼过程中，都要吹奏哀乐，但是在孝子贤孙们开始祭奠之后，就停止吹奏了。

出殡当天吃过早饭，派四个人去挖墓坑，挖好墓坑后，媳妇、女儿带一些麦秸、鸡蛋、油去墓穴里暖房，在墓坑里面生火做饭，做五个鸡蛋饼，和五个馍片一起，在墓穴四角各放一个，墓穴中间放一个。11点左右要开始吃饭，一般吃烩菜，抬重（棺材）的另外用肉浇顶。因为抬重人员是出大力的，他们的态度影响到死者的安稳，所以抬重人员吃饭前，需要孝子去请，孝子到那之后磕个头，把抬重的请进门吃饭，以示对抬重人员的尊重。抬重的一般要 14 ~ 16 个人，根据棺木的大小决定人数，最近几年从抬棺材变成拉棺材了。

出殡的时候，男性儿孙按照辈分、年龄跪着排列在屋门口哭灵；女性跪在屋里面哭灵，由抬重人员把棺椁从屋里抬出来，抬到家门口的十字路口，把棺椁摆放到架子上绑好，便于往坟里抬送。绑棺材的时候儿孙要对着棺材跪，准备好之后，长子要摔老盆，之后起棺。出殡的时候，男孝子走在前面，其中大女婿（大女婿去世就用外甥）走在队伍最前面，提着一篮子纸钱（俗称抓烧纸篮），在路上扔纸钱，打发野鬼孤魂，给死者的亡灵开路。女孝子走在棺材的后面，大儿子、大儿媳妇、大女儿要由搀孝的搀着，一般都是舅舅、舅母、表哥、表嫂等，以防他/她悲伤过度，难以完成丧葬仪式。在去坟地的路上，如果遇到十字路口，要把棺木放下，有人在前面放炮，男女孝子都要面对棺木磕头祭奠，也是给死者的亡灵开路送行。

到了坟地，如果是新坟地，在坟穴前二十米左右，抬棺材的人要快走几步，因为有"抢穴"的说法。将棺材放进墓穴之后，要根据主家事先定好的意向调整棺木的方向；之后要将手里拿的哀杖以及腰里缠的麻绳等都扔进墓穴；之后大儿子要扔"墓穴土"，四角与中间各扔一铁锹；之后"谢会"，大儿子给抬棺、挖穴的磕一个头；之后开始埋葬墓穴，封起坟墓堆。埋到一半的时候，要将灵幡与墓穴老杆一起埋下，以昭示公众这是一座新坟。大儿子要背对着灵幡与墓穴老杆往上拔三下。之后还要用"老杆"（抬棺材的大梁）左右各掰三下，在前面掰三下，最后那一下要让"老杆"滚到后面，意味着亲自把墓穴埋好了，然后，大儿子要再一次"谢会"。埋葬工作就结束了。

埋葬之后，其他人员就先撤退了，墓地就剩下家里人与管事的了。这时，大儿媳妇将孝衣脱掉，在坟的四角各抓一把土放在孝衣里面，然后提前一个人回家，在路上不能说话回头，以免把亡灵带回来。回家之后将这钵土放在盛粮食的地方，期望能够获得亡灵的荫庇，粮食满仓，子孙不愁吃穿。留在墓地的人，脱掉孝衣，烧纸钱、元宝、纸扎。之后对着墓穴，或者磕四个头或者三鞠躬，然后大家就不回头地往家走，只有大儿子在走出一百步之后回去烧回头纸。

回到家之后，女儿不能回婆家，有一个"复三"的传统，下葬隔一天，也就是第三天，儿女要去坟上烧纸。另外，逢七都要去坟上烧纸，尤其是一七、三七、五七、七七等七天的单数倍数，都要去坟地祭奠。三七的时候，儿女、侄子、孙子等近亲带着供馔去坟上烧纸。五七是传说中的过鬼门关，子女送烧鸡、凉粉是为了敬奉鬼门关的把门的，让其高抬贵手，放过亡生的家人。

五七的时候，儿女、孙子带着烧鸡、凉粉，五更天就要去坟上烧纸，不拿筷子，拿高粱秆当筷子。"七七"是最后一次，又叫尽七，也要带上供馔，上坟烧纸。然后是百日，带供馔，上坟烧纸。

百日之后，对死者的祭奠，除了常规节日，就是周年祭了。泥河一带的风俗一般是三年为限。一周年、二周年不怎么大办，主要是最近的亲属，过来随个礼，吃个饭，到坟上祭拜一下。三周年的时候是最后一次祭拜，所以都说是半喜半忧，随礼跟葬礼相似，席面跟婚事很像，一般都会请响器班大操大办。

关于各个时期的丧葬随礼，一般来说，80年代之前主要是馒头和菜，即亲朋拿20个馍、5个供碗（里面盛的是精致的红烧肉、吊鸡蛋饼、肉丸子、皮馇、青菜等）去主家，将馍与供碗放在灵前供馔，之后主家留下15个馍、3个菜，剩下的5个馍、两个菜作为回礼。80年代之后，随礼的方式发生了分化，街坊四邻关系不错的，会随20个馍加一帐布，也有直接拿钱的；女儿不但要拿20个馒头、帐布，还要做菜。到了90年代，嫁出去的女儿不但要制供，还要准备吹打响器和纸扎等祭品。除了有血缘关系的内亲，其他亲朋随礼一般以金钱的方式，不再制作供馔祭品，1995～2005年50元起步，2005年之后慢慢从100元起步。

另外，关于白事，除了葬礼要随礼，葬礼之后的一、二、三周年亲朋也要随礼。其中前两年随礼的范围较小，主要是在血缘上较近的人，如叔伯兄弟姐妹、表兄弟姐妹。三周年的时候随礼的范围较大，与葬礼当年相同。"文化大革命"时期丧事较一般时期简化，但是对于死者的供馔等传统规矩没有发生变化。

4. 泥河一带日常饮食习惯

20世纪80年代之前，老百姓的四季饮食主要随季节的产物而定，没有反季节蔬菜，而且很少吃肉。那时候一日三餐，难得吃上白面，主要是花皮面卷（一层白面卷一层黑面和黄面，粗细搭配，从侧面看是花色的）、黄窝头、黄囵囵（类似北京的菜团子，玉米面皮包裹着菜馅，蒸熟了吃）、红薯面馍等。

春天以干菜为主，如萝卜干、南瓜干、干豆角、红薯叶、白萝卜缨、红萝卜缨、干豆皮等。

夏、秋季新鲜素菜较多，如豆角、黄瓜、茄子、小白菜、油菜、香菜、洋白菜、南瓜等。

冬天主要是能够储备的蔬菜，如白菜、萝卜、土豆、红薯等。

2000年之后肉食逐渐增多，基本上每天都不离肉。

20世纪80年代之前主食主要是"菜饭"、玉米面窝窝头、脱了皮的玉米仁；好点的主食是"捞饭"，将小米煮到八成熟，然后捞出来用杵将其杵黏，然后炒点菜，浇在上面，剩下的小米汤可以加点菜和盐，做成汤。另外，还有玉米面疙瘩饭，用热水烫玉米面，之后拍成饼，将饼切成小块，放在水中煮，加点盐和干菜。另外就是杂面煎饼，用杂面汁倒进抹上油的热锅里煎熟了吃。很少吃面条，因为白面少，吃不起。

20世纪80年代之后吃面条的时候多起来。每天饮食如下：早晚是稀饭、馒头、油条；中午以面条为主，还有大米、水饺以及烩菜。经济水平提高之后，泥河一带老百姓就吃各种面条：炸酱面、冷水面、汤面条、糊涂面、下米面条、卤面、烩面、油面等。

炸酱面的做法如下：热油炸酱跟肉，之后放进去水，加芡汁、作料，把酱炸好。之后用清水煮面条，煮熟后浇上炸酱卤。泥河一带的炸酱面和北京的不一样，并不是干炸酱，而是打卤浇汁。

冷水面：一般是夏天吃，也是清水煮面条，捞出后放到冷水中拔一下，再捞出来盛碗里，浇上卤，配上黄瓜丝、鸡蛋饼、蒜汁、芝麻酱或者炒个菜。

炝锅面：炒肉、炒菜，之后加水，开锅之后下面条，出锅时拌葱花、香菜等调味品。

糊涂面：指水滚之后先放干菜，然后煮面条，在面条快要熟的时候放进做好的面汤，再加些花生米、黄豆、粉条等一起煮，最后临出锅时，加些葱花、香菜等调味。

下米面条：指在将要煮熟的小米粥里放进面条、菜。

卤面/油面：将刚做好的湿面条先蒸 20 分钟，蒸的同时可以做卤，然后拌在一起之后再蒸 20 分钟。

疙瘩汤：炒肉、炒菜，之后加水，开锅后将和好的面疙瘩下锅煮开，然后加开水和菜叶等，煮熟后，临出锅时放葱花佐料即成。

九　泥河村寺庙文化的发展

刘瑞芬、李香元口述

泥河村原有三座寺庙，村东头是菩萨庙和土地祠，村西头是关帝庙，村北头是圣神庙（文庙）。据村中两通庙碑记载，明万历二十年（1592 年）就重修过玄帝庙和白衣大士庙。这说明至少在此之前泥河就已经有关帝庙和菩萨庙了。村中老人说，原来村西头的关帝庙门前有两棵大杨树，需要五六个人才能合抱，树中间已经形成了空洞，可以放进去一个筹筐，后来 1948 年给解放军送军用木材，才把树刨掉。这都说明村中寺庙历史悠久。

新中国成立前村西头的关爷庙有堂屋三间，供奉关公、张飞，以及两个黑、白龙王；还有西屋三间、东屋三间、南屋三间。东屋、西屋都可以住人，南屋是进门的大门和两个门房。村东头的菩萨庙也有三间堂屋供奉菩萨，三间西屋住人，还有三间临街的南屋。菩萨庙堂屋西边还有一大间房屋，里面供奉的是南顶老爷，叫老爷庙。院子里有几棵柏树，碗口粗左右。村北头的芦苇坑旁边有一个小圣神庙，是郭家自己修的家庙，因为郭家是村中大家族，重视教育，小孩子开始接受启蒙教育时就到圣人面前祭拜。

在旧社会，寺庙除了供人们烧香敬神之外，还是村中贫苦家庭的临时栖身之地。1945 年前后村东头郭文臣的父亲吸鸦片，家里房产卖了，文臣爹去世后，文臣妈带着一个儿子、两个闺女一家四口就住在村东头的菩萨庙里，一连住了四五年，靠村民救济为生。1949 年土改时文臣家才分了房子，从庙里搬了出来。新中国成立后郭文臣才上得起学，1958 年左右大队推荐他去高村公社粮管所工作。后来，他带着老母亲一起去了高村公社所在地生活。1998 年郭文臣的大儿子郭明军结婚典礼时，在桥盟乡附近的铁路涵洞下车队撞死一个人，很是败兴。文臣妈就想起了菩萨庙，认为是多年没有回村里拜菩萨保佑了，所以才在孙子结婚时出现这个事故，就让儿子春节时回到村里的菩萨庙拜神。以后文臣就年年回来拜菩萨，重修菩萨庙时，还捐钱，每年唱戏也都捐钱，保佑家里平平安安。

除了东头的郭文臣家，西头的李春成（又叫李春元、李树林的爹）家、李法元（李树德的爹）家、闫树（闫春明的爷爷）家也都在村西头的关帝庙里住过。李春成家住关爷庙西屋，李法元家和闫树家住关爷庙东屋，一直住到1949年土改。土改时就把庙产分给李春成家、李法元家和闫树家三家。1951年破除迷信时，他们家就把庙拆了，把庙里的砖石拿回自己家盖房子。再后来，他们家到西关帝庙烧香上布施，祈求关爷显灵，他们的孙子得到福报。孙子生下以后就到了关爷跟前，每年关爷生日时去庙上敬奉，以求保佑全家健康平安。

新中国成立后，共产党要求破除迷信打掉庙宇，那时候村干部郭全英、李永元、刘瑞芬等人首先打掉了村西头的关爷庙。刘瑞芬回忆说："那时候全英是支书，领着我们去打庙，上边有命令不敢违背呀。但是他把老关爷的头像抱在怀里说，'俺们打庙是执行命令，啥时候兴的话，再给你重修个啊'。"最后没有办法，还是组织村民把关爷庙给拆了。菩萨庙则早在民国时期就被改成村小学校舍了，最初是郭宝正在庙中办私塾，后来郭宝全在里边办私塾。民国时期，虽然是政府提倡的村办学校，但是因为缺乏现代教育师资和教材，所以当时基本上仍然教授的是传统社会的《三字经》《百家姓》等启蒙读物。新中国成立后，菩萨庙仍然是村办小学的地方，西屋是一、二年级，堂屋是三、四年级，老师住在临街南屋。到1981年村办小学搬迁到村北的新校址后，老校舍中的三间堂屋被改为供销合作社，其他房屋逐渐被废弃。而村北头的圣神庙因为比较小，也不太显眼，所以直到"文化大革命"时才被打掉。

改革开放以后，1985年左右，刘瑞芬、李永元等人带领一些信众开始恢复西关爷庙，当时只是半人高的小庙，后来被政府打掉。1993年又修了三间大庙，还给关爷抓胎塑像，上级政府又打掉了。1995年又修了三间南屋。后来，政府又要求打庙，乡里来人带领村干部把关爷像给拉倒了。刘瑞芬就把关爷庙改名泥河村老年康乐园，获得了政府认可。1997年她又募集善款，在关爷庙的北侧修了三间面朝西的玉皇庙，同时又给关爷重新抓了胎、塑了像。从此，西头关爷庙就一直保存到现在。

图 67　明万历乙巳年修建、崇祯八年重建的泥河白衣大士神祠碑记

1986 年时候，村东头的闫秀英、贾瑞芬、李桂香、王桂香、崔青梅等人一起抓了一个菩萨胎，供奉在村里菩萨庙原来的房屋里。1990 年以后，刘瑞芬接管了全村的庙宇。2006 年，刘瑞芬又带头组织恢复了村北

图 68　村西头的关爷庙（2013 年暑期摄）

头的圣神庙。

　　20 世纪 80 年代恢复的庙宇，已经和传统社会的庙宇文化不太一样。传统社会的庙宇主要起到提供信仰场所、祈福消灾和慈善救济的作用。20 世纪 80 年代的庙宇文化除了具有宗教信仰和祈福消灾的功能之外，慈善救济的作用基本不存在了，但是又多了一些底层百姓的组织动员功能。刘瑞芬革命时期就是村里的妇女领袖，集体化时期是大队干部。1983 年退出村支部之后，刘瑞芬曾经做过一段时间的经济活动，自己家开办了一个硫酸铜工厂，后来出了事故，就不干了。1986 年以后，刘瑞芬就开始积极参与到村中庙宇的恢复重建，发挥重要的组织领袖作用。新中国成立初期，她曾经是积极参与打庙的村干部，而到了 80 年代，她又变成坚定积极的修复村中庙宇的热心人。上级政府一度对民间宗教态度摇摆不定，所以恢复村中寺庙要冒一定的风险，需要和上级政府干部进行协商。刘瑞芬当了几十年的村干部，和各级政府干部都比较熟悉，又加上她是村中大姓郭家中辈分较高的长辈，所以在村里的动员能力比较强，具有较强的谈判能力。这样，她比别人更有能力带领村里的底层百姓参与庙宇的恢复兴建。她说："中间修起了关爷庙，乡里杨德正带人来打庙，咱村的郭贵和是村长，也得积极配合。我都敢骂小保儿（郭贵和的小名），说'保儿，你竟敢胡弄了，不知道恁奶奶咋盖起来的？'我又对乡里的杨德正说：'上头让你打庙，没有让你烧我的大幔和大旗呀？你把旗给我烧了，你赔我！

不赔我的旗，不让你走！'"结果，杨德正就给了她200元钱。正因为刘瑞芬的地位和身份，她才敢这么对乡里和村里干部说话。

当然，20世纪80年代村中庙宇的恢复，也满足了老百姓消灾祛病的心理需求，当时农村医疗商业化导致农民看病贵，许多人生病后，就又到庙里祈求神灵保佑。

平时到庙里去帮忙的，都是村里底层的一些中老年妇女。宗教既是她们的精神寄托，也促进她们进行社会交往。正是因为宗教在村里的组织动员作用有所增强，能给宗教领袖带来一定的社会地位、经济利益，所以为了成为宗教领袖，村民曾经一度展开竞争，相互有矛盾，背后拆台。刘瑞芬说："关爷神像开光的时候，要唱戏庆贺，结果前天晚上就有人受到怂恿，到庙上把关爷的眼睛给挖掉了，我只好又重新找人换了个关爷头，最后唱了三天戏，庆贺关爷庙开光典礼。后来，又有人把关爷庙的头给拧活络了。"她认为这背后都是有人在和她捣乱。但是，随着时代的发展，年轻人一般都不再虔诚信奉神灵，所以竞争动力在减弱。现在，刘瑞芬虽然依然积极地维护着村中的三座庙宇，但是明显追随她的人员在减少，老人孤单的身影依然倔强地抵抗着市场经济的物欲横流。

参考文献

中文文献

埃莉诺·奥斯特罗姆：《公共事务的治理之道：集体行动制度的演进》，余逊达、陈旭东译，上海译文出版社，2012。

埃里克·H.埃里克森：《同一性：青少年与危机》，孙名之译，浙江教育出版社，1998。

埃马纽埃尔·勒华拉杜里：《蒙塔尤》，许明龙、马胜利译，商务印书馆，1997。

埃米尔·涂尔干：《职业伦理与公民道德》，渠东、付德根译，上海人民出版社，2001。

埃米尔·涂尔干：《宗教生活的基本形式》，渠东、汲喆译，商务印书馆，2011。

埃文斯·普瑞查德，E.E.：《努儿人：对一个尼罗特人群生活方式和政治制度的描述》，褚建芳等译，商务印书馆，2014。

安东尼·吉登斯：《民族国家与暴力》，胡宗泽、赵力涛译，三联书店，1998。

安东尼·吉登斯：《现代性的后果》，田禾译，译林出版社，2000。

保尔·汤普逊：《过去的声音——口述史》，覃方明、渠东、张旅年译，辽宁教育出版社，2000。

保罗·弗勒雷：《被压迫者教育学》，顾建新、赵友华、何曙荣译，华东师范大学出版社，2001。

保罗·皮尔逊：《拆散福利国家：里根、撒切尔和紧缩政治学》，舒绍福译，吉林出版社集团有限公司，2007。

鲍勃·杰索普：《治理的兴趣及其失败的风险：以经济发展为例的论述》，漆芜编译，载俞可平主编《治理与善治》，社会科学文献出版社，2000。

本尼迪克特·安德森：《想象的共同体：民族主义的起源与散布》，吴叡人译，上海人民出版社，2003。

蔡禾教授于 2012 年 12 月 29 日在中国社会工作教育协会第八届年会的大会演讲。

曹广权：《淇县舆地图说》，常永海、李清堂等注释，淇县县志办印刷，1986。

曹锦清、张乐天、陈中亚：《当代浙北乡村的社会文化变迁》，上海人民出版社，2014。

查尔斯·蒂利：《欧洲的抗争与民主（1650－2000）》，陈周旺、李辉、熊易寒译，格致出版集团、上海人民出版社，2008。

陈大斌：《从合作化到公社化：中共农村的集体化时代》，新华出版社，2011。

陈桂棣、春桃：《小岗村的故事》，华文出版社，2009。

陈佩华、赵文词、安戈：《当代中国农村历沧桑——毛邓体制下的陈村》，孙万国、杨敏如、韩建中译，牛津大学出版社，1996。

D. 盖尔·约翰逊：《经济发展中的农业、农村、农民问题》，林毅夫、赵耀辉编译，商务印书馆，2004。

大卫·威廉姆斯、汤姆·杰克逊：《治理，世界银行与自由主义理论》，赖海榕编译，载俞可平主编《治理与善治》，社会科学文献出版社，2000。

戴维·奥斯本、特德·盖布勒：《改革政府：企业家精神如何改革着公共部门》，周敦仁等译，上海译文出版社，2006。

党国印：《"村民自治"是民主政治的起点吗?》，《战略与管理》1999年第 1 期。

德·塞托：《日常生活实践 1. 实践的艺术》，方琳琳、黄春柳译，南京大学出版社，2009。

董磊明、陈柏峰、聂良波：《结构混乱与应法下乡——河南宋村法律实践的解读》，《中国社会科学》2008 年第 5 期。

杜国景：《合作化小说中的乡村故事与国家历史》，中国社会科学出版社，2011。

杜润生：《杜润生自述：中国农村体制变革重大决策纪实》，人民出版社，2005。

杜赞奇：《从民族国家拯救历史——民族主义话语与中国现代史研究》，王宪明、高继美、李海燕、李点译，凤凰传媒集团、江苏人民出版社，2009。

杜赞奇：《文化、权力与国家：1900－1942年的华北农村》，王福明译，江苏人民出版社，2010。

E. E. 埃文思－普里查德：《努尔人——对一个尼罗特人群生活方式和政治制度的描述》，褚建芳译，商务印书馆，2014。

方慧容：《"无事件境"与生活世界的"真实"——西村农民土地改革时期社会生活的记忆》，北京大学社会生活口述资料研究中心系列工作论文，1997。

菲利浦·塞尔兹尼克：《田纳西河流管理局与草根组织——一个正式组织的社会学研究》，李学译，重庆大学出版社，2014。

斐迪南·滕尼斯：《共同体与社会：纯粹社会学的基本概念》，林荣远译，北京大学出版社，2010。

费孝通：《江村经济》，商务印书馆，2001。

费孝通、吴晗：《皇权与绅权》，岳麓书社，2012。

费孝通：《乡土中国》，三联书店，1985。

费孝通：《小城镇大问题》，在南京"江苏省小城镇研究讨论会"上的发言，沈关宝整理，1983。

费孝通：《中国绅士》，惠海鸣译，中国社会科学出版社，2006。

冯仕政：《当代中国的社会治理与政治秩序》，中国人民大学出版社，2013。

冯仕政：《中国国家运动的形成和变异——基于政体的整体性解释》，《开放时代》2011年第1期。

冯友兰：《中国哲学简史》，北京大学出版社，2013。

弗里曼、毕克威、塞尔登：《中国乡村，社会主义道路》，陶鹤山译，社会科学文献出版社，2002。

G. C. 斯皮瓦克：《庶民研究——解构历史编纂》，黄德兴、刘林海译，载刘健芝、许兆麟编《庶民研究》，中央编译出版社，2005。

格里·斯托克：《作为理论的治理：五个要点》，华夏风编译，载俞可平主编《治理与善治》，社会科学文献出版社，2000。

葛兰言：《古代中国的节庆与歌谣》，赵丙祥、张宏明译，广西师范大学出版社，2005。

龚春霞：《中国式征地拆迁的合理性辨析——兼评〈还权赋能——成都土地制度改革探索的调查研究〉》，《南京农业大学报》（社会科学版）2013 年第 12 期。

古斯塔夫·勒庞：《乌合之众：大众心理研究》，冯克利译，中央编译出版社，2004。

古学斌：《否定政府，重建村庄》，载黄宗智主编《中国乡村研究》（第七辑），福建教育出版社，2011。

郭伟和：《城市空间重塑与治理方式的转变》，《中国社会科学内部文稿》2012 年第 5 期。

郭伟和：《身份之争：转型中的北京社区生活模式和生计策略研究》，北京大学出版社，2010。

郭伟和：《作为总体性社会事实的农村社会上访研究》，《思想战线》2014 年第 3 期。

郭于华、孙立平：《诉苦：一种农民国家观念形成中的中介机制》，《中国学术》2002 年第 2 期。

郭于华：《仪式与社会变迁》，社会科学文献出版社，2000。

国家统计局编《中国统计年鉴》，中国统计出版社，1993。

哈贝马斯：《公共领域的结构转型》，曹卫东等译，学林出版社，1999。

哈罗德·伊罗生：《群氓之族：群体认同与政治变迁》，邓伯宸译，广西师范大学出版社，2008。

韩丁：《翻身——中国一个村庄的革命纪实》，韩倞译，北京出版社，1980。

韩俊：《中国农村土地问题调查》，上海远东出版社，2009。

贺雪峰：《地权的逻辑》，中国政法大学出版社，2010。

贺雪峰：《论"半熟人社会"——理解村委会选举的一个视角》，《政治学研究》2000 年第 3 期。

贺雪峰：《破除"还权赋能"的迷信——以〈还权赋能——成都土地制度改革探索的调查研究〉的主要观点与周其仁教授商榷》，《南京师范大学学报》（社会科学版）2013 年第 4 期。

黑格尔：《历史哲学》，潘高峰译，九州出版社，2011。

华尔德：《共产主义的新传统主义》，龚小夏译，牛津大学出版社，1996。

黄光国：《人情与面子：中国人的权力游戏》，中国人民大学出版社，2004。

黄宗智：《长江三角洲小农家庭与乡村发展》，中华书局，2006。

黄宗智：《华北的小农经济与社会变迁》，中华书局，2000。

黄宗智：《集权的简约治理——中国以准官员和纠纷解决为主的半正式基层行政》，《开放时代》2008年第2期。

黄宗智：《认识中国——走向从实践出发的社会科学》，《中国社会科学》2005年第1期。

黄宗智：《中国的隐性农业革命》，法律出版社，2010。

黄宗智：《中国革命中的农村阶级斗争——从土改到文革时期的表达性现实与客观性现实》，载黄宗智主编《中国乡村研究》（第二辑），商务印书馆，2003。

焦长权：《政权"悬浮"与市场"困局"，一种农民上访行为的解释框架——基于鄂中G镇农民农田水利上访行为的分析》，《开放时代》2010年第6期。

卡尔·波兰尼：《大转型：我们时代的政治经济起源》，冯刚、刘阳译，浙江人民出版社，2007。

卡尔·魏特夫：《东方专制主义：对于集权力量的比较研究》，徐式谷、吴瑞森、邹如山译，中国社会科学出版社，1989。

柯文：《历史三调：作为事件、经历和神话的义和团》，杜继东译，江苏人民出版社，2000。

克劳斯·奥菲：《福利国家的矛盾》，郭忠华译，吉林人民出版社，2011。

克利福德·格尔兹：《文化的解释》，韩莉译，译林出版社，1999。

克利福德·吉尔兹：《地方性知识》，王海龙、张家瑄译，中央编译出版社，2004。

克洛德·列维－斯特劳斯：《忧郁的热带》，王志明译，中国人民大学出版社，2009。

孔飞力：《叫魂：1768年中国妖术大恐慌》，陈兼、刘昶译，上海三联书店，2012。

旷新年：《现代化的乡愁：一边逃离、一边眷恋》，新华网思客，http：//sike. news. cn/article. do？ action = articleDetail&id = 218360329，2016 年 10 月 10 日。

拉德克利夫－布朗，A. R.：《原始社会的结构与功能》，丁国勇译，中国社会科学出版社，2009。

莱斯特·M. 萨拉蒙：《公共服务中的伙伴关系——现代福利国家中的政府与非营利组织的关系》，田凯译，商务印书馆，2008。

李丹：《理解农民中国》，张天虹、张洪云、张胜波译，凤凰出版传媒集团，2009。

李放春：《苦、革命教化与思想权力——北方土改期间的"翻心"实践》，《开放时代》2010 年第 10 期。

李怀印：《华北村治——晚清和民国时期的国家与乡村》，岁有生、王士皓译，中华书局，2008。

李剑阁主编《中国新农村建设调查》，上海远东出版社，2009。

李康：《西村十五年：从革命走向革命——1938 - 1952 冀东村庄基层组织机制变迁》，博士学位论文，北京大学社会学系，1999。

李里峰：《土改中的诉苦：一种民众动员技术的微观分析》，《南京大学学报》（哲学人文社会科学版）2007 年第 5 期。

李连江、欧博文：《当代中国农民的依法抗争》，载吴国光编《九七效应》，太平洋世纪研究所，1997。

李连江、欧博文：《在党国中纳入民主：中国的村民选举》，载中国选举与治理网，http：//www. chinaelections. org/NewsInfo. asp？ NewsID = 19533，最新链接：2016 年 10 月 1 日。

李霞：《娘家与婆家：华北农村妇女的生活空间和后台权力》，社会科学文献出版社，2010。

梁漱溟：《我们的两大难处》，《梁漱溟全集》（二），山东人民出版社，1992。

梁漱溟：《乡村建设大意》，《梁漱溟全集》（一），山东人民出版社，1992。

梁漱溟：《中国文化要义》，上海世纪出版集团，2005。

梁治平：《寻求自然秩序中的和谐》，中国政法大学出版社，2002。

林毅夫：《制度、技术与中国农业发展》（第三版），格致出版社、三联书店、上海人民出版社，2008。

刘守英、周飞舟、邵挺：《土地制度改革与转变发展方式》，中国发展出版社，2012。

卢辉临：《社区研究：缘起、问题和新生》，《开放时代》2005年第4期。

卢辉临：《"卫星"是如何上天的——乡村基层干部和大跃进》，《开放时代》2008年第5期。

陆学艺：《三农问题新论》，社会科学文献出版社，2005。

路遥：《平凡的世界》（第一部），北京出版集团，2009。

吕新雨：《近代以来中国的土地问题与城乡关系再认识》，《开放时代》2012年第7期。

吕新雨：《亚细亚专制主义与20世纪的中、苏（俄）革命与道路之争——兼论秦晖先生的"雅典（罗马）"道路说》，《开放时代》2012年第1期。

吕苑娟：《共绘城乡统筹新天地——国家特邀国土资源监察专员考察安徽山东农村土地整治纪实》，《中国国土资源报》2010年6月1日第1版。

罗伯特·N. 贝拉等：《心灵的习性：美国人生活中的个人主义和公共责任》，周穗明等译，中国社会科学出版社，2011。

罗伯特·普特南：《独自打保龄：美国社区的衰落与复兴》，刘波等译，北京大学出版社，2011。

罗伯特·芮德菲尔德：《农民社会与文化》，王莹译，中国社会科学出版社，2013。

马克·格兰诺维特：《镶嵌：社会网与经济行动》，罗家德译，社会科学文献出版社，2007。

马克·塞尔登：《革命的中国：延安道路》，魏晓明、冯崇义译，社会科学文献出版社，2002。

马克斯·韦伯：《经济与社会》，林荣远译，商务印书馆，1997。

马克斯·韦伯：《新教伦理与资本主义精神》（罗克斯伯里第三版），苏国勋等译，社会科学文献出版社，2010。

马克斯·韦伯：《支配社会学》，康乐、简惠美译，广西师范大学出版社，2010。

马塞尔·莫斯：《礼物——古式社会中交换的形式和理由》，汲喆译，上海人民出版社，2002。

迈克尔·曼：《社会权力的来源》（第一卷），刘北城、李少军译，上海世纪出版集团，2007。

迈克·费瑟斯通：《消解文化，全球化、后现代主义与认同》，杨渝东译，北京大学出版社，2009。

麦克·布洛维：《公共社会学》，沈原等译，社会科学文献出版社，2007。

曼瑟尔·奥尔森：《集体行动的逻辑》，陈郁等译，格致出版社，2011。

曼威·柯司特：《认同的力量》，夏铸九、黄丽玲译，唐山出版社，2002。

蒙德拉斯：《农民的终结》，李培林译，社会科学文献出版社，2010。

孟庆延：《学术史视野下的中国土地革命问题——议题转换与范式革命》，《社会》2015年第1期。

米歇尔·福柯：《安全、领土和人口：法兰西学院演讲系列，1977－1978》，钱翰、陈晓径译，上海人民出版社，2010。

米歇尔·福柯：《词与物——人文科学考古学》，莫伟民译，上海人民出版社，2001。

米歇尔·福柯：《规训与惩罚》，刘北城、杨远婴译，三联书店，2012。

米歇尔斯：《寡头统治铁律：现代民主制度中的政党社会学》，任军锋译，天津人民出版社，2003。

莫里斯·迈斯纳：《毛泽东的中国及其后：中华人民共和国史》（第三版），杜蒲译，香港中文大学出版社，2005。

诺贝特·埃利亚斯：《个体的社会》，翟三江、陆兴华译，译林出版社，2008。

裴宜理：《华北的叛乱者与革命者：1845－1945》，池子华、刘平译，商务印书馆，2007。

皮埃尔·布迪厄、华康德：《实践与反思——反思社会学导引》，李猛、李康译，中央编译出版社，1998。

皮埃尔·布迪厄：《言语意味着什么——语言交换的经济》，褚思真、刘晖译，商务印书馆，2005。

齐格蒙特·鲍曼：《全球化——人类的后果》，郭国良、徐健华译，商务印书馆，2001。

淇县志编纂委员会：《淇县志》，中州古籍出版社，1996。

强世功：《权力的组织网络与法律治理化——马锡五审判方式与中国法律的新传统》，载强世功编《调解、法制与现代性：中国调解制度研究》，中国法制出版社，2001。

渠敬东：《项目制：一种新的国家治理体制》，《中国社会科学》2012年第5期。

渠敬东、周飞舟、应星：《从总体性支配到技术治理》，《中国社会科学》2009年第6期。

瞿同祖：《清代地方政府》，范忠信、何鹏、晏锋译，法律出版社，2011。

瞿同祖：《中国法律与中国社会》，中华书局，2003。

权延赤：《杨成武见证文革》，光明日报出版社，2004。

让·德雷兹、阿玛蒂亚·森：《饥饿与公共行为》，苏雷译，社会科学文献出版社，2006。

任平：《以史为鉴是为了更好前进》，《人民日报》2016年5月17日第4版。

申端锋：《乡村治权与分类治理：农民上访研究的范式转换》，《开放时代》2010年第6期。

沈原：《市场、阶级与社会》，社会科学文献出版社，2007。

孙立平：《动员与参与——第三部门募捐机制个案研究》，浙江人民出版社，1999。

孙立平、郭于华：《"软硬兼施"：正式权力的非正式运作的过程分析——华北B镇的收粮的个案分析》，载《清华社会学评论》特辑，鹭江出版社，2000。

孙立平：《实践社会学与市场转型过程分析》，《中国社会科学》2002年第5期。

孙立平、王汉生、王思斌、林彬、杨善华：《改革以来中国社会结构的变迁》，《中国社会科学》1994年第2期。

T. H. 马歇尔：《公民身份与社会阶级》，郭忠华、刘训练编译，江苏人民出版社，2008。

唐纳德·里奇：《大家来做口述历史实务指南》（第二版），王芝芝、姚力译，当代中国出版社，2006。

田先红：《从维权到谋利：农民上访行为逻辑变迁的一个解释框架》，《开放时代》2010年第6期。

托克维尔：《旧制度与大革命》，冯棠译，商务印书馆，2013。

托克维尔：《论美国的民主》，董良果译，商务印书馆，2006。

汪晖：《去政治化的政治：霸权的多重构成与六十年代的消逝》，《开放时代》2007年第2期。

王铭铭：《村落视野中的文化与权力》，三联书店，1997。

王铭铭：《社会人类学与中国研究》，三联书店，1997。

王铭铭：《小地方与大社会》，《社会学研究》1997年第1期。

维克多·特纳：《仪式过程：结构与反结构》，黄剑波、柳博赟译，中国人民大学出版社，2006。

温铁军主编《新农村建设理论探索》，文津出版社，2006。

文崇一：《报恩与报仇：交换行为的分析》，载《社会及行为科学研究的中国化研讨会论文集》，台湾"中央研究院"，1982。

文贯中：《土地制度必须允许农民有退出自由》，《社会观察》2008年第11期。

吴飞：《父母与自然："知母不知父"的西方谱系》（下），《社会》2013年第3期。

吴敬琏：《当代中国经济改革》，上海远东出版社，2003。

吴文藻：《现代社区实地研究的意义和功用》，《社会研究》1935年第66期。

吴毅：《"权力——利益结构之网"与农民群体性利益表达的困境：对一起石场纠纷案例的分析》，《社会学研究》2007年第5期。

夏珺：《成都：土地整治一举多得》，《中国国土资源报》2010年9月20日第1版。

项飙：《跨越边界的社区：北京浙江村的生活史》，三联书店，2000。

萧公权：《中国政治思想史》，新星出版社，2005。

徐小青：《河南省鹤壁市推进新农村建设的经验》，载李剑阁主编《中国新农村建设调查》，上海远东出版社集团，2009。

徐勇：《中国农村村民自治》，华中师范大学出版社，1997。

许烺光：《祖荫下：中国乡村的亲属、人格与社会流动》，王芃、徐隆德译，台北南天书局，2001。

雅克·德里达：《书写与差异》，张宁译，三联书店，2001。

亚布拉罕·马斯洛：《动机与人格》，许金声译，中国人民大学出版社，2007。

亚当·斯密：《国富论》，郭大力、王亚南译，译林出版社，2011。

亚历山大·潘佐夫：《毛泽东传》（下），卿文辉、崔海智、周益跃译，中国人民大学出版社，2015。

阎云翔：《礼物的流动：一个中国村庄中的互惠原则与社会网络》，李放春、刘瑜译，上海人民出版社，2000。

阎云翔：《中国社会的个体化》，上海译文出版社，2012。

杨懋春：《一个中国村庄——山东台头村》，张雄等译，江苏人民出版社，2012。

杨美惠：《礼物、关系学与国家》，赵旭东、孙珉译，江苏人民出版社，2009。

杨敏：《作为国家治理单元的社区——对城市社区建设运动过程中居民社区参与和社区认知的个案研究》，《社会学研究》2007年第4期。

杨庆堃：《中国社会中的宗教》，范丽珠译，上海人民出版社，2007。

叶永烈：《陈伯达传》，人民日报出版社，1999。

应星：《大河移民上访的故事——从讨个说法到摆平理顺》，三联书店，2001。

应星、李夏：《中共早期地方领袖、组织形态与乡村社会——以曾天宇及其领导的江西万安暴动为中心》，《社会》2014年第5期。

应星：《评村民自治研究的新取向——以〈选举事件与村庄政治〉为例》，《社会学研究》2005年第1期。

应星：《"应法下乡"与"接近正义"——对中国乡村赤脚律师的个案研究》，《政法论坛》2007年第1期。

于建嵘：《当前农民维权活动的一个解释框架》，《社会学研究》2004年第2期。

于建嵘：《岳村政治：转型期中国乡村政治结构的变迁》，商务印书馆，2001。

余英时：《中国思想传统的现代诠释》，江苏人民出版社，2006。

俞可平：《马克思的市民社会理论及其历史地位》，《中国社会科学》1993 年第 4 期。

俞可平：《全球化：全球治理》，社会科学文献出版社，2003。

俞可平：《治理与善治》，社会科学文献出版社，2000。

翟学伟：《乡土社会的变迁——也说"无主体熟人社会"》，《光明日报》2011 年 9 月 20 日第 11 版。

詹姆斯·C. 斯科特：《国家的视角：那些试图改善人类状况的项目是如何失败的》，王晓毅译，社会科学文献出版社，2011。

詹姆斯·C. 斯科特：《农民道义经济学：东南亚的反叛与生存》，程立显、刘建等译，译林出版社，2001。

詹姆斯·S. 菲仕金：《协商民主》，王文玉译，载陈家刚编《协商民主》，上海三联书店，2004。

詹姆斯·博曼：《公共协商和文化多元主义》，陈志刚、陈志忠译，载陈家刚编《协商民主》，上海三联书店，2004。

詹姆斯·罗西瑙主编《没有政府的治理》，张胜军、刘小林等译，江西人民出版社，2001。

张乐天：《告别理想——人民公社制度研究》，上海人民出版社，2012。

张鸣：《动员结构与运动模式：华北地区土地改革运动的政治运作（1946－1949）》，《二十一世纪》2003 年第 5 期。

张素华、边彦军、吴晓梅：《访卢文：毛泽东、邓子恢关于合作化问题的三次争论》，载《说不尽的毛泽东——百位名人学者访谈录》，辽宁人民出版社，1995。

张仲礼：《中国绅士——关于其在 19 世纪中国社会中作用的研究》，上海社会科学院出版社，1991。

赵丙祥、童周炳：《房子与骰子：财富交换之链的个案研究》，《社会学研究》2011 年第 3 期。

赵晓力：《通过合同的治理》，《中国社会科学》2000 年第 2 期。

折晓叶、陈婴婴：《项目制的分级运作机制和治理逻辑——对"项目进村"案例的社会学分析》，《社会学研究》2011 年第 4 期。

郑秉文、和春雷：《社会保障分析导论》，法律出版社，2001。

郑大华：《民国乡村建设运动》，社会科学文献出版社，2000。

郑永年：《朱镕基新政——中国改革的新模式》，美国八方文化企业公司，1999。

中共淇县县委党史研究室编《中共淇县历史》（第一卷），河南人民出版社，1997。

周飞舟：《差序格局和伦理本位——从丧服制度看中国社会结构的基本原则》，《社会》2015 年第 1 期。

周飞舟：《锦标赛体制》，《社会学研究》2009 年第 3 期。

周飞舟：《三年自然灾害时期我国省级政府对饥荒的反应和救助机制》，《社会学研究》2003 年第 2 期。

周飞舟：《生财有道：土地开发和转让中的政府和农民》，《社会学研究》2007 年第 1 期。

周飞舟：《由汲取性政权到悬浮性政权——税费改革对国家和农民关系之影响》，《社会学研究》2006 年第 3 期。

周黎安：《行政发包制》，《社会》2014 年第 6 期。

周黎安：《转型中的地方政府》，上海人民出版社，2008。

周其仁：《产权与制度变迁：中国改革的经验研究》（增订本），北京大学出版社，2004。

周其仁：《还权赋能——成都土地制度改革探索的调查研究》，《国际经济评论》2010 年第 2 期。

周雪光：《基层政府间的"共谋现象"：一个政府行为的制度逻辑》，《开放时代》2009 年第 12 期。

周雪光：《运动型治理机制——中国国家治理的制度逻辑再思考》，《开放时代》2012 年第 9 期。

朱晓阳：《小村故事：罪过与惩罚 1931－1997》，法律出版社，2011。

文献资料

《蒋介石大举围攻中原解放区》，历史上的今天，http：//www. today-onhistory. com/6/23/jiangjieshidajuweigongzhongyuanjiefangqu. html，最后访问日期：2017 年 10 月 16 日。

《毛泽东和朱德发布向全国进军的命令》，人民网，http：//military. people. com. cn/GB/8221/72028/76059/76061/7143315. html，最后访问日期：2017 年 10 月 14 日。

《中国共产党第八届中央委员会第十次全体会议公报》，中华人民共和国中央人民政府网，http：//www. gov. cn/test/2008 － 06/05/content_1006834. htm，最后访问日期：2017 年 10 月 16 日。

《北戴河会议（1962 年 8 月 6 日—下旬）》，人民网，http：//dangshi. people. com. cn/GB/165617/166496/168117/10012190. html，最后访问日期：2017 年 10 月 16 日。

《全国工作会议（1964 年 12 月 15 日—1965 年 1 月 14 日）》，人民网，http：//dangshi. people. com. cn/GB/151935/176588/176596/10556215. html，最后访问日期：2017 年 10 月 16 日。

《坚定不移沿着中国特使社会主义道路前进，为全面建成小康社会而奋斗——胡锦涛在中国共产党第十八次全国代表大会上的报告》，新华网，http：//news. xinhuanet. com/18cpcnc/2012 － 11/17/c_113711665. htm，最后访问日期：2017 年 10 月 16 日。

英文文献

Andreas，Joel. 2009. *The Rise of Red Engineers*：*The Cultural Revolution and the Origins of China's New Class*. Stanford：Stanford University Press.

Arnstein，S. R. 1969. "A Ladder of Citizenship Participation." *Journal of American Institute of Planners* 35（4）：216 - 224.

Axelrod，Robert. 1984. *The Evolution of Cooperation*. New York：Basic Books Inc. Publishers.

Bourdieu，Pierre. 1977. *Outline of a Theory of Practice*. Cambridge：Cambridge University Press.

Burt，Ronald. 1992. *Structural Holes*：*The Social Structure of Competition*. Cambridge，Mass：Harvard University Press.

Bernstein，Thomas. 1970. *Leadership and Mobilization in the Collectivization of Agriculture in China and Russia*：*A Comparison*. Ph. D. Dissertation. Department of Political Science. Columbia University.

Chambon, Adrienne, Allan Irving, Laura Epstein. 1999. *Reading Foucault for Social Work*. New York: Columbia University Press.

Madsen, Richard. 1984. *Morality and Power in a Chinese Village*. Berkeley: University of California Press.

Maskin, Eric, Yingyi Qian, Chenggang Xu. 2000. "Incentives, Information and Organizational Form." *Review of Economic Studies* 67 (2): 359 – 378.

Granovetter, Mark. 1973. "The Strength of Weak Ties." *American Journal of Sociology* 78 (May): 1360 – 1380.

Lee, J. 1994. *The Empowerment Approach to Social Work Practice*. New York: Columbia University Press.

Lee, Ching Kwan. 2002. "From the Specter Mao to the Sprite of the Law: Labour Insurgency in China." *Theory and Society* 31 (2): 189 – 228.

Oi, C. Jean. 1992. "Fiscal Reform and Economic Foundations of Local State Corporatism in China." *World Politics* 45 (1): 99 – 126.

O'Brien, Kevin J. 1996. "Rightful Resistance." *World Politics* 49 (1): 31 – 55.

O'Brien Kevin J. and Lianjiang Li. 2000. "Accommodating 'Democracy' in One Party – state: Introducing Village Elections in China." *China Quarterly* 162: 465 – 89.

Parish, W. L. and M. K. Whyte. 1978. *Village and Family in Contemporary China*. Chicago: University of Chicago Press.

Pun, Ngai and Chris King – Chi Chan. 2008. "The Subsumption of Class Discourse in China." *Boundary* 2: 75 – 92.

Putnam, Robert D. 1993. "The Prosperous Community: Social Capital and Public Affairs." *The American Prospect* 13: 35 – 42.

Rothman, J. 1968. "Three Models of Community Organization Practice. National Conference on Social Welfare and Social work Practice." New York: Columbia University Press.

Rubin, Herbert J. and Irene Rubin. 1992. *Community Organizing and Development*. Massachusetts: Allyn&Bacon.

Shue, Vivienne. 1980. *Peasant China in Transition: The Dynamics of Develop-*

ment towards Socialism, 1949 – 1956. Berkeley: California University Press.

Shue, Vivienne. 1988. *The Reach of the State: Sketches of the Chinese Body Politics*. Stanford: Stanford University Press.

Schoppa, R. Keith. 1982. *Chinese Elites and Political Change: Zhejiang Province in the Early Twentieth*. Cambridge Mass: Harvard University Press.

Qian, Yingyi & Barry R. Weingast. 1997. "China's Transition to Market: Market – preserving Federalism, Chinese Style." *Journal of Policy Reform* 1 (2): 149 – 185.

Wilson, William Julius. 1987. *The Truly Disadvantaged: The Inner City, The Underclass and Public Policy*. Chicago: The University of Chicago Press.

World Bank. 1989. *Sub – Saharan Africa: From Crisis to Sustainable Growth*. Washington D. C.

World Bank. 1989. *A Framework for Capacity Building in Policy Analysis and Economic Management in Sub – Saharan Africa*. Washington D. C.

后　记
消逝的传统和美化的记忆：泥河村社区
治理的复调历史书写

美国著名汉学家柯文（Paul A. Cohen）先生写了一本关于义和团的书，起名为《历史三调：作为事件、经历和神话的义和团》（柯文，2000）。他的研究对我写作社区治理发展史有很大的启发。我作为土生土长的泥河人，在外地读书、工作几十年后，重新回到自己的家乡，最初并无意要写一部村史来缅怀什么，因为总觉得自己还年轻，还没有到怀旧的年龄。最初（2010 年暑期）只是基于理论关怀，带着诸如当今农村应该如何发展和建设，我能够为家乡做些什么的思考回到泥河，在家乡杨子河小学设了社会工作专业的实践教学基地，做一些有关家庭教育的事情。可是经过最初一年的介入，我发现自己的家乡被纳入了鹤淇产业集聚区，进入征地拆迁的大变局。显然，进行社区为本的教育无法再延续下去。一次偶然的机会，陪三哥去拜访从自己村里出去的淇县文化局退休局长石同勋先生，他和我三哥的对话令我有所触动："泥河村再过几年就没有了，能不能写写当年你大舅为村里修护庄堤的故事？他对泥河有功劳啊！"石同勋先生曾经被划为"右派"，在"文化大革命"时期长期受批斗，然而，几十年过去了，他并没有记恨那个年代，而是在垂暮之年，用病残之躯呼吁要为 20 世纪 50 年代集体化时期修建护庄堤的老支书李永元立传，这刺激我思考我们应该如何认识 1949 年之后社会主义农村 60 多年的发展史。学术界关于新中国农村发展 60 年的左派和右派争论持续发酵、针锋相对。除了学术争论，我们可否沉淀到基层，进入历史深处，听听他们到底对社会主义农村 60 年的发展历史是如何叙述的呢？

我试图在现有的"左"与"右"的学术争论中，从一个村庄的历史切入，来左右开弓，开辟出一种新的历史空间，提供新的论述模式。我的这种论述策略是通过和"左"与"右"的比较参照进行的，而不是自我的独白言说。我既不想美化社会主义集体化时期的乡村社区发展和治理的历史，也不想美化改革开放带来的农村发展和治理的新模式；当然，我也不想丑化社会主义集体化时期的农村社区实践和探索，也不想拒斥现代化进程带给农村的发展机会和可能性。带着这种兴趣和思考，我从 2011 年就开始了漫长的访谈和资料收集的过程。开始时让研究生帮我进行访谈，结果发现年轻孩子们对那段历史不了解，对当地的风俗也不了解，访谈资料就是简单机械地记录一些事实和知识，难以发现什么意义和故事。后来，我就亲自去访谈村里的一些老人，尤其是我二舅李香元，他从年轻时（"文化大革命"时期）就参加村红卫兵组织、民兵连队，担任村里的团支书和突击队长，后从 1984～2003 年担任村支书将近 20 年，整个一个泥河村的活历史。还有刘瑞芬奶奶、晋善信老师、贾宝海老师、郭文采副支书、葛平林村会计、李树青表哥，他们都是村里的活典故，相互补充着，提供了许多历史回忆，使我对过去比较模糊的记忆逐步清晰起来，也对一些似是而非的体会进行了修正。同时，这期间，我接受了民政部基层政权司的一个委托课题，梳理社区治理的理论传统；系统深入地阅读和回顾社区发展和社区治理的文献，进一步帮助我跳出个人和地方的立场，结合理论视角，来透视泥河村发展的历史功过，写出了《变与不变：泥河村礼治传统的转型》（最初是以"国家动员与社区反应——泥河村社区治理 60年"为题目的）的初步书稿。2015 年凭借这个初稿申请了国家社科基金后期资助项目，并获批准。

我所关心的学术问题是，在新中国成立之后的前后两个三十年，民族国家建设不断地向基层社区延伸来汲取资源，社区传统伦理资源面对国家动员是如何做出反应和转变的。华北农村解放和土改过程以及解放后的前后两个三十年的不同发展模式，既不是左派政治经济学概括的通过基层群众民主运动治理乡村社会、发展集体经济的理想模式，在改革开放之后转向了资本和权力联合支配和剥夺农村的城镇化发展模式；也不是右派经济学家概括的那种由专制权威治理下的乡村集体日益蜕化的发展模式转向了自由市场诱导的经济繁荣发展道路。简单总结一下泥河村的案例，在民国时期泥河村的生计已经发生严重危机，但是村民们仍然可以依靠传统伦理资源，通过个体的勤劳品质、邻里互助、衡平正义等，来应对生活危机。泥河的解放过程和土改过程，并没有邻村以及其他地区的土改过程那么残酷，而是老革命、老支书郭全英通过建构个体亲属网络，相对温和地进行。解放和土改没有打破泥河的传统伦理资源，相反却借助传统伦理资源动员村民参与解放和土改过程。泥河村传统伦理和文化资源的第一次大规模破坏是在1957年农村"文化大革命"和"破四旧"时期以及随后而来的1958年的"大跃进"时期。新中国成立后的首次大规模激进政治运动，一方面破坏了泥河村的传统文化资源，另一方面给泥河的政治边缘人物提供了政治机会，导致机会主义的派系斗争，并且严重影响了村民的日常生计。在经过了短暂的调整之后，从1964年开始的"四清"运动和接下来的1966年的"文化大革命"导致老一代村干部集体遭受更加严重的冲击，也导致家庭出身不好的村民的悲惨命运。所以，泥河的案例说明，运动式治理并没有带来农村社区的民主和团结，相反却导致农村社区的派系斗争和那些出身不好的家庭的悲惨命运。然而这样说并不是要全面否定集体化时期的农村发展模式。泥河的案例再次说明，经过了政治运动洗礼之后的农村集体经济，一方面大大扩展了农田面积，另一方面建立了比较理性的生产经营体制。泥河村既不像小岗村那样缺乏农业劳动的激励机制，也不像浙江陈家场村那样存在严重的人地矛盾，而是有过一段相对平稳和均衡的发展时期，形成了多层生产经营体制和多重社区生活。所以，在20世纪80年代开始推行家庭联产承包责任制时，泥河村不太情愿地采取了分田单干模式。改革开放之后，随着国家在意识形态领域控制的放松，泥河村的传统礼仪和文化、宗教又重新得以复兴，尤其值得关注的是，泥河的传统文化是在村干部、文化精英和家庭妇女的积极参与下复兴的，而不是传统父权家长制的简单复兴。传统礼仪和乡村文化构成了那个时期乡村社区治理的基本资源，形成了一种新礼治模式。但是到了20世纪90年代，随着国家农村政策的再次深入，泥河村干部又一次成为完成国家乡村治理任务的执行者，新任支书李香元主要通过一种权威主义的训政模式来完成国家的任务。然而，李香元是村里最后一代权威主义治理模式的代表。在他之后，世纪末开始推行的村民选举制度提供了新政治机会，泥河村的政权更替转型成为公开挑战和行政吸纳模式，避免出现其他村庄的恶性竞争。另外，2000年以来，泥河村村民的日常生计发生了剧烈的地位分化和成本抬升，而村干部在无力引入企业解决村民生计的前提下，通过积极稳健的措施，也在不断地争取上级政府部门的项目，改善村里的基础设施。然而，2010年之后推行的城乡一体化制度，将泥河村纳入了鹤淇产业集聚区（后改为城乡一体化示范区），更加凶猛的征地拆迁运动到来，各种矛盾和冲突此起彼伏，村民的心态也开始严重失衡，此时的泥河村干部只能在乡镇政府的领导下利用民风遗存的人情关系网通过分类治理的策略来尽量化解主要矛盾，但是已经难以控制乡村社会的秩序之乱和人心之乱。

如果把泥河村的社区治理发展历史划分成长时段，抽取一些概念性的分析单元，那么我们可以这样概括：革命及其衍生出来的政治激进运动，对农村社区传统治理资源的破坏尽管非常严重，但是集体化时期的社会发展理想是建立在农村集体基础上的，所以随着运动的消退，农村社区可以恢复文化礼治的新传统。也就是说，革命及其政治教化动员和乡村社区的礼治模式是一种辩证的发展关系，正如杜赞奇所言，现代中国在民族国家的现代化动员过程中，一方面把传统当作他者进行压制和破坏，但是传统却不时地抬头，蔑视并威胁前者对其象征的无休止的利用（杜赞奇，2009：107）。倒是在市场化进程中，尤其是在国家主导的城乡一体化进程中，巨大的物质诱导机会在瓦解乡村社会共同体的文化礼治基础，让那些曾经发挥稳定和修复作用的乡村民俗文化和伦理机制悄然而逝。伴随着乡村民俗文化和伦理机制消逝，仅仅靠国家强制控制，这场历史巨变空前地激烈。如果说集体化时期乡村社会还有礼仪文化等伦理机制发挥内在平衡器作用，来缓冲国家政治冲击从而让短暂的动荡可以获得修复的话，那么，现在乡村社会秩序则是在国家经济动员和市场利益的诱导下来回震荡。新自由主义在把社会主义集体生产经营体制和社区伦理机制一同倒入历史垃圾桶里的时候，对于留下来的社会空间如何治理呢？西方国家19世纪以来发明的人文科学知识和各种主体训练技术，可能是填补这个空白的可供借鉴的选择之一。但是它需要巨大的成本和漫长的引入过程，之后才能成为替代群众集体参与机制和社区伦理机制。即使如此，那种貌似自由和规矩的个人主义自治模式最终也将面临公共秩序的治理困境。从20世纪90年代末期推行的村民选举制度是一种新的乡村社区治理机制的探索方向，然而，村民选举制度只是有利于基层社区政权的更替，难以回应诸如家庭分裂、邻里冲突、公共物品的供应等公、私秩序问题。项目化治理也是国家资源下乡的策略之一，但是在缺乏地方配套的情况下，争取项目又成为各个悬浮型乡村政权的鸡肋，食之无味、弃之可惜。旧的治理机制已经被打破，而新的治理技术还未成熟，未来中国基层社会治理模式的探索任重道远。

以上是我这部乡村社区治理发展史的基本结论。然而，在审视这部书稿时，我发现，从村民的叙述，到转换成我的学术书写，毕竟经过了多重转换和提炼，失去了他们的情感、体验和感受，也无法看到那个活生生的叙述主体。那么该如何来弥补这个跳跃和差距呢？后来，我就借鉴口述历史的策略，动员当地人来书写历史，试图去发现地方性叙事，看看当地人如何描述不同阶段的历史故事。贾宝海是我的中学语文老师，退休在家，热心乡村典故；郭良和是我三哥，喜欢书法、民俗，也喜欢管农村的杂事儿；贾文海和我三哥是同龄人，是我们村出去的全县著名书法家；杨开亮是我小学同学，县宣传部理论研究科长，淇县著名诗人散文作家。这几个人就被动员起来，参与到村史资料的整理和书写过程。贾宝海负责泥河村的教育历史的书写，并和郭良和一起负责泥河村家族姓氏的整理书写。郭良和在收集整理泥河村姓氏家族资料之后，还兴致盎然地投入泥河村名人轶事的整理撰写。贾文海主要负责泥河村书法文化的整理书写。杨开亮主要负责泥河大平调戏剧发展历史的整理书写。我的研究生丰宝宾帮我访谈了刘瑞芬、闫长梅有关泥河村寺庙文化和合作医疗发展事业，也帮我访谈了李树青、郭良和、郭文采等有关泥河一带风俗礼仪的发展变迁过程。我则通过李香元和现任村干部的访谈，整理了泥河村的大事记。这样，就形成了另外一个村史文本（本书的附录部分），由当地文化人根据自己的经历和感受，按照自己的体会来撰写本村的历史。由于历史久远，加上不少当事人年事已高，很多历史叙述与正史有些出入，但这个文本在一定程度上弥补了我从学术角度书写村史所缺乏的鲜活性和完整性，提供了地方性视角，让乡村历史成为一种复调的历史。

但是，在完成地方文化精英的村史撰写编辑之后，我发现一个有趣的现象，即他们关于村庄历史的定调和风格，整体上更具有主流叙事特征，把新中国成立前、新中国成立、土改、集体化、改革开放、征地拆迁等过程，都纳入黑格尔所提出的历史进步的叙事模式之中（黑格尔，2011）。尽管历史上对不同时期的发展策略和乡村地位都有不同的定位，这当中村里的家族派系都有不同的地位变化和权力竞争，个人命运也发生起伏不定的转折动荡，然而，当回顾历史的时候，地方文化精英选择了回避冲突、缝合创伤、顾全大局的立场。这个叙事既容纳了新中国成立前的经济文化精英，也容纳了新中国成立后集体化时期的政治精英，更容纳了改革开放以后的文化和经济精英。里面有对新中国成立前地方乡绅的赞美，甚至有对乡村义匪的颂扬，也包括对所谓的"地主富农家庭"及其子女的历史命运的同情和哀婉，当然有对解放过程和集体化时期革命干部的丰功伟绩的赞扬和讴歌，更有对改革大潮中发达成功的书法家、教育世家、戏剧爱好者、企业家、政治家和个体工商户的称赞和美言。这些不同历史时期的精英人物都被当作泥河村养育出来的精英来称颂，背后体现出社区共同体的荣耀。通过一种进步主义的历史观和精英主义的价值观，讴歌社区共同体的荣耀和自豪，达到一种社区团结和整合的叙事效果，是我的合作者参与社区口述历史的基本策略。这有点类似保尔·汤普逊所说的通过口述历史传承社区共同体的集体记忆的策略（保尔·汤普逊，2000）。

　　这是一种什么动力呢？是主流意识形态的霸权支配的效果，还是社区整合的内在动力呢？毫无疑问，他们这些人都是地方文化名人，在体制内有一定的身份，并长期浸染在主流意识形态宣传之中。但是，这不等于他们失去了主体性和能动性。他们在日常生活中也会抱怨各种官僚主义和社会恶俗，可是为什么在他们的文字书写中，看不出来对社会现象的批判和历史的反思呢？这难道是斯皮瓦克所问的"庶民会说话吗？"的问题吗（G. C. 斯皮瓦克，2005：140～190）？或许他们的文化精英身份确实影响了他们书写的方式，如果再去访谈更加普通的老百姓，或许我们可以从那些整天在日常生计和征地拆迁中挣扎的普通村民中听到不同的声音。所以，历史何止有三调？问不同的人，你可以得到更多更嘈杂的声音，但是如果我们不是为了获得多重腔调的声音，而是要获得不同意义的话，为此我们必须以某种方式进入语言，并通过语言来制造意义。只要我们进入一种语言体系时，我们就不自觉地成为语言秩序的言说者，按照它的规则和结构来发声。

　　这是不是就是语言体系的自身限制？当人们在历史现场，根据现实场景言说的时候，可以不受语言体系的限制，可以任意地争吵和絮叨，没有秩序、规则和意义。可是，当人们脱离历史现场，通过语言体系来回顾历史、制造意义的时候，就会不自觉地进入某种语言秩序，并通过语言符号来制造社会意义和社会秩序。这不仅是当今中国农村地方文化精英的叙述方式，也是许多文化精英对无文字社会进行历史故事的访谈叙述的模式。比如列维－斯特劳斯关于原始部落生活模式的研究（克洛德·列维－斯特劳斯，2009）、格尔茨关于爪哇岛人地方性知识的文化阐释（克利福德·格尔兹，1999）、特纳关于恩登布人仪式的研究（维克多·特纳，2006），都具有通过叙事来缝合社会争议、制造社会意义、延续社会秩序、修复社会关系的功能。

　　这种语言结构和文化意义的社会整合功能，在后结构主义和解构主义看来，就是一种结构主义的压迫，一种文化支配模式。所以，福柯提倡通过知识考古学或者语言谱系学的方法，来探究话语叙事策略如何成为一种权力技术，制造主体和治理社会的（米歇尔·福柯，2001）。德里达则提倡通过解构主义策略，去拆解每个叙事中结构的缝隙和跳跃，以及文本和文本之间的差异和滑动（雅克·德里达，2001）。就此而言，这部村史只是一个言说的停顿，它提供了两种不同的文本，一种是学术精英的理论争辩的文本，另一种是地方文化精英的叙事文本，供后人进行解构性批判阅读。更多的历史小调就留给那些进一步批判性阅读的人们去制造生产。

2016 年 6 月初稿于北京

2016 年 9 月再稿于北京

2017 年 6 月再稿于北京

2017 年 9 月再次修订于北京

图书在版编目（CIP）数据

变与不变：泥河村礼治传统的转型／郭伟和著. --

北京：社会科学文献出版社，2018.6

国家社科基金后期资助项目

ISBN 978 - 7 - 5201 - 2189 - 7

Ⅰ.①变…　Ⅱ.①郭…　Ⅲ.①农村社区 - 社区管理 -

研究 - 中国　Ⅳ.①D669.3

中国版本图书馆 CIP 数据核字（2018）第 023422 号

· 国家社科基金后期资助项目 ·

变与不变：泥河村礼治传统的转型

著　　者／郭伟和

出 版 人／谢寿光
项目统筹／杨桂凤
责任编辑／胡　亮

出　　版／社会科学文献出版社·社会学出版中心（010）59367159
　　　　　　地址：北京市北三环中路甲 29 号院华龙大厦　邮编：100029
　　　　　　网址：www. ssap. com. cn
发　　行／市场营销中心（010）59367081　59367018
印　　装／三河市龙林印务有限公司

规　　格／开 本：787mm × 1092mm　1/16
　　　　　　印 张：31.75　字 数：517 千字
版　　次／2018 年 6 月第 1 版　2018 年 6 月第 1 次印刷
书　　号／ISBN 978 - 7 - 5201 - 2189 - 7
定　　价／148.00 元

本书如有印装质量问题，请与读者服务中心（010 - 59367028）联系